金融学译丛
FINANCE

利率互换及其他衍生品

Interest Rate Swaps and Other Derivatives

霍华德·科伯（Howard Corb）／著
申艳涛／译

中国人民大学出版社
·北 京·

出版说明

作为世界经济的重要组成部分，金融在经济发展中扮演着越来越重要的角色。为了加速中国金融市场与国际金融市场的顺利接轨，帮助中国金融界相关人士更好、更快地了解西方金融学的最新动态，寻求建立并完善中国金融体系的新思路，促进具有中国特色的现代金融体系的建立，中国人民大学出版社精心策划了这套《金融学译丛》，该套译丛旨在把西方国家尤其是美国等金融体系相对完善的国家最权威、最具代表性的金融学著作，被实践证明最有效的金融理论和实用操作方法介绍给中国的广大读者。

该套丛书主要包括以下三个方面：

（1）理论方法。重在介绍金融学的基础知识和基本理论，帮助读者更好地认识和了解金融业，奠定从事深层次学习、研究等的基础。

（2）实务案例。突出金融理论在实践中的应用，重在通过实务案例以及案例讲解等，帮助广大读者将金融学理论的学习与金融学方法的应用结合起来，更加全面地掌握现代金融知识，学会在实际决策中应用具体理论，培养进行宏观政策分析和实务操作的能力。

（3）学术前沿。重在反映金融学科的最新发展方向，便于广大金融领域的研究人员在系统掌握金融学基础理论的同时，了解金融学科的学术前沿问题和发展现状，帮助中国金融学界更好地认清世界金融的发展趋势和发展前景。

我们衷心地希望这套译丛的推出能够如我们所愿，为中国的金融体系建设和改革贡献出一份力量。

中国人民大学出版社

推荐序

人民币利率互换市场的开启是我国推进利率市场化的产物。2004 年 12 月，中央经济工作会议提出稳步推进利率市场化的要求。为贯彻中央经济工作会议精神，中国人民银行于 2006 年 2 月 9 日发布了《关于开展人民币利率互换交易试点有关事宜的通知》，明确了交易规则，利率互换市场在我国正式形成。

十余载风雨兼程，在中国人民银行的引导培育和各金融机构的积极参与下，我们共同见证了利率互换市场的蓬勃发展：交易量迅速提升，名义本金从 2006 年的 308.2 亿元增长到 2017 年年底的 14.38 万亿元；市场参与主体不断丰富，由原先试点规定的部分商业银行，拓展至证券公司、保险机构、资管产品、财务公司等多样化的参与主体；交易品种也从最初的以 R007 和 1y Depo 为基准的简单品种，发展到目前涵盖 Repo、Shibor、FDR007、GB10、CDB10、LPR 等各类基准利率的全曲线多品种交易。如今的利率互换市场已经发展成为交易活跃、机制完备、功能健全的市场，确立了银行间最大利率衍生品市场的地位。

党的十九大报告为中国金融市场的发展指明了方向：深化金融体制改革，促进多层次资本市场健康发展。利率衍生品是良好的风险管理工具，是推进金融服务实体经济、促进多层次市场健康发展的利器。2017 年以来，金融市场从“资产荒”转向“负债荒”，市场利率在短时间内大幅上行，无论是金融机构还是实体企业，都从这一轮深度调整中体会到了利率风险管控的重要性。而利率互换作为固定利率与浮动利率之间进行切换的金融合约，则为金融机构和实体企业对冲利率风险提供了有效手段。

使用利率互换等衍生品管理利率风险需要参与者对利率产品有一套完整的分析框架。这套框架需要深入的理论模型，也同样需要对市场参与者行为特点的把握。然而，目前有关利率产品的书籍要么过于侧重数量模型，要么过于侧重经验总结，很少有能够在二者间达到平衡的佳作。

我行金融市场部过去多年来在利率衍生品业务上与市场一起成长，已经形成完善的业务模式和业务团队。在实践摸索过程中，团队从《利率互换及其他衍生品》一书中学到的知识帮助我们在实践中推陈出新，提高了我们对客户的服务能力。这本书有别于充斥着艰深晦涩的公式推导的常规书籍，它用简单的语言为我们呈现了一个非常清晰直观的分析框架，并提供了剖析和搭建复杂交易的思路与方向，集理论与实际交易策略于一体，通俗易懂。

为了推动利率衍生品市场的发展，我们决定将此书翻译出版，为市场参与者提供一本系统的参考教材。本书既适合利率市场的新人阅读，也适合资深的从业人员参考。在此，也感谢我行金融市场部多位参与翻译工作的同事（按姓名拼音排序）：陈潇静、方圆、龚亚婷、吉倩文、李雪飞、刘会清、刘婧骅、申艳涛、陶雨琴、吴楚男、章凌逸、张伟刚、张文祥等。

汇聚前人的智慧，学习国外先进机构的经验，这正是我们翻译这本书的初衷。我想把这本书推荐给更多的国内利率产品相关从业人员或是对此感兴趣的人士，希望借此为人民币利率衍生品市场的繁荣发展贡献一份绵薄之力。

浙商银行董事长

沈仁康

2018 年 1 月

前言

利率互换是一个极其庞大的市场。国际清算银行的数据显示，截至2010年年末，场外市场上未到期的利率互换和期权的名义本金超过400万亿美元。银行、保险公司、对冲基金、政府支持实体以及企业等机构使用这些利率产品进行风险管理或表达市场观点。

这个市场的一个主要特点（也是本书的一个主题）是创新产品持续不断地涌现。市场的核心产品是利率互换与利率期权（包括利率上下限和互换期权）。这些衍生品的面世使市场发生了巨大的变革，给企业提供了一套全新的风险管理工具。企业从而可以将自身的资产或者负债从固定利率转变为浮动利率（或者从浮动利率转变为固定利率）以及规避基准利率变动带来的风险。

随着市场的进一步发展，一系列高度定制化的（也被称为奇异的）产品随之出现。与之前的产品相比，这些产品能让金融机构和企业有效地管理更复杂的风险，或者表达对市场的更加细致的看法。现在，我们正在见证又一批金融创新产品进入视野。

内嵌期权的互换产品的出现为衍生品市场开辟了新的天地。通常，投资者在这种互换中是内嵌期权的卖出方。作为对卖出这些期权的补偿，投资者能收到一个高于普通互换利率的固定票息。这种策略形成了一种新的资产，这种资产通常被称为收益增进互换，它能够与其他市场（例如抵押贷款市场）的产品竞争，也提供了原本任何市场都不能提供的新机会。各种各样的内嵌期权的互换产品的出现，吸引了不同类型的投资者。

市场同时也在向另一个方向发展：结构性票据市场。结构性票据市场的出现是债券与衍生品结合的产物。一批从来没有参与过衍生品市场的投资者有了渠道投资这些迄今为止最复杂的衍生品。这个时期的衍生品市场是高度复杂的产品创新和杠杆（有时是过度杠杆）的同义语。

利率互换市场的流动性在近年大幅增强。很多投资者已经把利率互换当成投机性交易的备选工具，借此来表达自己对市场的看法。对冲基金和其他自营交易账户在这个市场里进行相对价值交易和宏观交易，它们已经成为这个市场不可缺少的一员。

最近创新仍在继续。近年来新的交易方式的发展和流行使买方投资者能够表达一些以前没有机会表达的市场观点。这类交易为买方引入了新的、更加复杂的风险，也要求卖方机构对这种新风险进行管理。这些产品推出后能给投资者带来独特的交易机会，再一次证明了衍生品为市场提供的灵活性和便利性。

本书旨在为感兴趣的学生和从业人员提供关于利率互换和相关场外衍生品市场的导读和介绍。本书力图为读者提供一个分析基本交易的框架、剖析复杂交易的基础（比如复杂交易是如何构建、如何运行的，以及我们如何拆分复杂交易）和独自构建交易的能力。这本书是根据过去 16 年我在哥伦比亚商学院的授课内容整理出来的。

已经有很多书介绍过这些主题，诸如 Flavell（2010）和 Sadr（2009）近期的作品。然而，这些书一般都是针对想深挖技术细节的从业人员的。从某种意义上说，深挖技术细节很有必要，因为研究衍生品需要很多量化分析方法。但是对很多第一次接触该领域的读者（以及很多衍生品领域的从业人员）而言，他们的目的是了解这个市场如何运行、产品如何定价和使用、谁在用这些产品、为什么用这些产品，以及直观地分析一下这些市场中流行的各种交易，而不是被复杂的数学公式挡在门外。

市面上也有很多介绍衍生品和固定收益产品的教科书，包括 Hull（2008）和 Sundaresan（2009）的优秀作品。但这些书涉及面都很广，无法像本书一样对相关主题进行详细阐述。在这些书里被限制在一个小节的内容会在本书中展开介绍。

为了避免读者对场外利率互换市场和相关的衍生品市场的理解流于表面，我们先行介绍一下这些产品的定价模型是非常必要的。这本书使用的数学方法仅限于 MBA 或金融方向优秀本科生的水平。需要更深入地学习量化方法的读者可以参考 Shreve（2004）及 Brigo 和 Mercurio（2006）的著作。

本书分为九章，前三章介绍利率互换，第四、五章介绍市场上两类基本的利率期权：利率上限与利率下限（第四章）和互换期权（第五章）。这五章介绍了利率互换市场和相关的衍生品市场最主要的特征。

如前所述，场外利率衍生品市场的魅力在于其能给参与者提供灵活性。只要交易双方同意，就可以有一种新形式的交易。以前五章中介绍的各种产品为基础模块，第六章介绍了如何将这些模块组合成内嵌期权的利率互换。第七章介绍了结构性票据市场，该市场代表着传统固定收益证券与场外衍生品市场的结合。第八章概述了多年来受不同市场参与者青睐的各种相对价值交易和宏观交易。最后，第九章探究了最近几年出现的一些奇异产品。

每一章分成不同的小节来探讨不同主题。全书提供了多个案例，每章的后面都有一组习题，部分习题的答案在书的结尾处提供。本书还提供了五个附录。附录 A 是为已经有基本期权定价知识的读者提供的一份简单的复习材料。附录 A 也是唯一一个包含习题的附录（部分习题答案也能在书后找到）。附录 B 简要地回顾了与固定收益证券分析有关的几个指标。附录 C 探究了互换市场上使用的天数计算及付款惯例的规则。附录 D 简要地回顾了与利率互换市场密切相关的抵押贷款及抵押贷款支持证券。最后，附录 E 给出了用于期权定价的正态模型的推导，分析了正态模型和 Black 模型之间的关系。在开篇处的缩写词列表总结了一些（并非全部）书中会用到的术语。

缩写词表

1s3s（1-month LIBOR - 3-month LIBOR basis swap）
1 个月 LIBOR 对 3 个月 LIBOR 基差互换
1×4（“1 by 4” swap；3-year swap，one year forward）
1 乘 4 互换，即 3 年期互换的 1 年远期
1×6（“1 by 6” swap；5-year swap，one year forward）
1 乘 6 互换，即 5 年期互换的 1 年远期
2×5（“2 by 5” swap；3-year swap，two years forward）
2 乘 5 互换，即 3 年期互换的 2 年远期
2×7（“2 by 7” swap；5-year swap，two years forward）
2 乘 7 互换，即 5 年期互换的 2 年远期
3mL（3-month LIBOR）
3 个月 LIBOR
3×5 cap（“3 by 5” cap；2-year cap，three years forward）
“3 乘 5” 利率上限，即 2 年期利率上限的 3 年远期
5nc1（5 noncall 1）
1 年后有赎回权的 5 年期互换
5np2（5 nonput 2）
2 年后有回售权的 5 年期互换
5×10（“5 by 10” swap；5-year swap，five years forward）
“5 乘 10” 互换，即 5 年期互换的 5 年远期

30/360（thirty three-sixty）
债券市场计息规则（每月按 30 天、每年按 360 天计息）
Act/360（actual three-sixty）
货币市场计息规则（每月按实际天数、每年按 360 天计息）
ARM（adjustable rate mortgage）
可变利率抵押贷款证券
ATM（at-the-money）
平值
ATMF（at-the-money forward）
远期平值
BBA（British Bankers' Association）
英国银行家协会
bn（billion）
十亿
bp（basis point，"bip"）
基点
bps（basis points）
基点（复数）
CDO（collateralized debt obligation）
债务抵押债券
CEV（constant elasticity of variance）
常方差弹性模型
CF（cash flow）
现金流
CFTC（Commodity Futures Trading Commission）
美国商品期货委员会
CMO（collateralized mortgage obligation）
抵押担保债券
CMS（constant maturity swap）
恒定期限互换
CMT（constant maturity treasury）
恒定期限国债
CSA（credit support annex）
信用支持附件
CVA（credit valuation adjustment）
信用估值调整
FAS（Financial Accounting Standards）
美国财务会计准则

FCM（futures commission merchant）
期货经纪商
FHA（Federal Housing Administration）
联邦住宅管理局
FHLMC（Federal Home Loan Mortgage Corporation）
房地美
FNMA（Federal National Mortgage Association）
房利美
FV（future value）
未来值
GC（general collateral）
一般抵押品
GSE（government-sponsored enterprise）
政府支持企业
IAN（index amortization note）
指数摊销债券
IO（interest only）
纯利息债券
ISDA（International Swaps and Derivatives Association）
国际互换和衍生品协会的主协议
JPY（Japanese yen）
日元
L（LIBOR）
伦敦同业拆借利率
LBSF（Lehman Brothers Special Financing Inc.）
雷曼兄弟特别金融公司
LEAN（LIBOR enhancement accrual note）
LIBOR 增强区间累积债券
LIBOR（London Interbank Offered Rate）
伦敦同业拆借利率
LTV（loan to value）
贷款成数
MBS（mortgage-backed security）
抵押贷款债券
mm（million）
百万
NPV（net present value）
净现值

OCC（Office of the Comptroller of the Currency）
美国货币监理署
OIS（overnight index swap）
隔夜指数互换
OTC（over-the-counter）
场外
P&L（profit and loss）
损益
PMT（annuity payment per period）
每期支付金额
PV（present value）
现值
PV01（present value of a basis point）
1 基点现值
qm（quarterly money；quarterly Act/360）
按货币市场计息规则每季付息
SABR（stochastic alpha，beta，rho）
一种参数为 alpha、beta 和 rho 的随机波动率模型
sb（semi-bond；semi 30/360）
按债券市场计息规则每半年付息
SEC（Securities and Exchange Commission）
美国证券交易委员会
SN（structured note）
结构性票据、结构性债券
T（time to maturity or time to expiration）
到期时间
T_3（yield of the on-the-run 3-year Treasury）
3 年期国债新券的收益率
T_5（yield of the on-the-run 5-year Treasury）
5 年期国债新券的收益率
T_{30}（yield of the on-the-run 30-year Treasury）
30 年期国债新券的收益率
USD（U. S. dollars）
美元
vol（volatility）
波动率
zc（zero coupon，zero coupon rate）
零息债券，零息债券利率（简称零息利率）

词汇表

Bid 买入价

Offer 卖出价

Swap spread 互换利差

LIBOR in arrears swaps 后置利率互换

Eurodollar futures 欧洲美元期货

Payoff 收付额

Cap 利率上限

Caplet 利率上限单元

Floor 利率下限

Floorlet 利率下限单元

Collar 利率双限

Base vol 基础波动率

Average vol 平价波动率

Step-up strike caps 阶梯式利率上限

Normal model 正态模型

Bermudan swaption 百慕大式互换期权

Receiver swaption 固定利率收取方互换期权

Payer swaption 固定利率支付方互换期权

Swaption parity 互换期权平价

Basis points per day vol 日基点波动率

Schedule 预设计划

In-the-money 实值
Out-of-the-money 虚值
Bootstrapping 剥离
Local volatility model 局部波动率模型
Dealer 做市商
Federal Funds rate 联邦基金利率
Base vol 基础波动率

目 录

第一章 利率互换简介

自 1981 年第一份利率互换合约签署以来，利率互换市场有了巨大的发展。1981 年所罗门兄弟公司撮合了世界银行和 IBM 之间第一笔交叉货币互换，该交易在当时是开创性的，给双方带来了巨大的便利。自此之后利率互换市场的发展不仅体现为交易存量的大幅上升，而且体现为互换的参与者和用途的大幅拓展。本章旨在对利率互换市场进行概述，着重讨论市场上的产品和市场惯例。

1.1 概述

大部分关于互换的讨论都是从分析比较优势开始：交易一方有以固定利率融资的优势，另一方有以浮动利率融资的优势。这种理论的逻辑就是双方以各自具有优势的融资方式进行借贷，然后通过利率互换将固定利率转换为浮动利率（或者相反），以实现双方最终想要的融资。

但是我们关于比较优势的讨论仅限于此。这种比较优势理论可能确实是 30 年前互换市场最初创立的原动力，但是在今天已经不是决定性因素了。① 现在利率互换市场流动性非常强，做市商跟一个交易对手达成一笔互换交易后，并不需要马上找到另一个交易对手进行平盘。现在，如果有人想进行互换交易，那么它只需找到市场中任何一个主要互换做

① 比较优势确实是 1981 年世界银行和 IBM 之间进行互换交易的主要原因。当时，IBM 有大量的以瑞士法郎和德国马克计价的债务，而世界银行有发行欧洲美元债券产生的美元债务。通过所罗门兄弟公司撮合的互换，世界银行承担了 IBM 的瑞士法郎和德国马克债务偿还支出，而 IBM 承担了世界银行的美元债务偿还支出。

市商就能够达成交易。[1] 利率互换的执行速度基本上和国债交易的执行速度相似。[2]

观察利率互换市场的一个很好的切入点就是看这个市场规模有多大以及发展有多迅速。其中一个衡量方法就是观察未到期交易的名义本金的每年变化。图 1-1 展示了利率互换市场增长有多迅速。利率互换、互换期权、交叉货币互换的未到期本金在 2003 年第一次突破 100 万亿美元，而在 2008 年已经突破 400 万亿美元。相比之下，2008 年美国国债的未到期本金为 5.7 万亿美元。[3] 当然，这里的口径不太一样，因为衍生品的未到期本金更多是与交易量有关（没有考虑有些未到期的交易能够相互冲销，即市场的净风险敞口可能大幅小于图 1-1 中的数字），而国债的未到期本金跟交易量无关。此处将二者进行对比只是希望通过这个比较让我们对互换市场究竟多大有个印象。

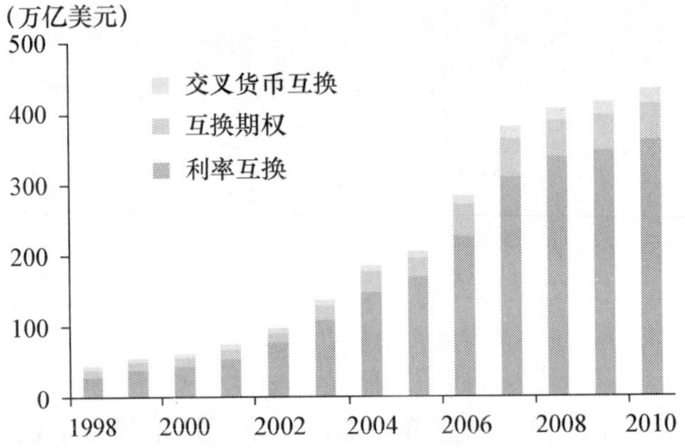

图 1-1 利率互换市场的发展：场外利率互换、互换期权和交叉货币互换的未到期名义本金

尽管市场有标准的利率互换（或称为普通利率互换），但是互换的优势是其产品可以完全根据客户需求定制，从而表达对利率或者汇率的几乎任何看法，创造任意风险敞口类型。互换的传统用途包括对冲负债、管理资产负债表和对冲资产。互换的非传统用途主要是投机，其中又以宏观交易和相对价值交易这两种投机交易最为流行。也就是说，投资者用互换来表达其对市场的看法。另外，互换市场已经成为衡量其他资产（例如抵押贷款和政府支持实体债券）相对价格的基准，也成为表达对这些资产的看法的工具之一。

---

① 利率互换市场是一个场外交易市场，交易直接通过双方协商达成而不是通过交易所。买方可以直接与互换市场中的任何一个做市商进行互换交易。经纪人则负责联络各个做市商，帮他们（匿名）匹配头寸，从而提高市场流动性。另外，当我们说“某人”进入一笔互换交易时，我们是指企业、银行、保险公司、政府支持实体、资产管理公司、对冲基金等进入一笔互换交易（本书中需用代词指代这些交易参与者时，均用“他”或“他们”）。由于互换合约中的交易对手信用风险（我们将在 2.4 节中具体讨论），做市商很少接受个人作为交易对手。

② 当然，这里假设已经与互换做市商建立了交易关系，这通常是进行互换交易的前提条件。一般来讲，这意味着交易双方在交易之前已经签署国际互换和衍生品协会的主协议（ISDA），该文件是决定交易条款的法律文件。另外，交易双方已经对对方有过深入了解，愿意在互换交易中承担对方的交易对手信用风险。始于 2007 年的金融危机严重影响了每个市场的流动性，当然也包括利率互换市场。在金融危机最严重的时候，一些交易方因为担心某些交易对手的信用风险而拒绝与其进行交易，使得互换的流动性很差甚至没有流动性。我们将在第 2.4 节讨论这些问题。

③ 资料来源：http://www.sifma.org/research/statistics.aspx.

1.2 互换

互换是交易双方达成的在一段时间内交换现金流的合约。如果两端的现金流都是同一种货币，那么互换被称为利率互换；如果两端的现金流是两种不同的货币，则被称为交叉货币互换。本书将花几乎所有篇幅关注利率互换，并且我们将主要讨论美元利率互换。

利率互换可以分为两种：一种是固定利率换浮动利率互换或称普通利率互换，即互换的两端一端支付固定现金流，另一端支付浮动现金流；另外一种是基差互换，即互换两端都是支付浮动现金流。

1.2.1 固定利率换浮动利率互换

图 1-2 展示的是一个典型的标准的普通利率互换的结构和条款。交易一方（客户）支付 1.647%的固定利率，每半年付息一次，计息规则为 30/360；交易另一方（做市商）支付浮动利率 3 个月 LIBOR，按季付息，计息规则为 Act/360。① 人们也常用“债券”代替“30/360”，用“货币”代替“Act/360”。② 因为市场瞬息万变，人们用简洁的语言可以节省时间以快速达成交易。事实上，当提到标准互换的付息频率和计息规则时，有时会将其简化为“每半年债券对 3 个月”。说“3 个月”当然比说“按 Act/360 计息规则每季度支付 3 个月 LIBOR”更快。对于经常交易的双方，如果大家都对交易的标准惯例认可的话，交易之前他们甚至不用讨论支付频率和计息规则。③

图 1-2 中的利率互换期限为 5 年，名义本金为 1 亿美元。我们注意到整个交易存续期内，客户总共支付 10 次现金流（第一次支付现金流是在 6 个月之后），做市商支付 20 次现金流（第一次支付现金流是在 3 个月之后）。最后一次付息是在起息日后的整五年。该利率互换的固定端和浮动端实际支付的现金流如下：

$$\begin{aligned}&\text{固定端支付}=\text{固定利率}\times\text{名义本金}\times(\text{债券市场计息规则天数}/360)\\&\text{浮动端支付}=3\text{ 个月 LIBOR}\times\text{名义本金}\times(\text{Act}/360)\end{aligned}\tag{1.1}$$

---

① LIBOR 是指伦敦同业拆借利率，是一个很常用的浮动利率基准。在美元互换市场，标准做法是 LIBOR 由英国银行家协会（BBA）确定，因此有时也简称为 USD－LIBOR－BBA。根据 BBA 的要求每天几家报价银行提交它们对于伦敦时间上午 11 点不同期限资金拆借利率的报价。对于每个期限，剔除掉一定比例的最高和最低报价，然后计算剩余报价的平均值，得到当日的 LIBOR。期限通常有 1 个月、3 个月、6 个月和 12 个月。

LIBOR 是货币市场利率，因此通常计息规则为 Act / 360，这意味着利息是基于计息期间的实际天数计算的。作为对比，如果计息规则为 30 / 360，那么无论实际天数是多少，利息都是按每个月 30 天来计算的。例如，如果计算某年 2 月 15 日和 3 月 15 日之间的利息，在 30/360 的计息规则下，计息天数为 30 天。而在 Act/360 的计息规则下，则是 28 或 29 天（具体取决于这一年是否是闰年）。

LIBOR 是利率互换的基石，我们会在第三章中详细讨论。在金融危机中，LIBOR 的公正性遭到质疑。在 2008 年 5 月 29 日华尔街日报的一篇题为“研究显示关键利率应受质疑：华尔街日报的分析显示，银行可能提供了错误利率数据用以计算 LIBOR”的文章指出，研究显示一些银行可能显著低估了危机中它们在银行间的借款成本。这不仅会让金融系统看起来比实际情况更健康，还会影响很多基于 LIBOR 的证券、合约、抵押贷款等的估值。之后的研究对银行低估借贷成本的说法打了折扣［参见 Gyntelberg 和 Wooldridge（2008）以及 González-Hermosillo，Mark Stone et al.（2008）］，但一些业内人士仍对此持怀疑态度。

② “债券”之所以和“30/360”联系起来是因为很多债券按 30/360 计息规则计算票息。“货币”之所以和“Act/360”联系起来是因为很多货币市场工具按 Act/360 计息规则计息。

③ 这有点类似于你每天中午去同一家熟食店，营业员不用询问也能很清楚地知道你要哪种口味的三明治。

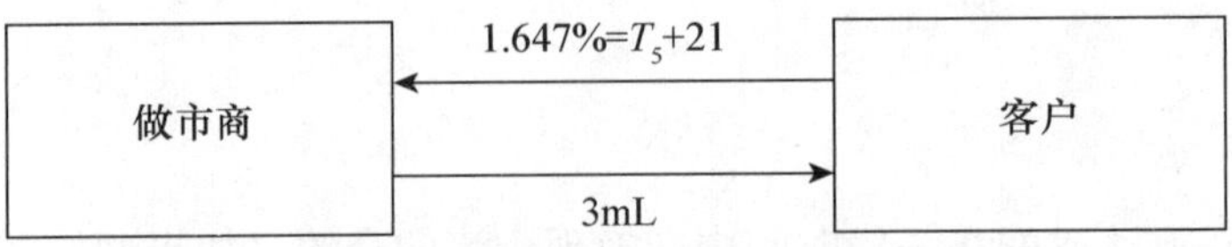

客户支付：1.647%（$=T_5+21$），按30/360计息规则每半年计息

做市商支付：3个月LIBOR(3mL)，按Act/360计息规则每季度付息

名义本金：1亿美元

期限：5年

图1-2 普通利率互换

这里债券市场计息规则天数是指在半年的付息期间内按 30/360 计息规则计算的天数，Act 是指每季度付息期间内的实际天数（计息惯例的详情见附录 C）。

案例

如图 1-2 所示，一笔 5 年期互换，名义本金为 1 亿美元，固定利率为 1.647%，按债券市场计息规则每半年付息一次，浮动利率为 3 个月 LIBOR，按 Act/360 计息规则每季付息，起息日为 2010 年 8 月 13 日，到期日为 2015 年 8 月 13 日。在固定端的 10 个半年付息期间中，最后一个付息期间是从 2015 年 2 月 13 日至 2015 年 8 月 13 日。这个半年期计息期间按 30/360 计息规则有 180 天，因此该互换固定端的最后一次付息为

$$1.647\% \times 1\text{ 亿美元} \times \frac{180}{360} = 823\,500\text{ 美元}$$

在浮动端的 20 个季度付息期间中，最后一个付息期间是从 2015 年 5 月 13 日至 2015 年 8 月 13 日。这个季度计息期间实际有 92 天。用 $x\%$ 表示互换最后一期 LIBOR 的设置值，那么互换浮动端的最后一次付息为

$$x\% \times 1\text{ 亿美元} \times \frac{92}{360}$$

x 的具体数值只有等到 2015 年 5 月的 LIBOR 重置日才能知道。

标准的互换没有前端费。也就是说，交易之初双方都不需要为互换合约支付任何费用。固定利率应该使得利率互换合约在交易执行时的现值为 0，即 NPV＝0。[①]注意图1-2 展示的互换的固定利率为 1.647%，也可以表示为T_5+21，这里T_5表示当前 5 年期新发国债的收益率。[②] 所以使得互换执行时现值为 0 的固定利率等于 5 年期新发国债收益率加上某个基差。

在本例中，这个基差为 21 基点（bps）。[③] 对于某个期限互换的互换基差的定义为：加

① 严格来讲，如果互换有买入价和卖出价价差，那么就不能说互换是 NPV＝0 的交易。如果不特殊说明，我们将忽略这个交易成本，假设交易执行时的 NPV 都等于 0。

② 某个期限的新发国债是指该期限最近发行的一期国债。一旦新的国债发行，之前的新发国债就变成了次新券。再之前的国债则变成了次次新券。

③ 1 基点是 1%的 1%。因此，1 基点是 0.01%，即 0.000 1。所以，如果在利率 3.02%的基础上增加 1 基点，那么新的利率则为 3.03%。如果在 3.03%的基础上上升了 1/4 基点，那么新的利率为 3.0325%。在互换市场中，通常以 1/10 基点的精度报利率，或者以 1/4 基点的精度报利率。

到相应期限的新发国债收益率之上的能够等于互换利率的那个基差。① 因此在本例中5年期互换的基差是21基点。

通常来说，当人们说到利率互换交易价格时，他们通常是指互换基差。这意味着，如果你想进入一个利率互换，那么互换基差会被加在同期限的新发国债收益率上以便计算互换利率。互换利率有其经济含义：它是唯一使得交易执行时互换的价值为0的利率。互换基差仅是一种更容易交流互换价格的基准。② 由于国债收益率容易在市场上观察到，并且价格不停波动（至少比互换基差波动更大），所以直接对互换基差报价更为方便。例如，对5年期互换的卖出价（即做市商想在5年期互换中收取的固定利率）有兴趣的投资者可以找到做市商报出一个参考价格（一个显示现在市场水平但是不可交易的价格）。做市商可能以“1.647%”或者“21”的形式来报价。如果投资者收到的是21，那么他应该知道，如果他想在互换中支付固定利率，那么他只有在5年期新发国债收益率上加21基点才能成交。

当我们讨论一个浮动端为3个月LIBOR的利率互换时，我们主要关注互换的固定利率。当投资者收取固定利率时，他想收到尽量高的固定利率，而当他支付固定利率时，则想支付尽量低的固定利率。当然互换做市商在做市过程中也会想赚取买卖价差，因此想支付尽量低的利率给客户，而从客户那里收取尽量高的利率。做市商之间的竞争形成市场中的买入价和卖出价价差。

表1-1是一个互换利率和互换基差的综合报价页面的例子，展示了不同期限的互换。很多公司提供这种综合报价页面，比如Tradeweb Markets LLC和路透。该页面上展示的数据融合了多家做市商提供的市场报价，显示了目前可以在什么水平执行不同的互换交易。在交易日，页面上的市场报价是不停更新的。

表1-1　　互换综合页面样例（由汤森路透和BrokerTee授权使用）

期限	国债价格	国债收益率	收益率中间价	互换基差	按债券市场计息规则每半年付息	按货币市场计息规则每年付息
2年期	100-06 $\frac{3}{4}$～100-07	0.517～0.513	0.515	19.00/15.00	0.705～0.665	0.696～0.656
3年期	99-29 $\frac{1}{4}$～99-29 $\frac{1}{2}$	0.779～0.776	0.778	23.00/19.00	1.008～0.968	0.996～0.956
4年期	—	—	1.107	22.25/18.25	1.329～1.289	1.315～1.276
5年期	101-15 $\frac{3}{4}$～101-16	1.438～1.436	1.437	21.00/17.00	1.647～1.607	1.630～1.591
6年期	—	—	1.758	18.75/14.75	1.946～1.906	1.927～1.887
7年期	101-29～101-29 $\frac{1}{2}$	2.080～2.077	2.078	11.50/7.50	2.193～2.153	2.174～2.135

① 注意，今天执行的5年期利率互换的期限是5年，但5年期新发国债的到期期限通常不到5年，因为它是此前一段时间发行的。然而，市场上的惯例是在相应期限的新发国债收益率的基础上对互换基差进行报价。

② 实际上，互换基差不仅仅是一个基准。互换基差本身也可以交易。市场参与者可以通过交易互换基差从而表达基差上升或下降的看法。我们将在第二章和第八章中进一步讨论这个概念。

续前表

期限	国债价格	国债收益率	收益率中间价	互换基差	按债券市场计息规则每半年付息	按货币市场计息规则每年付息
8 年期	—	—	2.283	11.25/7.25	2.395～2.355	2.376～2.336
9 年期	—	—	2.488	7.75/3.75	2.566～2.526	2.546～2.506
10 年期	106-28～106-28 $\frac{1}{2}$	2.694～2.692	2.693	1.75/-2.25	2.710～2.670	2.690～2.650
12 年期	—	—	2.693	25.50/21.50	2.948～2.908	2.928～2.888
15 年期	—	—	3.003	19.50/15.50	3.198～3.158	3.178～3.138
20 年期	—	—	3.314	10.25/6.25	3.416～3.376	3.397～3.357
25 年期	—	—	3.625	−9.25/−13.25	3.533～3.493	3.513～3.473
30 年期	107-21～107-21 $\frac{1}{2}$	3.936～3.935	3.935	−35.25/−39.25	3.583～3.543	3.563～3.523

表 1-1 中每一行提供了一个期限互换的市场信息。需要注意的是，该页面上所有关于互换的信息都是假设浮动端为 3 个月 LIBOR，根据 Act/360 计息规则每季付息。如果浮动端不是按 Act/360 计息规则每季付息支付 3 个月 LIBOR，就会对固定利率有重要影响。我们接下来将会讨论。

“国债价格”这一列的数字提供了市场上新发国债的信息。市场中的买入价是国债做市商愿意购买国债的最高报价，卖出价是国债做市商愿意卖出国债的最低报价。例如，5 年期新发国债的买入价为 101-15 $\frac{3}{4}$，卖出价为 101-16。[①] 我们注意到，对应买入价的收益率为 1.438%，对应卖出价的收益率为 1.436%。[②] 收益率中间价这一列即买入价收益率和卖出价收益率的算术平均值。因此，在本例中，5 年期国债的收益率中间价为 (1.438%+1.436%)/2=1.437%。

互换基差这一列给出了互换基差的市场情况。左边的数字即为基差卖出价，是做市商愿意加在国债收益率上收取固定利率的最小基差，右边的数字为基差买入价，是做市商愿意加在国债收益率上支付固定利率的最大基差。[③] 因此市场上 5 年期互换基差为 21/17，意味着卖出价为 21 基点，买入价为 17 基点。所以，根据该页面，目前 5 年期互换的买卖价差为 21 基点−17 基点=4 基点。买卖价差变窄，意味着市场的流动性变好；买卖价差变宽，意味着市场流动性变差。根据表中的市场信息，如果一个做市商可以同时以 T_5+21 的价格在一个 5 年期互换中收取固定利率，以 T_5+17 的价格在一个 5 年期互换中支付固定利率，那么

① 国债价格以美元和 1/32 美元的形式报价。每个 1/32 美元又可以被分成八份。因此 101-15 $\frac{3}{4}$ 的价格代表 101 美元加 15.75 个 1/32 美元，即 101.492 187 5 美元。屏幕上的价格为不包含应计利息的净价。全价是指为债券支付的所有支出，包括应计利息。

② 由于国债价格和收益率反向变动，因此国债价格越高，对应的收益率越低。

③ 当谈到利率互换时，人们常常要提到固定端。如果说交易一方是支付方，那么这意味着这个交易方支付固定利率，收取浮动利率。如果说交易一方是收取方，那么这意味着该交易方收取固定利率，支付浮动利率。因此，当有人在交易大厅中大喊他要在互换中支付时，你从来不会听到有人回问“固定还是浮动?”如果你这么问，就会被人们嘲笑。

它可以在互换存续期锁定 4 基点的利润（相当于交易存续期的一个年金）。然而，互换市场很少能够让做市商同时达成两笔完美对冲的交易，实现锁定无风险利润的目的。

“按债券市场计息规则每半年付息”这一列中的数字给出了互换利率的卖出价（做市商愿意收取的最低的固定利率）和买入价（做市商愿意支付的最高的固定利率）。这些利率假设固定端在 30/360 的计息规则下每半年付息。互换基差的买入价和卖出价分别由互换基差的买入价和卖出价加到相应国债收益率的中间价上求得。[①]“按货币市场计息规则每年付息”这一列提供了按 Act/360 计息规则每年付息的互换的固定利率。

美国财政部目前每月发行期限为 2 年期、3 年期、5 年期和 7 年期的债券，每季度发行 10 年期和 30 年期债券（这两个期限的债券还会每月续发）。这些标准期限的互换基差是互换利率相对于新发国债收益率的利差。除了 12 年期互换利率，其他所有期限的互换利率可以由以下方法计算：

- 对相邻两个期限的新发国债收益率中间价进行线性插值，计算该期限国债收益率的中间价。[②]
- 将给定期限对应的互换基差加到插值法计算的国债收益率中间价上。[③]

案例

将 4 年期互换基差（买入价或者卖出价）加到插值计算的 4 年期国债收益率上可以求得 4 年期互换利率。使用插值法，通过 3 年期和 5 年期的国债收益率计算的 4 年期国债收益率为

$$0.778\%+\left(\frac{4-3}{5-3}\right)\times(1.437\%-0.778\%)=1.107\%$$

如表 1-1 所示。[④] 因此，4 年期互换利率的买入价为 1.107%+0.182 5%=1.289%，卖出价为 1.107%+0.222 5%=1.329%。

我们注意到，在表 1-1 中，25 年期互换基差是一个负数，在这种情况下，该期限的互换利率实际上低于同期限插值计算的国债收益率。同样，该页面显示 30 年期互换基差也是负数。原来很多人认为这种现象是不可能的。在美元互换市场，2008 年之前从未出现过负基差。但是在金融危机中雷曼兄弟公司倒闭之后，30 年期互换基差第一次在负数成交。这是一个历史性的事件，可见当时市场巨大的压力和扭曲，在第一次出现负基差时很多人觉得这一现象会很快修复。但是，它并没有修复，如图 1-3 所示。事实上，30 年

---

① 这里略有简化。更精确的做法是将互换基差的买入价加到国债收益率的卖出价上计算互换利率的买入价，将互换基差的卖出价加到国债收益率的买入价上计算互换利率的卖出价。我们稍后会讨论这一点。

② 假设 T_L 和 T_H 分别为两个相邻期限 L 和 H 的新发国债收益率，我们想通过插值法计算 M 年期国债收益率 T_M，这里 $L<M<H$。那么 T_M 可由如下公式求得：

$$T_M=T_L+\left(\frac{M-L}{H-L}\right)\times(T_H-T_L)$$

③ 按市场惯例 12 年期互换基差是在 10 年期国债收益率的基础上报价。这样做并没有什么深层次的原因。市场参与者也可以在插值计算出的 12 年期国债收益率的基础上报价。在这种情况下，只有 12 年期互换基差稍低（假设 30 年期国债收益率比 10 年期国债收益率高）才能使 12 年期的互换利率保持不变。只要市场参与者知道报价惯例，那么使用哪种方法其实并没有什么区别。

④ 事实上，插值法计算的 4 年期国债收益率为 1.107 5%，四舍五入得到 1.107%（原书如此，疑有误。——译者注）。之后我们再用到四舍五入时将不再提示。

期基差在之后的几年内都是负数。我们会在第九章再来讨论这个现象。

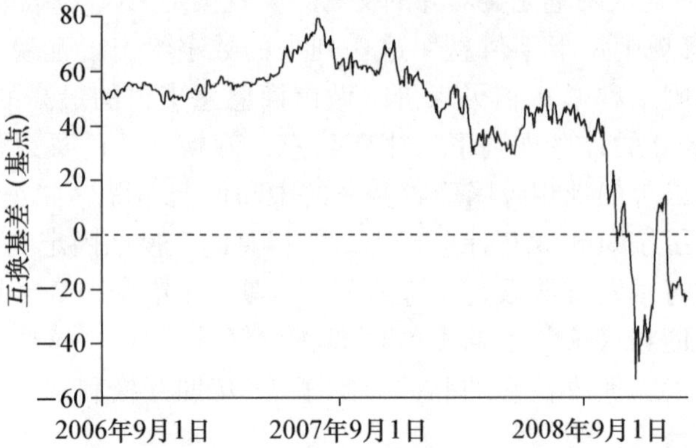

图 1-3　30 年期互换基差的历史走势

付息频率和计息规则

如前所述，互换的标准惯例是，固定端按 30/360 计息规则每半年支付一次利息，浮动端按 Act/360 计息规则每季度支付 3 个月 LIBOR，这个惯例简称“每半年债券对 3 个月”①。除非交易双方另有约定，否则这就是默认的标准。当然只要交易双方同意，可以根据需要定制任何形式的互换条款，然后根据条款进行定价。在本节，我们将分析固定端规则可能的变化，及其对固定利率的影响。需要注意的是，在本节我们只分析固定端规则改变的影响，而假设浮动端一直是按照 Act/360 计息规则每季度支付 3 个月 LIBOR。②

虽然大部分互换的固定端都是按 30/360 计息规则每半年付息一次，但并不是所有的互换都是这样。有些互换的固定端每月、每季度、每半年，或每年支付。也有一些称为零息互换的互换只在到期日一次支付固定利率。固定端不仅付息频率可以变化，计息规则也可以从标准的 30/360 变为货币市场计息规则，或者其他计息规则。③

客户改变互换固定端的付息频率，以使互换的固定票息能够匹配客户要对冲的资产或者负债的付息频率。例如，如果客户有一笔按月付息的固定利率贷款，为了匹配负债的现金流，它可能会希望互换的固定端也是按月付息。对标准的互换计息规则的任何改变都需要相应调整互换的固定利率来保证交易双方的利益不受影响。

假设，例如客户对 5 年期利率互换感兴趣，但是希望固定端按 Act/360 计息规则每季付息而不是按债券市场计息规则每半年付息。那么这个互换的固定利率应为多少呢？只有一个方法可用来求解这个问题的正确答案：利用互换模型对这些变化定价。④ 我们会在第三章中具体讨论这些模型。同时，我们还可以用一些方法计算正确答案的近似值。

---

① 再重复一次，“3 个月”是按 Act/360 计息规则每季度支付 3 个月 LIBOR 的简称。当然其他期限的 LIBOR 利率也可以作为浮动利率，比如“1 个月”（按 Act/360 计息规则每个月支付 1 个月 LIBOR）和“6 个月”（按 Act/360 计息规则每半年支付 6 个月 LIBOR）。另外，互换还可以与其他浮动利率指数（例如基准利率、短期国债利率、商业票据利率等）挂钩。

② 在接下来的小节中，我们会讨论浮动端利率从 3 个月 LIBOR 变为其他浮动利率对固定利率的影响。

③ 其他的计息规则还包括 Act/365，在这种情况下，计息期间的实际天数要除以 365，但是 30/360 和 Act/360 是美国最常见的计息规则。

④ 不同定价模型的定价可能会有差异，但是一般情况下会较为接近。

尽管求解不同付息频率和计息规则的互换的固定利率的唯一方法是使用定价模型，但是我们仍然需要熟悉一些近似求解的方法。近似解可以让我们检验模型的计算结果是否合理。如果模型的结果和我们用计算器计算的近似值相近，那么我们有理由相信模型定价是正确的；而如果两者显著不同，那可能意味着我们最好还是检查一下模型以确保没有明显的错误。那么到底两个结果要多接近才能算“相近”呢？这是一个比较主观的问题。[①] 对于大部分业内人士来说，近似值与模型结果相差 1 基点以内都属于较为满意的情况。但是，并不是所有近似方法都能这么精确。

为了介绍我们的近似公式，假设有一家银行允许我们以同样的利率借出或存入资金，该利率每半年复利，用r_{sb}表示。假如我们今天在银行存入 1 美元，1 年后将会变为

$$1\times\left(1+\frac{r_{sb}}{2}\right)^{2} \tag{1.2}$$

因为我们可以用同样的利率借款，所以如果我们今天向该银行借款 1 美元，那么 1 年后我们需要还同样多的钱。假如另外一家银行允许我们以r_{ab}的利率借出或存入资金，该利率每年付息。假设我们今天存入 1 美元，那么 1 年后将会变为

$$1\times(1+r_{ab}) \tag{1.3}$$

同样，如果我们向这家银行借款 1 美元，1 年后我们需要还同样金额。如果公式（1.2）和（1.3）不相等，那就存在套利机会。[②] 因此，两者必须相等，即

$$\left(1+\frac{r_{sb}}{2}\right)^{2}=(1+r_{ab})$$

可得

$$r_{ab}=\left[\left(1+\frac{r_{sb}}{2}\right)^{2}-1\right] \tag{1.4}$$

虽然公式（1.4）对银行存贷款的各种复利都成立，但是严格意义上讲，对不同支付频率的互换利率并不成立。[③] 尽管如此，公式（1.4）的基础原理还是可以用来近似计算不同付息频率的互换利率。我们可以用这个公式近似计算每年付息和每半年付息的互换利率的关系。那么，对于任何给定期限，假设s_{ab}和s_{sb}分别为每年付息和每半年付息的互换利率。那么我们可得

$$s_{ab}\approx\left[\left(1+\frac{s_{sb}}{2}\right)^{2}-1\right] \tag{1.5}$$

如果我们想将按债券市场计息规则每年付息的互换利率转化为按 Act/360 计息规则每

---

① 一个衍生品销售员曾经建议我，如果我在定价上犯了一个错误，那么我应该接受在自己的奖金中扣除这个错误所带来的损失。我告诉他我不愿意扣减任何奖金。他说这个回答很好。

② 如附录 A 中讨论的细节一样，套利是一种可以让我们锁定风险和收益的交易策略。更进一步说，套利策略使得我们在任何情况下现在和将来都没有非正的现金流，而有正的现金流。我们假设市场没有套利机会。

③ 是什么让你觉得公式（1.4）可以应用到互换利率上呢？公式（1.4）中的关系是通过将资金存入银行并假设没有套利机会存在而得出的。我们没有理由将这个推理运用到互换上。毕竟在互换中没有投入任何资金，因为普通利率互换没有前端费。

年付息的互换利率呢？假设按 30/360 计息规则每年付息的互换利率为s_{ab}，那么按货币市场计息规则每年付息的互换利率s_{am}的近似值为①

$$s_{am}\approx\frac{360}{365}\times s_{ab} \tag{1.6}$$

案例 1

根据表 1-1 中按债券市场计息规则每半年付息的 30 年期互换，其利率的卖出价为 3.583%。假设我们对按 30/360 计息规则每年付息的 30 年期互换利率卖出价有兴趣。通过公式（1.5）可以求得该近似值：

$$\left[\left(1+\frac{0.035\,83}{2}\right)^2-1\right]=3.615\%$$

注意，每年付息的互换利率高于每半年付息的互换利率。这个结果的直观解释可以借鉴两家分别提供每年付息和每半年付息业务的银行：每年收付固定利息的交易方没有机会每 6 个月对票息进行再投资，因此只有每年付息的利率更高才能补偿这一损失。

案例 2

继续案例 1 中的例子，如果按债券市场计息规则每年付息的 30 年期的互换利率为 3.615%，那么按货币市场计息规则每年付息的互换利率可以用公式（1.6）计算：

$$\frac{360}{365}\times 3.615\%=3.565\% \tag{1.7}$$

按货币市场计息规则计息的利率低于按债券市场计息规则计息的利率，反映了按货币市场计息规则计息的互换中固定利率收取方每年多计提的 5 天或 6 天（取决于是否是闰年）的利息。

为了弄清楚为什么会这样，假设我们在名义本金为 1 亿美元的互换中收取固定利率。假设固定端按债券市场计息规则每年付息，则每年我们收取的固定现金流为

$$1\text{ 亿美元}\times\frac{360}{360}\times 3.615\%=3\,615\,000\text{ 美元}$$

假设互换的固定端按货币市场计息规则每年付息，同时假设该年有 365 天（即这不是一个闰年）。如果我们还是收取 3.615% 的固定利率，那么年末我们会收到的现金流为

$$1\text{ 亿美元}\times\frac{365}{360}\times 3.615\%=3\,665\,208\text{ 美元}$$

虽然我们非常希望能按照货币市场计息规则收取同样的固定利率（因为这样我们就能每年收到 3 665 208 美元，而不是 3 615 000 美元），但是我们的交易对手肯定会反对。我们可以问自己这个问题，如果按货币市场计息规则每年付息的话，什么样的固定利率

① 如果一个利率是按货币市场计息规则计息的，那么它每年会多计提 5 天（闰年有 6 天）利息。这个公式调整了这个多计提的天数。将分母设为 365.25 可能会更准确，但是大部分人都接受直接用 365 作为分母。

可以给我们带来 3 615 000 美元的现金流，从而使得改变计息规则对交易双方没影响呢？我们假设这个利率为s_{am}，根据公式（1.7）的近似方法，有如下关系：

$$1\text{亿美元}\times\frac{365}{360}\times s_{am}=3\,615\,000\text{美元}$$

求解可得$s_{am}=3.565\%$。

总结案例 1 和案例 2 我们发现，如果按债券市场计息规则每年付息的 30 年期互换的利率为 3.583%，那么按货币市场计息规则每年付息的 30 年期互换利率的近似值为 3.565%，比前者低 1.8 基点。根据表 1-1，我们发现这个近似结果与报价页面中的卖出价 3.563%仅相差 0.2 基点，因此业内很多人认为这是比较准确的近似值。

在刚才分析的案例中，按货币市场计息规则每半年支付利息的互换利率 3.583%高于综合报价页面中按货币市场计息规则每年支付利息的互换利率 3.563%。因此计息天数变化的影响大于计息频率变化的影响。当然并不是所有情形都是这样。例如，如果按货币市场计息规则每半年付息的互换利率是 7%，由公式（1.5）和（1.6）可计算得出按货币市场计息规则每年付息的互换利率为 7.025%，因此在这种情况下，按债券市场计息规则每半年付息的互换利率实际上低于按货币市场计息规则每年付息的互换利率。

分析这些利率转换的案例是不是浪费时间呢？我们来看一个例子：如果有人同意在名义本金为 1 亿美元的 30 年期互换中按货币市场计息规则每年支付固定利率，但是他忘了转换利率，支付了 3.583%的固定利率，而不是 3.563%，那么这个失误带来的损失的净现值为 365 000 美元，我们会在第二章中验证这个数字。

通用的支付频率和计息规则转换公式

我们可以将公式（1.5）这个近似公式推广到任意支付频率。如果用s_{xb}表示按债券市场计息规则每年支付x次利息的互换利率，用s_{yb}表示按债券市场计息规则每年支付y次利息的互换利率，那么

$$s_{yb}\approx y\times\left[\left(1+\frac{s_{xb}}{x}\right)^{\frac{x}{y}}-1\right]\tag{1.8}$$

给定按债券市场计息规则每年支付y次利息的互换利率s_{yb}，我们可以近似求出按货币市场计息规则每年支付y次利息的互换利率s_{ym}：

$$s_{ym}\approx\frac{360}{365}\times s_{yb}\tag{1.9}$$

公式（1.8）只能用于按债券市场计息规则计息的利率。如果想在债券市场计息规则和货币市场计息规则间转换，则需要用到公式（1.9）。需要注意的是，公式（1.8）和公式（1.9）是用来转换付息频率和计息规则的近似公式，而不是准确公式。从实用的角度，它们能够提供比较好的近似结果，但是不能用来代替精准的定价模型。

案例 3

根据表 1-1，按债券市场计息规则每半年付息的 5 年期互换利率的卖出价为 1.647%。使用公式（1.8）可以得到按债券市场计息规则每季付息的 5 年期互换卖出价的近似值。如果按债券市场计息规则每半年付息的 5 年期互换利率为 1.647%的话，那么按债券市场计息规则每季度付息的 5 年期互换利率近似为

$$4\times\left[\left(1+\frac{0.01647}{2}\right)^{\frac{2}{4}}-1\right]=1.644\%$$

如果按债券市场计息规则每季度付息的 5 年期互换利率为 1.644%，那么按货币市场计息规则每季度付息的互换利率可以用公式(1.9)很好地近似。具体来说，该利率可近似计算如下：

$$\frac{360}{365}\times 1.644\%=1.621\% \tag{1.10}$$

互换利率的买入价和卖出价

当讨论互换时，我们基本上总是关注固定端。如前所述，互换买入价的定义是互换做市商愿意支付的固定利率，而互换卖出价的定义是互换做市商愿意收取的固定利率。当客户收取固定利率时，他想收到尽量高的固定利率，当然，做市商想支付尽量低的固定利率。类似地，当客户支付固定利率时，总想支付尽量低的固定利率，而做市商想收取尽量高的固定利率。作为惯例，大部分的综合报价页面展示的互换利率的买入价和卖出价都是将互换基差的买入价和卖出价加到国债收益率的中间价上。虽然这是一种比较合理的展示互换市场的做法，但更准确的做法是把国债收益率的买入价和卖出价也考虑进来。如果交易的规模足够小，以至于可以以屏幕上的价格（即综合报价页面显示的价格）成交，那么我们有如下关系：

$$\text{互换利率的买入价}=\text{国债收益率的卖出价}+\text{互换基差的买入价} \tag{1.11}$$

$$\text{互换利率的卖出价}=\text{国债收益率的买入价}+\text{互换基差的卖出价} \tag{1.12}$$

这看起来有些神秘，所以让我们来做一些说明。假设客户询问做市商愿意在互换中支付的固定利率。我们先忘记浮动端，把注意力集中到固定端。[①] 如果做市商在互换中支付固定利率，这类似于做市商卖出一笔固定利率债券给客户。客户收取固定利率。因此，如果只看互换的固定端的话，客户的头寸相当于从做市商那里购买了一份固定利率债券。[②]

让我们回顾一下固定利率债券的一些特性。如果我们持有固定利率债券，而债券市场上涨（意味着利率下行），那么债券的价值就会上升。相反，如果债券市场下跌（意味着利率上行），那么债券的价值就会下降。当然，如果我们做空债券，那么我们就能从债市下跌中获利，从债市上涨中受损。

我们现在来分析在互换中支付固定利率的做市商。如前所述，做市商在互换中支付固

---

① 我们很快会看到，在对互换估值时，我们会经常忽略浮动端，所以现在应该先习惯这个做法。在互换的估值中，浮动端“不会受到尊重”。

② 显然，一个很大的区别是，债券的持有者会收到债券本金，我们暂时忽略这一点。

定利率类似于卖出一份固定利率债券。事实上，做市商达成支付固定利率的交易之后，如果债市上涨，那么其会亏损，而如果债市下跌，则其会盈利。做市商可能想持有该敞口，也可能想对冲该利率风险敞口。

一种对冲的方法是做市商从市场中买入国债。[①] 需要注意的是，互换做市商并不是国债的做市商。因此，互换做市商来到国债市场后，也成为这个市场的客户，需要在卖出价买入国债，在买入价卖出国债。如果互换做市商想对冲其在互换中支付固定利率的头寸，那么其需要在卖出价买入国债，因此通常将互换基差的买入价定义为加在国债收益率卖出价（对应的是实际上购买债券的卖出价）上的基差。

图 1-4 展示了这个流程。我们假设互换做市商在一笔 5 年期互换中向客户支付固定利率，并从国债做市商手中以卖出价 101-16 买入一份 5 年期国债。该价格对应的国债收益率为 1.436%。根据公式（1.11），互换的固定利率等于国债收益率的卖出价 1.436%加上互换基差的卖出价 17 基点，即互换利率的买入价为 1.606%。

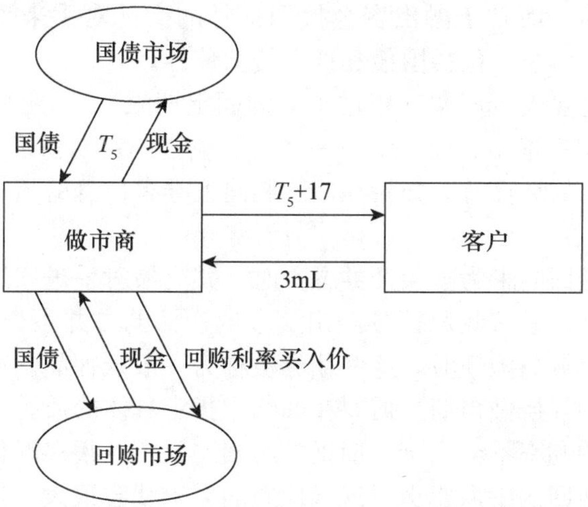

图 1-4　互换做市商在互换中支付固定利率并买入国债对冲的机制

需要这么大费周章吗？毕竟这个数字与我们在综合报价页面展示的互换利率买入价只差 1/10 基点。这么说吧，假设该互换的名义本金非常大，比如达到 5 亿美元，那么互换做市商就需要购买 5 亿美元的国债来对冲。[②] 而 5 亿美元的国债交易是一笔大交易。也许以屏幕上的价格 101-16 能成交的量只有 2 500 万美元。如果做市商想在债券市场上再买 5 000万美元，可能会将价格推高到 101-16+。也许做市商能以这个价格买到另外 1 亿美元，但是再买入 5 000 万美元的价格可能就是 101-17。为了设定这么大量的互换交易的利率，做市商需要估算购买这些国债的加权平均价格。他应该考虑到，为了购买足够多的国债，他很可能会将价格推高。假设做市商估算在目前的市场条件下，他需要支付的加权平均价格为 101-19。该价格对应的收益率为 1.417%。如果做市商愿意在他购买国债的收益

① 做市商购买国债不是为了用债券票息的现金流支付互换的固定利息。做市商购买国债是为了持有一个与互换的利率敏感度大小相似但是方向相反的头寸。如果债市上涨，那么购买的国债的价值也会上升；如果债市下跌，那么购买的国债的价值也会下降。我们随后会看到，这与利率变化给互换价值带来的变动相反。

② 互换做市商不一定需要购买正好 5 亿美元国债来对冲，因为 100 万美元名义本金的互换的利率敏感度（我们还没有介绍这个概念）一般不等于 100 万美元本金的国债的利率敏感度。

率的基础上加 17 基点支付互换固定利率，那么互换的买入价为 1.417％＋0.17％＝1.587％。这意味着做市商愿意支付的互换利率更低了。如果交易量比较小，可以以屏幕上的价格成交，那么做市商愿意支付的固定利率为 1.606％。但是对于更大的交易量，考虑到互换做市商实际能够购买到国债的价格，做市商愿意支付的价格就会比屏幕上的价格低接近 2 基点了。我们在第二章会看到，利率的这个差异的现值差为 40 万美元左右。

回购

到此故事（互换做市商买入国债对冲互换中支付固定利率的头寸）并未结束。假设互换做市商在名义本金为 1 亿美元的 5 年期互换中支付固定利率，并以屏幕上 101-16 的价格买入本金为 1 亿美元的 5 年期国债来对冲其敞口。做市商需要为购买这些国债支付超过 1 亿美元的现金。那么这些现金从哪里来呢？做市商可能没有闲置的 1 亿美元现金，但他可以在回购市场进行回购交易。回购类似于抵押贷款，是一种卖出一份证券的同时承诺在未来某个时点以某个承诺的价格买回该证券的协议。回购协议中隐含着回购利率，用以决定未来买回证券的价格。而对于融出资金换回证券的交易对手来说，这是一种逆回购交易。很多证券都有回购市场，包括国债和抵押贷款债券。[①]

回购的期限可以是隔夜、定期（超过 1 天的固定期限）、不定期（超过 1 天但没有固定期限）。[②] 定期的期限一般不超过 1 年。一个比较流行的定期新发国债回购的期限是到同期限国债的下一次发行的结算日。如果在回购期间证券有付息的情况，那么融入资金的一方有权收取这笔利息。

当投资者进入一笔回购来为购买证券融资时，其交易对手进入这笔逆回购是为了运用手中闲置资金赚取利息。通常收取证券融出资金的逆回购方并不介意质押的是哪只国债。当回购中没有指明抵押哪只国债时，这些债券被称为一般抵押品。有些投资者（比如需要为购买特定国债融资的互换做市商）需要在回购中指定具体的质押债券。这种回购被称为特殊回购。特殊回购的利率不会高于一般抵押品回购利率，很多时候甚至低很多。当某只债券很难获取时，在逆回购中需要交付这只债券的需求就会很大，这种供需不平衡就会给回购利率带来向下的压力。这只国债被称为特殊交易国债。在回购市场中，通常新发国债是特殊交易国债。

我们继续分析刚才的案例：互换做市商在名义本金为 1 亿美元的 5 年期互换中支付固定利率，并以 101-16 的价格购买本金为 1 亿美元的 5 年期新发国债对冲该头寸。该价格是表 1-1 中综合报价页面显示的卖出价。该页面展示的是 2010 年 8 月 11 日的市场数据。在该日，2015 年 7 月 31 日到期、票息为 1.75％的 5 年期国债是新券。在该日期购买的国债会在 2015 年 8 月 12 日（$T+1$）结算。在结算日购买方支付的全价包含了应计利息。在这种情况下，该债券的全价为[③]

$$1\text{ 亿美元}\times(101.5\%+0.057\,065\,22\%)=101\,557\,065.22\text{ 美元} \tag{1.13}$$

① 关于回购市场的更多信息请参考 Stigum（2007），Fabozzi（2001），Sundaresan（2009）或 Tuckman（2002）。

② 在不固定期限的回购中，因为合约的期限没有设定，所以回购证券的价格也没有提前设定。

③ 对于国债，计息规则是 Act/Act。对于票息为 1.75％、2015 年 7 月 31 日到期、交易结算日为 2010 年 8 月 12 日的国债交易，应计利息的天数为 12 天（即 2010 年 7 月 31 日至 2010 年 8 月 12 日之间的天数），本计息期间天数为 184 天（即 2010 年 7 月 31 日到 2011 年 1 月 31 日之间的天数）。因此，应计利息占面值的比例为

$$0.875\%\times12/184=0.057\,065\,22\%$$

如果互换做市商2010年8月12日在回购市场进入一笔回购交易为国债头寸进行n天的融资，那么他会交付面值为1亿美元的国债，收取现金101 557 065.22美元。[①] 当回购到期时，互换做市商可以以如下金额买回国债：

$$101\ 557\ 065.22\text{美元}\times(1+\frac{n}{360}\times\text{回购利率}) \qquad (1.14)$$

这里的回购利率是回购做市商对这笔n天回购融资收取的利率。如果回购期限是隔夜（即$n=1$），回购利率是20基点，那么互换做市商需要支付：

$$101\ 557\ 065.22\text{美元}\times\left(1+\frac{n}{360}\times 0.2\%\right)=101\ 557\ 629.43\text{美元}$$

在回购市场中，互换做市商是这个市场的客户，需要以回购利率的买入价交付债券收取现金，以回购利率的卖出价收取债券提供现金。[②] 图1-4总结了整个交易的结构：互换做市商在互换中支付固定利率，并且买入国债进行对冲，同时进入隔夜回购市场为购买国债融资。

利率重置和支付

如果我们进行一笔美元互换交易，即期交易的起息日（即开始计息的日期）为“$T+2$”日，即成交日后两个纽约和伦敦工作日。[③] 假设我们在周二交易了一笔互换，并且周三和周四都是纽约和伦敦的工作日，那么起息日就是周四。如果我们在周四交易，并且周五和周一是工作日，那么起息日就是周一，因为周六和周日都不是工作日。如果周一也不是纽约或者伦敦的工作日，那么起息日就顺延至周二。

互换浮动端LIBOR的重置和支付通常是按“前端重置，后端支付”的原则，如图1-5所示。假设我们在6月23日成交了一笔即期互换，起息日是6月25日。第一个3个月LIBOR设置是在6月25日，该利率用于在此季度计息，利息的支付日是9月25日（假设这一天是工作日）。在9月25日，下一季度的LIBOR重置，用于为此季度计息，此利息本来应该在12月25日支付，但是12月25日是纽约和伦敦的节假日（即商业银行和外汇市场在当天都不能结算），因此该日既不能进行支付，也无法重置LIBOR。那何时支付利息呢？如果支付日落在了节假日，那么根据互换支付规则可以约定为“上一个工作日”（preceding，在节假日的上一个工作日支付）、“下一个工作日”（following，在节假日的下一个工作日支付）或者“经修正的下一个工作日”（modified following，如果节假日的下一个工作日没有落在下一个月，那么就在下一个工作日支付；否则，就在节假日的上一个工作日支付）进行支付。对于美元互换，市场标准惯例是“经修正的下一个工作日”。

---

① 通常回购做市商要为回购进行“折减”，即借入资金一方收到的现金少于作为抵押物的债券的价值。在借款人违约，并且抵押物价值下降的情况下，这种机制在一定程度上保护了回购做市商，他可以卖出用于抵押的债券，因而仍可收回全部借款。这里我们先忽略这一点。

② 回购市场的做市商通过买入价和卖出价的价差盈利。买入价利率（回购做市商赚取的利率）高于卖出价利率（回购做市商支付的利率）。

③ 某个城市的工作日是指该城市的商业银行和外汇市场营业的日子。

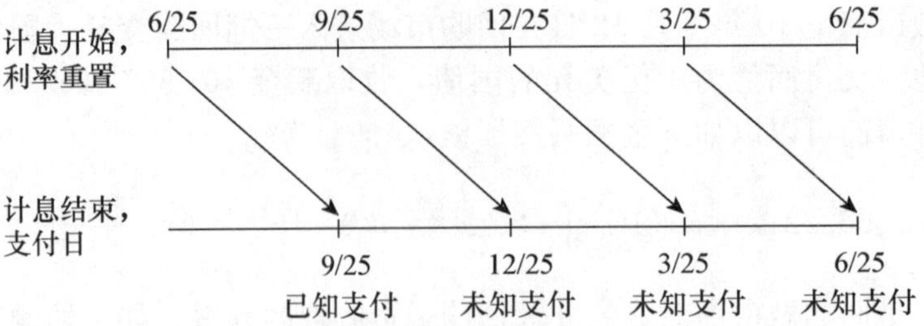

利率重置日为计息开始前的两个伦敦工作日

图 1-5　浮动端的重置和支付

说明：图中 6/25 表示 6 月 25 日，其他的依此类推。为了使图表看上去更简洁，此处的日期跟原书保持一致，都采用了这样的表示方法。后文如有类似情况，不再一一说明。

遇到节假日调整支付日的情况下需要调整多少支付额取决于支付额是“调整的”（adjusted，在这种情况下计息天数根据实际支付日期调整，因此支付额会调整）还是“非调整的”（unadjusted，在这种情况下，即使实际支付日期改变，计提利息的天数也不会调整）。对于美元互换，标准惯例下支付额是“调整的”。附录 C 对这些惯例进行了详细的阐述，并举例说明了为什么我们应该注意选择使用哪个惯例。

另外一个需要注意的技术细节是：在标准互换中，每个重置日重置的 LIBOR 利率是 BBA 在两个伦敦工作日之前设定的。因此，如果我们在 6 月 23 日成交了一笔交易，起息日为 6 月 25 日，那么第一期的 LIBOR 应该设置为 6 月 23 日的 LIBOR（6 月 25 日前两个伦敦工作日）。因此，对于即期互换，成交时就已经知道浮动端前 3 个月的 LIBOR 利率。其他的 LIBOR 利率水平则需要等到各自的重置日才会知道。

交易条款书样例

以前做市商会在交易前给客户发送一个交易条款书样例，确保交易双方都同意交易的条款。不过现在在进行相对简单的交易之前很少发送了，只有进行复杂的或者奇异产品交易时才需要发送。一般情况下，在互换交易之后会发送一份简单版的交易条款书（可能叫交易小结更合适），概括双方达成的交易的扼要条款。无论是否使用交易条款书，交易执行之后交易一方都会向另一方发送一份更正式的交易确认书。确认书需要交易双方签字，并且作为双方签署的有法律效力的合约。[①] 图 1-6 展示了交易条款书的一个样例。条款书的最后一行显示该笔交易是在 ISDA 项下成交的。ISDA 起草一份法律协议（ISDA 主协议），通常进行互换交易的双方在进行衍生品交易之前已经签署了该协议。ISDA 主协议详尽地列示了互换的法律条件，定义了很多交易双方在确认书中可能会用到的条款。

---

① 如果书面确认书和交易条款不一致怎么办？这其实并不少见。很多时候执行交易的两个人不是起草确认书的人，有时书面确认书不能准确反映达成的交易的条款。如果交易双方都同意交易确认书与实际达成的交易不完全一致，那么交易双方需要签署一份修正的确认书。

如果交易一方认为签署的确认书与实际交易的条款不一致，但是另外一方认为签署的确认书无误怎么办？这就复杂了。在这种情况下，交易双方需要达成妥协。如果交易双方无法达成妥协，那么就需要走法律途径。适用的法律是反欺诈法令。如果交易录音和书面确认书不一致，以交易录音为准（即口头合同是有效合同）。认为签署的合同与交易执行时条款不一致的一方需要举证。在这种情况下，交易的电子记录（例如电话录音）可以作为证据，当然前提是这个录音是合法的。参见 Gooch 和 Klein（2002）。

示意性条款书	
固定利率支付方：	互换做市商
浮动利率支付方：	客户
名义本金：	1 亿美元
交易日：	2010 年 8 月 11 日
起息日：	2010 年 8 月 13 日
到期日：	2015 年 8 月 13 日
固定利率支付日期：	每年 2 月和 8 月的 13 日，从 2011 年 2 月 13 日开始到（且包括）到期日
固定利率：	1.607%（$=T_5+17$）
固定利率计息规则：	30/360
浮动利率：	3 个月美元 LIBOR-BBA
浮动利率确定日：	每个计息期开始前 2 个伦敦工作日
浮动利率支付日期：	每年 11、2、5、8 月的 13 日，从 2010 年 11 月 13 日开始到（且包括）到期日
浮动利率计息规则：	Act/360
主文件：	ISDA

图 1-6　交易确认书样例

OIS 互换

OIS（overnight index swap，隔夜指数互换）是一种浮动端挂钩隔夜利率的固定换浮动互换。在美元互换市场，挂钩的隔夜利率是有效联邦基金利率。OIS 的固定端利率被称为 OIS 利率。在 OIS 中，交易一方支付 OIS 利率，另一方支付互换存续期有效联邦基金利率的平均值。给定期限的 OIS 利率通常被认为是互换存续期间联邦基金利率的预期值。

现在 LIBOR-OIS 基差已经成为市场中一个常用的指标，LIBOR-OIS 基差是指同期限的 LIBOR 和 OIS 利率之差。市场中很多人将这个基差当作衡量金融系统健康与否的指标。有效联邦基金利率是银行之间在联邦基金市场融出隔夜资金的利率。LIBOR-OIS 基差衡量的是银行之间融出利率高出有效联邦基金利率的风险溢价。这种解读基于如下事实：银行可以使用隔夜利率滚动融入一定时间（比如 3 个月）的资金，也可以直接锁定 3 个月 LIBOR。在危机期间，相比在联邦基金市场融入隔夜资金，直接融入 3 个月资金需要支付可观的风险溢价。

LIBOR-OIS 基差在很长一段时间内都很稳定，但是在金融危机期间基差大幅扩大。如图1-7所示，金融危机前，3 个月 LIBOR 和 3 个月 OIS 的基差稳定在 10 基点左右，但是在雷曼破产后大幅扩大，在危机的最严重阶段达到 300 基点以上。当 LIBOR 和 OIS 非常接近时，人们对 OIS 的兴趣不大。但是金融危机后，OIS 交易大幅活跃起来。投资者通过它对冲或者投机美联储出乎意料的政策变化。

1.2.2　基差互换

在基差互换中，互换的两端都是浮动现金流。在固定换浮动的互换中，通过设定固定

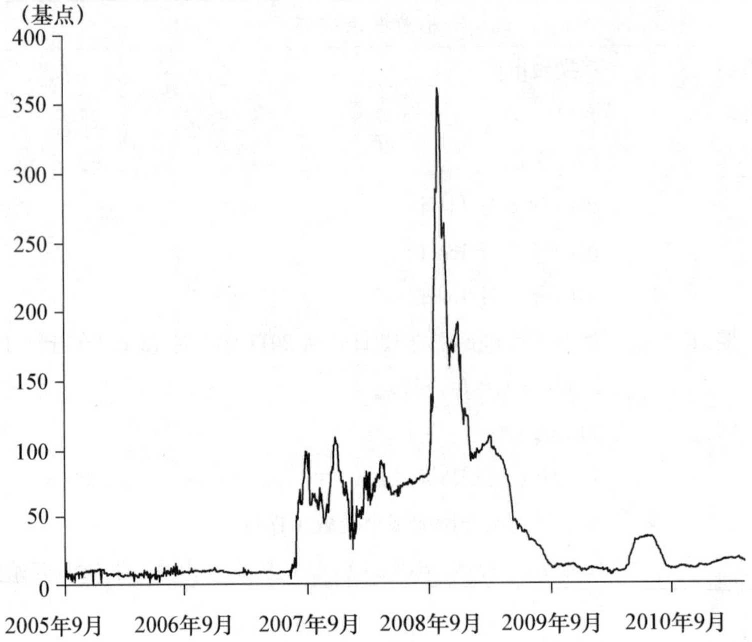

图 1-7　LIBOR-OIS 基差的历史走势

利率使得整个交易的现值为 0，而在基差互换中，在一个浮动端上加一个基差使得交易的 NPV＝0。

举个例子，如图 1-8 中所示的 1s3s（1 个月换 3 个月）基差互换，该互换的一方支付 1 个月 LIBOR，另一方支付 3 个月 LIBOR。请注意，做市商同意在 2 年内按货币市场计息规则每个月收取 1 个月 LIBOR＋5 基点，按货币市场计息规则每季度支付 3 个月 LIBOR。在 1s3s 基差互换中，当做市商收取 1 个月 LIBOR 加上一个基差时，称为基差互换的卖出价。基差互换的买入价是指做市商按货币市场计息规则每月支付 1 个月 LIBOR 加上一个（更小）的基差。由于做市商在基差互换市场中做市，所以买入价的基差会小于卖出价的基差。举个例子，做市商可能会愿意在 2 年期基差互换中支付 1 个月 LIBOR 加上 3 基点同时收取 3 个月 LIBOR（买入价），或者在 2 年期基差互换中收取 1 个月 LIBOR 加上 5 基点同时支付 3 个月 LIBOR（卖出价）。简单地说，1s3s 基差互换的"买入价为 3，竞卖出价为 5"。基差互换的中间价定义为买入价和卖出价的平均值，在这个例子中就是 4 基点。

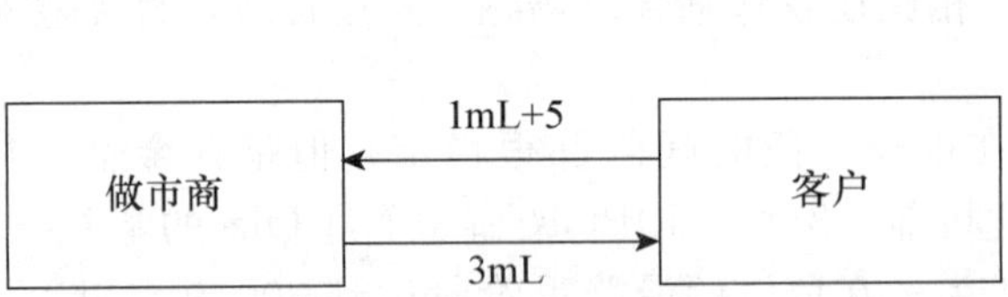

客户支付：1个月LIBOR+5基点（"1mL+5"），按Act/360计息规则每月付息
做市商支付：3个月LIBOR（"3mL"），按Act/360计息规则每季付息
名义本金：1亿美元
期限：2年

图 1-8　1s3s 基差互换

问题是，为什么基差互换的价格不是零呢？也就是说，为什么交易员不愿意收取1个月LIBOR（不加基差），支付3个月LIBOR呢？1s3s基差互换的价格最主要的决定因素是供给和需求：如果投资者更愿意在基差互换中支付1个月LIBOR，则会增大基差，反之则会减小基差。但除此之外，基差互换的两端还有其他差异会导致基差互换的价格不为零。首先，假设基差互换是即期基差互换，那么期初的1个月LIBOR和3个月LIBOR设置是已知的且通常是不一样的。例如，在收益率曲线向上倾斜的环境中，通常3个月LIBOR大于1个月LIBOR，这是致使基差为正的一个因素。当然这些只是互换中的第一个设置（1个月LIBOR端有24个设置，3个月LIBOR端有8个设置）。其次，市场预期未来2年中1个月LIBOR低于3个月LIBOR，也会导致基差互换的基差为正。最后，1个月LIBOR每月支付一次，而3个月LIBOR每季度支付一次。由于早收到利息比晚收到利息更好，这个因素本身会造成基差为负。考虑到所有这些因素，2年期的1s3s基差互换的中间价为4基点。

图1-9展示了2年期1s3s基差互换价格的历史走势。如图所示，在金融危机之前，基差互换价格的波动并不是很大。但在金融危机期间，基差互换价格出现巨大波动，并显著扩大。随着危机的加剧，市场对流动性的担忧也在增加。有人担心金融机构不愿放贷，特别是较长期贷款。许多市场人士预计，相较于1个月贷款，金融机构更不愿意进行3个月贷款。这将反映为更宽的3个月LIBOR和1个月LIBOR之差。市场预期这种更宽的基差会持续一段时间，从而引起更宽的基差。

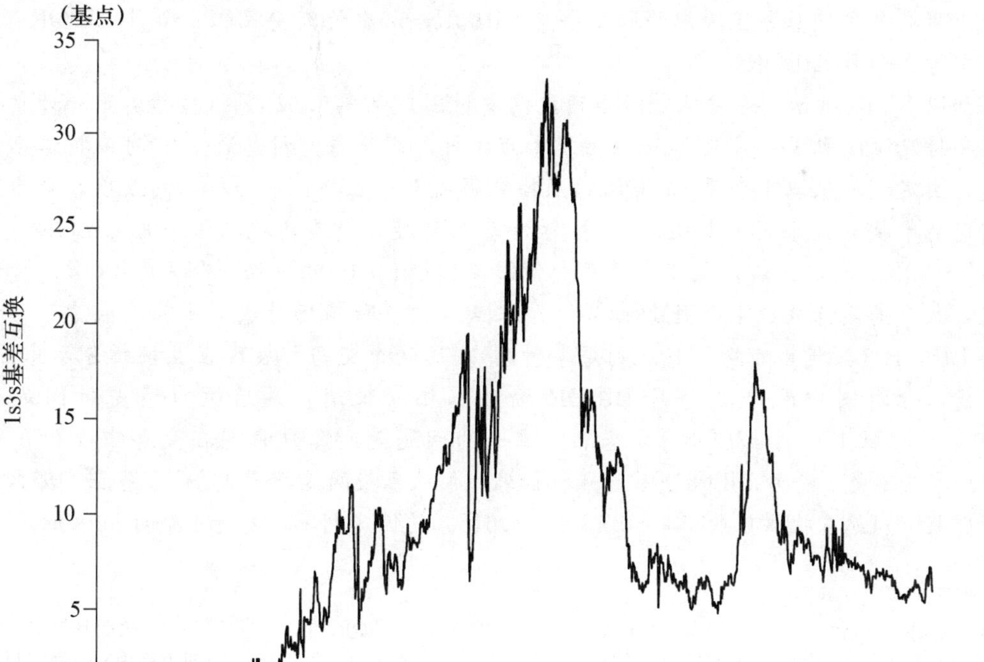

图1-9　2年期1s3s基差互换价格的历史走势

案例

让我们回到表1-1，假设互换做市商愿意用屏幕上显示的2年期互换价格进行双向报价。[①] 也就是说，做市商愿意支付0.665%的固定利率（按债券市场计息规则每半年付息）收取3个月LIBOR，并愿意收取0.705%的固定利率（按债券市场计息规则每半年付息）支付3个月LIBOR。假设与此同时，做市商对2年期1s3s基差互换的报价是买入价为3、卖出价为5。也就是说，做市商愿意在2年期的1s3s基差互换中支付1个月LIBOR+3基点（按货币市场计息规则每月付息）收取3个月LIBOR（按货币市场计息规则每季付息），也愿意收取1个月LIBOR+5基点（按货币市场计息规则每月付息）支付3个月LIBOR（按货币市场计息规则每季付息）。如果客户有兴趣在2年期互换中收取固定利率（按债券市场计息规则每半年付息），同时支付1个月LIBOR（按货币市场计息规则每月付息），那么做市商会报出什么样的固定利率呢？

让我们从互换做市商的角度来看这个交易。做市商被要求在2年期互换中支付固定利率。我们知道做市商愿意支付固定利率0.665%（按债券市场计息规则每半年付息）。然而，这是做市商在收取3个月LIBOR（按货币市场计息规则每季付息）时愿意支付的固定利率。现在做市商是按货币市场计息规则每个月收取1个月LIBOR。如前所述，浮动端的任何变动都意味着互换的固定利率会改变。做市商在2年期互换中收取3个月LIBOR（按货币市场计息规则每季付息）或收取1个月的LIBOR（按货币市场计息规则每月付息）的态度是不一样的。我们可以从基差互换中看到这一点：具体来说，如果做市商在2年期基差互换中收取1个月LIBOR，那么他需要收取1个月LIBOR+5基点，支付3个月LIBOR。

如图1-10所示，这意味着做市商愿意支付固定利率0.615%（按债券市场计息规则每半年付息）收取1个月LIBOR（按货币市场计息规则每月付息）。我们可以把这个做市商支付固定利率收取1个月LIBOR的互换分解成两个互换：一个标准的互换，做市商支付固定利率收取3个月LIBOR；一个1s3s基差互换，做市商收取1个月LIBOR支付3个月LIBOR。我们知道，做市商愿意支付固定利率0.665%换取3个月LIBOR，我们也知道，做市商愿意收取1个月LIBOR+5基点（按货币市场计息规则每月付息）换取3个月LIBOR（按货币市场计息规则每季付息）。这两个交易都展现在互换拆分示意图中。请注意，分解图中两个3个月LIBOR端可以相互抵消。最后做市商支付固定利率0.665%，收取1个月LIBOR+5基点。唯一的问题是，客户希望在交易中支付1个月LIBOR，而不是1个月LIBOR+5基点。如果我们从互换两端都"减去"5基点，那么我们会发现做市商愿意收取0.665%−0.05%=0.615%的固定利率，支付1个月LIBOR。[②]

---

① 在互换市场上，如果客户向做市商询价，作为多年的成规，在询价之前，客户需要首先表明其想支付固定利率还是收取固定利率。因此，客户可能会这么问："如果我想在名义本金为1亿美元的5年期互换中支付固定利率，那么固定利率是多少？"很多年里，询问双边报价（即同时询问做市商互换的买入价和卖出价，并要求做市商按报价接受任何一个方向的交易）被认为是严重破坏成规的行为。但是在最近几年，双边询价已经被慢慢地接受了。

② 我们可以将互换的两端都减去5基点，因为这不会影响互换的价值。但是我们应该注意，在1s3s基差交易中的5基点是按货币市场计息规则每月付息的惯例报价的，但是互换的固定端是按债券市场计息规则每半年付息报价的。因此，从固定端直接减5基点的做法从严格意义上说是错误的。我们应该把这5基点转化成按债券市场计息规则每半年付息惯例下的相应基点数。当然，误差是很小的，我们这里可以忽略这一点。

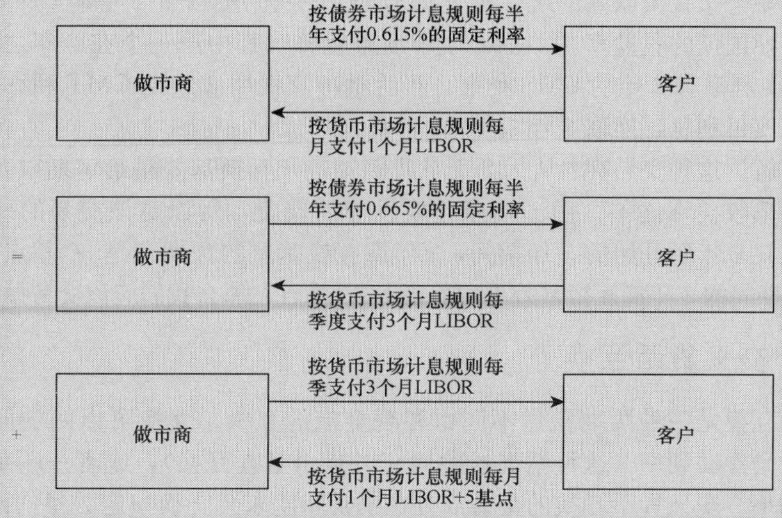

图 1－10　分解挂钩 1 个月 LIBOR 的固定换浮动互换

让我们分析另一种基差互换，如图 1－11 所示。我们首先注意到，这是一个远期互换，意味着其起息日在正常的 $T+2$ 结算日之后。在这个例子中，该互换是一个“2×5”互换，意味着这是一个 2 年后开始的 3 年期互换交易（我们以后称之为 3 年期互换 2 年远期），该互换本身期限为 3 年，互换的生效日在 2 年之后。互换两端的第一次支付是在 2.25 年，最后一次支付是在 5 年之后，也就是互换生效日之后 3 年。

在该基差互换中，做市商收取 2 年期 CMS（constant maturity swap，恒定期限互换）利率。2 年期 CMS 利率是一个浮动利率，该利率每天设置为纽约时间上午 11 点的 2 年期互换利率。其他期限的 CMS 利率也是相同的定义。按市场惯例，挂钩 CMS 利率的衍生品参考的数据源是 ISDAFIX（由 ISDA 创建）。ISDAFIX 每天公布各种货币不同期限的互换利率。这些利率也会展示在美联储的统计报表 H. 15 中。[①]

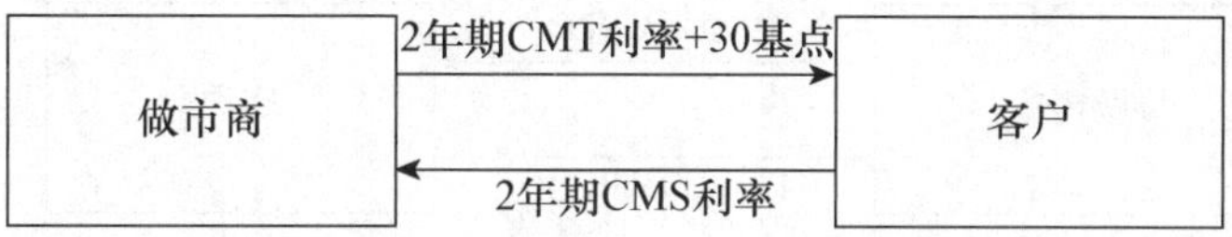

做市商支付：2年期CMT利率＋30基点，按30/360计息规则每季度付息
客户支付：2年期CMS利率，按30/360计息规则每季度付息
名义本金：1亿美元
期限：2×5

图 1－11　CMS-CMT 基差互换

① 对于美元互换，ISDAFIX 实际会在纽约时间的上午 11 点和下午 3 点都进行数据收集和发布。收集多家做市商对 5 000 万美元本金的各期限互换利率的买入价和卖出价，再去掉数据中最高的 4 个和最低的 4 个，并将剩余数据的算术平均值作为发布的利率。更多细节请参考 http://www.isda.org/fix/isdafix.html。

做市商支付 2 年期 CMT 利率＋30 基点。CMT 利率是名义上具有恒定期限的国债的收益率，该利率公布在美联储的统计报表 H.15 中。我们可以将 2 年期 CMT 利率当成当天发行的 2 年期国债的收益率。[①] 在 12 个季度重置日（其中第一个在 2 年之后），都会设置 2 年期 CMT 利率和 2 年期 CMS 利率。然后做市商根据 2 年期 CMT 利率加上 30 基点的利率每季度支付利息，换取 2 年期 CMS 利率。

我们如何解读这种交易呢？从 1.2.1 节我们知道，互换基差是给定期限互换利率与相同期限新发国债收益率之差。由于基差互换没有前端费，所以对该交易的一种（不精确的）解读是：在 2 年后开始的 3 年期间，2 年期互换基差的预期值是 30 基点。[②] 如果我们认为"2×5"期间的 2 年期互换基差平均值小于 30 基点，那么我们应该交易哪种方向呢？[③]

1.2.3 交叉货币互换

交叉货币互换是一种两端支付不同币种现金流的互换。互换可以两端同时是固定利率、两端同时是浮动利率（这种情况被称为交叉货币基差互换），或者一端是固定利率另一端是浮动利率。交叉货币互换的交易双方在期初和期末会交换一定数量的两种货币。具体数量取决于两种货币的即期汇率。

案例

假设美元兑日元的即期汇率为 85.3，即 1 美元可以兑换 85.3 日元。分析图 1-12 中的交易。注意，即期汇率为 85.3 日元/美元，1 亿美元可以兑换 85.3 亿日元。这不仅是互换起息日交换的金额，也是到期日交换的金额。无论到期时美元兑日元的汇率是多少，期末交换的本金都是基于交易期初的即期汇率。

对这种交易的一种解读是：做市商在起息日收取 1 亿美元，并在互换存续期间为这笔美元贷款支付的利率为美元 LIBOR＋x 基点；类似地，客户在起息日收取 85.3 亿日元，并在互换存续期间为这笔日元贷款支付的利率为日元 LIBOR＋y 基点。x 和 y 是使得该笔交易在期初净现值为 0 的数值。

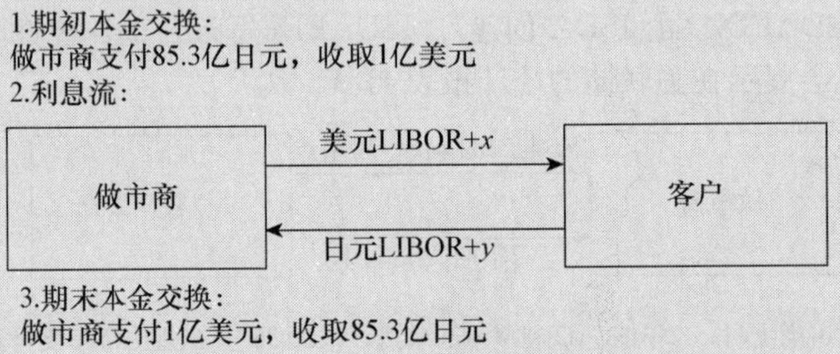

图 1-12 交叉货币互换

① 2 年期 CMT 利率通常并不等于 2 年期新发国债的收益率。虽然每天观察到的 2 年期互换利率的期限是 2 年，但是 2 年期新发国债的期限通常不是 2 年，因此需要使用某种方法将国债的期限调整成 2 年，从而得到 2 年期 CMT 利率。

② 由于我们这里不会讨论到的某些技术原因，这种解读并不准确。该交易的风险特征要远比这个复杂。另外，我们在第六章中将看到，这种交易还会有一些期权的特点。

③ 我们应该想持有客户的头寸。假设在 2×5 期间每季度 2 年期互换基差都是 20 基点。那么客户会收到 2 年期 CMT 利率＋30 基点，支付的现金流要比这个少 10 基点。

习题

习题 1 和习题 2 请参考以下互换综合报价页面：

期限	国债价格	国债收益率	收益率中间价	互换基差
2 年期	100-042/100-04+	0.557/0.553	0.555	19/18.5
3 年期	100-016/100-02+	0.981/0.979	0.980	24.5/24
5 年期	100-18+/100-186	1.877/1.876	1.877	21.25/20.75
7 年期	100-14/100-146	2.556/2.552	2.554	17/16.5
10 年期	99-04/99-04+	3.228/3.226	3.227	7.5/7
30 年期	106-20+/106-21	4.350/4.349	4.350	−24.5/−25

1. 在该表中没有显示的其他期限的互换利率可以通过将相邻期限的新发国债收益率线性插值，然后加上相应的互换基差求得。

a）如果市场中 4 年期互换基差为 25.25/24.75，那么 4 年期互换利率的买入价和卖出价分别是多少？

b）如果市场中 15 年期互换基差为 27.5/27，那么 15 年期互换利率的买入价和卖出价分别是多少？

2. 参考上面的综合报价页面：

a）按债券市场计息规则每半年付息的 5 年期互换的卖出价是多少？请使用国债收益率和互换基差的合适买入价/卖出价进行计算。

b）根据 a）部分的答案，按货币市场计息规则每季度付息的 5 年期互换利率的卖出价是多少？

c）假设客户想在 10 年期互换中收取固定利率。如果他预计可以根据屏幕上的价格成交，那么他会在什么价格成交呢？也就是说，假设客户预计他可以在屏幕上显示的买入价/卖出价中的合理的一方成交，那么应该是哪一方呢？

d）参考 c）部分的答案。假设做市商表示他可以在对客户更有利的利率成交。如果做市商可以将客户的报价优化 0.5 基点，那么客户会在什么价格成交呢？

3. 假设互换做市商的基差互换报价如下表所示：

	1s3s LIBOR 基差互换		基准利率-LIBOR 基差互换	
	买入价	卖出价	买入价	卖出价
1 年期	+3	+5	−283	−279
2 年期	+2	+4	−281	−277
3 年期	+1	+3	−280	−276
4 年期	+1	+3	−278	−274
5 年期	+1	+3	−276	−272

这些基差互换的报价惯例是基差应该加在互换的非 3 个月 LIBOR 一端。例如，互换做市商愿意在 5 年期基差互换中支付基准利率−276 基点收取 3 个月 LIBOR，他也愿意在

5 年期基差互换中收取基准利率－272 基点支付 3 个月 LIBOR。

在 1s3s 基差互换中，标准的惯例是每月月初设置 1 个月 LIBOR，并以此计提利率，在月末支付，计息惯例为 Act/360，每月付息。在基准利率-LIBOR 基差互换中，基准利率（银行向它的中等市场客户收取的利率）每天设置。在季度末，取这些每日设置的利率的平均值，并使用该平均值作为该季度基准利率端的利率。① 该利率按照 Act/360 计息规则每季付息。在所有的情况下，3 个月 LIBOR 都是在每个季度初进行设置，并在季度末支付，按 Act/360 计息规则每季付息。

假设互换做市商对互换利率的报价如下表所示（固定端按 30/360 计息规则每半年付息，浮动端支付 3 个月 LIBOR）：

互换利率（固定端按 30/360 计息规则每半年付息，浮动端支付 3 个月 LIBOR）		
	买入价	卖出价
1 年期	5.00%	5.02%
2 年期	5.10%	5.12%
3 年期	5.16%	5.18%
4 年期	5.20%	5.22%
5 年期	5.25%	5.27%

在下列问题中，假设做市商使用表中相关买入价和卖出价进行报价。

a）给定上述互换曲线，固定端按货币市场计息规则每季度付息的 5 年期互换利率的买入价和卖出价是多少？假设浮动端继续使用按货币市场计息规则每季度支付 3 个月 LIBOR。

b）给定上述互换曲线，固定端按货币市场计息规则每月付息的 5 年期互换利率的买入价和卖出价是多少？假设浮动端继续使用按货币市场计息规则每季度支付 3 个月LIBOR。

c）给定上述互换曲线，固定端按货币市场计息规则每月付息的 5 年期互换利率的买入价和卖出价是多少？假设浮动端使用按货币市场计息规则每月支付 1 个月 LIBOR。

d）假设客户想与做市商达成一笔 5 年期互换，客户支付 1 个月 LIBOR－25 基点，按 Act/360 计息规则每月付息。假设固定端也是按照 Act/360 计息规则每月付息，那么互换做市商对固定利率的报价应该是多少呢？

e）假设客户想与做市商达成一笔 5 年期互换，客户收取基准利率，按 Act/360 计息规则每季付息。假设固定端也是按照 Act/360 计息规则每季度付息，那么互换做市商对固定利率的报价应该是多少呢？

f）假设客户想与做市商达成一笔 3 年期互换，客户收取基准利率－250 基点，按 Act/360 计息规则每季度付息。做市商支付 1 个月 LIBOR＋x 基点，按照 Act/360 计息规则每月付息。那么 x 应该是多少呢？

4. 假设 r_{yb} 是每年复利 x 次的利率，r_{yb} 是每年复利 y 次的利率。投资者可以以相同的利率借入或者借出资金。证明

$$r_{yb}=y\times\left[\left(1+\frac{r_{xb}}{x}\right)^{x/y}-1\right]$$

① 具体到技术细节，基准利率是天数加权平均的，这意味着周五设置的利率用于周六和周日的计息。

该公式是公式（1.8）中近似公式的借鉴来源。

5. 参考表1-1，市场惯例是12年期互换基差（买入价和卖出价）是在10年期新发国债收益率的中间价基础上报价的。假设现在12年期互换基差根据10年期国债和30年期国债收益率的插值进行报价。在这种情况下，12年期互换基差应该如何报价才能使表1-1中12年期互换利率的买入价和卖出价保持不变呢？

第二章

利率互换的风险特征和传统用法

在本章我们会分析两个问题：互换交易的风险特征和传统用法。当投资者进入一笔互换交易时，他会面临几种风险。具体来讲，一笔固定换浮动的利率互换有三种主要风险：利率风险、基差风险和交易对手风险。交叉货币互换还有汇率风险。我们将在本章对每种风险进行讨论。

利率互换的传统用法似乎与互换的风险没有太多联系。但是，这些风险（利率风险、基差风险或者汇率风险，不包括交易对手风险）正是投资者进行互换交易的初衷。利率、互换基差和汇率的变动都会影响互换合约的价值，使得互换合约成为很多资产和负债的有效对冲工具。

2.1 利率风险

我们在第一章提到（并将会在第三章讨论更多的细节），一个固定换浮动的互换会设定固定利率使得互换合约在期初执行时的净现值为 0（我们用 NPV=0 表示）。固定换浮动互换在执行期初是 NPV=0 的交易，但是其价值会随着互换利率的变动而变动。[①] 现在，我们来分析一下在表 2-1 所示的互换曲线瞬时平移的情况下，名义本金为 1 亿美元的不同期限的互换合约的价值是如何变动的。互换曲线指的是期限和互换利率之间的关系。这类似于国债收益率曲线，只是把国债收益率替换成互换利率。互换的内在利率风险如表 2-2 所示。

---

① 事实上，即使互换利率不变，互换合约的价值也会随着时间的推移而变动。这种特征可以使用滑移来衡量，我们会在第八章中具体分析。

表 2-1　　互换曲线样例

期限	互换利率
1 年期	5.00%
2 年期	5.11%
3 年期	5.30%
4 年期	5.47%
5 年期	5.60%
7 年期	5.70%
10 年期	5.90%
30 年期	6.20%

这些结果是使用我们自己的互换模型计算得出的。① 在分析计算结果之前，我们需要明确两件事：第一，这里展示的数值结果很大程度上依赖于具体的定价模型。如果我们使用不同的模型，我们可能会得到略微不同的结果。不同的模型使用的方法会稍有不同，计算出的敏感度也会不同。不过，使用主流方法的模型的差异通常非常小。第二，也是更重要的一点，表 2-2 中的计算结果很大程度上取决于当时的互换曲线。如果互换利率变动，那么这些结果会有很大的变化。

表 2-2　　对于固定利率收取方，表 2-1 中互换曲线瞬时平移后，名义本金为 1 亿美元的互换的价值　　（单位：万美元）

互换期限	互换曲线瞬时平移			
	－200 基点	－100 基点	＋100 基点	＋200 基点
2 年期	＋333.8	＋164.6	(160.1)	(316.0)
3 年期	＋527.0	＋258.6	(249.2)	(489.4)
4 年期	＋691.8	＋337.9	(322.8)	(631.3)
5 年期	＋860.7	＋418.5	(396.3)	(771.5)
7 年期	＋1176.3	＋566.9	(527.5)	(1018.4)
10 年期	＋1598.2	＋760.4	(690.4)	(1317.9)
30 年期	＋3301.7	＋1467.0	(1182.1)	(2142.3)

回到表 2-2，我们可以看到进入一笔名义本金为 1 亿美元的 5 年期互换（固定利率已确定）之后，如果互换曲线瞬时向下平移 100 基点，那么对于固定利率收取方来说，互换的价值为 418.5 万美元。相反，如果互换曲线瞬时向上平移 100 基点，则对于固定利率收取方来说，互换的价值为－396.3 万美元。注意，固定利率收取方在利率下跌时的获利比利率上升相同幅度时的损失要大。

我们在第一章提到，固定利率收取方的头寸类似于持有一个典型的固定利率债券。表 2-2 中的数字进一步证实了这种诠释。固定利率债券的持有者在债市上涨利率下跌时获利，在债市抛售利率上升时受损。进一步说，对于相同幅度的利率下跌和利率上升，固定利率债券持有者在利率下跌时的获利大于利率上升时的亏损。更正式地说，这个现象在固定利率债券分析中可以用修正久期和凸性衡量。②

① 我们会在第三章介绍如何自己开发互换定价模型。

② 在附录 B 中，我们简单回顾了修正久期和凸性，以及固定收益产品分析中常用的其他概念。

固定利率债券的全价 P 可以被看作其到期收益率的函数。该债券的修正久期 D_m 由如下公式给出：

$$dP = -D_m \times P \times dy \tag{2.1}$$

这个公式将债券价值的变动 dP 与它的修正久期 D_m、全价 P 和债券到期收益率的变动 dy 联系起来。固定利率债券的修正久期并不是常数，而是债券到期收益率的函数。具有正凸性的债券的修正久期会随着到期收益率的下降而上升。具有这种特质的债券在利率下跌时价值的上涨大于相同幅度利率上升时价值的下跌。修正久期和凸性均为正值的债券的价格—收益率关系如图 2-1 所示。

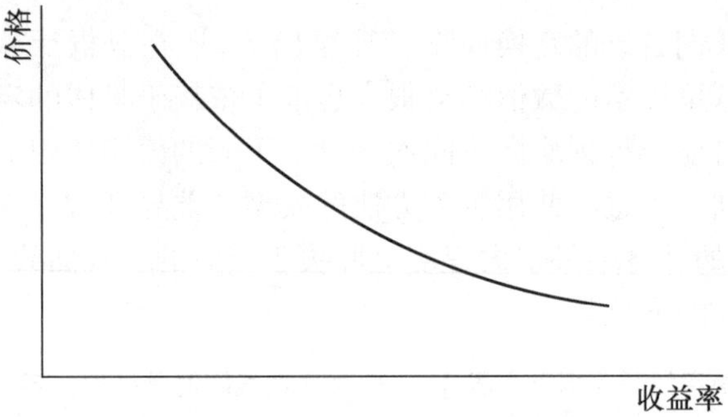

图 2-1　修正久期和凸性均为正值的债券的价格—收益率关系

但是，使用修正久期的概念来分析互换的利率敏感度并不常见。这里有几点原因。第一，我们在第三章会提到，互换的估值并不借助于到期收益率的概念，而是取决于一系列折现因子。这就很难使用公式（2.1）中修正久期的定义。第二，公式（2.1）中久期的定义取决于债券价格 P。而互换在期初达成交易时的 NPV=0，这意味着互换的价格为 0。尽管我们可以解决第二个问题，但是业内还是选择了用不同的方法来度量互换的利率风险。

2.1.1　PV01

我们将互换的 PV01（1 基点的现值）定义为互换曲线 1 基点的平行移动引起的互换价值的变动。如果互换曲线向下平移 1 基点会引起互换价值上升，那么该互换的 PV01 是正数。如果互换曲线向下平移 1 基点会引起互换价值下降，那么该互换的 PV01 是负数。所以，收取固定利率的互换的 PV01 为正，而支付固定利率的互换的 PV01 为负。表 2-3 展示了我们使用自有互换模型计算的不同期限的互换的 PV01。标注“PV01”的列展示的是计算出的 PV01，在该计算中假设互换的第一个 LIBOR 已经设置，因此互换曲线的平移不会影响第一个 LIBOR 的值。这种方法是测量互换利率敏感度最流行的方法。

表 2-3　基于表 2-1 中互换曲线计算的 PV01 和 PV 票息 01（假设名义本金为 1 亿美元）

互换期限	PV01	未设置第一个 LIBOR 的 PV01	PV 票息 01
2 年期	16 322	18 858	18 858
3 年期	24 882	27 418	27 506
4 年期	32 818	35 354	35 628

续前表

互换期限	PV01	未设置第一个 LIBOR 的 PV01	PV 票息 01
5 年期	40 237	42 773	43 321
7 年期	53 063	55 599	57 215
10 年期	69 253	71 789	75 007
30 年期	112 636	115 172	113 872

表格中还包含另一组利率敏感度的数据，被称为“未设置第一个 LIBOR 的 PV01”。其计算是假设这些即期互换的第一期 LIBOR 值尚未设置。因此，在这个假设下，互换曲线的平移会影响期初第一期 LIBOR 的值。有时人们会倾向于使用这种 PV01，因为它可以将互换固定端的利率风险与浮动端的风险分离。相较而言，PV01（已设置第一个 LIBOR）是固定端和浮动端的净敞口，包含了浮动端期初设置的 LIBOR 的利率敏感度，这会微量地抵消互换固定端的利率敏感度。

除了这两种利率敏感度指标外，表格中还有一组称为“PV 票息 01”的数字。给定互换曲线，这组数字表示将互换的固定票息变动 1 基点时，互换合约价值的变动。这里的惯例是，正（负）的 PV 票息 01 表示如果固定票息增加 1 基点，那么互换的价值也会增加（降低）多少。所以，正的 PV 票息 01 对应的是我们在互换中收取固定利率。PV01 和 PV 票息 01 是两个完全不同的概念：PV01 是计算互换曲线变动 1 基点时互换合约价值的变动；PV 票息 01 是计算互换曲线不变，而固定票息变动 1 基点时，互换合约价值的变动。把这两组结果混用是肯定不正确的。但是如表 2－3 所示，这两组结果非常接近。

需要再次提醒的是，表 2－3 中的数字很大程度上取决于使用的互换模型和互换曲线。在不同的利率环境下，计算结果会非常不同。如果互换利率降低，那么表中所有的数字会变大，反之亦然。①

前端基点形式的 PV01

人们经常使用前端基点（bps upfront）而不是金额来度量这些 PV01。例如，名义本金 1 亿美元的 10 年期互换合约的 PV 票息 01 是 75 007 美元，75 007 美元大约是 7.5 前端基点（0.000 75×1 亿美元≈75 007 美元）。因此，我们会说存续期内 1 基点的变化（意味着互换的固定票息变动 1 基点）对应的互换合约的价值为 7.5 前端基点。在这种表述方法下，我们不需要再说明名义本金；我们可以将该基点应用于对应的名义本金来转化成绝对金额。例如，名义本金为 5 000 万美元的 10 年期互换的 PV 票息 01 是 7.5 前端基点，即 0.000 75×5 000 万美元≈37 504 美元，相当于名义本金为 1 亿美元的互换的一半。

PV01 的近似计算

上述 PV01 的计算都需要互换模型。如果没有互换模型，也可以用金融计算器近似计算出 PV 票息 01。这里我们分析一个互换存续期内 1 基点的年金，我们使用对应的互换利率对该年金进行折现。年金的支付频率与互换的固定端支付频率一致。使用互换利率作为折现利率计算出的该年金的现值，就是 PV 票息 01 的近似值。它近似等于互换的固定票

① 我们曾经讲过固定利率债券的久期不是常数，而是利率的函数：如果利率下降，则久期会延长，反之亦然。相似的结论也适用于互换的 PV01：互换曲线越低，互换的 PV01 越高，反之亦然。

息变动1基点时，互换价值的变动。这个近似值的特点就是使用互换利率进行折现，而不是使用一系列折现因子（我们将会在第三章中介绍，这种方法是更准确的）。

例如，如表2-1所示，按债券市场计息规则每半年付息的10年期互换利率为5.9%。设

PMT=1/2基点

n=20

i=5.9%/2

这里，PMT表示每半年付息的1基点年金，n表示互换的付息次数，i是作为折现利率的互换利率（已经根据固定票息支付频率做调整）。使用金融计算器，得出该年金的现值约为7.5基点。对于1亿美元的名义本金，PV01的金额为

1亿美元×0.000 75=75 000美元

这个值非常接近于表2-3中给出的10年期互换的PV票息01。

案例

我们通过例子来说明如何运用PV01。在下述案例中，我们使用表2-3中的PV01的数字，市场数据参见表2-1中的互换曲线。

- 假设我们进入一笔名义本金为1亿美元的10年期互换合约，收取平价互换利率5.90%。如果互换曲线向下平移1基点，则对我们来说互换合约价值为69 253美元。在互换曲线发生同样变动的情况下，互换固定端的价值会向对我们有利的方向变动71 789美元。
- 假设我们在名义本金为1亿美元的5年期互换中支付固定利率5.60%。如果互换曲线向下平移1基点，则互换价值会向对我们不利的方向变动40 237美元。如果互换曲线向下平移10基点，则互换价值会向对我们不利的方向变动10×40 237美元=402 370美元。这为我们提供了一个估算。但是，由于互换的PV01不是常数，而是随着互换利率的变动而变动，所以上述估算是不精准的。对于互换曲线的微小变动，估算误差不会太大，但是如果互换曲线变动较大，则误差会很大。例如，如果互换曲线向下变动100基点，我们估算互换价值会向对我们不利的方向变动100×40 237美元=4 023 700美元。但是，由表2-2可知，互换曲线向下变动100基点，互换合约价值会向对我们不利的方向变动4 185 000美元。这两个数字之所以存在差异是因为PV01会随着互换利率的变动而变动。
- 假设我们在名义本金为5 000万美元的30年期互换中收取固定利率6.20%。如果互换曲线向下移动1基点，则互换合约的价值会向对我们有利的方向变动0.5×112 636美元=56 318美元。也就是说，PV01是根据互换的名义本金变动的。
- 假设我们在名义本金为1亿美元的5年期互换中收取固定利率5.59%，而不是平价互换利率5.60%。由于不是收取平价互换利率，而是少收取1基点，所以我们应该会得到对此的补偿。事实上，使用5年期互换的PV票息01，我们知道如果我们收取5.59%的利率，那么应该收取前端费43 321美元。注意，固定利率为5.59%的5年期互换是一笔偏离市价的交易（因为它在交易期初的NPV不等于0）。但是，前端费和偏离市价互换组合是一笔NPV=0的交易。

● 假设我们在名义本金为10亿美元的2年期互换中支付固定利率，如果我们想在互换交易中收取前端费100万美元，并相应调整固定利率，那么我们应该支付高于互换利率市价的固定利率。因为名义本金为1亿美元的2年期互换的PV票息01为18 858美元，这意味着名义本金为10亿美元的2年期互换的PV票息01为10×18 858美元＝188 580美元。因此，我们需要支付高于2年期平价互换利率5.3基点（1 000 000美元/188 580美元≈5.3基点）的固定利率，即需要支付5.163%（5.11%＋0.053%＝5.163%）的固定利率。

我们最后来讨论一个使用互换PV01近似值的例子：

● 假设30年期（按债券市场计息规则每半年付息）的互换利率为3.583%，如表1-1所示。假设某客户有兴趣在按照货币市场计息规则按年付息的30年期互换中支付固定利率，名义本金为1亿美元。我们在1.2.1节中讨论过，该平价互换利率折算成按货币市场计息规则按年付息的等效利率为3.563%。如果客户与做市商忘记进行利率转化，不是按照3.563%，而是按照3.583%进行的交易，那么客户会因此多支付3.583%－3.563%＝2基点。我们可以用以下设置估算这笔互换合约的PV票息01：

PMT＝1基点
n＝30
i＝3.563%

求得PV票息01为18.25基点，即182 500美元（名义本金为1亿美元）。因为这笔互换的固定利率偏离市场2基点，这个错误的价值大约是2×182 500美元＝365 000美元。[①]

需要注意的是，PV01并不是一个完美的概念；互换曲线通常并不是平行移动的（这也是投资者倾向于将互换的固定端和浮动端分拆并关注未设置第一个LIBOR的PV01的动机之一）。有些投资者会关注其对某一期限互换利率变动的敞口，从而获得有关互换组合的更多基差细节。

2.2 基差风险

在上一节，我们分析了互换利率变化时互换的风险。需要注意的是，互换利率变动1基点可能是由不同情形导致的。例如，5年期互换利率上升1基点，这可能是因为5年期国债利率上升1基点，或者5年期互换基差上升1基点，或者5年期国债利率下降1基点同时5年期互换基差上升2基点，等等。虽然互换基差的变动包含在互换利率的变动之中，但是我们仍会分析互换对互换基差变动的敏感度。

假设现在的市场如表1-1所示，客户在名义本金为1亿美元的5年期互换中收取1.606%＝T_5＋17的固定利率。也就是说，在互换合约执行期初，互换利差的买入价是17基点，5年期国债的收益率为1.436%。假设互换执行之后，5年期国债收益率不变，但5

① 在1.2.1节中我们提到这个错误的价值是365 000美元，这里我们解释了为什么是这个数。

年期互换的基差下降了 1 基点至 16 基点。在这种情况下，客户收取固定利息 1.606%，而现在 5 年期互换利率只有 1.596%。对于客户来说，该互换现在是盈利的。客户在这个互换中的盯市市值为正数。客户获利多少呢？根据表 2-3 中的 5 年期互换的 PV01，客户的获利为 40 237 美元。[①]

相反，假设互换在 1.606%执行后，5 年期国债收益率没变，但 5 年期互换基差上升了 1 基点至 18 基点。客户发现他收取 1.606%的固定利率，而现在 5 年期互换利率为 1.616%。在这种情况下，对于客户来说，互换合约是亏损的。由该互换的 PV01 可知，客户在这个互换中的亏损为 40 237 美元。[②] 正如这些例子所示，互换具有基差风险，这意味着互换的价值会受到互换基差变动的影响。也就是说，即使相关国债收益率不变，仅互换基差的变动也会影响互换价值。

实际上，我们可以更进一步推论。如果我们在互换中支付固定利率然后买入国债进行对冲，则我们的净头寸对国债的变动没有敞口，而仅对互换基差的变动有敞口。我们回顾图 1-4，它展示了做市商在互换中支付固定利率并买入国债对冲该头寸的情况。做市商支付固定利率 T_5＋17 基点＝1.436%＋17 基点＝1.606%，并以 101-16 的价格买入国债。等效地，我们可以说做市商以 1.436%的收益率买入国债。现在，我们来分析国债收益率 T_5 和互换基差 ss_5 变动时，互换加上对冲交易的价值变动。

如表 2-4 所示，国债收益率 1 基点的变动会引起互换的价值和用于对冲的国债的价值相同大小的变动，但方向相反。所以，在国债收益率变动的情况下，净头寸的价值不变。无论国债收益率有何变动，这个结论都是成立的。但是，互换基差的变化会引起净头寸价值的变化：当互换基差上升时，该交易对做市商有利，当互换基差下降时，该交易对做市商不利。

这种进入一笔互换合约，并使用国债对冲利率风险的交易被称为基差交易。[③] 如果在互换中收取固定利息并且卖出国债来对冲，这被称为卖出基差或基差空头。在这种交易中，如果基差下降，则头寸价值会上升，如果基差上升，则头寸价值会下降。国债收益率的变动不影响头寸的价值。

如果在互换中支付固定利息并且买入国债来对冲，则被称为买入基差或基差多头。在这种情况下，基差上升意味着头寸价值会上升，基差下降则头寸价值下降。国债收益率的变动不影响头寸的价值。互换基差是互换市场中非常流行的交易。人们通过进行互换基差交易来表达他们对互换基差变动的看法或者进行对冲。认为未来基差会变宽的人会买入基差，认为未来基差会变窄的人会卖出基差。

---

① 这并不是 PV01 真正的含义。PV01 考虑的是互换曲线的平移。而这里我们分析的仅仅是 5 年期互换基差的变动。但是，这两个数字实际上是一样的。因为 n 年期互换的 PV01 主要是由 n 年期互换利率的变动带来的，其他期限利率变动的影响非常小。

② 如前所述，PV01 并不是常数，而是取决于利率水平。因此，即使互换利率变动微小的 1 基点都可能会导致向两个方向变动的情况下 PV01 的变动不同。但是，因为变动幅度的差异非常小，所以我们在这里忽略不计。

③ 在固定收益市场中的其他领域也有很多交易是使用国债来对冲利率风险的。例如，购买固定利率公司债的投资者既有利率变动的敞口又有公司信用变动的敞口。通常，投资者只愿意承担公司的信用风险而不愿承担利率风险。在这种情况下，购买了公司债的投资者会卖出相应期限的国债。这样投资者就对利率变动免疫，仅受公司信用利差的影响。

表 2-4　　标的国债和互换基差变动引起的基差交易价值的变动

在互换中支付固定利率 1.606%并以 1.436%的收益率购买国债			
变量	互换价值变动（存续期基点）	国债价值变动（存续期基点）	净价值变动（存续期基点）
T_5 ↑1 基点	+1 基点	−1 基点	0 基点
T_5 ↓1 基点	−1 基点	+1 基点	0 基点
ss_5 ↑1 基点	+1 基点	0 基点	+1 基点
ss_5 ↓1 基点	−1 基点	0 基点	−1 基点

2.2.1　进一步分析互换基差

图 2-2 展示了 2 年期和 10 年期互换基差的历史中间价（买入价和卖出价的平均值）。在此重申，2 年期互换基差是 2 年期互换利率与 2 年期新发国债收益率的差值。10 年期互换基差也是同样的概念。注意，2 年期互换基差通常小于 10 年期互换基差。[①] 在 20 世纪 90 年代中期，互换基差非常稳定。随着千禧年接近、国债供应量下降以及对千年虫的担心，互换基差普遍上升。从 2000 年到金融危机爆发，互换基差普遍收窄。在危机期间 2 年期互换基差大幅上升，但从那之后，基差逐渐趋窄。继 30 年期互换基差在负值成交后（见第一章），10 年期互换基差在 2010 年春季第一次在负值成交。

图 2-2　互换基差的历史走势

很多因素可以解释互换基差的均衡水平或者互换基差的每日波动。在某一段时间，总有一种因素占据主导位置，引起了市场参与者的关注，成为基差的主要驱动因素。我们先来解释互换基差的均衡水平。

- **GC-LIBOR 观点**。我们回到图 1-4，该图展示的是做市商在互换中支付固定利息，买入国债进行对冲，并且通过回购协议为国债融资。我们现在重绘这张图，并把注意力放在互换存续期内收取或支付的利率、国债的收益率以及做市商为国债融资的回购利率上。换言之，重绘的图 1-4 不包括期初买入国债的现金流支付，只关注交易期间的现金流。

① 1994 年年末，在奥兰治县的投资基金宣布破产后的几天里，2 年期互换基差高于 10 年期互换基差。奥兰治县大量投资了票息挂钩衍生品的结构性票据和债券。我们会在第七章介绍，市场对这个新闻的（正确的）反应就是 2 年期互换基差迅速上升，而 10 年期基差上升幅度不大。

如图 2－3 所示。买入 5 年期国债，做市商获得 T_5 的收益率。他需要通过回购交易为买入国债融资，融资的利率为一般抵押品回购（general collateral，GC）利率。[①] 回购的期限通常比较短，比如隔夜或者定期（即多于一天），但重点是，回购利率并不是在交易的 5 年期限里锁定，而是根据每次到期时市场上的回购利率重新签署。[②] 在互换合约中，做市商支付固定端利息 T_5+17 基点，同时收取 LIBOR（每三个月变动一次）。

图 2－3　互换基差的 GC－LIBOR 解释

现在我们把这些现金流放在一起讨论：从上部的两个箭头来看，做市商从国债收取 T_5 的收益率并且支付 T_5+17 基点的利率，净支出互换基差 17 基点。从下部的两个箭头来看，做市商的净收入是 3 个月 LIBOR 和一般抵押品回购利率的差值，这个差值一般是正数。[③]

做市商在达成这种交易时会预期盈亏平衡，因此互换基差的 GC－LIBOR 解释认为互换基差应该等于互换存续期内 LIBOR 和一般抵押品回购利率之差的期望值。当然，LIBOR 和一般抵押品回购利率会随着时间而变动，它们的差值也会变动。如果我们确定 LIBOR 和一般抵押品回购利率的差值在互换存续期始终保持不变，那么它们的差值就等于互换基差。

现在我们来分析一些并不能解释互换基差均衡水平，但能导致互换基差每日甚至每分钟变化的因素。需要指出的是，这些因素可能不是单独作用的，分辨出哪个因素是基差变动的主要原因是非常困难的。

- **供给和需求**。这是影响互换基差不停变动的最大因素。如果投资者总体上希望向做市商支付固定利率，则互换基差会上升。如果投资者总体上愿意从做市商那儿收取固定利率，则互换基差会下降。[④]
- **国债的供给**。美国财政部会根据美国政府的融资需求增加或减少国债的发行量。即使国债供应量变动的预期也会对市场产生很大的影响。如果投资者有理由相信新发行国债的供应量将小于之前的预期，那么这会提高对存量国债的需求，使得国债价格上涨，收益率下跌。国债价格上升收益率下降不是经济基本面导致的，而是国债的供给和需求变动导致的——随着国债成为稀缺资源，对它的需求会增加。虽然在这种情况下国债收益率会下跌，但是互换利率却不会受到影响，因为互换利率是 LIBOR 利率的函数。由国债供给量下降导致的国债收益率下降并不会影响现在或未来的 LIBOR 利率，这意味着国债供给下

---

① 如果国债特别紧俏，回购利率可能更低一些。我们这里忽略这个问题。

② 另外，在对冲互换交易时，很多做市商也不是在 5 年期限里一直持有某一个国债的多头，而是在新债发行时，将旧债卖出买入新债，从而保持持有的债券多头的流动性最好。我们这里也忽略这个问题。

③ 回购利率通常要比相同期限的 LIBOR 利率低，因为回购是抵押贷款，而 LIBOR 代表的是向其他银行发放无抵押贷款收取的利率。

④ 这里描述的市场机制与股票市场非常相似。如果投资者都想购买一只股票，那么他们会将股票的价格推高。类似地，如果投资者都想支付固定利率，那么这会推高互换基差，因为做市商需要在新交易的互换中收取更高的固定利率（该固定利率等于国债收益率加互换基差）。

降会导致互换基差扩大。

● **收益率曲线的形态**。收益率曲线越陡峭（即长期利率和短期利率之差越大），投资者越有动力收取长期限固定利率（例如在10年期互换中收取固定利率），支付短期限利率（例如3个月LIBOR）。我们在本章后半部分会讲到，这个机制是公司债发行人通过在互换中收取固定利率，从而将固定利率债券转化为浮动利率债券的主要驱动因素。如前所述，如果投资者总体上希望在互换中收取固定利率，那么这会引起互换基差收窄。因此，如果收益率曲线陡峭化，互换基差会收窄。①

● **利率水平**。一般认为，债市上涨（假设上涨不是因为涌入高质量资产以避险）会造成互换基差收窄，债市抛售会导致基差变宽。当债市上涨利率下跌时，抵押贷款买房的人会更有动力重新融资。抵押贷款债券的持有者在债市上涨时面临提前偿还抵押贷款的风险。为了对冲这种风险，当债市上涨时，抵押贷款债券持有者会在互换中收取固定利率来对冲这种风险。相反，当债市抛售时，提前偿还贷款的速度会比预期慢。此时，抵押贷款债券持有者会在互换中支付固定利率来对冲这种风险。②

● **系统性信用和流动性担忧**。金融系统受到任何冲击（例如，俄罗斯债务违约、长期资本倒闭、恐怖袭击、千年虫问题等）通常都会伴随"涌入高质量资产以避险"，即投资者抛售具有信用风险的资产转而投资无风险的国债。LIBOR利率代表的是银行间拆借资金的利率，它包含了信用风险的成分，因此当人们认为金融系统的系统性风险增加时，LIBOR利率会上升。所以，在这种事件中，国债收益率下降，LIBOR利率上升，从而互换基差上升。

● **回购利率**。我们回到图1-4，该图展示的是做市商在互换中支付固定利息，买入国债对冲并用回购为国债融资。假设其他条件不变，回购利率下降，这种情况可能是因为5年期新发国债特别抢手。在这种情况下，做市商可以在回购中节省利息，从而可以承受更宽的互换基差（仍然保持盈亏平衡）。所以，当回购利率下降时，互换基差会上升，反之亦然。

这个影响往往比较小，并且随着互换期限延长而减弱。这是因为隔夜回购利率的变动仅仅影响一天，而互换基差的变动会影响整个互换存续期。

案例

分析图1-4中的案例，假设互换做市商在一笔名义本金为1亿美元的5年期互换中支付固定利率1.606%，并以100-16的价格买入面值为1亿美元的5年期国债进行对冲。根据公式（1.13），国债的全价为101 557 065.22美元，根据公式（1.14），假设隔夜回购利率为20基点，做市商融资一天后的欠款为101 557 629.43美元。如果回购利率为0，则做市商融资一天后的欠款为101 557 065.22美元（即欠款金额等于融入金额，因为回购利率为0）。所以，回购利率20基点的变化减少了融资成本564.21美元（=101 557 629.43美元−101 557 065.22美元）。进一步来讲，假设预期这只债券的回购利率从现在到2010年8月31日（即下一次5年期国债发行的交割日，总共19天）会从20基点降低到0。在这种情况下，做市商的融资成本预计可以降低564.21美元×19=10 719.99美元。

① 曲线陡峭化时互换基差并不总是收窄。当曲线陡峭化时，其他市场力量也可能会引起基差变宽。

② 关于抵押贷款市场的介绍，请参见附录D。

假设节省的这笔钱体现为做市商支付的互换基差的上升。[①] 该互换的PV票息01可以用如下参数近似求得：

PMT=1/2 基点

$n=10$

$i=1.606\%/2$

我们得到PV=4.8基点，即，若名义本金为1亿美元，则相当于48 000美元。因此，节省的融资成本10 719.99美元等价于5年期互换基差增加0.2基点，计算如下：

10 719.99美元/48 000美元每基点=0.2基点

2003年夏天

2003年夏天是固定收益市场非常动荡的时期，供需因素极大地影响了国债收益率和互换基差。如图2-4所示，在这段时间，10年期互换基差的变动与10年期国债收益率的变动大致相同。在6周的时间里，10年期新发国债的收益率上涨了近150基点。[②] 因为国债收益率上升，抵押贷款债券的久期也延长了。[③] 这意味着这些债券对利率变动更加敏感，导致持有大量抵押贷款债券的投资者重新调整他们的组合。[④] 有人估测在这六周中，抵押贷款市场的久期相当于增加了8 000亿美元本金的10年期国债（不严格地说，在这六周中，国债收益率上升150基点，相当于抵押贷款债券投资者的多头增加了8 000亿美元的10年期国债头寸）。[⑤] 购买了大量抵押贷款债券的投资者需要管理他们的利率风险，他们可以卖空国债或者在互换中支付固定利率。[⑥] 随着越来越多的抵押贷款债券持有者通过卖出国债或者在互换中支付固定利率来调整他们的投资组合，这形成了恶性循环，导致利率进一步上升，又引起了进一步的债市抛售。[⑦] 随着互换做市商需要越来越多地收取固定利率，互换基差开始上升，并且急速上升。大量卖出国债以及在互换中支付固定利率都会引起国债收益率和互换基差大幅上升。几周之后，抛售慢慢缓和，抵押贷款债券投资者在互

---

① 当回购利率降低时，竞争的力量会驱使互换做市商提高其愿意支付的互换基差。如果回购市场利率降低，那么所有在互换中支付固定利率，并买入国债进行对冲的互换做市商都会因为融资成本降低而获益。为了在这种情景下获得更多的业务，互换做市商会乐于提高他们支付的互换基差。

② 债券市场大幅抛售的原因有很多，很多人认为最初的导火索是美联储宣布不再为了降低利率刺激经济而采取在公开市场购买国债这种非常规手段。而此前有些投机者预计美联储会继续使用这种非常规手段，因而购买了大量国债。美联储宣布不再购买国债之后，这些投机者不得不快速卖出国债，从而导致国债收益率大幅上升。

③ 抵押贷款债券的价值对利率水平非常敏感。抵押贷款债券具有提前偿还风险，这意味着借款人可以提前偿还底层贷款。随着利率下降，借款人再贷款的动机就会增强，即借款人提前偿还贷款的动机就会增强。随着利率上升，提前偿还的可能性就会下降，因此抵押贷款的平均期限和久期也会延长。关于抵押贷款的介绍，请参考附录D。

④ 这就是抵押贷款债券的负凸性：随着利率上升，抵押贷款债券的久期也延长。因此，如果我们的资产组合中持有抵押贷款债券，那么我们的组合就会在我们最不想要债券多头的时候拥有了更多的债券多头。

⑤ 在这段时间国债收益率的变动并不是一直朝一个方向。在这段时间，市场经历了大幅震荡，利率有时下降有时上升，在几周后达到了更高的均衡水平。

⑥ 需要记住的是，在互换中支付固定利率类似于卖出固定利率债券。

⑦ 就像我们常说的，抛售会引起进一步抛售。

换中支付固定利率的需求也减少。[①] 随着硝烟散尽，互换市场见证了 10 年期互换基差最极端的上涨之一。这时，投机者认为互换基差会很快降低到历史正常水平，开始入场进行交易。如图 2-4 所示，基差此后确实很快降低了。

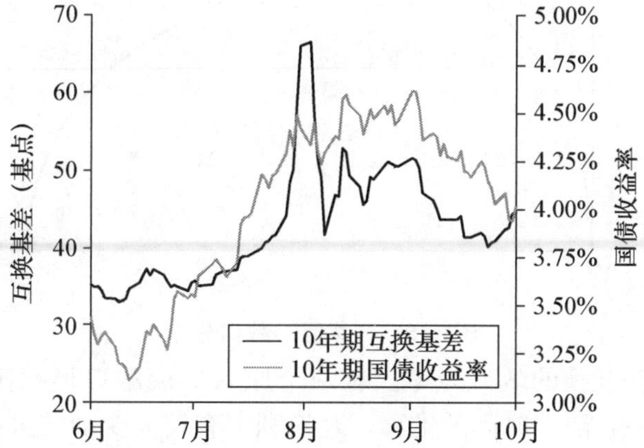

图 2-4　2003 年夏天的互换基差与国债收益率

2.3　汇率风险

交叉货币互换具有汇率风险。最简单的识别方式是，这种互换期初和期末的本金交换是按期初的即期汇率折算。如果汇率在互换存续期变动很大，则期末交换本金的盯市市值就会非常大。

2.4　交易对手信用风险

最后，我们还剩一种没有提及的风险，即交易对手信用风险。互换的双方进入交易时都期望交易对手在互换存续期能够支付所有约定的金额。但是，如果其中一方（比如固定利率支付方）破产从而没有足够的资金来支付，那会怎么样呢？这会构成固定利率支付方的违约。如果固定利率支付方违约时，互换对于浮动利率支付方具有正价值，那么由于固定利率支付方无力支付，浮动利率支付方会蒙受损失。

交易对手信用风险敞口是指交易对手违约时，自己在互换（或互换组合）中蒙受的损失。表 2-2 展示了互换价值会如何变化。当然，在这个表中，我们仅考虑了利率变化时互换价值的瞬时变动。信用风险管理者更感兴趣的是随着时间流逝，互换价值如何变动。一种度量方法是互换存续期内每个时点互换价值分布的 95%分位数。也就是说，给定一个能够解释存续期利率变动的模型，那么我们可以在互换存续期每天得到一个数字，使得互换的价值有 95%的可能不会超过这个数字。剩余到期期限与 95%分位数的关系被称为互

① 一旦抵押债券久期延长的速度大幅减慢，投资者在互换中支付固定利率的需求就逐渐消失了，债券的抛售也消失了。也就是说，当市场抛售的力度足够大时，利率的进一步上升不会再引起抵押贷款债券久期的大幅延长。换句话说，当利率大幅上涨后，抵押贷款债券内嵌的提前偿还期权已经是极度虚值期权，所以这种债券的负凸性已经非常小。

换的敞口分布。图 2－5 展示了一个典型的利率互换敞口分布的形状。[①]

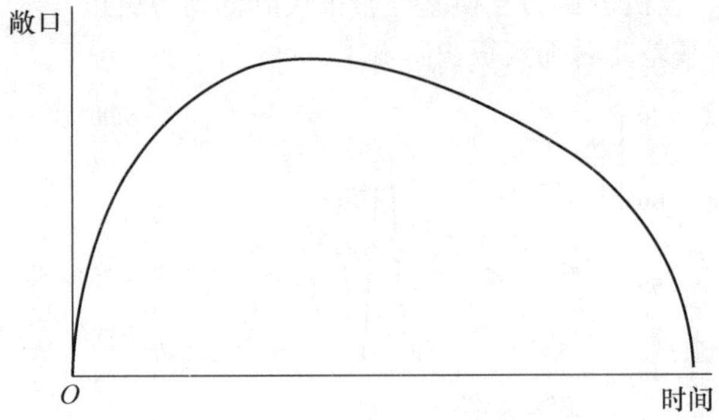

图 2－5　利率互换敞口分布

注意，在交易之初互换的敞口为零。有两个原因造成敞口形状随时间的变化呈现图 2－5所示的样子。第一，随着时间的推移，互换利率有较大变动的可能性更大了，这趋向于增加互换的敞口。第二，随着时间推移，互换不断支付利息，即使利率可能有很大的变化，但是由于现在互换的期限很短，我们也并不会因此产生很大损益。[②] 也就是说，随着时间流逝，剩余互换的 PV01 更低。最终，第二个因素压制了第一个因素，敞口开始下降。随着互换接近到期日，互换敞口逐渐趋近于零。

交叉货币互换的敞口分布则截然不同，如图 2－6 所示。交叉货币互换在期末需要交换本金。互换期初时的即期汇率用于计算期末时交换本金的数量。由于汇率会在互换存续期发生很大变动，因此即使在互换接近到期日时，互换的敞口分布也会保持在高位。

为了降低互换的交易对手风险，交易双方会在 ISDA 协议的基础上再签署一个信用支持附加协议（credit support annex，CSA）。CSA 要求交易一方向另一方交付抵押品（现金或者证券）以抵消场外衍生品交易组合（包括互换）价值变动带来的信用风险。在 CSA 条款下，衍生品交易组合中浮亏的一方（假设是客户）需要向浮盈的一方（假设是做市商）交付抵押品来防范违约风险。如果发生违约事件，做市商可以在市场上出售抵押品来保护自己。CSA 的条款会明确交易双方可接受的抵押品形式、衍生品组合价值的盯市阈值（未超过阈值不需要交付抵押品）以及抵押品的最低转移金额（避免因衍生品组合价值的极小变动而需要转移的麻烦）。[③]

---

① 场外衍生品的信用风险敞口建模、管理和定价是非常复杂的。有些机构会针对某一特定交易对手或一些交易对手去主动管理它们的信用风险敞口。在业内，对冲交易对手信用风险敞口的成本被称为信用估值调整（Credit Valuation Adjustment）。如需了解更多相关信息，请参考 Flavell（2010），Cesari 等（2009）和 Ammann（2001）。

② 已经实现的利息互换不会在当前的估值中考虑，这类似股票的当前价值不会受到已付股息的影响。

③ 展示 CSA 运行方式的最著名案例是美国国际集团（American International Group，AIG）的纾困事件。AIG 的信用评级很高，从而在与做市商的 CSA 条款中享受了很多（关于交付抵押品的）优惠条款。但是很多 CSA 协议要求 AIG 在被降级的情况下交付额外的抵押品。

众所周知，AIG 卖出了各种以抵押贷款债券为标的的信用违约互换。在危机期间，这种抵押贷款债券的情况急剧恶化，AIG 的信用衍生品头寸的盯市市值向对它不利的方向大幅移动。危机期间，AIG 被降级，这些衍生品头寸继续恶化，很多做市商要求追加保证金，最终导致美国政府在 2008 年 9 月对 AIG 进行救助。具体细节可以参考 Sorkin（2009）。

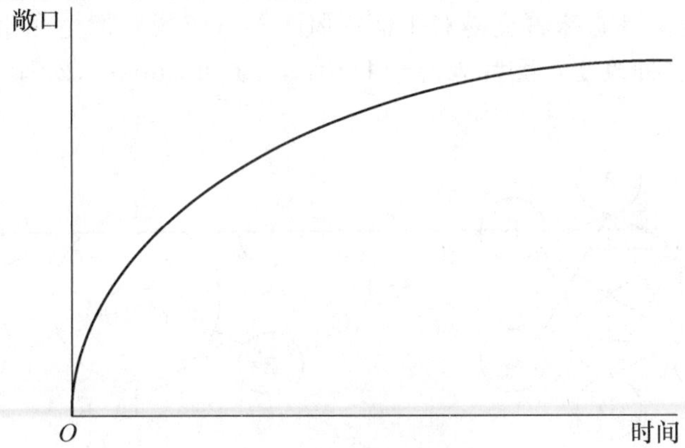

图 2-6　交叉货币互换的敞口分布

《多德-弗兰克华尔街改革和消费者保护法》

为了应对金融危机，《多德-弗兰克华尔街改革和消费者保护法》于 2010 年 7 月签署，它对金融系统进行了根本性的改革。虽然该法案涉及了很多领域的改革，但我们这里主要关注第七部分关于场外衍生品市场的内容。法案的目标是增加透明度和减少系统性风险。雷曼的破产和 AIG 的濒临破产加快了关于旨在减少金融系统性风险的改革的进程。因为无力偿债的金融机构无法在场外衍生品交易中向交易对手继续履行义务，因而会在金融系统中产生连锁反应。

该法案的第七部分包含了三项强制规定。第一，强制清算，要求某些衍生品交易必须通过清算所进行中央对手清算。由美国商品期货委员会（Commodity Futures Trading Commission，CFTC）和美国证券交易委员会（Securities and Exchange Commission，SEC）共同决定参与清算的交易品种。①

第二，强制交易方式，要求所有中央清算的互换交易必须通过交易所或者互换执行系统（swap execution facility）达成。在该法案的 721 节，互换交易系统被定义为一个"由多个参与者报买卖双边价，并能够被多个参与者执行的交易系统或平台"。

第三，强制报备，要求特定市场参与者（互换做市商和主要互换参与者）向美国商品期货委员会或美国证券交易委员会报备。互换做市商在法案中被定义为，在互换交易中声明自己为做市商的实体，在互换市场上做市，因日常经营而经常进行互换交易，或者从事的活动让该实体被认为是做市商的实体。主要互换参与者在法案中则被定义为，虽不是做市商，但是持有大量互换头寸，且尚未到期的互换产生的交易对手风险敞口能对美国银行系统或者金融系统产生严重不良影响的任何实体，或者相对于自身资本过度使用杠杆的金融机构。②

我们需要将《多德-弗兰克华尔街改革和消费者保护法》下的衍生品清算和衍生品交

---

① 美国商品期货委员会主要是负责衍生品（称为"互换"）的监管，美国证券交易委员会负责挂钩证券互换的监管。而第三种交易，即"混合互换"，由双方共同监管。利率互换应该属于"互换"种类，因此由美国商品期货委员会监管。在这里，我们不需要具体区分。

② 关于该法案的更多细节请参考《多德-弗兰克华尔街改革和消费者保护法》，下载地址：http://docs.house.gov/rules/finserv/111 hr4173 finsrvcr.pdf。关于该法案的简单总结，请参考 Davis Polk 和 Wardwell (2010)。

易做一个区分。强制清算意味着交易对手信用风险不再像场外衍生品市场上那种双边的关系。图 2－7 展示了这种改变，图片来源于 Duffie，Li 和 Lubke（2010）。

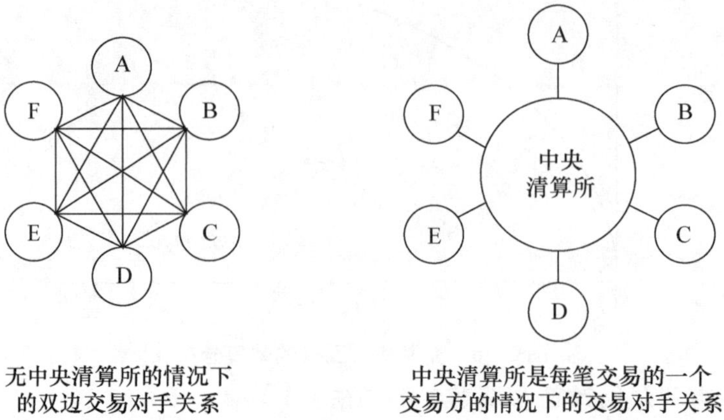

图 2－7　双边清算和中央清算模式下的交易对手信用风险敞口的特点

改为中央清算意味着双边达成的或者通过交易所达成的交易不再是交易双方直接面对，而是每个交易对手都面对中央清算所。① 人们相信中央交易对手的存在会降低交易对手信用风险从而限制金融危机在金融系统内蔓延。如果衍生品市场中体量较大的参与者破产，那么中央清算可以降低由此触发连锁反应所带来的影响。如果清算会员无法履行衍生品合约中的责任，那么中央清算所应该承担这部分损失，并继续根据衍生品交易向其他交易对手进行支付，从而隔离连锁反应。②

虽然互换转到交易所进行交易与目前场外市场的市场结构差异较大，但是在互换执行系统上仍能达成场外交易。具体来说，虽然互换交易是中央清算的，但是互换交易系统仍允许交易双方继续以双边形式交易衍生品。

2.5　互换的常见应用

在介绍过互换的风险特征后，我们介绍一些投资者使用互换的传统方法。③ 具体来讲，我们来分析公司发行债券并希望改变债券的现金流的特点时如何使用互换。我们也会分析资产互换，即投资者买卖债券，并通过互换改变债券现金流的做法。最后，我们来分析不同的机构如何使用互换来管理资产负债表。

2.5.1　对冲新发行债券

假设一家公司计划通过发行 5 年期债券融资 5 亿美元来投资一个项目。考虑到目前的

---

① 正如 Duffie，Li 和 Lubke（2010）指出的，图 2－7 并没有准确地描述从双边清算到中央清算的变化。例如，如果图中的交易方 A 到 F 中既有买方又有做市商，那么左侧的图并不太准确，因为买方机构通常不会在场外衍生品交易中互相作为交易对手。另外，大部分买方机构也不会是清算所的清算会员，因此不会像右图中那样直接面对清算所。相反，大部分买方机构会通过清算会员或者期货经纪商清算它们的交易。

② 关于这部分的更详细的探讨，可以参考 Duffie，Li 和 Lubke（2010）以及 Pirrong（2008—2009）。

③ 如 1.1 节所述，我们会在下一章介绍更多互换的非传统使用方法。

资产负债状况，公司选择发行浮动利率债券来融资。[①] 公司与投行人员经过仔细研究发现，投资者对该公司发行的两种形式的债券有很大的需求。公司可以发行票息为 3 个月 LIBOR＋37 基点的 5 年期浮动利率债券来融资 5 亿美元，也可以发行固定票息为 T_5＋50 基点（每半年付息一次）的固定利率债券来融资 5 亿美元。如果公司希望通过发行浮动利率债券来融资，那么如何做才能获得最有吸引力的融资方案呢？

虽然公司希望通过发行浮动利率债券来融资，但这并不意味着公司需要放弃发行固定利率债券的机会。我们回到表 1－1。注意，如果客户希望在 5 年期互换中收取固定利率，做市商愿意支付 T_5＋17 基点的固定利率。也就是说 5 年期互换基差的买入价为 17 基点，这意味着做市商在 5 年期互换中愿意支付高于 5 年期新发国债收益率 17 基点的固定利率来换取 3 个月 LIBOR。

如果公司以 T_5＋50 基点的票息发行固定利率债券，并且进入一笔固定换浮动利率互换，从做市商那儿收取 T_5＋17 基点的固定利率，则公司合成了票息为 3 个月 LIBOR＋33 基点的浮动利率融资。相较于发行票息为 3 个月 LIBOR＋37 基点的浮动利率债券，这个策略为该公司（在交易存续期）节省了 4 基点的成本。该策略如图 2－8 所示。

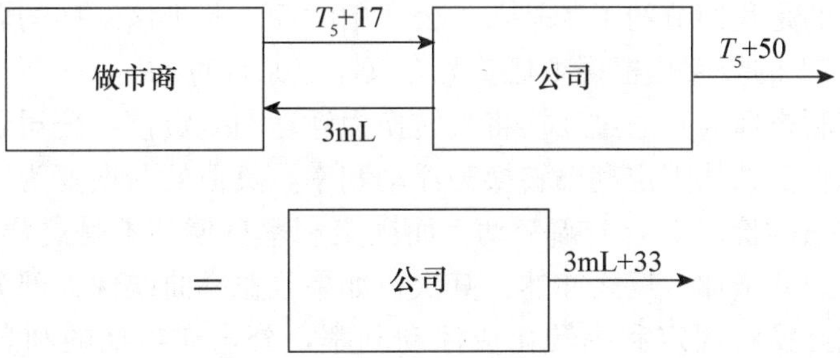

图 2－8　对冲新发行债券

如果公司发行固定利率债券并使用互换将其转化为浮动利率负债，那么我们如何得出公司的合成浮动利率融资的成本是 3 个月 LIBOR＋33 基点呢？在图 2－8 中，公司每半年按 30/360 计息规则支付给债券持有者的票息为 T_5＋50 基点，差不多抵消互换中每半年收到的按 30/360 计息的固定票息 T_5＋17 基点。[②] 这两项现金流差不多可以抵消，因为按图 2－8中的两项现金流来计算，T_5＋50 基点的现金流出与 T_5＋17 基点的现金流入相抵得：－(T_5＋50 基点)＋T_5＋17 基点＝－33 基点。也就是说，两项现金流抵消后的净现金流是支付 33 基点（每半年付息）。因此，该公司在按照 Act/360 计息规则每季度支付 3 个月 LIBOR 的基础上还要支付 33 基点的年金。更简单地说，公司需要支付 3 个月

---

① 很多公司都会选择使用浮动利率来融资。这样做可以避免债务价值因为每日盯市而产生巨大变动。当公司有固定利率的债务时，债务的价值会随着市场利率的变动而产生大幅度的变化。而公司有浮动利率债务时，债务的价值不会随着市场利率的变动产生巨大波动，因为当利率变动时，预期的利息也随之变动，债务的价值不会剧烈变动。

② 我们知道，在互换基差交易中，交易国债的目的并不是完全抵消互换的现金流，而是对冲利率变动引起的互换价值的变动。然而新发行债券的对冲却不是这种情况。大部分情况下，互换的固定端现金流正好抵消发行的债券的现金流。公司这么做有很多理由，最重要的一点是满足将互换当做对冲工具的会计处理要求。

LIBOR＋33 基点。[①]

所以，如果公司决定发行固定利率债券并使用互换将其转化为浮动利率负债，那么公司实际上是合成了一笔浮动利率为 3 个月 LIBOR＋33 基点的负债。我们知道，如果公司决定发行浮动利率债券，那么它需要支付的票息为 3 个月 LIBOR＋37 基点。通过发行固定利率债券并用互换将其转化为浮动利率负债，公司在交易存续期每年节省了 4 基点的成本。这笔节省的成本的价值可以通过 5 年期互换的 PV 票息 01 进行估算。名义本金 1 亿美元的 5 年期互换的 PV 票息 01 可以由以下参数来近似：

PMT＝1/2 基点

$n=10$

$i=1.606\%/2$

我们可得 PV＝4.8 基点，相当于 48 000 美元。因此，通过合成浮动利率负债而节省的成本的现值约为[②]

4×48 000 美元×5＝960 000 美元

公式前边的 4 代表的是我们节约了 4 基点，公式中的 5 来源于该互换的名义本金为 5 亿美元，因为 PV 票息 01 的金额是根据 1 亿美元名义本金来计算的。

通过发行固定利率债券并通过互换将其转换为浮动利率负债，公司还获得了其他一些好处。首先，通过将负债从固定利率转换为浮动利率，负债的久期变为（接近）0。因此，当利率变动时，负债的价值不会大幅变动。而固定利率负债却不是这样，当利率下降时，固定利率负债的价值会增加，反之亦然。其次，如果收益率曲线像大部分时候一样是向上倾斜的，那么通过互换将固定利率转化成浮动利率，公司在当期的利息支出可以大幅降低。当然，如果公司发行固定利率债券并通过互换将固定利率转化为浮动利率，那么公司面临利率上升的风险。在这种情况下，公司的利息支出可能比固定利率负债要高。

使用交叉货币互换对冲新发行债券

我们用第二个案例展示如何用交叉货币互换对冲一种货币的新发行债券，从而合成为另一种货币的债券。假设一家日本公司计划融资 85.3 亿日元来投资一个项目。该公司决定使用浮动利率融资日元。投资项目的期限为 5 年。

公司从投行得知，投资者对该公司发行的日元 5 年期浮动利率债券有需求。这个债券可以以日元 LIBOR＋25 基点的票息平价发行。另外投资者也对该公司发行的美元 5 年期浮动利率债券有足够的需求。这种债券的名义本金为 1 亿美元，在即期汇率为 85.3 日元/美元的假设下，这相当于 85.3 亿日元。这个债券可以以美元 LIBOR＋27 基点的票息平价发行。那公司应该选择发行哪种债券呢？

---

① 实际情况并不是如此简单。如果要求计算精确，我们并不能将按债券市场计息规则每半年支付的 33 基点年金直接加到按货币市场计息规则每季度支付的浮动利率上。由于一个是按债券市场计息规则每半年付息，另一个是按货币市场计息规则每季度付息，所以需要进行一个小的调整。换句话说，需要对支付频率和计息规则都进行调整。在这里我们忽略这个调整。

② 这个计算并不完全精确。PV 票息 01 是假设互换（按债券市场计息规则每半年付息）的固定端变动 1 基点计算的。而节省的 4 基点是在按货币市场计息规则每季度付息的浮动端。因此，节省的量只是一个近似值。

答案是，看情况。虽然公司希望使用日元浮动利率债券进行融资，但是它不应该放弃发行美元债券的可能性。公司可以发行美元债券，然后通过交叉货币互换将票息转化为日元浮动票息，从而合成一笔日元浮动利率融资。哪种方案更有优势取决于交叉货币互换的定价。如果公司发行美元浮动利率债券，那么需要支付的票息为美元 LIBOR＋27 基点。假设企业联系到互换做市商，表示它有兴趣进行一笔美元换日元的交叉货币互换。公司希望该互换的条款如下：

（1）期初本金交换：公司支付 1 亿美元给做市商，并从做市商那儿收取 85.3 亿日元。

（2）利息支付：公司收到美元 LIBOR＋27 基点，并支付日元 LIBOR＋x 给做市商。

（3）期末本金交换：公司收回 1 亿美元本金，并支付 85.3 亿日元给做市商。

设置的基差 x 使得该交叉货币互换的 NPV＝0。假设做市商对该互换定价，求得 x＝22 基点。在这种情况下，公司最好发行美元债券，然后进入交叉货币互换。这样做可以合成一笔利率为日元 LIBOR＋22 基点的浮动利率负债，比直接以日元 LIBOR＋25 基点的票息发行日元浮动利率债券每年可节省 3 基点。图 2－9 展示了这种机制。债券发行时，公司从债券持有者那儿收到 1 亿美元，然后将该金额支付给做市商，换得 85.3 亿日元。在交易期间，做市商支付美元 LIBOR＋27 基点的票息给公司，公司将该票息支付给债券持有者。最后，公司支付的利息为日元 LIBOR＋22 基点。在到期日，做市商支付 1 亿美元本金给公司，公司用于偿还债券本金，同时公司支付 85.3 亿日元给做市商。

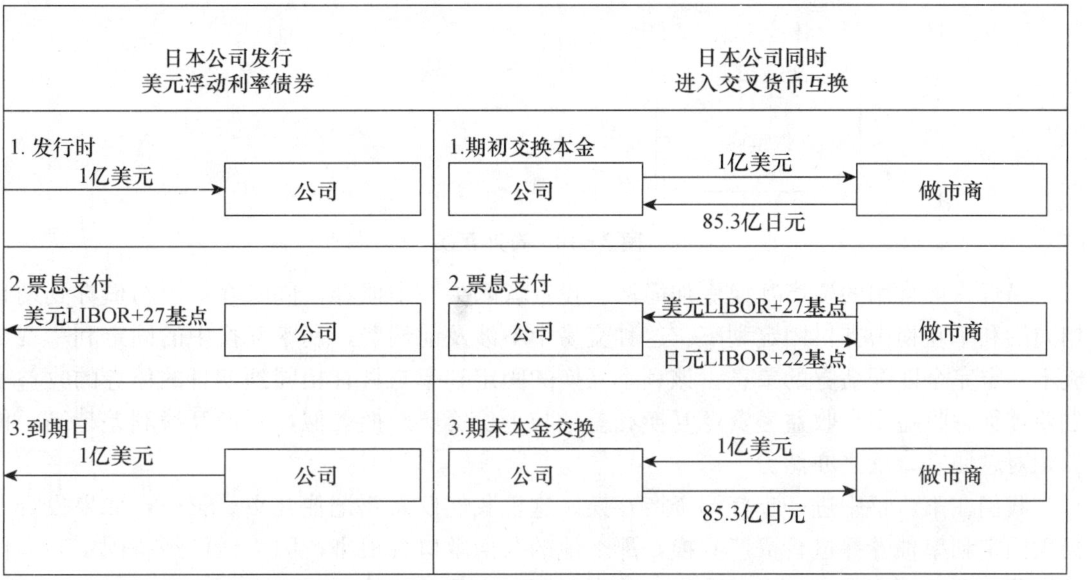

图 2－9　日本公司发行美元债券并进入交叉货币互换来合成日元浮动利率负债

如图 2－9 所示，通过发行美元债券并进入交叉货币互换，公司可以合成日元浮动利率融资，本金为 85.3 亿日元，利率为日元 LIBOR＋22 基点，在到期日偿还 85.3 亿日元本金。注意，虽然发行美元债券的基差（27 基点）高于发行日元债券（25 基点），但是由于交叉货币互换的定价，公司发行美元债券并通过互换合成日元债券的做法更有优势。

2.5.2 资产互换

资产互换是一种很流行的交易，投资者购买一个债券，同时使用利率互换将债券从固定利率转化为浮动利率。[①] 图 2-10 展示了投资者购买固定利率债券并通过互换转化为浮动利率债券的过程。可采用几种不同的方法进行债券的资产互换。在 20 世纪 90 年代，一种常见的资产互换交易是平价资产互换。投资者买入固定利率债券，同时进入一笔利率互换支付固定利率。该利率互换的条款设置如下：利率互换的前端费加上债券的全价（债券的净价加应计利息）等于债券的面值。因此，如果债券的全价低于面值，则投资者需要在利率互换中支付前端费给做市商，反之亦然。[②] 互换的条款约定投资者在利率互换中支付的固定利率与收到的债券的票息在时间和数量上完全一致。作为回报，投资者收到 LIBOR 加或者减一个利差。该利差称为资产互换利差。进行平价资产互换的投资者希望收到尽量高的利差。高利差意味着债券比较便宜，低利差意味着债券比较贵。

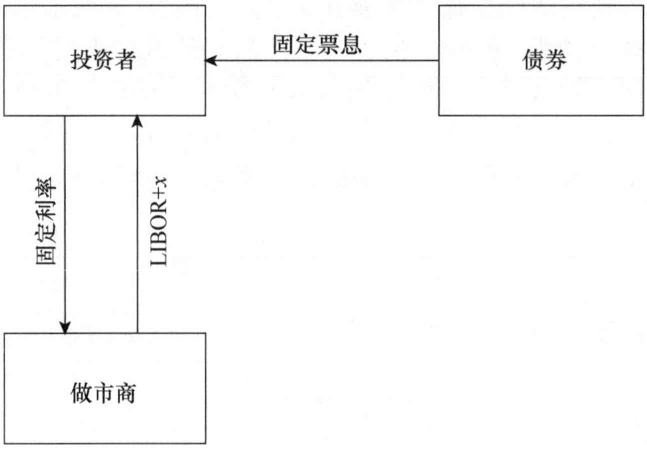

图 2-10 资产互换

最近，最常用的资产互换更加简洁。投资者购买一个债券，同时在一个与债券到期日相同的利率互换中支付固定利率。这种交易中不涉及前端费，利率互换中的固定利率现金流不一定完全匹配债券的票息。该利率互换的固定利率与具有相同到期日的债券的收益率之差被称为收益率－收益率资产互换利差。与平价资产互换类似，资产互换利差越高，债券相对越便宜，反之亦然。

我们在第八章中进一步介绍资产互换。这里我们仅需要记住几点。第一，如果投资者买入固定利率债券并进行资产互换，那么他的久期敞口会很小，因为他已经将固定利率债券转化为浮动利率债券。也就是说，债券和利率互换的组合对利率的敏感度为 0（或者非常低）。第二，投资者仍然承担债券的信用风险。如果信用利差收窄，那么投资者会受益，

---

① 大部分资产互换是买入固定利率债券，然后通过利率互换将债券转化为浮动利率债券。当然，也有的资产互换是买入浮动利率债券，然后通过利率互换将债券转化为固定利率债券。

② 注意，一旦在互换交易中支付前端费，互换的 NPV 就不再等于 0。假设互换条款中约定固定利率支付方需要支付 10 万美元前端费给交易对手，那么在支付前端费之后，互换的剩余现金流的价值对于固定利率支付方来说为 10 万美元。

反之亦然。第三（这一点以后会分析），投资者购买债券并进行互换会由于信用利差收窄而受益，也会因为利率互换基差变宽而受益。我们会在第八章中进一步分析这一点。

2.5.3 资产负债表管理

在 2.2.1 节，我们提到利率互换可以用来进行资产负债表管理。还记得 2003 年夏天由于抵押贷款债券组合要在利率互换中支付固定利率，利率互换基差变宽到什么水平了吗？因为债市抛售，抵押贷款债券的久期延长，从而延长了抵押贷款债券组合的久期。由于抵押贷款债券的负凸性，随着利率上升，抵押贷款债券组合的久期越来越长。这对于组合是非常不利的，因为利率上升时最不想看到的就是组合的久期越来越长。当然这只是具有负凸性的组合面临的困境。在 2003 年夏天，很多抵押贷款债券组合通过在利率互换中支付固定利率来管理组合久期延长的问题。这种机制如图 2－11 所示。

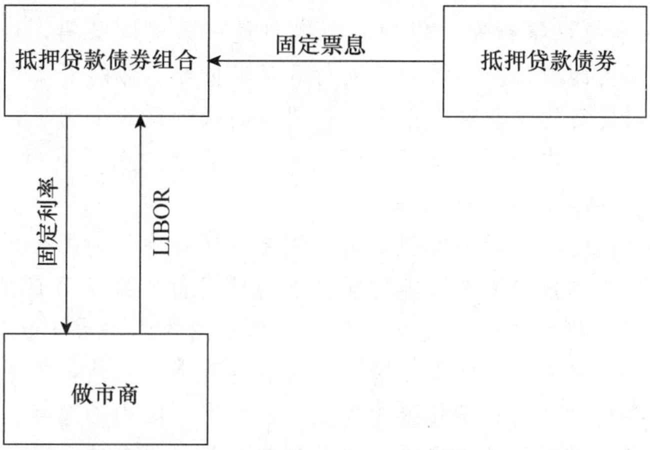

图 2－11　抵押贷款组合通过在互换中支付固定利率来管理久期风险

习题

1. 一家美国公司计划发行债券融资 5 亿美元。公司想使用浮动利率发行 5 年期债券来融资。公司可以直接发行浮动利率债券，或者发行固定利率债券并进入互换将债券的票息转化为浮动利率，从而合成一笔浮动利率负债。假设公司可以以 T_5＋96 基点的票息平价发行 5 年期固定利率债券（这里 T_5 代表 5 年期新发国债的收益率），也可以以 LIBOR＋66 基点的利率发行浮动利率债券。

假设现在的市场如下表所示：

期限	国债收益率	互换基差（基点）
1 年期	5.00%	26
2 年期	5.11%	28
3 年期	5.30%	32

续前表

期限	国债收益率	互换基差（基点）
4年期	5.47%	33
5年期	5.60%	34
7年期	5.70%	36
10年期	5.90%	39
30年期	6.20%	42

为了给这种规模的交易定价，互换做市商使用国债收益率的中间价（而不是国债收益率的买入价或者卖出价）和互换基差中间价（如上表所示）加2基点的价格为互换定价。基于这些数字，你会建议公司发行浮动利率债券还是发行固定利率债券并通过利率互换转换为浮动利率？请解释。

2. 假设你是一名投资银行家，你的一个客户是一家美国公司，计划发行债券融资5亿美元来投资一个国内的项目。公司决定发行5年期债券。你的资本市场部发现国内投资者有兴趣购买该公司发行的浮动利率债券。公司很高兴听到这个消息，因为它确实计划使用浮动利率来融资美元。你的资本市场部研究发现投资者对公司发行的票息为3个月LIBOR+10基点的5年期浮动利率债券有兴趣。

另一种方法，你的资本市场部发现日本投资者有兴趣购买美国公司发行的日元浮动利率债券。具体来说，日本投资者有兴趣购买美国公司发行的票息为日元3个月LIBOR+5基点的5年期日元浮动利率债券。假设现在美元兑日元的汇率为109日元/美元，因此公司需要发行面值为545亿日元的债券才能融到足够的资金。当然，如果这家美国公司发行日元债券，那它需要将融来的日元转换为美元才能投资于国内的项目。进一步说，如果公司发行日元债券，那它需要将5年期日元浮动利率负债转化为美元浮动利率负债。

你联系你的互换做市部门询问5年期美元浮动利率对日元浮动利率交叉货币互换的定价，得知如果一方支付3个月美元LIBOR，则另一方需要支付3个月日元LIBOR+6基点。这个报价是一个中间价，不包括做市商的买卖价差。如果一方支付3个月美元LIBOR+6基点，则另一方需要在该交叉货币互换中支付3个月日元LIBOR。[①] 进一步讲，互换做市部门需要在交叉货币互换的中间价的基础上加减3基点进行报价。

在这些信息的基础上，你会建议你的客户怎么做呢？请解释。

3. 假设互换曲线如表2-1所示，互换的PV01如表2-3所示。根据这些互换曲线和PV01回答下列问题。假设所有交易以中间价成交。

a）假设互换做市商和客户进入一笔名义本金为5 000万美元的5年期互换，做市商支付固定利率。做市商不慎对固定利率的报价高于市场价5基点，并且交易按此价格成交。这个错误的价值是多少？这对谁有利呢？

① 严格来讲，这种说法不是很准确。即使互换两端都按Act/360计息规则每季度支付，我们也不能直接将一端的基点直接在另一端加上或者减去。准确地说，我们将一端的基点变动应用在另一端的时候需要进行调整。原因在于互换的日元一端是根据日元利率曲线来定价的，而美元一端是根据美元利率曲线来定价的。由于美元利率和日元利率不同，互换一端的PV01不等于另一端的PV01。如果我们完全忽略这个因素，那么我们就可以将一定数量的基点从互换的一侧挪到另一侧。

b）假设互换做市商和交易对手进入一笔名义本金为5 000万美元的5年期互换，做市商支付固定利率。假设达成交易之后互换曲线下跌5基点。那么互换的价值是多少（即此时互换的盯市市值是多少）？对谁有利呢？

c）假设互换做市商和交易对手进入一笔名义本金为1亿美元的5年期互换，做市商支付固定利率。然而，该互换不是普通的互换交易。交易对手希望在期初收到前端费100万美元。互换的固定利率需要根据前端费进行调整。那么做市商应该支付多高的固定利率呢？

d）假设互换做市商和交易对手进入一笔名义本金为1亿美元的30年期互换，做市商支付固定利率。与c）部分类似，该互换不是普通的互换交易。交易对手希望在期初收到前端费100万美元。互换的固定利率需要根据前端费进行调整。那么做市商应该支付多高的固定利率呢？

e）比较c）部分和d）部分的答案，并做解释。

f）分析一笔与d）部分相似的交易，唯一的不同是交易对手希望在期末（30年后）收到100万美元的后端费，而不是前端费。该30年期互换需要为期末的费用来调整固定利率。那么该互换中的固定利率与d）部分中的固定利率比如何呢？换句话说，这个固定利率比d）部分的利率更高、更低还是相等呢？

g）假设你是互换做市商的首席风险官，你的工作是尽量降低交易对手信用风险敞口。那么你更倾向于互换做市商进入d）部分的交易还是f）部分的交易呢？请解释。

h）假设互换做市商在名义本金为1亿美元的2年期互换中支付固定利率，在名义本金为1亿美元的5年期互换中收取固定利率。两笔交易都是以市场价成交。交易达成之后，客户要求调整交易的条款。具体来讲，客户要求5年期互换的固定利率调高1基点，同时调整2年期互换的固定利率使得交易双方不需要支付前端费。那么新的2年期互换的固定利率是多少？

i）假设交易与h）部分一样，5年期互换的名义本金为1亿美元，但是2年期互换的名义本金为2.297 2亿美元。如果5年期互换的固定利率调高1基点，那么2年期互换的固定利率需要调整多少才能使交易双方不需要支付前端费呢？

j）比较h）部分与i）部分的答案，并做解释。

k）假设今天早些时候客户在名义本金为10亿美元的互换中收取5.95%的固定利率。现在互换曲线如图2-1所示。那么该交易现在的盯市市值是多少呢？也就是说，在现在的利率环境下该交易的价值是多少呢？

4. 假设互换曲线如表2-1所示，PV01如表2-3所示。另外假设2年期、3年期、5年期、7年期、10年期和30年期债券新券现在交易的全价都等于面值。假设市场预期这些国债在未来30天都会特别紧俏，因此这些国债的回购利率都会下降100基点。你预计回购利率的变化会对2年期、3年期、5年期、7年期、10年期和30年期的互换基差分别造成什么样的影响呢？

第三章

利率互换定价

我们在第一章花了很多时间讨论互换市场的基本概念。在第二章，我们重点关注了互换的风险特征。本章我们将关注互换的定价。

当我们谈及固定换浮动互换期初定价的时候，我们是指计算固定利率使得整个交易的NPV等于0。另外，我们也需要对已经存在的固定换浮动互换进行定价。在这种情况下，互换的定价是指计算已设置好固定利率的互换的盯市市值。在处理这两个问题之前，我们先分析一下互换利率和欧洲美元期货（Eurodollar futures）的关系。

3.1 互换利率从何而来？

互换利率和欧洲美元期货合约有着非常紧密的关系。[①] 为了理解这种关系，我们先介绍一下欧洲美元期货的一些基本概念。欧洲美元是存放在美国境外的美元定期存款。这些存款的利率很早就已经成为市场的基准利率。欧洲美元期货合约在芝加哥商品交易所（Chicago Mercantile Exchange，CME）交易并且[②]：

- 是一个提供100万欧洲美元的3个月定期存款的承诺；
- 合约的报价是一个指数，该指数等于100减去欧洲美元的利率（例如3%的利率对应的报价是97）；

① 这个论述适用于期限小于等于5年的互换。超过5年的话，一般认为欧洲美元期货合约的流动性不够好，因此通常无法用来对互换进行定价。我们在这一节仅关注曲线短端的定价。

② 关于欧洲美元期货的更详细的介绍，请参考Burghardt（2003）或者Hull（2008），也可以在芝加哥商品交易所获得相关信息：http://www.cmegroup.com/trading/interest-rates/stir/eurodollar.html。

● 合约到期月为未来 10 年的 3 月、6 月、9 月、12 月（共 40 个合约）[①]；

● 合约的最后交易日为合约到期月份的第三个星期三之前两个伦敦交易日；

● 合约为现金交割，交割价格等于 100 减去最后一个交易日的美元 3 个月 LIBOR 定盘价；

● 标的利率每基点（跳价单位）的变动会给期货合约带来 25 美元的价值变动；合约价格的最小变动一般为 1/2 个跳价单位的 1/2，最近一个合约的最小价格变动可以为 1/4 个跳价单位。

虽然欧洲美元期货合约是真正的期货合约，每天都有保证金变动，但是我们这里忽略这个特点，将它们当做远期合约。[②]

通过交易欧洲美元期货，投资者可以锁定合约隐含的利率。例如，投资者在 2013 年 9 月 13 日以 99.595 的价格买入 100 手 2010 年 12 月到期的欧洲美元期货合约（其最后交易日为 2010 年 12 月 13 日，星期一）。假如投资者持有这个合约到期，他可以锁定从 2010 年 12 月 15 日到 2011 年 3 月 15 日之间为期 90 天的利率，该利率为（100－99.595)％＝0.405％。这可以保护投资者不受此时的 3 个月 LIBOR 低于 0.405％的影响（见图 3－1）。在 12 月 13 日，投资者可以按此时的 3 个月 LIBOR 利率进行一项欧洲美元存款投资。期货合约的损益可以完全抵消 3 个月 LIBOR 从目前期货合约隐含的水平到当时的市场水平的变动。例如，假设 12 月 13 日的 3 个月 LIBOR 为 0.305％，那么在这种情况下投资者获得的利息为

$$1 \text{ 亿美元} \times 0.305\% \times 90/360 = 76\,250 \text{ 美元} \tag{3.1}$$

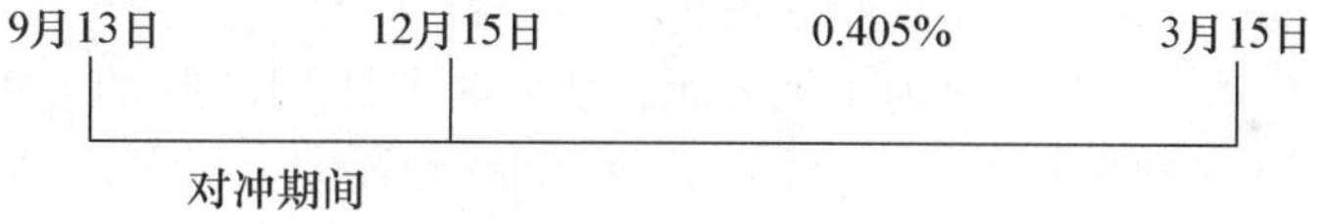

图 3－1　使用欧洲美元期货对冲

此外，投资者将在期货合约上获利。由于交割时 LIBOR 为 0.305％，则合约交割价格为 99.695。因此，期货合约可以获利

---

① 除此之外，还有最近 4 个月的月度合约也可以交易。

② 远期合约是一个约定在未来某一个时间（我们称之为交割日）以今天设定的价格买入或者卖出一个标的资产的合约。今天设定的价格被称为远期价格。今天无须现金交换，实际上唯一需要现金交换的时间是在合约的交割日。期货合约与远期合约非常接近，唯一的区别是期货合约需要每日盯市。期货合约的交易双方需要根据合约价值的变动每日调整保证金。远期合约和期货合约的主要区别就是期货合约在合约期间会产生现金流。在期货合约中购买或者卖出标的资产的价格被称为期货价格。

那么远期价格等于期货价格吗？这是一个被广泛研究的问题。Cox，Ingersoll 和 Ross（1981）以及 Jarrow 和 Oldfield（1981）的研究都表明，如果利率是随机变动的，那么期货价格不等于远期价格。如果利率是随机变动的，并且假设期货价格与利率是正相关的，那么期货价格应该比远期价格高。为了说明这一点，我们假设有人持有了期货多头，并假设期货价格与利率正相关。当利率上升时，往往期货价格也会上升，期货多头就会从保证金变动中收到现金流。当利率下降时，期货价格往往也下降，期货多头需要支付现金。因此，期货多头在利率较高时将从保证金变动中收到的现金再投资，而在利率较低时借入现金来追加保证金。这种情况对期货多头是有利的，因此，为了使持有期货或者远期多头的经济价值相同，期货的价格必须高于远期的价格。Sundaresan（1991）对利率的远期和期货进行了详细的分析。总之，我们在本节做的假设（即远期价格等于期货价格）并不是完全正确的，但是，对我们的分析影响不大。

$$100\times 25 \text{ 美元}\times(9\,969.5-9\,959.5)=25\,000 \text{ 美元} \tag{3.2}$$

因此，综合收入为 76 250 美元＋25 000 美元＝101 250 美元。注意，如果投资者不是以当时的利率 0.305%投资，而是以 0.405%的利率进行投资，那么其利息收入为

$$1 \text{ 亿美元}\times 0.405\%\times 90/360=101\,250 \text{ 美元} \tag{3.3}$$

与投资者以 0.305%的利率投资并用期货对冲后的收入总和［即式（3.1）与式（3.2）算出的结果之和］相等。

相反，如果利率上升，比如上升到 0.505%，如果投资者使用期货对冲，那他仍然锁定 0.405%的利率。在这种情况下，如果投资者在 12 月以 0.505%的利率投资，那么他将获得利息

$$1 \text{ 亿美元}\times 0.505\%\times 90/360=126\,250 \text{ 美元} \tag{3.4}$$

但在这种情况下，投资者会在期货合约上亏损。由于期货合约交割时的 LIBOR 为 0.505%，则合约交割价格为 99.495。因此，期货合约的损益为

$$100\times 25 \text{ 美元}\times(9\,949.5-9\,959.5)=-25\,000 \text{ 美元} \tag{3.5}$$

这对投资者来说是一笔损失。因此，投资者的总收入为 126 250 美元－25 000 美元＝101 250 美元，等于式（3.4）与式（3.5）计算的结果之和。这与式（3.3）中的金额相等（就像投资者可以以 0.405%的利率投资，而不是当时的 0.305%的利率投资）。因此，不论利率上升还是下降，投资者都会锁定 0.405%的利率，也就是欧洲美元期货合约的隐含利率。[①]

3.1.1 互换利率与欧洲美元期货的关系

根据 Sundaresan（2009），让我们分析另外一个特殊设计的例子。假设 2010 年 9 月 13 日，星期一，一家公司有一笔本金为 1 亿美元、挂钩 3 个月 LIBOR 的 1 年期浮动利率负债。这笔负债第一个 LIBOR 根据今天的 3 个月 LIBOR 利率设置为 0.29%，剩余的三个重置日期为 2010 年 12 月 10 日、2011 年 3 月 11 日以及 2011 年 6 月 11 日（这三个日期正好是对应的期货的交割日）。为了简便起见，我们假设这笔负债每个季度按 90 天计息（尽管每个季度实际天数并不一定是 90 天）。该公司预计明年的 LIBOR 将会上升，因此希望用欧洲美元期货合约将负债从浮动利率转化为固定利率。表 3－1 展示了 2010 年 9 月 13 日三个合约的价格。

表 3－1　　2010 年 9 月 13 日的即期 LIBOR 及期货价格

	期货价格	隐含的远期利率	当前的 3 个月 LIBOR
2010 年 9 月 10 日	n. a.		0.290%
2010 年 12 月 10 日	99.595	0.405%	
2011 年 3 月 11 日	99.530	0.470%	
2011 年 6 月 11 日	99.470	0.530%	

① 需要注意的是，虽然以当时的利率进行投资并通过欧洲美元期货合约对冲后的现金流与欧洲美元期货隐含的利率投资的现金流金额相等，但是现金流发生的时间不同。在我们的例子中，投资于欧洲美元存款产生的现金流发生在 3 月。但是期货头寸从期货交易开始的 9 月直到当年 12 月份交割都会产生现金流。即使我们假设期货是远期，只在交割日产生现金流，也会在 12 月份产生现金流，而欧洲美元存款的利息是在次年 3 月份支付。这里我们忽略这种时间差。

该公司可以通过某种方式对冲按照今天的 3 个月 LIBOR 设置的第一个 3 个月负债吗?① 该公司应该如何对冲剩余三个季度的敞口呢? 该公司可以卖出 100 张一系列欧洲美元期货合约来对冲利率上升的风险。通过卖出 2010 年 12 月 10 日、2011 年 3 月 11 日、2011 年 6 月 11 日交割的期货合约各 100 张，该公司可以锁定每个期货合约的隐含利率，从而规避未来三个季度利率上升的风险。假设该公司通过卖出这一系列欧洲美元期货来对冲风险，那么它在每个季度末锁定的现金流如表 3 - 2 所示。②

表 3 - 2　　用欧洲美元期货对冲后的现金流

用来对冲的期货合约	负债支付日期	锁定的利率	现金流
	t_1＝2010 年 12 月 13 日	0.290％	1 亿美元×0.290％/4＝72 500 美元
2010 年 12 月 10 日 @ 99.595	t_2＝2011 年 3 月 14 日	0.405％	1 亿美元×0.405％/4＝101 250 美元
2011 年 3 月 11 日 @ 99.530	t_3＝2011 年 6 月 13 日	0.470％	1 亿美元×0.470％/4＝117 500 美元
2011 年 6 月 11 日 @ 99.470	t_4＝2011 年 9 月 19 日	0.530％	1 亿美元×0.530％/4＝132 500 美元

也就是说，表 3 - 2 的最后一列展示了用期货对冲负债后产生的净现金流。更为重要的是，最后一列展示了该公司每季度支付的实际利率。例如，对于 2011 年 6 月到期的利息，该公司净支付 117 500 美元，相当于公司在该季度实际支付了 0.47％的利率。也就是说，该公司可以在这个季度锁定 3 月 11 日到期的期货合约的隐含利率。

我们来总结一下。该公司有一笔浮动利率负债，在今天无须任何支出的情况下，该公司可以将这笔负债从浮动利率变为固定利率。虽然每期的固定利率会根据对应期限的期货合约的隐含利率而变化，但起码它是固定的。

我们能否找到一个固定利率（该固定利率的支付日期等于浮动利率的支付日期），使得该固定利率的价值等于期货合约中隐含利率的价值? 这样的固定利率存在吗? 答案是肯定的。下面我们来计算这个利率。首先，我们来计算每个季度支付日的折现因子。时间 t 的折现因子［我们用 $D(0,t)$ 表示］是一个乘数，该乘数乘以 t 时间的现金流可以得到该现金流的现值。③ 折现因子是根据今天的 LIBOR 和期货合约来计算的。我们根据表 3 - 2 定义的时间 t_1，…，t_4 计算对应的折现因子。折现因子的计算方式如下：

由于 2010 年 9 月 15 日至 2010 年 12 月 13 日之间有 89 天，所以 2010 年 12 月 13 日收到的现金流的折现因子计算如下：

$$D(0,t_1)=\frac{1}{1+\frac{89}{360}\times 0.29\%}=0.999\,284$$

由于 2010 年 12 月 13 日至 2011 年 3 月 14 日之间有 91 天，所以第二个折现因子的计算如下：

$$D(0,t_2)=\frac{1}{1+\frac{91}{360}\times 0.405\%}\times D(0,t_1)=0.998\,262$$

① 答案是不能。因为利率已经设置，因此该公司需要支付的现金流已经确定。

② 再次强调，在期货交割和该公司每季度支付负债利息之间存在时间上的不匹配，但是这里我们忽略这一点。

③ 根据惯例，我们是按照 2010 年 9 月 15 日为即期日来计算现金流的现值，而不是将交易日 2010 年 9 月 13 日当做即期日计算的。因此折现利率也是根据这个惯例计算出来的。

剩余的两个折现因子可以以相同的方式计算得出，结果如表 3-3 所示。

表 3-3 假设 2010 年 9 月 15 日星期三为即期日，根据欧洲美元期货和即期 LIBOR 计算的折现因子

支付日期	实际天数	隐含 LIBOR	折现因子
2010 年 12 月 13 日，星期一	89	0.290%	0.999 284
2011 年 3 月 14 日，星期一	91	0.405%	0.998 262
2011 年 6 月 13 日，星期一	91	0.470%	0.997 077
2011 年 9 月 19 日，星期一	98	0.530%	0.995 641

记住，我们正在寻找一个固定利率，这个固定利率的支付日与浮动利率的支付日相同，并且固定利率现金流的现值等于公司可以用期货合约锁定的 4 个不同固定利率带来的现金流的净值。使用图 3-2 中的数据，我们可以很容易地找到这个固定利率。在该图中，我们使用迭代法计算出该固定利率（计算结果为 0.424%），使得该固定利率带来的现金流的现值等于公司使用 4 个由期货合约锁定的不同固定利率所产生的现金流的现值。[①]

支付日期	隐含利率	折现因子	期货合约锁定的现金流	期货合约锁定的现金流的现值	固定利率现金流	固定利率现金流的现值
2010 年 12 月 13 日	0.290%	0.999 284	72 500	72 448	105 908	105 832
2011 年 3 月 14 日	0.405%	0.998 262	101 250	101 074	105 908	105 724
2011 年 6 月 13 日	0.470%	0.997 077	117 500	117 157	105 908	105 598
2011 年 9 月 19 日	0.530%	0.995 641	132 500	131 922	105 908	105 446
				422 601		422 601
			固定利率	0.424%		

图 3-2 计算固定利率

到这里，我们的工作就结束了。我们发现该公司可以将基于 LIBOR 的浮动利率负债转变为固定利率负债。该公司可以使用期货合约来完成这一目标，并且今天不用产生任何现金流出。固定利率为 0.424%的现金流的现值等于该公司合同中约定的挂钩 LIBOR 的浮动利率现金流的现值。

这已经非常接近计算 1 年期互换利率的概念。因为根据定义，1 年期互换利率就是使得 1 年期互换的 NPV=0 的固定利率。换句话说，1 年期互换利率是使得固定端现金流现值和浮动端现金流现值相等的固定利率。正如我们在上个例子中展示的，在 2010 年 9 月 13 日，公司应支付的浮动利息的现值等于根据固定利率 0.424%计算的现金流的现值。那么我们可以说 1 年期互换利率就是 0.424%吗?

① 这里我们介绍图 3-2 中的一些计算细节。隐含利率和折现因子由表 3-3 给出。锁定的现金流是根据锁定的利率在 1 亿美元本金的基础上计提 90 天利息求得的。这些现金流已经在表 3-2 中计算出。所以我们需要寻找的是一个固定利率，使得支付这个固定利率与支付用期货合约锁定的利率没有区别。这里的没有区别是指两项现金流的现值相等。如图所示，这个固定利率为 0.424%。知道这个固定利率后，固定利率对应的现金流等于 1 亿美元×0.424%/4=105 908美元。用每笔现金流乘以对应的折现因子可以求得每笔现金流各自的现值。例如，2011 年 6 月 13 日收到的 105 908 美元的现值为 105 908 美元×0.997 077=105 598 美元。固定利率 0.424%就是这样一个利率，该固定利率的现金流的现值之和等于期货合约锁定的现金流的现值。

答案是不可以。假设今天是 2010 年 9 月 13 日，让我们分析一个两端都是按季度支付的 1 年期互换。该笔互换的起息日为 2010 年 9 月 15 日，按照标准惯例该互换将如表 3-4 所示的日期按季度支付。但是如果比较标准的 1 年期互换的支付日与前例中公司利息的支付日，我们会发现它们并不一样。公司利息的支付日与欧洲美元期货的交割日相同，而 1 年期互换的支付日稍有不同。此外，互换中我们重置 LIBOR 的日期与公司浮动利率负债的重置日期有所不同，后者是为了匹配欧洲美元期货合约的交割日。

表 3-4　　2010 年 9 月 13 日的标准即期 1 年期互换的 LIBOR 重置日和支付日

重置日	支付日
2010 年 9 月 13 日，星期一	2010 年 12 月 15 日，星期三
2010 年 12 月 13 日，星期一	2011 年 3 月 15 日，星期二
2011 年 3 月 11 日，星期五	2011 年 6 月 15 日，星期三
2011 年 6 月 13 日，星期一	2011 年 9 月 15 日，星期四

这意味着我们计算得到的固定利率 0.424%不完全等同于 1 年期互换利率。再次强调，1 年期互换利率的 LIBOR 重置日和支付日与欧洲美元期货合约的交割日并不匹配。这意味着 1 年期互换利率的计算不会像公司将浮动利率负债转化为固定利率负债的例子一样简单。例如，我们该用什么利率来转化互换中 2011 年 3 月 11 日设置的浮动利率呢？因为这个日期与 3 月 11 日到期的期货合约的交割日并不匹配，我们需要根据多个期货合约的隐含利率通过某种插值方法求出该利率。类似地，由于支付日和欧洲美元期货合约的交割日不一致，我们也需要调整折现因子。使用自有互换模型，我们可以计算出 2010 年 9 月 13 日的 1 年期互换利率为 0.443%（使用表 3-1 中的市场数据，固定端按债券市场计息规则每季度付息，浮动端挂钩 3 个月 LIBOR 按货币市场计息规则每季度付息）。

构建一个能考虑到这些因素的模型需要做大量的工作，也是行业中讨论的热门话题。通常来说，大部分的互换模型使用存款利率（很像我们使用 LIBOR 即期 0.29%的方法）、一系列欧洲美元期货合约的隐含利率（由于欧洲美元期货的期限和流动性问题），以及市场上交易的互换利率的组合。插值方法需要投入很多精力。构建一个稳健的互换模型既是一门科学也是一门艺术。很多通用技术在业内众所周知，很多公司也研发了自有的技术。更多关于这个话题的内容已经超过了我们讨论的范畴和需要，有兴趣的读者可以参考 Hagan（2003），Ron（2000），Zhou（2002），以及 Flavell（2010）。

3.1.2　期货的凸性偏差

我们在 3.1.1 节讨论过，欧洲美元期货经常被用来给固定换浮动互换定价。互换做市商常常使用这些期货合约来对冲互换中的利率敞口，他们在互换中收取固定利率时卖出期货，在互换中支付固定利率时买入期货。[①] 然而，通过欧洲美元期货定价的互换利率并不

① 在 2.2 节，我们讨论过做市商有时使用国债来对冲互换，现在我们介绍的是如何使用欧洲美元期货对冲互换。区别是什么呢？如果做市商使用国债对冲互换，那么会产生一个基差头寸：支付固定利率并买入国债的做市商实际上是做多互换基差，而收取固定利率并卖出国债的做市商实际上是做空互换基差。而使用欧洲美元期货对冲互换的做市商不会持有基差头寸。做市商会根据是否想持有基差头寸，以及交易时国债和欧洲美元期货的流动性来决定使用哪种工具进行对冲。

等于市场上交易的互换利率（即使调整互换和期货的重置日及支付日差异）。这种差异是期货的凸性偏差引起的。

为了更好地理解凸性偏差的本质，我们做如下分析：在 2.1 节，我们介绍过在互换中收取固定利率是一个正凸性的头寸，因为当互换利率上升或者下降相同幅度时，固定利率收取方在利率下降时的获利大于利率上升时的损失。但是欧洲美元期货是非凸性产品——每基点的变动给欧洲美元期货带来的价值变动永远是 25 美元，与利率的水平无关。这两种关系如图 3-3 所示。这种凸性偏差意味着在互换中收取固定利率并卖出欧洲美元期货来对冲会得到一个系统性的好处。如果我们在互换中收取固定利率，然后通过卖出期货来对冲风险，那么我们可以在做多正凸性头寸和做空非凸性头寸中受益。如图 3-3 所示，利率的波动越大，凸性不匹配的价值越大（即曲线和直线的偏离越大）。

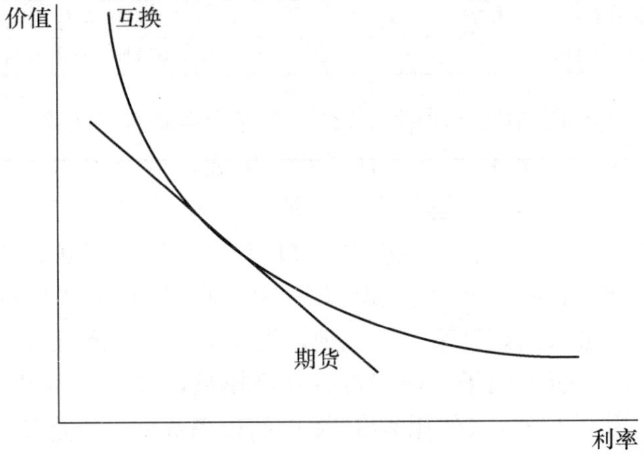

图 3-3　期货的凸性偏差

上文的核心是根据欧洲美元期货计算的互换利率太高。由于在互换中收取固定利率并卖出期货可以系统性地受益，所以固定利率收取方在其他条件相同的情况下愿意收取一个较低的固定利率来抵消其凸性受益（也是固定利率支付方放弃的利益）。那么这个固定利率该多低呢？为了从理论上回答这个问题，我们需要使用利率波动模型来为凸性定价。这超出了本书的讨论范畴，有兴趣的读者可以参考 Kirikos 和 Novak（1997）以及 Gupta 和 Subrahmanyam（2000）。通常来讲，利率波动越大，互换的期限越长（就像固定利率债券一样，长期限互换的凸性更大），凸性偏差越大。

市场中的大部分人认为在 20 世纪 80 年代以及 20 世纪 90 年代早期，凸性偏差是被互换交易员忽视的（实际上是没有发现凸性偏差问题）。关于互换中凸性偏差的早期研究见于 Burghardt 和 Hoskins（1995）。他们认为尽管在 20 世纪 90 年代中期互换市场已经意识到这种偏差的存在，但是市场交易中的互换利率并没有充分反映凸性偏差的价值。在后续的研究中，Gupta 和 Subrahmanyam（2000）指出，在 1987 年到 1990 年期间市场上交易的互换利率和期货合约中隐含的互换利率之差非常接近 0。他们进一步指出，在 1991 年到 1993 年期间两者之差（从统计的角度）变得明显，并且在 1994 年到 1996 年期间变得非常明显。他们的发现与互换市场上的普遍认知相同，即在互换市场发展的早期，凸性偏差被交易员忽视，而在后期才被发现。例如，他们发现在 1991 年到 1993 年期间，两种不同期限的互换利率的差异平均为 8～10 基点。

3.2 剥离利率曲线和构建互换模型

在本节我们将不再继续讨论互换与欧洲美元期货的联系。从现在开始，我们默认市场中看到的类似于表 1-1 中的所有互换利率（至少是曲线的短端）都与欧洲美元期货的价格相关。[①] 从现在开始，我们将互换利率当做原生资产（即价格由市场供需决定的资产）。我们将介绍剥离法，该方法可将互换曲线中隐含的零息利率和远期利率剥离出来。使用这些利率可以让我们对一系列交易进行定价。

我们先从如下概念开始：我们前文介绍过，可以将互换中收取固定利率的头寸当做一笔固定利率债券的多头（其价值用 B_{fixed} 表示）和一笔浮动利率债券的空头（其价值用 B_{floating} 表示）。因此互换的价值为

$$\text{Swap}=B_{\text{fixed}}-B_{\text{floating}}$$

如果我们假设交易双方在期末交换本金，那么对互换的这种解读就是成立的。虽然交易双方在期末并没有真正进行本金交换，但是如果我们假设交易双方在期末分别支出和收到一笔等于名义本金的金额，那么互换的价值不会变化。这个期末的虚拟本金支付加上固定利息就构成了固定利率债券。而期末的虚拟本金支付加上浮动利息就构成了浮动利率债券。

现在我们来分析这个按 LIBOR 支付票息的浮动利率债券。我们使用互换曲线进行折现，计算这些现金流的现值。不严格地讲，我们是使用远期 LIBOR 曲线来折现这些现金流。这意味着该浮动利率债券的现值等于面值，或者说名义本金。我们将在本章后边证明这个结论，目前我们暂且接受这个结论。

由于这是一个非常重要的问题，所以我们这里再强调一次：在一个今天交易的即期互换中，互换浮动端的现值（包括期末的名义本金）等于面值。进一步讲，在任何一个 LIBOR 重置日，浮动端的价值一定等于面值。[②]

由于互换在交易期初是一项 NPV=0 的交易，而且浮动端在交易期初的现值等于面值，所以在交易期初固定端的价值一定也等于面值。也就是说，如果使用互换曲线折现现金流，那么互换利率是使得固定利率债券的价值等于面值的利率。

意识到这一点非常重要，这意味着表 1-1 中综合报价页面中的互换利率中间价定义了一系列价值等于面值的债券，因此互换曲线也被称为平价收益率曲线。[③]

平价收益率曲线的一个很好的特点就是可以用来做息票剥离。息票剥离可以将曲线中隐含的零息利率和远期利率计算出来：

- 零息利率用来将未来某时点的单一现金流折现到今天。假设年复利，如果用 $\text{zc}(t)$ 表示 t 时收到的现金流对应的零息利率，那么 t 时收到的 1 美元的现值为

---

① 我们之前讨论过，欧洲美元期货合约的期限不超过 10 年，因此不能用于解释 10 年期以上的互换利率。进一步讲，有些交易员表示他们不会使用期限超过几年的欧洲美元期货对互换定价。这里我们将市场中交易的互换利率当做已知值。供需的力量最终决定了市场中互换利率在什么水平交易。

② 如果不是重置日，而是在一个时期的中间，那么浮动端的现值不一定是面值。我们将在本章后边讨论这种情况。

③ 从严格意义上讲，以买入价或者卖出价交易的互换的价值不等于 0，因为做市商很可能在交易中赚取利润。为了避免这种问题，我们只讨论固定利率等于市场中间价的互换的价值。

$$\frac{1}{[1+zc(t)]^t}$$

- 远期利率是使用零息利率计算的，可以用来锁定未来一段期间的利率。对于互换，剥离出来的远期利率就是远期 LIBOR。在互换市场中，人们将远期利率当做市场对未来 LIBOR 水平的预期，我们这里也使用这种解读。①

假设年复利，我们用 $f(t, t+1)$ 表示 t 时和 $t+1$ 时之间的远期 LIBOR。我们说远期利率是未来一段时间能够锁定的利率，这意味着在 $t+1$ 时收到的 1 美元在时间 t 的价值为

$$\frac{1}{1+f(t,t+1)}$$

从现在开始我们使用零息利率和远期利率来对所有互换进行估值。

3.2.1 一个典型的案例

我们分析一个典型的案例。为了简单起见，我们假设互换的标准惯例是固定端按 30/360 计息规则每年付息，浮动端挂钩 1 年期 LIBOR 也是按 30/360 计息规则每年付息。我们还假设国债收益率也是按债券市场计息规则每年付息，互换基差也按同样的规则计息和付息。这些假设都是为了简化问题。我们当然也可以假设固定端按债券市场计息规则每半年付息，浮动端按货币市场计息规则每季度付息，但这样会让我们计算更多的数字，而对扩大模型适用范围的作用有限。

假设早上我们走进交易室，看到综合报价页面中的利率中间价和基差如表 3－5 所示。表 3－5 最后一列的每个互换利率定义了一个价值等于面值的虚拟债券。这四个虚拟债券（假设票面价值为 100 美元）各自的现金流如表 3－6 所示。每个债券今天的现值一定等于面值，即 100 美元。

表 3－5　　综合报价页面的互换曲线

期限	国债收益率	互换基差	互换利率（按 30/360 计息规则每年付息）
1	4.80%	20 基点	5.00%
2	4.88%	23 基点	5.11%
3	5.05%	25 基点	5.30%
4	5.19%	28 基点	5.47%

表 3－6　　虚拟平价债券

期限	互换利率	1 年期债券	2 年期债券	3 年期债券	4 年期债券
1	5.00%	105.00	5.11	5.30	5.47
2	5.11%		105.11	5.30	5.47
3	5.30%			105.30	5.47
4	5.47%				105.47

① 实证证据反驳了远期利率等于未来利率预期的观点。Fama（1984a，1984b）撰写了两篇文章，对利率市场上的这个问题进行了早期研究。虽然将远期利率当做未来利率预期的合理性越来越受到怀疑，但是很多市场参与者还是采纳了这种观点，我们这里也接受这种观点。

现在，要记着我们的目的：我们要用这些互换利率来推导零息利率和远期利率。

求解零息利率

为了求解零息利率，我们进行如下迭代：我们一次求解一个零息利率，然后迭代求得下一个。过程如下：

- 1 年期零息利率就等于 1 年期互换利率

1 年后支付 105 美元的 1 年期债券今天的价值必须等于 100 美元。这意味着 1 年期零息利率 zc(1) 必须满足

$$100\text{ 美元}=105\text{ 美元}/[1+zc(1)]$$

也就是说 1 年期零息利率 zc(1) 等于 5%。①

- 找出 2 年期零息利率

现在对票息为 5.11%的 2 年期债券进行剥离，使用上一步中的 1 年期零息利率，我们可以求得第 1 年票息的现值为 5.11 美元/1.05=4.867 美元。

由于这个 2 年期债券的价值等于面值，而且我们已经知道第 1 年现金流的现值为 4.867 美元，这意味着第 2 年现金流的现值一定等于 100 美元−4.867 美元=95.133 美元。

因此，2 年期零息利率一定满足：

$$95.133\text{ 美元}=105.11\text{ 美元}/[1+zc(2)]^2$$

即 zc(2)=5.113%。

- 找出 3 年期零息利率

现在对票息为 5.30%的 3 年期债券进行剥离，使用 1 年期零息利率我们可以求得第 1 年票息的现值为 5.30 美元/1.05=5.048 美元。使用 2 年期零息利率可以求得第 2 年票息的现值为 5.30 美元/$(1.051\,13)^2$=4.797 美元。

这个 3 年期债券第 3 年现金流的现值一定等于 100 美元−5.048 美元−4.797 美元=90.155 美元。

因此，3 年期零息利率一定满足：

$$90.155\text{ 美元}=105.30\text{ 美元}/[1+zc(3)]^3$$

即 zc(3)=5.312%。

- 找出 4 年期零息利率

现在对票息为 5.47%的 4 年期债券进行剥离，使用 1 年期零息利率我们可以求得第 1 年票息的现值为 5.47 美元/1.05=5.210 美元。使用 2 年期零息利率可以求得第 2 年票息的现值为 5.47 美元/$(1.051\,13)^2$=4.951 美元。使用 3 年期零息利率可以求得第 3 年票息

① 注意，在这个简化的案例中，互换的两端都是按 30/360 计息规则每年付息，因此我们可以通过另外一种方式确定 1 年期的零息利率为 5%。注意，今天的 1 年期 LIBOR 一定是 5%。根据定义，1 年期互换利率是交易员愿意在 1 年期互换中换取 1 年期 LIBOR 的固定利率。也就是说，1 年期互换利率是使得 1 年期互换的 NPV=0 的利率。因为 1 年期互换利率为 5%，并且互换两端都是按 30/360 计息规则每年付息，我们可以断定今天的 1 年期 LIBOR 也是 5%。今天的 1 年期 LIBOR 为 5%，这意味着今天以 LIBOR 利率投资的 1 美元在 1 年后会收到 1.05 美元。等价地，这意味着 1 年后将收到的 1 美元的现值为 1 美元/1.05，也就是说 1 年期零息利率为 5%。

的现值为 5.47 美元/(1.053 12)^3=4.683 美元。

这个 4 年期债券第 4 年现金流的现值一定等于 100 美元－5.210 美元－4.951 美元－4.683美元=85.156 美元。

因此，4 年期零息利率一定满足：

$$85.156 \text{ 美元}=105.47 \text{ 美元}/[1+zc(4)]^4$$

即 zc(4)=5.494%。

从零息利率到远期利率

我们找到零息利率之后就很容易找出远期利率了，我们用 $f(t, T)$ 表示从时间 t 到时间 T 的 $T-t$ 年期远期利率。那么远期利率 $f(t, T)$ 必须满足

$$[1+zc(t)]^t\times[1+f(t,T)]^{T-t}=[1+zc(T)]^T \qquad (3.6)$$

因为我们只需解出 1 年期的远期利率，所以我们可以将式（3.6）转变为以下形式：

$$[1+zc(t)]^t\times[1+f(t,t+1)]^1=[1+zc(t+1)]^{t+1} \qquad (3.7)$$

例如，由于 1 年期零息利率为 5%，2 年期零息利率为 5.113%，因此 1 年后到期的 1 年期远期利率 $f(1, 2)$ 必须满足

$$(1.05)\times[1+f(1,2)]^1=(1.051\,13)^2$$

可得 $f(1, 2)$=5.226%。其他的 1 年期远期利率可以类似地使用式（3.7）计算。这种息票剥离的结果展现在表 3－7 中。虽然我们的案例涉及的是 4 年期债券，但是其中采用的方法也可以用于从更长期限的互换曲线中计算出零息利率和远期利率。顺便提一下，我们是如何计算出第 1 个 1 年期远期利率 $f(0, 1)$（即今天开始的 1 年期远期）是 5%的呢？①

表 3－7　　使用剥离法求得的零息利率和远期利率

期限	互换利率	1 年期债券	2 年期债券	3 年期债券	4 年期债券
1	5.00%	100.000	4.867	5.048	5.210
2	5.11%		95.133	4.797	4.951
3	5.30%			90.155	4.683
4	5.47%				85.156
零息利率		5.000%	5.113%	5.312%	5.494%
远期利率		5.000%	5.226%	5.712%	6.041%

所以，我们应该如何解读刚才计算出来的 1 年期远期利率呢？这些都是可以锁定地隐含在互换曲线里的远期利率。根据业内习惯，我们把这些远期利率看做对未来每年 1 年期 LIBOR 利率将会设置的水平的预期。举例来说，因为 $f(2, 3)$ 等于 5.712%，我们可以说市场预期 2 年后的 1 年期 LIBOR 是 5.712%。

① 今天开始的远期利率就是一个即期利率，在我们的例子中今天的 1 年期 LIBOR 就是 5%。

图 3-4 展示了我们从表 3-5 中的互换曲线推导出的零息利率和远期利率。如图所示，1 年期远期利率逐年递增。当然我们不应该从这个特例中下结论，认为只要互换曲线是向上倾斜的，远期利率就一定是时间的单调递增函数。例如表 3-8 中的互换曲线：需要说明的是这条曲线没有包含每年的平价互换利率，对于没有出现在表中的期限的互换利率，假设我们可以根据该期限附近的平价互换利率使用线性插值法计算。比如，6 年期互换利率假设为 2.63%（即 80%权重的 5 年期互换利率和 20%权重的 10 年期互换利率），7 年期互换利率为 2.66%等。[①] 利用刚才介绍的息票剥离法可以得出如图 3-5 所示的远期利率。

表 3-8　　互换曲线样例

期限	互换利率
1 年期	2.00%
2 年期	2.10%
3 年期	2.20%
4 年期	2.40%
5 年期	2.60%
10 年期	2.75%
30 年期	3.00%

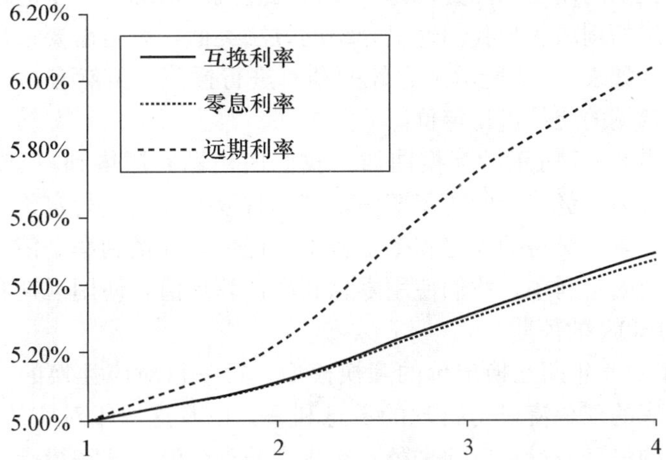

图 3-4　使用互换利率计算出的零息利率和远期利率

计算出的 1 年期远期利率曲线看起来并不“舒服”。前 5 年的远期利率看起来比较“正常”，但是后边的锯齿形状在业内是很不受欢迎的。业内发展出了更复杂的方法来满足

① 假设 s_L 和 s_H 分别是期限为 L 和 H 的互换利率。我们想使用线性插值法计算 M 年期互换利率 s_M，这里 $L<M<H$。那么 s_M 的计算如下：

$$s_M = s_L + \left(\frac{M-L}{H-L}\right) \times (s_H - s_L)$$

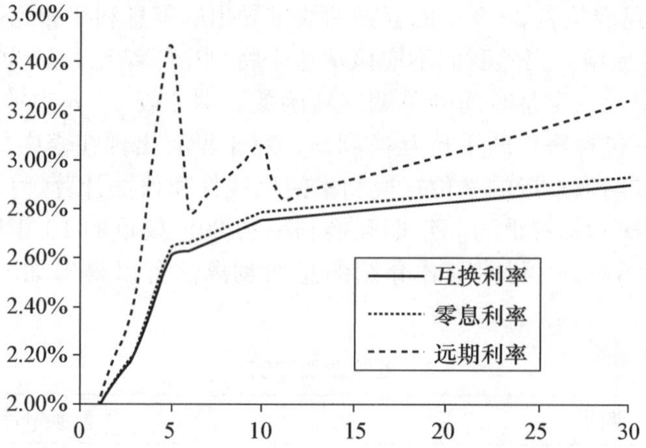

图 3-5　通过剥离表 3-8 中的互换曲线得到的远期利率

对更平滑的远期利率曲线的需求。[①] 在表 3-8 中互换曲线的情况下，即使使用更先进的方法，通常求得的远期 LIBOR 曲线的形状也会是开始上升，然后从某个时间点开始下降。

构建互换模型

我们现在使用息票剥离法构建一个互换模型。这种模型非常重要，会成为我们在本章和随后章节中对交易定价的基础。在开始之前我们需要指出，我们这里构建的互换模型虽然是非常强大的工具，但是并不是完全实用的。真正实用的互换模型要能应用于任何日期的互换利率，但是我们的模型只能分析每年支付现金流的情况。一个应该能够处理任何日期现金流的模型使用的剥离法与我们这里介绍的方法类似，只是需要采用更复杂的方法对基准平价互换利率（如表 3-8 所示）之外的利率进行插值。虽然有这些弊端，但我们的模型仍可以对很多常见的交易进行定价。

现在我们回到表 3-5 所示的互换曲线。我们使用剥离法得到零息利率和远期利率，然后对一个名义本金为 1 亿美元的 4 年期固定利率收取方互换进行定价。我们在这里所说的对互换定价是指计算该交易的固定利率是多少。记住，互换利率是使得互换的固定端现值等于浮动端现值的固定利率。我们使用零息利率计算现值，使用远期利率计算市场对不同时点的 1 年期 LIBOR 的预期。

图 3-6 展示了对 4 年期互换定价的互换模型。每一行对应互换的一个年份，里边包含用来对这一年年底的现金流进行折现的零息利率，以及这一年对应的远期利率。例如，我们可以看到模型的最后一行对应的是第 4 年收到的现金流。这一行给出了 4 年期零息利率 zc(4) 为 5.494%，可以用来对第 4 年的现金流进行折现。这一行也包含了第 4 年的 1 年期远期 LIBOR $f(3,4)=6.041\%$。我们可以将它当做市场对 3 年后 1 年期 LIBOR 设置的水平的预期，用它来计算第 4 年计提和支付的利息。基于这个远期利率，我们可以预期在最后一年互换浮动端的现金流为 1 亿美元 $\times f(3,4)=6\,041\,364$ 美元。浮动端这一预期的现金流的现值为

① 互换曲线构建的合理性及是否满足需求在业内是非常重要的事，学术界为此发展出了很多种方法，例如 Hagan (2003)，Ron (2000)，Zhou (2002)。虽然有很多通用的方法论，但很多机构还是花费很多时间开发了自有模型和系统来构建曲线。

$$1\text{亿美元}\times f(3,4)/[1+\text{zc}(4)]^4=4\ 877\ 792\text{ 美元}$$

时间	零息利率	远期利率	固定端现金流	固定端现金流现值	浮动端现金流	浮动端现金流现值
1	5.000%	5.000%	5 470 000	5 209 524	5 000 000	4 761 905
2	5.113%	5.226%	5 470 000	4 950 807	5 225 748	4 729 739
3	5.312%	5.712%	5 470 000	4 683 288	5 712 202	4 890 656
4	5.494%	6.041%	5 470 000	4 416 473	6 041 364	4 877 792
				19 260 092		19 260 092
		固定利率	5.470%	净现值	0	
		名义本金	100 000 000			

图 3-6　互换模型

浮动端的现金流及其现值也是按相同的方法计算。[①] 浮动利息的现值之和为19 260 092美元。那么我们的工作就是使用迭代法找到一个固定利率，使得固定利息的现值之和等于19 260 092美元。在图 3-6 中，我们找到了这个固定利率。该固定利率为 5.47%。

对于 5.47%的固定利率，互换的固定端每年的现金流为 1 亿美元×5.47%=5 470 000美元。使用零息利率计算这些现金流的现值。例如，在第 3 年年末收到的固定利息的现值为

$$1\text{亿美元}\times 5.47\%/[1+\text{zc}(3)]^3=4\ 683\ 288\text{ 美元}$$

将所有的固定利息的现值相加，我们得到 19 260 092 美元，与互换浮动端的现值相等。因此，4 年期互换利率确实为 5.47%。

这能说明什么呢？什么也说明不了。我们只是使用互换模型求得 4 年期互换利率为5.47%。但是要知道，开始的时候表 3-5 中的互换曲线已经显示了 4 年期互换利率为5.47%。所以我们完成这么多工作只是展示了这个利率水平就是我们知道的水平。这看起来浪费了很多时间。然而，虽然这个问题的答案在我们开始计算之前已经知道，但是我们很快就会发现，这个过程中建立的方法对互换定价非常重要。所以，这也许不是浪费时间。

互换利率与远期利率的关系

图 3-7 展示了我们刚计算出的 4 年期互换利率和远期利率的关系。如图所示，远期利率曲线（连续的 1 年期 LIBOR 远期利率与期限的关系）是向上倾斜的，而我们求得的互换利率在这些远期利率的中间。互换利率看起来像是远期利率的简单平均值，但事实并

---

① 浮动端第一笔现金流根据今天的 LIBOR 即期计算。我们之前分析过，在我们这个两端都是按债券市场计息规则每年付息的互换例子中，1 年期 LIBOR 即期等于 1 年期互换利率。在例子中，这个利率正好是 5%。我们之前讨论过，1 年期 LIBOR 即期也是今天的 1 年期 LIBOR 远期 $f(0,1)$。

不是这样。但是，我们可以说我们计算的互换利率是远期利率的某种加权平均值。实际上，我们定义时间 t 的折现因子为

$$DF(0,t)=\frac{1}{[1+\mathrm{zc}(t)]^{t}}$$

定义折现因子之和为

$$A=\sum_{t=1}^{4}DF(0,t)$$

这里的 A 就是年金因子，即 A 乘以 1 美元可以得到在互换存续期间 1 美元年金的现值。对于 $t=1$，2，3，4，我们定义权重 w_t 为

$$w_t=\frac{DF(0,t)}{A}$$

很容易证明这些权重之和等于 1。注意，w_t 是 1 美元年金的现值在时间 t 支付的部分。我们求得的 4 年期互换利率 s_4 为

$$s_4=\sum_{t=1}^{4}w_t\times f(t-1,t)$$

即互换利率等于远期利率的加权平均值。

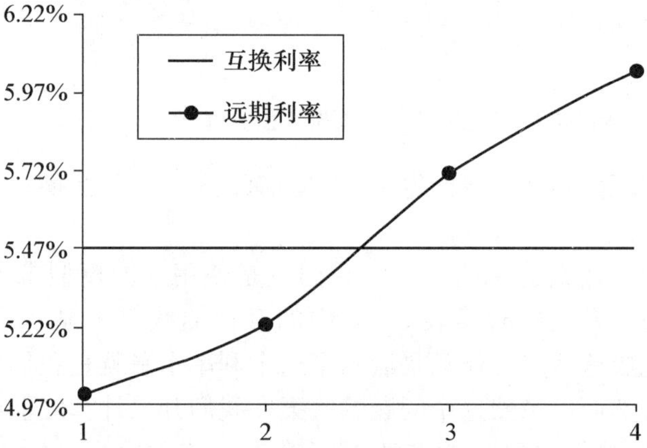

图 3-7　4 年期互换利率和远期利率的关系

图 3-7 也展示了在远期利率曲线向上倾斜时，给定期限的互换利率高于第一个远期利率（即今天的 LIBOR 即期）。也就是说，互换的固定利率收取方在前期会收到正现金流。这通常被称为正息差。该互换在期初没有现金流（互换是一项 NPV＝0 的交易），但在第 1 年年末固定利率收取方会有正的现金流。当然，这并不意味着存在套利机会。根据远期利率曲线，固定利率收取方会在交易期初收到正息差，而在一定时间之后收到负息差（负现金流）。互换利率就是使得正息差的现值完全抵消负息差的现值的固定利率。

需要记住的是，这些远期利率可能会实现，也可能无法实现（大部分时候不会实现）。对于即期互换，只有第一个 LIBOR 设置可以在今天确定，此后的 LIBOR 设置水平只有设

置时才会知道。因此，由于实际的 LIBOR 设置与远期利率隐含的不一致，因此互换持有者在到期日可能有正的或者负的利润。

计息天数的转化

如果我们假设固定端按照货币市场计息规则（而不是按债券市场计息规则）每年支付（同时假设浮动端仍然按债券市场计息规则每年支付 1 年期 LIBOR），那么互换利率应该是多少呢？如果我们使用公式（1.9），对于按债券市场计息规则每年付息的互换利率 5.47%，我们可以得到按货币市场计息规则按年付息的固定利率大约为

$$5.47\% \times 360/365 = 5.395\% \tag{3.8}$$

但是我们在 1.2.1 节强调过，精准地回答这个问题需要使用互换模型。图 3－8 展示了在假设固定端按货币市场计息规则每年付息的情况下的模型计算。在这种情况下，固定利息的名义值等于

固定利率×Act/360×名义本金

这里假设互换的第 4 年是闰年，因此按 366 天计息。注意，浮动端仍然按债券市场计息规则每年支付 1 年期 LIBOR，因此模型的计算相对于图 3－6 没有变化。如图 3－8 所示，假设固定端按货币市场计息规则每年付息，固定利率应该为 5.392%。我们的近似值 5.395%与模型的答案只相差 0.3 基点。

时间	零息利率	远期利率	固定端现金流	固定端现金流现值	浮动端现金流	浮动端现金流现值
1	5.000%	5.000%	5 466 566	5 206 253	5 000 000	4 761 905
2	5.113%	5.226%	5 466 566	4 947 699	5 225 748	4 729 739
3	5.312%	5.712%	5 466 566	4 680 348	5 712 202	4 890 656
4	5.494%	6.041%	5 481 543	4 425 792	6 041 364	4 877 792
				19 260 092		19 260 092
		固定利率	5.392%	净现值	0	
		名义本金	100 000 000			

图 3－8　假设固定端按货币市场计息规则每年付息的情况下的模型计算

另一个问题

在第 4 年年末收到的 1 亿美元的现值是多少？有很多种方法可以计算这个值。我们可以用 4 年期零息利率计算如下：

$$1\text{ 亿美元}/(1.049\,4)^4 = 80\,739\,908\text{ 美元}$$

我们还可以怎么求解这个答案？记住，在任何重置日，虚拟的浮动利率债券的现值都是

面值。① 在图 3-6 中我们发现浮动利率的现值等于 19 260 092 美元。这意味着在到期日收到的本金的现值为 100 000 000 美元−19 260 092 美元=80 739 908 美元。

为了证明虚拟浮动利率债券的现值确实等于面值，请参考图 3-9。这个就是我们刚才计算的互换。然而，我们做了一个假设：交易双方在期末交换本金。当然，交易双方在到期日并没有真实地交换本金，但是互换的两端包含虚拟本金并不会改变互换的价值。互换利率与我们之前计算的结果相同。进一步讲，包含本金的浮动端的现值等于面值。另外，由于互换是 NPV=0 的交易，所以固定端的价值也等于面值，我们可以从图 3-9 中看到这一点。

时间	零息利率	远期利率	固定端现金流	固定端现金流现值	浮动端现金流	浮动端现金流现值
1	5.000%	5.000%	5 470 000	5 209 524	5 000 000	4 761 905
2	5.113%	5.226%	5 470 000	4 950 807	5 225 748	4 759 739
3	5.312%	5.712%	5 470 000	4 683 288	5 712 202	4 890 656
4	5.494%	6.041%	105 470 000	85 156 381	106 041 364	85 617 700
				100 000 000		100 000 000
		固定利率	5 470%	净现值	0	
		名义本金	100 000 000			

图 3-9 假设交换本金情况下的互换

---

① 在本章我们提到过要证明这个论述。现在，我们分析一个名义本金为 100 美元的 T 年期互换，互换两端都是在 1，2，3，…，T 年按年支付利息。现在假设我们处在时间 $T-1$。我们知道在 1 年之后的时间 T，我们会收到本金 100 美元，以及最后一期浮动利息。远期利率曲线显示预期收到的利息为 100 美元×$f(T-1,\ T)$。使用远期利率 $f(T-1,\ T)$，我们可以将现金流从时间 T 折现到时间 $T-1$：

$$\frac{[100+f(T-1,T)\times 100]}{1+f(T-1,T)}=100(\text{美元})$$

现在我们退后 1 年来到时间 $T-2$。时间 $T-2$ 的 1 年之后我们预期收到的浮动利息为 100 美元×$f(T-2,\ T-1)$，刚才计算过，我们此后的其他现金流在时间 $T-1$ 的价值为 100 美元。我们可以用 $f(T-2,\ T-1)$ 将这些资产折现到时间 $T-2$。因此在时间 $T-2$，所有剩余的现金流的价值为

$$\frac{[100+f(T-2,T-1)\times 100]}{1+f(T-2,T-1)}=100(\text{美元})$$

这里有一个规律。当我们处在任何时间 t 时，我们知道从现在开始 1 年后我们预期收到的利息为 100 美元×$f(t,\ t+1)$ 加上互换中所有剩余的现金流，而我们刚才展示了这些剩余现金流在时间 $t+1$ 的价值为 100 美元。依此类推，我们回到时间 0（即互换的起息日），我们知道在 1 年后的时间 1，我们会收到利息 100 美元×$f(0,\ 1)$，以及互换中将来所有的现金流（这些现金流在时间 1 的价值为 100 美元）。将这些资产折现到时间 0 的价值等于面值。

如果今天不是互换中 LIBOR 的重置日怎么办呢？浮动端的价值还是面值吗？答案是不一定。一般地，我们假设现在在互换第 1 年的中间。互换的起息日（以及第一个 LIBOR 重置日）为时间 0，第一个支付日为时间 1，现在的时间用 t 表示，这里 $0<t<1$。例如，如果互换的起息日是 9 个月之前，那么 $t=0.75$。我们用 $L(0,\ 1)$ 代表第一个 LIBOR 设置的水平，即这是时间 0 设置的、在时间 1 支付的 LIBOR。

使用相同的逻辑，我们可以将浮动端所有未来的现金流折现到时间 1，那么在时间 t 浮动端所有现金流的现值为

$$\frac{[100+L(0,1)\times 100]}{1+(1-t)L(t,1)}$$

这里，$L(t,\ 1)$ 表示从时间 t 到时间 1 的即期 LIBOR，$1-t$ 根据合适的计息天数计算。一般来讲，用这个式子计算出的值不一定等于面值，因此在不是 LIBOR 重置日的日期，虚拟浮动利率债券的价值并不等于面值。

3.2.2 案例中的 PV01

在第二章，我们介绍了 PV01 和 PV 票息 01（分别为包含或者不包含第一个 LIBOR 设置）的概念。我们可以将同样的概念应用到案例中计算互换的利率敏感度。表 3-9 展示了计算结果。

注意，包含和不包含第一个 LIBOR 设置的 PV01 结果之间之所以存在相对较大的差异主要是因为我们例子中挂钩的是 1 年期 LIBOR。我们例子中设置第一个 LIBOR 对 PV01 降低的效果明显大于表 2-3 中挂钩 3 个月 LIBOR 的例子。在 1 年期互换的情况下设置第一个 LIBOR 后，我们看到这个互换的 PV01 降为 0。

表 3-9　给定表 3-5 中的互换曲线，1 亿美元本金互换的 PV01 和 PV 票息 01　（单位：美元）

互换期限	设置第一个 LIBOR 的 PV01	未设置第一个 LIBOR 的 PV01	PV 票息 01
1 年期	0	9 525	9 524
2 年期	9 053	18 577	18 575
3 年期	17 617	27 141	27 136
4 年期	25 694	35 219	35 210

3.3 非标准互换的定价

在 3.2 节，我们看到可以将互换曲线当做平价债券曲线，并据此推导出零息利率和 LIBOR 远期利率。然后使用这些零息利率和远期利率对一个 4 年期互换进行定价（即求解其固定利率）。我们发现了下列意料之中的结果：我们使用模型求得的 4 年期互换利率等于 4 年期互换利率。也就是说，我们使用综合报价页面的互换曲线，依据模型求得的 4 年期互换利率等于我们在综合报价页面看到的 4 年期互换利率。

我们说过，这个计算并不是浪费时间。我们在这个过程中开发的曲线剥离法将会是此后几乎所有交易定价的基石。显然，我们没有必要计算一个简单的 4 年期互换，因为我们可以在综合报价页面看到 4 年期互换利率。但是在研究新问题时，如果发现研究结果与我们预期的一致，那也是一件让人开心的事。

手工估算

由于我们下面要研究的互换没有在综合报价页面上，因此我们需要使用一个叫做“手工估算”的概念。手工估算是一种用金融计算器快速（但不精确地）对互换定价的方法。手工估算结果并不精确，不能用来代替模型计算的结果，但它是一种很好的检验计算结果的合理性的方法。

我们实际上已经使用过一个手工估算的例子。在 3.2.1 节，假设固定端按照货币市场计息规则（而不是债券市场计息规则）按年付息，我们计算了 4 年期互换。在图 3-8 中，我们发现按照货币市场计息规则每年付息的固定利率为 5.392%。虽然按债券市场计息规则每年付息的 4 年期互换利率可以在综合报价页面找到，但是我们无法找到按货币市场计息规则每年付息的互换利率报价。不过，我们欣喜地发现通过式（3.8）计算的近似值 5.395%与模型计算的结果之差远小于 1 基点。在我们验证模型的结果之前，模型只能被当成一个随机数生成器[①]，而手工估算的结果让我们相信模型的计算结果是正确的。

我们仍然会依靠息票剥离法对各种互换进行定价。但是学会对交易进行手工估算是非常有用的。我们希望模型的计算结果在合理的范围内。否则，就会很难区分是我们的模型有错误还是意外地按错了键盘。能有方法确保模型的结果在合理范围内是让人非常欣喜的。

但是要记住，手工估算结果只是近似值，因为手工估算只是在草稿纸上演算，使用了非常强的假设，从而简化了计算过程，因而能够快速验证模型的结果。并不是每笔交易都能手工估算，但是对于能够手工估算的，如果模型结果与手工估算一致，就可以放心地使用模型结果。

3.3.1 盯市市值

在本节，我们分析如何对已经存在一段时间的互换进行定价。互换在期初交易时，选定的固定利率使得互换交易的 NPV=0。但是正如我们在第二章了解的，随着互换利率变动，以前交易的互换的价值通常不再是 0。[②] 这正是投资者进行互换交易的初衷。投资者进行互换交易是为了对冲一笔资产或者负债，或者想通过互换价值的变动（由互换利率变动及时间推移带来的）表达对市场的看法。对一个持有一段时间的互换定价意味着计算该互换此时的价值，即盯市市值。我们现在举几个例子。

案例 1

使用表 3-5 中的互换曲线分析一个典型例子。假设 3 年前客户与做市商达成一笔名义本金为 1 亿美元的 7 年期互换，客户收取固定利率 7%，按债券市场计息规则每年付息，支付 1 年期 LIBOR。那么今天这笔互换的价值是多少？

首先要考虑的是应不应该将互换两端已经收到或支付的 3 笔票息计算在今天互换的价值中。这 3 笔票息已经与剩余的 4 年期互换的价值没有任何关系了。[③] 现在只需将此互换中剩余的现金流进行估值。

从各方面来说，该互换现在是一个 4 年期互换。该互换是 3 年前交易的，但是现在剩余的期限只有 4 年。所以它的价值取决于 4 年期互换利率与该互换的固定利率的关系：如果该互换的固定利率高于现在的 4 年期互换利率，那么该互换的价值为正，即固定利率收取方是盈利的。如果该互换的固定利率低于现在的 4 年期互换利率，那么该互换的价值为负，即固定利率收取方是亏损的。由于该互换的固定利率为 7.00%，而 4 年期互换利率为 5.470%，所以该互换对收取固定利率的客户来说价值为正数，对支付固定利率的做市商来说价值是负数。

---

① 互换行业的很多人都被教育过，在对模型的计算结果进行手工估算或者另一个同事对模型定价进行独立验证之前，不要立即确认交易。

② 我们在第八章中会讲到，即使互换利率不变动，互换的价值通常也会随着时间推移而变动。

③ 如果我们使用股息折现模型对股票进行估值，那么我们的现金流里应该包括过去的股息吗？答案是不需要。这里也是相同的道理。

现在我们使用模型计算该互换的价值。我们从做市商的角度对该交易进行估值，根据交易方在互换中的收付来确定现金流的方向。① 如图3－10所示，做市商收取的 LIBOR 现金流的现值为 19 260 092 美元，按固定利率 7.00％支付的现金流的现值为 24 647 284 美元。因此对做市商来说，互换的价值为 19 260 092 美元－24 647 284 美元＝－5 387 192 美元，对客户来说是相等金额的盈利。② 对做市商来说这笔交易亏损很大。希望做市商在交易期初已经使用国债或者欧洲美元期货对冲了该头寸，从而免受互换价值变动的影响，而只在该交易中赚取了买入价和卖出价的利差。③

时间	零息利率	远期利率	固定端现金流	固定端现金流现值	浮动端现金流	浮动端现金流现值
1	5.000％	5.000％	（7 000 000）	（6 666 667）	5 000 000	4 761 905
2	5.113％	5.226％	（7 000 000）	（6 335 585）	5 225 748	4 729 739
3	5.312％	5.712％	（7 000 000）	（5 993 239）	5 712 202	4 890 656
4	5.494％	6.041％	（7 000 000）	（5 651 794）	6 041 364	4 877 792
				（24 647 284）		19 260 092
		固定利率	7.000％	净现值	（5 387 192）	
		名义本金	100 000 000			

图 3－10 固定利率为 7.00％的 4 年期互换的盯市市值

---

① 有时，例如图 3－6 中的互换模型，我们不用分辨互换的现金流的方向。在这种情况下，互换的 NPV 等于互换两端现值之差。在我们需要强调互换收支方向的情况下，我们需要分辨现金流的方向，用正的现金流表示收到的现金流，而用负的现金流表示支付的现金流。当然，在我们分辨现金流方向的情况下，互换的 NPV 等于两端现值之和，而不是两端现值之差。

② 这里的计算中隐含的假设是这些现金流应该使用 LIBOR 进行折现。虽然事实上各个金融机构的资本成本不一定等于 LIBOR，但市场标准仍然是按此规则计算互换的盯市市值。从金融危机开始，这个假设开始受到业内的质疑。

实际上，毫不夸张地说，业内现在正在进行一场关于互换盯市市值计算中使用哪个利率的革命。这个问题的根源在于很多交易方之间早已达成的 CSA 协议。我们在第二章中讨论过，CSA 要求交易一方根据互换或者互换组合的盯市市值向另一方支付抵押品。对于美元互换，CSA 通常要求抵押品的利息应该根据美国联邦基金隔夜利率来计算。

当 LIBOR 和美国联邦基金隔夜利率差异较小且波动不大时，很多人忽略了这个问题。但是当 LIBOR-OIS 基差在金融危机期间大幅上升时（我们在 1.2.1 节中讨论过），人们开始意识到这个问题。因此，很多业内人士相信使用由 OIS（而不是挂钩 LIBOR 的互换）推导的零息利率进行折现更合适。由 OIS 曲线推导的零息利率会比由 LIBOR 互换曲线推导的零息利率低，结果就是使用 OIS 折现的互换的盯市市值会高于用 LIBOR 折现的盯市市值。更多信息请参见 Whittall（2010c）。

这种现象现在变得越来越有争议和复杂，主要是因为有些 CSA 开始允许支付多种货币的抵押物，这会形成最廉价交割期权，即互换交易的一方有动力根据不同币种抵押物的情况选择交付最有利币种的抵押物。当然，今天最廉价的交割的抵押物未来不一定是最廉价的，交易一方可能在互换存续期选择交付不同币种的抵押物。更多细节可以参考 Sawyer（2011）。行业内关于这个问题的压力导致有些清算机构改变了它们对互换的估值方法［更多细节参见 Whittall（2010a，2010b）］。虽然有这个问题，但是我们在此仍然使用互换曲线对现金流进行折现。

③ 我们在第一章中讨论过，如果做市商使用国债进行对冲，那么他在互换存续期间仍然承担基差风险。因此，他并没有完全对冲风险，在交易存续期间仍然面临盯市市值变动，但是这比他保留利率风险敞口完全不对冲时面临的风险要小得多。

案例 1 的手工估算

我们刚刚计算的互换的价值不会在任何综合报价页面出现。综合报价页面只提供现在市场的互换利率，但是不会给出偏离市场价利率的互换的价值。如果我们能够找到一种方法验证我们刚才的计算结果合理，那将大大增强我们的交易信心。

这里我们注意到，在互换剩余的 4 年中，交易方相当于收取 7.00%－5.47%＝1.53%的年金，如图 3－11 所示。使用一个小技巧，我们来分析该图中的互换估值。最上边的方框代表客户收取 7%的固定利率的互换的价值。注意，该互换的价值（无论是多少）等于客户收取 7%的固定利率的互换（也就是同一个互换）的价值加上客户支付 5.47%的固定利率互换的价值。这看起来有点奇怪。用代数语言来说，我们刚才的逻辑是 A＝A＋B，该等式只有在 B＝0 的情况下才成立。而这里正是这样的情况。客户支付 5.47%的固定利率的 4 年期互换的价值正好是 0，因为 4 年期互换利率等于 5.47%。也就是说，根据定义，4 年期互换利率（正好等于 5.47%）是使得 4 年期互换的 NPV＝0 的固定利率，因此我们可以确定图中底部的互换的价值等于 0。

现在观察图 3－11 底部的两个方框，我们可以抵消很多现金流。注意，客户在中间的方框中支付 LIBOR，在底部的方框中收取 LIBOR。因此，我们可以将二者相互抵消。这极大地简化了计算，客户在收取 7.00%的固定利率的同时支付 5.47%的固定利率。换句话说，客户相当于收取名义本金的 7.00%－5.47%＝1.53%的 4 年期年金。

这个年金的现值是多少？虽然正确的方法是使用对应的零息利率对年金的每笔现金流进行折现，但是使用金融计算器我们也能得到一个非常好的近似值。设

$$PMT = 1.53\%$$
$$i = 5.47\%$$
$$n = 4$$

可得其现值约为名义本金的 5.367%，即 5 367 000 美元。[①]

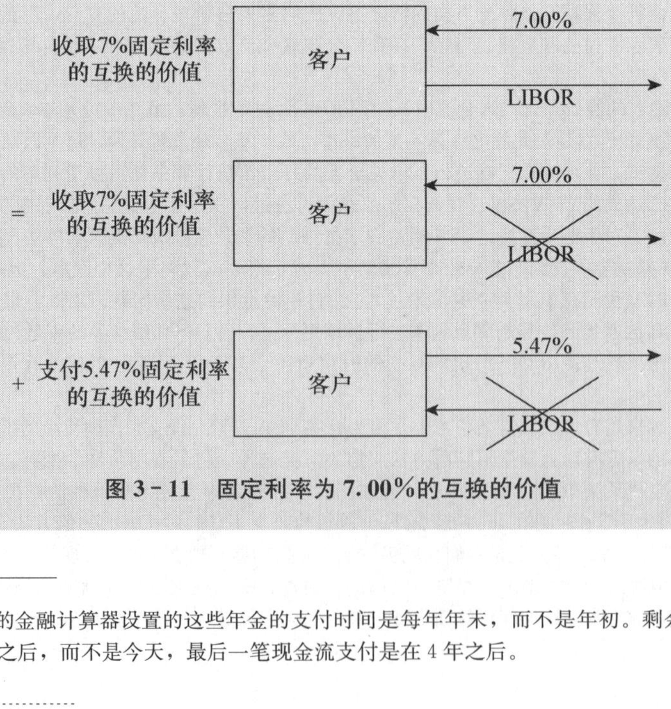

图 3－11　固定利率为 7.00%的互换的价值

① 一定要确保你的金融计算器设置的这些年金的支付时间是每年年末，而不是年初。剩余的 4 年期互换的第一笔现金流支付是在 1 年之后，而不是今天，最后一笔现金流支付是在 4 年之后。

那我们手工估算结果的准确度如何呢？互换的真实价值是 5 387 192 美元（通过模型计算现金流获得），我们的手工估算误差为 20 000 美元。这个差异大吗？20 000 美元是不少，但是相对于这笔交易，这个差异很小。我们可以这样看：如果我们回到表 3－9，我们发现一笔名义本金为 1 亿美元的 4 年期互换的 PV 票息 01 为 35 210 美元。因此，我们手工估算的结果误差为 20 000 美元/35 210 美元＝0.6 基点[①]，说明我们的手工估算结果有不错的精度。虽然不是完全精准，但是与实际价格的偏离在 1 基点以下。既然手工估算的目的是确保大方向是对的，这个精度就还是很不错的。[②]

对年金估值时，我们为什么选择 $i=5.47\%$ 呢？这是一个很好的问题，答案是没有正确答案。我们使用单个收益率对年金估值就是不合适的。我们应该使用现金流对应的零息利率对其估值，但是这需要花费很长时间，而手工估算的意义在于可以敲几下键盘就完成计算。[③] 既然用收益率折现已经是一个根本性错误，那就不用再纠结用哪个折现率"正确"了。因为用收益率本身就是错误的，所以使用哪个折现率都不是正确的。我们只需要使用一个合理的数字就可以了。我们需要给 i 赋值，用来对 4 个现金流折现，所以使用 4 年期互换利率是非常合理的选择。实际上，你会发现 4 年期互换利率 5.47%正好落在 4 个零息利率（5%、5.113%、5.312%、5.494%）中间（如果精确计算，就是用这 4 个零息利率），所以使用 5.47%是个不错的选择。这里，我们不必太纠结使用哪个收益率进行折现，选一个较为合理的就可以。当然，如果我们设 $i=20\%$，那么这在给定的利率环境下看起来就不太合理了，我们也很难说服别人这是个好的选择。

案例 2

现在我们来分析表 1－1 中综合报价页面的信息，这里的标准惯例是固定端按债券市场计息规则每半年付息，浮动端挂钩 3 个月 LIBOR 按货币市场计息规则每季度付息。假设整 3 年前客户与做市商达成一笔名义本金为 1 亿美元的 8 年期互换，客户按债券市场计息规则每半年收取固定利率 4.647%，按货币市场计息规则每季度支付 3 个月 LIBOR。客户想知道互换的盯市市值。我们假设使用当前市场上的中间价计算互换的盯市市值。

---

① 另一种手工估算的方法是将表 3－9 中 4 年期互换的 PV 票息 01 乘以 153（年金的基点数），我们可得 35 210 美元×153＝5 387 130 美元，与模型的结果很接近。导致该数字与模型结果不一致的唯一原因就是表 3－9 展示的 PV 票息 01 被近似到了整数，所以有四舍五入误差。一般来讲，我们不会使用这种手工估算方式，因为这需要知道 PV 票息 01 是多少，而我们想要的手工估算方法应该完全不使用互换模型。

② 手工估算的误差容忍范围有多大呢？这是个人选择，一般当误差超过 1 基点的时候，业内很多人就不太能接受了。

③ 假设我们使用零息利率对年金精确估值。在这种情况下，我们得到互换模型计算的精确价值是

$$\frac{1\ 530\ 000}{1.05}+\frac{1\ 530\ 000}{(1.051\ 13)^2}+\frac{1\ 530\ 000}{(1.053\ 12)^3}+\frac{1\ 530\ 000}{(1.054\ 94)^4}=5\ 387\ 192(\text{美元})$$

但是对于要求速度的手工估算，这个计算量太大了。另外，注意这里的零息利率都是四舍五入后的，与真实的了结交易价值不完全一致。使用精确的零息利率才能使这两个价值完全对得上。

案例 2 的手工估算

由于我们的互换模型只能处理每年支付的票息，因此我们无法对这笔互换进行估值。但是我们可以使用手工估算的方法近似计算当前的盯市市值。互换前 3 年的现金流收支已经发生，所以不会再对当前的估值有影响。客户在互换中收取 4.647%的固定利率，而当年 5 年期互换的中间价为 1.627%（互换买入价和卖出价的平均值）。对该互换进行手工估算的方法与案例 1 中的方法非常接近，但是我们要非常注意支付频率，因为在本例中固定端是每半年支付一次的。该互换的估值过程如图 3-12 所示。

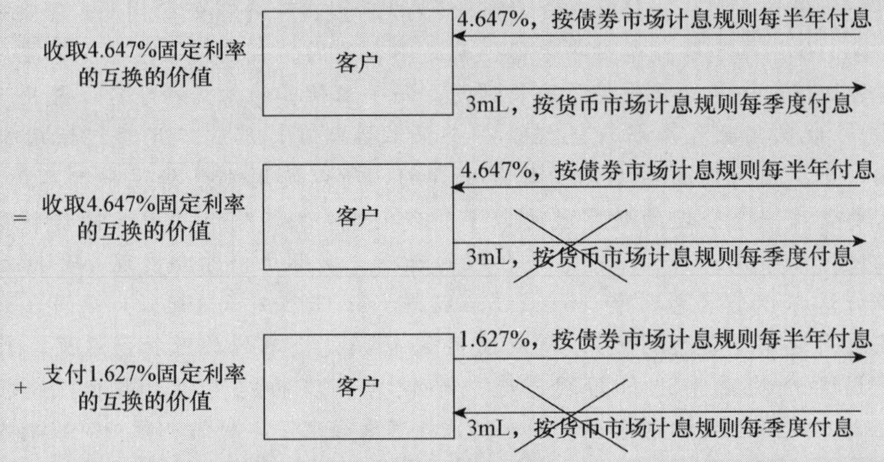

图 3-12　计算标准支付惯例下固定利率为 4.647%的互换的价值

这里我们也可以加上底部的方框，因为其价值等于 0。1.627%是 5 年期互换利率的中间价，因此在 5 年期互换中支付或者收取这个利率的价值等于 0。注意在底部两个方框中挂钩 LIBOR 的两条腿（都是按季度支付）也能正好抵消。所以客户最后收取一个 4.647%－1.627%＝3.02%的年金，按照债券市场计息规则每半年支付。该互换对客户来说是盈利的，因为客户收取的固定利率高于 5 年期互换利率。为了使用手工估算对该互换估值，设

$$PMT = (4.647\% - 1.627\%)/2 = 1.51\%$$
$$n = 5 \times 2 = 10$$
$$i = 1.627\%/2 = 0.8135\%$$

我们求得现值大约为本金的 14.446%，即大约为 14 446 000 美元。这个例子中需要指出的一点是我们应该用合适的支付频率计算。在这个案例中互换的固定端每半年支付固定利率，因此应该在年金折现的时候合理计算现金流的时点。[①]

3.3.2　交易了结

互换交易的了结是指交易双方结束互换原来约定的权利和义务的协定。交易一方需要

① 如果我们忘记固定端每半年支付的话，我们的手工估算就会（不正确地）设 PMT＝4.647%－1.627%＝3.02%，n=5，i=1.627%，从而求得 PV 等于本金的 14.390%，即 14 446 000 美元，与之前（更合理的）手工估算金额 14 446 000 美元相差 56 000 美元。虽然手工估算是近似值，但是没有正确处理支付频率的话也会引入不必要的误差。

根据互换当前的价值支付给另一方了结费，从而换取盈利的交易方放弃继续执行互换。了结费通常在交易了结后 $T+2$ 天支付。

案例 3

我们继续讨论案例 2。假设基于刚才计算的盯市市值，客户想了结该交易。在原来的交易中，客户收取固定利率。现在，为了了结这笔交易，做市商实际上需要从客户那里收取固定利率来抵消原来的交易。也就是说，如果客户现在在一笔 5 年期互换中支付 4.647%的固定利率（债券市场计息规则每半年付息对 LIBOR 每季度付息），那么这能够完全冲销客户原来的头寸。理论上，做市商愿意为此向客户付钱，因为这个利率远高于当前 5 年期互换利率卖出价 1.647%。

做市商按照互换利率的卖出价收取固定利率 1.647%，了结费的计算也是基于这个卖出价。因为做市商正常情况下在 5 年期互换中收取 1.647%，而在了结交易中收取更高的利率 4.647%，这意味着做市商需要向客户支付一笔了结费来提前终止该互换。

案例 3 的手工估算

由于这个案例的固定端也是每半年支付，无法使用我们的模型，因此我们必须使用手工估算的方法计算了结费。计算了结费的逻辑如图 3-13 所示。了结该互换时，做市商实际上是收取 4.647%的固定利率，支付 3 个月 LIBOR。虽然并没有实际做这笔交易，但是其经济意义与了结交易是一样的。如图 3-13 所示，这笔交易（如图上部所示）可以分解成一笔做市商收取 1.647%的固定利率支付 3 个月 LIBOR（如图中部所示），和一笔做市商收取每半年支付的 4.647%－1.647%的年金（如图底部所示）。由于做市商在中部的交易中收取互换利率卖出价，因此这一部分的前端费等于 0。为了计算做市商需要为图底部的年金支付的金额，我们设

$$PMT=(4.647\%-1.647\%)/2=1.50\%$$
$$n=5\times 2=10$$
$$i=1.647\%/2=0.8235\%$$

可得 PV 等于本金的 14.342%，即 14 342 000 美元。注意做市商愿意为了结交易支付的金额 14 342 000 美元小于案例 2 中的盯市市值。两者之所以存在差异主要是因为做市商在了结交易的时候赚取的买入价和卖出价之差。

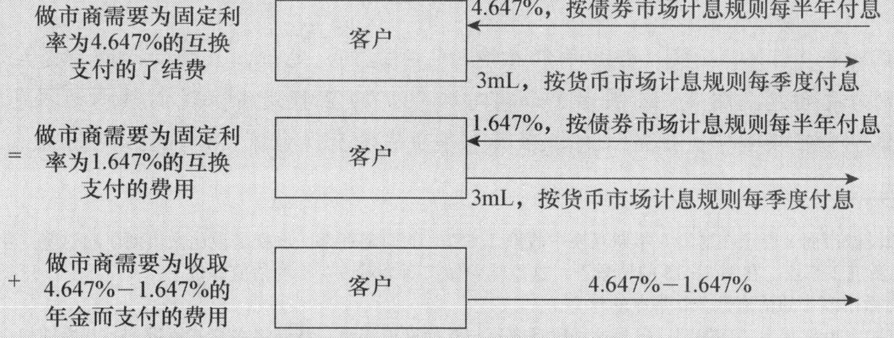

图 3-13　计算客户收取 4.647%的固定利率互换的了结费

3.3.3 转让

在案例2和案例3中，客户原来与某一个做市商（我们称之为做市商1）达成了一笔8年期互换。在通常条件下，这并不意味着客户还必须找做市商1来了结交易。如果客户愿意，其可以将该交易转让给另一个做市商。也就是说，客户可以联系另外一个做市商（我们称之为做市商2）对了结交易进行竞价，即向做市商2询问愿意为这笔交易（即做市商与客户达成一笔本金为1亿美元的5年期互换，做市商收取固定利率4.647%）支付的前端费。如果做市商2对这笔5年期互换的报价比做市商1更优，那么做市商2就愿意向客户支付更高的前端费。[1] 在这种情况下，该交易将会被转让，而不是了结。做市商2会向客户支付前端费，并在一个本金为1亿美元的5年期互换中从做市商1那儿收取固定利率4.647%。对于这笔转让，客户是转让方，做市商2是受让方，做市商1是留存方。

这里还有一个问题。客户只有在做市商1同意的情况下才能将互换转让给做市商2（当然，前提还包括客户找到做市商2的时候，他要确保做市商2愿意与做市商1做交易对手）。因为互换是一种双边交易，需要承担交易对手风险，有可能做市商1与做市商2之间未签署ISDA协议。当然，这种情况不太可能发生，因为大部分做市商之间已经签署了各种协议，从而可以在做市商之间进行市场交易，或者进行转让交易。但是，仍然有可能（尤其在金融危机期间）一个做市商拒绝在转让交易中面对另一个做市商。拒绝会对两个做市商的声誉都产生损害，尤其是对被拒绝的做市商。

3.3.4 远期互换

远期互换是起息日超过标准的$T+2$个纽约和伦敦交易日的互换。举个具体例子，一个3年期互换的1年远期（也被称为1×4）[2]，其起息日在1年之后。[3] 假设互换固定端按债券市场计息规则每半年付息，浮动端挂钩3个月LIBOR按货币市场计息规则每季度付息，那么浮动端第一笔支付距今天1.25年，固定端第一笔支付距今天1.5年，两端的最后一笔支付都是在4年之后。

远期互换的固定利率设置的水平会使得互换的NPV=0。如果我们使用欧洲美元期货对互换定价，即期互换可以用存款利率（即今天的LIBOR）和一系列欧洲美元期货进行定价。而远期互换可以用从某期限开始（不使用前面几个合约）的一系列欧洲美元期货进行定价。当然，我们随后会看到，我们也可以通过两个即期互换对远期互换进行定价。

案例

我们对一个1×4互换（即3年期互换的1年远期）定价，互换的两端都是按债券市场计息规则每年付息。图3-14展示了如何对这个1×4互换定价。我们熟悉的零息利率和远期利率都包含在模型中。但是注意，在第1年年底没有现金流。1×4互换的起息日在1年

---

① 假设做市商2愿意在这笔5年期互换中收取1.637%的固定利率，也就是说比做市商1对这笔5年期互换的报价1.647%激进1基点。在图3-13的情景下，这意味着做市商2对该互换的估值等价于4.647%−1.637%=301基点的年金，而做市商1的估值是300基点的年金。

② 有些人也称其为“1进3”，但是这种称呼容易与互换期权混淆。我们将在第五章讲到，互换期权会用“x进y”的术语。

③ 更精确地说，起息日是即期互换的标准$T+2$结算日后的整1年。

之后，因此它的第一笔现金流发生在第 2 年年底。由于第 1 年没有现金流，所以模型并没有使用第一个远期利率（实际上是今天的 LIBOR 即期利率）来计算第 1 年年末的浮动端现金流。剩余的 3 个远期利率用来计算市场预期的互换存续期内的 3 笔浮动现金流。我们求得的固定利率为 5.644%，因为这个利率可以使得固定端现金流的现值等于浮动端现金流的净值。[①]

时间	零息利率	远期利率	固定端现金流	固定端现金流现值	浮动端现金流	浮动端现金流现值
1	5.000%	5.000%	0	0	0	0
2	5.113%	5.226%	5 644 262	5 108 529	(5 225 748)	(4 729 739)
3	5.321%	5.712%	5 644 262	4 832 487	(5 712 202)	(4 890 656)
4	5.494%	6.041%	5 644 262	4 557 172	(6 041 364)	(4 877 792)
				14 498 187		(14 498 187)
		固定利率	5.644%	净现值	0	
		名义本金	100 000 000			

图 3-14　1×4 远期互换的定价

对冲远期互换

我们前面讨论了做市商如何用国债或者欧洲美元期货对冲即期互换。1×4 互换的到期日在 4 年后，做市商能使用对冲即期互换的方法对冲远期互换吗？

答案是不能。因为在第 1 年完全没有现金流，所以第 1 年有利率风险敞口的对冲都是不理想的。一种好的对冲方式是使用从某一时点开始的一系列欧洲美元期货合约对冲。做市商的另一种对冲方式是使用两个不同的即期互换来对冲一个远期互换。我们继续使用做市商在 1×4 互换中收取固定利率的例子。我们会看到，做市商可以通过如下方式对冲：在 4 年期互换中支付固定利率的同时在相同本金的 1 年期互换中收取固定利率。直观上讲，在 4 年期互换中支付固定利率，并在 1 年期互换中收取固定利率，做市商可以抵消第 1 年的头寸，而保留后 3 年的敞口。原理如图 3-15 所示。事实上，该图也是我们对远期互换进行手工估算的基础。

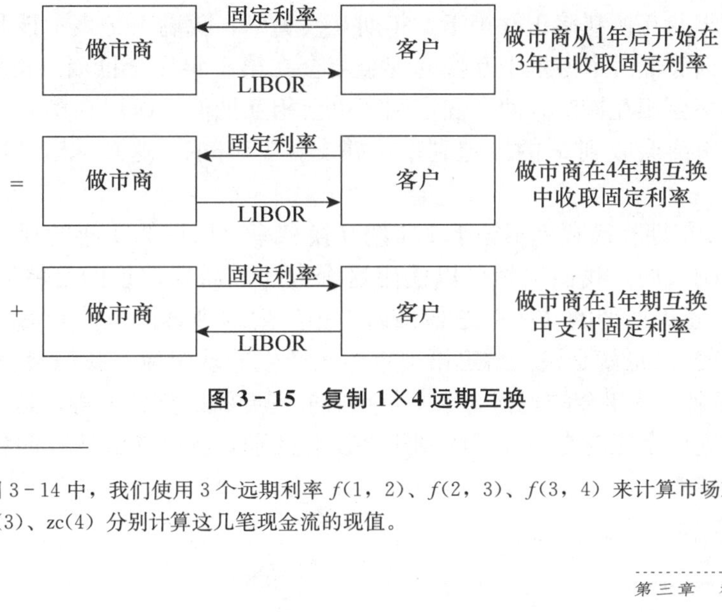

图 3-15　复制 1×4 远期互换

① 注意，在图 3-14 中，我们使用 3 个远期利率 $f(1,2)$、$f(2,3)$、$f(3,4)$ 来计算市场对浮动端现金流的预期。使用 zc(2)、zc(3)、zc(4) 分别计算这几笔现金流的现值。

手工估算

过去报价页很少对远期互换利率报价。人们根据自己的互换模型来计算某个远期互换的利率应该是多少。近年来，有关远期互换利率的信息越来越多。很多交易员会关注远期互换矩阵（如表3-10所示）来寻找交易机会（我们在本章后半部分介绍一些相关内容，在第八章中将介绍其他的交易机会）。在该矩阵中，第一行是不同期限的即期互换利率（即互换曲线）。下面的各行展示的是通过互换曲线计算的各远期期限的远期互换利率。例如，在矩阵中展示的10年期互换利率为4.49%，而10年期互换的1年远期利率（即1×11）为4.99%。

表3-10　　远期互换利率矩阵

远期期限＼互换期限	1	2	3	5	7	10	15	20	30
0个月	1.62	2.25	2.77	3.48	4.00	4.49	5.00	5.22	5.31
3个月	1.84	2.52	3.00	3.67	4.16	4.62	5.10	5.30	5.37
6个月	2.15	2.80	3.24	3.86	4.31	4.74	5.20	5.38	5.44
1年	2.88	3.36	3.70	4.24	4.62	4.99	5.39	5.53	5.56
2年	3.87	4.14	4.39	4.81	5.08	5.38	5.69	5.77	5.74
3年	4.43	4.67	4.89	5.21	5.42	5.68	5.90	5.94	5.87
4年	4.91	5.14	5.30	5.52	5.70	5.92	6.07	6.07	5.96
5年	5.38	5.52	5.62	5.78	5.94	6.12	6.20	6.16	6.03
7年	5.83	5.91	5.99	6.14	6.28	6.36	6.34	6.25	6.07
10年	6.33	6.42	6.49	6.58	6.59	6.53	6.39	6.26	6.04

虽然远期互换的数据逐渐增多，但是理解远期互换利率是如何从即期互换利率中推导出来的非常有用。如图3-14所示，我们展示了如何对远期利率定价，这里我们要用手工估算的方法计算这个利率。手工估算的方法参见图3-15中的逻辑。我们再来分析一下此图。假设现在4年期互换利率正好等于1年期互换利率，我们用x表示该利率。如果这两个利率相同，那么底部两个方框中互换的现金流会在第1年完全抵消。也就是说，在第1年，两个浮动利率会相互抵消，两个固定利率也会相互抵消。所以在第1年没有现金流发生，在后3年做市商会收到x的固定利率，并支付LIBOR。这意味着1×4互换的利率为x。

通常来讲，4年期互换利率不等于1年期互换利率，所以第1年的现金流不会完全抵消。但这并不影响大局，我们仍然可以使用这个方法，需要改进的是将第1年的现金流"搬"到后3年。这里所谓的"搬"是指将第1年产生的现金流平摊到后3年（当然前提是要保持价值不变）。也就是说，给定第1年年底产生的现金流，我们会找到一个在第2、3、4年收到的年金，使年金的现值与第1年年底的现金流的现值相等。这个年金可以使得在第1年年底收到现金流与在后3年收到年金没有区别，从而能够让我们将第1年的现金流"搬"到后3年。

案例 1

假设互换曲线如表 3-5 所示，我们来分析如下情况：做市商在 4 年期互换中收取 5.47%的固定利率，在 1 年期互换中支付 5.00%的固定利率（我们将此称为远期互换的"复制策略"）。需要指出的是，这个复制策略决定了 1×4 互换的固定利率。因为在第 1 年两个浮动 LIBOR 会完全抵消，而做市商在第 2、3、4 年支付 LIBOR，因此，通过"复制策略"，我们完美地复制了远期互换的浮动端。

我们接下来分析复制策略的固定现金流。由于两个固定利率不同，所以做市商会在第 1 年年末净收入 47 基点（两个固定利率之差），并在第 2、3、4 年年末收取 5.47%的固定利率[①]，如图 3-16 所示。所以这个复制策略给我们带来现金流的时点与远期互换的现金流时点几乎完全一致。唯一的问题是该策略在滞后期（从即期互换 $T+2$ 的结算日到远期互换起息日之间）赚了息差（现金流）。在本例中，复制策略赚取了 47 基点的息差。图 3-16 中的●代表在第一年（远期互换起息前）赚取的息差。

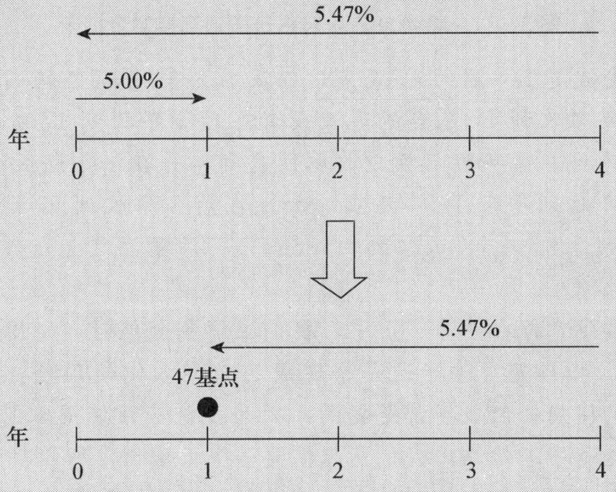

图 3-16 在 4 年期互换中收取固定利率并在 1 年期互换中支付固定利率的净息差

如前所述，我们可以找到一个在第 2、3、4 年支付的年金，其现值与第 1 年年末收到的 47 基点的现值相同。我们之所以这么做，是因为该策略的目的是复制远期互换，所以在第 1 年不应该有现金流。这个过程如图 3-17 所示。所以，复制策略赚取的 47 基点相当于在未来 3 年收取 17.4 基点的年金。这意味着 1×4 互换利率的手工估算结果是 5.47%+ 0.174%=5.644%。

为什么？我们来回顾一下刚才的分析。首先，1×4 互换利率是使得固定端现金流（在第 2、3、4 年支付）的现值等于浮动端现金流（在相同期间支付）的现值的固定利率。现在，如果我们采取一个复制策略，那么我们会复制远期互换的 LIBOR 现金流，因为第 1 年的 LIBOR 现金流会抵消，所以我们只剩下后 3 年的 LIBOR 现金流。到这里，我们的工作已经完成一半。对于固定端，我们需要找到一个固定利率。通过复制策略，

① 我们这里是用利率和基点来表示收付，但是不要忘了这些收付都是基于一个名义本金的。其实我们应该使用实际的现金流。我们可以假设名义本金为 1 亿美元，这样就可以将 47 基点对应到 470 000 美元的金额，将 5.47%对应到 5 470 000 美元的金额。

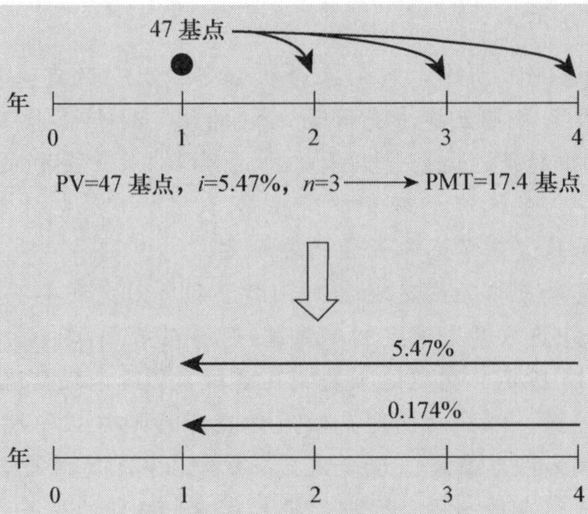

图 3-17　将净息差从起息日搬到互换剩余期限

我们在固定端的现金流是 1 年后的 47 基点，以及后 3 年 5.47%的固定利率。但是我们分析过，在第 1 年年末收到 47 基点的现值或者在后 3 年收到 17.4 基点的年金的现值是相同的。因此，通过在 4 年期互换中收取固定利率并在 1 年期互换中支付固定利率，我们实现了在后 3 年收到年金 17.4 基点，加上在后 3 年收到 5.47%的固定利率，所以在后 3 年每年收到 5.47%+0.174%=5.644%。注意，这也是我们通过图 3-14 中的模型计算得出的答案。

有一点我们需要注意，在图 3-17 中，我们求解年金值时，使用了利率 5.47%进行折现。为什么使用 5.47%呢？除了这是个现成的数字方便使用外，我们没有更好的理由。根据定义，我们使用任何数字都是错的，因为我们应该使用零息利率分别折现各笔现金流。但是既然这是手工估算，我们就只需要一个近似值，所以我们可以忍受这一点。我们需要用一个利率来对 3 年中收到的现金流进行折现（1 年后开始的 3 年），所以使用 4 年期互换利率看起来合理。这正确吗？当然不正确。但是这只是手工估算，我们不会根据这个数字交易，我们只要确保我们的结果离正确答案不远就行了。

案例 2

我们再来分析一个案例，这个案例稍微复杂一些，但是仍然可以应用刚才的方法。现有一个 2×5 互换（即 3 年期互换 2 年远期），假设固定端按债券市场计息规则每半年付息，浮动端按货币市场计息规则每季度支付 LIBOR。假设互换曲线如表 1-1 所示。注意，2 年期互换的中间价为 0.685%，5 年期互换的中间价为 1.627%。

这个案例无法应用我们的模型，因为不是每年付息。所以我们需要使用手工估算来计算这个 2×5 互换的利率。在 2×5 互换中收取固定利率的做市商可以通过在 5 年期互换中支付固定利率并在 2 年期互换中收取固定利率来对冲。2×5 固定利率收取方互换的复制策略包括在 5 年期互换中收取固定利率，在 2 年期互换中支付固定利率。图 3-18 展示了这个复制策略。

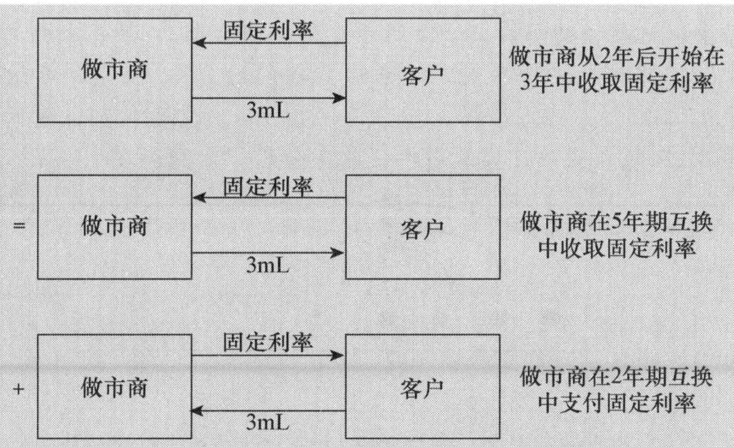

图 3-18　复制 2×5 互换

需要注意的是，复制策略能够决定 2×5 互换的固定利率水平。在复制策略中，两项 LIBOR 现金流能够在前 2 年完全相互抵消（即 5 年期互换支付的前 8 笔挂钩 3 个月 LIBOR 的现金流完全抵消 2 年期互换中收取的 8 笔挂钩 3 个月 LIBOR 的现金流），最后做市商只在后 3 年支付 LIBOR。这正是我们想要的：在远期互换中做市商也是在两年之后的 3 年中支付 LIBOR。所以，通过复制策略，我们可以完美复制互换的浮动端。

我们接下来分析复制策略的固定端现金流。由于两个固定利率不同，做市商在前 2 年赚取了 94.2 基点［两个固定利率（1.627%和 0.685%）之差］，并在此后的 3 年收取 1.627%的固定利率，如图 3-19 所示。所以该复制策略基本上复制了远期互换的现金流。唯一的问题是前 2 年的息差 1.627%−0.685%=94.2 基点。我们需要非常小心，这个基差是每半年支付的，即每半年支付 94.2/2=47.1 基点，所以我们应该按照这个频率对现金流进行估值。

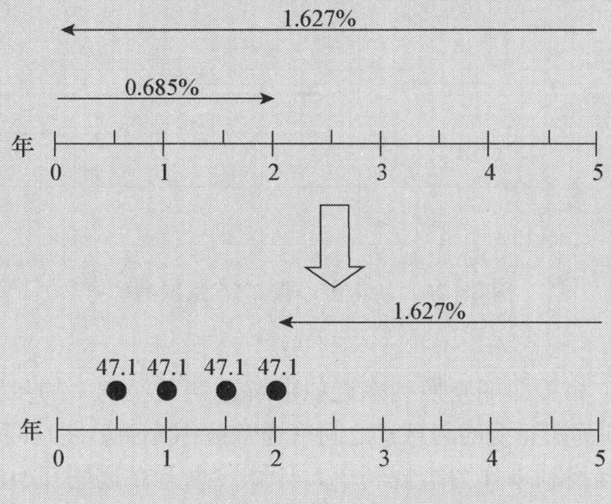

图 3-19　在 5 年期互换中收取固定利率并在 2 年期互换中支付固定利率的息差

我们应该将滞后期（从远期互换交易到起息日这段时间）赚取的息差搬到后 3 年。我们可以分两步完成这个工作。第一步，计算前 2 年中 4 期年金在第 2 年年末（即远期互换的起息日）的价值。第二步，将刚才计算的价值折算成最后 3 年（即远期互换的存续期）的年金。这些步骤如图 3－20 所示。所以滞后期 94.2 基点的息差相当于在后 3 年每半年支付 32.5 基点的一个年金。这意味着我们对 2×5 互换利率的手工估算结果是 1.627%＋(2×0.325%)＝2.277%，如图 3－21 所示。需要特别注意的是，只有将每半年支付的年金 32.5 基点乘以 2 换算成年化的年金后，才能加在 1.627%之上。①

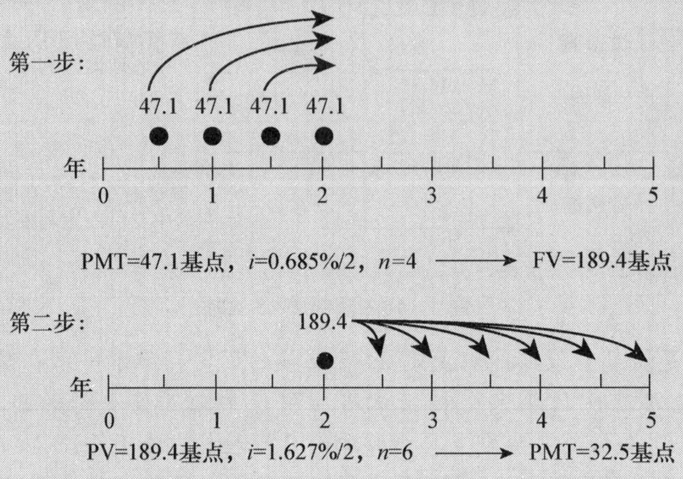

图 3－20　将滞后期的息差换算成远期互换存续期的年金

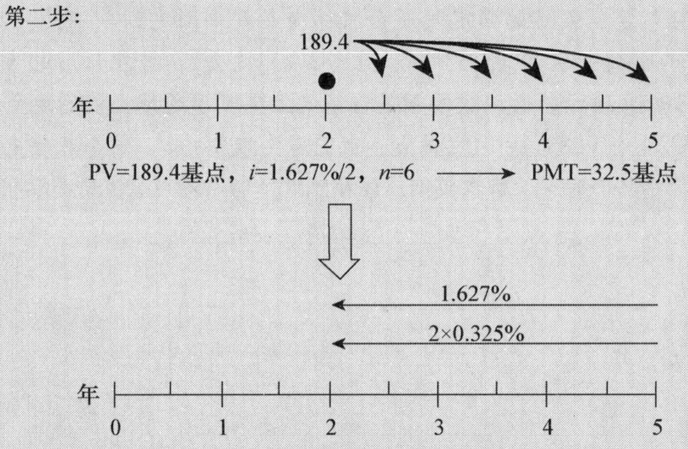

图 3－21　从年金计算 2×5 互换利率

总体来讲，用两个相关即期互换利率近似求解远期互换利率的步骤如下：

（1）计算从今天到远期互换的起息日之间（通常被称为滞后期）两个即期互换的息差；

（2）使用短期限互换利率作为折现利率，计算该息差在远期互换起息日的未来值；

（3）使用长期限互换利率作为折现利率，根据息差未来值计算远期互换存续期内年金；

① 注意，在图 3－20 中，我们使用 2 年期互换利率 0.685%作为计算滞后期息差未来值的折现利率，使用 5 年期互换利率 1.627%作为将息差未来值转化为远期互换存续期内年金的折现利率。通常来讲，我们使用短期限互换利率计算滞后期的息差，使用长期限互换利率作为将息差未来值转化为远期互换存续期内年金的折现利率。

（4）将年金（如果互换固定利率支付频率是每年的话，需要折算成年化年金）加在长期限互换利率之上。

远期互换的用途

对于投资者来说，远期互换有多种用途。我们先来看一个使用远期互换的经典案例：将预期在未来开始的一笔资产或者负债从浮动利率转换为固定利率，或者将固定利率转换为浮动利率。我们也会讨论近来远期互换利率如何变为市场的基准。

对冲未来发行的债券

远期互换最传统的用法是对冲预期在未来某时点开始的资产或者负债。例如，一家公司预计 1 年后需要为投资一个项目进行融资。该公司计划通过发行 5 年期固定利率债券融资 5 亿美元。公司不打算现在发行债券，因为它现在还不需要现金。

当企业 1 年后来到市场发行债券时，需要支付给债券购买人的收益率会是当时市场上 5 年期新发国债的收益率 T_5 和该公司的信用利差 c_5 的函数。也就是说，公司需要支付的收益率为

$$T_5+c_5 \tag{3.9}$$

如果式（3.9）中的两者之和在未来 1 年上升，那么公司的融资成本会上升。当然，未来 1 年该数字也可能下降。我们想说明的是公司对这个数字的变动有敞口，债券的收益率会取决于 1 年后式（3.9）的值。

公司可能会担心 1 年后发债时其融资成本上升，所以它可能会选择使用互换对冲这个风险。哪种互换能够最好地对冲公司的风险呢？如果它进入一笔 5 年期即期互换，那么第 1 年会产生现金流，但是债券在第 1 年没有现金流。另外，这个对冲无法为债券的最后一年提供保护。如果它进入一笔 6 年期即期互换，虽然这个对冲能够覆盖负债的全部存续期，但是还会遇到第 1 年债券没有现金流而对冲有现金流的问题。

所以，公司最好的对冲是进入一笔远期互换。具体来说，公司应该进入一笔 1×6 互换。这笔 1 年后开始的 5 年期互换能匹配债券的现金流时间。公司在 1×6 互换中支付固定利率。公司应该持有这笔互换 1 年，然后了结该交易。假设在该 1×6 互换中公司支付的固定利率为 5%。在第 1 年互换没有产生现金流。而 1 年之后，该互换成为一笔 5 年期即期互换。如果 1 年之后，5 年期互换利率高于 5%，对公司来说互换就是盈利的。互换的利润可以用来（大致）弥补多付出的融资成本。如果 1 年后 5 年期互换的利率低于 5%，互换的损失可以（大致）抵消节省的融资成本。公司会在 1 年后了结该互换，实现该互换的盈利或者亏损，并用这个利润或者亏损抵消融资成本的变动。

注意，上一段我们用了两次“大致”。这是因为互换盈利并不意味着公司 1 年后的融资成本一定会比现在高，互换亏损也并不能保证公司的融资成本 1 年后会更低。1 年之后公司进入的互换的价值完全取决于当时的 5 年期互换利率。我们不知道 1 年后的 5 年期互换利率。这个值目前是随机变量，可以表示为

$$T_5+ss_5 \tag{3.10}$$

其中，ss_5 表示当时的 5 年期互换基差（现在尚不确定具体数值）。如果我们比较式（3.9）中公司的融资成本与式（3.10）中 1 年后的 5 年期互换利率，我们会发现前者取决于公司的信用利差，而后者取决于 5 年期互换基差。如果公司的 5 年期信用利差与互换基差正相

关，那么对冲的效果会比两者负相关时更好。整个对冲机制如图 3-22 所示。

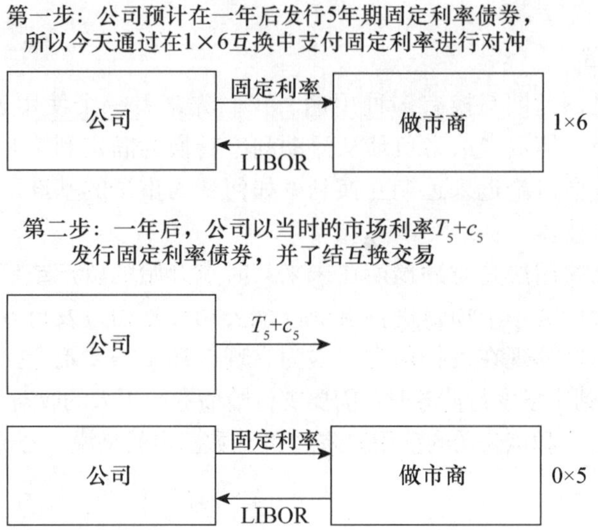

一年后利率	债券的固定利率	互换的价值
高	高	对公司来说是正数
低	低	对公司来说是负数

图 3-22　在 1×6 互换中公司支付固定利率来对冲未来发行的债券

很多证据显示公司的信用利差与互换基差是正相关的。我们在第二章中讨论过，互换基差往往是市场中信用风险的晴雨表。因此，当系统性信用利差变化导致公司信用利差上升（下降）时，互换基差也会同时上升（下降）。公司也可以通过分析信用利差与互换基差的历史相关性来检验互换是不是好的对冲工具。

远期互换作为基准

几乎所有市场都有一个基准，或者叫晴雨表，用来反映市场的整体变动。在国债市场，2 年期、10 年期、30 年期新发国债的收益率一直是流行的基准。利率互换市场也有自己的基准。2 年期、10 年期、30 年期互换利率是很多投资者密切关注的，能够很快地描述市场的变化。近年来，某些远期互换也开始成为市场基准。

我们来分析一下 10 年期即期互换（按标准惯例，固定端按债券市场计息规则每半年付息，浮动端按货币市场计息规则每季度支付 LIBOR）是如何定价的。10 年期互换包含 40 个 3 个月 LIBOR 远期，它们共同决定了 10 年期互换的价值。短期限远期利率主要取决于美联储的政策，而长期限远期利率受美联储政策的影响较小，更多受对长期通胀、经济增长等的预期的影响。

除了 10 年期即期互换之外，市场中有些投资者还开始关注 5×10 互换利率（即 5 年期互换 5 年远期）。有些人认为 5×10 互换利率将 10 年期互换利率中受美联储政策影响的部分剥离了出来，只剩下受对长期通胀和经济增长的预期的影响的部分。

美联储前主席格林斯潘在 2005 年参议院银行住房和城市事务委员会的半年听证会上提到这个概念（即即期收益率可以看成由一系列远期利率构成），试图解释为什么在美联储大幅加息的情况下收益率曲线平坦了很多。这种平坦化走势与以前加息周期的情况是相反的。①

在这种环境下，虽然美联储将联邦基金目标利率上调了 150 基点，但长期利率还是下降了。这种变化与经验不符（以往的经验是，在其他情况不变时，短期利率上升会伴随着长期利率上升）。利率曲线的数学规律决定了长期利率和短期利率的关系。例如，10 年期收益率可以当成连续 10 年的 1 年期远期利率的平均值。第 1 年的远期利率上升（这个远期利率与联邦基金利率高度相关）也会造成 10 年期美国国债收益率的上升（即使远端的远期利率不变）。历史上，远端的远期利率也会随着货币政策收紧而上升。②

案例

图 3-23 展示了 2010 年 5×10 互换利率、10 年期互换利率，以及两者之差。虽然 5×10 互换利率和 10 年期互换利率的相关性很强，但是两者之差也可能会大幅变动。如图中的数据所示，两者之差在仅仅两个多月的时间内扩大了 66 基点。

如图所示，在上半年，债券市场大幅上涨，10 年期互换利率从 2010 年 1 月到 2010 年 8 月下跌了接近 150 基点。后半年债市大幅抛售，10 年期互换利率从 2010 年 8 月到 2010 年 12 月上升了大约 100 基点。但是，在这段时间，5×10 互换利率上涨幅度更大，超过 150 基点。

10 年期互换利率可以拆分成前 5 年和后 5 年两部分，用我们的术语就是 0×5（5 年期即期互换）和 5×10（5 年期互换 5 年远期）。从 2010 年 8 月 26 日至 2010 年 11 月 5 日，5×10 互换利率上升了 82 基点，而 10 年期互换利率在此期间只上升了 16 基点。两者之差可以用 5 年期互换利率的变动解释。事实上，在此期间，5 年期互换利率下跌了 24 基点。

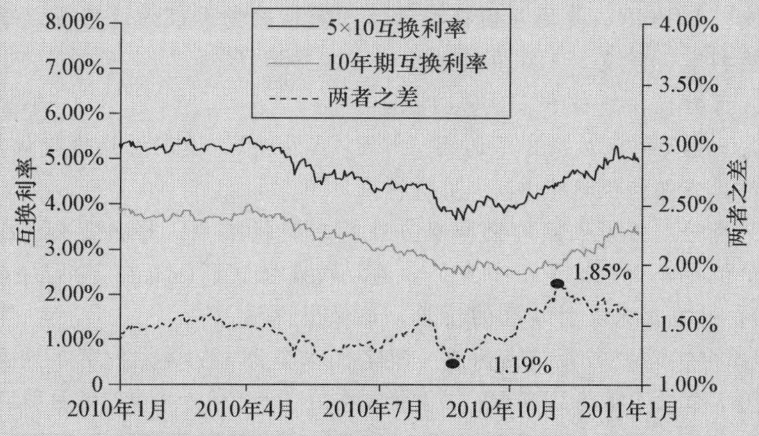

图 3-23　2010 年 5×10 互换利率、10 年期互换利率，以及两者之差

当然，5×10 互换利率是由 5 年期互换利率和 10 年期互换利率决定的。但是在本例中，有些市场参与者会将长端利率的上升解读为对长期通胀和经济增长的预期的变化，而不是美联储政策的变化。

① 最后人们为这一现象起了一个名字——“格林斯潘之谜”。虽然美联储长期收紧货币政策，但是经济增长的信号一直没有显现，对通胀风险和长期利率的担心也一直没有出现，这与历史经验正好相反。

② 在美联储向参议院所做的半年货币政策报告中，格林斯潘在银行住房和城市事务委员会的报告于 2005 年 2 月 16 日发布。报告的内容可以从以下网址找到：http://www.federalreserve.gov/boarddocs/hh/2005/february/testimony.htm。

习题

对于习题 1 至习题 7，请使用下表中的互换曲线：

期限	互换利率
1 年期	5.60%
2 年期	6.00%
3 年期	6.20%
4 年期	6.40%
5 年期	6.60%

假设所有的互换利率都遵循如下惯例：固定端按债券市场计息规则每年付息，浮动端挂钩 1 年期 LIBOR，也是按债券市场计息规则每年付息。

1. a) 使用息票剥离法剥离互换曲线，并构建互换模型。使用这个模型计算 2 年期互换利率和 5 年期互换利率，确认结果与表中给出的一致。

b) 根据 a) 部分，假设每个互换的交易双方都会在到期日交换本金。那 2 年期互换和 5 年期互换中的虚拟浮动利率债券的价值是多少？

c) 假设交易一方想按货币市场计息规则每年收取固定利率。浮动端仍然按照债券市场计息规则每年支付 LIBOR。使用互换模型计算固定端按货币市场计息规则每年付息的 2 年期和 5 年期互换利率。假设 5 年期互换的第 4 年有 366 天。

d) 请为 c) 部分提供一种手工估算方法。

2. a) 分析一笔 3 年期互换 2 年远期（即 2×5 互换）。使用互换模型计算 2×5 互换利率。使用手工估算方法验证这个 2×5 互换利率。

b) 参考 a) 部分，假设互换的交易双方在期末交换本金。那么 2×5 互换中虚拟的浮动利率债券的价值是多少？这是一个支付 3 笔浮动票息（第一笔在 3 年后收到，最后一笔在 5 年后收到），并在期末支付本金的债券。请做出说明。

3. a) 假设 2 年前客户与做市商达成一笔名义本金为 1 亿美元的 7 年期互换，客户收取 5.80%的固定利率，支付 1 年期 LIBOR。该互换现在的盯市市值是多少？使用手工估算验证答案。

b) 根据 a) 部分，假设做市商愿意根据互换曲线中对自己有利 1 基点的价格了结任何互换（因此已经将买入价和卖出价的利差考虑到了互换的价值中）。那么做市商愿意为该交易出的了结费是多少？

c) 本部分与 a) 和 b) 部分无关。假设 2 年前，另一个客户进入一笔本金为 1 亿美元的 4×7 互换。也就是说，2 年前客户进入一笔 3 年期互换 4 年远期。客户在该互换中收取 6%的固定利率。该互换现在的盯市市值是多少？

4. 你的一个客户找到你，想做一笔公司债的资产互换。该债券每年支付 7%的固定利率，5 年后到期（债券票息的支付日期正好匹配互换的支付日期）。该债券购买时的年化收益率为 8.00%。客户想将该债券的固定利率转化为 LIBOR 加一个利差，从而将该固定利率债券转化为浮动利率债券。

经典的资产互换是平价互换（因此有时也被叫做平价资产互换）。这意味着如果债券的交易价格不等于面值，那么客户需要在互换中支付或者收取一笔前端费，从而使得债券的交易价格加上前端费等于面值。

使用息票剥离法计算你能够为客户在LIBOR基础上提供的利差。

5. 摊销互换是存续期间名义本金按照计划减少的互换。这种互换两端的票息都会基于这个不断减少的名义本金计算。现有如下本金摊销计划：

支付日期	名义本金
1年	1亿美元
2年	8 000万美元
3年	6 000万美元
4年	4 000万美元
5年	2 000万美元

该摊销互换的平价互换利率是多少？也就是说，在这个名义本金计划的基础上支付固定利率和浮动利率的话，哪个固定利率使得互换在今天的价值等于0?

6. 假设投资者想同时进入两笔互换。具体来说，投资者计划在1亿美元名义本金的2年期互换中收取固定利率，在名义本金1亿美元的2×5互换中收取固定利率。

a）这两个互换的固定利率应该是多少？

b）假设你在a）部分求得了两个不同的固定利率。假设交易刚执行，投资者表示想改变交易的条款。具体来说，投资者想改变两笔互换的固定利率，要求两笔互换的固定利率相等。假设这种改变不影响两笔互换的现值之和，那么这个固定利率应该是多少呢？

c）你在b）部分求解的这个固定利率有特殊含义吗？请参考本问题的平价互换曲线，并解释。

7. 假设今天早些时候，互换做市商在一笔名义本金为1亿美元的4年期互换中向客户支付6.50%的固定利率。客户随后打来电话，告诉做市商三年前其曾经做过一笔互换，该互换是一笔名义本金为1亿美元的7年期互换，客户支付6%的固定利率。

客户想将两笔互换冲销。也就是说，客户想知道自己需要收取或者支付多少金额（称为冲销费）才能同时了结两笔交易。

a）根据现在的互换曲线，冲销费是多少？应该由哪方支付？

b）假设客户没有立即在a）部分的水平了结交易。稍后市场上所有互换利率上升5基点。客户又打来电话，想用a）部分计算的冲销费冲销交易。做市商表示现在市场有变动，冲销费也会变动。客户坚持冲销费应该不变，因为两笔头寸的组合没有风险敞口。那么做市商应该使用a）部分计算的冲销费吗？请解释。

8. 表3-10中所有的互换利率是按债券市场计息规则每半年支付固定利率，按货币市场计息规则每季度支付3个月LIBOR。

使用本表中相关的即期互换利率手工估算一个5年期互换2年远期（即2×7）的平价利率。这个手工估算结果与表3-10中2×7的利率有多接近呢？

9. 在附录C，我们分析了一笔起息日为2003年4月30日、到期日为2005年4月30日的2年期互换。在2003年4月28日，该互换的平价利率为1.816 43%。这里假设互换两端的计息规则都是标准的“经调整的修正的下一个工作日”（modified following with adjustment）。如果我们将固定端的计息惯例修改为“经调整的下一个工作日”（following with adjustment），我们会发现交易的平价固定利率为1.806 71%，与之前相差0.97基点。

假设该互换的利率曲线发生了很大的变化。假设利率大幅上升。具体来说，假设2003年4月28日，起息日为2003年4月30日、到期日为2005年4月30日的2年期互换的平价利率为10%（假设互换两端的计息规则都是标准的“经调整的修正的下一个工作日”）。如果固定端计息规则变为“经调整的下一个工作日”，那么下面哪个关于平价互换利率的表述是正确的？

- 利率变化为0.97基点，与低利率环境下的变化一致。
- 利率变化大于0.97基点。
- 利率变化小于0.97基点。
- 没有足够的信息判断。

10. 现有如下两条互换曲线：

互换曲线1	
期限	互换利率
1年期	x%
2年期	z%
3年期	a%
4年期	p%
5年期	6%

互换曲线2	
期限	互换利率
1年期	y%
2年期	w%
3年期	b%
4年期	q%
5年期	6%

有一个客户在1年前达成的名义本金为1亿美元的6年期互换中收取固定利率。现在1年已经过去，该互换已经变为5年期互换。

请问下面的说法正确还是错误：无论曲线中未注明的点是多少，只要在两条互换曲线下5年期互换利率相同，则在两个利率环境中该互换的盯市市值就相等。

11. 现有如下两条互换曲线：

互换曲线1	
期限	互换利率
1年期	x_1%
2年期	y_1%
3年期	z_1%
4年期	w_1%
5年期	4%
6年期	a_1%
7年期	b_1%
8年期	c_1%
9年期	d_1%
10年期	6%

互换曲线2	
期限	互换利率
1年期	x_2%
2年期	y_2%
3年期	z_2%
4年期	w_2%
5年期	4%
6年期	a_2%
7年期	b_2%
8年期	c_2%
9年期	d_2%
10年期	6%

现有一个5×10互换利率。

请问下面的说法正确还是错误：只要在两条互换曲线下5年期互换利率和10年期互换利率相同，则在两个利率环境中该互换的盯市市值就相等。

第四章

利率上限与利率下限

互换市场上最常见的普通期权主要有两种类型：一种是利率上限和利率下限，另一种是（欧式）互换期权。在这一章中，我们将讨论利率上限与利率下限。我们介绍如何使用它们，以及如何用 Black 公式（Black-Scholes 模型的一种变体）对它们进行定价。

4.1 利率上限与利率下限简介

利率上限合约可以被看做利率的看涨期权。利率上限的标的可以是各种浮动利率，其中最常见的是 3 个月 LIBOR。例如，3 个月 LIBOR 利率上限的期末现金流由以下公式确定：

max(3−month LIBOR−执行利率,0)

利率下限合约是利率的看跌期权。3 个月 LIBOR 利率下限的期末现金流公式为

max (执行利率−3 个月 LIBOR,0)

当 LIBOR 利率超过执行利率时，利率上限的持有者将获得交易对手支付的现金流，而当 LIBOR 低于执行利率时，利率下限的持有者获得交易对手支付的现金流。

3 个月 LIBOR 利率上限与利率下限的购买者实际上是购买了一系列期权。LIBOR 利率一般每季度重置一次。利率重置日对应时段为实值的期权会在 3 个月后交割现金流。标准的利率上限与利率下限的利率重置和计息规则以及支付频率与互换中浮动端的规则一致，如图 1-5 和图 4-1 中所示。

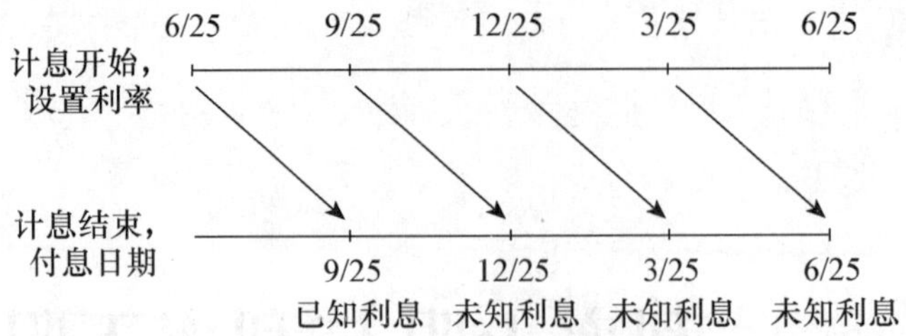

图 4-1 利率上限和利率下限的利息重置和支付惯例

*利率重置日为计息开始前两个伦敦工作日。

例如，假设一个投资者在 6 月 23 日购买了即时生效的 5 年期 3 个月 LIBOR 的利率上限。这位投资者其实是购买了 19 或 20 个（取决于我们怎么看第一个期权）期权。利率上限的结算日期是根据纽约和伦敦工作日历计算的交易日的 $T+2$ 天。假设 6 月 24 日与 25 日都是工作日，那么这个利率上限的结算日就是 6 月 25 日。结算日是利率上限买方支付期权费的日期，同时也是第一个 LIBOR 利率的重置日。遵循与利率互换相同的规则，每个季度 LIBOR 重置日使用的利率是重置日前两个伦敦工作日的利率数值。因此，在 6 月 25 日第一个 LIBOR 重置日使用的是前两个伦敦交易日（即 6 月 23 日，也就是交易日[①]）的 LIBOR。在这种安排下，第一笔收付款（很可能为零）发生在 3 个月后，即 9 月 25 日。在 9 月 25 日我们会重新确定 3 个月 LIBOR（重置日前两个伦敦工作日的利率），并基于此决定 3 个月后实值期权的收付额。依此类推，每季度交割一次，直到 5 年后最后一次交割完成。

在利率上限中每个季度对应的一个期权被称为利率上限单元（caplet）。[类似地，利率下限包含的每一个期权被称为利率下限单元（floorlet）。] 利率上限每个季度（也就是每个利率上限单元）产生的收付（payoff）额为

$$\text{本金}\times\max(3\text{ 个月 LIBOR}-\text{执行利率},0)\times(\text{Act}/360) \tag{4.1}$$

而利率下限每个季度产生的收付额（即利率下限单元对应的交割金额）为

$$\text{本金}\times\max(\text{执行利率}-3\text{ 个月 LIBOR},0)\times(\text{Act}/360) \tag{4.2}$$

4.1.1 利率上下限平价

类似于看跌期权看涨期权平价，利率上下限平价为我们提供了将利率上限与利率下限价格联系起来的有效方式。我们很容易证明[②]：

$$\begin{aligned}&\max(\text{LIBOR}-\text{执行利率},0)-\max(\text{执行利率}-\text{LIBOR},0)\\&=\text{LIBOR}-\text{执行利率}\end{aligned} \tag{4.3}$$

---

① 由于利率上限的第一个重置日的利率在交易日已经确定了，因此有的投资者并不把与第一次重置日关联的现金流看作一个期权，因此这个 5 年期的 3 个月 LIBOR 利率上限实际上被看成一串共 19 个期权。通常，投资者通过选择利率上下限的执行价格，使第一次重置的利率对应的期权为虚值期权。

② 为了证明此公式，先假设 LIBOR≥执行利率。那么公式（4.3）的左边等于 LIBOR－执行利率，与公式的右边相等。再假设 LIBOR＜执行利率，这时公式的左边等于－(执行利率－LIBOR)，还是与公式的右边相等。

令 τ 表示年化时间。公式（4.3）的两边都乘以 $\tau\times$本金，我们得到：

$$\tau\times\text{本金}\times\max(\text{LIBOR}-\text{执行利率},0)-\tau\times\text{本金}\times\max(\text{执行利率}-\text{LIBOR},0)$$
$$=\tau\times\text{本金}\times(\text{LIOBOR}-\text{执行利率}) \tag{4.4}$$

这个表达式告诉我们，利率上限单元的收付额减去相同执行利率的利率下限单元的收付额等于支付固定利率的互换交易中对应季度的收付额［被称为互换单元（swaplet）］。这里需要指出的是，互换交易的固定端和浮动端与利率上下限有相同的天数权重及收付款频率。公式（4.4）对于每个季度对应的利率上限单元、利率下限单元以及互换单元都是成立的。因此，一个利率上限减去一个利率下限的现金流与支付固定利率互换交易的现金流是相同的。由此，我们可以得出利率上下限的价值必须遵循以下等式：

$$\text{利率上限的价值}-\text{利率下限的价值}=\text{支付固定利率互换的价值} \tag{4.5}$$

也就是说，利率上限的价值减去相同执行利率的利率下限的价值等于支付与执行利率相同的固定利率的互换的价值。再一次强调，这里需要假定互换交易的固定端和浮动端与利率上下限使用相同的天数权重和利率支付频率。例如，如果我们讨论按季度收付款的 3 个月 LIBOR 利率上下限，那么我们需要假设利率互换也是按季度支付固定利率和按季度收取 3 个月 LIBOR。

利率上下限平价表明，做多一个利率上限的同时做空一个相同执行利率的利率下限，实际上等同于在利率互换交易中支付固定利率（该固定利率等于利率上下限的执行利率）。我们可以将公式（4.5）转换为其他的形式来表达利率上限、利率下限以及互换的关系。例如，“将公式（4.5）两端乘以－1”我们发现，做空一个利率上限同时做多一个利率下限等同于收取固定利率的互换交易。①

现在考虑一下有着相同执行利率与到期日的 3 个月 LIBOR 利率上下限。假设我们选取执行利率，使得今天利率上限与利率下限的价值相等。这个执行利率有什么特殊意义呢？根据利率上下限平价我们知道，做多一个 3 个月 LIBOR 利率上限的同时做空一个利率下限等同于在一个按季度重置利率并支付固定利率的互换。由于利率上限与利率下限有相同的价值，因此根据利率上下限平价可知，这个互换合约的价值等于零。所以这个特殊的执行利率一定是对应到期日的利率互换的平价利率。换句话说，该按季度付息的利率互换的固定利率使得该利率互换的 NPV＝0，根据定义，此利率就是平价利率。

4.1.2　利率上限与利率下限的应用

投资者购买利率上限或利率下限可以避免利率向不利于自己的方向变动时造成的损失。利率上限的买家可以避免利率上行给自己造成损失，而利率下限的买家可以避免利率走低给自己造成损失。利率上限与利率下限实际上是一系列期权，它可以在多个时间段给投资者提供保护，下面是利率上限与利率下限的一些常见用法：

- 银行可能有基于 3 个月 LIBOR 的浮动债务。为了避免利率上升造成负债成本的上

① 公式的另一种变形告诉我们，做多一个利率上限同时在互换交易中收取固定端等同于做多一个利率下限。

升，银行可以购买利率上限。① 银行可以通过卖出更低执行利率的利率下限来降低购买利率上限的成本。这种做多利率上限同时做空利率下限的做法称为利率双限（collar）。

● 抵押贷款服务机构负责每月从借款人那儿收取抵押贷款，处理与这些贷款相关的第三方代管账户，必要时发出逾期通知等。② 也就是说，抵押贷款服务机构负责贷款形成后的管理工作。通常情况下，作为服务报酬，抵押贷款服务机构会获得一定比例的未偿还抵押贷款的每月利息，一般为25基点。随着抵押贷款余额的减少，抵押贷款服务机构收取的费用也按比例减少。如果发生提前还款，那该笔贷款给抵押贷款服务机构带来的收入就会完全消失。

因此抵押贷款服务本身就是一种有价值的资产。大多数抵押贷款发起机构都会自己提供抵押贷款服务，不过会将这部分资产与其他资产区分开来单独进行风险对冲。抵押贷款服务机构面临巨大的利率风险。如果抵押贷款服务机构在购买服务管理权之后债市大涨、利率大幅走低，则借款人会有更大动力提前还款，那么未偿还贷款余额可能急剧下降导致抵押贷款服务机构收入锐减。③ 为了规避这种风险，抵押贷款服务机构有时候会购买利率下限，这样在市场利率下行的时候可以获得估值收益。④ 尽管抵押贷款服务机构有时会购买挂钩3个月LIBOR的利率下限，但它们更多是购买挂钩10年期CMS利率或CMT利率的利率下限。提前偿还抵押贷款的行为更多是受收益率曲线中10年期部分利率，而不是较短期限利率的影响，因此挂钩10年期品种的利率下限是更合适的对冲工具。互换期权（我们将在第五章讨论）也是抵押贷款服务机构常用的工具，因为其具有更好的流动性，方便机构调整头寸与变现。

● 假设一名投资组合经理购买1亿美元的5年期挂钩LIBOR的有上限的浮息债券，该债券每季度支付3个月LIBOR＋100基点，上限为9%（即不超过9%）。也就是说，每季度LIBOR确定之后，支付的票息才会确定，该债券支付的票息为

$$\min(3\text{个月 LIBOR}+100\text{ 基点},9\%)$$

如果投资组合经理担心利率会上升，那么他可以购买挂钩3个月LIBOR的利率上限。这个债券的票息利率上限（即支付的最高票息）为9%。这相当于在债券里内嵌了一笔期权空头，从而使票息无法超过某一水平。当3个月LIBOR走高时这笔期权就变为实值期权。也就是说，内嵌期权是3个月LIBOR的利率上限。该内嵌LIBOR利率上限的实际执行利率为9%－1%＝8%。⑤

---

① 根据1998年颁布的FSA《金融会计标准》第133条，由于可能增加银行收益的波动性，利率上限目前对银行的吸引力有所降低。

② 附录D对抵押贷款债券做了简单的介绍。

③ 对抵押贷款债券有所了解的人应该知道，贷款服务权是一种与本息分离抵押贷款支持证券的经济特征类似的资产。

④ 近年来，许多抵押贷款服务机构越来越多地利用利率下限外的其他工具（包括利率互换）来对冲利率风险。

⑤ 需要强调的是此LIBOR利率上限的执行利率是8%，而不是9%。首先，我们需要明确一点：这个内嵌利率上限挂钩的是3个月LIBOR，而不是3个月LIBOR＋100基点。虽然有人认为挂钩的指数应该包括这100基点，但从行业惯例来看，挂钩的指数只是3个月LIBOR。你如果向一个期权交易员询问“3个月LIBOR＋100基点利率上限”的价格，那么人们会以怪异的眼神看着你，就像你长了两个头一样。在此基础上，我们有几种不同的方法证明这笔内嵌利率上限的执行利率是8%。一种方法就是拿几个数字试试：如果LIBOR设置为7.99%，则债券票息为8.99%。如果LIBOR设置为8%，票息将是9%；但如果LIBOR设置在8.01%，票息将仍然是9%。因此，内嵌期权的执行利率是8%。同样的方法，从8.99%开始再试试，你会发现票息保持在9%，这表明内嵌期权的执行利率不是9%。另一种（更为正式的）方法是，我们发现：

$$\min(\text{LIBOR}+100\text{ 基点},9\%)=\text{LIBOR}+100\text{ 基点}-\max(\text{LIBOR}-8\%,0\%)$$

因此，我们可以将这个债券的票息看成3个月LIBOR＋100基点减去一个以8%为执行利率的3个月LIBOR利率上限的现金流的组合。

投资组合管理人也可以购买走廊利率上限，即购买执行利率为 8%的利率上限的同时出售执行利率为 10%的利率上限。这样，组合管理人可以以更低的价格将票息上限从 9%提升至 11%。

4.1.3 内嵌利率上限交易案例

下面的例子展示了一笔内嵌期权利率互换交易（在第六章中有更详细的描述）。如图 4-2中所示，做市商收取 1.339%的固定利率，依据债券市场计息规则每半年付息，同时支付 3 个月 LIBOR、上限为 3%的浮动利息，按 Act/360 计息规则每季度付息，名义本金为 1 亿美元。

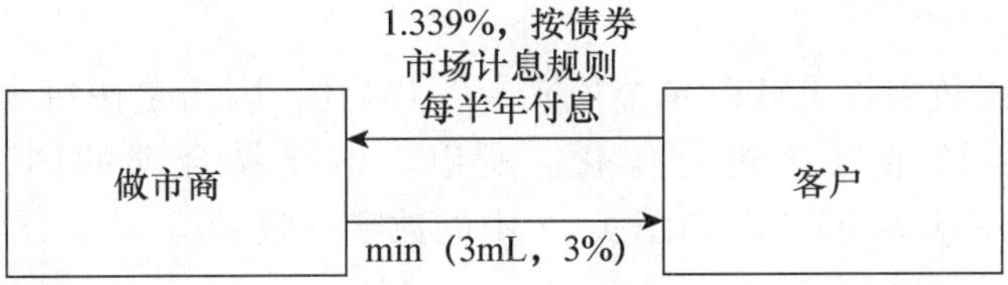

交易对手支付：	利率1.339%，按30/360计息规则每半年付息
客户支付：	3mL与3%中的较小者，按Act/360计息规则每季度付息
本金：	1亿美元
期限：	5年
当前5年期利率互换卖出价：	1.647%，按30/360规则每半年付息

图 4-2 内嵌期权利率互换案例

让我们仔细看看做市商在这个交易中所支付的现金流。支付 3 个月 LIBOR 和 3%中的较小者让做市商在重置 LIBOR 高于 3%的时候免受更高利率带来的损失。也就是说当 LIBOR 超过 3%时，做市商只需要支付 3%。这等效于做市商在按 LIBOR 支付利息的同时购买了执行利率为 3%的利率上限。

假设 LIBOR 为 3.01%，若做市商支付 LIBOR，其必须支付 3.01%。但在这个交易中，做市商将只支付 min(3.01%，3%)=3%。我们可以将这笔交易看成做市商支付 LIBOR 利率 3.01%的同时获得了执行利率为 3%的利率上限的现金流，即 max(3.01%−3%，0)=1 基点，这意味着做市商的净支付为 3.01%−1 基点=3%。我们可以将上述过程用如下公式表示：

$$\min(\text{LIBOR},3\%)=\text{LIBOR}-\max(\text{LIBOR}-3\%,0) \tag{4.6}$$

公式（4.6）再次展示了做市商的现金流实际上是支付 3 个月 LIBOR 的现金流减去执行利率为 3%的利率上限的现金流。[①] 因此，案例中的这笔交易相当于做市商在支付 3 个月 LIBOR 的同时从客户那里买入了一个执行利率为 3%的 5 年期利率上限。

---

① 一旦我们在产品支付的现金流公式中看到两者孰低，这个产品中就大概率内嵌了某种期权空头。我们的期权定价公式里一般是比较两者孰高。解决这种问题的技巧就是像公式（4.6）中展示的那样，找到将现金流公式中孰低转化为孰高的办法。

假设在交易日，5 年期互换利率为 1.647%，并假设名义本金为 1 亿美元、执行利率为 3%的 5 年期利率上限的价格为 1 470 000 美元，即名义本金的 147 基点。[①] 如果做市商愿意在普通互换交易中收取 1.647%的固定利率，那么这笔内嵌期权互换交易的固定利率必须变动一定的幅度以反映内嵌利率上限的价值。因为做市商是利率上限的买方，为了补偿交易对手，其收到的固定利率应该低于 5 年期普通利率互换的利率。

那么应该比普通互换利率低多少呢？答案是，降低的幅度应该使得这个互换与普通互换的价值之差等于今天利率上限的价值。为此，令：

$\mathrm{PV}=1.47\%$

$N=5\times 2=10$

$i=1.647\%/2=0.8235\%$

我们可以根据年金函数求得 PMT(年金值) =0.154%。因为是按每半年支付一次现金流来计算的，因此需要乘以 2 进行年化。所以，该交易合理的固定利率应该为 1.647%−(2×0.154%)=1.339%[②]，与图 4-2 中的数字一致。

4.1.4 利率上下限的估值

市场通常使用 Black Scholes 模型的扩展模型（也称为 Black 模型）对利率上限和利率下限估值。估值中我们有几个注意事项。首先，利率上限与利率下限实际上是一系列期权（即利率上限单元、利率下限单元）的组合。我们应该对每个期权分别估值，然后把所有估值相加就可以得到利率上下限的估值。其次，利率上下限单元的 LIBOR 重置发生在对应合约期的期初，而实际收付款则发生在合约期的期末。这种期权到期日与收付款日之间存在时滞的情况是其他期权没有的现象。我们一般假设实值期权的收款日就是期权到期日。实际上，估值模型已经考虑了这种付款滞后因素。

为给单个利率上限单元或利率下限单元定价，设一系列等间隔时间 t_0，t_1，t_2,...，t_n，并且令 $\Delta t\equiv t_{i+1}-t_i$ 为两个 LIBOR 重置日之间的天数。如果我们要对挂钩 3 个月 LIBOR 的利率上限进行估值，那 Δt 就是 3 个月期内的天数，如果我们对挂钩 1 年期 LIBOR 利率上限进行估值，那么 Δt 就是一年的天数（即 360 天）。定义 $\tau=\Delta t/360$ 为天数权重。利率上限单元在 t_{i+1} 的现金流等于：

$$\tau\times \text{本金}\times \max[L(t_i,\ t_{i+1})-X,0] \tag{4.7}$$

这里 $L(t_i,\ t_{i+1})$ 是在 t_i 时刻重置的 LIBOR。再强调一次，LIBOR 利率是在 t_i 时刻重置的，但该利率上限单元是在合约期末 t_{i+1} 收付款的。

令 $f(t_i,\ t_{i+1})$ 表示在时间 t_i 开始的远期 LIBOR。我们可以通过今天的互换利率曲线推导出 $f(t_i,\ t_{i+1})$。在模型的假设条件［其中包括假设远期 LIBOR $f(t_i,\ t_{i+1})$ 是符合对数正态分布的］下，我们可以应用 Black 公式对重置日为 t_i 且支付日为 t_{i+1} 的 LIBOR 上限

---

① 在利率上下限以及互换期权市场上，通常使用相对于名义本金的基点而不是金额进行期权报价。如果期权费为 1 470 000 美元，那么期权费相当于名义本金的比例为 1 470 000 美元/100 000 000 美元=1.47%=147 基点。

② 图 4-2 展示的交易的 NPV=0。固定利率在平价互换利率的基础上做了调整，从而可以完全抵消做市商购买的利率上限的价值。

进行估值：

$$t \times DF(0,t_{i+1}) \times [f(t_i,t_{i+1})N(d_1) - XN(d_2)] \tag{4.8}$$

其中

$$d_1 = \frac{\ln(f(t_i,t_{i+1})/X) + \sigma_{t_i}^2 \times t_i/2}{\sigma_{t_i} \times \sqrt{t_i}} \tag{4.9}$$

$$d_2 = d_1 - \sigma_{t_i} \times \sqrt{t_i} \tag{4.10}$$

在公式（4.8）中，$DF(0，t_{i+1})$ 是时间 0 到 t_{i+1} 的折现因子，即 $DF(0，t_{i+1})$ 就是 t_{i+1} 时收到的 1 美元在今天的现值。σ_{t_i} 是在 t_i 重置的 LIBOR 远期利率的波动率；$N(\cdot)$ 是累积正态分布函数。①

一个利率下限单元的价值由如下公式计算：

$$\tau \times DF(0,t_{i+1}) \times [XN(-d_2) - f(t_i,t_{i+1})N(-d_1)] \tag{4.11}$$

公式中的 d_1、d_2 分别由公式（4.9）和公式（4.10）给出。计算利率上下限单元的价格时，要将公式（4.8）和公式（4.11）乘以期权的本金。

利率上下限交易中的第一个利率上下限单元的估值不需要使用 Black 公式，因为交易当天 LIBOR 利率已经设定，未来现金流没有不确定性。如果第一个利率上下限单元是实值期权，那么我们只要找到合适的折现利率将现金流折现就可以了。

4.1.5 波动率

利率上下限市场上做市商最重要的工作就是对期权定价公式中的波动率给出合理的报价。② 相对于互换市场，做市商对利率上下限的报价差异比较大。这个现象有几种解释。第一，波动率市场流动性较差，做市商较难对冲波动率敞口，因此导致更宽的买卖报价。第二，波动率市场更加不透明，期权定价信息的传播比互换交易更加有限，导致了做市商之间定价的差异。第三，不同做市商的定价模型和对冲方法也不同。这些差异虽然对标准化的利率上限期权影响不大，但是对于结构稍微有点复杂的期权，影响就体现出来了。

如我们 4.1.4 节讨论的，利率上下限做市商可以对每个利率上下限单元的波动率进行假设。利率上下限单元的波动率与其到期时间的关系用基础波动率（base vol）曲线表示。

有关利率上下限单元的波动率的另一个概念是平均波动率（average vol）。根据基础波动率曲线，可以得出每一个利率上下限单元的波动率，从而可以计算利率上下限的价格。反过来，如果给定利率上下限的价格，我们能不能找到一个波动率，用这个波动率对每个利率上下限单元进行估值，使得估值价格与给定的价格相等？对于给定到期日的利率

---

① 这里发生了什么？我们的目的是对 LIBOR 利率 $L(t_i，t_{i+1})$ 的期权进行估值，最后得到了一个 LIBOR 远期期权的定价公式。原因是这样的，在 t_i 时远期利率与即期利率一定会收敛到一起。也就是说，在时间 t_i，$f(t_i，t_{i+1}) = L(t_i，t_{i+1})$。因此，我们可以使用 LIBOR 远期利率期权的定价来代替 LIBOR 利率期权的定价。通过当前的利率曲线，我们可以推导出 $f(t_i，t_{i+1})$ 的现值，然后我们假设远期利率服从对数正态分布，便可以应用 Black 模型对期权定价。需要指出的是期权的标的就是一笔远期，恰好是 Black 模型应用的范围。

② 在很多市场，包括利率市场中，波动率一般被简称为 vol。

上下限期权，这个波动率就叫做平均波动率。平均波动率与利率上下限的最终到期日之间的关系我们用平均波动率曲线来表示。

图 4－3 展示了基础波动率曲线与平均波动率曲线常见的形状。基础波动率曲线是反映利率上下限单元的隐含波动率与其到期日之间的关系的曲线。给定期权的价格，隐含波动率是代入定价公式（4.8）或公式（4.11）后，使得计算出来的期权价格等于给定价格的波动率。典型的基础波动率曲线形状通常刚开始向上倾斜随后向下倾斜。也就是说，利率上限单元的波动率刚开始时随着期限的延长而上升，随后则逐步走低。业内通常认为这种驼峰状的曲线是由以下原因引起的：短期内，市场存在一些使得利率波动的因素。在未来更长一段时间，经济基本面会有更多不确定性，也有可能面临更多的市场冲击，从而给未来利率市场带来更多不确定性，使其面临更多冲击。也就是说，未来一两个月，利率当然会有些波动。但是在更长的时间里，美联储和经济基本面会带来更多不确定性，从而推高隐含波动率。如果我们继续推理，好像对于更远的未来，随着潜在的不确定性的增加，隐含波动率应该进一步走高。但是实际上，我们看到的隐含波动率更像图 4－3 中那样在一段时期之后反而开始降低了。对这个问题的普遍解释是，长期看利率是均值回归的，也就是利率有向长期均值靠近的特性。当然，无论我们对基础波动率曲线给出什么样的直观解释，最终决定利率上下限隐含波动率交易水平的是供需关系。[①]

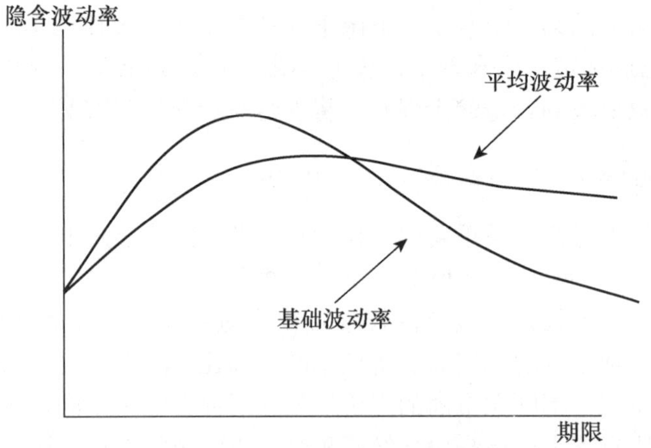

图 4－3　利率上限和利率下限的基础波动率与平均波动率

表 4－1 展示的是一个基于几家做市商报价的利率上下限波动率综合报价页面。表中没有直接显示期权费，仅提供了隐含波动率。第一栏的“即期波动率”是不同期限利率上下限对应的平均波动率。例如市场上 5 年期 3 个月 LIBOR 利率上下限报价是 49.5/50.5，这意味着最激进的买家愿意以 49.5%的平均波动率来定价期权，而其他做市商只愿意使用更低的平均波动率，所以买入价会更低。[②] 最激进的卖家愿意以 50.5%的平均波动率来定价，而其他做市商只愿意使用更高的平均波动率，所以卖出价更高。每家做市商可能都会用基础波动率曲线来对这个 5 年期利率上限单元的 20 个单元定价。但列出 20 个不同的波动率来比较价格非常不方便，因此我们将它们换算成一个数——平均波动率。

① 尽管利率期权交易是按绝对价格报价的，但人们还是经常会用隐含波动率来谈论期权的价格。

② 利率上下限的 vega 都是正数，因此如果波动率增加，期权价格也会上涨。

表 4-1　　利率上下限隐含波动率综合报价页面

即期波动率			远期波动率		
到期期限	买入价/卖出价	平值利率	到期日	买入价/卖出价	平值利率
1年期	103.2/104.2	0.49%	1×2	77.7/78.7	0.89%
2年期	85.7/86.7	0.72%	2×3	56.0/57.0	1.55%
3年期	67.7/68.7	1.02%	2×4	47.8/48.8	1.88%
4年期	57.6/58.6	1.33%	3×4	41.3/42.3	2.22%
5年期	49.5/50.5	1.62%	3×5	37.4/38.4	2.49%
7年期	41.2/42.2	2.02%	4×5	35.2/36.2	2.76%
10年期	34.0/35.0	2.51%	5×7	31.0/32.0	3.03%
			5×10	27.7/28.7	3.49%
			7×10	25.6/26.6	3.80%

需要注意的是，这个报价表上的报价针对的是平值利率上下限。平值利率上下限期权的执行利率是对应到期日按季度付息的平价利率互换报价的中间价。由利率上下限平价公式可知，这个执行利率使利率上限与利率下限的价值相等。报价表中即期波动率一侧的“平值利率”列示了对应的平价互换利率。所以，5年期按季度付息的平价互换利率为1.62%。[①] 对于执行利率不是平值互换利率的期权，其隐含波动率与平值期权的隐含波动率不同，这一点我们将在第五章讨论。

类似于远期起息的互换，远期利率上下限是今天成交，但是第一个重置利率的时间超过了 $T+2$ 个交易日。做市商一般也会在远期利率上下限市场报价和交易。如果做市商之间对利率上下限定价存在较大的差异，大概率是由于其定价时的波动率假设不同。鉴于大家都是使用基础波动率曲线来定价的，做市商在某几个利率上下限单元上的波动率假设的差异可能比其他几个更大。

例如，假设两个交易对手正在对一个5年期利率上限定价。它们的报价不同说明它们使用的平均波动率不同。这两个交易对手对比了它们对于3年期利率上限的价格，发现它们的价格非常接近。那么它们的价格差异一定来自最后8个利率上限单元。这8个利率上限单元是一个3年后开始的2年期利率上限，也叫做3×5（读做3乘5）利率上限。报价页面的远期波动率一侧列示了不同到期日远期利率上下限期权的平均波动率。如，3×5利率上限的市场买入价平均波动率为37.4%，市场卖出价平均波动率为38.4%。这些波动率适用于远期平值期权（远期平值期权的执行利率等于对应远期利率互换的平价利率）。平值利率一栏列示了这些执行利率。

4.1.6　使用上述模型对利率上下限估值

我们可以使用Black公式对挂钩1年期LIBOR、以30/360计息规则按年付息的利率上下限进行定价。根据公式（4.8）和公式（4.11），由于挂钩1年期LIBOR远期利率，

---

① 这个按季度支付的互换利率1.62%等于按季度支付的债券互换利率 $1.62\%\times365/360=1.6425\%$，也等于半年付息的债券利率 $2\times[(1+0.016425/4)^{4/2}-1]=1.646\%$，这里呈现的5年期半年附息债券互换利率之所以比表1-1中的高是因为表1-1中的数据来自2010年8月11日，而表4-1中的数据来自2010年8月27日。

我们得 $\Delta t=1$ 年=360 天，故 $\tau=1$。重置日为 t_i、支付日为 t_{i+1} 的利率上限的价值是

$$\frac{1}{[1+zc(t_{i+1})]^{t_{i+1}}}\times[f(t_i,t_{i+1})N(d_1)-XN(d_2)] \tag{4.12}$$

其中：

$$d_1=\frac{\ln[f(t_i,t_{i+1})/X]+\sigma_{t_i}^2\times t_i/2}{\sigma_{t_i}\times\sqrt{t_i}} \tag{4.13}$$

$$d_2=d_1-\sigma_{t_i}\times\sqrt{t_i} \tag{4.14}$$

对于重置日为 t_i、支付日为 t_{i+1} 的利率下限单元来说，其价值是

$$\frac{1}{[1+zc(t_{i+1})]^{t_{i+1}}}\times[XN(-d_2)-f(t_i,t_{i+1})N(-d_1)] \tag{4.15}$$

其中 d_1、d_2 由公式（4.13）、公式（4.14）分别给出。

$[f(t_i,t_{i+1})N(d_1)-XN(d_2)]$ 和 $[XN(-d_2)-f(t_i,+t_{i+1})N(-d_1)]$ 分别被称为利率上限单元和利率下限单元的远期期权费。我们可以用名义本金分别乘以公式（4.12）和公式（4.15）得到利率上下限期权费的金额。

案例 1

我们现在来看看如何用模型给一个利率上限定价。设有一个本金为 1 亿美元的 4 年期利率上限，挂钩 1 年期 LIBOR，执行利率为 5.47%。假设互换利率曲线如表 4-2 所示，并且基础波动率曲线是平的，在 15% 的位置。

图 4-4 展示了我们如何给利率上限定价。首先，我们不必用 Black 模型给第一个利率上限定价。这个利率上限单元已经没有不确定因素了，因为重置 LIBOR 利率已经确定了。由于重置的 LIBOR 为 5%，低于执行利率，因此第一个利率上限单元的价值为零。对于后面的利率上限单元，我们先根据公式（4.13）、公式（4.14）分别计算 d_1 和 d_2，然后计算远期期权费，之后使用合理的零息利率将远期期权费折现，得到利率上限单元的价值，然后乘以本金得出其金额。这些利率上限单元价值之和就是利率上限的价值。如表所示，这个利率上限的价值为 1.454%，即 145.4 基点。对于 1 亿美金的本金来说，期权价值为 1 453 974 美元。[①]

表 4-2　　互换曲线

期限	国债收益率	互换基差	互换利率（每年支付，按 30/360 计息规则计息）
1	4.80%	20	5.00%
2	4.88%	23	5.11%
3	5.05%	25	5.30%
4	5.19%	28	5.47%

① 当谈到利率上下限价格时，最常见的报价方式是本金的基点数。所以以基点数报价的期权价格与期权的美元金额并不完全相符。这种四舍五入的差异特别小，可以被忽略。对于我们这里考虑的例子，报价为 145.4 基点或 1 454 000 美元。

利率上限模型									
时间	零息利率	期间	远期利率	σ	d_1	d_2	远期期权费	利率上限单元期权费	利率上限单元期权费金额
1	5.000%	0×1	5.000%	n/a	n/a	n/a	0.000%	0.000%	0
2	5.113%	1×2	5.226%	15%	−0.230	−0.380	0.212%	0.192%	192 131
3	5.312%	2×3	5.712%	15%	0.310	0.098	0.603%	0.516%	516 411
4	5.494%	3×4	6.041%	15%	0.512	0.252	0.923%	0.745%	745 442
执行利率	5.470%		名义本金		100 000 000				1 453 985
								以基点数表示	145.4

图 4-4　挂钩 1 年期 LIBOR、执行利率为 5.47%的利率上限的定价

案例 2

与利率上限定价类似，图 4-5 展示了本金为 1 亿美元、执行利率为 5.47%的一个 4 年期挂钩 1 年期 LIBOR 的利率下限的定价过程。唯一需要注意的是初始重置 LIBOR 为 5%，使得第一个利率下限单元成为实值期权。我们可以手工计算第一个利率下限单元的价格。由于执行利率为 5.47%，而首期 LIBOR 利率设置为 5%，那么第一个利率下限单元要支付 5.47%−5%=47 基点。这个金额将在 1 年后支付，因此需要再乘以 1 年期零息债券对应的折现因子

$$\frac{1}{[1+zc(1)]^1}\times 0.47\%=\frac{1}{1.05}\times 0.47\%=0.448\%$$

然后再乘以本金，得到第一个利率下限单元的价格（用金额表示）为 1 亿美元×0.004 48=447 619美元。

我们发现执行利率为 5.47%的利率上限与利率下限的价值相等。这并不是巧合。从利率上下限平价可知，利率上限的价值减去相同执行利率的利率下限的价值必须等于支付固定利率为执行利率的互换的价值。而 5.47%刚好是 4 年期平价互换利率，也就是说固定利率为 5.47%的互换的价格为零，所以执行利率同为 5.47%的 4 年期利率上限与利率下限的价格相等。

利率下限模型									
时间	零息利率	期间	远期利率	σ	d_1	d_2	远期期权费	利率上限单元期权费	利率上限单元期权费金额
1	5.000%	0×1	5.000%	n/a	n/a	n/a	0.470%	0.448%	447 619
2	5.113%	1×2	5.226%	15%	−0.230	−0.380	0.457%	0.413%	413 199
3	5.312%	2×3	5.712%	15%	0.310	0.098	0.361%	0.309%	309 043
4	5.494%	3×4	6.041%	15%	0.512	0.252	0.352%	0.284%	284 123
执行利率	5.470%		名义本金		100 000 000				1 453 985
								以基点数表示	145.4

图 4-5　挂钩 1 年期 LIBOR、执行利率为 5.47%的利率下限的定价

4.1.7 标准利率上下限的变体

在前述标准化产品的基础上，利率上下限又发展出多种变体。有的变体是为了降低期权费，有的变体是为了更好地迎合投资者的市场观点，有的变体是为了更好地对冲投资者面临的风险。

这部分我们先讨论两种利率上下限的变体：阶梯式利率上限和期间利率上下限。这两种变体是比较常见的。我们后面讨论的两种变体则很少见。讨论它们的目的是展示衍生品场外市场的灵活性。

阶梯式利率上限

顾名思义，阶梯式利率上限（step-up strike caps）每个利率上限单元的执行利率都不一样。在交易日，交易双方协定每一个利率上限单元对应的执行利率。例如，在我们之前的例子里，我们可以将 4 年期利率上限的执行利率设定为 5%、5.25%、5.5%和 5.75%。我们只需将每笔利率上限单元的执行利率代入 Black 模型就可以为阶梯式利率上限进行定价。阶梯式利率上限主要用来降低利率上限期权费。[1] 降低期权费的代价就是买家放弃了用更低的执行利率保护自己头寸的机会。除了阶梯式利率上限，执行利率变化的利率下限也有交易。

期间（黏性）利率上下限

阐述期间利率上下限的最简单的方法就是介绍一个内嵌期间期权的交易。假设有一个以 30/360 计息规则按年付息的 5 年期债券，票息根据如下条款支付[2]：

第 1 年：6%

第 2 年至第 5 年：1 年期 CMT 利率＋100 基点，前提是票息不超过前一年的 200 基点

假设 1 年期 CMT 利率在每年年初确定，用来计算这个债券在第 2 年到第 5 年的票息。

该债券中内嵌了一串期权来限制债券票息的变化。假设 1 年后 1 年期 CMT 利率重置水平为 20%。因为债券第 2 年的票息最高为 8%，而不是指数计算出来的 CMT 利率＋100 基点＝20%＋1%。这些内嵌期权限制了票息，使得债券持有者受损。债券持有者实际上是卖空了这些期权。其实这些期权构成了一种利率上限：当 1 年期 CMT 利率走高到一定程度时，该利率上限变为实值期权。所以这些期权实质上是挂钩 1 年期 CMT 利率的利率上限。

现在我们来分析一下这笔交易里每期利率上限单元的执行利率。站在今天这个时点，我们可以确定利率上限单元的执行利率吗？答案是，不一定。这得看我们讨论的是哪一年的利率上限单元。例如，对于第 2 年，即内嵌的第一个期权，我们很容易确认执行利率为多少。我们知道，只要 1 年期 CMT 利率＋100 基点大于 6%＋2%，即 1 年期 CMT 利率大于 7%，第 2 年的利率上限单元就会变为实值期权。我们能确定后续的利率上限单元的

---

① 阶梯式利率上限在互换曲线比较陡峭的时候更受欢迎。如果互换曲线陡峭，远期 LIBOR 利率相对更高，在其他条件一样的情况下，利率上限要比曲线平坦的时候更贵。

② 熟悉抵押贷款证券的人会发现这个虚构的债券很像可变利率抵押贷款证券，即 ARM（adjustable rate mortgage）。

执行利率吗？答案是不能，因为后续每一年的利率上限单元的执行利率都取决于之前一年的1年期CMT利率重置水平。

例如，我们来分析一下第3年的票息，该票息应该等于1年期CMT利率+100基点，但不能比前1年票息高出200基点。假如第2年年初的1年期CMT利率为2%，那么根据公式第2年的票息就是3%。现在我们来看看第3年的票息最高能到哪个水平。因为第2年的票息为3%，那么第3年的票息最高为5%。所以若1年期CMT利率+100基点大于5%，即1年期CMT利率高于4%，则利率上限单元变为实值期权，即这个例子里第3年的利率上限单元的执行利率为4%。

但是如果假设第2年年初重置的1年期CMT利率为10%，那么第2年的票息就为8%（即1年期CMT利率+100基点，上限为前1年的票息6%加上200基点）。我们来看看第3年的票息最高能到多少？由于第2年票息为8%，第3年最高票息为10%。所以一旦1年期CMT利率+100基点大于8%+2%，即1年期CMT利率高于9%，利率上限单元就会变为实值期权，所以这个利率上限单元的执行利率为9%。我们把以上分析总结到表4-3中。

表4-3　第3年内嵌利率上限单元的执行利率与第2年重置的1年期CMT利率的关系

第2年重置的1年期CMT利率	第2年的票息	第3年可能最高票息	第3年利率上限单元的执行利率
2%	3%	5%	4%
10%	8%	10%	9%

所以我们今天不能确定这些利率上限单元的执行利率为多少。它们取决于交易存续期内1年期CMT利率变动的路径。这种利率上限被称为黏性或期间利率上限。“黏性”的说法源自这种债券票息的特点：它们可以上升，但是不能上升得太快。如果1年期CMT利率每年都大幅上行，虽然票息也会跟着上行，但是要被前1年的票息水平拖住，只能比前1年上行一点。也就是说，内嵌期权的执行价格是有黏性的。

黏性利率上下限属于奇异期权，它们的定价超出了本书所讨论的范围。虽然它们一度非常流行，但是目前市场上越来越少。由于它们相对复杂，所以当它们在20世纪90年代开始流行的时候，不同做市商对其的报价有着巨大的区别。

任选利率上限

一个任选利率上限（chooser caps）的持有者在持有期内有权选择一定数量的利率上限单元执行。假设持有者还有额度，那么在每期重置日时，持有者会视3个月LIBOR重置值的情况决定是否执行这个利率上限单元。①

举一个具体的例子，假设有一个5年期、50%选择机会、挂钩3个月LIBOR、执行利率为6%的利率上限。持有者拥有在普通合约里的20个利率上限单元中挑选10个来执行的权利。持有者不是在今天选择行权，而是在每个利率上限单元的利率重置日决定是否行权。一旦持有者已经执行了10个利率上限单元，那么不管5年的期限是否已到，该交易就都算结束了。

① 这个名称并不是行业内的标准名称。我不认为你四处转悠时对别人说“任选利率上限”，他们会知道你在说什么。实际上，我只见过一次这种交易。虽然这种交易非常罕见，但这个例子很好地证明了场外衍生品市场的灵活性。

这种交易背后的动机如下：由于经济周期，利率会上下波动。利率上限的买家也知道一些利率上限单元能够行权，而另一些单元不会被行权。任选利率上限相比标准利率上限更加便宜。5 年期任选利率上限仍然能够保护持有者在 5 年期限里免受高利息带来的损失，但是只能在有限数量的时间段执行期权。如果利率上限买方认为有些利率上限单元会变成虚值期权，那为什么它需要为每一个利率上限单元付费呢？当然，使用任选期权的一个风险是，当利率走高并持续高于执行利率时，任选利率上限提供保护的时间段就没有普通利率上限多。在这种情形下，任选利率上限的买家少付了期权费，但是同时也不能从每一个实值利率上限单元里获得收益。

任选利率上限的持有者肯定不会执行一个虚值状态的利率上限单元。他会放弃价值为零的利率上限单元以保留在未来可能获得正现金流的机会。对于轻微实值状态的利率上限单元，持有者是否会选择执行则不好说。我们仍然以前面 5 年期、50%选择权、执行利率为 6%的利率上限为例。假如第一次利率重置时 3 个月 LIBOR 是 6.01%，由于这个利率上限单元获得的现金流太小了，理性的持有者应该放弃这次执行，从而仍然保留 10 次未来执行机会，而不是现在获取少量现金流并将选择机会减少到 9 次。

给任选利率上限定价是非常复杂的，在此我们不进行推导，而是做一些定性的分析。首先一份任选利率上限必须比相同期限、相同执行利率的普通利率上限更加便宜。因为普通利率上限每季度支付的现金流应该大于等于任选利率上限的现金流。

现在假设我们在交易日选取一个普通利率上限的 20 个利率上限单元中的 10 个，用这 10 个利率上限单元的总价格与任选利率上限的价格进行比较。任选利率上限的价格必须大于等于随机选择的这 10 个利率上限单元的价格。若任选利率上限比随机选择的 10 个利率上限单元更加便宜，我们就可以买入任选利率上限，并且卖出这 10 个被随机选出的利率上限单元，期初净现金流为正。接下来我们可以行使买入的任选利率上限，选择执行与卖出的完全一样的 10 个利率上限单元，便可以完全对冲我们的空头头寸，将未来现金流锁定为 0，这就带来了无风险套利的机会。因此任选利率上限必须大于等于那 10 个利率上限单元的价格之和。

我们可以进一步逼近任选利率上限的价格下限。现在假设我们比较任选利率上限的价格与普通利率上限中 10 个最贵的利率上限单元的价格之和。① 任选利率上限的价格必须大于等于这 10 个最贵的利率上限单元价格之和。如果任选利率上限更便宜，我们又可以买入任选利率上限，卖出这 10 个最贵的利率上限单元（为我们创造正的期初现金流），而我们将使用任选利率上限中 10 个对应的利率上限单元一一对冲我们的空头头寸，将未来现金流锁定到 0，实现无风险套利。② 换句话说，之前我们针对任选利率上限与 10 个随机利率上限单元价格比较的原则同样适用于碰巧选中 10 个最贵的利率上限单元的情况。

---

① 顺便说一下，5 年期利率上限中哪 10 个利率上限单元最贵呢？一般来说，是最后 10 个。在收益率曲线向上倾斜的情况下，5 年期的远期利率曲线也是向上倾斜的。更高的远期利率加上更长的到期时间，意味着更长期限的利率上限单元价格更高。当然，在有些市场环境下最后 10 个利率上限单元不是最贵的 10 个。例如，当利率曲线向下倾斜时，或基础波动率曲线严重向下倾斜时（意味着长期限的利率上限单元的波动率要小于短期限利率上限单元的波动率），长期限的利率上限单元要比短期限的便宜。

② 实际上我们可以达到更好的效果。如果这 10 个最贵的利率上限单元中有的到期时是虚值期权，那么我们可以放弃这个利率上限单元的选择权，将保留下来的选择权利用到其他可能成为实值期权的时间段上，从而得到比 10 个最贵的利率上限单元还要好的收益。

因此我们可以得出50%选择权的5年期任选利率上限和普通利率上限的价格的关系：

10个最贵的利率上限单元价格之和≤50%任选利率上限≤普通利率上限

那么任选利率上限与这10个最贵的利率上限单元的差异是什么呢？我们可以把任选利率上限看成这10个最贵的利率上限单元加上一个可以在对持有者有利时转换执行其他利率上限单元的权利。我们把这个转换的权利称为“转换期权”。那么我们可以得出这样的关系：

50%任选利率上限=10个最贵的利率上限单元+转换期权

我们举一个例子来说明转换期权是很有价值的，假设在交易时10个最贵的利率上限单元就是最后10个。然而，在买入任选利率上限之后没多久，收益率曲线反转成极端向下倾斜。那么最后10个利率上限单元就变得非常不值钱了，这时候任选期权持有者可以行使选择权，执行到期的实值期权。①

可转换利率上限

让我们来看看另外一种交易，我们称之为可转换利率上限（convertible cap）。② 这种交易中做市商卖给客户一个5年期、挂钩3个月LIBOR、执行利率为7%的利率上限。这个利率上限很像一个普通的利率上限，除了在1年后，做市商有权利：

（1）终止与交易对手达成的利率上限；

（2）与客户进入一个4年期的互换，做市商收取6%的固定利率，支付3个月LIBOR。

注意，如果做市商终止了利率上限，则必须进入互换交易。如果做市商没有终止利率上限，则不能进入互换交易。我们要思考的第一个问题是，可转换利率上限较普通的5年期执行利率为7%的利率上限价格是更高还是更低？答案是，可转换利率上限的价格必须更低，因为交易对手买入利率上限的同时也卖出了一个期权（终止利率上限并进入互换交易）给做市商。

我们要问的下一个问题是，在怎样的利率环境下做市商会终止利率上限并且进入互换交易呢？为了回答这个问题，我们先假设1年后利率飙涨，例如所有期限的互换利率都达到了20%。那么这时利率上限就非常值钱，这时做市商就有意愿终止这笔利率上限。不过先不要急于下结论。利率如果真的很高，做市商也不会乐意进入一笔仅收取6%的固定利率的互换交易。所以在高利率环境里，做市商并不一定希望执行这个期权。

现在假设1年后，利率非常低，比如所有期限的利率都为2%。在这种情况下，貌似做市商应该执行期权，从而进入一笔收取6%的固定利率的互换交易。但是，也不要那么快下结论。如果做市商执行期权，那么做市商将收回一个利率上限期权。但是在低利率环境下，利率上限并不值钱。通常我们执行看涨期权收取挂钩资产的原因是挂钩资产很值钱。所以在低利率环境下，做市商不一定执行期权。

---

① 可见，任选利率上限的估值非常复杂，甚至选择执行哪个利率上限单元都是一个复杂的决定。假设在一个时点，任选期权持有者还有n个未行使的执行权。在下一个LIBOR重置日时，任选期权的持有者需要比较：i）行使现在的利率上限单元带来的现金流加上$n-1$次任选期权的价格；ii）放弃执行现在的利率上限单元，保留n次任选期权的价格。如果第一种价格更高，则应该选择执行目前的利率上限单元。

② 这也不是一个行业惯用的名称，这种交易也不常见，实际上我们也只见过一次，而且是通过逆向询价进行的，即交易的条款是由客户向做市商建议的，而不像传统交易中由做市商制定交易条款。

那么怎么才能找到答案呢？在这个问题中我们较难分辨哪种情况对做市商是有利的。我们并不清楚在什么样的利率环境中，做市商会去执行期权。那我们把这个问题进一步拆解一下。从做市商的视角看，可转换利率上限＝卖出 5 年期执行利率为 7%的 3 个月 LIBOR 利率上限＋做多 1 年后到期的期权（行使该期权可得到一个 4 年期执行利率为 7%的利率上限，同时进入一笔收取 6%的固定利率的互换交易）。

让我们来关注做市商做多的那个期权。做市商有权利而非义务去执行这个期权，从而获得一个 4 年期执行利率为 7%的利率上限，并进入 4 年期收取 6%的固定利率的互换交易。所以这就像一个看涨期权：做市商可以执行期权，从而获得一个利率上限，并且，作为执行成本要进入一笔互换交易。我们可以将这个期权看做标的为利率上限的复合期权，执行成本等于一笔利率互换的价值。那么期权到期时，现金流为（这里公式表达有些不严谨）：

$$
\begin{aligned}
\text{到期日期权的现金流} &= \max(\text{利率上限价格}-\text{执行价格},0)\\
&= \max[\max(L-7\%,0)-\text{执行价格},0]\\
&= \max[\max(L-7\%,0)-(L-6\%),0]\\
&= \max[\max(L-7\%,0)-(L-6\%-1\%+1\%),0]\\
&= \max[\max(L-7\%,0)-(L-7\%)-1\%,0]\\
&= \max[\max(7\%-L,0)-1\%,0]\\
&= \max(\text{执行利率为 }7\%\text{的利率下限}-\text{名义本金的 }1\%\text{的 4 年期年金},0)
\end{aligned}
$$

由此，到期时这笔期权的现金流实际上等于执行利率为 7%的利率下限的价格减去一个 4 年期年金（该年金每年的现金流等于名义本金的 1%）后与 0 比较的较大值。我们在公式的第四行应用了一点儿数学小技巧，通过加减一个 1%，使我们可以在第六行应用利率上下限平价公式。这种简化后的表达式使我们可以很容易地判断哪种利率环境下期权会被执行。利率下限的价值会随着利率的走低而走高，而年金的价值并不会随着利率的变动改变多少，所以，我们可以清楚地看到期权会在利率较低的时候被执行。这个期权是复合期权，它给了持有者买入利率下限的权利，而利率下限本身就是一种期权。这种期权的估值超出了本书的讨论范围。①

习题

对于习题 1 至习题 3，参考如下互换曲线：

期限	互换利率
1 年期	5.60%

① 我们前边提到，这笔交易是客户向做市商逆向询价的。客户想在 20 分钟之内得到这种期权的报价。而 5 分钟之后做市商这边的工作人员都还没搞清楚在什么利率环境下期权会被执行，更不用说给出期权价格了。但是有一个人很快意识到可以通过利用利率上下限平价公式（就是我们公式中用到的方法）来解决这个问题。

续前表

期限	互换利率
2 年期	6.00%
3 年期	6.20%
4 年期	6.40%
5 年期	6.60%

假设固定端按债券市场计息规则每年付息，浮动端挂钩 1 年期 LIBOR，也就是按债券市场计息规则每年付息。

总之，对于习题 1 至习题 3，挂钩 1 年期 LIBOR 的基础波动率曲线如下：

远期期间	基础波动率
0×1	n. a.
1×2	13%
2×3	14%
3×4	16%
4×5	15%

1. 一个客户想购买一个本金为 1 亿美元、执行利率为 6.5%、挂钩 1 年期 LIBOR 的利率上限。利率上限的期限为 5 年。

a）利率上限的价值是多少？（分别用金额和基点形式表达。）

b）使用 a）部分得出的值计算这个利率上限的平均波动率。也就是说，如果假设基础波动率都相同，那什么水平的波动率会使得利率上限的价值等于 a）部分计算出的值呢？

c）5 年期、执行利率为 6.5%、挂钩 1 年期 LIBOR 的利率下限的价值是多少？请使用 b）部分算出的平均波动率来对这个利率下限定价。不要遗漏今天重置利率并于一年后交割现金流的利率下限单元的价值。虽然这个利率下限单元没有不确定性，但它的现金流应该包括在估值中。

d）使用前面计算出来的利率上限与利率下限的价值，利用利率上下限平价公式计算 5 年期 6.5% 的固定利率的互换交易的价值。使用息票剥离法验证你计算的结果。

e）现在客户对 0 期权费的利率双限感兴趣。客户想买入一个执行利率为 7% 的 5 年期利率上限，并卖给你一个执行利率为 x 的 5 年期利率下限，使得客户的净头寸价格为 0。请使用 b）部分计算出的平均波动率给这个利率上限与利率下限定价。利率下限的执行利率 x 具体是多少？当给利率下限定价时，务必要包含第 1 年的现金流。

f）准备交易这笔 0 期权费的利率双限时，交易员同意在 e）部分确定利率下限执行利率的方法，但是认为这是市场中间价，即没有买卖价差的价格。交易员只肯在中间价上下至少 1 个 vega 的价位上买卖期权。即他会在市场平均波动率的基础上加上（减去）1 个百分点来计算卖出（买入）利率上下限的价格。考虑买卖价差的情况下，利率下限的执行利率应该是多少？达成这笔交易后，交易员的利润是多少？（这里的利润是指使用波动率买卖价计算的利率上下限价格与使用波动率中间价计算的利率上下限价格之差。）

2. 一个客户想与你做一笔本金为 1 亿美元的支付固定利率的 5 年期互换交易，并且希望能够降低付给你的固定利率。你建议，你可以支付 1 年期 LIBOR，但上限不超过

8%。也就是说，互换中你将付出 min(LIBOR，8%)。那么在这笔利率上限交易中，你能接受的最低固定利率是多少呢？也就是使得互换交易 NPV=0 的固定利率是多少呢？

3. 现在回顾一下我们之前在 4.1.7 节讨论的可转换利率上限。假设做市商和客户之前达成了这样一笔交易：做市商卖出了一个挂钩 1 年期 LIBOR 执行利率为 X 的 5 年期利率上限。这个利率上限与普通利率上限很相似，除了 1 年后做市商有权利：

(1) 终止与交易对手达成的利率上限；

(2) 与客户进入一笔 4 年期互换交易，做市商每年收取 Y 的固定利率，并按年支付 1 年期 LIBOR 利率。

注意，如果做市商终止利率上限，那么它也必须进入互换交易。假设交易达成 1 年后，做市商有权执行期权终止利率上限，并进入支付 1 年期 LIBOR 并按年收取 Y 的固定利率的 4 年期互换交易中。

a) 如果 $X=7\%$，$Y=6\%$，做市商是否应该执行期权，终止利率上限并进入互换？

b) 如果 $X=6\%$，$Y=4\%$，做市商是否应该执行期权，终止利率上限并进入互换？

c) 在这一部分，请忽略 a) 与 b) 部分的内容。假设做市商与客户之前达成这样一笔交易：做市商卖出一笔挂钩 1 年期 LIBOR 执行利率为 6%的 5 年期利率下限。这个利率下限与普通利率下限很相似，除了 1 年后做市商有权利：

(1) 终止与交易对手达成的利率下限；

(2) 与客户进入一笔 4 年期利率互换，做市商按年支付 8%的固定利率，收取 1 年期 LIBOR。

注意，如果做市商执行期权终止利率下限，那么他也必须进入互换交易。假设交易达成 1 年后，做市商有权执行期权，终止与客户之前达成的利率下限，并进入支付 1 年期 LIBOR、按年收取 8%的固定利率的 4 年期互换交易。

做市商是否应该执行期权以终止利率下限并进入互换交易呢？

4. 现在回顾一下我们在 4.1.7 节讨论过的任选利率上限。假设现在互换曲线如下：

期限	互换利率
1 年期	6.00%
2 年期	5.90%
3 年期	5.80%
4 年期	5.80%
5 年期	5.60%

这些利率对应的付息惯例是固定端按债券市场计息规则按年付息，浮动端挂钩 1 年期 LIBOR 并按年付息。

另外，假设当前基础波动率曲线如下：

远期期间	基础波动率
0×1	n. a.
1×2	15%
2×3	18%
3×4	21%
4×5	20%

假设之前我们买过一个挂钩1年期LIBOR的任选利率上限，今天刚好是其中一个利率上限单元的利率重置日。假设我们只能从未来的利率上限单元里选择一个单元执行。也就是说，我们之前已经把选择机会用得只剩一个了。

对于下面几个问题，请从下边三个答案中选出正确答案。

(1) 我们应该选择今天执行，1年后获得现金流；

(2) 我们不应该在今天执行，而应该保留选择机会在未来使用；

(3) 在没有更精准的模型的情况下，无法做出决定。

a) 任选利率上限将在2年后到期。也就是说，除了今天重置利率的利率上限单元外，只剩下一个利率上限单元了。我们可以选择今天执行期权也可以继续保留选择机会。执行利率为5.5%。

b) 任选利率上限将在2年后到期。也就是说，除了今天重置利率的利率上限单元外，只剩下一个利率上限单元了。我们可以选择今天执行期权也可以继续保留选择机会。执行利率为5.75%。

c) 任选利率上限将在3年后到期。也就是说，除了今天重置利率的利率上限单元外，还剩两个利率上限单元。我们可以选择今天执行期权也可以继续保留选择机会，执行利率为5.75%。

d) 任选利率上限将在3年后到期。也就是说，除了今天重置利率的利率上限单元，还剩两个利率上限单元。我们可以选择今天执行期权也可以继续保留选择机会，执行利率为5.5%。

e) 任选利率上限将在3年后到期。也就是说，除了今天重置利率的利率上限单元，还剩两个利率上限单元。我们可以选择今天执行期权也可以继续保留选择机会，执行利率为5.42%。

5. 在本题中，请不要使用互换、期权的定价模型，只能手工计算答案。也就是说可以使用金融计算器，但是不要用Excel表格。

Swaps 'R Us是华尔街著名投资银行，在互换市场交易非常活跃。它能成为互换市场的大玩家的一个原因是它愿意使用市场中间价与对手进行所有交易。作为投行提供的服务，Swaps 'R Us会为一些常交易的品种进行报价。

第一组报价是互换利率曲线报价。对于按年支付固定利率换1年期LIBOR浮动利率的互换交易，这些是Swaps 'R Us愿意支付或者收取的固定端利率。另外，零息利率和1年期LIBOR远期利率也在下表中列示：

期限	互换利率	零息利率	LIBOR远期利率
1	6.00%	6.00%	6.00%
2	6.25%	6.26%	6.52%
3	6.50%	6.52%	7.05%
4	6.75%	6.79%	7.01%

下一组报价是挂钩1年期LIBOR的利率上下限报价。这些报价是根据上面的互换利率曲线和一个恒定为15%的基础波动率计算出来的。Swaps 'R Us公司为执行利率为6%、7%和8%的利率上限以及执行利率为4%、5%和6%的利率下限报价（本金都是100万美

元）。为了给它的客户提供尽量多的信息，Swaps 'R Us 的报价里特意提供了每个利率上下限单元的价格：

期限	6%利率上限单元	7%利率上限单元	8%利率上限单元
1	0	0	0
2	6 088	1 836	377
3	10 171	5 131	2 238
4	13 715	8 465	4 830
加总	29 974	15 432	7 446

期限	4%利率下限单元	5%利率下限单元	6%利率下限单元
1	0	0	0
2	1	118	1 516
3	11	229	1 462
4	24	272	1 308
加总	36	619	4 285

客户可以按上表提供的价格任意买卖利率上下限单元。例如，执行利率为 7%、本金为 100 万美元的 3 年期利率上限的价格为 0＋1 836＋5 131＝6 967（美元），即本金的 69.67 基点。

假设你在一家保险公司工作，你的老板要你根据 Swaps 'R Us 公司的报价整理出一些报价给他。

a）在这个 4 年期互换交易中，如果保险公司支付 1 年期 LIBOR－100 基点，那么 Swaps 'R Us 愿意支付多高的固定利率呢？①

b）在这个 4 年期互换交易中，如果保险公司支付 min(1 年期 LIBOR－100 基点，6%)，那么 Swaps 'R Us 愿意支付多高的固定利率呢？

c）在这个 4 年期互换交易中，如果保险公司支付 max(1 年期 LIBOR－100 基点，4%)，那么 Swaps 'R Us 愿意支付多高的固定利率呢？

d）3×4 互换利率是多少？也就是说，1 年期互换的 3 年远期利率是多少？

e）在 3×4 的互换交易中，Swaps 'R Us 支付固定端利率，保险公司支付 min(1 年期 LIBOR－100 基点，6%)，Swaps 'R Us 愿意支付的固定端利率是多少？

6. 根据 4.1.3 节，挂钩 3 个月 LIBOR、执行利率为 3%的 5 年期利率下限的价值是多少？

---

① 留心的读者可能注意到在 1 年期 LIBOR 低于 1%的时候 Swaps 'R Us 收到的 1 年期 LIBOR－100 基点为负。我们不需要内嵌期权保证这些现金流为正。ISDA 的负利率方法已经考虑到了浮动端利率为负的情况。在这个方法下，在浮动端利率为负的情况下，原本要收取浮动端现金流的交易对手反而需要支付相应的现金流。也就是说，当 1 年期 LIBOR－100 基点为负的时候，保险公司应该收到 1 年期 LIBOR－100 基点的绝对值加上原本要收到的固定端现金流。换句话说，保险公司应该收到两次现金流！除了负利率方法之外，交易双方还可以协商使用零息利率法。在这个方法下，如果浮动端利率为负，那么该笔现金流支付就设定为零。为简便起见，这里我们忽略这个问题。

第五章

互换期权

利率互换市场中经常交易的第二种期权是互换期权。互换期权的标的是利率互换，期权持有者有权利但没有义务进入一笔互换交易。我们将讨论互换期权是如何使用的，是如何用Black模型定价的。我们将讨论使用Black模型对互换期权（以及其他利率期权）定价的一些缺点，并介绍另外一种业内广泛使用的正态模型（Normal model）。我们也将讨论百慕大式互换期权（Bermudan swaption）。

5.1 互换期权介绍

互换期权是标的为利率互换的期权。互换期权分为两类：固定利率收取方互换期权（有时也被称为看涨期权）的持有者有权在利率互换中收取固定利率（支付浮动利率）；固定利率支付方互换期权（有时也被称为看跌期权）的持有者有权在利率互换中支付固定利率（收取浮动利率）。这里的“收取方”和“支付方”指的是从固定利率的角度看，期权持有者到期行权后的收支方向。

互换期权的行权方式有多种：一次性欧式，也经常被简称为欧式（只在某一个日期可以行权）；百慕大式或者叫做多次性欧式（可以在一系列日期行权）；美式（可以在指定的一段时间内的任意时间行权）。在本节我们只讨论欧式期权。行权之后，互换期权有两种交割方式。如果互换期权是“实物交割”，则双方在行权后进入一笔利率互换交易；如果互换期权是“现金交割”，则不再进入互换交易，而是在行权时确定这笔互换的价值，期权卖出方支付该金额给期权买入方。[①]

举一个具体的例子，一个 1 进 4（1 into 4）固定利率收取方互换期权，执行利率为 7%，固定端按照债券市场计息规则每半年付息，浮动端支付 3 个月 LIBOR，每季付息。该期权的持有者有权进入一笔 1 年后开始的 4 年期互换交易。[②] 如果期权持有者选择执行期权，那么他将按照 30/360 计息规则收取 7%的固定利率，每半年付息，并且按照 Act/360 计息规则支付 3 个月 LIBOR，每季付息。如果执行，第一笔固定利息将在 1.5 年后支付（也就是期权到期后的 6 个月），最后一笔固定利息将在 5 年后支付。第一笔浮动利息将在 1.25 年后支付（也就是期权到期后的 3 个月），最后一笔浮动利息将在 5 年后支付。假设互换期权是欧式的，那么期权持有者有权在 1 年后行权。[③] 如果期权是百慕大式的，那么期权持有者在 1 年后，以及之后的每 6 个月有权行权。

为了建立直观概念，试着回答以下问题：

- 一个执行利率为 7%的 1 进 4 固定利率收取方互换期权，和一个执行利率为 8%的 1 进 4 固定利率收取方互换期权，哪个更值钱？
- 一个执行利率为 7%的 1 进 4 固定利率支付方互换期权，和一个执行利率为 8%的 1 进 4 固定利率支付方互换期权，哪个更值钱？[④]
- 一个执行利率为 7%的 1 进 4 固定利率收取方互换期权，和一个执行利率为 7%的 2 进 3 固定利率收取方互换期权，哪个更值钱？
- 一个执行利率为 7%的 1 进 4 固定利率支付方互换期权，和一个执行利率为 7%的 2 进 3 固定利率支付方互换期权，哪个更值钱？[⑤]

5.1.1 到期日互换期权的价值

一笔欧式固定利率收取方互换期权（该期权持有者有权在互换中收取固定利率）在到期日的价值可用如下公式表示：

$$\max(B_{\text{fixed}}-B_{\text{floating}},0) \tag{5.1}$$

---

① 利率互换估值的计算过程与我们在第三章中介绍的互换盯市市值部分一致。市场的标准交割方式是现金交割。在这种交割方式下，期权到期后，交易双方可以避免承担对方的信用风险（以及按照 CSA 条款提供抵押物）。如果互换期权实物交割的话，期权执行之后交易双方仍然有对方的信用风险敞口，因此可能需要按照 CSA 条款提供抵押物。

② “n 进 m”互换期权的说法很容易与“n 乘 m”利率上下限的说法混淆。在描述互换期权时，一个 n 进 m 互换期权是指一个 n 年后到期的期权，如果执行，可以进入一笔 m 年期的利率互换。相反，一个 n 乘 m（也可以写做 $n\times m$）利率上限是指一笔第一个重置日在 n 年后，最后一个支付日在 m 年后的利率上限。

例如，一个 5 进 10 互换期权和一个 5 乘 10 利率上限。这个 5 进 10 互换期权是一个 5 年后到期的期权。如果期权执行，那么交易双方进入一笔 10 年期互换（因此该互换的到期日距今为 15 年）。而 5×10 利率上限的第一个利率重置日是 5 年后，最后一笔支付为 10 年后。

③ 市场惯例是期权买方如果想行权，需要在互换起息日前两个纽约和伦敦工作日通知期权卖方。例如，如果交易一方在 2004 年 8 月 3 日星期二购买了一笔互换期权。我们知道即期利率互换的起息日是交易日后 $T+2$ 个纽约和伦敦工作日，也就是 2004 年 8 月 5 日。如果交易一方购买的是一笔 1 进 4 固定利率收取方互换期权，那么标的互换的起息日应该是 2005 年 8 月 5 日，因此期权买方需要在 2005 年 8 月 3 日通知卖方他想行权的意图。

④ 执行利率为 8%的固定利率收取方互换期权一定比其他条件一样但是执行利率为 7%的固定利率收取方互换期权价值更高，因为收取高的利率永远比收取低的利率好。类似地，执行利率为 7%的固定利率支付方互换期权一定比其他条件一样但是执行利率为 8%的固定利率支付方互换期权价值更高，因为支付低的利率永远比支付高的利率好。

⑤ 本章末的习题会提供机会进一步讨论这两个期权。

其中，B_{fixed}表示互换固定端的价值（包括到期时的虚拟本金），$B_{floating}$表示互换浮动端的价值（包括到期时的虚拟本金）。[①] 我们知道在任何利率重置日，浮动端的价值都应该等于面值。标的利率互换的起息日是期权到期日，也是互换的第一个利率重置日。因此在期权到期日，浮动利率债券的价值 $B_{floating}$ 等于面值。互换期权的执行利率决定了这笔虚拟固定利率债券的票息，因此该固定利率债券在期权到期日的价值 B_{fixed}可以高于、低于或者等于面值。

由公式（5.1），我们知道当 $B_{fixed}>B_{floating}$时，固定利率收取方互换期权会被执行。这意味着，当固定利率债券在期权到期日的价值高于面值时，固定利率收取方互换期权会被行权。这也等价于说，在期权到期日，如果期权执行利率高于当时相应期限的互换利率的话，固定利率收取方互换期权的持有者就会执行期权。[②] 举例来讲，对于一个执行利率为7%的1进4固定利率收取方互换期权，如果1年后的4年期互换利率低于7%，那么期权持有者就会选择行权。互换期权到期日的收付额取决于一年后的4年期互换利率与执行利率7%的差异。

与此类似，对于一个固定利率支付方互换期权，持有者有权在标的互换中支付固定利率，该期权在到期日的价值可以表示为

$$\max(B_{floating}-B_{fixed},0)$$

对于一个固定利率支付方互换期权，如果期权到期日执行利率低于当时相应期限的互换利率，那么持有者就会行权。举例来讲，对于一个执行利率为7%的1进4固定利率支付方互换期权，如果1年后的4年期互换利率高于7%，那么期权持有者就会选择行权。因此固定利率收取方互换期权是一种做多工具，如果债市上涨，其价值会增加；而固定利率支付方互换期权是一种做空工具，如果债市抛售，其价值会增加。

5.1.2 互换期权平价（swaption parity）

我们知道以下公式成立[③]：

$$\max(B_{fixed}-B_{floating},0)-\max(B_{floating}-B_{fixed},0)=B_{fixed}-B_{floating}$$

用语言描述，这意味着，在期权到期日，

$$\text{固定利率收取方互换期权的价值}-\text{固定利率支付方互换期权的价值}=\text{标的互换固定利率收取方的价值}$$

因为这些交易在期权到期日的收付额有如上等式关系，所以交易日以下交易的价值也应该相等：

---

① 当然，如我们在第三章中讨论过的，交易双方并不在互换到期日交换名义本金，但是即使我们假设期末交换本金，也不会影响互换的估值，而且很多时候这个假设能带来很多便利。

② 在期权到期日，票息等于互换利率的虚拟债券的价值等于面值。因此，票息高于互换利率的债券的价值就会高于面值。

③ 此公式表述的是如下关系：$\max(A-B,0)-\max(B-A,0)=A-B$。我们分析两种情形来证明此关系。首先，假设 $A\geqslant B$，那么 $\max(A-B,0)=A-B$，而 $\max(B-A,0)=0$，这意味着 $\max(A-B,0)-\max(B-A,0)=A-B$。相反，如果 $A<B$，那么 $\max(A-B,0)=0$，而 $\max(B-A,0)=B-A$，这意味着 $\max(A-B,0)-\max(B-A,0)=A-B$。

$$\frac{\text{固定利率收取方}}{\text{互换期权的价值}}-\frac{\text{固定利率支付方}}{\text{互换期权的价值}}=\frac{\text{在交易日标的远期互换}}{\text{固定利率收取方的价值}} \tag{5.2}$$

公式（5.2）被称为互换期权平价。对于具有相同到期日、执行价格、标的（远期互换）的固定利率收取方互换期权和固定利率支付方互换期权，以上公式成立。也就是说固定利率收取方互换期权的价值减去固定利率支付方互换期权的价值等于标的远期互换的固定利率收取方（固定利率等于执行利率）的价值。举例来说，一个执行利率为 7%的 1 进 4 固定利率收取方互换期权今天的价值减去一个执行利率为 7%的 1 进 4 固定利率支付方互换期权今天的价值一定等于一个 1 年后开始的 4 年期互换的固定利率（7%）收取方今天的价值。假设我们找到一个执行利率使得今天的固定利率收取方互换期权和固定利率支付方互换期权的价值相等。那这个执行利率有什么特殊意义吗？[①]

5.1.3 互换期权的应用

对于投资者，互换期权可以有很多种应用。以下只是其中几种：

- 一个抵押贷款组合经理可能会担忧在接下来一年中 10 年期互换利率会下行，并可能触发提前还款，从而导致他必须在更低的利率水平再投资。那么组合经理可以买入 1 进 10 固定利率收取方互换期权来对冲这个风险。
- 一只对冲基金认为在不久的未来 5 进 10 互换期权的波动率会降低。该对冲基金可以卖空一些 5 进 10 跨式互换期权。如果一小段时间之后 5 进 10 跨式互换期权的隐含波动率确实下降了，那么该对冲基金可以以更低的价格将该跨式互换期权买回来，从而实现利润。
- 假设一家公司在未来 5 年有一笔本金为 1 亿美元的浮息负债，利率为 3 个月 LIBOR+100 基点。该负债的第一个季度重置日就是今天，此后每个季度都要重置 LIBOR，直到 5 年之后负债到期。

假设目前的市场环境如表 1 - 1 所示。同时假设今天 3 个月 LIBOR 设置为 0.384 28%。因此 3 个月后公司第一笔支付的票息为 0.384 28%+100 基点=1.384 28%。另外目前 5 年期互换的利率（中间价）为 1.627%。根据公式（1.8）和公式（1.9），可以计算出按货币市场计息规则每季付息的 5 年期互换利率大约为 1.601%。另外，假设执行利率为 1.83%的 3 个月进 4.75 年固定利率收取方互换期权的价格为 123.1 基点。

该公司担心利率会上升，从而引起融资成本上升。分析做市商向公司推荐的如下交易：

（1）做市商在 5 年期利率互换中支付 3 个月 LIBOR+100 基点给公司。

（2）公司在 5 年期利率互换中支付 3 个月 LIBOR+75 基点给做市商。

（3）做市商在 3 个月后有一个一次性的权利将公司在未来 4.75 年支付的现金流转变成按季度支付的 2.58%的固定利率。如果做市商没有执行这一权利，那么公司在交易后的 4.75 年仍然支付 LIBOR+75 基点。

---

① 这个执行利率必须等于相应的远期互换的平价利率。我们知道一笔远期互换的平价利率是使该互换的价值为 0 的利率。如果固定利率收取方互换期权和固定利率支付方互换期权的价值相同，那么根据互换期权平价，其标的远期互换的价值应该也是零。这就意味着这个标的远期互换的固定利率应该等于远期互换的平价利率。

这里发生了什么？图 5－1 展示了公司的浮动利率负债，以及做市商建议的交易。如果做市商支付 3 个月 LIBOR＋100 基点给公司，作为回报收取 3 个月 LIBOR＋75 基点，那么他会在未来 5 年中每年亏损 25 基点。使用互换模型，对于名义本金 1 亿美元，这 25 基点在 5 年中产生的现金流的现值是 123.1 万美元，折算成前端费为 123.1 基点。

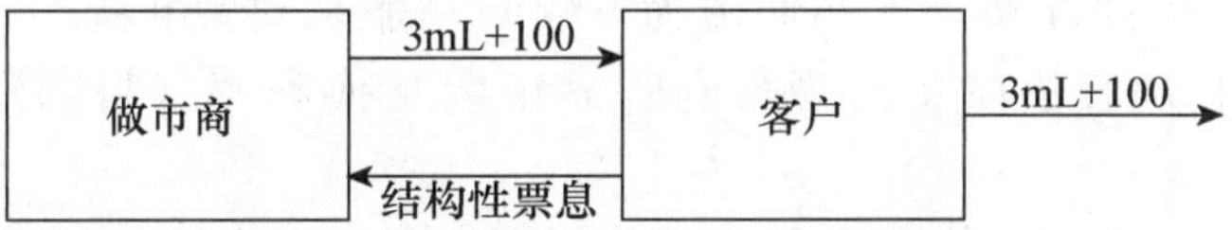

图 5－1　融资交易中内嵌的互换期权

说明：这里，结构性票息＝在前 3 个月支付 3ml＋75 基点，3 个月后根据做市商的选择支付 3ml＋75 基点或者 2.58％。

这笔损失是通过上述交易第三点中的选择权来补偿的。做市商这个（将公司支付的现金流转变成按季度支付的 2.58％的固定利率）一次性权利实际上是一笔固定利率收取方互换期权。在这笔交易的条款下，公司需要在未来 5 年支付 3 个月 LIBOR＋75 基点。然而，在交易的“第三条腿”中，做市商实际上是购买了名义本金为 1 亿美元的 3 个月进 4.75 年的固定利率收取方互换期权，这个期权使做市商有权在 2.58％的固定利率和 3 个月 LIBOR＋75 基点的浮动利率间选择。但是通常固定利率收取方（或者支付方）互换期权是基于支付 LIBOR 的利率互换报价的。然而，这并不是问题，因为这笔互换期权与一个执行利率为 2.58％－75 基点＝1.83％的 3 个月进 4.75 年固定利率收取方互换期权的价格相等（如果这两个互换期权价格不相等，就会有无风险套利机会）。[①] 如前所述，这笔固定利率收取方互换期权的价值为 123.1 基点，正好抵消做市商在支付 25 基点年金时锁定的损失。

对于公司，这是一笔好的交易吗？我们说过，公司认为利率要走高，公司卖空了一笔固定利率收取方互换期权，在利率走低时这笔期权才会被执行。如果公司判断正确，利率确实走高，公司会支付 3 个月 LIBOR＋75 基点，相比原来负债的 LIBOR＋100 基点，节省了 25 基点。然而，如果利率下跌一定幅度，做市商会执行互换期权，那么公司需要在交易剩余的 4.75 年里支付 2.58％的利率。在做市商执行这笔互换期权的情景下，公司需要支付远高于市场价（取决于债市上涨的幅度）的固定利率。但是，即使在这种情况下，公司也比开始就将浮动利率转变为固定利率（按照货币市场计息规则按季度付息，大约为 1.601％＋100 基点＝2.601％）要好。[②]

---

① 假设执行利率为 1.83％换 LIBOR 的固定利率收取方互换期权的价值高于执行利率为 2.58％换 LIBOR＋75 基点的固定利率收取方互换期权的价值，那么我们可以卖空前一笔期权，然后买入后一笔期权，今天净收取现金流。如果期权到期日我们做空的期权被行权了，我们可以将购买的期权也行权，从而使得净现金流为 0。这将是一个无风险套利机会，所以后一笔期权至少跟前一笔期权一样值钱。按相同的逻辑，我们也可以证明前一笔期权至少跟后一笔期权一样值钱。一般来讲，如果我们有一笔互换期权，其标的互换的浮动利率在 LIBOR 上加点，而另一笔互换期权的标的浮动端为 LIBOR，固定端的利率按前一笔的加点进行调整，那么这两笔互换的价值应该是相等的。

② 在按债券市场计息规则每半年付息的 5 年期利率互换中，公司可以收取每季付息的 3 个月 LIBOR，支付 1.627％的固定利率。这个固定利率相当于按货币市场计息规则每季付息的 1.601％的固定利率。如果公司想每个季度收取 3 个月 LIBOR＋100 基点，那么它每个季度需要支付的固定利率为 1.601％＋100 基点＝2.601％。

5.1.4 使用Black模型为互换期权估值

分析一个执行利率为 X 的 T 进 n 固定利率支付方互换期权，即有权在 T 年后进入一笔 n 年期利率互换，支付固定利率 X，收取 LIBOR。为简单起见，我们假设互换的两端都每年支付利息 m 次。Black 模型通常是用来给欧式期权估值。假设标的远期互换利率（即 T 年远期互换，互换期限为 n 年）是服从对数正态分布的，初始利率为 F，波动率为 σ。用 R 表示在 T 时观察到的 n 年期互换利率（目前还是一个不确定的值）。①

如果在时间 T，n 年期互换利率 R 高于执行利率 X，那么固定利率支付方互换期权就会被执行。如果被执行，那么标的互换的支付方的现金流为

$$\frac{\text{名义本金}}{m}\times[L(t_i,t_{i+1})-X] \tag{5.3}$$

这些现金流会在未来 n 年支付，每年支付 m 次，支付时间为 $t_i=T+1/m$，$T+2/m$，…，$T+mn/m$。这里 $L(t_i,\ t_{i+1})$ 代表时间 t_i 时的 LIBOR 利率（目前还不确定是多少）。因此该互换期权的收付额相当于这样一串现金流：

$$\frac{\text{名义本金}}{m}\times\max(R-X,0) \tag{5.4}$$

这些现金流也会在未来 n 年支付，每年支付 m 次，支付时间为 $t_i=T+1/m$，$T+2/m$，…，$T+mn/m$。②

设 $t_i=T+i/m$。根据 Black 模型，行权后在时间 t_i 收到的现金流对应的互换期权的价值是

$$\frac{1}{m}\times DF(0,t_i)\times[FN(d_1)-XN(d_2)] \tag{5.5}$$

这里

$$d_1=[\ln(F/X)+\sigma^2T/2]/(\sigma\sqrt{T}) \tag{5.6}$$

$$d_2=d_1-\sigma\sqrt{T} \tag{5.7}$$

再次指出，F 是远期互换利率（即 T 年到期的 n 年期远期互换的利率）。σ 是这个远期互换

---

① 假设我们正在准备对一笔 5 进 10 互换期权定价。其标的互换利率就是一笔 10 年期互换的 5 年远期利率。我们可以通过剥离互换曲线求得这个利率的值，并用 F 表示。到了第二天，该标的就变成一笔 10 年期互换的 4 年零 364 天远期利率（假设今年不是闰年）。我们只有等到明天才能剥离当时的互换曲线，从而计算出这个远期利率是多少，今天是无法知道这个值是多少的。后天，互换的标的变为一笔 10 年期互换的 4 年零 363 天远期利率。依此不断推移。每一天这个远期互换利率都在变化（确切地说，这个远期互换利率每时每刻都在变化）。假设这个在 5 年后到期的远期互换利率是服从对数正态分布的，并且波动率为 σ。我们可以继续观察这个利率的变化，但是有一点我们可以确定的就是 5 年后这个远期互换利率一定会收敛于即期 10 年期互换利率。我们用 R 表示这个不断变化的利率。

② 公式（5.3）与公式（5.4）之间的联系是什么呢？这需要使用我们在 3.3.1 节中用到的技巧：一笔支付固定利率 X 收取浮动 LIBOR 的互换的价值等于以下两笔互换的价值之和：（1）支付固定利率 X 收取浮动利率的互换；（2）收取利率 R 并支付浮动利率 LIBOR 的互换。因为第二笔互换的价值为 0，我们从（1）和（2）获得的净头寸就相当于我们支付利率 X，并收取利率 R。

利率的波动率，$DF(0, t_i)$ 是时间 t_i 对应的折现因子。这个公式只给出时间 t_i 现金流对应的期权价值。互换期权的总价值是

$$\sum_{i=1}^{mn} \frac{1}{m} \times DF(0,t_i) \times [FN(d_1) - XN(d_2)] \tag{5.8}$$

用 A 表示年金因子。也就是说，A 乘以 1 美元等于一个每年支付 1 美元的年金的现值，这个年金每年支付 m 次，每次支付 $1/m$，支付时间为 t_i，这里 $i=1$，…，mn。则我们可以将固定利率支付方互换期权的价值表示为

$$A \times [FN(d_1) - XN(d_2)] \tag{5.9}$$

这里，

$$A = \frac{1}{m} \sum_{t=1}^{mn} DF(0,t_i)$$

类似地，一笔 T 进 n 固定利率收取方互换期权的价值为

$$A \times [XN(-d_2) - FN(-d_1)] \tag{5.10}$$

为了计算互换期权的价值，我们只需将公式（5.9）和公式（5.10）分别乘以交易的名义本金即可。

5.1.5 互换期权波动率

用于对具体互换期权定价的波动率取决于期权的到期日、标的互换（也被称为尾端）的期限，以及执行利率。如果互换期权的执行利率等于标的互换的远期互换利率，那么这种互换期权被认为是远期平值（at-the-money forward，经常被简写成 ATMF）。例如，在 3.3.4 节中，我们在案例中计算的 1×4 互换利率（即 3 年期互换的 1 年远期利率）为 5.644%，所以一笔执行利率为 5.644%的 1 进 3 互换期权就被认为是远期平值的。

隐含波动率是指通过公式（5.9）或公式（5.10）等定价模型计算得出的波动率。也就是说，给定期权价格，隐含波动率是指代入定价模型使得计算结果等于给定期权价格的波动率。当我们笼统地说互换期权隐含波动率的时候，是指远期平值互换期权的隐含波动率。为了确定远期平值的执行利率，我们必须指明期权的到期日以及标的期限。通常，我们将不同到期日和不同标的期限的远期平值互换期权的波动率展示在一个表格中，这个表格被称为波动率网格，或者互换期权波动率矩阵。

表 5-1 展示了一个矩阵的例子。在这个波动率矩阵中，期权的到期期限可以在第一列找到，而标的互换的期限可以在矩阵的第一行上方找到。例如，1 年进 10 年期互换期权的隐含波动率为 22.1%。需要指出的是这个隐含波动率仅适用于 1 年进 10 年期的远期平值互换期权。不同执行利率的 1 年进 10 年期互换期权可能（很多时候是经常）以不同的隐含波动率交易。短期限互换期权（一般认为到期期限在 1 年及以下的期权）被称为 gamma 端，而长期限的期权被称为 vega 端。[①]

① 短期限的期权通常具有高 gamma 低 vega 的特点，而长期限的期权通常具有低 gamma 高 vega 的特点，所以才有了这样的叫法。

表 5-1　　互换期权对数正态隐含波动率矩阵

标的互换（尾端）期限 / 到期期限	1	2	3	5	7	10	15	20	30
1个月	40.0	39.4	36.0	31.4	27.3	23.4	19.4	17.4	15.8
3个月	39.0	38.9	35.7	31.2	27.4	23.7	19.7	17.7	16.3
6个月	39.3	37.2	33.9	30.0	26.5	23.2	19.4	17.5	16.4
1年	35.8	33.1	30.6	27.5	24.9	22.1	18.6	16.9	16.0
2年	30.4	28.2	26.5	24.2	22.2	20.1	17.2	15.8	14.9
3年	26.1	24.7	23.5	26.7	20.3	18.5	16.1	14.8	13.9
4年	23.3	22.3	21.3	19.9	18.7	17.2	14.9	13.9	13.1
5年	21.4	20.5	19.6	18.4	17.3	16.1	13.9	12.9	12.2
7年	18.2	17.6	17.0	15.9	15.1	14.1	12.5	11.6	11.1
10年	14.9	14.4	13.9	13.0	12.5	11.8	10.6	9.9	9.6

5.1.6　互换期权定价举例

我们可以使用 Black 模型对例子中的互换期权定价，该期权的标的互换按债券市场计息规则每年付息，固定利率换浮动利率（浮动利率为 1 年期 LIBOR）。这意味着公式（5.9）和公式（5.10）中的 $m=1$，折现因子可以通过剥离互换曲线获得的零息利率计算。期权执行后，标的互换在未来 n 年每年有一次现金流，时间分别为 $T+1$，$T+2$，…，$T+n$。在这个例子中，用于对执行利率为 X 的 T 进 n 固定利率支付方互换期权定价的 Black 模型［公式（5.9）］可以简化为

$$A\times[FN(d_1)-XN(d_2)] \tag{5.11}$$

其中

$$d_1=\frac{\ln\left(\frac{F}{X}\right)+\sigma^2 T/2}{\sigma\sqrt{T}} \tag{5.12}$$

$$d_2=d_1-\sigma\sqrt{T} \tag{5.13}$$

$$A=\sum_{t=T+1}^{T+n} DF(0,t) \tag{5.14}$$

$$DF(0,t)=\frac{1}{[1+\text{zc}(t)]^t} \tag{5.15}$$

类似地，执行价格为 X 的 T 进 n 固定利率收取方互换期权的价值为

$$A\times[XN(-d_2)-FN(-d_1)] \tag{5.16}$$

再次重申，F 表示远期互换利率（即 n 年期互换的 T 年远期利率），σ 是这笔远期互换利率的隐含波动率，$\text{zc}(t)$ 是时间点 t 的零息利率。公式（5.14）中的加总表示一个年金因子：这个数字乘以 1 美元等于一个在标的互换中每年年底收取 1 美元的年金的现值。为了

计算固定利率收取方互换期权和固定利率支付方互换期权的期权费，我们可以将公式(5.11)和公式(5.16)分别乘以交易的名义本金。

案例

我们分析一个典型案例，对一个执行利率为5.644%的1进3固定利率支付方互换期权定价。假设互换曲线如表5-2所示，并假设1进3互换期权的隐含波动率为20%。对互换期权定价的一个参数就是标的远期互换的利率。在3.3.4节中我们展示了1×4互换利率（即3年期互换的1年远期利率）等于5.644%。因此这笔1进3固定利率支付方互换期权是远期平值，即$F=X=5.644\%$。图5-2展示了我们如何对该期权进行定价。其价值大约为115.5基点。假如名义本金为1亿美元，那么该1进3固定利率支付方互换期权的价值为1 154 863美元。[①] 类似地，图5-3展示了对相同执行利率的固定利率收取方互换期权的定价过程。由于两笔互换期权都是远期平值，根据互换期权平价原理，它们的价值应该相等。

表5-2 互换曲线

到期期限	国债收益率	互换基差	互换利率（按30/360计息规则每年付息）
1年	4.80%	20	5.00%
2年	4.88%	23	5.11%
3年	5.05%	25	5.30%
4年	5.19%	28	5.47%
5年	5.25%	35	5.60%

互换期权定价模型	1进3					
时间	互换利率	零息利率	期间	$DF(0,t)$		
1	5.000%	5.000%	0×1		d_1	0.100 0
2	5.110%	5.113%	1×2	0.905 1	d_2	−0.100 0
3	5.300%	5.312%	2×3	0.856 2		
4	5.470%	5.494%	3×4	0.807 4	$FN(d_1)-XN(d_2)$	0.004 496
					固定利率支付方互换期权	1 154 863
					（以基点表示）	115.5
F	5.644%		$A=$	2.568 7		
σ	20.0%					
T	1		名义本金	100 000 000		
X	5.644%					

图5-2 1进3固定利率支付方互换期权的定价

① 就像利率上下限市场，互换期权市场通常也将前端价格四舍五入到1/10基点或者1/4基点。而将该前端价格基点数乘以名义本金得到的期权费金额四舍五入到整元。然而，在实际交易中期权费金额会进一步四舍五入。在这个例子中，期权费可能被近似到115.5万美元。使用前端基点而不是金额来表示期权费的好处是前端基点不会因本金金额改变而改变（假设报价不随着交易金额的大小变得更激进或更保守）。例如，对于名义本金为2亿美元的互换期权，价格仍然是前端115.5基点，然而价格的金额为115.5基点×2亿美元=231万美元，是本金为1亿美元的互换期权价格的两倍。

互换期权定价模型	1 进 3					
时间	互换利率	零息利率	期间	$DF(0,t)$		
1	5.000%	5.000%	0×1		d_1	0.100 0
2	5.110%	5.113%	1×2	0.905 1	d_2	−0.100 0
3	5.300%	5.312%	2×3	0.856 2		
4	5.470%	5.494%	3×4	0.807 4		
F	5.644%		$A=$	2.568 7		
σ	20.0%				$XN(-d_2)-FN(-d_1)$	0.004 496
T	1		名义本金	100 000 000	固定利率收取方互换期权	1 154 863
X	5.644%				(以基点表示)	115.5

图 5-3　1 进 3 固定利率收取方互换期权的定价

5.2　利率上下限与互换期权的联系

假设一个投资者想要购买期权以防利率上涨给自己带来损失。利率上限和固定利率支付方互换期权都在考虑范围，但哪一种更合适取决于投资者的具体需求。

利率上限的买方是在购买一系列期权。例如，标的为 3 个月 LIBOR 的 5 年期利率上限的买方买的是 20 个不同期权。这 20 个期权中每一个期权为一个特定设置日的 3 个月 LIBOR 的上涨提供保护。在这其中的某一个设置日的 LIBOR 可能太低，导致这一期间的期权成为虚值期权，但这并不影响另一个设置日的 LIBOR 利率高于执行利率，从而使这一期间的期权成为实值期权。

然而，固定利率支付方互换期权的买方是买了一个单一的期权。例如，一个 5 进 10 固定利率支付方互换期权可以保护买方免受 10 年期互换 5 年远期利率上涨导致的损失。根据公式（4.4），一个实值的利率上限单元只会在 3 个月内计息，而一个实值的互换期权会在整个存续期内带来标的互换的收付额。[①]

选择哪一种期权取决于每个投资者的实际需求。如果一个投资者管理银行资产组合，该组合的负债在未来 5 年挂钩每季重置的 3 个月 LIBOR 利率。那么该银行购买一个挂钩 3 个月 LIBOR 的 5 年期利率上限就比购买互换期权更合适。然而，如果一个投资者管理抵押贷款资产组合，该组合有 5 年后 10 年期互换利率的敞口，那么这个投资者应该购买一个 5 进 10 固定利率支付方互换期权，而不是利率上限。[②] 所以，虽然利率上限和固定利率支付方互换期权都能保护持有者免受利率上涨伤害，但是具体使用哪一个要根据投资者的

---

① 如果该固定利率支付方互换期权是实物交割，那么行权之后期权持有者会在互换存续期间按照执行利率支付固定利率，并收取 LIBOR。如果该互换期权是现金交割的，那么双方不会真实进入一笔互换交易，而是期权持有者收到标的互换在到期日的盯市市值（我们在 3.3.1 节中介绍了如何计算）。虽然这两种结算方式的现金流截然不同，但是在行权时它们的价值是完全一样的。

② 实际上，在这种情境下，该投资组合更可能有 10 年期互换利率在未来 5 年中走高的风险敞口，而不是仅在 5 年之后才有敞口。在互换期权存续期间互换利率的上涨会带动互换期权价值的上涨，因此抵消了互换利率上涨给抵押贷款组合价值造成的损失。

实际需求选择。

利率上限和固定利率支付方互换期权之间，以及利率下限和固定利率收取方互换期权之间存在紧密关联。现在我们来分析一笔挂钩 3 个月 LIBOR 的 2×5 利率上限（即一个远期利率上限）和一笔 2 进 3 固定利率支付方互换期权（与利率上限执行利率相同，按货币市场计息规则每季付息，固定利率换 3 个月浮动利率）。图 5-4 展示了这两笔交易。

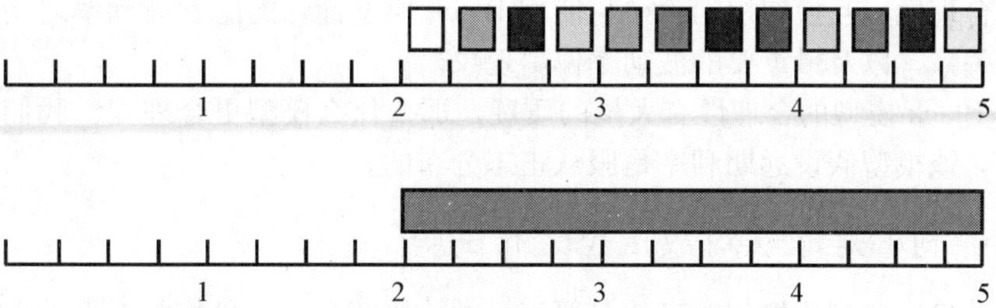

图 5-4　2×5 利率上限（上部）和 2 进 3 固定利率支付方互换期权（下部）示意图

如图中上半部分所示，该 2×5 利率上限在 2 年后进行第一次利率重置，在 5 年后支付最后一笔现金流。这笔交易是由 12 个期权构成的，覆盖 12 个 3 个月 LIBOR 设置日。相比之下，2 进 3 固定利率支付方互换期权是一个单一期权，在 2 年后到期，执行后进入一笔 3 年期互换交易，如图中下半部分所示。该互换期权的标的是 3 年期互换 3 年远期。回想我们在 3.3.4 节中如何对远期互换定价，该标的是由 12 笔 3 个月 LIBOR 远期利率决定的，这与 2×5 利率上限对应的 12 笔 LIBOR 远期完全相同。

所以 2×5 利率上限和 2 进 3 固定利率支付方互换期权的区别是什么呢？我们已经谈到这两种交易在不同投资者那里有不同的使用方式。从定价的角度来看，2×5 利率上限的价格至少要等于 2 进 3 固定利率支付方互换期权的价值。① 利率上限是期权的组合，而互换期权是远期利率组合的期权。也就是说，2×5 利率上限是 12 个不同利率期权的组合。相比之下，2 进 3 固定利率支付方互换期权是一组远期利率组合的期权。因此利率上限和固定利率支付方互换期权是紧密关联的。事实上，一个流行的相对价值交易就是在买入一种期权的同时卖出另外一种期权。在第九章中，我们会回到这个例子讨论这两种交易的另一个区别。

---

① 为了证明这个结论，我们先假设利率上限的价格低于固定利率支付方互换期权。那么我们可以买入利率上限，卖出固定利率支付方互换期权，期初净现金流为正。然后，我们分析两种情景。第一种，如果 2 年后我们卖出的固定利率支付方互换期权没有被行权，那么我们在未来的净现金流是非负的（如果任何一个利率上限单元到期为实值的话，我们还能收到一些钱）。第二种，如果我们卖出的固定利率支付方互换期权被行权了，那么以后每个季度我们收取固定利率（等于执行利率），支付 3 个月 LIBOR。也就是说，我们从被行权的互换期权中收到的现金流为执行利率－LIBOR。当然，我们还持有利率上限，每个季度的现金流为 max(LIBOR－执行利率，0)。因此，利率上限和互换期权给我们带来的净现金流为

$$\text{执行利率} - \text{LIBOR} + \max(\text{LIBOR} - \text{执行利率}, 0)$$

这个现金流是非负的。因此，在未来，我们的现金流一定是非负的，这就构成了一个无风险套利机会。可见，利率上限的价格一定不能低于固定利率支付方互换期权。

5.3 用 Black 模型对利率期权定价的几点质疑

我们之前讨论过，作为 Black-Scholes 模型的简单拓展，Black 模型是各种利率期权定价的主要模型。但 Black-Scholes 模型正确吗？[①] 我们有很好的理由质疑 Black-Scholes 模型是利率期权定价的“好”模型。下边我们讨论其中的三个理由：利率服从对数正态分布这一假设的合理性、互换期权的价格与使用 Black 模型计算的隐含波动率之间（有时）存在的奇怪的关系，以及最重要的波动率偏斜现象。

既然对 Black 模型的合理性有大量的质疑，那么什么模型更合理呢？我们将介绍正态模型的概念，该模型假设远期利率是服从正态分布的。

5.3.1 利率是服从对数正态分布的吗？

你是否曾经注意到价格相对高的股票每日的价格变动大于价格相对低的股票？如果你曾经观察过价格非常高（例如在 400 美元附近）的股票，你会发现这种股票每日的价格变动会比价格低（例如在 10 美元附近）的股票大得多。一个价格在 400 美元附近的股票的每日价格变动可能达 10 美元或者 20 美元，甚至更大。而价格在 10 美元附近的股票通常没有这么大的每日价格变动。很多 10 美元的股票的每日价格变动不到 1 美元。

这种现象就反映了价格服从对数正态分布这一特点。[②] 在附录 A 中，我们讨论了如果资产价格S_T是服从对数正态分布的，那么我们可得如下公式：

$$S_T = S\,e^{(\mu-\frac{1}{2}\sigma^2)T+\sigma\sqrt{T}z} \tag{5.17}$$

其中 z 是一个标准正态分布的随机变量，S 是资产今天的价格。资产价格的标准差为

$$S\,e^{\mu T}\sqrt{e^{\sigma^2 T}-1} \tag{5.18}$$

从公式（5.18）中我们可以看出资产价格的标准差会随着资产价格的提高而增大。也就是说，在对数正态分布的假设下，资产的价格越高，资产价格的标准差越大。在 Black-Scholes 模型中，波动率参数 σ 是一个百分数，是相对波动的测度，也就是说，相对于标的价格水平的波动的测度。

然而，互换利率的分布通常不会出现这种现象。图 5-5 展示了 10 年期互换利率每日的变动，上方的图展示的是 10 年期互换利率在相对较低水平时每日的变动，下方的图展示的是互换利率在相对较高水平时每日的变动。两图中的每日变动分布看起来并没有特别大的不同。这差不多反驳了 10 年期互换利率服从对数正态分布的想法。如果 10 年期互换利率是服从对数正态

---

① 因为 Black 模型是 Black-Scholes 模型的一种相对简单的拓展，因此业内人士经常将两个名字混用。无论 Black 模型还是 Black-Scholes 模型，都是指假设标的远期利率服从对数正态分布的模型，这里还假设标的的波动率是常数，且不随执行利率的变动而变动。Black 公式是使用这些假设对期权进行定价而得到的公式。

② 虽然这里讲的现象让人想到了股票价格的对数正态分布，但是严格地说，当描述股票价格的分布时，使用“对数正态分布”是对术语的滥用。如果说一只股票的价格是服从对数正态分布的，那么这里描述的是一只（也是唯一一只）股票的价格的分布特点，并不应该拿两只不同价格的股票做对比。从严格意义上说，判断股票价格是否服从对数正态分布应该观察这一只股票的价格分布的特点。（不严格地说，应该看这一只股票的价格分别在 10 美元附近和 400 美元附近时每日价格的波动。——译者注）

分布的，那么我们会看到高利率环境下的每日变动大于低利率环境下的每日变动。[①]

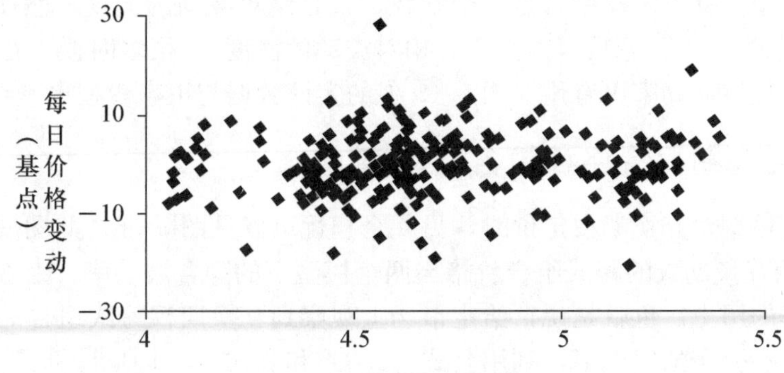

10年期互换利率

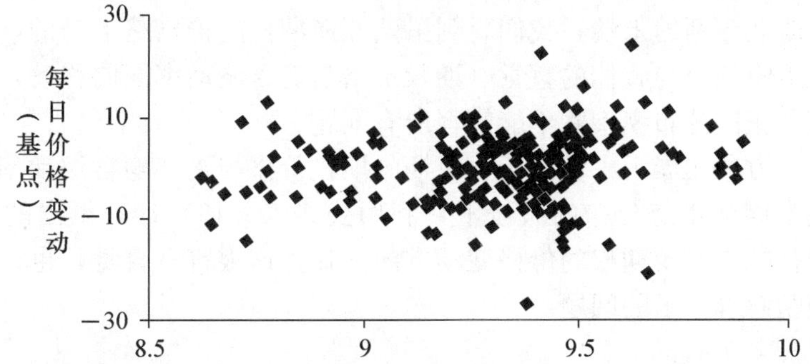

10年期互换利率

图 5-5　在低利率环境（上图）和高利率环境（下图）下 10 年期互换利率的每日变动

利率分布的另一种假设：正态分布

正态分布是一种非常著名的分布，其特点就是波动率不受利率水平的影响。在正态分布假设下，互换利率的波动率不受利率水平的影响。我们不妨提前介绍一下，如果在时间 T 观察到的互换利率 R 是服从正态分布的，那么我们可以建立这样一个模型

$$R \sim N(\mu, \sigma_N^2 T) \tag{5.19}$$

其中 μ 和 $\sigma_N^2 T$ 分别为分布的均值和方差。[②] 参数σ_N有很多名字，包括正态波动率、标准化波动率、基点波动率、年化基点波动率。注意在这种设置下，互换利率的标准差$\sigma_N\sqrt{T}$不再受互换利率水平的影响。在利率期权定价模型中，如果假设利率是正态分布的，那么这种模型被称为正态模型。使用正态模型对期权定价而求得的隐含波动率σ_N称为正态隐含波

---

① 我们应该对这个非常不严谨的实证分析保持谨慎。我们的目的不是提供严格的统计检验，支持或者推翻互换利率的对数正态分布假设。而是希望说明为什么业内人士非常容易接受某些资产（例如股票）是服从对数正态分布的，而较难接受利率是服从对数正态分布的。

② 如果一个随机变量的概率密度函数如下：

$$f(x)=\frac{1}{\sqrt{2\pi}\,\sigma}e^{-(x-\mu)^2/2\sigma^2}$$

那么这个随机变量就被认为是服从正态分布的，其均值为μ，方差为σ^2，用$R \sim N(\mu, \sigma^2)$表示这个关系。更多细节请参考 Ross（2009）。

动率。我们将在5.4节深入分析这种模型。

在正态模型中，基点波动率σ_N是一个常数，σ_N是绝对波动的测度。然而Black模型中的参数σ通常表示为一个百分数（因为它是相对波动的测度）。很多时候，正态模型中用基点表达的σ_N对于理解波动率更有用。图5-5中的实证数据与正态模型更一致。

5.3.2 互换期权价格和隐含波动率

用对数正态模型对互换期权定价时，另一个担忧可以见图5-6。此图展示的是历史上1进10远期平值互换期权的跨式组合价格与两个模型下的隐含波动率。上方的图展示的是对数隐含波动率的历史。也就是说，给定市场上观察到互换期权跨式组合的价格，在互换利率服从对数正态分布的假设下，利用公式（5.9）和公式（5.10）计算得出隐含波动率。图中一个让人不安的特点就是有些时间对数正态隐含波动率和互换期权的价格走势是相反的。例如在这个时间序列的末端，我们看到虽然互换期权的价格是上升的，但是对数正态隐含波动率却是下降的，与我们的直觉（期权价格与隐含波动率同向移动）相悖。说明对于利率期权，对数正态分布模型并不能解释所有问题。

相比之下，下方的图展示了相同历史时期的期权价格与正态隐含波动率。正态隐含波动率是在互换利率服从正态分布的假设下，利用公式（5.19）计算得出的。[①] 如图所示，正态隐含波动率往往与互换期权的价格变动方向一致。这很符合直觉，也说明正态模型能解释对数正态模型解释不了的问题。

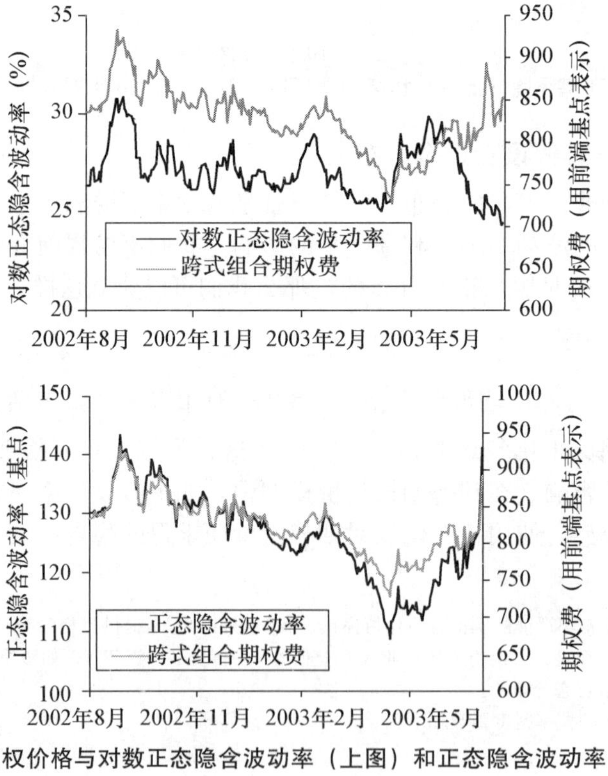

图5-6 互换期权价格与对数正态隐含波动率（上图）和正态隐含波动率（下图）的关系

① 我们将在5.4节推导正态模型。

5.3.3 波动率偏斜

假设我们从市场获取一系列具有相同标的、相同到期日、不同执行利率的期权价格。假设我们计算出每个期权的隐含波动率，然后将隐含波动率当做执行利率的函数画在图中。[1] 在 Black 模型的假设下，这个图形应该是一条水平的直线。也就是说，Black 模型认为期权的对数正态波动率是一个常数，不随执行利率的变化而变化。

但是现实中经常不是这样。互换期权市场中通常观察到的规律是，低执行利率期权成交的对数正态隐含波动率高于平值期权的隐含波动率；高执行利率期权成交的对数正态隐含波动率低于平值期权的隐含波动率。偏斜指的是上述不同的执行利率与期权的隐含波动率之间的关系（通常是向下偏斜）。图 5－7 展示了我们在互换期权市场观察到的这个规律。通过收集市场上的实际成交价格，然后使用 Black 模型算出对数正态隐含波动率，我们可以得到此图。此图一个非常显著的特征是这些对数正态波动率向下偏斜。然而 Black 模型的假设是没有偏斜，即不同执行利率下隐含波动率无差异。

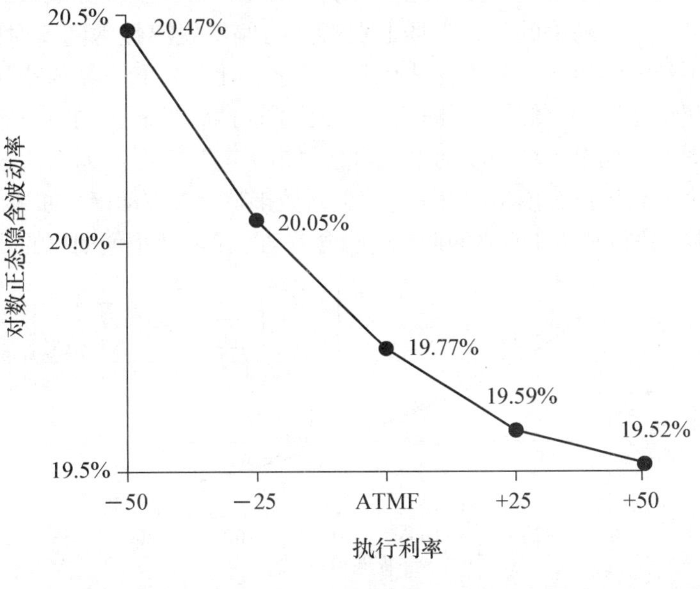

图 5－7　2015 年 11 月 18 日，6 个月进 5 年互换期权的对数隐含波动率与其执行利率的关系

反过来，正态分布意味着低执行利率互换期权的对数正态隐含波动率（也叫 Black 隐含波动率）高于平值互换期权的隐含波动率，高执行利率互换期权的对数正态隐含波动率低于平值互换期权的隐含波动率。[2] 这两种不同的理论模型的偏斜情况如图 5－8 所示。如果 Black 模型是正确的，那么对数正态隐含波动率是一个常数，不随执行利率的变化而变化，如图 5－8 中水平直线所示。然而，如果我们假设正态模型是正确的（即我们假设互换利率服从正态分布，σ_N是一个常数，不随执行利率的变动而变动），那么对数正态隐含波动率应该是向下偏斜的，如图 5－8 中的斜线所示。在图 5－8 中，我们发现在正态模型假设下的对数正态隐含波动率的理论偏斜规律与图 5－7 中市场上实际观察到的偏斜规律很像。

① 再次强调，给定期权的价格，隐含波动率是放入期权定价模型使得计算结果等于期权价格的波动率。

② 我们将在 5.4.5 节详细分析正态模型，并推导这个关系。

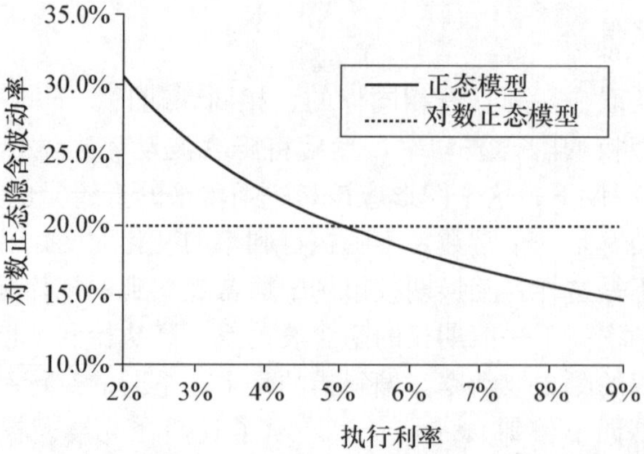

图 5－8　Black（对数正态）模型下水平的偏斜和正态模型下向下的偏斜

说明：实线为假设正态模型是正确的，即利率服从正态分布的情况下的对数正态隐含波动率。虚线为假设对数正态模型是正确的，即利率服从对数正态分布的情况下的对数正态隐含波动率。

不幸的是，这两种模型都不能完美地解释现实世界，市场上实际观察到的偏斜比两种模型描述的情况更复杂。更棘手的是，市场上观察到的偏斜规律经常随着时间的推移而变动。市场为观察到的不同的偏斜方式起了各种有趣的名字。比如，利率期权市场上不时出现的两种偏斜被叫做“超正态”和“假笑”。图 5－9 展示了这两种偏斜，同时正态模型假设下的偏斜情况也展示在图上。如果市场中波动率偏斜是“超正态”情形，那么市场上交易的对数正态隐含波动率会全线高于正态模型假设下计算的对数正态隐含波动率。如果市场上交易的波动率是“假笑”情形，执行利率非常高的期权的隐含波动率反而比平值期权的波动率还要高。

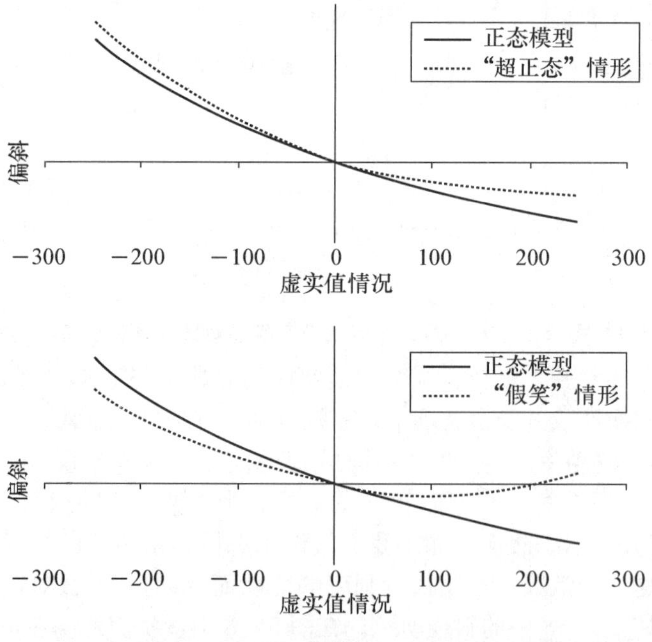

图 5－9　互换期权市场中观察到的一些偏斜：市场中实际观察到的对数正态隐含波动率与正态模型假设下的对数正态隐含波动率理论值的比较

说明：实线为假设正态模型是正确的这一情况下的对数正态隐含波动率。上图虚线为“超正态”情形中市场上实际观察到的对数正态隐含波动率。下图虚线为“假笑”情形中市场上实际观察到的对数正态隐含波动率。

理解偏斜的重要性

下面这个例子展示了为什么理解偏斜不仅仅在理论上有意义。

案例

我们再来分析一个典型的例子，互换曲线如表 5-2 所示，对数正态隐含波动率矩阵如表 5-1 所示。假设做市商被客户询价，做市商需要出价竞购一笔名义本金为 10 亿美元的 2 进 3 固定利率支付方互换期权，执行利率为虚值 50（即对于固定利率支付方互换期权，执行利率为远期平值执行利率+50 基点）。假设交易员使用 Black 模型定价。

对该互换期权进行定价的第一步是计算 2×5 互换利率。在图 5-10 中的上半部分我们可以算出 2×5 互换利率为 5.976%。因此，这笔互换期权的执行利率为 6.476%。根据表 5-1 中的波动率矩阵，远期平值的 2 进 3 互换期权的波动率为 26.5%。假设交易员忘记或者没有意识到偏斜的存在，用该波动率出价竞购互换期权。图 5-10 的下半部分显示，做市商会为该期权出价 168.8 基点，即 16 877 000 美元（名义本金为 10 亿美元）。假设购买了该互换期权之后，互换利率并没有变化，做市商想要在市场上卖出该互换期

时间	零息利率	远期利率	固定端现金流	固定端现金流现值	浮动端现金流	浮动端现金流现值
1	5.000%	5.000%	0	0	0	0
2	5.113%	5.226%	0	0	0	0
3	5.312%	5.712%	5 975 505	5 116 090	5 712 202	4 890 656
4	5.494%	6.041%	5 975 505	4 824 617	6 041 364	4 877 792
5	5.635%	6.202%	5 975 505	4 542 865	6 202 087	4 715 123
				14 483 572		14 483 572
		固定利率	5.976%	净现值	0	
		名义本金	100 000 000			

互换期权模型	2 进 3					
时间	互换利率	零息利率	时段	$DF(0,t)$		
1	5.000%	5.000%	0×1		d_1	−0.027 0
2	5.110%	5.113%	1×2		d_2	−0.401 8
3	5.300%	5.312%	2×3	0.856 2		
4	5.470%	5.494%	3×4	0.807 4	$FN(d_1)-XN(d_2)$	0.006 963
5	5.600%	5.635%	4×5	0.760 2	支付固定利率互换期权	16 876 810
					（以基点表示）	168.8
F	5.976%		$A=$	2.423 8		
σ	26.5%					
T	2		名义本金	1 000 000 000		
X	6.476%					

图 5-10　使用远期平值的波动率对虚值 50 的 2 进 3 固定利率支付方互换期权进行定价

权平仓。直到在市场中看到买价，他才发现其他市场参与者都在使用波动率偏斜对期权定价。具体来说，他能在市场中找到的最好的买价是26.25%的对数正态隐含波动率（此处不再详述计算过程），这相当于166.7基点的报价，即16 672 000美元（名义本金为10亿美元）。所以，由于在定价中没有考虑到波动率偏斜，该交易员的损失超过205 000美元。

为什么会有波动率偏斜?

在Black-Scholes模型的框架下，对于不同执行利率的期权，使用的隐含波动率应该一样。但就像我们之前讨论的，利率期权市场的实际情况远远不是这样，我们经常观察到向下的波动率偏斜。那么为什么市场上会有波动率偏斜呢?

可以无可争辩地说任何偏斜都是市场上不同执行利率期权的不同供需造成的。波动率市场上传统买家和卖家的结构非常复杂。图5-11粗略地展示了利率期权市场中传统的期权买家和卖家。在图中，线末端的箭头指向的主体代表的是传统的期权买家。比如，抵押贷款支持证券服务商是传统的低执行利率固定利率收取方互换期权和CMS利率下限的买家。而公司和政府支持实体是传统的可赎回、可回售结构性产品中高执行利率期权的卖家。[①] 对冲基金传统上既是期权买家，又是期权卖家，因此图中两个方向都有箭头。

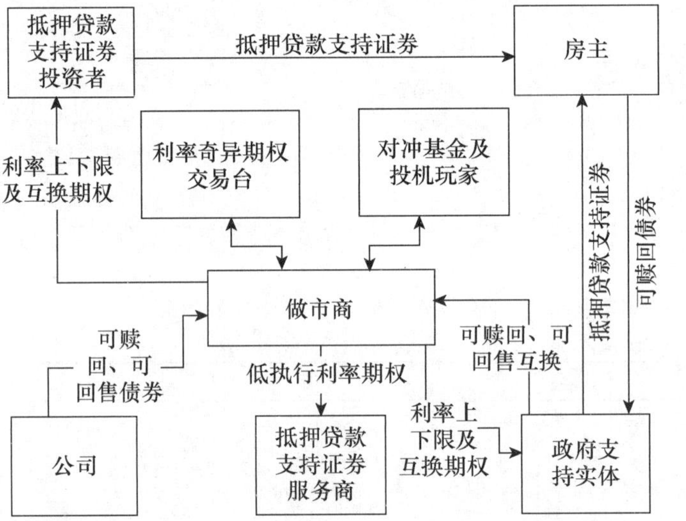

图5-11　利率期权市场上的供需关系

如图5-11所示，影响波动率市场供需的因素非常复杂。尽管如此，市场的共识是客户往往是低执行利率期权的需求方。这种需求反映在期权的交易中就是更高的隐含波动率。这些低执行利率期权的需求来自各种买方实体，多数用来对冲抵押贷款提前偿还的风险。[②]

另一个共识是市场中一般会有高执行利率期权的供给。公司和政府支持实体等机构传统上会发行固定利率可赎回债券。我们在第六章中将会讨论，这些发行人经常通过利率互

---

① 我们将在第六章中分析这种结构。

② 关于抵押贷款和抵押贷款支持证券提前偿还风险的简单介绍，请参考附录D。

换将内嵌期权的负债从固定利率转换为浮动利率，同时在互换中将高执行利率期权卖给做市商。这并不是说其他买方机构没有购买高执行利率期权的需求。确实也有一定数量的机构常常购买高执行利率期权[①]，但是这部分购买需求很快就被市场上数量可观的供给淹没。

市场对利率到达一定水平后隐含波动率变化的预期也是偏斜的一个决定因素。比如，有一个做市商卖出了一些低执行利率的期权给客户。为了对冲该头寸，做市商想要购买一些期权。由于虚值期权的流动性没有平值期权好，因此做市商不得不购买一些平值期权来对冲。[②] 假设在此之后债市大涨，利率下跌。在这种情况下，做市商卖出的低执行利率期权接近平值（所以 vega 变大了），他购买的平值期权现在变成了虚值期权（因此 vega 变小了）。此时，做市商发现自己的波动率头寸是空头。为了调整头寸，做市商必须购买一些期权。因此债市上涨利率下跌，做市商做空的期权变成平值期权，他需要再购买波动率，如果这会抬升他购买的期权的波动率（即做市商额外购买期权会推升这个期权的价格），那么这些现象会导致做市商在最初卖出低执行利率期权的时候使用更高水平的隐含波动率进行定价。

当然，偏斜存在的另一种解释是 Black 模型对利率分布的假设根本上就是错误的。Black 模型假设利率是服从对数正态分布的。如我们在第 5.3.1 节中的讨论，我们有充足的理由怀疑这个假设的合理性。我们介绍过，实证证据显示对于利率来说，正态分布可能是更好的假设。如果正态模型是正确的（也就是说利率是服从正态分布的），那么（就像我们在 5.4.5 节中展示的那样）对数正态隐含波动率就会展现出向下偏斜的形态。

5.4 正态模型

带着对 Black 模型的合理性的深深的怀疑，我们的新问题是，哪种定价模型更合理？这一节中我们将对正态模型（即假设利率是服从正态分布的）的概念进行详细的说明。

5.4.1 背景

我们在 5.3 节中讨论了利用 Black 模型对利率期权定价的三个缺陷，偏斜的存在可能是其中最严重的缺陷，这给我们提供了充足的理由来寻找更合适的模型解释偏斜现象。但是在 20 世纪 90 年代中期之前，偏斜的概念并不被行业广泛知晓。很多互换期权交易员在给期权定价时并没有给予偏斜足够的重视。很多交易员甚至没有意识到偏斜的存在。另外一些忙着为平值期权定价，而无心关注偏斜的概念。也有一些交易员在对非平值期权定价时使用了模糊的因子试图对偏斜问题进行调整。

在当时，波动率市场的透明度有限，且双边价差较宽，增加了对偏斜进行监测和分析的难度。但是随着时间的推移，期权市场的参与者越来越意识到偏斜的存在，关于偏斜的研究和理解变得越来越重要。既然偏斜是客观存在的，而 Black 模型完全无法解释这一现象（这是必然的，因为 Black 模型假设偏斜是水平的，即对数正态隐含波动率不因执行利

---

① 实际上，有时候市场中购买高执行利率期权的需求非常显著，以至于这些期权的隐含波动率比平值期权的隐含波动率还高。这就是图 5－9 中描述的隐含波动率偏斜的“假笑”形态。

② 这种对冲被称为执行利率错配，即购买期权的执行利率与卖出期权的执行利率不同。对于期权交易员，管理执行利率错配有时很有挑战性。

率的不同而不同)，那么现在的挑战就是寻找一个期权定价模型，该模型可以解释实证分析中观察到的对数隐含波动率偏斜现象，而且最好这个模型的隐含波动率参数不随执行利率的变化而变化。

5.4.2 模型

我们在 5.3.1 节中讨论过，在正态模型中我们假设利率是服从正态分布的。具体来说，我们假设在时间 T 观察到的互换利率 R 是服从正态分布的，即

$$R \sim N(\mu, \sigma_N^2 T) \tag{5.20}$$

其中 μ 和 $\sigma_N^2 T$ 分别是分布的均值和方差。参数σ_N有很多名字，包括正态波动率、标准化波动率、基点波动率、年化基点波动率。公式（5.20）中的分布假设被称为正态模型。在正态模型中，假设σ_N是一个常数，不受互换利率水平或者期权执行利率水平的影响。σ_N测度的是“绝对波动率”。Black 模型中的参数 σ 是一个百分比，而正态模型中的参数σ_N是基点的绝对数值。

正态模型假设互换利率的分布如图 5－12 所示。对于正态分布假设，有两点需要注意。第一，模型只是陈述了互换利率到期日的分布。也就是说，只是假设互换利率 R 在时间 T 服从正态分布，并没有对时间 T 之前的利率分布做任何假设。第二，正态模型允许出现负利率的情况。[1]

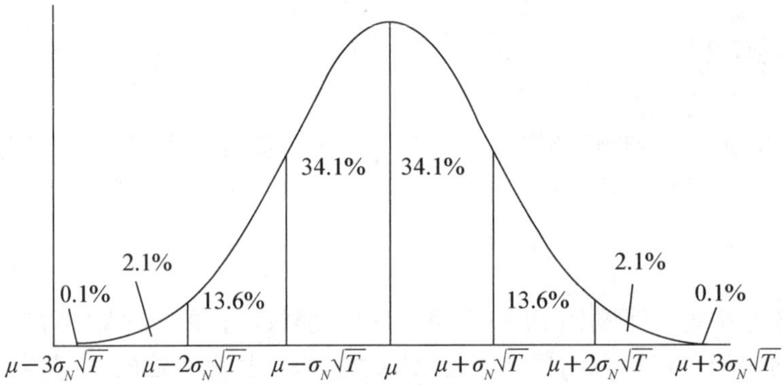

图 5－12　正态模型下互换利率的分布

案例

假设 1 年后的 10 年期互换利率是服从正态分布的，均值 $\mu=5\%$，波动率$\sigma_N=120$ 基点。在正态模型下，1 年后的 10 年期互换利率有大约 68.2%的概率落在 5%－120 基点＝3.8%和 5%＋120 基点＝6.2%之间。1 年后 10 年期互换利率有大约 95.4%的概率落在

---

① 有人会指责正态模型允许出现负利率的情况（最近，出现了有些利率变成负利率的情况，这种批评不再那么强烈）。一些人认为在合理选取模型参数的情况下，出现负利率的概率小到可以忽略，所以选择忍受这种情况。而另外一些人则会寻找更加复杂的模型。

5%−(2×120 基点)=2.6%和 5%+(2×120 基点)=7.4%之间。在正态模型下，1 年后 10 年期互换利率为负数的概率是 0.001 55%。①

5.4.3 使用正态模型定价

再来看我们的例子，按年支付固定利率交换 1 年期 LIBOR。在附录 E 中，我们证明了在正态模型下，一个执行利率为 X 的 T 进 n 固定利率支付方互换期权的价格为

$$A\sigma_N\sqrt{T}\left[\frac{1}{\sqrt{2\pi}}e^{-d^2/2}+dN(d)\right] \tag{5.21}$$

其中

$$d=\frac{F-X}{\sigma_N\sqrt{T}} \tag{5.22}$$

$$A=\sum_{t=T+1}^{T+n}DF(0,t) \tag{5.23}$$

年金因子为

$$DF(0,t)=\frac{1}{[1+\mathrm{zc}(t)]^t} \tag{5.24}$$

F 是远期互换利率，T 是期权的到期时间，σ_N 是正态隐含波动率，$N(\cdot)$ 表示累积正态分布函数。

类似地，在正态模型下执行利率为 X 的 T 进 n 固定利率收取方互换期权的价值为

$$A\sigma_N\sqrt{T}\left[\frac{1}{\sqrt{2\pi}}e^{-d^2/2}-dN(-d)\right] \tag{5.25}$$

假设执行利率 $X=F$，将公式（5.21）和公式（5.25）相加，得远期平值跨式互换期权的价值为②

$$\sqrt{T}\times\sqrt{\frac{2}{\pi}}\times\sigma_N\times A \tag{5.26}$$

为了计算这些期权的价格，我们可以将公式（5.21）、公式（5.25）和公式（5.26）分别乘以名义本金。

远期平值跨式互换期权的计算公式（5.26）在业内非常常用。从公式中我们可以看到，在正态模型下平值跨式互换期权的价值与时间的平方根和正态隐含波动率都呈线性关

---

① 为了计算 1 年后 R 小于 0 的概率，设随机变量

$$x=\frac{R-5\%}{0.012}$$

那么，x 服从标准正态分布（也就是说其均值为 0，方差为 1）。1 年后 R 为负数的概率等于下式的概率：

$$x<\frac{0-5\%}{0.012}$$

这个概率可以使用电子表格或者通过查找标准正态概率分布表［例如 Ross（2009）］求得。

② $\sqrt{2/\pi}$ 约等于 0.8，所以有时候公式（5.26）中的表达式也被写作 $\sqrt{T}\times0.8\times\sigma_N\times A$。

系。需要注意的是，在正态模型下平值跨式互换期权的价格并不取决于标的远期互换利率的水平。[①]

案例

再次使用我们的例子，互换曲线如表 5－2 所示。我们用正态模型对虚值 100 基点（意味着在平值远期互换利率上加减 100 基点）的 1 进 3 固定利率支付方互换期权和 1 进 3 互换利率收取方互换期权进行定价。假设两个期权的正态隐含波动率σ_N均为 112.7 基点，名义本金均为 2 500 万美元。

根据公式（5.21）和公式（5.25），我们需要将标的远期互换利率代入公式中进行定价。在 3.3.4 节中，我们知道 3 年期互换 1 年远期利率是 5.644%。因此虚值 100 基点的 1 进 3 固定利率支付方互换期权的执行利率是 6.644%，虚值 100 基点的 1 进 3 固定利率收取方互换期权的执行利率是 4.644%。在 5.1.6 节中我们知道标的互换对应的年金因子 $A=2.5687$。对于固定利率支付方互换期权，我们有

$$d=\frac{F-X}{\sigma_N\sqrt{T}}=\frac{0.05644-0.06644}{0.01127\times 1}=-0.8873$$

根据公式（5.12），该互换期权的价格是

$$A\sigma_N\sqrt{T}\left[\frac{1}{\sqrt{2\pi}}e^{-d^2/2}+dN(d)\right]$$

$$=2.5687\times 0.01127\times\sqrt{1}\times\left[\frac{1}{\sqrt{2\pi}}e^{-0.8873^2/2}-0.8873\times N(-0.8873)\right]=0.00298$$

即名义本金的 29.8 基点。名义本金为 2 500 万美元，对应的期权费为 2 500 万美元×29.8 基点＝74 500 美元。

对于固定利率收取方互换期权，

$$d=\frac{F-X}{\sigma_N\sqrt{T}}=\frac{0.05644-0.04644}{0.01127\times 1}=+0.8873$$

根据公式（5.25），该互换期权的价格为

$$A\sigma_N\sqrt{T}\left[\frac{1}{\sqrt{2\pi}}e^{-d^2/2}-dN(-d)\right]$$

$$=2.5687\times 0.01127\times\sqrt{1}\times\left[\frac{1}{\sqrt{2\pi}}e^{-0.8873^2/2}-0.8873\times N(-0.8873)\right]=0.00298$$

即名义本金的 29.8 基点，与之前求得的虚值 100 基点固定利率支付方互换期权的价格相同。由于名义本金为 2 500 万美元，期权费为 2 500 万美元×29.8 基点＝74 500 美元。

---

① 这听起来有点令人惊讶，但是符合我们的直觉。在正态模型下，波动率的水平不依赖于利率的水平，因此正态隐含波动率 σ_N 包含了所有我们需要知道的利率可能达到的分布情况。与此相反，在对数正态模型下，波动率是相对水平，因此不难理解为什么标的远期利率 F 会包含在远期平值跨式互换期权的价格公式中（如附录 E 中的 E.14 所示）。

1 进 3 远期平价（即执行价格为 5.644%）跨期互换期权的价格为

$$\sqrt{T}\times\sqrt{\frac{2}{\pi}}\times\sigma_N\times A=0.02310$$

即名义本金的 231 基点。名义本金为 2 500 万美元，对应的期权费为 2 500 万美元×231 基点=577 500 美元。

5.4.4 平值互换期权的正态隐含波动率和对数正态隐含波动率的关系

正态模型中的正态隐含波动率σ_N和 Black 模型中的对数正态隐含波动率之间存在一定的关系。在本小节中，我们将分析远期平值互换期权的这一关系。给定一个使用正态模型和正态隐含波动率σ_N计算出的互换期权价格，我们用σ_{LN}表示其对数正态隐含波动率，即将该对数正态隐含波动率代入 Black 模型后能求得相同的期权价格。如附录 E 所示，平值互换期权正态隐含波动率和对数正态隐含波动率的关系如下：

$$\sigma_N\approx F\times\sigma_{LN} \tag{5.27}$$

其中 F 代表标的远期互换利率。[①] 尽管这个关系不是等式，但是这种近似相等的关系仍然被业内广泛应用。需要指出的是，公式（5.27）是对这个关系的一个近似表述。这个关系非常重要的原因在于，如果正态模型的假设是正确的（即正态隐含波动率σ_N是一个常数，不随利率水平的变化而变化），那么这个关系就决定了对数正态隐含波动率变动的约束条件。具体来说，如果正态隐含波动率是常数，那么这个关系决定了在利率走高的情况下，对数正态隐含波动率必须走低，反之亦然。

案例

假设一个远期互换利率为 5%，正态隐含波动率为 100 基点。如果远期互换利率上升至 8%，那么在正态模型下其正态隐含波动率仍是 100 基点。但是对数正态隐含波动率会怎么变化呢？如果远期互换利率为 5%，正态隐含波动率为 100 基点，那么根据公式(5.27)，对数正态波动率约等于 20%。如果远期互换利率上升至 8%，正态隐含波动率保持 100 基点不变，那么根据公式（5.27）对数正态隐含波动率必须降低至 12.5%左右。

实证证据

公式（5.27）的近似关系所表达的（在正态模型假设下）对数正态隐含波动率的变动规律就是我们在利率市场上观察到的规律。

参考图 5-13，图的上半部分展示了对数正态隐含波动率和远期互换利率之间的关系。如图所示，对数正态隐含波动率在利率走高的时候显著下行，反之亦然。与此相比，图的下半部分展现了正态隐含波动率和远期互换利率之间的关系。我们发现正态隐含波动率与远期互换利率之间的关系要弱得多（R^2 小很多）。

---

① 公式（5.27）可以帮助我们进一步理解为什么我们反复强调 σ_N 是绝对波动的测度，而 σ_{LN}是相对波动的测度。根据公式（5.27），对于一个远期平值互换期权，如果我们用相对波动率 σ_{LN}乘以利率 F，我们（大约）得到绝对波动率的水平 σ_N。

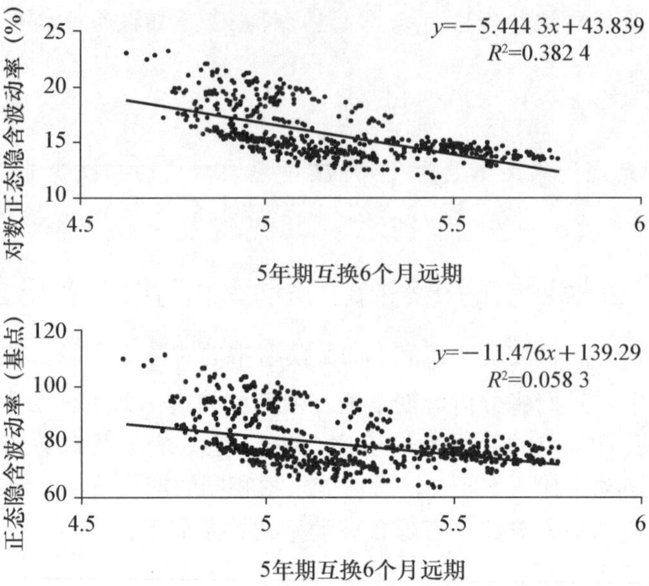

图 5-13　对数正态隐含波动率与利率水平的回归分析（上图）展示了显著的相关关系，反驳了 Black-Scholes 模型的假设；正态隐含波动率与利率水平的回归分析（下图）展示了较弱的相关关系，支持了正态模型假设

这告诉了我们什么？第一，图 5-13 下图中较小的 R^2 与正态隐含波动率是常数且不随利率的变动而变动的假设一致。第二，图 5-13 上图显示对数隐含波动率和远期互换利率之间的相关关系非常显著，倾向于否定对数正态模型，因为对数正态模型假设对数正态隐含波动率 σ_{LN} 是不随利率变化而变化的一个常量。第三，上图显示的关系符合对数正态隐含波动率与利率反向变动的观念，这为公式（5.27）提供了支持，也与正态模型一致。正态模型中恒定基点波动率的假设的直接推论就是百分数波动率在低利率环境下较高，在高利率环境下较低。

鉴于这些证据对正态模型的支持，市场中经常使用正态隐含波动率也就不奇怪了。在表 5-1 中，我们介绍了波动率矩阵和互换期权对数正态隐含波动率矩阵的概念。现在市场上正态隐含波动率矩阵也一样常用了，如表 5-3 所示。

表 5-3　　互换期权正态隐含波动率矩阵

标的互换（尾端）期限 / 到期期限	1	2	3	5	7	10	15	20	30
1 个月	94.1	114.0	119.1	122.7	118.0	110.6	99.8	92.8	85.5
3 个月	99.7	119.7	123.7	125.9	121.0	113.8	102.3	95.0	88.9
6 个月	111.9	123.4	124.6	125.8	120.9	113.7	102.6	95.3	89.9
1 年	121.0	124.2	124.0	123.5	119.4	112.9	101.3	94.3	89.5
2 年	125.7	124.2	122.5	119.5	115.0	109.0	97.5	91.0	85.7
3 年	122.2	120.5	118.2	114.9	111.1	105.2	94.2	87.4	81.6
4 年	118.2	116.4	114.0	110.0	106.4	100.8	89.4	82.3	77.8
5 年	115.0	113.2	110.2	105.8	101.9	96.9	85.2	78.7	73.5
7 年	106.2	103.7	101.0	96.5	93.3	88.4	77.9	71.5	67.1
10 年	92.4	90.1	88.0	83.5	80.6	75.8	66.8	61.5	58.1

再次说明，Black 模型假设标的互换利率的波动率是一个常数，互换期权对数正态波动率矩阵中的数字也都是用百分数表示的。相反，在正态模型中，假设标的互换利率的基点波动率是一个常数，正态互换期权波动率矩阵中的数字是绝对基点数。

一个更好的近似

需要再次强调，公式（5.27）中的关系只是一个近似值。并且，这个关系只对远期平值跨式互换期权成立。描述平值跨式互换期权的σ_N与σ_{LN}的关系的更精确公式为

$$\sigma_N \approx F \times \sigma_{LN} \times \left(1 - \frac{\sigma_{LN}^2 T}{24}\right) \tag{5.28}$$

对于互换期权的到期时间 T 或者对数隐含波动率σ_{LN}较大的情况，公式（5.28）提供了一个更精准的近似值。需要再次强调的是，公式（5.27）和公式（5.28）都只能应用于远期平值互换期权。

案例

在 5.1.6 节中，我们对案例中的远期平值 1 进 3 固定利率支付方互换期权和 1 进 3 固定利率收取方互换期权进行定价。使用对数隐含波动率$\sigma_{LN}=20\%$，我们发现每个期权的价格均为 115.5 基点左右，因此远期平值跨式互换期权的价格为 231 基点左右。为了计算这些价格，我们需要用到 1×4 互换利率 5.644%。我们也求得年金因子 $A=2.568\,7$。那么在正态模型中，正态隐含波动率σ_N是多少呢？

远期平值 1 进 3 互换期权在正态模型中的价格必须等于其在对数正态模型中的价格。因此，根据公式（5.26），我们可以得到：

$$0.023\,1 = \sqrt{T} \times \sqrt{\frac{2}{\pi}} \times \sigma_N \times A \tag{5.29}$$

将 $A=2.568\,7$ 和 $T=1$ 代入公式，可得$\sigma_N=0.011\,27$，即 112.7 基点。反过来，我们也可以根据公式（5.27）得出σ_N的近似值：

$$\sigma_N \approx F \times \sigma_{LN} = 0.056\,44 \times 0.20 = 112.9(\text{基点})$$

这与 112.7 基点的结果较为相近。或者，我们也可以根据公式（5.28）得出σ_N更精确的近似值：

$$\begin{aligned}\sigma_N &\approx F \times \sigma_{LN} \times \left(1 - \frac{\sigma_{LN}^2 T}{24}\right) \\ &= 0.056\,44 \times 0.20 \times \left(1 - \frac{0.20^2 \times 1}{24}\right) \\ &= 112.7(\text{基点})\end{aligned}$$

这跟公式（5.29）中的真实值非常接近。

表 5-4 提供了一系列远期平值跨式互换期权，包括期权费、执行利率、正态隐含波动率和对数正态隐含波动率。这些期权费和远期利率是基于 2008 年 4 月 9 日的收市价。

该表也展示了使用公式（5.27）和公式（5.28）计算出的正态隐含波动率的近似值，我们发现后一个近似公式的误差较小。

表 5-4　远期平值跨式互换期权和它们的 Black 模型及正态模型计算的隐含波动率

跨式期权组合*	期权费（基点）	远期平价执行利率（F）	σ_N	σ_{LN}	$F\times\sigma_{LN}$	误差	$F\times\sigma_{LN}\times\left(1-\frac{\sigma_{LN}^2 T}{24}\right)$	误差
3m1y	43.8	2.373%	111.7	47.2%	111.9	0.259	111.7	0.000
3m2y	103.4	2.614%	134.1	51.5%	134.5	0.360	134.1	0.011
3m5y	264.7	3.486%	145.0	41.7%	145.2	0.269	145.0	0.007
3m10y	429.0	4.181%	130.6	31.3%	130.7	0.145	130.6	0.012
6m1y	62.1	2.404%	112.4	47.0%	113.0	0.534	112.4	0.015
6m2y	138.2	2.739%	126.8	46.5%	127.4	0.587	126.9	0.012
6m5y	349.9	3.604%	135.6	37.8%	136.0	0.412	135.6	0.008
6m10y	572.9	4.259%	123.7	29.1%	123.9	0.208	123.6	0.011
1y1y	88.7	2.672%	116.2	43.9%	117.2	0.937	116.2	0.002
1y2y	184.3	3.079%	122.7	40.1%	123.5	0.827	122.7	0.001
1y5y	443.4	3.850%	125.2	32.7%	125.7	0.546	125.2	0.013
1y10y	735.5	4.421%	115.9	26.3%	116.2	0.318	115.9	0.017
2y1y	121.7	3.496%	116.5	33.6%	117.6	1.097	116.4	0.011
2y2y	240.2	3.787%	117.2	31.2%	118.1	0.959	117.2	0.001
2y5y	557.3	4.306%	115.9	27.1%	116.7	0.718	115.9	0.004
2y10y	963.8	4.718%	108.9	23.2%	109.4	0.506	108.9	0.015
5y1y	148.6	4.725%	102.3	21.9%	103.3	1.006	102.3	0.022
5y2y	289.0	4.816%	101.6	21.3%	102.5	0.954	101.6	0.014
5y5y	655.7	5.015%	99.4	20.0%	100.2	0.824	99.4	0.010
5y10y	1 102.1	5.193%	94.4	18.3%	95.0	0.678	94.4	0.015
10y1y	136.5	5.334%	85.6	16.2%	86.5	0.914	85.5	0.033
10y2y	265.0	5.372%	84.9	16.0%	85.8	0.928	84.9	0.015
10y5y	593.9	5.423%	82.6	15.4%	83.5	0.833	82.6	0.009
10y10y	1 002.1	5.355%	78.9	14.9%	79.6	0.732	78.9	0.002

* 指×进×跨式期权组合，如“3mly”指 3 个月进 1 年期跨式期权组合。

说明：由于四舍五入的关系，这张表中的一些计算看起来不够准确。

日基点波动率

另外一个常用的正态波动率概念是日基点波动率（basis points per day vol）。日基点波动率由如下公式给出：

$$\frac{\sigma_N}{\sqrt{252}}\approx\frac{F\times\sigma_{LN}}{\sqrt{252}} \tag{5.30}$$

数字“252”代表一年中的交易天数。在业内，日基点波动率经常被认为是，为了使进行 delta 对冲的互换期权买方（支付了前端期权费）盈亏平衡，标的互换利率平均每天必须变动的点数。这个说法并不是在所有的情况下都是正确的；事实上只有在非常特殊的情况下这种说法才成立。[①] 尽管如此，日基点波动率仍然是一个有用的概念，用于衡量互换期权价格相对偏高还是偏低。图 5－14 展示了一个互换期权的日基点波动率的历史数据。如图所示，隐含波动率在相当长一段时间内不断走低后（主要是由于某些市场参与者对波动率的结构性需求降低，以及相当长时间里利率市场很低的实现波动率），于 2007 年夏天信贷危机爆发时大幅上涨。

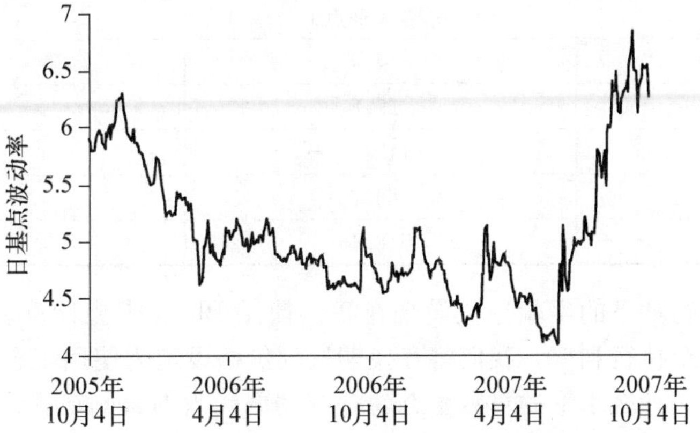

图 5－14　6 个月进 5 年期互换期权的日基点波动率

5.4.5　解释偏斜：非平值互换期权的正态隐含波动率和对数正态隐含波动率之间的关系

我们之前讨论过，对数正态模型有一个令人头疼的问题，就是偏斜问题。也就是说，如果我们观察具有相同标的互换利率、相同到期日、不同执行利率的互换期权的市场价格，那么我们经常会发现对数正态隐含波动率是执行利率的减函数，即波动率向下偏斜。当然，如果 Black 模型是正确的，那么偏斜应该是水平的，即对数正态隐含波动率不随执行利率变化而变化。

我们之前提到过，正态模型的一个优点是假设正态波动率是常数，这意味着对数正态隐含波动率必须是向下偏斜的。我们在图 5－8 中展示了这一点。希望我们在本部分能够提供一些解释。

我们先来回顾一下 5.4.3 小节中的一些定价结果。在那一小节的案例中，我们使用正态模型对 1 进 3 互换期权进行定价。我们使用表 5－2 中的互换曲线分析那个案例。平值期权的执行利率是 5.644%。我们假设无论执行利率是多少，σ_N 都是一个常数，为 112.7 基点。

运用正态模型，我们发现虚值 100 的 1 进 3 固定利率收取方互换期权（也就是执行利

---

① 为了说明这种解读并不能在所有情况下成立，我们来分析期权购买者进行 delta 对冲的两种情形。第一种情形，标的利率每天增长的量等于日基点波动率。第二种情形，标的利率每天围绕执行利率上下波动。我们在附录 E 中展示了，在正态模型中，一个固定利率收取方或者支付方互换期权的 gamma 值如下：

$$A\times\frac{n(d)}{\sigma_N\sqrt{T}}$$

当标的利率等于执行利率时这个值最大，当标的利率远离执行利率时，这个值变小。第一种情况下期权的 gamma 值（根据正态模型计算）不断减小，而第二种情形下 gamma 值一直较大，意味着 delta 对冲的利润也会更高。

率低于远期互换利率 100 基点的 1 进 3 固定利率收取方互换期权）的价格为 29.8 基点。另外，我们知道远期平值跨式互换期权的价格是 231 基点，那么我们可以推算远期平值的 1 进 3 固定利率收取方互换期权的价格为 115.5 基点。[①] 我们收集这些价格，并使用正态模型对其他执行利率的期权进行定价，结果展现在表 5－5 中。

表 5－5　　使用表 5－2 中的互换曲线，以及常数σ_N＝112.7 基点，正态模型计算的固定利率收取方互换期权在不同执行利率情况下的价格

执行利率	价格（基点）	σ_N
3.644％	4.4	112.7
4.644％	29.8	112.7
5.644％	115.5	112.7
6.644％	286.6	112.7
7.644％	518.1	112.7

接下来我们进行如下的实验。假设现在我们使用 Black 模型计算表 5－5 中期权的价格。对于表中每一个执行利率，我们将互换期权的价格设定为使用正态模型计算出的期权价值，然后计算使用什么水平的对数正态隐含波动率代入 Black 模型后能够得到相同的价格。例如，如果我们假设σ_N是 112.7 基点，那么执行利率为 4.644％的 1 进 3 固定利率收取方互换期权的价格是 29.8 基点。如果我们用 Black 模型对这个互换期权进行定价，想计算出相同的价格 29.8 基点，那么我们必须将σ_{LN}设定在 22％。该实验的结果如表 5－6 所示。通过比较我们发现，随着执行利率的下降，对数正态隐含波动率上升，反之亦然。图 5－15 用图形展示了这个结果。[②] 也就是说，在正态隐含波动率是常数的假设下，对数正态隐含波动率必须是向下偏斜的。因此正态模型与市场中观测到的对数正态波动率向下偏斜的现象一致。当然，对数正态模型中假设对数正态隐含波动率（在该例子中为 20％）不随执行利率的变化而变化。

表 5－6　　使得期权价格与表 5－5 中正态模型计算的价格一致的对数正态隐含波动率

执行利率	价格（基点）	σ_N	σ_{LN}
3.644％	4.4	112.7	24.7％
4.644％	29.8	112.7	22.0％
5.644％	115.5	112.7	20.0％
6.644％	286.6	112.7	18.4％
7.644％	518.1	112.7	17.1％

5.4.6　正态模型：行业标准

用来对利率期权定价的正态模型当然不是完美的。比如它允许负利率的存在，且无法

① 由互换期权的平价原理，我们知道远期平值的固定利率收取方互换期权的价值必须等于远期平值的固定利率支付方互换期权的价值。所以，该固定利率收取方互换期权和固定利率支付方互换期权的价值都应该是远期平值跨式互换期权价值的一半。

② 图 5－15 中我们构建偏斜形态的方法与本章之前图 5－8 中构建偏斜形态的方法一样。

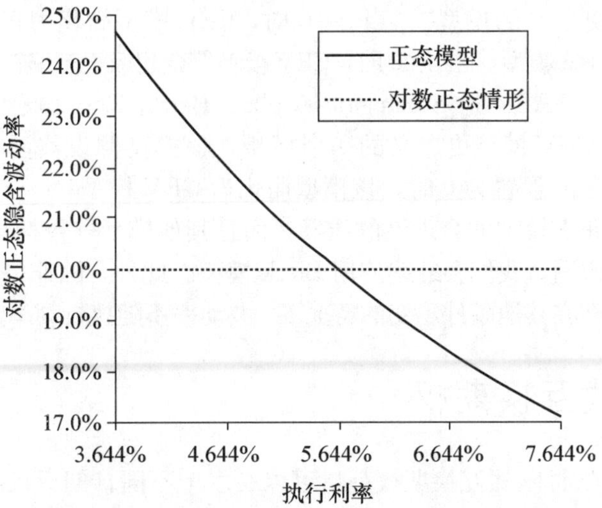

图 5-15　Black 模型中水平的偏斜和正态模型中向下的偏斜

解释市场中观测到的全部偏斜形态。然而，相对于 Black 模型，正态模型似乎能够更好地描述市场上观察到的现象，以及能更好地对利率期权定价。

正态模型已经渐渐取代 Black 模型成为互换期权市场上的标准定价模型。也就是说，现在更流行使用正态模型对互换利率期权进行定价，而不是使用对数正态模型（Black 模型）。市场上的交易员更趋向于使用正态波动率而不是对数正态波动率进行报价，但是对数正态波动率仍然是一个基准，至少对平值期权来说是一个基准。

5.5　其他利率期权定价模型

我们接触到的利率期权定价模型还只是冰山一角。对数正态模型和正态模型都很有用，但是两者均不能完全精确地描述偏斜和期权价格的动态过程。有时利率期权市场上观察到的偏斜形态显示对数正态模型更合理，有时正态模型更合理，有时利率的变动更像正态模型和对数正态模型的混合体，有时利率会表现得与两个模型完全不一样，至于哪种合理取决于市场上的供需状况。

大量著作也推出了其他的利率期权定价模型，业内也在不同的时间青睐过不同的模型。对所有模型进行介绍已经超出本书的范围，这里仅介绍两个曾经流行的模型①：

（1）常方差弹性模型（constant elasticity of variance，CEV）。它是曾经流行的模型之一，其波动率的假设为

$$\sigma F^{\beta}$$

其中 F 是标的远期互换利率，β 是一个常数，称为 CEV 系数，σ 是一个常数。CEV 模型是局部波动率（local vol）模型的一种，这意味着其波动率取决于利率水平。CEV 模型是一个比正态

① 关于其他利率期权模型的详细介绍，请参见 Brigo 和 Mercurio（2006）。

模型和对数正态模型更广义的模型*。当 $\beta=0$ 时，CEV 模型简化为正态模型；当 $\beta=1$ 时，CEV 模型简化为对数正态模型。当 $\beta<0$ 时，CEV 模型符合超级正态偏斜，如图 5－9 所示。

（2）SABR 模型。SABR 是 Stochastic Alpha、Beta、Rho（模型的三个参数）的缩写。SABR 模型是比 CEV 模型更广义的一个模型，该模型假设波动率 σ 是随机数。当其中一个参数（即 Alpha）设置为 0 时，该模型简化为 CEV 模型。

尽管存在对对数正态模型的合理性的质疑，而且其他模型（包括正态模型）层出不穷，但是，如果未做其他说明，我们会继续使用 Black 模型。此外，除非另有声明，否则我们会假设偏斜是水平的（即在其他条件不变的情况下，波动率不随执行利率的改变而改变）。

5.6 百慕大式互换期权

百慕大式或称多次性欧式互换期权是指可以在多个不同日期行权的互换期权。[①] 例如，有一个 6 个月进 5 年期百慕大式固定利率收取方互换期权，每半年可行权。该期权的持有者有权在 6 个月后进入一笔 5 年期固定利率收取方利率互换。如果期权持有者在 6 个月后不行权，那么他可以在此后的每 6 个月行权，直到标的互换的到期日，但只能行权一次。假设期权持有者在 6 个月后的第一个行权日没有行权，在此之后的第二个 6 个月后也没有行权，但是在第三个行权日（即从现在开始的 1.5 年）决定行权，那么期权持有者可以在标的互换剩余期限内按执行利率收取固定利率（在本例中，还剩余 4 年）。一旦行权，后期就没有再次行权的机会了。表 5－7 展示了可以行权的日期和该百慕大式互换期权对应的标的互换。该 6 个月进 5 年期百慕大式互换期权的持有者最多可以选择表 5－7 中的一个日期行权，行权后进入对应的标的互换合约。

表 5－7　一个 6 个月进 5 年期百慕大式互换期权的可行权日及对应的标的互换合约

行权日	标的互换
6 个月	5 年期互换
1 年	4.5 年期互换
1.5 年	4 年期互换
2 年	3.5 年期互换
2.5 年	3 年期互换
3 年	2.5 年期互换
3.5 年	2 年期互换
4 年	1.5 年期互换
4.5 年	1 年期互换
5 年	6 个月互换

需要注意的是，该 6 个月进 5 年期百慕大式互换期权的价值至少与表 5－7 中对应的

* 即正态模型和对数正态模型是 CEV 模型的特例。——译者注

① 这与美式期权不同，不能在一段时间内的任何时候行权。在互换期权市场，与百慕大式互换期权相比，美式互换期权不太常见。

一次性欧式互换期权的价值一样大。[①] 鉴于百慕大式互换期权的价值必须不小于该表中任何一个欧式互换期权，所以该百慕大式互换期权的价值应该不低于这些欧式互换期权里价值最高的。这相当于给出了百慕大式互换期权一个非常有价值的价格下限。

案例

我们分析一个典型的案例，假设今天的互换曲线如表 5-2 所示，并且假设 1 进 2 欧式互换期权的对数正态隐含波动率是 20%，2 进 1 欧式互换期权的对数正态波动率也是 20%。现有一个名义本金为 1 亿美元、执行利率为 5%的 1 进 2 百慕大式固定利率支付方互换期权。该期权的持有者有权在 1 年后进入一个 2 年期互换，支付固定利率 5%。如果此时没有行权，那么该期权的持有者有权在 2 年后进入一个 1 年期互换，支付固定利率 5%。如图 5-16 所示，

互换期权定价模型　1 进 2

时间	互换利率	零息利率	期间	$DF(0,t)$		
1	5.000%	5.000%	0×1		d_1	0.542 1
2	5.110%	5.113%	1×2	0.905 1	d_2	0.342 1
3	5.300%	5.312%	2×3	0.856 2		
4	5.470%	5.494%	3×4		$FN(d_1)-XN(d_2)$	0.006 877
5	5.600%	5.635%	4×5		固定利率支付方互换期权	1 211 221
					（以基点表示）	121.1
F	5.462%		$A=$	1.761 3		
σ	20.0%					
T	1		名义本金	100 000 000		
X	5.000%					

互换期权定价模型　2 进 1

时间	互换利率	零息利率	期间	$DF(0,t)$		
1	5.000%	5.000%	0×1		d_1	0.612 2
2	5.110%	5.113%	1×2		d_2	0.329 4
3	5.300%	5.312%	2×3	0.856 2		
4	5.470%	5.494%	3×4		$FN(d_1)-XN(d_2)$	0.010 235
5	5.600%	5.635%	4×5		固定利率支付方互换期权	876 266
					（以基点表示）	87.6
F	5.712%		$A=$	0.856 2		
σ	20.0%					
T	2		名义本金	100 000 000		
X	5.000%					

图 5-16　1 进 2 欧式固定利率支付方互换期权和 2 进 1 欧式固定利率支付方互换期权的估值

① 如果该百慕大式互换期权的价值低于表中的某个一次性欧式互换期权，则我们可以买入该百慕大式互换期权，卖出欧式期权，在今天锁定一笔正现金流。我们可以持有该百慕大式互换期权直到欧式期权的行权日。如果欧式期权行权，那么我们也将百慕大式期权行权，从而净现金流为 0。如果欧式期权没有行权，那么我们有可能在以后行权，产生利润。因此，我们未来的现金流是非负的，这就构成了无风险套利机会。所以百慕大式互换期权的价值不能低于欧式互换期权的价值。

使用 Black 模型，名义本金为 1 亿美元、执行利率为 5%的 1 进 2 欧式固定利率支付方互换期权的价值是 1 211 221 美元；名义本金为 1 亿美元、执行利率为 5%的 2 进 1 欧式固定利率支付方互换期权的价值是 876 266 美元。因此，我们可以得知一个执行利率为 5%的 1 进 2 百慕大式固定利率支付方互换期权的价值至少应等于 1 211 221 美元。

5.6.1 百慕大式互换期权的最佳行权日

在欧式互换期权的到期日，是否行权仅取决于当时市场上标的互换的利率与执行利率之间的关系。例如，如果 1 年后 5 年期互换利率低于执行利率，那么 1 进 5 欧式固定利率收取方互换期权就会行权。对于百慕大式互换期权来说，在任意一个行权日的最佳行权决定还会受到剩余期权的影响，从而变得非常复杂。

案例 1

分析我们的案例，假设今天的互换曲线如表 5-2 所示。我们购买了一笔名义本金为 1 亿美元的 1 进 2 百慕大式固定利率支付方互换期权，执行利率为 5%。在这个例子中，我们来分析 1 年后是不是该期权的最佳行权日。假设 1 年后，互换曲线如表 5-8 所示。另外，假设 1 年后的 1 进 1 欧式互换期权的波动率为 20%。那么此时是该互换期权的最佳行权时间吗？

表 5-8　　1 年后市场上的互换曲线

期限	互换利率（按年支付，30/360）
1	5.01%
2	5.01%
3	5.01%
4	5.01%

注意，此时市场上的 2 年期互换利率为 5.01%，高于该互换期权的执行利率 5%。如果此时行权，我们会进入一个 2 年期互换交易，支付 5%的固定利率，而此时市场上 2 年期互换利率为 5%。因此，如果我们在此时行权，则该互换期权的价值等于 5.01−5.00%=1 基点的 2 年期年金的现值。[①] 如果名义本金是 1 亿美元，那么提前行权的价值就是这个年金的价值，根据计算为 18 591 美元。

然而，如果我们不对百慕大式互换期权行权，那么会继续持有剩余的百慕大式互换期权，也就是一个 1 进 1 欧式固定利率支付方互换期权，执行利率为 5%。如图 5-17 所示，该互换期权的价值为 366 095 美元。由于该 1 进 1 固定利率支付方互换期权的价值远大于立即行权后得到的年金的价值，因此我们最好不要在 1 年后行权。注意，尽管 1 年后的 2 年期互换利率 5.01%高于执行利率，但我们最好不要选择行权。在这种情况下，

① 在该互换期权执行之后，我们会在一个市场利率为 5.01%的互换交易中支付 5%的固定利率。我们在第三章中介绍过，该互换的价值等于一个市场互换利率与执行利率之差额的年金的现值。当然，行权之后，如果是实物交割，那么我们并不能锁定该年金的价值。在实物交割的情况下，行权后我们实际上进入了标的互换交易，暴露在市场变动对互换价值的影响下。

为了执行这个非常微弱实值的固定利率支付方互换期权而放弃我们持有的剩余期权并不合算。

互换期权定价模型	1进1					
时间	互换利率	零息利率	期间	$DF(0,t)$		
1	5.010%	5.010%	0×1		d_1	0.110 0
2	5.010%	5.010%	1×2	0.906 9	d_2	−0.090 0
3	5.010%	5.010%	2×3			
4	5.010%	5.010%	3×4		$FN(d_1)-XN(d_2)$	0.004 037
					固定利率支付方互换期权	366 095
					（以基点表示）	36.6
F	5.010%		$A=$	0.906 9		
σ	20.0%					
T	1		名义本金	100 000 000		
X	5.000%					

图 5-17　在互换曲线如表 5-8 所示且 1 进 1 互换期权波动率为 20%的情况下，执行利率为 5%的 1 进 1 欧式固定利率支付方互换期权的估值

案例 2

除了 1 年后的互换曲线不同外，这个案例中的其他要素与案例 1 完全一致。假设我们买入一笔名义本金为 1 亿美元，执行利率为 5%的 1 进 2 百慕大式固定利率支付方互换期权。假设 1 年后互换曲线如表 5-9 所示。并且假设 1 年后的 1 进 1 互换期权的波动率为 20%，这也是案例 1 中 1 年后的 1 进 1 互换期权的波动率水平。那么此时是执行该百慕大式固定利率支付方互换期权的最佳时点吗？

表 5-9　　案例 2 中 1 年后的远期互换利率曲线

期限	互换利率（按年支付，30/360）
1	5.30%
2	5.30%
3	5.30%
4	5.30%

注意此时市场上 2 年期互换利率是 5.30%，显著高于该百慕大式固定利率支付方互换期权的执行利率。假如我们在此时行权，那么我们在市场利率为 5.30%的 2 年期互换中支付 5%的固定利率。因此如果我们此时行权，该笔交易的价值为 5.30%−5.00%＝30 基点的 2 年期年金的现值。假设名义本金为 1 亿美元，那么该年金的现值为 555 461 美元。

如果我们不在此时行权，那么会继续持有剩余的百慕大式互换期权，也就是一个 1 进 1 欧式固定利率支付方互换期权，执行利率为 5%。如图 5-18 上半部分所示，该互换期权的价值为 520 785 美元。在这种情况下，我们最好立即行权，因为立即行权的价值（555 461 美元）高于剩余期权的价值。

案例 3

除了 1 年后 1 进 1 欧式互换期权的波动率之外，本案例中的其他要素与案例 2 一致。假设我们买入一笔名义本金为 1 亿美元，执行利率为 5%的 1 进 2 百慕大式固定利率支付方互换期权。假设 1 年后互换曲线如表 5-9 所示，并且假设 1 年后的 1 进 1 互换期权的波动率为 25%，而不再是案例 1 中的 20%。那么此时是执行该互换期权的最佳时点吗?

此时市场上 2 年期互换利率仍是 5.30%。与之类似，如果我们在此时行权，那么我们在市场利率为 5.30%的 2 年期互换中支付 5%的固定利率。同理，行权的价值为 555 461 美元。

如果我们不在此时行权，那么会继续持有剩余的百慕大式互换期权，也就是一个 1 进 1 欧式固定利率支付方互换期权，执行利率为 5%。该期权的价值的计算方法与案例 2 中的计算方法类似，只是我们假设 1 进 1 互换期权的隐含波动率是 25%，而不再是 20%。如图 5-18 下半部分所示，该互换期权的价值为 609 735 美元。在这种情况下，我们最好不要在第一个行权日行权，因为剩余期权的价值高于行权的价值。

互换期权定价模型　1 进 1

时间	互换利率	零息利率	期间	$DF(0,t)$		
1	5.300%	5.300%	0×1		d_1	0.391 3
2	5.300%	5.300%	1×2	0.901 9	d_2	0.191 3
3	5.300%	5.300%	2×3			
4	5.300%	5.300%	3×4		$FN(d_1)-XN(d_2)$	0.005 775
					固定利率支付方互换期权	520 785
					(以基点表示)	52.1
F	5.300%		$A=$	0.901 9		
σ	20.0%					
T	1		名义本金	100 000 000		
X	5.000%					

互换期权定价模型　1 进 1

时间	互换利率	零息利率	期间	$DF(0,t)$		
1	5.300%	5.300%	0×1		d_1	0.358 1
2	5.300%	5.300%	1×2		d_2	0.108 1
3	5.300%	5.300%	2×3			
4	5.300%	5.300%	3×4		$FN(d_1)-XN(d_2)$	0.006 761
					固定利率支付方互换期权	609 735
					(以基点表示)	61.0
F	5.300%		$A=$	0.901 9		
σ	25.0%					
T	1		名义本金	100 000 000		
X	5.000%					

图 5-18　在互换曲线如表 5-9 所示且 1 进 1 互换期权波动率分别为 20%（上图）和 25%（下图）的情况下，执行利率为 5%的 1 进 1 欧式固定利率支付方互换期权的估值

表 5-10 总结了以上三个案例的情况。案例 1 说明即使 1 年后的 2 年期互换利率高于执行利率，也并不一定意味着我们应该在第一个行权日行权。如果当时的 2 年期互换利率只是略微高于执行利率，我们最好放弃在第一个行权日行权，以保留剩余期权的多头头寸。案例 2 说明如果 1 年后的 2 年期互换利率比执行利率高出一定水平，那么在第一个行权日行权就是合适的。案例 3 说明在第一个行权日是否行权的决定不仅与 1 年后的利率水平有关，还和波动率有关。1 年后的 1 进 1 互换期权波动率越高，那么放弃在第一个行权日行权而保留剩余 1 进 1 固定利率支付方互换期权的价值就越大。

表 5-10　案例 1-3 中执行利率为 5%的百慕大式固定利率支付方互换期权提前行权决策的汇总

案例	1 年后的 2 年期互换利率	σ_{LN}	是否执行
1	5.01%	20%	否
2	5.30%	20%	是
3	5.30%	25%	否

案例 4

再次分析我们的例子，假设我们购买了一个名义本金为 1 亿美元、执行利率为 5%的 1 进 3 百慕大式固定利率支付方互换期权。该期权持有者有权在 1 年后行权，进入一个 3 年期互换，支付固定利率，或者在 2 年后行权，进入一个 2 年期互换，支付固定利率，或者在 3 年后行权，进入一个 1 年期互换，支付固定利率。

假设 1 年已经过去了。如果我们此时行权，那么我们会进入一笔 3 年期互换交易，支付固定利率 5%。如果我们此时不行权，则我们继续持有执行利率为 5%的 1 进 2 百慕大式固定利率支付方互换期权。如本节前面部分提到的，我们是否行权的决定取决于这两种情形中哪一种的价值更大。今天行权的情形下价值的计算非常简单，其价值就等于当时的 3 年期互换利率与执行利率之差的 3 年期年金的现值。然而，如果我们不行权，那么我们会继续持有一个执行利率为 5%的 1 进 2 百慕大式固定利率支付方互换期权。因此，我们是否行权的决定还要取决于这个剩余百慕大式互换期权的价值。对这个执行利率为 5%的 1 进 2 百慕大式互换期权的估值已经超出我们讨论的范围。

本节中的前三个案例均是较为简单的百慕大式互换期权，因为在第一个到期日时剩余的期权是一个一次性欧式期权。案例 4 则开始触及百慕大式互换期权的难点：是否执行百慕大式互换期权取决于剩余互换期权的价值，而剩余的这个期权本身又是一个百慕大式期权。

5.6.2　百慕大式互换期权的估值

百慕大式互换期权有多个行权日期，所以是一种奇异期权。虽然一般认为奇异期权流动性很差，但是市场中百慕大式互换期权的广泛存在使得它成为一种流动性相对较好的产品。① 事实上，很多市场参与者经常来到百慕大式互换期权市场做交易，如果他们认为百慕大式互换期权的价格相对较便宜，那么他们就会购买这些奇异期权，而不是欧

① 在第六章中我们将介绍百慕大式互换期权的一种常见用法。

式期权。[1]

百慕大式互换期权的分析和定价是十分复杂的。Black 模型仅局限于只有一个执行日期的期权。购买百慕大式互换期权的时候，我们并不能确定会在哪个行权日执行期权；每个行权日均有一定的概率行权（当然也有一定的概率期权最后在任何行权日都没有行权）。更复杂的是，我们会发现百慕大式互换期权的分析与波动率偏斜密切相关。

对百慕大式互换期权更严谨的估值不在我们讨论的范围之内。[2] 尽管如此，我们仍然会根据 Zhou 在 2003 年的论文中提供的方法给出一些启发，阐述如何将百慕大式互换期权当做一个欧式互换期权的组合进行定价。假设一个百慕大式固定利率支付方互换期权有两个行权日。该互换期权持有者有权以执行利率 X 支付固定利率。该互换期权有可能被持有者在第一个行权日或第二个行权日行权。这个互换期权如图 5-19 左侧所示。标的互换用时间轴上的粗线表示。由于有两个行权日，所以有可能在第一个行权日没有行权，而是在第二个行权日行权（当然也有可能在两个行权日都没有行权），这种情况下行权之后标的互换的前半段就不会产生现金流。所以我们用虚粗线表示标的互换的这一部分。

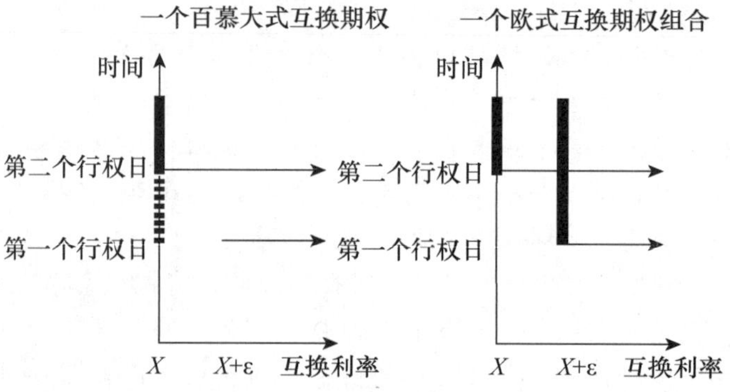

图 5-19　有两个行权日、执行利率为 X 的百慕大式固定利率支付方互换期权和一个复制组合（包括一个短期限、执行利率为 $X+\varepsilon$ 的欧式固定利率支付方互换期权和一个长期限、执行利率为 X 的欧式固定利率支付方互换期权）

资料来源：Zhou（2003）。

图中两条带箭头的水平线表示在对应的行权日，百慕大式互换期权会被行权的互换利率所在的范围。虽然百慕大式互换期权的执行利率为 X，但是如果标的互换在第一个行权日时的利率水平仅仅是略高于执行利率，那么期权持有者可能理性地选择放弃在这个时间点行权。也就是说，如果在第二个行权日到期的期权的价值高于在第一个行权日被行权的价值，那么期权就不会在第一个行权日被行权。[3]

但是，在第一个行权日，也会有一些互换利率（用 $X+\varepsilon$ 表示）使得此时行权变得合理。也就是说，如果当时标的互换的利率等于或者大于 $X+\varepsilon$，那么此时行权是最优的。在第一个行权日，我们在图中用从 $X+\varepsilon$ 处开始向右延伸的带箭头的水平线表示这个最优

① 百慕大式互换期权与欧式互换期权之间的交易是一种非常流行的相对价值交易，交易员可以表达他们关于这两种期权哪种相对贵哪种相对便宜的市场观点。

② 关于百慕大式互换期权定价的不同方法，可以参考以下文献：Brigo 和 Mercurio（2006），Andersen（2000），Pedersen（1999），Andersen 和 Andreasen（2001），以及 Longstaff 和 Schwartz（2001）。

③ 我们在第 5.6.1 小节的案例 1 中分析过类似的情况。

行权区域。[①] 如果时间到了第二个行权日，那么只要对应的标的互换利率高于执行利率，该百慕大式互换期权就应该被行权，因为已经没有其他的行权机会了，而此时又是实值期权。在第二个行权日，我们在图中用从 X 处开始向右延伸的带箭头的水平线表示这个最优行权区域。

这种第一个行权日就是最优行权日的区域在图上表示为从 $X+\varepsilon$ 开始向右延伸的水平线。到了第二个行权日时，因为没有其他机会使得期权实值，那么在任何高于执行利率 X 的标的合约远期利率下百慕大式互换期权都会被行权。这种行权情况由图中第二个行权日的第二根水平线表示。

百慕大式互换期权的收付额基本可以被两个欧式固定利率支付方互换期权的组合复制，如图 5-19 中右侧所示。两个固定利率支付方互换期权的标的互换分别由两条垂直的粗线表示。长一些的粗线表示在第一个行权日到期的执行利率为 $X+\varepsilon$ 的短期限欧式固定利率支付方互换期权，该期权行权后进入的利率互换与百慕大式互换期权第一个行权日对应的利率互换一致。短一些的垂直粗线表示在第二个行权日到期的执行利率为 X 的长期限欧式固定利率支付方互换期权，该期权行权后进入的利率互换与百慕大式互换期权第二个行权日对应的利率互换一致。两根带箭头的水平线则表示这两个欧式互换期权组合各自会被行权的区域。

假设我们用如下组合复制一个执行利率为 X、名义本金为 1 亿美元的百慕大式固定利率支付方互换期权：

（1）购买一笔执行利率为 X、名义本金为 1 亿美元的长期限欧式固定利率支付方互换期权；

（2）购买一笔执行利率为 $X+\varepsilon$、名义本金为 N 亿美元的短期限欧式固定利率支付方互换期权；

（3）如果短期限的欧式固定利率支付方互换期权在第一个行权日被行权，那么就将长期限的固定利率支付方互换期权以当时的市价在市场上卖出。

我们注意到百慕大式互换期权和欧式期权组合会在相同的情形下被行权，被行权后进入相同的互换交易。在第一个行权日，如果当时的长期限标的互换利率高于 $X+\varepsilon$，那么百慕大式互换期权将会被行权。短期限欧式期权在这种情况下也会被行权。在第二个行权日，如果当时的短期限标的互换利率高于 X，那么百慕大式互换期权会被行权（假设在第一个行权日未被行权）。长期限欧式互换期权在这种情况下也会被行权（假设短期限的欧式期权没有被行权，而根据上述复制策略，长期限的欧式期权也没有被卖出）。

为了使在第二个行权日时长期限的欧式互换期权与百慕大式互换期权的现金流一致，两种互换期权的名义本金必须相同。但是，短期限的欧式互换期权的名义本金不能等于百慕大式互换期权的名义本金 1 亿美元。如果短期限的欧式互换期权在第一个行权日被行权（意味着百慕大式互换期权在第一个到期日也被行权），那么长期限的欧式互换期权就会以当时的价格在市场上卖出。卖出得到的现金可以减少短期限欧式互换期权的名义本金，也能使卖出长期限欧式期权得到的现金加短期限欧式互换期权的执行收益等于百慕大式互换

① 这并不是说互换利率的分界线 $X+\varepsilon$ 可以在期初就确定。我们在 5.6.1 节的案例 2 和案例 3 中看到，是否行权的决策不仅取决于利率的水平，还取决于在第一个行权日剩余互换期权的隐含波动率的水平。

期权的执行收益。[①]

最后需要强调的一点是分析百慕大式互换期权不可避免地要考虑波动率的偏斜。为了说明这一点，我们举一个非常简单的例子。假设互换曲线是平的，所有期限的互换利率都等于R_0。在这个例子中，通过剥离法求得的所有远期互换利率也应该等于R_0。现在让我们来分析用来复制百慕大式互换期权的期权组合（即两个欧式固定利率支付方互换期权）。长期限的欧式固定利率支付方互换期权的执行利率为X，短期限的欧式固定利率支付方互换期权的执行利率为$X+\varepsilon$，那么至少有一个欧式互换期权的执行利率不是远期平值，因此至少有一个互换期权需要考虑波动率的偏斜。对于任意的互换曲线，一般情况下欧式互换期权组合的执行利率都不是远期平值，因此我们在对期权估值时必须考虑波动率的偏斜。

习题

1. 我们分析一个案例，有一笔利率互换按年支付固定利率，收取 1 年期 LIBOR。一个 5×10 利率下限，标的为 1 年期 LIBOR，执行利率为 4%，第一个利率重置日为 5 年后，第一次支付为 6 年后，最后一次支付为 10 年后。另有一个 5 进 5 欧式固定利率收取方互换期权，执行利率为 4%，按年支付。该期权的持有者有权在 5 年后进入一笔利率互换，收取 4%的固定利率，支付 1 年期 LIBOR，该互换最后的现金流发生在 10 年之后。

那么哪个期权的价值更高？执行利率为 4%的 5×10 利率下限还是执行利率为 4%的固定利率收取方互换期权？请解释。

2. 我们分析一个典型的案例，有一笔利率互换按年支付固定利率，收取 1 年期 LIBOR。假设互换曲线如下：

---

① 需要注意的是，虽然这个启发式的复制策略演示了百慕大式互换期权和一个与之有不同到期日、不同执行利率、不同标的的欧式互换期权组合的关系，但是我们也故意忽略了一些微妙的问题。第一，使得百慕大式互换期权在第一个行权日行权的互换利率的分界值$X+\varepsilon$只有等到第一个行权日才能确定。如果执行利率$X+\varepsilon$还没有确定，那今天我们怎么知道买什么样的短期限的欧式互换期权？第二，我们说过，作为复制策略的一部分，如果在第一个行权日短期限的欧式互换期权行权的话，那么应该将长期限的欧式互换期权以当时的市场价格卖出。卖出该期权获得的现金用来减少需要交易的短期限的欧式互换期权的本金，仍能复制百慕大式互换期权在第一个行权日行权的价值。既然卖出这个长期限欧式互换期权能拿回多少现金在第一个行权日之前都不确定，那我们今天怎么知道购买短期限欧式互换期权的本金应该少多少呢？交易期初，我们并不知道这个问题的准确答案。我们只有到了第一个行权日才能知道此时卖出这个长期限互换期权的价格，除非今天我们可以通过某些方式锁定这个价格。当时的市场价格取决于当时的互换曲线、隐含波动率，以及波动率的偏斜情况。然而，我们可以在今天锁定这个互换期权的远期价格。这就引出了远期波动率的概念，我们将在第九章中继续讨论这个概念。远期波动率也是分析百慕大式互换期权的一个难点。

最后，如果在第一个行权日行权，那么百慕大式互换期权的价值等于在标的互换存续期内$R-X$金额的年金的现值，这里R（$R>X+\varepsilon$）是较长期限标的互换当时的市场利率。而短期限的欧式互换期权（此时也会被行权）的价值等于在标的互换存续期内$R-(X+\varepsilon)$金额的年金的现值。这个年金的价值小于百慕大式互换期权对应的年金的价值。这个效应往往会增加短期限欧式互换期权的本金。我们可以通过购买一个到期日为百慕大式互换期权的第一个行权日、执行利率为$X+\varepsilon$的欧式二元期权来改善这个问题。如果到期日标的互换利率高于$X+\varepsilon$，那么这个二元互换期权的收付额为在百慕大式互换期权的长期限标的互换的存续期内金额为ε的一个年金。但是这样会增加我们分析的复杂性。

期限	互换利率
1 年期	5.00%
2 年期	5.25%
3 年期	5.50%
4 年期	5.75%
5 年期	6.00%

假设我们使用 Black 模型对互换期权进行定价，并且此时的对数正态波动率矩阵如表 5-1 所示。另外，假设波动率偏斜是水平的（即没有偏斜）。假设客户从做市商那儿购买了一笔名义本金为 1 亿美元的远期平值 2 进 3 跨式互换期权。

a）今天客户应该为该跨式期权组合支付的价格是多少？

b）假设客户持有该头寸 1 年，1 年后互换利率没有变动且对数正态波动率矩阵也没有变动。也就是说，1 年后互换曲线如上表所示，互换期权波动率仍如表 5-1 所示。那么 1 年后跨式互换期权组合的价值是多少？

3. 你能确定下列问题的答案吗？

a）哪一个价值更高：一笔执行利率为 7% 的 1 进 4 固定利率收取方互换期权还是一笔执行利率为 7% 的 2 进 3 固定利率收取方互换期权？

b）哪一个价值更高：一笔执行利率为 7% 的 1 进 4 固定利率支付方互换期权还是一笔执行利率为 7% 的 2 进 3 固定利率支付方互换期权？

请解释在上面的两个问题里，为什么某一个期权的价值总是高于另一个期权的价值。或者请提供具体定价的案例证明某一个期权的价值并不总是高于另一个期权的价值。

4. 互换期权平价原理在正态模型下成立吗？也就是说，如果互换期权的价格根据正态模型计算，那么互换期权的平价原理还成立吗？

5. 假设互换曲线如下：

期限	互换利率
1 年期	6.00%
2 年期	6.25%
3 年期	6.50%
4 年期	6.75%
5 年期	7.00%

假设这些利率都是按债券市场计息规则每年付息，浮动端挂钩 1 年期 LIBOR，也是每年付息。假设所有交易的名义本金为 1 亿美元。除非另做说明，否则所有的价格都按中间价计算。使用 Black 模型对互换期权进行定价。在表 5-1 中的对数正态隐含波动率矩阵中选择合适的波动率中间价，并假设偏斜是水平的。

a）如果执行利率为 7%，那么今天这笔 2 进 3 固定利率支付方互换期权的价值是多少？

b）如果执行利率为 7%，那么今天这笔 2 进 3 固定利率收取方互换期权的价值是多少？

c）使用互换期权平价原理计算固定利率为 7% 的 2×5 远期互换的价值。并通过对这个远期互换定价来验证这个价值。

请使用以下互换曲线回答习题6至习题7：

期限	互换利率
1年期	5.00%
2年期	5.25%
3年期	5.50%
4年期	5.75%
5年期	6.00%

假设这些利率都是按债券市场计息规则每年付息，浮动端挂钩1年期LIBOR，也是每年付息。

6. 对于本习题，请使用正态模型对互换期权进行定价。假设所有交易的名义本金都为5 000万美元。除非另做说明，否则所有的价格都使用中间价。在表5-3中的正态隐含波动率矩阵中选取合适的波动率的中间价，并假设正态波动率的偏斜是平的（即正态隐含波动率是常数，不随执行价格的变动而变动）。

a）执行利率为7%的1进3固定利率支付方互换期权今天的价值是多少？

b）给定a）部分用来对互换期权定价的正态隐含波动率水平，那么在对数正态模型中对应的对数正态隐含波动率是多少？

c）假设正态隐含波动率的偏斜是水平的，那么执行利率为5%的1进3固定利率支付方互换期权今天的价值是多少？

d）给定c）部分用来对互换期权定价的正态隐含波动率水平，那么在对数正态模型中对应的对数正态隐含波动率是多少？

e）比较在b）部分和d）部分计算的对数正态隐含波动率，并对你的发现做出解释。

7. 本习题的目的是在正态隐含波动率是一个与执行利率无关的常数的假设下，（数值性地）推导正态模型中的σ_N与对数正态模型中的σ_{LN}的关系。也就是说，我们希望得到一个类似于图5-8中的关系。

现在我们来分析不同执行利率的1进4固定利率支付方互换期权的情况。假设1进4固定利率支付方互换期权使用恒定的正态隐含波动率（σ_N＝124基点）进行定价，该波动率不随执行利率的变动而变动。我们使用附录E最后一部分列示的步骤计算σ_N与σ_{LN}的关系。

a）具体来讲，分析如下9个执行利率：ATMF－200基点，ATMF－150基点，ATMF－100基点，ATMF－50基点，ATMF，ATMF＋50基点，ATMF＋100基点，ATMF＋150基点，ATMF＋200基点。在正态模型中，使用σ_N＝124基点，计算这9个互换期权的价格，并计算σ_{LN}使得该数值代入对数正态模型后求得的价格等于上述价格。

b）执行利率为ATMF的互换期权对应的σ_{LN}是多少？

c）在b）部分中求得的σ_{LN}的水平与使用公式（5.27）求得的近似值相比如何？

d）画图展示在执行利率沿x轴移动的情况下，对数隐含波动率是如何沿y轴移动的。具体来说，在图中展示两条线：

（1）一条水平直线，高度等于你在b）部分求得的σ_{LN}的水平；

（2）一条曲线，展示在上述9个执行利率的互换期权的正态隐含波动率是常数的假设下，σ_{LN}如何随着执行利率的变动而变动。

请解读此图。

8. 对于这个习题，假设波动率偏斜是水平的，使用对数正态模型对互换期权进行定价。

a）分析我们的典型案例，假设我们买入一笔名义本金为1亿美元的1进2百慕大式固定利率收取方互换期权，执行利率为4.75%，每年有一个行权日（也就是说该互换期权可以1年后或者2年后行权）。假设1年后互换曲线如下：

期限	互换利率
1年期	4.00%
2年期	4.25%
3年期	4.50%
4年期	4.75%
5年期	5.00%

这些利率都是依据债券市场计息规则按年付息换1年期LIBOR。假设此时的对数正态隐含波动率矩阵如表5-1所示。

那么此时我们应该执行这笔固定利率收取方互换期权吗？

b）再来分析我们这个案例，假设我们买入一笔特殊的百慕大式互换期权。这是一笔1进4百慕大式固定利率收取方互换期权。然而，其只能在1年后或者2年后行权。如果1年后行权，则期权持有者进入一笔4年期互换，收取固定利率。如果1年后没有行权，那么期权持有者可以在下一年（也就是从今天开始的2年之后）行权，进入一笔3年期互换，收取固定利率。该期权只有两次行权的机会，执行利率为5.25%。

假设1年之后互换曲线与a）部分给出的相同，并且此时的波动率矩阵如表5-1所示。那么我们此时应该执行期权吗？

9. 用$p(X)$和$r(X)$分别表示执行利率为X的固定利率支付方互换期权和固定利率收取方互换期权。用F表示标的互换的远期互换利率。如果非平值固定利率支付方互换期权和固定利率收取方互换期权有如下关系，我们就称价格关于远期对称：

$$r(F-\varepsilon)=p(F+\varepsilon)$$

这里$\varepsilon>0$。

a）在正态模型中，非平值的固定利率支付方互换期权和固定利率收取方互换期权的价格关于远期对称吗？如果对称，请证明。如果不对称，请举出反例。

b）在对数正态模型中，非平值的固定利率支付方互换期权和固定利率收取方互换期权的价格关于远期对称吗？如果对称，请证明。如果不对称，请举出反例。

10. 跨式期权组合由一笔固定利率收取方互换期权和一笔固定利率支付方互换期权组成，两笔期权具有相同的到期日、标的互换、执行价格。如果两笔期权的执行利率都是远期平值的，那么这个跨式期权组合也被称为远期平值。假设客户卖出一个远期平值的跨式期权组合给做市商。假设交易双方都将该交易持有到期，并且到期时标的互换的利率正好等于执行利率。有没有可能交易双方在这笔交易中都实现了正收益？如果可能，请做出解释。如果不可能，也请给出解释。

11. 分析一个案例。假设互换的报价规则都是按债券市场计息规则每年支付固定利率，浮动端挂钩1年期LIBOR，也是每年付息。假设互换曲线如下：

期限	互换利率
1年期	4.00%
2年期	4.25%
3年期	4.50%
4年期	4.75%
5年期	5.00%

假设我们使用Black模型对互换期权进行定价，并且此时对数正态波动率矩阵如表5-1所示。另外假设没有波动率偏斜。分析客户与做市商之间的如下交易：

(1) 做市商在未来4年支付1年期LIBOR+75基点给客户；

(2) 客户在未来4年支付1年期LIBOR+50基点给做市商；

(3) 1年之后，做市商有权将客户在未来3年支付的现金流转变为固定利率。如果做市商不行使这个权利，那么客户继续在未来3年支付1年期LIBOR+50基点。

假设该交易的本金为1亿美元。那么哪个水平的固定利率能够让该交易的NPV等于0?

12. 本习题设计的目的是展示利率期权的定价会因为使用正态模型还是对数正态模型而存在不同，并且，做市商的对冲行为也会因为使用不同模型而存在差异。你可以借助附录E的E.3部分的结果分析本习题。

假设互换曲线如下表所示：

期限	互换利率
1年期	3.00%
2年期	3.25%
3年期	3.50%
4年期	3.75%
5年期	4.00%

假设这些利率都是按债券市场计息规则每年付息，浮动端挂钩1年期LIBOR。假设现在的对数正态波动率矩阵如表5-1所示。

假设一个互换做市商卖出一笔名义本金为1亿美元的远期平值1进3跨式互换期权组合给客户。

a) 假设做市商愿意以中间价卖出该跨式期权组合，那么我们应该使用哪个对数正态波动率对这个交易定价呢？如果做市商使用这个波动率以及对数正态模型对期权定价，那做市商应该以多少期权费将该跨式组合卖给客户呢？

b) 给定a) 部分的隐含波动率，这相当于什么水平的正态隐含波动率呢？如果做市商使用这个波动率以及正态模型对期权定价，那做市商应该以多少期权费将该跨式期权组合卖给客户呢？

c) 参考a) 部分，如果做市商将该跨式期权组合卖给客户后，想通过交易标的互换(1×4互换) 保持头寸的delta中性。假设做市商使用对数正态模型对期权进行定价和对冲，那么他应该建立什么样的1×4互换头寸才能保持delta中性？请给出他需要交易1×4互换的本金，并指明在该1×4互换中，做市商应该支付还是收取固定利率。

d）参考a）部分，如果做市商将该跨式期权组合卖给客户后，想通过交易标的互换（1×4互换）保持头寸的delta中性。假设做市商使用正态模型对期权进行定价和对冲，那么他应该建立什么样的1×4互换头寸才能保持delta中性？请给出他需要交易1×4互换的本金，并指明在该1×4互换中，做市商应该支付还是收取固定利率。

e）现在假设做市商卖出名义本金为1亿美元、执行利率为X的1进3跨式互换期权组合。假设做市商想保持delta中性，那么做市商应该交易多少1×4互换呢？假设做市商分别使用正态模型和对数正态模型，画图展示X在2%到6%之间变化时做市商应该如何合理地对冲。请指明对于每个执行利率，做市商应该在该1×4互换中支付还是收取固定利率。

第六章

内嵌期权利率互换

本章中，我们来研究几种内嵌一种或多种期权的利率互换。通常，买方投资者在这种互换中收取固定利率并且卖空内嵌的期权。这样投资者将收到比普通互换更高的固定利率。

通常情况下，投资者会调整这些交易的结构以获得尽可能高的固定利率。在互换市场中，这种交易有时被称为收益增进交易，投资者利用这种结构寻找好的投资机会。当然，通过这种交易获得的高利率是有代价的：投资者为了获得高利率隐性卖出了这些结构中内嵌的期权。当这些期权变为实值期权时，投资者会因此受损。

6.1 基础概念

与市场中几乎所有的互换一样，我们这里研究的内嵌期权的互换在交易期初的 NPV 也等于 0。交易双方会协定固定利率，以使交易时的价值为 0。在这些交易中，投资者通常会收取固定利率并将期权卖给做市商，为了补偿卖出的期权，投资者收到的固定利率要比相同条件的普通互换的固定利率高。我们用 x 表示这种互换中的固定利率，则交易达成时会选取合适的 x，以使

$$\text{内嵌期权互换的 NPV}=0 \text{①} \tag{6.1}$$

为了进一步分析，我们将这些交易拆分成一个普通固定（利率 x）换浮动利率互换和一些期权。按这种分析方法，我们在交易期初可以得到如下关系式：

---

① 当然，随着时间的推移以及利率、波动率等的变动，这些交易的价值会变动，从而不再是 0。

$$\text{固定利率为 } x \text{ 的普通利率互换的价值} + \text{内嵌期权的价值} = 0 \tag{6.2}$$

我们从支付固定利率的做市商的角度分析一下公式（6.2）。做市商购买的内嵌期权的价值是一个正数。因此选定的固定利率 x 应该使得这笔普通互换的价值相对于做市商是负数。[①]进一步推理可知，固定利率 x 将高于相同期限互换的平价利率。在本章我们将要研究的多个交易中，我们需要通过迭代法找到一个固定利率 x 使得内嵌期权的互换的 NPV=0。

我们已在本书的 4.1.3 节中介绍过一个内嵌期权的互换的案例（在第四章习题的第 5 道题中还有好几个例子）。在 4.1.3 节中，我们分析了一个内嵌利率上限的互换交易。在这个例子中，投资者支付固定利率（而本章的大部分例子中，投资者收取固定利率）并且卖出内嵌的利率上限以降低该固定利率。尽管投资者在此互换中支付固定利率，但公式（6.2）仍然适用。该交易的条款是客户支付（低于市场平价利率的）固定利率 1.339%，并收取 LIBOR 与 3%二者中的较低者。实际上做市商是购买了执行利率为 3%的挂钩 LIBOR 利率上限，价值为 147 万美元。从做市商的角度考虑，这笔买入的利率上限期权在公式（6.2）中是一个正数。在 5 年期互换平价利率为 1.647%的市场环境下，固定利率为 1.339%（低于市场平价利率）的普通互换的价值从做市商的角度看是−147 万美元。因此，在这笔交易中，我们找到了固定利率 x=1.339%，使得互换的负价值完全抵消了做市商持有的利率上限的正价值。

6.2 可取消互换

欧式可取消互换的固定利率的支付方有权在互换到期之前的某个时间点取消交易。举例来说，“5 noncall 1”（也被称为“5nc1”）是一个 5 年期的互换交易，其固定利率的支付方有权利在 1 年后取消该互换。如果固定利率的支付方确实在 1 年后取消了该互换，那么在第 1 年年末交易双方支付完各自的利息后该互换将不会再产生其他现金流。[②] 如果固定利率的支付方没有在第 1 年年末取消交易，则未来 4 年该互换将继续有效。那么，固定利率的支付方在什么情况下会取消互换呢？[③]

类似于普通互换，可取消互换在交易期初的 NPV 也是 0。因为互换中选取的固定利率就是使交易时互换价值为 0 的利率。该固定利率在普通 5 年期互换利率的基础上调整，使得其价值等于固定利率支付方持有的期权的价值。很明显，5nc1 交易的固定利率应该高于普通 5 年期互换的利率：5nc1 交易的固定利率支付方在未来 5 年支付固定利率，并有权取消该交易。这笔期权对于固定利率支付方的价值是正数，因此为了弥补出售期权的浮动利率支付方，固定利率应该比普通 5 年期互换的利率要高。正如我们在 6.1 节讨论的一

---

① 同理，从收取固定利率的投资者的角度看，因为卖出了内嵌的期权，所以期权的价值对于投资者而言是负数。因此对应的更高固定利率 x 的普通互换的价值对于投资者而言是正数。

② 注意，这是与了结（或者称为平仓）一笔交易完全不同的概念。如果了结一笔交易，交易一方必须支付一定的了结费给交易另一方，以摆脱其尚未支付的债务。该了结费应该等于剩余现金流的净现值。而对于可取消互换，固定利率支付方有权利在不支付任何了结费的情况下在未来某时点取消该交易。

③ 如果 1 年后 4 年期互换利率低于该交易中的固定利率，固定利率支付方应该取消该交易。假设这笔 5nc1 交易中的固定利率为 6%，1 年后 4 年期互换利率为 5.50%，则固定利率支付方应该取消交易。如果由于某种原因愿意继续支付 4 年期固定利率，他可以重新达成一笔支付固定利率 5.50%的 4 年期互换交易，而不是继续在原有交易中支付 6%的利率，这样能够每年少支付 50 基点。

样，固定利率增加的部分正好抵消固定利率支付方持有的期权的价值。

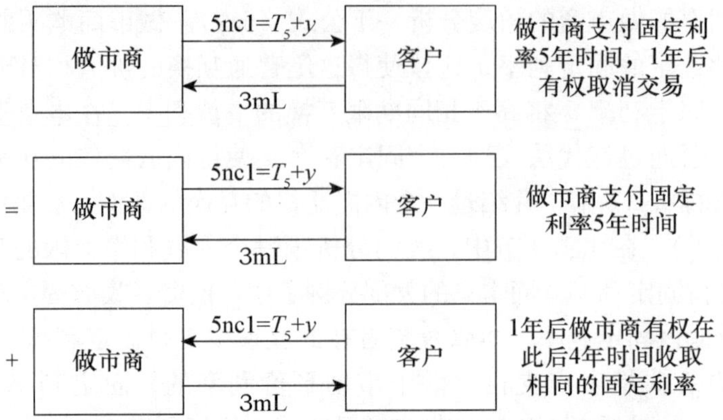

图 6-1　可取消互换拆分为普通互换和固定利率收取方互换期权

如图 6-1 所示，我们可以将 5nc1 交易拆分成两个部分：一个普通的 5 年期互换和一个可以取消该互换的期权。图 6-1 的最上方表示可取消互换。在该 5nc1 交易中固定利率表示为 5 年期国债利率 T_5 再加上基差 y。图 6-1 的中间部分和最下方是将可取消互换拆分后的两部分。中间部分是固定利率为 T_5+y 的普通互换，最下方是一个 1 年后可取消该互换的期权。注意：1 年后有权取消互换的期权相当于做市商有权 1 年后进入一笔收取固定利率 T_5+y 支付挂钩 LIBOR 的浮动利率的 4 年期互换。事实上，如果行使这个权利，那么刚进入的这笔互换产生的现金流可以完全抵消原普通互换剩余的现金流，因此相当于原互换被取消。这个能够在 1 年后进入收取固定利率的 4 年期互换的期权其实就是一个执行利率为 T_5+y 的 1 进 4 固定利率收取方互换期权。

做市商通常是可取消互换中支付固定利率的一方，因此拥有取消交易的权利。由于做市商支付的固定利率高于 5 年期平价互换利率，因此图 6-1 中间部分表示的普通互换的估值对于做市商而言是一个负数，固定利率收取方互换期权的估值对于做市商而言是一个正数。而使得该利率互换期权的正值正好完全抵消普通利率互换的负值的固定利率 T_5+y 就是我们要寻找的可取消互换的固定利率。如公式（6.2）所示，该固定利率使得可取消利率互换的 NPV 等于 0。

投资者在可取消互换中收取的固定利率比相同期限的普通互换（不可取消型）的固定利率更高，因此能赚到更高的利率。当然，这种高利率是有代价的：在低利率的环境下该互换会被取消。如果固定利率收取方的可取消互换被取消，而他想重新进入一个新的互换收取固定利率的话，那么他不得不面临更低的利率。

6.2.1　可取消互换的用途

假设一个联邦支持机构决定发行债券。该机构比较了发行固定利率债券、浮动利率债券和固定利率可赎回债券的可行性，发现投资者对可赎回债券的兴趣最大。可赎回债券的利率比相同期限的普通债券利率更高，因此对投资者的吸引力更大。[①] 该机构进一步发现，

① 当然这种高利率是有代价的：可赎回债券在低利率环境下一般会被赎回。如果债券被赎回，债券持有者就会拿回债券的本金，从而将面临低利率环境下的再投资风险。

在所有的可赎回债券中，投资者对 1 年后有赎回权的 5 年期可赎回债券兴趣最大。然而，该机构倾向于使用挂钩 LIBOR 的浮动利率进行融资。图 6－2 给出了解决方案，该机构可以通过发行可赎回债券同时达成一个可取消互换来合成一个浮动利率融资。

在发行可赎回债券并进行可取消互换交易后，该机构在第 1 年锁定了一个支付 3 个月 LIBOR－10 基点浮动利率的融资。完成该锁定后，债券发行人通常会根据做市商是否执行可取消互换来决定是否赎回债券。也就是说如果做市商取消了互换，那么债券发行人很可能也会选择赎回债券。① 如果 1 年后做市商取消了互换并且该机构赎回债券，那么债券持有者将收到债券本金，互换以后也不会再产生现金流。相反，如果做市商决定 1 年后不取消互换并且该机构没有赎回债券，那么该机构将会在剩下的 4 年中继续以 3 个月 LIBOR－10 基点的浮动利率融资。

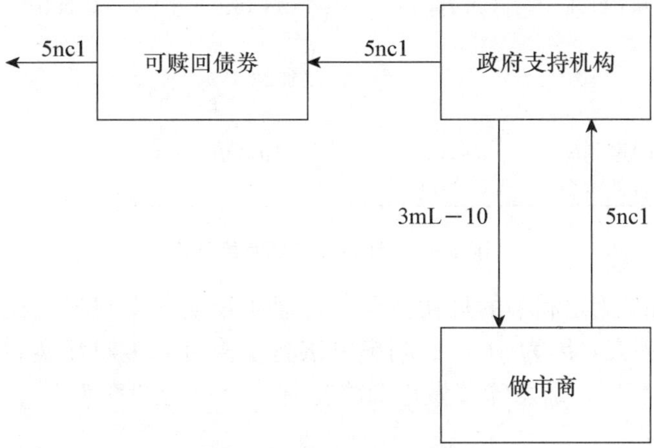

图 6－2　联邦支持机构将固定利率可赎回债务转换为浮动利率债务

6.2.2　求解可取消互换的固定利率

如前所述，可取消互换的固定利率是使该交易的 NVP＝0 的利率。求解使交易期初价值为 0 的固定利率是通过迭代方式完成的。为了说明这一点，我们再次使用一个典型的例子，利率曲线如表 6－1 所示，我们来求解 4nc1 的固定利率。

表 6－1　　　　　　　　　　互换曲线

到期期限	国债利率	互换基差	互换利率（按年付息 30/360）
1	4.80％	20	5.00％
2	4.88％	23	5.11％
3	5.05％	25	5.30％
4	5.19％	28	5.47％
5	5.25％	35	5.60％

4nc1 是固定利率支付方有权在 1 年后取消交易的 4 年期利率互换。我们假设做市商支

① 通常的做法是债券发行人在与做市商设计可取消互换结构的时候，都会要求做市商取消互换之前一定天数书面通知发行人，从而给债券发行人足够的时间决定是否也赎回发行的债券。虽然大部分时候债券发行人会在做市商取消互换的时候也赎回债券，但并不是说没有例外情况。

付固定利率并且有权利取消交易。我们将采用迭代法求解该可取消互换的固定利率。先假设可取消互换的利率等于普通 4 年期互换利率。我们知道这个假设是错误的，因为 4nc1 的固定利率应该高于普通 4 年期互换利率，但是我们先从这个假设开始。表 6-1 的市场数据显示 4 年期互换利率为 5.47%，而且图 6-3 中的计算给出了一致的结论。注意在该图中，我们是站在做市商的角度展示现金流的（负数表示做市商支付现金流，正数表示做市商收取现金流）。

时间	零息利率	远期利率	固定端现金流	固定端现金流现值	浮动端现金流	浮动端现金流现值
1	5.000%	5.000%	(54 700)	(52 095)	50 000	47 619
2	5.113%	5.226%	(54 700)	(49 508)	52 257	47 297
3	5.312%	5.712%	(54 700)	(46 833)	57 122	48 907
4	5.494%	6.041%	(54 700)	(44 165)	60 414	48 778
				(192 601)		192 601
		固定利率	5.470%	净现值	0	
		名义本金	1 000 000			

图 6-3　计算 4 年期互换利率

这是我们对 4nc1 固定利率的最初猜测：普通 4 年期互换利率。在这里我们重申，这个假设并不是最终答案，因为 4nc1 的利率应该高于普通 4 年期互换利率。现在，如果可取消互换利率为 5.47%，那意味着做市商将持有一个执行利率为 5.47%的 1 进 3 固定利率收取方互换期权。

我们使用公式（5.16）中的 Black 模型对这笔执行利率为 5.47%的 1 进 3 固定利率收取方互换期权定价。[①] 计算过程如图 6-4 上半部分所示，这里我们假设隐含波动率为 20%。该执行利率为 5.47%的固定利率收取方互换期权的价值为本金的 92.7 基点，即假设本金为 100 万美元则期权价值为 9 271 美元。在图 6-4 的下半部分，我们将该固定利率收取方互换期权的价值加入可取消互换估值模型中。做市商将支付 5.47%的固定利率并且持有固定利率收取方互换期权。这个互换的价值为 0（5.47%是普通平价互换利率），固定利率收取方互换期权的价值为 9 271 美元。正如我们所预料的，5.47%不能使可取消互换的 NPV 为 0，因此不是可取消互换的固定利率。

为了使用迭代法求出答案，我们可以不断抬高可取消互换的固定利率直至互换的负价值抵消固定利率收取方互换期权的正价值。如图 6-5 所示，当固定利率为 5.733%时刚好抵消。这就意味着 5.733%是可取消互换的固定利率吗？不是。虽然我们在图 6-5 所示的可取消互换计算中提高了固定利率，使得互换的价值与互换期权的价值之和为零，但我们要进一步思考。这里互换期权的价值是按照执行利率为 5.47%计算的，而不是 5.733%。因此我们需要根据执行利率 5.733%重新计算固定利率收取方互换期权的价值。图 6-6 的上半部分给出了计算过程。执行利率为 5.733%的互换期权的价值为 12 819 美元。在图 6-6 的下

① 虽然第五章中提到目前正态模型正在取代 Black 模型成为市场标准，但是这里我们继续使用 Black 模型对期权定价。这里我们假设波动率曲线是平的（即对数正态模型的隐含波动率不随执行价格的变化而变化）。

互换期权定价模型	1进3						
时间	互换利率	零息利率	期间	$DF(0,t)$			
1	5.000%	5.000%	0×1			d_1	0.256 8
2	5.110%	5.113%	1×2	0.905 1		d_2	0.056 8
3	5.300%	5.312%	2×3	0.856 2			
4	5.470%	5.494%	3×4	0.807 4			
F	5.644%		$A=$	2.568 7			
σ	20.0%				$XN(-d_2)-FN(-d_1)$		0.003 61
T	1		名义本金	1 000 000	固定利率收取方互换期权		9 271
X	5.470%				(以基点表示)		92.7

时间	零息利率	远期利率	固定端现金流	固定端现金流现值	浮动端现金流	浮动端现金流现值
1	5.000%	5.000%	(54 700)	(52 095)	50 000	47 619
2	5.113%	5.226%	(54 700)	(49 508)	52 257	47 297
3	5.312%	5.712%	(54 700)	(46 833)	57 122	48 907
4	5.494%	6.041%	(54 700)	(44 165)	60 414	48 778
				(192 601)		192 601
	执行利率		5.470%		固定利率收取方互换期权	9 271
	固定利率		5.470%			
	名义本金		1 000 000		NPV	9 271

图 6-4 计算执行利率为 5.47%的 1 进 3 固定利率收取方互换期权价值及将该价值加入可取消互换估值中

时间	零息利率	远期利率	固定端现金流	固定端现金流现值	浮动端现金流	浮动端现金流现值
1	5.000%	5.000%	(57 333)	(54 603)	50 000	47 619
2	5.113%	5.226%	(57 333)	(51 891)	52 257	47 297
3	5.312%	5.712%	(57 333)	(49 087)	57 122	48 907
4	5.494%	6.041%	(57 333)	(46 291)	60 414	48 778
				(201 872)		192 601
	执行利率		5.470%		固定利率收取方互换期权	9 271
	固定利率		5.733%			
	名义本金		1 000 000		NPV	0

图 6-5 提高固定利率直至互换的现值与内嵌固定利率收取方互换期权的价值之和等于 0

半部分，我们将该值加入可取消互换的计算之中。如图所示，固定利率为 5.733%的互换的价值加上执行利率为 5.733%的互换期权的价值不等于零。因此，我们必须再次提高固定利率直至互换的价值加上互换期权的价值等于零。如图 6-7 所示，当固定利率达到 5.834%时，二者之和为零。但是图 6-7 中所示的互换期权的价值是根据 5.733%的执行利率而不是 5.834%计算的，因此，我们需要重新计算执行利率为 5.834%的互换期权的价值。依此类推，重复上述迭代过程直至我们不再需要提高固定利率。此时，固定利率互换的价值完全抵消了相同执行利率的内嵌互换期权的价值。我们进行的这几次迭代显示，每一步迭代我们需要将固定利率提升的幅度越来越小。最终，我们将获得一个利率使得我们的等式成立，而这个利率就是我们要找的可取消互换利率。

互换期权定价模型	1 进 3					
时间	互换利率	零息利率	期间	$DF(0,t)$		
1	5.000%	5.000%	0×1		d_1	0.021 7
2	5.110%	5.113%	1×2	0.905 1	d_2	−0.178 3
3	5.300%	5.312%	2×3	0.856 2		
4	5.470%	5.494%	3×4	0.807 4		
F	5.644%		$A=$	2.568 7		
σ	20.0%				$XN(-d_2)-FN(-d_1)$	0.004 99
T	1		名义本金	1 000 000	固定利率收取方互换期权	12 819
X	5.733%				（以基点表示）	128.2

时间	零息利率	远期利率	固定端现金流	固定端现金流现值	浮动端现金流	浮动端现金流现值
1	5.000%	5.000%	(57 333)	(54 603)	50 000	47 619
2	5.113%	5.226%	(57 333)	(51 891)	52 257	47 297
3	5.312%	5.712%	(57 333)	(49 087)	57 122	48 907
4	5.494%	6.041%	(57 333)	(46 291)	60 414	48 778
				(201 872)		192 601
	执行利率		5.733%		固定利率收取方互换期权	12 819
	固定利率		5.733%			
	名义本金		1 000 000		NPV	3 548

图 6-6　计算执行利率为 5.733%的固定利率收取方互换期权的价值及将该价值加入可取消互换估值中

时间	零息利率	远期利率	固定端现金流	固定端现金流现值	浮动端现金流	浮动端现金流现值
1	5.000%	5.000%	(58 341)	(55 563)	50 000	47 619
2	5.113%	5.226%	(58 341)	(52 803)	52 257	47 297
3	5.312%	5.712%	(58 341)	(49 950)	57 122	48 907
4	5.494%	6.041%	(58 341)	(47 104)	60 414	48 778
				(205 420)		192 601
	执行利率		5.733%		固定利率收取方互换期权	12 819
	固定利率		5.834%			
	名义本金		1 000 000		NPV	0

图 6-7　继续提高固定利率直到互换的价值与内嵌互换期权的价值之和等于 0

表 6－2 展示了这个迭代过程。[①] 可取消互换的利率为 5.913%。[②] 对于执行价格为 5.913%的 4 年期可取消互换，支付固定利率为 5.913%的利率互换的负价值正好抵消执行利率为 5.913%的互换期权的价值。可取消互换的固定利率 5.913%高于普通 4 年期互换利率 44.3 基点（=5.913%－5.47%），即相对普通互换收益率提升 44.3 基点。收益的提升是通过固定利率收取方卖空内嵌的利率互换期权实现的。

表 6－2　　迭代求解可取消互换利率的过程

迭代次数	尝试的利率	互换期权估值	互换估值	NPV
1	5.470%	9 271	0	9 271
2	5.733%	12 819	(9 271)	3 548
3	5.834%	14 340	(12 819)	1 521
4	5.877%	15 019	(14 340)	679
5	5.897%	15 327	(15 019)	308
6	5.905%	15 468	(15 327)	141
7	5.909%	15 532	(15 468)	65
8	5.911%	15 562	(15 532)	30
9	5.912%	15 576	(15 562)	14
10	5.912%	15 582	(15 576)	6
11	5.913%	15 585	(15 582)	3
12	5.913%	15 586	(15 585)	1
13	5.913%	15 587	(15 586)	1
14	5.913%	15 587	(15 587)	0

如果我们改变锁定期（即不能取消互换的时间），那相对于普通互换利率的提升幅度将怎么变动呢？表 6－3 展示了具有相同到期日但是锁定期不同的可取消互换。如表 6－3 所示，锁定期越短，可取消互换带来的利率提升效果越大。

表 6－3　　可取消互换利率与其锁定期的关系（使用的市场数据参见表 6－1 的互换利率，同时互换期权的隐含波动率假设为 20%）

结构	内嵌互换期权	固定利率
4nc1	1 进 3	$T_4+72.3$
4nc2	2 进 2	$T_4+56.1$
4nc3	3 进 1	$T_4+41.8$
4 年期互换	n. a.	$T_4+28.0$

① 随着 Excel 等工具的发展，表 6－2 中烦琐的手工迭代过程已经成为过去式了。我们可以将可取消互换的固定利率与内嵌互换期权的执行利率链接到同一个数字，并使用 Excel 内置的迭代功能找到使交易的 NPV=0 的固定利率。这种功能以前是没有的。过去很多人的互换定价模型和互换期权定价模型不在一个体系内（例如，一个模型是在 Excel 中构建的，一个模型是在 C++环境中构建的），因此使用这种 Excel 内置迭代功能是不可能的。在这种情况下，必须像我们正文中介绍的这样手工迭代求解可取消互换的固定利率。有时候，当快完成手工迭代时，发现市场数据发生变化，需要重新修改一些模型参数，于是我们不得不重新开始新一轮手工劳动。

② 需要强调的是，我们假设波动率曲线是平的，并且假设 Black 模型的隐含波动率为 20%，据此对互换期权进行定价。如果我们考虑可能的波动率曲线，那么每一步我们都需要根据互换期权的执行利率选取对应的隐含波动率代入模型中。

如何直观地理解这个结果呢？固定利率收取方通过卖出可以取消该交易的期权获得收益的提升。他并没有在期初一次性收取该期权费，而是通过在互换中收取更高的固定利率获得补偿。所以他唯一担心的是互换被取消而无法收到高利率。如果锁定期短，固定利率收取方确定能收到高利率的时间就更短。因此，作为对这一点的补偿，固定利率的提升幅度必须更大才行。[①]

6.2.3 百慕大式可取消互换

百慕大式可取消互换是一种固定利率支付方在一定锁定期后每隔一段时间有权取消该交易的互换。注意这里的行权方式并不是美式的：固定利率支付方没有权利在指定日期后随时取消交易，而是在多个指定的日期有权取消。百慕大式可取消互换的固定利率不应低于一个类似的欧式可取消互换的固定利率。[②] 表 6－4 展示了不同结构下百慕大式可取消互换固定利率与欧式可取消互换固定利率之差（根据合适的定价模型计算）。基于 2005 年 8 月某一天的市场数据，一个百慕大式 5nc1 可取消互换的固定利率高于相应欧式可取消互换固定利率 17.5 基点。两种可取消互换的利率差会随着互换利率曲线、波动率曲面甚至模型的不同而每天（甚至时刻）变化。

表 6－4　2005 年 8 月的某交易日百慕大式可取消互换固定利率与欧式可取消互换固定利率之差

可取消结构	固定利率之差（基点）
2nc6mo	6.25
2nc1	2.50
3nc6mo	13.75
3nc1	6.50
4nc6mo	22.00
4nc1	12.25
4nc2	4.00
5nc6mo	29.50
5nc1	17.50
5nc2	6.50
5nc3	2.25
7nc6mo	42.75

---

① 这个结论并不适用于所有情况，因为我们从可取消互换的一种结构变到另一种结构的时候，期权到期日、标的、执行利率以及期权的价格都在变动。当然在较短锁定期的可取消互换结构中，该结论是适用的。

② 这里所说的"类似"，是指百慕大式和欧式可取消互换的到期日相同，欧式可取消互换的可取消日期与百慕大式可取消互换的第一个可取消日相同。如果百慕大式可取消互换的固定利率低于类似欧式可取消互换的固定利率，我们就可以同时交易两种可取消互换，在百慕大式可取消互换中支付固定利率，并在欧式可取消互换中收取固定利率，从而在欧式可取消互换的可取消日之前收取正的净现金流。如果此时欧式可取消互换被取消，则我们可以同时取消百慕大式可取消互换，之后不再产生现金流。如果欧式可取消互换没有取消，则我们也不应该在此时及以后取消百慕大式可取消互换。这样我们可以锁定我们的正现金流直到交易到期。这就构成了一个无风险套利机会，所以百慕大式的可取消互换的固定利率不应该低于类似的欧式可取消互换的利率。

续前表

可取消结构	固定利率之差（基点）
7nc1	27.25
7nc2	12.50
7nc3	5.50
10nc6mo	56.00
10nc1	38.50
10nc2	20.50
10nc3	12.00
10nc5	4.25

百慕大式可取消互换是一种流行的结构，经常用来将发行的多次可赎回债券转化成浮动利率负债，类似于图 6－2 中所展示的。这种具有多次赎回机会的特性在可赎回债券中很常见，因为它能给投资者带来比只有一次赎回机会的可赎回债券更高的利率。

分析百慕大式可取消互换是一件非常复杂的事，就像第五章中分析百慕大式互换期权。[①] 即使分析在某一个可取消日是否要取消这笔互换都不是一件容易的事，这就与百慕大式互换期权的行权决策一样复杂。即使市场上最有经验的交易对手之间也经常会就在某个时点是否取消交易这一点存在分歧。[②]

案例 1

我们分析一个例子，假设我们有一个支付固定利率 5.40%的 3nc1 百慕大式可取消互换。我们有权在这个 3 年期互换第 1 年后或第 2 年后取消该交易。如果第 1 年后我们没有取消交易，之后我们实际上持有一个支付固定利率的 2 年期互换，且拥有在下 1 年后取消交易的权利（也就是说我们持有一个支付固定利率的欧式 2nc1）。如果在第 1 年后不取消互换，那么我们就可以继续在随后的 2 年按固定利率 5.4%支付利息，并且持有一个执行利率为 5.4%的固定利率收取方互换期权。我们可以在 1 年后取消交易的权利其实是我们持有了一个执行利率为 5.40%的 1 进 2 固定利率收取方利率互换。

假定 1 年已经过去了，此时的互换曲线见表 6－1，并且假设此时 1 进 1 互换期权的波动率为 20%。我们应该取消互换交易吗？

如果我们不取消这个互换交易，那么继续支付 5.4%的固定利率 2 年时间，同时拥有在 1 年后取消交易的权利。也就是说，如果我们不取消，那么我们就持有一个支付固定利率的欧式 2nc1。我们可以使用不同的方法分析这个情况。第一种是直接用模型计算剩余交易的价值。如果交易的净现值为负，我们就应该取消它，如果净现值为正，那么

① 百慕大式可取消互换能够分解成一个普通利率互换和一个百慕大式固定利率收取方互换期权。这就类似于一个欧式可取消互换能够被拆分成一个普通利率互换和一个欧式固定利率收取方互换期权。

② 有兴趣的读者可以参考 Longstaff，Santa-Clara 和 Schwartz（2001b）中关于不同模型对百慕大式互换期权行权决策的影响。

就不应该取消。对于例子中的交易，如果我们不取消，那么我们实际上持有了支付固定利率5.40%的2ncl。如图6-8所示，该交易的净现值为-71 655美元，所以我们最好取消交易，这样就不会再有现金流。

时间	零息利率	远期利率	固定端现金流	固定端现金流现值	浮动端现金流	浮动端现金流现值
1	5.000%	5.000%	(5 400 000)	(5 142 857)	5 000 000	4 761 905
2	5.113%	5.226%	(5 400 000)	(4 887 451)	5 225 748	4 729 739
3	5.312%	5.712%	0	0	0	0
4	5.494%	6.041%	0	0	0	0
5	5.635%	6.202%	0	0	0	0
				(10 030 308)		9 491 644
					固定利率收取方互换期权	467 010
		固定利率	5.400%			
		名义本金	100 000 000		NPV	(71 655)

互换期权定价模型　1进1

时间	互换利率	零息利率	期间	$DF(0,t)$		
1	5.000%	5.000%	0×1		d_1	-0.064 0
2	5.110%	5.113%	1×2	0.905 1	d_2	-0.264 0
3	5.300%	5.312%	2×3			
4	5.470%	5.494%	3×4			
5	5.600%	5.635%	4×5			
F	5.226%		$A=$	0.905 1		
σ	20.0%				$XN(-d_2)-FN(-d_1)$	0.005 160
T	1		名义本金	100 000 000	固定利率收取方互换期权	467 010
X	5.400%				(以基点表示)	46.7

图6-8　波动率为20%时，支付5.4%的固定利率的2ncl的价值

毫无疑问，通过计算剩余交易在可取消日的NPV决定是否取消交易是非常正确的方法。但是我们也可以用其他方法得到正确的结论。在图6-9中，我们计算了一个欧式2ncl的平价利率。在该2年期互换中我们支付固定利率并在1年后有权取消交易。如图所示，该交易的平价利率为5.346%。而如果我们今天不取消之前的交易，我们将继续在这个欧式2ncl中支付5.4%的固定利率。既然我们支付的固定利率高于2ncl的平价利率，我们就应该取消这个互换。①

① 如果我们按分析的结论取消该交易，但是想继续持有一个可取消互换的头寸该怎么办呢？如果这样的话，我们其实可以取消之前的支付5.40%的固定利率的互换，再到市场上以5.346%的固定利率进入一个新的2ncl。

时间	零息利率	远期利率	固定端现金流	固定端现金流现值	浮动端现金流	浮动端现金流现值
1	5.000%	5.000%	(5 345 697)	(5 091 140)	5 000 000	4 761 905
2	5.113%	5.226%	(5 345 697)	(4 838 302)	5 225 748	4 729 739
3	5.312%	5.712%	0	0	0	0
4	5.494%	6.041%	0	0	0	0
5	5.635%	6.202%	0	0	0	0
				(9 929 442)		9 491 644
					固定利率收取方互换期权	437 798
		固定利率	5.346%			
		名义本金	100 000 000		NPV	(0)

互换期权定价模型　　1进1

时间	互换利率	零息利率	期间	$DF(0,t)$		
1	5.000%	5.000%	0×1		d_1	−0.013 5
2	5.110%	5.113%	1×2	0.905 1	d_2	−0.213 5
3	5.300%	5.312%	2×3			
4	5.470%	5.494%	3×4			
5	5.600%	5.635%	4×5			
F	5.226%		$A=$	0.905 1		
σ	20.0%				$XN(-d_2)-FN(-d_1)$	0.004 837
T	1		名义本金	100 000 000	固定利率收取方互换期权	437 798
X	5.346%				(以基点表示)	43.8

图 6-9　波动率为 20%时，2nc1 的平价利率

案例 2

现在我们分析一个稍微有点变化的案例。假设 1 年以后利率曲线仍然是表 6-1 中的情况，但是假定此时的 1 进 1 互换期权的波动率是 25%而不是 20%。也就是说案例 2 较案例 1 唯一的变化就是波动率变得更高了。这会影响我们的结论吗?

答案是会。在 1 进 1 互换期权波动率更高这种情况下，1 年后我们最好不要取消交易。我们同样可以使用两种方法得到这个结论。第一种方法，计算在更高的波动率情况下 2nc1 的 NPV（图 6-10 显示，它为 22 623 美元)，因此我们不应取消这个互换交易。

另一种方法，在更高波动率的假设下，我们计算此时的 2nc1 的平价利率。根据图 6-11 中的计算，平价利率为 5.417%。由于我们可以以 5.4%的固定利率继续支付，而平价利率为 5.417%，所以最好不要取消交易。[①]

① 如果根据理性分析我们不应该取消交易，但是我们不想再持有该头寸了呢？这种情况下我们应该选择了结该交易，而不是取消它，因为对我们来说这笔交易的 NPV 是正值，如果了结交易的话，我们能够从交易对手那儿获得补偿。

时间	零息利率	远期利率	固定端现金流	固定端现金流现值	浮动端现金流	浮动端现金流现值
1	5.000%	5.000%	(5 400 000)	(5 142 857)	5 000 000	4 761 905
2	5.113%	5.226%	(5 400 000)	(4 887 451)	5 225 748	4 729 739
3	5.312%	5.712%	0	0	0	0
4	5.494%	6.041%	0	0	0	0
5	5.635%	6.202%	0	0	0	0
				(10 030 308)		9 491 644
					固定利率收取方互换期权	561 288
		固定利率	5.400%			
		名义本金	100 000 000		NPV	22 623

互换期权定价模型　1进1

时间	互换利率	零息利率	期间	$DF(0,t)$		
1	5.000%	5.000%	0×1		d_1	−0.006 2
2	5.110%	5.113%	1×2	0.905 1	d_2	−0.256 2
3	5.300%	5.312%	2×3			
4	5.470%	5.494%	3×4			
5	5.600%	5.635%	4×5			
F	5.226%		$A=$	0.905 1		
σ	25.0%				$XN(-d_2)-FN(-d_1)$	0.006 202
T	1		名义本金	100 000 000	固定利率收取方互换期权	561 288
X	5.400%				(以基点表示)	56.1

图 6-10　波动率为 25%时，5.4%的固定利率的 2nc1 的价值

这两个例子向我们展示了 1 年之后的取消决定不仅依赖于 1 年之后的利率水平，还依赖于当时的 1 进 1 互换期权的波动率水平。波动率越低，内嵌期权的价值就越小，不足以抵消普通互换交易的负值，那我们最好取消交易。而波动率越高的话，内嵌期权的价值越高，那我们最好就不要取消交易。

那么今天百慕大式 3nc1 可取消互换的价值是多少呢?① 这就很复杂了。我们前面分析

① 之前我们说过现在我们的头寸里有一笔支付 5.40%的固定利率的百慕大式 3nc1。但是我们并没有说这笔交易的 NPV 等于 0。这笔交易可能来自我们 1 年前交易的一个百慕大式 4nc1。1 年后的今天，我们决定不取消该交易。实际上，如果我们假设今天的市场利率如表 6-1 所示，并且 1 进 2 互换期权的波动率是 20%，那么我们可以确定不会取消该交易。在这个市场假设下，一笔欧式 3nc1 的固定利率为 5.654%。所以一个百慕大式 3nc1 的平价固定利率一定不会低于 5.654%。既然我们在现有的百慕大式 3nc1 交易中支付的固定利率 5.40%比平价利率更低，我们就可以断定今天不会取消交易。

过，1 年后是否取消该交易部分取决于当时的 1 进 1 互换期权的波动率。如果我们认为 1 年后 1 进 1 互换期权的波动率越高，今天的百慕大式 3nc1 的价值就越大。我们会在第九章中继续讨论这个概念。

时间	零息利率	远期利率	固定端现金流	固定端现金流现值	浮动端现金流	浮动端现金流现值
1	5.000%	5.000%	(5 417 254)	(5 159 289)	5 000 000	4 761 905
2	5.113%	5.226%	(5 417 254)	(4 903 067)	5 225 748	4 729 739
3	5.312%	5.712%	0	0	0	0
4	5.494%	6.041%	0	0	0	0
5	5.635%	6.202%	0	0	0	0
				(10 062 357)		9 491 644
				固定利率收取方互换期权		570 713
		固定利率	5.417%			
		名义本金	100 000 000		NPV	(0)

互换期权定价模型	1 进 1					
时间	互换利率	零息利率	时段	$DF(0,t)$		
1	5.000%	5.000%	0×1		d_1	−0.019 0
2	5.110%	5.113%	1×2	0.905 1	d_2	−0.269 0
3	5.300%	5.312%	2×3			
4	5.470%	5.494%	3×4			
5	5.600%	5.635%	4×5			
F	5.226%		$A=$	0.905 1		
σ	25.0%				$XN(-d_2)-FN(-d_1)$	0.006 306
T	1		名义本金	100 000 000	固定利率收取方互换期权	570 713
X	5.417%				(以基点表示)	57.1

图 6-11　波动率为 25%时，2nc1 的平价利率

6.3　指数摊销互换

指数摊销互换在 20 世纪 90 年代极为盛行，现在几乎不存在了。但是这种具有历史意义的交易值得我们在此讨论一下。它展示了互换市场的灵活性以及这个结构设计者的创造力。曾经很多地区性银行将指数摊销互换作为替代抵押债券的投资工具。① 在当时的会计准则下，一些金融机构使用了这种内嵌期权的互换却不需要进行每日盯市。这种现象当时

① 对指数摊销互换应用的进一步讨论可以参考 1994 年 2 月 24 日哈佛商学院案例研究的文章“Banc One Corporation”。

引起了人们很大的担忧。[①] FAS（美国财务会计准则）133 随后对衍生品会计规则进行了大幅调整。指数摊销互换估值的难度是众所周知的，有时不同做市商报价的差异是惊人的。[②]

6.3.1 交易介绍

指数摊销互换是一种名义本金会按照预设计划减少的互换。这个预设计划挂钩重置日的参考利率水平（例如 3 个月 LIBOR）。虽然这种预设计划是在交易时双方就协定好的，但是交易存续期内实际的摊销还取决于参考利率的路径。交易还可能有一个锁定期，在锁定期内本金不会摊销。[③]

我们通过一个例子说明指数摊销互换是如何运作的。假设有一笔本金为 1 亿美元的 5 年期指数摊销互换，锁定期为 1 年。第 1 年互换的本金没有摊销。假设参考利率是 3 个月 LIBOR，基准利率为 5.25%。1 年后的每个付息日，我们观察 3 个月 LIBOR 的水平，并根据表 6-5 所示的预定计划决定摊销多大比例的剩余本金。[④] 如果 3 个月 LIBOR 没有落在表中的数字上，我们就使用线性插值法决定摊销的比例。例如，如果 LIBOR 在锁定期后的一个重置日为 4.75%，那么 75%的剩余名义价值将会被摊销。在摊销指数互换中，投资者通常收取固定利率并支付浮动利率给做市商。

表 6-5　　指数摊销互换的预设计划

3 个月 LIBOR 利率	剩余本金的摊销比例
≤基准利率－100 基点	100%
基准利率	50%
≥基准利率＋100 基点	0%

现在让我们看一下这种预设计划对于收取固定利率的投资者意味着什么。一方面，当债市上涨利率下降时，收取固定利率的投资者获益。然而，随着利率下降，按照预设计划，本金将面临很大比例的摊销，这对投资者是不利的。[⑤] 也就是说，虽然投资者可以在低利率时期收取一个较高的固定利率，但是收取固定利率对应的名义本金却在不断减少。

另一方面，当债市抛售利率上涨时，收取固定利率的投资者受损。然而，随着利率上涨，按照预设计划，剩余名义本金会比交易期初利率远期预测的剩余名义本金大。

指数摊销互换中收取固定利率一方与抵押贷款债券购买方有很多相似之处：二者都表现出负凸性，即当债券上涨我们不希望交易缩短时，交易恰恰缩短了；而在债券下跌我们

---

① 一个例子就是 1995 年 3 月 25 日财富杂志的文章“Untangling the Derivatives Mess”。

② 我们应该使用“夸张”来描述不同做市商对指数摊销互换定价的差异。在互换市场，如果客户要求几个做市商对一笔交易竞价，按行规客户应该告诉竞价失败的做市商交易最后以什么价格成交。有时，胜出的做市商与失败的做市商的报价水平差异如此之大（15 基点甚至 20 基点的差异）以至于失败的做市商无论怎么调整自己模型的参数都无法算出这样的价格。实际上，一些交易中胜出的做市商的报价水平已经超出了无风险套利边界。这说明这些做市商的定价模型是有缺陷的。

③ 指数摊销互换与摊销互换不同。摊销互换的本金是按照一个提前确定好的计划进行摊销，未来的本金摊销没有不确定性。而指数摊销互换的本金摊销速度是不确定的，主要取决于交易存续期内挂钩参考利率的路径。

④ 这里的预设计划是一个简化的例子，实际交易中的预设计划会更复杂。

⑤ 这里隐含的假设是当债券上涨时，所有的利率下跌，包括 3 个月 LIBOR。在债券上涨时，即使 3 个月 LIBOR 的即期利率没有下跌，市场上远期 LIBOR 也会下跌。指数摊销互换的定价模型在这种情况下会根据下跌的远期预测各阶段的名义本金。

不希望交易延长时，交易延长了。① 指数摊销互换的投资者通过收取比普通互换更高的固定利率来补偿自己承担的负凸性。

指数摊销互换是 20 世纪 90 年代互换市场与抵押债券市场竞争的结果。也就是说，指数摊销互换是模仿抵押贷款证券的特性（例如负凸性）设计出来的交易，能给投资者带来高收益（即高票息）。② 喜欢投资抵押贷款债券的投资者有时也会发现指数摊销互换产品方面更好的投资机会，这取决于抵押贷款债券和互换市场中期权的相对价值。③

6.3.2 指数摊销互换定价

指数摊销互换的定价极其复杂，已经超出本书讨论的范围。④ 在剩余本金的基础上继续摊销本金的特性说明这种互换的价值是依赖于利率的变动路径的。作为佐证，我们看到 20 世纪 90 年代中期做市商对指数摊销互换的报价经常千差万别。

指数摊销互换模型通常没有解析解。如果我们在二叉树框架下（树中的节点代表交易期内可能观测到的利率）想象如何对指数摊销互换定价的话，问题就会非常复杂。在每个节点上我们除了需要跟踪其他指标外，还需要跟踪 3 个月 LIBOR 走过的路径（既为了根据预设计划计算摊销额，又为了确定互换交易的浮动利息）。我们可能根据互换市场上的隐含波动率来计算二叉树中利率变动的幅度。这是决定交易存续期内 LIBOR 和互换利率可能存在的路径的关键市场参数。我们可以使用这样的方法计算使得指数摊销互换的 NPV 为 0 的固定利率。

6.3.3 指数摊销互换和可取消互换的关系

对于具有相同到期日和相同锁定期（指数摊销互换不能摊销的时期，可取消互换不能取消的时期）的指数摊销互换和可取消互换，可取消互换的固定利率必须高于指数摊销互换的固定利率。我们对这个结论做一个直观的解释。可取消互换比指数摊销互换更具有“可赎回性”。可取消互换的名义本金可能在某一个时刻直接从 100%变为 0%，而且通常是在对固定利率收取方不利的时候。虽然指数摊销互换的剩余名义本金也可能会很快消失，但是通常情况下，由于每次都是摊销部分本金，所以每次的摊销都没有那么剧烈。两种交易的摊销都会在对固定利率收取方不利的情况下发生，但是可取消互换的摊销更两极分化，要么全部摊销要么就不摊销，而指数摊销互换只会部分摊销。

图 6 - 12 展示了指数摊销互换固定利率在基准利率不同的情况下与可比可取消互换固定利率的关系。两种交易的到期日均为 3 年，且锁定期都是 1 年。1 年期和 3 年期互换的

---

① 本交易与期权空头（例如可取消互换中内嵌的期权空头）的负凸性有着微妙的不同。在可取消互换中，交易的一方向另一方卖出一个期权，期权的买入方可以自由决定是否行权（从而取消交易）。但在指数摊销互换中，交易双方都不拥有期权。剩余本金的摊销不是由交易一方执行期权决定的，而是完全由市场上参考利率的变化决定的。

② 指数摊销互换与抵押贷款债券有一些不同点。比如，抵押贷款债券中的本金减少主要是提前还款造成的，而提前还款比较难预测。而指数摊销互换的摊销主要是单一挂钩利率决定的，通常挂钩的是 3 个月 LIBOR。虽然预测 3 个月 LIBOR 也不是容易的事，但是有些投资者还是喜欢指数摊销互换的现金流只与 LIBOR 挂钩这种特点。

③ 换一种说法，指数摊销互换相比抵押贷款债券的吸引力的大小主要取决于互换市场和抵押贷款债券市场中的隐含波动率的高低。通常来讲，互换期权的波动率相对抵押贷款债券的波动率越高，指数摊销互换相对越有吸引力。

④ 对于指数摊销互换的进一步讨论可以参考 Longstaff 和 Schwartz（2001），Fernald（1993 - 1994），Galaif（1993-1994）和 Flavell（2010）。

利率水平也展示在图中。图中越往右代表基准利率设置得越高。我们重新看一下表 6-5，思考一下这意味着什么。如果基准利率设置得非常高，那么几乎可以确定指数摊销互换在第一次就会完全摊销。也就是说，指数摊销互换将在第 1 年后完全摊销。所以如果基准利率在这个范围，指数摊销互换的固定利率就非常接近 1 年期互换利率。而另一个极端是，在图的左边，基准利率设置得非常低。在基准利率非常低的情况下，指数摊销互换基本不会有摊销发生。在这种情况下，指数摊销互换将会成为 3 年期利率互换。可以发现，在这个范围内指数摊销互换的利率非常接近普通 3 年期互换的利率。

在图 6-12 中间的区域指数摊销互换就变得有趣了。当基准利率设置在中等水平时，本金的摊销就变得越来越不确定，因而固定利率收取方卖空的负凸性的价值变大了。在这个区域，指数摊销互换的固定利率开始显著高于 1 年期和 3 年期互换利率。设计指数摊销互换结构的人的工作是找到一个能够带来高固定利率的预设计划，从而吸引投资者。我们还可以发现，在任何情况下，指数摊销互换的固定利率都比可取消互换的固定利率低。[1]

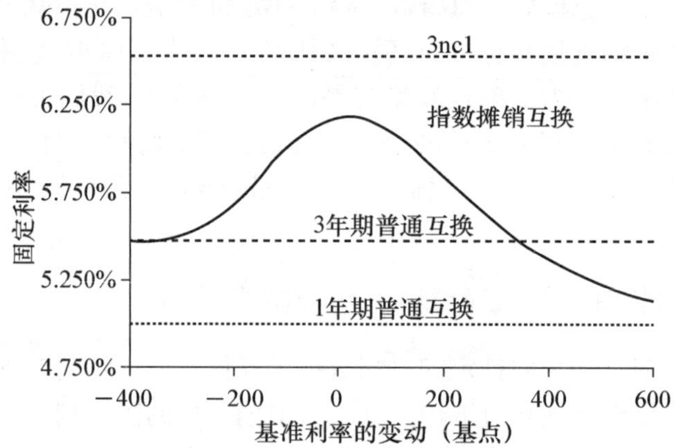

图 6-12　指数摊销互换基准利率变动的情况下，指数摊销互换、可取消互换以及普通互换的固定利率的比较

回报比较

图 6-13 展示了 1 年期普通互换、3 年期普通互换、3ncl，以及 3 年期的指数摊销互换（锁定期为 1 年）的回报曲线。[2] 1 年期和 3 年期普通互换的回报曲线用直线表示。由于长期限互换具有更高的 PV01，因此 3 年期互换对利率变化更敏感，斜率比 1 年期互换大。深折线表示 3ncl。在低利率环境下，3ncl 的回报曲线平行于但高于 1 年期互换的回报曲线，但是低于 3 年期互换的回报曲线。在高利率环境下，3ncl 的回报曲线平行于但高于 3 年期互换的回报曲线，但低于 1 年期互换的回报曲线。直观的解释是：随着利率下降，3ncl 更可能被取消，因此其表现更像 1 年期互换。由于 3ncl 的固定利率高于 1 年期互换

① 我们前边提到过，有些从业者还记得 20 世纪 90 年代中期至少有一家做市商会时常报出超过这些边界值的报价。尤其是报出的指数摊销互换的固定利率时常比百慕大式可赎回互换的固定利率还高，这很可能是因为其使用的指数摊销互换定价模型有错误。

② 我们之前没有讨论过互换回报的概念。为了讨论方便，这里我们将互换回报定义为：持有至今的净利息收入加上当前的盯市市值，除以互换的本金。

的固定利率，因此 3ncl 的回报曲线高于 1 年期互换的回报曲线。如果我们收取固定利率，那么当债市走高利率走低时，我们希望持有的互换保持不变从而获得更大的 PV01，这就是在这种情况下 3 年期互换的回报曲线更高的原因。

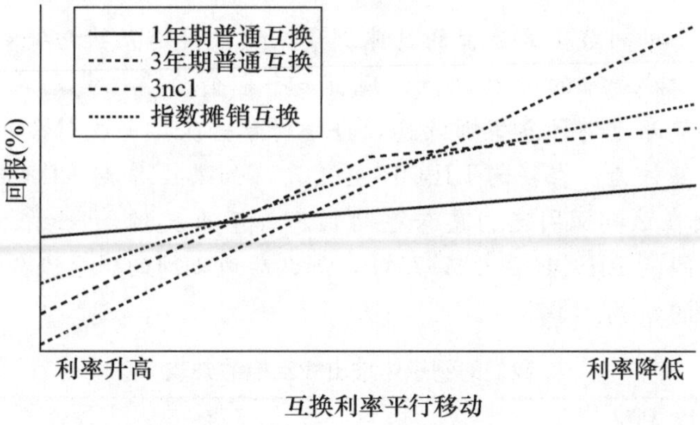

图 6-13　普通互换、可取消互换和指数摊销互换之间的回报比较（图形未按比例绘制）

相反，如果债市抛售利率走高，那么 3ncl 很可能将不会被取消，因此会表现得更像一个 3 年期互换。由于 3ncl 的固定利率高于 3 年期互换的固定利率，因此 3ncl 的回报曲线在这个区域高于 3 年期互换。如果我们收取固定利率，那么在债市抛售的情况下，我们希望持有的互换的 PV01 更小，这就是在这种情况下 1 年期互换的回报更高的原因。

总之，如果我们在 3ncl 交易中收取固定利率，那么当债市上涨时，虽然我们希望这时我们持有的是 3 年期互换，但是 3ncl 表现得更像 1 年期互换。当债市抛售时，虽然我们希望我们持有的是 1 年期互换，但是 3ncl 表现得更像一个 3 年期互换。只有当利率变动不太大时，3ncl 才会表现得优于 1 年期和 3 年期互换。图中的虚折线代表的是指数摊销互换的回报曲线，它没有可取消互换的曲线那么极端。

6.4　敲出式互换

敲出式互换是一种固定利率换浮动利率的互换。在该互换中，如果挂钩的参考利率达到一定水平，则某一方或双方的现金流会被“敲出”（即不需要支付这笔现金流）。敲出式互换有很多类型，包括期间敲出式互换（一个付息周期的现金流被敲出并不影响后续付息周期的现金流）和完全敲出式互换（一旦参考利率达到一定水平，所有的后续现金流就都将被敲出）。虽然这种交易最流行的时代已经过去了，但是今天我们还能在市场上看到它们。

在做市商与客户的敲出式互换交易中，通常客户收取固定利率。一般来说，参考利率设置的敲出水平比即期利率和（用来定价的）远期利率都要低。在这种情况下，只有当债市上涨利率走低时，互换才会被敲出。对于普通利率互换的固定利率收取方来说，当利率走低时，利率互换的价值增加。但正是在这种情形下，敲出式互换被敲出，固定利息不再支付。为了对敲出式互换的固定利率收取方进行补偿，敲出式互换的固定利率应该高于普通利率互换。敲出式互换的固定利率收取方之所以愿意进行交易，是因为他不认为参考利率会低到能够敲出现金流的水平，他愿意承担这种风险以换取高固定利率。

案例

我们来分析一个期间敲出式互换的具体例子。假设目前互换曲线如表6-1所示，同时假设基础波动率曲线是平的，为20%。现有一个本金为1亿美元的4年期互换，客户收取固定利率，按债券市场计息规则计息，每年付息一次，并支付1年期LIBOR给做市商。该互换的敲出条件为：在任何LIBOR重置日，如果1年期LIBOR低于或等于敲出触发值4.75%，则在该期间固定利息与浮动利息都不再支付。① 如果支付在一个期间被敲出，但是随后期间的LIBOR高于4.75%，那么后边期间的现金流会继续支付。表6-6总结了该互换交易的结构。

表6-6　我们的例子中敲出式互换的条款

做市商支付	固定利率
客户支付	1年期LIBOR
名义本金	1亿美元
到期期限	4年
支付频率	双边都是按年付息
计天规则	双边都按30/360
敲出条款	如果任何一个利率重置日的1年期LIBOR小于或者等于4.75%，那么这一期间双方都不需要支付利息。

图6-14展示了从做市商的角度看每年的净利息收入与LIBOR的关系。② 基于今天LIBOR［用$L(0,1)$表示］的第1年年末的净现金流是确定的，可以表示为③

$$名义本金\times[L(0,1)-固定利率]$$

在接下来的几年里，图6-14中所示的头寸相当于这样一揽子交易④：

（1）一个普通的利率互换交易，支付固定利率，收取LIBOR；

（2）一笔利率下限多头，执行利率为4.75%；

（3）一笔二元利率下限多头，执行利率为4.75%，收付额为固定利率与敲出触发值4.75%之间的差异。也就是说，如果LIBOR的重置水平低于4.75%，则这笔期权行权后将支付固定利率－4.75%，否则支付零。这里的固定利率就是我们在这个交易中要求解的固定利率。

---

① 举例说明，如果1年后LIBOR重置为4.75%，那么2年后将不会有现金流交割。

② 在图6-14中，我们怎么知道求解的敲出式互换的固定利率会高于4.75%呢？现在假设该固定利率低于或者等于4.75%，并假设做市商在1年期互换中收取平价固定利率5%，并在敲出式互换中支付固定利率。在第1年年末做市商在1年期互换交易中收取5%的固定利率，并在敲出式互换中支付固定利率（由于第1年年初LIBOR重置为5%，因此第一期现金流不会被敲出），那么第1年是正的净现金流。在以后年份，如果LIBOR重置水平高于4.75%，则做市商支付固定利率收取LIBOR，这也是正的现金流。如果LIBOR重置水平低于4.75%，则互换在该期被敲出，没有现金流。这就形成了无风险套利机会，因此这种情况不会发生。

③ 今天的LIBOR为5%，高于敲出触发值4.75%。因此第1年年末的现金流没有被敲出。

④ 关于如何定价由一组期权和现货组成的交易，请参考附录A。

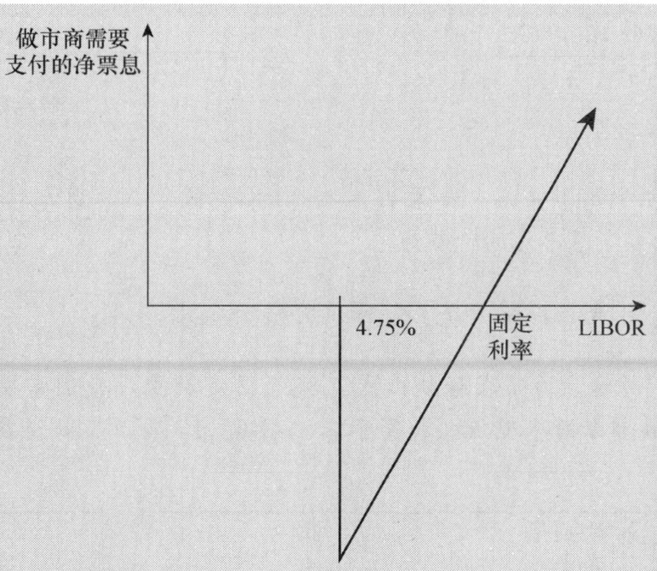

图 6-14　在后 3 年中，敲出式互换每期的净票息与 LIBOR 的关系

为了验证由这三笔交易组成的一揽子交易等价于图 6-14 中的收付额，我们来分析一下这三笔交易在到期日的收付额，如表 6-7 所示。该表显示，当 LIBOR 大于 4.75%时，做市商需要为这三笔交易的组合支付固定利率收取 LIBOR，否则，没有票息支付。

表 6-7　从做市商的角度看，敲出式互换等同于一个组合，该组合包括一个普通的支付固定利率互换交易、一个利率下限，以及一个二元利率下限

	LIBOR≤4.75%	LIBOR>4.75%
支付固定利率互换交易	LIBOR－固定利率	LIBOR－固定利率
利率下限	4.75%－LIBOR	0
二元利率下限	固定利率－4.75%	0
净现金流	0	LIBOR－固定利率

这一揽子交易的每个组成部分都很容易估值。在支付固定利率的互换交易中，t_{i+1}时刻收到的现金流的现值为

$$\frac{\text{名义本金}}{[1+\mathrm{zc}(t_{i+1})]^{t_{i+1}}}\times[f(t_i+t_{i+1})-\text{固定利率}]$$

其中，固定利率等于我们正在求解的敲出式互换中的固定利率，$f(t_i,\ t_{i+1})$ 是在时刻 t_i 重置的远期 LIBOR 利率。

我们可以使用公式（4.15）中的 Black 模型计算 t_i 时刻重置 t_{i+1} 时刻支付的利率下限单元的价值：

$$\frac{\text{名义本金}}{[1+\mathrm{zc}(t_{i+1})]^{t_{i+1}}}\times[XN(-d_2)-f(t_i+t_{i+1})N(-d_1)] \tag{6.3}$$

其中

$$d_1=\frac{\ln[f(t_i,t_{i+1})/X]+\sigma_{t_i}^2 t_i/2}{\sigma_{t_i}\sqrt{t_i}} \tag{6.4}$$

$$d_2=d_1-\sigma_{t_i}\sqrt{t_i} \tag{6.5}$$

X 为敲出触发值 4.75%。最后，如果 t_i 时刻 LIBOR 低于 X，则 t_{i+1} 时刻支付（固定利率－X）的二元利率下限单元的价值为

$$\frac{名义本金}{[1+\text{zc}(t_{i+1})]^{t_{i+1}}}\times N(-d_2)\times[固定利率-X]$$

d_2 如公式（6.5）所示。为了求解敲出式互换的固定利率，我们需要找到一个固定利率使得这三个组成部分的净现值之和等于零。图 6－15 展示了如何在电子表格中迭代求解。

时间	零息利率	远期利率	d_1	d_2
1	5.000%	5.000%	n/a	n/a
2	5.113%	5.226%	0.577 3	0.377 3
3	5.312%	5.712%	0.793 6	0.510 7
4	5.494%	6.041%	0.867 4	0.521 0

时间	固定端现金流现值	浮动端现金流现值	利率下限	二元利率下限
1	(5 628 218)	4 761 905	n/a	n/a
2	(5 348 708)	4 729 739	184 329	370 482
3	(5 059 689)	4 890 656	194 210	302 586
4	(4 771 429)	4 877 792	214 358	281 988
	(20 808 044)	19 260 092	592 896	955 056
			NPV	0

波动率	20%
敲出触发值	4.75%
名义本金	100 000 000
固定利率	5.910%

图 6－15　敲出式互换固定利率求解

如该图所示，固定利率为 5.91%，比 4 年期互换利率提升 44 基点（＝5.91%－5.47%）。该敲出式互换的固定利率收取方认为 LIBOR 在任何期间都不会重置在 4.75% 以下。虽然低的 LIBOR 通常有利于固定利率收取方，但在这种交易中，他愿意在 LIBOR 低于敲出触发值的时候放弃高的净收付。作为对承担这种风险的补偿，固定利率收取方将获得比普通 4 年期互换高 44 基点的固定利率。

图 6－16 展示了敲出式互换的固定利率是如何随着敲出触发值的变化而变化的。如果敲出触发值很高，那么在后 3 年中每一个 LIBOR 重置水平低于敲出触发值的概率都

很大，在这种情况下1年之后每年都会被敲出。[①] 也就是说，对于很高的敲出触发值，基本可以确定互换只会在1年后根据今天的LIBOR值支付一次票息。因此，我们预计敲出式互换的票息将非常接近今天的1年期互换利率5%，如图6-16所示。

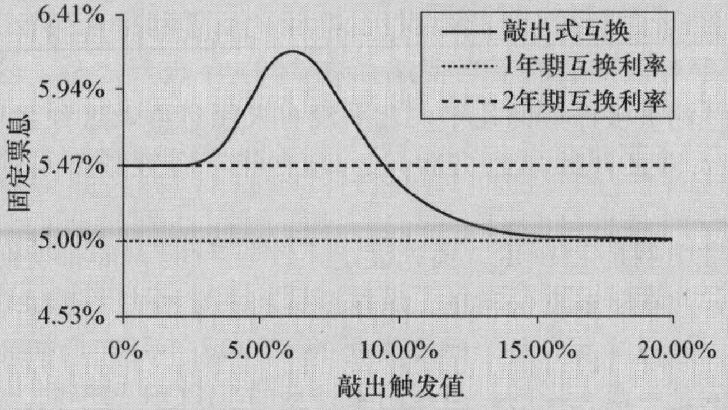

图6-16　敲出式互换的固定票息与敲出触发值之间的关系

相反，随着我们将敲出触发值不断降低，我们也降低了随后3年中LIBOR设定值低于敲出触发值的概率。也就是说，对于非常低的敲出触发值，很可能互换在任何一个期间都不会被敲出。在这种情况下，互换便与一个普通的4年期互换十分相似。因此，我们预计敲出式互换的利率将非常接近今天4年期互换的利率5.47%。

对于中间区域的敲出触发值，每个期间互换被敲出的不确定性会更大。在这种情况下，在敲出式互换交易中收取固定利率的投资者需要收到更高的利息来补偿承担的风险。衍生品的设计者会尽力找到一个既能提高票息，又符合投资者的市场观点的敲出触发值。

6.5　有凸性调整的互换

对于很多从业人员来说，凸性调整是一个微妙的概念。互换市场中的很多情形都需要进行凸性调整。[②] 我们已经在第三章中讨论过一种需要凸性调整的情形——使用欧洲美元期货对互换定价。利率本身是通过有凸性的产品定义的，如果一个互换的收付额是这个利率的线性函数，就有必要对远期隐含的利率进行凸性调整。举例来讲，假设我们与交易对手达成一笔互换，交易一方支付固定利率，另一方支付10年期CMS利率。在这种情况下，这个互换交易包含一个与10年期CMS利率呈线性关系的收付额：10年期CMS利率移动1基点，收付额就移动1基点。

但是根据定义，10年期CMS利率是根据每天特定时间测定的10年期互换利率来确定的一个浮动利率。我们在第三章讨论过，互换具有凸性。因此，10年期互换利率每移动1基点，10年期CMS利率就移动1基点。由于互换产品的凸性，随着利率变动，1基点对10年期互换的估值的影响也在变动。所以，这种情况就需要进行凸性调整（由于利

---

① 在本图中，我们假设无论敲出触发值是多少，第1年年末都会有票息支付。

② 如果需要了解有凸性调整的互换定价的细节，请参考Hull（2008），Pugachevsky（2001）和Hagan（2003）。

率互换的凸性，对 CMS 定价进行调整)。凸性调整的存在一般不容易被注意到，在这里我们通过几个例子更好地说明这一点。

6.5.1 后置利率互换

后置利率互换经历了几轮兴衰。20 世纪 90 年代后置利率互换极为流行。但是随着奥兰治县因在投资中对衍生品的不当使用而在 1994 年破产之后，这种交易淡出了人们的视野。[①] 在奥兰治县破产后的几年，几乎没有人愿意再做这种名声不佳的交易。但是随着时间推移，人们又开始愿意去冒险。2000 年，后置利率互换再次成为流行的交易。

互换市场的标准惯例是 LIBOR“预先设定，款项后付”，即每期期初设置 LIBOR 利率，以此计提利息，并在期末支付利息。而在后置利率互换中，浮动端的 LIBOR 设置和支付都在每期期末。这意味着，每个季度支付的 LIBOR 不是在期初而是在期末设置的。两种情况的计息时间是一模一样的，但是用来计息的 LIBOR 却不同。图 6－17 展示了这种差异。

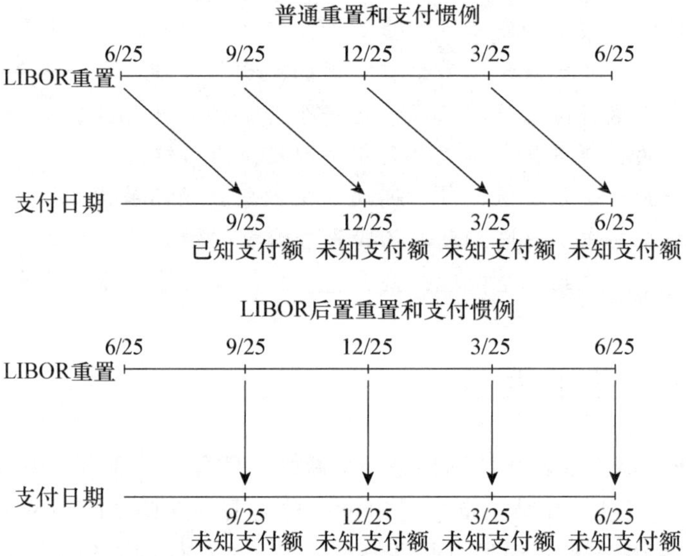

图 6－17 普通利率互换与利率后置互换中 LIBOR 设置的比较

在我们为后置利率互换定价时，浮动现金流是根据期末设置的 LIBOR 远期利率计算的，如图 6－18 所示。此图是根据典型的例子绘制的，其中互换利率曲线来自表 6－1，这条曲线是向上倾斜的，因此 LIBOR 远期曲线也是向上倾斜的。我们尝试阐明这幅图的含义。假设在我们的例子中，基于互换曲线，我们用剥离法得到 LIBOR 远期曲线。前三个 LIBOR 远期被用来对普通利率互换进行定价，在图 6－18 中用“×”来表示。该互换的固定利率就是使其 NPV 为 0 的利率，也就是使固定现金流的现值等于（基于这三个 LIBOR 远期的）浮动现金流现值的利率。

① 奥兰治县投资了挂钩高度复杂和高杠杆衍生品的债券。这些衍生品交易表现不佳，致使奥兰治县在 1994 年不得不宣布破产。关于奥兰治县的破产我们会在第七章中谈及更多。

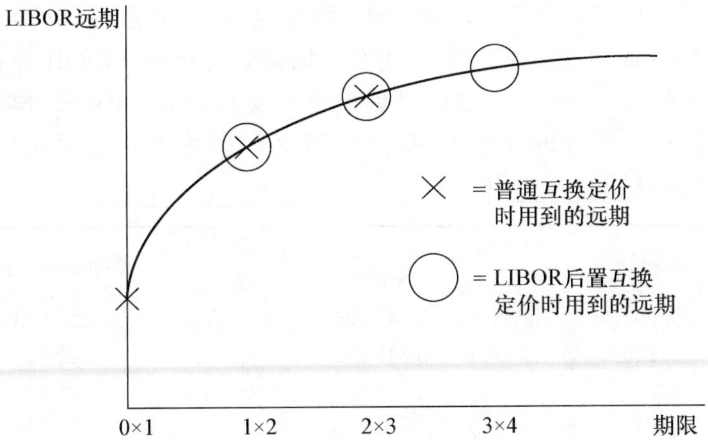

图 6-18　3 年期后置利率互换和 3 年期普通利率互换定价时用到的 LIBOR 远期

但是在后置利率互换中，我们将使用一组不同的 LIBOR 远期来定价。与普通互换不同，后置利率互换需要使用随后每期的 LIBOR 远期进行定价。在图 6-18 中，用“○”表示这三个 LIBOR 远期。

我们观察图 6-18，看一下后置利率互换与普通互换定价有什么不同。首先，后置利率互换没有使用 0×1 的 LIBOR 远期（即今天的 1 年期 LIBOR 即期）为互换定价，而是在最后一期使用了一个更远的 LIBOR 远期（最右边的“○”），而普通互换并没有用到这个远期。如果远期曲线向上倾斜，那么后置利率互换将会用一个相对高的远期替换一个相对低的远期。事实上，在每期，用来为后置利率互换定价的远期总是高于为普通互换定价的远期。虽然这两种互换使用相同的一部分远期来定价，但是当远期曲线向上倾斜时，后置利率互换每期“支付”的远期都比普通互换高。

所有这些因素表明，当互换曲线向上倾斜时，后置利率互换支付的固定利率应高于普通互换支付的固定利率。在我们的例子中，互换曲线如表 6-1 所示。我们构建一个 3 年期的后置利率互换模型（如图 6-19 所示）。标有“后置 LIBOR”的列显示的是用于对互换进行定价的三个远期。浮动现金流由这三个远期决定，并且使用合适的零息利率进行折现。① 该互换的固定利率是使得互换交易的 NPV 为 0 的利率，即 5.645%。

3 年期 LIBOR 后置利率互换的固定利率为 5.645%，比 3 年期互换的固定利率 5.30% 高 34.5 基点。对于固定利率收取方来说，后置利率互换极具吸引力。假设曲线向上倾斜，如果固定利率收取方愿意支付后置 LIBOR 的话，那么他可以收到一个高得多的固定利率。通常互换曲线越陡，固定利率的提升幅度就越大。在 20 世纪 90 年代初，LIBOR 后置利率互换是非常受公司欢迎的，这些公司发行固定利率债券，并且通过互换将固定利率负债转变为浮动利率负债。通过支付后置 LIBOR，公司可以收到更高的固定利率，这似乎改善了合成的浮动利率负债。根据图 6-19 中定价的后置利率互换，图 6-20 展示了这种债务安排。如图所示，假设公司发行了 3 年期的固定利率债券，利率为 $T+50$ 基点。如果公司进入一笔普通利率互换，它收到的固定利率为 $T+25$ 基点

① 虽然该互换的 LIBOR 是后置的，但是这并不意味着我们使用不同的零息利率折现现金流。与往常一样，我们应该使用与现金流位于同一行的零息利率计算现金流的现值。

（如表 6－1 所示，在我们的例子中，3 年期互换基差为 25 基点）。这为公司构建了一个 LIBOR＋25 基点的合成浮动利率融资。或者，如果公司进入 LIBOR 后置利率互换，则能在固定利率上多收 34.5 基点。也就是说，公司支付后置 LIBOR 并收取 $T+59.5$ 基点。这意味着，相对于发行的 $T+50$ 基点的固定利率债券，公司可以合成一个后置 LIBOR－9.5 基点的浮动利率负债。

时间	零息利率	远期利率	LIBOR 后置	固定端现金流	固定端现金流现值	浮动端现金流	浮动端现金流现值
1	5.000%	5.000%	5.226%	5 645 330	5 376 504	5 225 748	4 976 903
2	5.113%	5.226%	5.712%	5 645 330	5 109 495	5 712 202	5 170 021
3	5.312%	5.712%	6.041%	5 645 330	4 833 401	6 041 364	5 172 477
4	5.494%	6.041%		0	0	0	0
					15 319 401		15 319 401
			固定利率	5.645%	NPV	0	
			名义本金	100 000 000			

图 6－19　3 年期 LIBOR 后置利率互换的定价

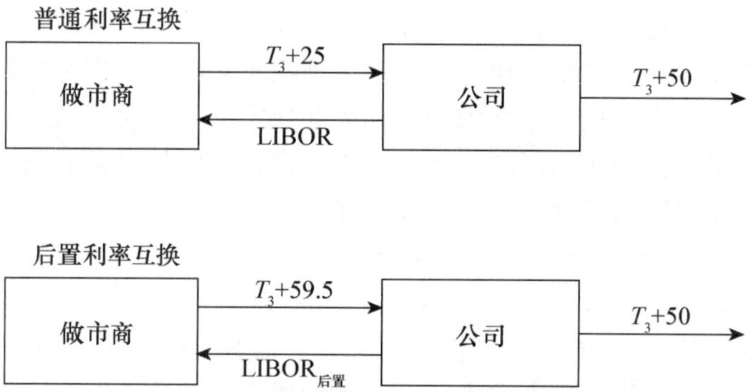

图 6－20　公司发行固定利率债券后，用普通利率互换或后置利率互换将其转化为挂钩 LIBOR 的负债的比较

公司构建的合成浮动利率负债看起来确实是更好的，但代价是相对于普通互换，后置利率互换会带来不同的风险。如果在互换的整个存续期内 LIBOR 是不断上升的，那么相比普通互换，公司必须支付更高的浮动利率。①

虽然在 20 世纪 90 年代中期非常受欢迎，但是到了 1995 年，后置利率互换几乎消失了。这主要基于几个原因。首先，我们提到由于使用复杂衍生品，奥兰治县投资组合破产（第七章会讨论），之后大量的投资者除了普通衍生品外不再投资其他产品。其次，我们刚才提到，虽然后置利率互换的高固定利率能够使合成的浮动利率融资更具吸引力，但是如果在互换存续期内 LIBOR 利率确实上升了，那么后置利率互换支付的浮动利率将会大幅

① 如前所述，除了第一期利率，普通利率互换的重置的 LIBOR 利率也是后置利率互换重置的 LIBOR 利率。区别就是重置之后何时支付。当然，后置利率互换需要在普通利率互换结束后再重置一个利率。

提高。[①] 这正好是美联储在 1994 年开始加息后发生的。进行后置利率互换的公司原本以为固定利率的提升大幅降低了它们的融资成本，现在却只能紧张地盯着 LIBOR 越来越高，因此在这之后对该产品的兴趣消失殆尽。

从此之后，后置利率互换的使用就断断续续。当互换曲线比较陡峭的时候（以及隐含波动率高的时候），后置利率互换能够带来的固定利率提升就比较显著，投资者对该产品的兴趣就增强。但当利率曲线相对比较平缓并且隐含波动率比较低的时候，后置利率互换带来的收益提升就有限，因此投资者对该产品的兴趣也较小。

LIBOR 后置利率互换的凸性调整

我们在图 6－19 中计算的固定利率与 LIBOR 后置利率互换实际交易的固定利率并不完全一致，原因有些微妙，主要跟 LIBOR 的设置与市场惯例不同有关。我们知道，对于普通的利率互换，LIBOR 是在每个期间的期初设置的，而对于后置利率互换，LIBOR 是在每个期间的期末设置的。这个差异需要我们在图 6－19 中计算的后置利率互换固定利率的基础上向上调整。这种调整称为凸性调整。

展示后置利率互换凸性调整的最好方法是分析一个例子。假设互换的两端都是按年支付利息，并且假设我们剥离互换利率曲线得到如下远期利率：

$$f(0,1)=5\%，f(1,2)=6\%，f(2,3)=7\%$$

也就是说，今天的 1 年期 LIBOR 是 5%，LIBOR 的 1 年远期利率是 6%，LIBOR 的 2 年远期利率是 7%。

现在我们来对一个 1 年期后置利率互换进行定价（我们用 0×1 LIBOR 后置利率互换来表示）。此互换唯一的一个 LIBOR 设置是在 1 年之后。现在，我们可以继续用图 6－19 中类似的方法构建后置利率互换的模型。这个模型将会算出一个 6%的固定利率：因为这个后置利率互换仅有一个 LIBOR 设置，而远期利率表明这个 LIBOR 会是 6%，因此这个模型给出的固定利率等于 6%。

但是事实上，这个互换的实际固定利率不能为 6%，原因就是凸性调整。为了证明这个 0×1 互换的固定利率不能是 6%，我们先假设该固定利率就是 6%，然后证明这样会导致无风险套利。假设我们在 0×1 LIBOR 后置利率互换中支付固定利率 6%，那么看一下如何用普通互换对冲这个头寸。假设我们通过在 1×2 普通互换中收取固定利率来对冲这个后置利率互换。这是一个远期互换，起息日为 1 年后，在第二年年末支付现金流。现在，我们继续用我们的模型计算这个 1×2 互换的固定利率，很显然这个固定利率是 6%。在我们的远期互换模型中，只有一个浮动利息，其对应的远期利率为 6%，因此，我们计算的固定利率也将是 6%。

需要注意的是两种互换的 LIBOR 设置是一模一样的。0×1 LIBOR 后置利率互换和 1×2 互换的 LIBOR 设置都在 1 年后。然而，这两种互换的差异在于何时能收到现金流：0×1 LIBOR 后置利率互换在 1 年后支付现金流，而 1×2 互换在 2 年后支付现金流。如果我们交易了 1 亿美元本金的 0×1 后置利率互换，则需要交易 1 亿美元×1.06＝1.06 亿美

① 有些人也认为这种风险被夸大了，因为除了最后一期 LIBOR 的设置外，后置利率互换的每期 LIBOR 的设置都能对应一期普通利率互换的设置。

元的 1×2 互换，才能使两种互换在到期时产生的现金流的现值相等。[①]

因此假设我们在本金为 1 亿美元的 0×1 后置利率互换中支付 6%的固定利率，并且在本金为 1.06 亿美元的 1×2 远期互换中收取 6%的固定利率。假设我们持有这两笔交易 1 年时间。我们来看一下 1 年之后每笔交易的价值与 1 年后 1 年期 LIBOR 的关系。我们考虑如下三种情景：

情形一：1 年之后，1 年期 LIBOR 设置为 5%。

我们来看一下 1 年后每笔交易的价值是多少。在 1 年期 LIBOR 为 5%的情况下，我们在 0×1 后置利率互换中收取 5%的利率，但是要支付 6%的固定利率。这些利息将会在此时支付。因此后置利率互换的净现金流是

$$1\text{ 亿美元}\times(5\%-6\%)=1\text{ 亿美元}\times(-1\%)=-100\text{ 万美元} \tag{6.6}$$

现在我们看一下用来对冲后置利率互换的 1×2 远期互换的价值。在 1 年期 LIBOR 为 5%的情况下，我们将在 1.06 亿名义本金的基础上收取 6%的利率并且支付 5%的利率。因此该互换的净现金流为

$$1.06\text{ 亿美元}\times(6\%-5\%) \tag{6.7}$$

我们必须要注意的是这些票息是从此时算起 1 年后收到（也就是交易开始 2 年后）。我们对这个此时已知的 1 年后的现金流进行估值，需要做的就是对 1 年以后的现金流进行折现。因为之前已经假设此时 1 年期 LIBOR 为 5%，这意味着 1 年期零息利率也是 5%，因此这笔现金流在第 1 年年末的现值为[②]

$$1.06\text{ 亿美元}\times(6\%-5\%)/1.05=1\text{ 亿美元}\times1\%\times1.06/1.05 \tag{6.8}$$

注意公式（6.8）中算出的现金流的现值要高于 100 万美元。这个策略（也就是在 0×1 后置利率互换中支付固定利率，并在 1×2 远期互换中收取固定利率）的净现金流是公式（6.6）和（6.8）中的现金流之和，是一个正值。

情形二：1 年之后，1 年期 LIBOR 设置为 6%。

这个情形比较无趣，因为每个互换的固定利率都是 6%，而 LIBOR 设置为 6%，因此每笔交易的价值都是 0。

情形三：1 年之后，1 年期 LIBOR 设置为 7%。

让我们再看一下两笔交易的价值。在 1 年期 LIBOR 为 7%的情况下，我们在 0×1 后置利率互换中收取 7%的利率，但是支付 6%的固定利率。因此后置利率互换的净现金流是

$$1\text{ 亿美元}\times(7\%-6\%)=1\text{ 亿美元}\times(+1\%)=+100\text{ 万美元} \tag{6.9}$$

现在我们看一下 1×2 远期互换的价值。在 1 年期 LIBOR 为 7%的情况下，我们将在 1.06 亿美元的名义本金的基础上收取 6%的利率并且支付 7%的利率。因此该互换的净现金

---

① 如果用 $f(t, t+1)$ 表示时间 t 至 $t+1$ 的 LIBOR 远期，那么在时间 t 收到的 1 美元的价值等于时间 $t+1$ 收到的 $1\times[1+f(t, t+1)]$ 美元。在我们的例子中 $f(1, 2)=6\%$，因此 1 年后收到的 1 美元与 2 年后收到的 1.06 美元的价值相等。

② 为了理解为什么 1 年期零息利率应该为 5%，请参考我们在第 3.2 节中介绍的利率曲线剥离法。

流为

$$1.06\text{ 亿美元}\times(6\%-7\%) \tag{6.10}$$

这些利息现金流将会在从此时算起的1年后支付（也就是交易开始2年后）。因为之前已经假设此时1年期LIBOR为7%，这意味着1年期零息利率也是7%，因此这笔现金流在第1年年末的现值为

$$1.06\text{ 亿美元}\times(6\%-7\%)/1.07=1\text{ 亿美元}\times(-1\%)\times1.06/1.07 \tag{6.11}$$

注意公式（6.11）中的现金流是负的，但是它的绝对值小于100万美元。这个策略产生的净现金流是公式（6.9）和公式（6.11）算出的现金流之和，是一个正值。

这三种情形的结果可以在表6-8中找到。如果1年之后的LIBOR是6%，那么盈亏平衡；但如果是5%或者7%，就赚钱了。其实，可以很容易地理解，只要LIBOR不等于6%，就可以赚钱。最后，我们用$L(1, 2)$表示1年后设置的LIBOR水平。那么交易开始1年后，这两笔互换的现金流的净现值为

$$1\text{ 亿美元}\times\left\{[L(1,2)-6\%]+\frac{1.06}{1+L(1,2)}[6\%-L(1,2)]\right\} \tag{6.12}$$

表6-8　1年后不同的1年期LIBOR利率情形下后置利率互换及其对冲交易的价值

假设1年后1年期LIBOR	LIBOR后置互换的价值	1×2互换的价值	净现值
5%	1亿美元×(5%−6%) =1亿美元×(−1%)	1.06亿美元×(6%−5%)/1.05 =1亿美元×(+1%)×1.06/1.05	>0
6%	0	0	=0
7%	1亿美元×(7%−6%) =1亿美元×(+1%)	1.06亿美元×(6%−7%)/1.07 =1亿美元×(−1%)×1.06/1.07	>0

图6-21展示了1年后该净现值与$L(1, 2)$的关系。如图所示，净现值总是非负的，且在LIBOR不等于6%的时候是严格为正的。

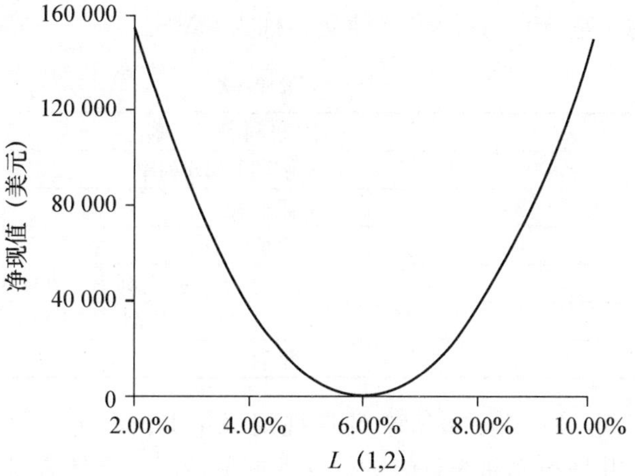

图6-21　1年后后置利率互换及其对冲交易的现金流的净现值与1年期LIBOR的关系

这将构成一个套利机会：如果我们在 0×1 后置利率互换中支付 6%的固定利率，并在 1×2 远期互换中收取固定利率 6%，那么我们在期初的现金流为 0，并且 1 年后的现金流也不会为负。事实上，只要 1 年期 LIBOR 不为 6%，我们就总能获得正的现金流。在无套利的假设下，这意味着后置利率互换的固定利率不可能是 6%，只有固定利率更高，才能允许在某些情形下出现亏钱的可能性。

那么固定利率应该多高呢？这超出了本书的讨论范围。[①] 然而，我们从图 6-21 中可以观察到：根据图 6-21，1 年期 LIBOR 远期的隐含波动率越高，大部分模型的计算结果越高。也就是说，隐含波动率越高，固定利率越高。换句话说，这个利率远期的隐含波动率越高，凸性调整的幅度越大。

图 6-21 让我们想到了利率上下限跨式期权组合，特别是一个包含了执行利率都是 6%的利率上限单元和利率下限单元的组合头寸。也就是说，为了对冲波动率的敞口，我们需要卖出一些期权（不严格地说，一些 1 年后到期的 LIBOR 利率上下限）。卖出这些期权可以将图 6-21 中的损益曲线轧平。

换一种说法，在后置利率互换中支付固定利率的做市商会获得一个像期权一样的资产，这个资产的损益图类似于图 6-21。这种损益图对他是有利的。不严格地讲，我们可以把凸性调整（也就是固定利率的提升）看做对做市商的隐性期权的一种补偿。

6.5.2 CMS

CMS 指的是至少有一条腿挂钩 CMS 利率的互换。我们在第 1 章中讨论过，CMS 利率是一个浮动利率。例如，10 年期 CMS 利率表示一个每天设置为当天 10 年期互换利率的浮动利率。

表 6-9 中展示了一个 1 年期交易。在年末交易的两端都只有一笔支付。注意浮动利率是 1 年后设置的，设置值等于当时的 3 年期互换利率。1 年后客户支付的金额为

1 亿美元×3 年期 CMS 利率×360/360

1 年后，3 年期 CMS 利率的每 1 基点的变化都会导致客户的支付额发生 10 000 美元的变化（即 1 亿美元的 1 基点）。我们将这种交易称为 CMS。

表 6-9　　一个 CMS 的条款

做市商支付	固定利率
客户支付	3 年期 CMS 利率
名义本金	1 亿美元
CMS 重置日	1 年后
做市商支付金额	名义本金×固定利率×360/360
客户支付金额	名义本金×3 年期 CMS 利率×360/360
支付日期	1 年后

我们再举一个案例，双方按 30/360 计息规则每年支付利息。但是这一节，我们仅讨论互换曲线为平的，并且利率曲线只能平行移动这种情况。具体来说，我们假设期初互换

① 关于后置利率互换凸性调整的进一步讨论，请参见 Brigo 和 Mercurio（2006）。

曲线如表 6-10 所示。

表 6-10　　用于分析 CMS 交易的互换曲线

到期期限	互换利率（按 30/360 计息规则每年付息）
1	5.00%
2	5.00%
3	5.00%
4	5.00%

处理平坦的互换曲线的好处是所有的零息利率、远期 LIBOR 利率和远期互换利率都相同。具体来讲，在表 6-10 中曲线的情况下，我们很容易知道 3 年期互换的 1 年远期利率为 5%。

由于 3 年期互换的 1 年远期利率为 5%，看起来我们假设 CMS 的固定利率为 5%是非常合理的。也就是说，远期利率互换能让我们锁定 1 年后的 3 年期互换利率为 5%。因此，既然这笔交易的浮动端挂钩的是 1 年后的 3 年期互换利率，那么这笔交易的固定利率设置为 5%看起来就很合理。我们将使用这个假设进行下列分析。

我们从支付固定利率（并收取 3 年期 CMS 利率）的做市商的角度看这笔交易。假设做市商想通过在一笔普通互换中收取固定利率来对冲这笔交易的风险。具体来说，做市商选择在一笔 3 年期互换 1 年远期的交易中收取固定利率（我们将这笔交易称为“对冲交易”）。选择这笔对冲交易是有特殊原因的。1 年之后，这笔对冲交易的价值取决于当时的 3 年期互换利率水平。而 1 年之后，CMS 的浮动利率将被设置为当时的 3 年期互换利率。

我们现在需要考虑，做市商要开展多大规模的对冲交易。1 年后 CMS 交易产生的现金流净额为

$$1\text{ 亿美元}\times(s-5\%) \tag{6.13}$$

其中 s 表示 1 年后 3 年期 CMS 利率的设置水平。如前所述，在交易到期时，3 年期 CMS 利率每变化 1 基点，净现金流将变化 10 000 美元。因此，做市商不应该做 1 亿美元本金的 1×4 互换来对冲。这个金额太大。假设做市商按以下名义本金收取固定利率

$$\frac{1\text{ 亿美元}}{\frac{1}{(1.05)^1}+\frac{1}{(1.05)^2}+\frac{1}{(1.05)^3}}=36\ 720\ 856\text{ 美元} \tag{6.14}$$

按这种方法将名义本金缩小的原因：交易到期日，3 年期互换利率每变动 1 基点给对冲交易的价值带来的变动等于一个 3 年期年金 1 基点变动的现值。注意，我们是根据即期 3 年期互换的 PV01 来计算 1×4 远期互换的名义本金的。

假设做市商持有该对冲交易直到 1 年后的起息日，并在那时了结该交易。在 1 年之后，这笔对冲交易变成了即期 3 年期互换，固定利率为 5%。从 3.3.1 节中我们知道这笔互换的价值等于互换的固定利率（即 5%）和当时的 3 年期互换利率（我们用 s 表示）之差的年金的现值。也就是说，1 年之后对冲交易的价值将会是

$$36\ 720\ 856\times\left\{\frac{5\%-s}{[1+\mathrm{zc}(1)]^1}+\frac{5\%-s}{[1+\mathrm{zc}(2)]^2}+\frac{5\%-s}{[1+\mathrm{zc}(3)]^3}\right\}(\text{美元}) \tag{6.15}$$

其中 zc(1)、zc(2) 和 zc(3) 分别表示当时的 1 年期、2 年期、3 年期零息利率。

在曲线保持水平并只上下平移的假设下，1 年之后这些零息利率都应该相等，并且等于当时的 3 年期互换利率。因此，zc(1)=zc(2)=zc(3)=s，我们将 s 代入公式。对冲交易 1 年后的价值为

$$36\ 720\ 856\times\left[\frac{5\%-s}{(1+s)^1}+\frac{5\%-s}{(1+s)^2}+\frac{5\%-s}{(1+s)^3}\right](\text{美元}) \tag{6.16}$$

因此从做市商的角度看，1 年之后 CMS 交易和对冲交易合并产生的损益等于公式（6.13）和公式（6.16）之和：

$$1\text{ 亿美元}\times(s-5\%)+36\ 720\ 856\text{ 美元}\times\left[\frac{5\%-s}{(1+s)^1}+\frac{5\%-s}{(1+s)^2}+\frac{5\%-s}{(1+s)^3}\right] \tag{6.17}$$

这个未来的损益取决于一个未知的变量：1 年之后的 3 年期互换利率。虽然这个损益今天还不确定，但是我们可以画出它与 1 年后 3 年期互换利率的关系图，如图 6-22 所示。值得注意的一点是，做市商的损益总是非负的，且在 1 年后 3 年期互换利率不是 5% 的情况下严格为正。

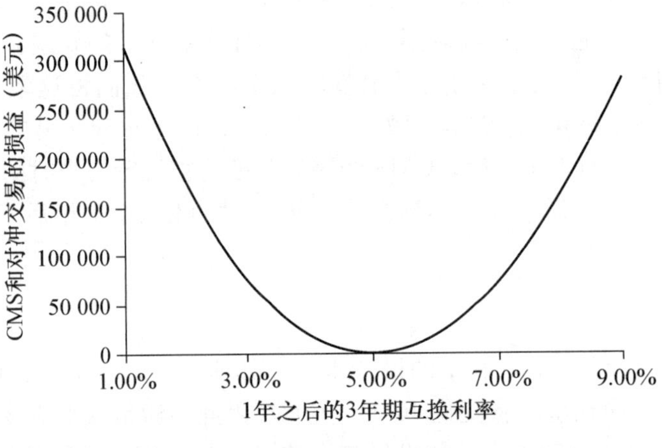

图 6-22　1 年之后做市商从 CMS 和对冲交易中获得的损益

这就形成了一个无风险套利机会。分析如下：做市商进入 CMS 和对冲交易，期初无现金流，持有这两笔交易 1 年，1 年后的现金流是非负的（如果 1 年后的 3 年期互换利率不是 5%，则现金流严格为正）。由于我们假设不存在套利机会，这意味着我们假设 CMS 的固定利率为 5%肯定是错误的。事实上，CMS 的固定利率必须比 5%高；由于做市商支付固定利率，因此将固定利率调高到 5%以上意味着在一些场景下，做市商 1 年后的损益可以为负，从而排除了无风险套利。

原来看起来 CMS 的固定利率应该为 5%是非常合理的。这里发生了什么？我们回看公式（6.13），它展示了从做市商的角度看 1 年后 CMS 的净现金流。做市商收取 3 年期互换利率 s，本质上这是一种线性函数。而我们回顾一下公式（6.16）可知，该公式表示做市商的 1×4 互换交易的价值与 1 年后的 3 年期互换利率的关系。这个价值是 s 的凸函数。我们是根据一笔即期 3 年期互换的 PV01 计算的 1×4 对冲交易的名义本金。但是当利率走低时，PV01 上升；当利率上升时，PV01 下降。就像固定利率债券的买方

受益于债券的凸性（如果利率上下变动相同幅度，利率下降时债券的获益大于利率上升时债券的损失），随着 3 年期互换利率的变动，做市商在 1×4 互换中也会获得相似的好处。

CMS 的固定利率在 1×4 互换利率的基础上向上移动的幅度取决于凸性调整。调整的幅度有多大呢？这超出了我们讨论的范围。① 我们观察到如下现象：首先，图 6－22 表明，(远期) 3 年期互换利率波动越大，凸性调整的幅度越大。做市商在这个交易中是做多波动率的。波动率的上升会提高这笔交易对做市商的价值。其次，随着 CMS 挂钩的利率互换的期限延长，凸性调整的幅度也增大。也就是说，如果我们的 CMS 是 10 年期 CMS 而不是 3 年期 CMS，则损益的图会更陡峭。就像固定利率债券的凸性会随着债券期限的延长而增加一样，凸性调整的幅度也会随着期限的延长而增加。最后，随着交易的期限延长（图6－9中的交易是 1 年期交易），凸性调整的幅度也会增大。

图 6－22 让我们联想到由看涨期权和看跌期权组成的跨式期权组合。这表明，为了对冲波动率敞口，做市商应该卖出一些期权（不严格地讲，一些 1 进 3 固定利率收取方互换期权和 1 进 3 固定利率支付方互换期权，执行利率为 5%）。卖出这些期权可以将图 6－22 中的损益曲线轧平。做市商用这笔 1×4 的对冲交易来对冲 CMS 交易的 delta 敞口。卖出期权是对冲 CMS 交易的 gamma 敞口。本质上获取这些期权做市商必须补偿客户：由于凸性调整，提高 CMS 的固定利率可以解读为对这些期权进行的补偿。

在本节中，我们仅分析了互换曲线保持水平并且仅平行移动的情景。这样做可以让我们将凸性调整的原因仅归结为一个变量，并且将凸性调整的性质在图 6－22 中方便地展示。如果我们扩展到任意曲线形状和任意曲线运动，相同的因素仍然在起作用（意味着，凸性调整仍是适用的），但是分析会变得更复杂。

习题

在本习题中，请使用 Black 模型对期权定价，如无特别说明，假设波动率曲线是平的（即不同执行利率下的互换期权的波动率水平是相同的）。

对于习题 1 至习题 4 和习题 7，假设互换曲线如下：

期限	互换利率
1 年期	6.00%
2 年期	6.25%
3 年期	6.50%
4 年期	6.75%
5 年期	7.00%

假设这些利率互换的固定端每年支付，浮动端挂钩 1 年期 LIBOR 每年支付。

① 关于凸性调整定价的更深层次介绍，请参见 Brigo 和 mercurio (2006)，Pugachevsky (2001)，以及 Hagan (2003)。

对于习题1至习题4和习题7，请根据表5-1中的对数正态波动率矩阵选取合适的波动率中间价。除非特别说明，否则所有的定价都用中间价。

1. 请回答以下问题：

a）5年期互换利率是多少？

b）分析一个5nc2交易，即一个5年期互换交易，5年中做市商向交易对手支付固定利率，并有权利在2年后取消交易（一次性的欧式期权）。这笔可取消互换中内嵌了什么类型的期权呢？谁做多谁做空了这笔期权呢？此5nc2的利率是多少？

c）分析一个5年期可取消互换，做市商向交易对手支付固定利率，交易对手支付1年期LIBOR—25基点。互换做市商有权利在2年后取消交易（一次性的欧式期权）。这笔可取消互换的利率是多少？

d）可回售互换的一方收取固定利率并有权在到期日前结束交易。我们分析一笔5np2，这是一个5年期互换，做市商在5年内收取固定利息，同时有权利在2年后取消交易（一次性欧式期权）。这笔互换中内嵌的是哪种类型的期权呢？谁在做多而谁在做空这笔期权呢？这笔5np2互换的固定利率是多少？

e）对于一笔5年期互换，做市商支付固定利率收取1年期LIBOR浮动利率，做市商有权在2年后取消交易。交易对手要求在前2年该交易的固定利率为7.75%。那么后3年的固定利率应该设置为多少才能使该交易今天的价值为0？

2. 假设1年前我们达成了一笔4nc1百慕大式可取消互换，在一些特定日期可取消交易。达成交易时，我们同意在随后的4年中支付固定利率，并有权在1年后或2年后取消交易。该4nc1百慕大式互换的固定利率为6.75%。

假设现在1年已经过去，我们处于第一个可取消日期。我们是否应该取消该互换交易？

3. 假设1年前我们进入了一个3nc1百慕大式可取消互换。在我们达成交易时，我们同意在随后的3年里支付固定利率，并且每年有权取消交易。这笔交易的固定利率是6.77%。假设我们现在处于第一个可取消日期。

a）站在今天，剩余交易里内嵌的是怎样一笔期权呢？对于这笔期权，假设波动率曲线是平的（即假设波动率不随着执行利率的变化而变化），那么应该使用哪个对数正态隐含波动率对剩余交易进行估值？

b）给定表5-1中远期平价互换期权的对数正态隐含波动率，对于一个远期平价互换期权，等价的正态隐含波动率是多少？

c）假设对数正态隐含波动率曲线是平的（即对数正态隐含波动率不随执行利率的变化而变化），根据Black模型，我们是否应该取消该互换？

d）假设正态隐含波动率曲线是平的（即正态隐含波动率不随执行利率的变化而变化），根据正态模型，我们是否应该取消该互换？

e）你的c）和d）的答案是否相同？请给出解释。

4. 分析一个4nc1，即一个4年期互换，做市商支付固定利率并且1年后有一次性的权利取消该交易。

a）这笔交易中内嵌了什么类型的期权（识别其到期日及标的）？根据表5-1中的对数正态互换期权波动率矩阵，这笔远期平值期权的对数正态隐含波动率的中间价是多少？

b）根据a）部分的答案，这笔远期平值期权的正态隐含波动率的水平是多少?

c）假设做市商使用对数正态模型（即使用Black模型）对4nc1进行定价，并假设对数正态波动率曲线是平的，那么此4nc1的互换利率是多少?

d）假设做市商使用正态模型对4nc1进行定价，并假设波动率曲线是平的，那么此4nc1的互换利率是多少?

e）将你在c）部分中得出的利率与你在d）部分得出的利率进行比较，并做出解释。

5. 再次分析我们的例子：一个按年支付固定利率并收取1年期LIBOR的利率互换。假设做市商和客户达成了一笔5nc1百慕大式可取消互换。在这笔交易中，做市商在随后的5年中支付6%的固定利率，并且从1年后开始每年有取消交易的一次性权利。

假设现在1年过去了，目前4nc1百慕大式可取消互换（有权每年取消）的平价利率为5.50%。

做市商目前有权取消1年前达成的互换交易。做市商担心如果他现在取消了该互换交易，客户可能要继续开展另一个互换交易，并可能选择不同的做市商来执行这个新的交易。假设做市商联系到客户，并且告知客户如果客户愿意将票息从6%下调至5.75%，则做市商不会取消交易，愿意继续履行交易。

对做市商来说这是一个好提案吗?

6. 分析一个指数摊销利率互换，期限为5年，锁定期为1年。1年后，互换的本金根据如下预设计划摊销：

指数摊销预设计划	
3个月LIBOR	剩余本金的摊销比例
$<L_L$	100%
$=L_M$	50%
$>L_H$	0%

此处$L_L<L_M<L_H$。对于没有落在表中的LIBOR水平，则使用线性插值法确定摊销的比例。举例来说，如果3个月LIBOR等于$(L_M+L_H)/2$，则剩余本金的25%将在这个时间摊销。

a）假设指数摊销互换是“欧式一次性”的，这意味着本金摊销只能发生一次。假设摊销发生在第1年年末，也就是说我们只在第1年年末按照预设计划摊销，无论1年后本金是多少，随后的4年中都会使用这个本金。我们用f_i表示这笔交易的固定利率，并（不失一般性地）假设按30/360计息规则支付固定利息，收取3个月LIBOR，都是按季度支付。

现在有一个欧式一次性的5nc1，即一个5年期互换，交易一方支付固定利率，并在1年后有一次性权利取消该交易。假设这笔交易也是按30/360计息规则支付固定利息，收取3个月LIBOR，都是按季度支付，用f_c表示固定利率。

假设所有交易都是按中间价成交，请证明$f_i \leqslant f_c$。

（提示：你可以通过建立一个套利机会来论证这个结论。假设$f_i>f_c$，并证明这样的假设最终会导致无风险套利。你必须考虑未来可能发生的全部情况来证明这个结论。）

b）假设这个指数摊销互换是“多次性欧式”或者说“百慕大式”的。具体来说，本金可以在1年后或2年后摊销。也就是说我们在第1年年末按照预设计划决定第2年的本金。在第 2 年年末按照预设计划决定后边剩余 3 年的本金。我们用 F_i 表示这笔交易的固定利率，并（不失一般性地）假设这笔交易按 30/360 计息规则支付固定利息，收取 3 个月 LIBOR，都是按季度支付。

现在有一个多次性欧式或者说百慕大式 5nc1，即一个 5 年期互换，交易一方支付固定利率并有权在第 1 年年末取消该交易。如果第 1 年年末没有取消，在第 2 年年末仍有权取消该交易。假设这笔交易也是按 30/360 计息规则支付固定利息，收取 3 个月 LIBOR，都是按季度支付，用 F_c 表示固定利率。

假设所有交易都是按中间价成交，请证明 $F_i \leqslant F_c$。

（提示：同样，你也需要通过设立一个套利机会来证明。假设 $F_i > F_c$，并证明这样的假设最终会导致无风险套利。你必须考虑未来可能发生的全部情况来证明这个结论。如果你将 a）部分的结论推广，那么可以在 b）部分节约相当多的时间。也就是说，如果你认识到该结论适用于所有具有相同到期日和相同锁定期/可取消期的一次性欧式指数摊销互换和可取消互换，那么可以将这个结论应用到 b）部分的证明步骤的合适位置。

7. 有一个可延长互换，在这种互换中，做市商第 1 年支付固定利率并收取 LIBOR，并有权以同样的固定利率将互换延长 3 年。也就是说，在第 1 年年末，做市商可以继续在随后的 3 年里支付相同的固定利率并收取 LIBOR 利率。如果做市商没有选择延长交易，那么在第 1 年年末支付票息后交易结束。

a）这笔交易的固定利率是多少？

b）这笔可延长互换的固定利率与你在习题 4 的 c）问中求出的 4nc1 利率相比如何？解释这一结果。

8. 假设今天的互换曲线如下（这些利率是按债券市场计息规则每年支付，并且假设浮动端的 1 年期 LIBOR 也是按照债券市场计息规则每年支付）：

期限	互换利率
1 年期	5.25%
2 年期	5.50%
3 年期	5.75%
4 年期	6.00%
5 年期	6.25%

（期间）敲出式互换是一种固定换浮动互换，如果 LIBOR 达到一定水平，那么双方的支付都会被“敲出”。举一个具体的例子：一笔本金为 1 亿美元的 5 年期互换，客户按债券市场计息规则每年收取固定利率，并支付 1 年期 LIBOR 给做市商 Swaps 'R Us。

此互换有以下敲出规则：如果在任何 LIBOR 重置日，1 年期 LIBOR 小于或等于 5.00%，则该期固定利息和浮动利息都不需要支付。如果支付在任何期间被敲出，但是在随后的期间 LIBOR 高于 5.00%，则利息需继续支付。

综合来说，互换的结构如下：

Swaps 'R Us 支付：固定利率；

客户支付：1 年期 LIBOR；

名义本金：1 亿美元；

到期时间：5 年；

支付频率：两端都按年支付；

计天规则：两端都按 30/360；

敲出规则：在任何重置日，如果 1 年期 LIBOR 小于或等于 5.00%，则互换两端都不再支付利息。

另外，假设基础波动率曲线是平的，在 20%的水平。

a) 这笔互换的固定利率是多少？也就是说，哪个固定利率可以使该互换的 NPV=0？

b) 我们将 vega 定义为基础波动率曲线向上平移 1%后交易价值的变动。那么这笔交易的 vega 是多少？也就是说，一旦固定利率确定，如果每个基础波动率增加 1%，那么这会如何影响互换的价值？哪个交易方在这笔交易中做多波动率？

c) 假设现在 1 年过去了，互换曲线如下：

期限	互换利率
1 年期	4.75%
2 年期	5.00%
3 年期	5.25%
4 年期	5.50%
5 年期	5.75%

另外，假设基础波动率曲线是平的，并在 20%的水平。那么这笔交易的盯市市值是多少？这笔交易对谁有利？

对于下面的 9～11 题，假设今天的互换曲线如下（这些利率是按债券市场计息规则每年支付，并且假设浮动端的 1 年期 LIBOR 也是按照债券市场计息规则每年支付）：

期限	互换利率
1 年期	5.25%
2 年期	5.50%
3 年期	5.75%
4 年期	6.00%
5 年期	6.25%

此外，假设今天的基础波动率曲线如下：

远期期间	期间基础波动率
0×1	n. a.
1×2	16%
2×3	×%
3×4	15.9%
4×5	×%

并假设今天的互换期权波动率矩阵如下：

到期期限 \ 标的互换（尾端）期限	1	2	3	4	5	7	10	15	20	30
1个月	12.7	14.7	14.6	14.5	14.3	13.5	12.2	11.5	11.3	11.0
3个月	11.9	14.3	14.1	14.0	13.8	13.1	12.2	11.5	11.0	10.8
6个月	13.8	15.1	14.9	14.6	14.3	13.7	12.7	13.0	11.6	11.3
1年	xx. x	15.8	xx. x	15.0	14.6	13.7	12.7	12.0	11.6	11.3
2年	16.4	16.0	15.6	15.2	14.9	14.2	13.4	12.6	12.3	12.0
3年	xx. x	15.6	15.3	15.0	14.8	14.2	13.4	12.6	12.3	11.9
4年	15.5	15.3	15.0	14.8	14.5	14.0	13.3	12.5	12.2	11.8
5年	15.4	15.0	14.8	14.5	14.3	13.8	13.1	12.4	12.0	11.7
7年	14.4	14.1	13.9	13.7	13.6	13.1	12.5	11.8	11.3	11.0
10年	13.3	13.0	12.9	12.8	12.7	12.3	11.8	11.1	10.6	10.3

此外，对于习题9至习题11，假设1年后的互换曲线如下（这些利率是按债券市场计息规则每年支付，并且假设浮动端的1年期LIBOR也是按照债券市场计息规则每年支付）：

期限	互换利率
1年期	5.00%
2年期	5.25%
3年期	5.50%
4年期	5.75%
5年期	6.00%

此外，对于习题9至习题11，假设2年后的互换曲线如下（这些利率是按债券市场计息规则每年支付，并且假设浮动端的1年期LIBOR也是按照债券市场计息规则每年支付）：

期限	互换利率
1年期	5.50%
2年期	5.75%
3年期	6.00%
4年期	6.25%
5年期	6.50%

此外，对于习题9至习题11，假设1年后以及2年后的基础波动率曲线和互换期权波动率矩阵与今天的一样。

9. 基础波动率曲线和互换期权波动率矩阵之间存在一定的关系。在我们上边这个案例中回答以下问题。

a) 2×3的基础波动率是多少？

b) 4×5的基础波动率是多少？

c) 1进1互换期权的波动率是多少？

d）3 进 1 互换期权的波动率是多少？

e）你能确定 1 进 3 互换期权的波动率是多少吗？如果你不能准确地给出，你可以指出这个值的上限或下限吗？

10. 有一个客户想找一种普通固定利率收取方互换期权的替代交易，以降低需要支付的期权费成本。

a）今天一笔执行利率为 6.50%的 2 进 2 固定利率收取方互换期权的价格是多少？

b）现在分析如下交易，以替代 a）部分的普通固定利率收取方互换期权。这也是一笔执行利率为 6.50%的 2 进 2 互换期权；然而，为了让这笔期权在期权到期日有效，期权到期日 2 年期互换利率必须低于或等于 6.40%。换句话说，如果期权到期日 2 年期互换利率低于或等于 6.40%，那么期权持有者可以按 6.5%的执行利率从这笔 2 进 2 固定利率收取方互换期权中拿到收付额。相反，如果在期权到期日 2 年期互换利率高于 6.40%，则不会有收付额。那么这笔期权今天的价值是多少？

c）如果客户购买 b）部分的期权而不是 a）部分的期权，你认为其市场观点是什么？

d）假设客户购买 b）部分的期权。现在假设 1 年过去了，期权的盯市市值是多少？

e）假设现在 2 年过去了，今天是期权的行权日。如果交易双方同意不进行实物交割，而是现金交割该期权的话，这笔期权的现金交割金额是多大？

11. 可反转互换是一种交易一方有权利在一段时间之后将其支付的固定利率转变成浮动利率的互换。举个例子，一个主要互换做市商 Swaps 'R Us 与客户达成了一笔名义本金为 1 亿美元的 4 年期利率互换。客户支付 1 年期 LIBOR。Swaps 'R Us 支付一个可以反转的利息。更具体地说，Swaps 'R Us 会支付固定利率 x。2 年后，Swaps 'R Us 有权在后面 2 年中将固定利率反转成 1 年期 LIBOR－25 基点。

该互换结构总结如下：

Swaps 'R Us 支付：可反转利率；

客户支付：1 年期 LIBOR；

可反转利率：x，有反转权；

名义本金：1 亿美元；

到期时间：4 年；

支付频率：两端都是每年；

计天规则：两端都是 30/360；

反转权利：2 年后，Swaps 'R Us 有权在随后的 2 年中支付 1 年期 LIBOR－25 基点。

需要注意的是，2 年之后的反转权是一次性欧式的；如果 2 年后 Swaps 'R Us 选择将支付的固定利率反转成浮动利率，那么 Swaps 'R Us 最后两次支付时将会支付浮动利率 1 年期 LIBOR－25 基点。如果 2 年后 Swaps 'R Us 决定继续支付固定利率，那么最后两期利率仍将是 x 的固定利率。

a）基于今天的市场，互换的固定利率 x 应该是多少？

b）假设 1 年已经过去了，a）部分中的互换的盯市市值是多少？

c）假设 2 年已经过去了，今天 Swaps 'R Us 需要决定在剩下的 2 年中是继续支付固定利率 x，还是支付 1 年期 LIBOR－25 基点浮动利率。Swaps 'R Us 应该执行这个权利，在后 2 年支付 1 年期 LIBOR－25 基点吗？还是应该继续支付 x 的固定利率？请解释原因。

d）这个问题是c）部分的延续。假设2年已经过去了，Swaps 'R Us已经决定是否执行反转权利，并且已经通知了客户该决定。基于Swaps 'R Us理性的行权选择，这笔互换的盯市市值是多少？

e）这个问题是c）部分的延续。假设2年已经过去了。假设由于操作人员失误，Swaps 'R Us没有正确地决定是否要执行反转权利（也就是说，如果Swaps 'R Us应该执行，但是它没有执行；如果Swaps 'R Us不应该执行，它反而执行了）。假设Swaps 'R Us也通知了客户这个（不正确的）决定。基于这个不正确的决定，这笔互换的盯市市值是多少？

f）对于这个问题，请忽略以上几个问题。假设交易中原先的反转权利条款更改如下：

反转权利：2年后，并在之后的每年，Swaps 'R Us都有权利在这一年支付1年期LIBOR－25基点

因此，在这笔交易中，2年后Swaps 'R Us可以决定在第3年它是支付固定利率还是支付1年期LIBOR－25基点。无论Swaps 'R Us在第2年年末作何决定，它都可以在第3年年末决定在第4年是支付固定利率还是支付1年期LIBOR－25基点。用y表示这笔交易的固定利率。那么y应该是多少？

g）对比上述交易中的固定利率y与a）部分计算的固定利率x，你有何发现？请做出解释。

h）这个问题是f）部分的延续。假设2年已经过去，今天Swaps 'R Us必须决定下一年是继续支付固定利率y还是支付浮动利率LIBOR－25基点。（当然，无论今天Swaps 'R Us作何决定，它都可以在1年后决定在最后一年支付固定利率y还是支付浮动利率1年期LIBOR－25基点。）Swaps 'R Us应该执行期权然后在这一年支付1年期LIBOR－25基点吗？请解释。

i）这个问题是h）部分的延续。假设2年已经过去，Swaps 'R Us已经决定是否执行f）部分这个反转权利，并且已经通知了客户。基于Swaps 'R Us理性的执行决定，该互换的盯市市值应该是多少？

12. 假设今天的互换曲线如下所示（这些利率是按债券市场计息规则每年支付，并且假设浮动端的1年期LIBOR也是按照债券市场计息规则每年支付）：

期限	互换利率
1年期	5.25%
2年期	5.50%
3年期	5.75%
4年期	6.00%
5年期	6.25%

（完全）敲出式互换是一种固定换浮动互换，如果挂钩利率达到一定水平，那双方的支付都会被完全"敲出"（意味着随后所有期限的现金流都不再支付）。举一个具体的例子：一笔本金为1亿美元的5年期互换，客户按债券市场计息规则每年收取固定利率，并支付1年期LIBOR给做市商Swaps 'R Us。

此互换有以下敲出规则：1年后，如果当时的4年期互换利率低于或者等于敲出触发

值5.75%，那么随后期限的固定利息和浮动利息都不再需要支付。也就是说，一年后，如果当时的4年期互换利率低于或者等于5.75%，那么第1年年末的现金流需要支付，但是随后4年的现金流都不需要再支付。

综合来说，该互换的结构如下：

Swaps 'R Us支付：固定利率；

客户支付：1年期LIBOR；

名义本金：1亿美元；

到期时间：5年；

支付频率：两端都按年支付；

计天规则：两端都按30/360；

敲出规则：如果1年后的4年期互换利率低于或者等于敲出触发值，那么该互换的两端都不再有现金流收支；

敲出触发值：5.75%。

另外，假设基础波动率曲线是平的，在18%的水平。假设互换期权的波动率矩阵也是平的，在20%的水平。

a）这笔互换的固定利率是多少？也就是说，哪个固定利率可以使该互换的NPV=0？

b）现在改变敲出触发值并重新计算该互换的固定利率。请画图展示敲出式互换的固定利率随敲出触发值在合理区间的变动而变动的关系，并对你的发现做出解释。

13. 假设互换曲线如下所示：

期限	互换利率
1年期	5.60%
2年期	6.00%
3年期	6.20%
4年期	6.40%
5年期	6.60%

所有利率都是按债券市场计息规则每年支付，浮动端为1年期LIBOR。

a）有一个4年期LIBOR后置利率互换。这笔支付后置LIBOR的4年期互换的固定利率是多少（在计算中，忽略凸性调整）？

b）请比较a）部分的固定利率与普通（即LIBOR在期初设置期末支付）4年期互换的固定利率。

c）如果我们考虑凸性调整，那么固定利率应该高于还是低于你在a）部分中求出的固定利率？

14. 我们分析如下交易：

Swaps 'R Us支付：固定利率；

客户支付：5年期CMS利率；

名义本金：1亿美元；

到期时间：1年；

浮动重置：1年后，一次；

固定利息金额：固定利率×名义本金×30/360；

浮动利率金额：5年期CMS利率×名义本金×360/360；

支付日期：1年后。

进一步假设5年期互换的1年远期利率是6%。

a) 下列哪个关于固定利率 x 的描述是正确的?

(1) x 高于6%。

(2) x 低于6%。

(3) x 等于6%。

(4) 没有足够的信息来确定答案。

b) 假设就在执行此交易之前所有的互换期权的隐含波动率都上升了。假设市场没有其他变动。那么 Swaps 'R Us 愿意在该交易中支付的 x 的水平有何变化?

(1) x 提高。

(2) x 降低。

(3) x 根本不改变。

(4) 没有足够的信息来确定答案。

第七章

结构性票据

时之圣者也，时之凶者也。此亦蒙昧世，此亦智慧世。此亦光明时节，此亦黯淡时节。此亦笃信之年，此亦大惑之年。此亦多丽之阳春，此亦绝念之穷冬。人或万物具备，人或一事无成。我辈其青云直上，我辈其黄泉永坠。[①]

20 世纪 90 年代初，美国经济严重衰退，美联储大幅降低了短期利率以刺激经济。那些曾经在固定收益市场上享受高利率和高收益的投资者面临着前所未有的低利率环境。与此同时，衍生工具市场的复杂程度也在上升，使得做市商能够对更加复杂和激进的交易进行定价和对冲。这种交易通常能给投资者带来潜在的高回报，但是同时伴随着巨大的风险作为代价，而这些风险并没有被完全理解。

结构性票据（structured note，SN）是传统固定收益债券和衍生品结合的产物。在结构性票据面世之前，债券的票息通常是固定利率或浮动利率，没有太多的变化。[②] 而结构性票据中内嵌了一个衍生品，使得票息可以根据做市商的创造力或者投资者的需求[③]而自

① 引自查尔斯·狄更斯的《双城记》(*A Tale of Two Cities*)，1859 年 4 月 30 日至 11 月 29 日每周连载于作者自己的刊物《一年四季》(*All the Year Rround*) 上。虽然狄更斯这段话描写的是法国大革命时期，但是也可以用来总结 20 世纪 90 年代结构性票据市场的迅猛发展和创新（甚至是滥用）。奥兰治县投资组合正是由于投资了过度复杂的结构性票据而最终破产。

② 虽然在 20 世纪 80 年代抵押担保债券（collateralized mortgage obligation，CMO）问世后有了新类型的票息（例如逆向浮动利率），但是相对于结构性票据市场，抵押担保债券市场中票息的类型还是相对有限，而银行、公司，或者政府支持实体发行的传统的债券也无法提供多样性的票息。

③ 有些结构性票据也内嵌了挂钩票据本金的衍生品，使得投资者在某些状态下能够有机会获得超过票据面值的本金。

由设计。在20世纪90年代中期，大量的产品被迅速地创造出来，有些给购买它们的投资者带来了灾难性的后果。[①]

在1994年年底奥兰治县由于投资高杠杆结构性票据宣布破产后，结构性票据市场几乎全面中断。[②] 在那之后很少有人再买结构性票据。但是时间能治愈一切伤痛。几个月之后（有些是几年之后），投资者从观望中重新回来，再次购买结构性票据。这些年来，很多新的投资者也参与到结构性票据市场中。

我们需要指出的是，我们只关注结构性票据市场的一部分：挂钩利率的结构性票据。有些结构性票据挂钩其他资产种类，包括信用、商品和股票。在本章中，我们将会分析一些市场中常见的结构性票据。我们将关注其中一些票据是如何定价的，以及这些票据的收益和风险。关于结构性票据市场的更全面的介绍，请参考 Peng 和 Dattatreya（1995）或者 Knop（2002）。

7.1 结构性票据市场的崛起

结构性票据市场第一次出现在公众面前是在20世纪90年代早期。Peng 和 Dattatreya（1995）指出从1990年到1994年，新发行的结构性票据金额大幅增长，从1990年的低于200亿美元增长到1994年的超过800亿美元。20世纪90年代早期的两个市场因素推动了如此大幅的增长。首先，在20世纪90年代早期，美国经济陷入衰退，在此期间，美联储为了刺激经济大幅降低了联邦基金利率。联邦基金利率从1990年8.25%的高点下降到1992年的3%。在固定收益市场中曾经享受高收益率（和高回报率）的投资者如今不得不面对低利率环境。当然，对于很多投资者，尤其是货币市场的投资者来说，LIBOR 是比联邦基金利率更常用的基准。图7-1展示了在此期间3个月 LIBOR 的历史走势。在20世纪90年代早期，很多投资者仍渴求获得他们曾经享受了几年的高收益率，并在寻找能够给他们带来高收益的替代性投资。

与此同时，衍生品市场上的创新飞速发展。新的结构性票据被创造出来为投资者提供高收益。为了给投资者提供如此高的收益率，这类票据常常需要持有者承担巨大的风险。杠杆逆向浮动利率债券和区间累积结构性票据（都是我们将要分析的）就是这种票据的例

---

① 我们对结构性票据的描述其实（正确地）揭示了一个结构性票据就是一个内嵌期权的互换被内嵌到一个债券之中。历史上，有些内嵌期权的互换的带本金形式（即通过结构性票据的形式交易）较受投资者欢迎，我们将在本章中介绍。另外一些内嵌期权的互换的无本金形式（即通过互换的形式交易）较受投资者欢迎，我们在第六章中做了介绍。也有一些交易的带本金形式和无本金形式都很流行。

根据第六章中我们介绍的内容，为什么投资者不直接进行内嵌期权的互换交易呢？他们为什么不直接与做市商交易一个内嵌期权的互换，而是要买内嵌相同互换的结构性票据？这里至少有两个原因。第一，管理投资组合的投资者有将本金投资出去的需求。虽然进行内嵌期权的互换交易能够给投资者带来他们需要的投资，但是互换交易不需要投入本金，而买一个结构性票据就能将本金投资出去。第二，除了无数种新产品被迅速创造出来之外，一大批新的投资者也在这段时间进入了衍生品市场。有些投资者（例如货币基金）本来根据自身的章程无法进行衍生品交易，但是通过购买结构性票据绕过了这个限制。这些投资者的章程中很少对其购买结构性票据进行限制，而仅仅规定了购买的到期日、信用评级等。讽刺的是，这些衍生品市场的新参与者购买的票据给其带来了最复杂和激进的衍生品风险暴露。

② 这并不意味着奥兰治县仅仅投资了结构性票据，这确实不是全部原因。（我们将在本章后边介绍）奥兰治县破产的罪魁祸首不是结构性票据，而是使用回购协议使得它能够加杠杆买入更多的票据。最终，奥兰治县因无法履行回购协议而破产，将所有投资组合清盘。

子。这类票据在 20 世纪 90 年代早期表现得非常好，但在 1994 年年底，美联储在一年中连续六次上调联邦基金利率，使得持有这类债券的投资者遭受了灾难性的损失。如图 7-1 所示，在此期间 LIBOR 大幅上涨，对认为 LIBOR 仍会保持较低水平的投资者造成了很大的损失。

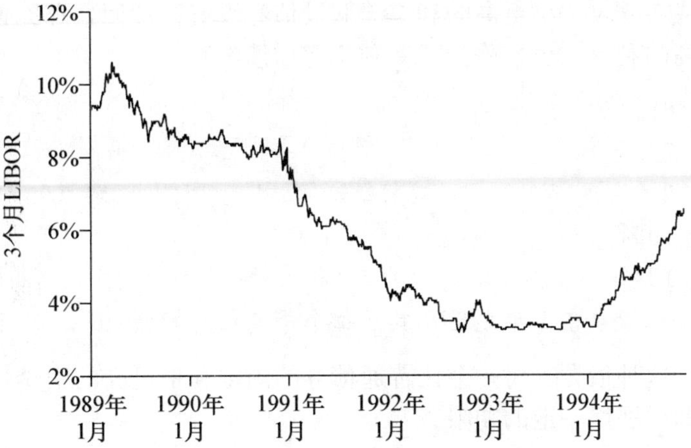

图 7-1　3 个月 LIBOR 的历史走势

7.2　结构性票据术语

将所有结构性票据罗列出来是不切实际的，因为有些票据通常是为购买它们的投资者量身定制的。然而，有几种基础的结构性票据多年来被广泛应用，其中一些直到今天仍然流行。在详细分析结构性票据之前，我们将在本部分列示市场上常见的结构性票据。如前所述，尽管结构性票据市场是从利率衍生品市场中发展起来的，但是多年来新创造的结构性票据能够让投资者参与多种资产，包括股票和商品。我们这里仅关注挂钩利率衍生品的结构性票据。

结构性票据最重要最具特色的是它们提供的各式各样的票息类型。下面列出了几种（并不是所有）不同的类型。

浮动利率债券。浮动利率债券是票息挂钩浮动利率（例如挂钩 LIBOR、美国基准利率、短期国债利率、联邦基金利率）的债券。例如，一个债券支付如下的票息：

第 1～5 年：美国基准利率－2.90％

弱杠杆浮动利率债券。弱杠杆浮动利率债券是票息挂钩浮动利率的一定比例的债券。通常这种债券在最初的一段时间支付高于市场利率的固定利率，随后改为支付浮动利率。例如，一个债券支付的票息如下：

第 1 年：5％

第 2～5 年：0.5×3 个月 LIBOR＋1.5％

封顶/保底浮动利率债券：封顶/保底浮动利率债券支付浮动利率，但是不管挂钩的浮动利率设置为什么水平，票息都不能超过或者低于一个值。这种债券也可能有赎回权。例如，一个债券支付如下票息：

第 1～5 年：6 个月 LIBOR+30 基点，票息最高不超过 8%

此类债券的一个变种允许票息的最高或者最低值在债券存续期间变动。这类债券被称为阶梯式封顶/保底浮动利率债券。

可赎回利率递增债券。这种债券支付一个比普通债券的固定利率更高的引诱性利率，之后或者被赎回或者支付一个更高的利率。假设债券没有被赎回，那么该债券每期需要支付一个比之前更高的利率（也被称为可变利率递增债券）。

第 1 年：6%
第 2 年：7%
第 3 年：8%
第 4 年：10%
第 5 年：12%
赎回条款：债券在 1 年之后及其后每个季度都可赎回

可展期债券。这种债券支付一个比普通债券的固定利率更高的引诱性利率，并且发行人有权在债券到期后展期一定的期限。

第 1 年：6%
展期条款：发行人在 1 年之后有权将债券的到期日展期 4 年

择机转换债券。这种债券的票息在一段时间后可以按照发行人的意向从固定利率转变成浮动汇率。[①] 例如，一个债券支付下列票息：

第 1 年：6%
第 2～5 年：发行人有权选择 6%或者 3 个月 LIBOR−25 基点

指数摊销债券（index amortization note，IAN）。这种债券根据预设的摊销计划和参考利率的变化在到期日前偿还本金。例如，一个债券支付下列票息：

第 1～5 年：6%，如果在任一重置日 5 年期 CMT 利率<5%，债券全部被提前偿还

逆向浮动利率债券。这种债券的票息与浮动利率逆向变化。例如，一个债券支付下列票息：

第 1～5 年：6%−3 个月 LIBOR，最低票息不低于 0%

杠杆逆向浮动利率债券。这种债券的票息与浮动利率逆向变化。但是，票息计算公式中使用了一个大于 1 的乘数来放大浮动利率变动对票息的影响。例如，一个债券支付下列票息：

第 1～5 年：15%−4×3 个月 LIBOR，最低票息不低于 0%

双指数浮动利率债券。这种债券的票息挂钩两个不同的浮动利率指数。通常这种债券在开始一段时间支付一个高于市场水平的固定利率，之后的票息则挂钩两个浮动利率。例如，一个债券支付下列票息：

① 第六章的习题 11 分析了这个结构性票据的标的互换。

第 1 年：5%

第 2～5 年：10 年期 CMS 利率－3 个月 LIBOR＋0.50%，最低票息不低于 0%

棘轮债券。这种债券的票息挂钩一个浮动利率，而这个浮动利率受制于根据当前利率水平重置的票息上限和下限。例如，一个债券支付下列票息：

第 1～5 年：3 个月 LIBOR＋15 基点，但需要遵循以下条件：当前票息不低于前一期票息；当前票息不高于前一期票息 25 基点

区间累积债券。当挂钩利率在某个设定的区间之内时，这种债券按较高的水平计提票息，当挂钩利率在设定的区间之外时，这种债券按较低的水平计提票息。这种债券通常是可赎回的。例如，一个债券支付下列票息：

第 1～5 年：如果 3 个月 LIBOR 在 0%到 4%之间，则该债券按 8%计提票息；如果 3 个月 LIBOR 高于 4%，则该债券按 0%计提票息

杠杆封顶浮动利率债券。当挂钩利率低于一个事先确定的水平时，这种债券表现得像一个浮动利率债券，当挂钩利率高于这个事先确定的水平时，这种债券表现得像一个杠杆逆向浮动利率债券。例如，一个债券支付下列票息：

第 1～5 年：如果 6 个月 LIBOR＜8%，则该债券的票息为 LIBOR＋50 基点；如果 6 个月 LIBOR≥8%，则该债券的票息为 24.50%－2×6 个月 LIBOR

最低票息不低于 0%，最高票息不高于 8.5%

雪球债券。这种债券对认为利率将保持稳定或下行的投资者有吸引力。这种债券设计的票息会在利率不变或者下行的情况下每期都在前一期的基础上增长。① 这种债券通常是可赎回的。例如，一个债券支付下列票息：

第 1 年：4%

第 2～5 年：前一期票息＋2.50%－6 个月 LIBOR

最低票息不低于 0%

不反转债券。这种债券的票息挂钩两个浮动利率之差。通常这种债券在开始阶段支付一个高于市场利率的票息。此后，债券会继续支付高票息或者零票息，这取决于曲线（定义为两个浮动利率之差）是否继续在设定的水平以上。通常这种债券是可赎回的。例如，一个债券支付下列票息：

第 1～3 年：6.00%

第 3～6 年：当天曲线≥0，按 6.00%计息，否则按 0%计息

曲线：10 年期 CMS 利率－2 年期 CMS 利率

赎回条款：3 年后及此后每季，债券可以被赎回

有一点需要注意的是，结构性票据（或任何债券）永远不会支付负票息。上面许多公

① 雪球债券的名字来源于从山顶滚落并且越滚越大的雪球。类似地，这种债券的设计使得在挂钩利率保持不变或者下跌的情况下，其票息会越来越高。

式中，都对最低票息做了特殊说明，以保证不会在某些特定情况下出现负票息。当我们阅读结构性票据条款的时候，即使没有明确说明，也会理解为票息不能为负。我们将在本章后面详细讨论，这意味着必须在票据中内嵌一个期权来保证票息不会为负。

需要注意的是，上面列举的很多债券的结构设计使得发行人可以赎回债券。这种赎回条款是有价值的期权，能够提升债券支付的票息。当然，发行人会在对它有利的时候赎回债券，这往往是对债券持有者不利的时候。

7.3 市场规模

从20世纪90年代开始，新发行的结构性票据的规模时而扩大，时而缩小。一些结构性票据（例如杠杆逆向浮动利率债券）已经在投资者这里失宠，而另一些结构性票据（例如区间累积结构性票据）仍受到投资者欢迎。最近几年，其他一些种类的票据变得更流行，比如，不反转票据。表7－1展示了mtn-i发布的过去几年挂钩利率的各类结构性票据的发行量。

表7－1　挂钩美元利率的各类结构性票据的发行量　（单位：百万美元）

	2006	2007	2008	2009	2010
区域累积债券（包括不反转票据）	30 891	30 584	19 585	8 772	7 756
固定利率递增债券	5 918	3 667	7 835	42 559	56 267
浮动利率递增债券	1 900	3 000			3 000
封顶浮动利率债券	2 914	2 240	700	2 750	5 400
择机转换债券	1 765	3 512	706	2 994	4 386
可赎回零息债券	5 005	8 759	7 038	12 985	21 030
挂钩基准利率债券	341				
逆向浮动利率债券	3 379	3 603	1 633	625	986
可展期债券	447	10 052	19 034	907	79
其他	25 650	34 195	22 061	67 022	73 767
合计	78 210	99 612	78 592	138 614	172 671

资料来源：mtn-i.

7.4 什么是结构性票据?

结构性票据是内嵌某些衍生品的债券。这些债券的发行人可以是不同的机构，包括银行、公司，以及某些政府支持企业（government-sponsored enterprise，GSE）。这些政府支持企业在20世纪90年代结构性票据市场形成的过程中扮演了重要的角色，但是近年来，其他机构，尤其是银行，成为结构性票据的主要发行人。一般情况下，结构性票据的发行人都是具有相对高评级的机构，因为购买结构性票据的投资者倾向于将其通过衍生品交易表达的市场观点与其对信用市场的观点分开对待。

结构性票据的关键特点在于它是使用互换交易创设出来的。事实上，结构性票据的发行人很少保留内嵌在债券里的任何风险。发行人通常通过与做市商交易一笔互换来对冲债券票息中包含的风险（无论票息有何种风险）。

图 7－2 展示了这种机制。在图中，投资者购买一个发行人发行的结构性票据。投资者支付现金（假定这里支付额为面值 1 亿美元）购买债券，然后在债券存续期间收取票息，并在到期日收回本金。发行人在债券发行时获得购买款，并有义务支付结构性票据的票息，在到期日偿还本金。这里的结构性票据的票息可以非常复杂，它们可能是杠杆逆向浮动利率、封顶浮动利率、二元累积固定利率等。

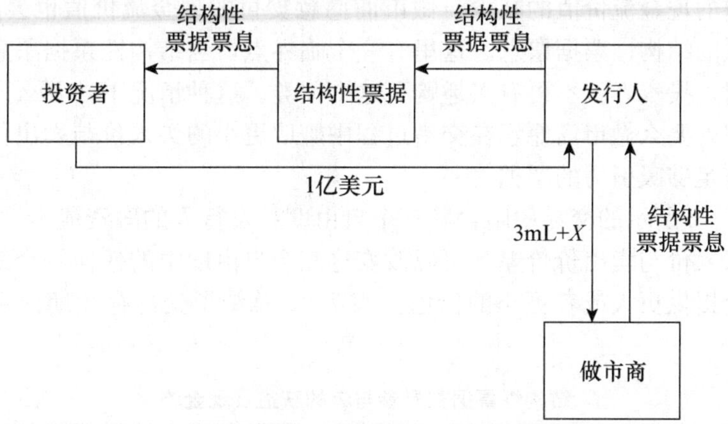

图 7－2　结构性票据的发行人将票息转换为 LIBOR

如前所述，发行人通常不保留结构性票据票息的敞口，而是与做市商进行一笔互换交易，做市商支付一个与结构性票据一样的票息给发行人，而发行人通常支付一个浮动利率，通常是 3 个月 LIBOR 加上或减去一个利差。通过这种方法，发行人合成了一个浮动利率负债，从而完全对冲了结构性票据票息的风险。由于发行人支付的票息与它从做市商那里收到的票息完全一样，所以它对这些现金流没有敞口。发行人最后只需在交易存续期支付 3 个月 LIBOR＋X 基点的浮动利率。发行人利用结构性票据合成的浮动利率负债通常比其他的融资形式更有吸引力（即提供更低的融资成本）。做市商在与发行人之间的互换交易中赚取买入价和卖出价的价差。这个价差用于补偿做市商在互换交易中承担的风险。

做市商通常建立独立的结构性票据部门负责结构性票据的营销、设计、承销、对冲及风险管理。这意味着结构性票据部门需要与互换和期权的做市商进行互换交易和期权（很多是奇异期权）买卖。虽然在有些公司，结构性票据部门是自己公司互换和期权做市部门理所当然的客户，但是在另一些公司，结构性票据部门发现选取其他公司的互换和期权做市商可能更有利。在我们的讨论中，我们不必区别这两种做法，而是将能够进行互换交易创设结构性票据的实体统称为做市商。

结构性票据为何产生？

换句话说，三个实体（发行人、做市商和投资者）为什么要进行图 7－2 中的交易呢？虽然这个过程中可能三方有不同的驱动力，但是通常来说做市商（或者与做市商公司合作）的销售人员是整个过程的驱动者。[①] 销售人员会接触各类投资者，询问他们是否对某种结构性票据感兴趣。如果投资者有兴趣购买推荐的结构性票据，做市商会寻找合适的发行人发行这种债券，并且通常以中期票据作为载体。[②] 结构性票据对组织者来说是一种利润丰厚的交易，参与识别投资者的销售人员也会获得相应的报酬。[③]

需要注意的是，图 7-2 所示的情形中隐含着一定的"权衡"。发行人总希望在其他条件不变的情况下支付尽可能低的融资成本。也就是说，在图 7-2 中，相对于支付 3 个月 LIBOR－10 基点的融资成本，发行人更愿意支付 3 个月 LIBOR－25 基点。然而，发行人向做市商支付更低的融资成本意味着做市商只能支付更低的结构性票据票息。也就是说，随着做市商收取的现金流价值的减少，做市商愿意支付的现金流价值也会减少[④]，从而传递给投资者更低的结构性票据票息。这里有一个临界点，当结构性票据票息的价值降低到一定水平之下时，投资者就不再有兴趣购买这个债券。这种情况下，要么发行人愿意忍受更高的融资成本，要么做市商愿意在交易过程中赚取更小的买入价与卖出价价差，才能构造出对投资者有足够吸引力的票据。

总之，图 7-2 所示的交易中暗含着三个自由度：发行人的融资成本、投资者的票息，以及做市商的买入价与卖出价价差。可以改变这三个自由度中的任何一个来为交易中三个实体中的某一个提供更大或者更小的价值。表 7-2 总结了交易存续期内每个参与者的净现金流情况。

表 7-2　　结构性票据交易参与者的获益及现金流

	投资者	发行人	做市商
期初净现金流	－本金	＋本金	
存续期内净现金流	＋结构性票据票息	－LIBOR 票息	＋LIBOR 票息 －结构性票据票息
期末净现金流	＋本金	－本金	
获益	定制化票据	有吸引力的融资	互换的买入价与卖出价价差

虽然发行人经济上不受支付给投资者的结构性票据票息的影响，但这并不意味着发行人可以完全不顾票息的特点。结构性票据的复杂性质意味着购买它们的投资者（尤其是零售客户）对这些票据进行估值的能力非常有限。顾及对其声誉的影响，发行人通常希望票据的发行价格与其价值比相对合理。这就是说，如果最终投资者发现这种票据的发行价与

① 结构性票据有时是通过区域性做市商的销售人员销售，这些区域性做市商通常没有结构性票据部门，而是与其他做市商的结构性票据部门合作创设结构性票据。

② 需要指出的是，购买结构性票据的投资者不仅有结构性票据票息的风险敞口，也会对发行人有信用风险敞口。如果发行人破产，或者无法支付结构性票据的票息或本金，投资者也无权向组织结构性票据交易的做市商追索。因此投资者购买结构性票据时倾向于选择信用等级高的发行人，从而能够在承担很大利率风险的同时将信用风险最小化。

③ 曾经有一段时间，很多结构性票据发行人向组织这些票据的公司支付承销费，而销售人员通过承销费获得报酬。近些年来，通过在互换交易中支付前端费作为承销费的做法让发行人在会计处理中遇到了很大的麻烦。在互换交易期初，一旦前端费支付后，剩余互换的 NPV 就不再等于 0，从而不能满足美国财务会计准则 133 中有利的会计处理要求。所以现在通行的做法是销售人员收取互换交易买入价和卖出价价差的一部分作为报酬，而不再收取承销费。

④ 做市商在互换交易中赚取一定数额的买入价与卖出价价差。在发行人的融资成本降低的情况下，如果做市商愿意放弃一部分买入价与卖出价价差，那么仍然有可能保持结构性票据的票息不变。

真实价值差距极大，那会很大程度上影响发行人进一步向投资者发行此类票据的能力。这种动态平衡能够使标的互换的买入价与卖出价价差和发行人合成的浮动利率融资成本维持在合理的范围内。

那投资者如何发觉票据发行时是否被收取了离谱的费用呢？票据发行之后，组织发行的做市商会定期发送该票据的盯市市值，给出在当前市场环境下该票据的价值。如果票据的盯市市值远低于票据的发行价，尤其是在刚发行后不久，那么这可能是因为票据的初始定价出现了问题。另外，有时投资者想从它的投资组合中卖出结构性票据。结构性票据的二级市场流动性并不好，如果投资者试图在二级市场上卖出票据，期初收取过多的费用将会影响这些票据的买入价。

最后值得强调的一点是，购买结构性票据的投资者持有的市场观点总是与远期曲线隐含的市场观点相反。结构性票据的购买者之所以购买这个票据是因为其认为通过这个票据可以表达自己对于市场的观点，这种市场观点可以是有关利率方向、利率曲线的形状，或者隐含波动率的水平的。结构性票据是在远期利率曲线的基础上构建的，也就是说，发行人支付的票息是在远期利率曲线的基础上估值的，这一远期利率曲线是在目前的利率曲线的基础上用剥离法构建的。因此，如果远期利率曲线是错误的，即最后实现的利率与远期利率曲线隐含的利率不一样，那么结构性票据的购买者最终会获得收益的提升。

7.5 浮动利率债券

在结构性票据市场发展的初期，最流行的结构性票据是浮动利率债券。这种债券的票息不是固定的而是根据浮动利率指数（例如 LIBOR、基准利率、短期国债利率、联邦基金利率、CMT 等）定期重置的。这些债券内嵌的衍生品的复杂程度并不高。但是，这类结构性票据是所有结构性产品的开端。

浮动利率债券在担心利率上涨的投资者那里非常受欢迎。在利率上升的情况下，固定利率债券的价值下跌，但是浮动利率债券的价值能够保持不变。它们的利率风险很小，可以通过利率重设机制在重置日将它们的价值拉回到面值附近。

7.5.1 基准浮动利率债券

基准浮动利率债券是票息挂钩基准利率的浮动利率债券。例如，我们来分析一下表 7－3中的基准浮动利率债券。[①] 基准利率是银行向它们的中等客户收取的浮动利率。图 7－3展示了 20 世纪 80 年代末到 90 年代初基准利率和 LIBOR 的关系。基准利率有两个特点值得我们关注。第一，基准利率是一种“黏性”指数（见图 7－3），这意味着在 LIBOR 下降的时候，基准利率也在下降，但是下降的速度更加缓和。从浮动利率债券购买者的角度看，在利率下降的情形下基准利率的黏性让它比 LIBOR 更具优势。无论基准利率黏性的说法准确与否，这都是结构性产品卖方介绍的关于结构性产品的一个卖点（基准利率相对 LIBOR 有优势）。

第二点需要注意的是，基准浮动利率债券的标准惯例是每日重置机制。每日重置机制

① 关于基准浮动利率债券的更详尽的分析请参考 Peng 和 Dattatreya（1995）。

需要我们在一个期间内每天观察基准利率的设置情况，取这些设置值的平均数，在期末按照平均数支付利息。[①] 在利率上升的情形下这种每日重置机制是一个很好的特性。如果利率上升，那么每日重置机制使得基准利率债券的持有者能够在这段时间享受更高的重置利率。而挂钩 LIBOR 的浮动债券在每期期初重置利率，如果在期初利率设置之后利率上升了，那么债券的持有者就不能在这个期间剩余的时间享受高利率。

表 7-3　　　　基准浮动利率债券的条款

发行人	美国政府支持实体
本金	1 亿美元
期限	2 年
票息	基准利率－2.8%
计天规则	Act/360
重置和支付频率	基准利率每日重置，每季度支付
发行价格	100%

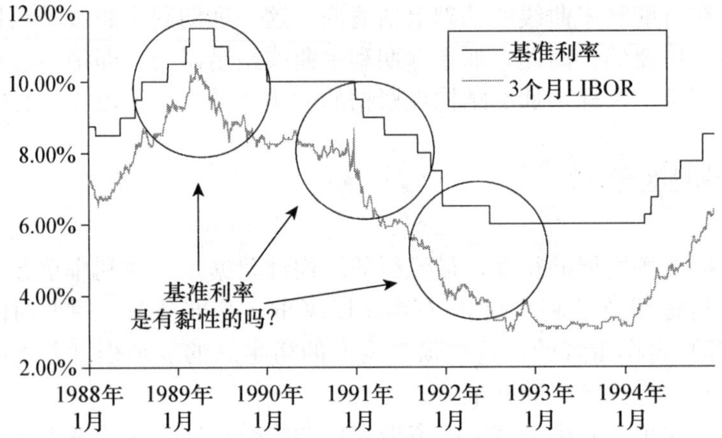

图 7-3　基准利率和 LIBOR 之间的关系

资料来源：Peng 和 Dattatreya (1995)。

我们是如何计算出票息为基准利率－2.80%的？

让我们继续参考图 7-2 中结构性票据的发行机制来思考一下这个（或者说所有的）结构性票据的票息是如何确定的。这个票据的票息是由做市商和发行人之间的互换隐性地决定的。在这个案例中，做市商支付一个挂钩基准利率的票息给发行人，而发行人支付一个挂钩 LIBOR 的票息给做市商，从而为自己合成了一笔成本挂钩 LIBOR 的融资。

因此，做市商与发行人之间为了创设票据而进行的互换交易是一个基准利率－LIBOR 基差互换。这笔基差互换的经济条款能够最终决定结构性票据支付的票息。假设发行人表示愿意以 3 个月 LIBOR－25 基点的成本为自己寻找一笔 2 年的融资。并假设一笔 2 年期基准利率－LIBOR 基差互换的中间价为基准利率－250 基点对 3 个月 LIBOR。进一步假

① 基准浮动利率债券的每日重设机制与基准利率－LIBOR 基差互换的基准利率端的标准惯例一致。这里，互换中 LIBOR 的标准惯例是在每期期初重设利率，然后按照这一利率计息，并在期末支付互换的基准利率端使用期间的平均利率。这里每周五重置的利率也会用于周六和周日的计息。

设做市商愿意在市场中间价两侧 5 基点对基差互换进行报价交易。因此，做市商愿意在 2 年期利差互换中支付基准利率－255 基点来换取 3 个月 LIBOR。需要注意的是，基准利率－LIBOR 基差互换的标准惯例是基准利率每日重置，并按 Act/360 计息规则每季付息。由于发行人实际支付 3 个月 LIBOR－25 基点而不是 3 个月 LIBOR，所以做市商只愿意支付基准利率－255－25 基点，也就是基准利率－280 基点。①

基准浮动利率债券经常被推销给曾经购买过挂钩 LIBOR 的传统浮动利率债券的投资者。有时基准浮动利率债券的前期票息高于相似的挂钩 LIBOR 的浮动利率债券。这使得基准浮动利率债券对于投资者相对有吸引力。

7.6 封顶浮动利率债券

封顶浮动利率债券是一种浮动利率指数高于某一特定水平时，票息就不再浮动的债券。在这种情况下，票息在这一期间就会固定在票息上限水平。票据持有者放弃了一些潜在的更高利率。如果利率上升，债券持有者也不能获得超过票息上限的票息。作为对放弃更高票息的补偿，债券持有者可以获得一个浮动利率之上的更大的利差。

例如，有一个 AA 评级的银行发行的 3 年期浮动利率债券，票息为 3 个月 LIBOR－15 基点。而同一银行发行的封顶浮动利率债券支付的票息为 3 个月 LIBOR＋15 基点，封顶 7%。该票据的具体条款如表 7－4 所示。该封顶浮动利率债券的持有者获得了额外 30 基点（即票息 3 个月 LIBOR＋15 基点与票息 3 个月 LIBOR－15 基点之间的差），但是不再可能赚取高于 7%的票息。这里有一个问题，LIBOR 需要达到什么样的水平票息才会再浮动呢？②

表 7－4　　封顶浮动利率债券的条款

发行人	AA 银行
名义本金	1 亿美元
期限	3 年
票息	3 个月 LIBOR＋15 基点，上限为 7%
重置和支付频率	每季
计天规则	Act/360
发行价格	100%

① 如果做市商愿意支付基准利率－255 基点换取 3 个月 LIBOR，那么两边都减去 25 基点意味着做市商愿意支付基准利率－280 基点换取 LIBOR－25 基点。

有一点需要注意，票息为基准利率－280 基点，理论上票息有可能为负数。如果基准利率低于 2.80%，票息就会为负数。我们以前提到过，当遇到基准利率－280 基点这类票息时，一般都可以理解为这里隐含着一个限制：最低票息为 0。本章后边将会讲到，为了保证最低票息为 0，必须内嵌一个挂钩基准利率、执行利率为 2.80%的利率下限。然而，在结构性票据发展的初期，并没有活跃的利率下限市场。我们可以从图 7－3 中发现，大部分做市商认为基准利率低于 2.80%的可能性几乎为 0。做市商通常会免费（或者以极低的费用）提供这些期权，并愿意承担错误所引发的后果（即即使没有收取期权费，他们也愿意承担实值利率下限行权的损失）。在 20 世纪 90 年代这些票据流行的时候，基准利率从来没有低到使这种事件发生的程度。

② 当 3 个月 LIBOR＋15 基点高于 7%（即当 LIBOR 高于 6.85%）的时候该票息就不再浮动。也就是说当 3 个月 LIBOR 重置利率高于 6.85%的时候，债券持有者只能收到 7%的票息。

一般来说，封顶浮动利率债券票息的形式为 LIBOR+y 基点，上限为 $z\%$。这种票息可以写成 $\min(\text{LIBOR}+y, z\%)$。这里 y 被称为利差，$z\%$ 被称为票息上限。我们发现

$$\min(\text{LIBOR}+y, z\%)=\text{LIBOR}+y-\max[0, \text{LIBOR}-(z\%-y), 0] \tag{7.1}$$

这个式子表明封顶浮动利率债券的持有者实际上是买入了一笔浮动利率债券，票息为 LIBOR+y，并且做空了一个挂钩 LIBOR 的利率上限，执行利率为 $z\%-y$。作为对卖出 LIBOR 利率上限的报酬，投资者在 LIBOR 的基础上收取了更高的利差。这个更高的利差意味着投资者能收到更高的初始票息。然而，投资者的风险是如果利率上升至足够高的水平，那么他收到的票息将被限制在票息上限。在这种情况下，投资者其实应该买普通的浮动利率债券，而不是封顶浮动利率债券。

封顶浮动利率债券对于认为短期利率将不会像远期曲线预期的那么快上升的投资者具有吸引力。① 因此，投资者并不介意放弃潜在的高利率来换取更高的利差提升票息。封顶浮动利率的持有者也隐含地表达了对波动率市场的看法。因为票据的持有者卖出了利率上限（该投资者放弃了 LIBOR 上升到很高水平后能拿到的更高的收益，只能拿到不高于票息上限的票息），所以他是在做空波动率。也就是说，当期权隐含的波动率下降（上升）时，票据的价值上升（下降）。

在 20 世纪 90 年代初期结构性票据市场刚刚起步的时候，封顶浮动利率债券在认为美国经济会持续衰退的投资者中很受欢迎。这段时间，互换曲线很陡峭，意味着远期曲线预期短端利率将会很快上升。一些投资者认为美联储会下调短期利率刺激经济。有些人愿意通过卖出利率上限（由于曲线陡峭，这些利率上限价值比较高）而放弃一部分潜在的高利率。另外，这段时间利率上限的隐含波动率也相对较高，使得卖出利率上限更具吸引力。

7.6.1 封顶浮动利率债券的定价

回想一下我们的典型案例，互换曲线报价惯例是按债券市场计息规则每年支付固定利率换取 1 年期 LIBOR 利率，并假设互换曲线如表 7-5 所示。假设一个投资者想购买一个封顶浮动利率债券，期限为 5 年，票息为 LIBOR+10 基点。假设找到一个愿意支付 LIBOR−15 基点的发行人。那么，为了让做市商盈亏平衡，必须在票据中内嵌什么样的利率上限呢？

表 7-5　互换曲线

期限	国债收益率	互换基差（基点）	互换利率（按年计息，30/360）
1	4.80%	20	5.00%
2	4.88%	23	5.11%
3	5.05%	25	5.30%
4	5.19%	28	5.47%
5	5.25%	35	5.60%

① 实际上，在结构性票据市场发展初期，投资者认为短端利率不会快速上升是封顶浮动利率债券流行的主要原因。这段时间有些投资者并不是使用远期曲线而是用他们对市场的观点和对票据的直观认识来分析这些票据定价的。这种票据能够使利差有相当大幅度的提升（即表 7-4 中案例的 30 基点），这一点就足够吸引投资者不认真分析就直接购买这些票据。

在图 7-4 的上半部分，我们使用剥离法剥离利率曲线并且计算出支付 LIBOR+10 基点收到 LIBOR−15 基点（从做市商的角度）的价值。注意，这相当于做市商支付 25 基点的年金。如图所示，这些现金流的净现值为 1 070 322 美元。做市商将通过获取结构中内嵌的利率上限（即投资者购买封顶浮动利率债券时做空的利率上限）来弥补这一损失。也就是说，为了实现盈亏平衡，做市商获取的利率上限的价值必须等于 1 070 322 美元。因此，我们必须求解一个执行利率，使得这个 5 年期的利率上限的价值等于这个数字。[1] 如图 7-4 的下半部分所示，假设基础波动率曲线是平的，为 15%，那么执行利率为 6.46%。由于该债券的利差为 $y=10$ 基点，并且内嵌利率上限的执行利率 $z\%-y=6.46\%$，等式（7.1）告诉我们票息上限为 $z\%=6.56\%$。

时间	零息利率	远期利率	$L-15$	PV($L-15$)	$L+10$	PV($L+10$)
1	5.000%	5.000%	4 850 000	4 619 048	(5 100 000)	(4 857 143)
2	5.113%	5.226%	5 075 748	4 593 976	(5 325 748)	(4 820 247)
3	5.312%	5.712%	5 562 202	4 762 230	(5 812 202)	(4 976 274)
4	5.494%	6.041%	5 891 364	4 756 682	(6 141 364)	(4 958 532)
5	5.635%	6.202%	6 052 087	4 601 086	(6 302 087)	(4 791 148)
				23 333 022		(24 403 344)
				NPV	(1 070 322)	
		本金	100 000 000			

利率上限模型									
时间	零息利率	期间	远期利率	σ	d_1	d_2	远期期权费	利率上限单元的期权费	利率上限单元的期权费金额
1	5.000%	0×1	5.000%	n/a	n/a	n/a	0.000%	0.000%	0
2	5.113%	1×2	5.226%	15%	−1.339	−1.489	0.031%	0.028%	28 000
3	5.312%	2×3	5.712%	15%	−0.474	−0.686	0.224%	0.192%	191 606
4	5.494%	3×4	6.041%	15%	−0.128	−0.388	0.458%	0.370%	369 690
5	5.635%	4×5	6.202%	15%	−0.014	−0.286	0.633%	0.481%	481 026
执行利率	6.460%		本金		100 000 000				1 070 322
								基点价格	107.0

图 7-4　封顶浮动利率债券的估值和利率上限执行利率的求解

现在，我们可以来分析第二个例子。假设以上假设都不变，除了发行人愿意以 LIBOR−20 基点而不是 LIBOR−15 基点发行票据。因此，发行人想获得对自己更有利的融资条件。在做市商与发行人的互换交易中，做市商现在会收取 LIBOR−20 基点而不是 LIBOR−15 基点。在这个例子中，如果要求解这个执行利率，我们会发现（这里没有显示计算过程）内嵌利率上限为 $z\%-y=6.23\%$。注意，此时债券的利差仍假设为 $y=10$ 基

---

① 使用电子表格中内置的迭代程序求解这个执行利率很轻松。

点。所以，从等式（7.1）可知，票息的上限为 $z=6.33\%$。发行人需要更好的融资条件，结果购买票据的投资者的经济条件就变得更差。投资者现在能得到的票息为min(LIBOR+10，6.33%)，而不再是 min(LIBOR+10，6.56%)。将融资成本降低 5 基点的后果是票息上限下降了 6.56%−6.33%=23 基点。

7.7 逆向浮动利率债券

逆向浮动利率债券是一种挂钩的浮动指数下降（上升）时票息上升（下降）的浮动利率票据。假设逆向浮动利率债券与 LIBOR 指数的变动挂钩，其票息的形式通常为[①]

$$C\%-N\times \text{LIBOR}，\text{最低票息为 } 0\% \tag{7.2}$$

在等式（7.2）中，C 是一个常数，N 是一个正整数。如果 N 等于 1，那么该债券称为逆向浮动利率债券。如果 N 的值大于 1，那么该债券称为杠杆逆向浮动利率债券，有时候人们也简单地称这种债券为逆向浮动利率债券。

正如我们之前讨论的，对于一个普通的浮动利率债券，重置机制趋向于将票据的价值拉回到票面值或者接近票面值。然而，对于逆向浮动利率债券来说，情况则不是这样。由等式（7.2）可知，当 LIBOR 上升时，票息下降，反之亦然。如果 LIBOR 上升至足够高的水平，票息将会下降为零。在利率极高的环境下，逆向浮动利率债券的所有票息（如远期曲线隐含的那样）都将为零，该票据就会像零息债券一样，那它的价值肯定就不是面值了。

举个例子，有一个杠杆逆向浮动利率债券，具体条款见表 7-6。该债券的票息为 20%−4×1 年期 LIBOR，票息最低为 0。首先我们要注意的是，该结构中必须内嵌一个期权来保证无论 1 年期 LIBOR 如何变化，最低票息都为 0。该期权（保证票息不会为负的期权）被行权的条件为

$$20\%-4\times 1 \text{ 年期 LIBOR}<0\%$$

即 1 年期 LIBOR>5%。所以，此结构中内嵌的是一个利率上限。

表 7-6　　逆向浮动利率债券的条款

发行人	美国政府支持实体
名义本金	1 亿美元
期限	5 年
票息	20%−4×1 年期 LIBOR
最低票息	0.00%
计天规则	30/360
重置与支付频率	每年
发行价格	100%

注意，购买这种债券的投资者实际上是买入了利率上限：该利率上限可以确保无论 1 年期 LIBOR 如何变动，投资者收到的最低票息都不低于 0。另外，要注意的是本金为 1 亿

① 也有逆向浮动利率债券的最低票息高于 0，但是为了简单起见，这里我们假设最低票息为 0。

美元的债券需要本金为 4 亿美元、执行利率为 5%的利率上限。之所以需要本金为 4 亿美元（而不是 1 亿美元）的利率上限是因为杠杆因子为 4。

现在，我们来分析为什么需要名义本金为 4 亿美元的利率上限。假设某重置日的 1 年期 LIBOR 重置为 5.01%。在这种情况下，如果没有最低票息限制，票息将重置为 20%－4×5.01%＝－0.04%。在本金为 1 亿美元的基础上，这意味着没有利率下限的限制的话，5.01%的重置利率需要支付票息－40 000 美元。当然，票息实际上不会为负，这也是设置利率下限的目的。当 LIBOR 重置为 5.01%时，执行利率为 5%、名义本金为 1 亿美元的利率上限将支付 max(5.01%－5%，0)×名义本金＝10 000（美元）。由于我们需要的期权支付额为 40 000 美元，所以为了满足最低票息的保证，我们需要 4 倍的利率上限，即需要 4 亿美元的名义本金。LIBOR 重置值相比 5%每高出 1 基点，20%－4×1 年期 LIBOR 就会下降 4 基点，对于 1 亿美元本金来说为 40 000 美元。因此，只有名义本金为 4 亿美元的利率上限才能保证相比 5%每高出 1 基点，期权可以支付 40 000 美元。

我们更正式地分析一下这个关系，注意我们可以将债券的票息写成如下形式：

$$\max(20\% - 4\times \text{LIBOR}, 0)$$

也就是说，该债券支付 20%－4×LIBOR，除非这是负值，那么支付为零。我们发现①

$$\begin{aligned}&\max(20\% - 4\times \text{LIBOR}, 0)\\ &= 20\% - 4\times \text{LIBOR} + \max(4\times \text{LIBOR} - 20\%, 0)\\ &= 20\% - 4\times \text{LIBOR} + 4\times \max(\text{LIBOR} - 5\%, 0) \qquad (7.3)\end{aligned}$$

等式（7.3）中的最后一项是执行利率为 5%的利率上限乘以杠杆因子 4。这个利率上限保证了在 20%－4×LIBOR 为负数的情况下票息为零。

假设我们购买了条款如表 7－6 所示的票据。假设当前 1 年期 LIBOR 为 3%，并且假设我们剥离互换曲线（该曲线并未在此显示）得到的远期 LIBOR 利率如表 7－7 所示。基于这些远期利率，有和没有最低票息限制的情况下的预期票息也在表中列出。

表 7－7　　假设的远期利率和表 7－5 中的杠杆逆向浮动利率债券在有和没有最低票息限制的情况下的预期票息

票息支付期（年）	假设的远期利率	没有最低票息限制下的票息	有最低票息限制下的票息
1.0	3.00%	8.00%	8.00%
2.0	4.00%	4.00%	4.00%
3.0	4.50%	2.00%	2.00%
4.0	5.00%	0.00%	0.00%
5.0	5.50%	－2.00%	0.00%

如表 7－7 所示，当远期曲线陡峭时（也就是当互换曲线陡峭的时候，就像 20 世纪 90 年代初逆向浮动利率债券非常流行的时候），债券预期要支付的票息下降得很快。近期的票息就必须能够弥补投资者因将来获得的票息低于市场票息而受到的损失。若我们的票息

① 第一个等式由如下恒等式而来：max(A,B)＝A＋max(0,B－A)，这里我们设 A＝20%－4×LIBOR，并且设 B＝0。

形式为

$$\max(C\%-4\times \text{LIBOR},\ 0)$$

那么 C 的水平就是用来平衡债券存续期内预计收到的现金流的。当利率曲线向上倾斜时，为了弥补投资者因未来收到（远期曲线隐含的）的票息低于市场水平而遭受的损失，逆向浮动利率债券的投资者在当前收到的票息应高于市场水平。在表 7-7 中远期曲线的假设情况中，短期利率仅为 3%，投资者收到的票息为 8%。这是相当大幅度的收益提升。如果投资者认为远期利率是错误的，未来的 LIBOR 利率会低于远期曲线隐含的利率，那么债券将会带来高于表 7-7 中预测的票息。

在利率曲线陡峭的环境中逆向浮动利率债券投资实际上是在赌最后实现的利率不会像远期曲线中隐含的那样高。基于（相对）较低的挂钩利率，投资者将会收到高于市场水平的票息，其市场观点是未来即期利率不会像远期曲线隐含的那样高。我们将在 7.7.2 节介绍，这正是奥兰治县所持有的市场观点。

然而，如果投资者错了，利率急剧上升，那对杠杆逆向浮动利率债券价值的影响将是毁灭性的。举个例子，假设杠杆逆向浮动利率债券的票息为 max(20%－4×LIBOR，0)，购买该债券 1 年后，利率大幅飙升，如表 7-8 所示。在这个例子中，此时（购买该债券 1 年后）的 1 年期 LIBOR 为 5%，并且远期曲线非常陡峭，反映出市场预期利率将会上升至更高的水平。在这种情况下，根据远期预测的票息将都是零。该债券的价格将十分接近相同期限的零息债券的价格。

表 7-8　假设购买表 7-6 中杠杆逆向浮动利率债券 1 年后的远期利率，以及在有和没有最低票息限制下的预期票息

票息支付期（年）	假设的远期利率	没有最低票息限制下的票息	有最低票息限制下的票息
1.0	5.00%	0.00%	0.00%
2.0	5.75%	−3.00%	0.00%
3.0	6.50%	−6.00%	0.00%
4.0	6.75%	−7.00%	0.00%

7.7.1　例子：杠杆逆向浮动利率债券定价

回想一下我们的典型案例，互换曲线报价惯例是按债券市场计息规则每年支付固定利率换取 1 年期 LIBOR 利率。假设互换曲线如表 7-5 所示，基础波动率曲线是平坦的，为 15%。假设投资者想购买一笔 4 年期杠杆逆向浮动利率债券，票息为 $Y\%-2\times 1$ 年期 LIBOR，最低票息为 0.00%。假设发行人支付 LIBOR。那么投资者在该票据中能获得什么水平的 $Y\%$ 呢？

在互换交易中，互换做市商会收取 LIBOR，支付票息 $Y\%-2\times 1$ 年期 LIBOR，最低票息为 0.00%。也就是说，做市商愿意支付的票息为

$$\max(Y\%-2\times 1\text{ 年期 LIBOR},\ 0)$$

注意这里

$$\max(Y\%-2\times \text{LIBOR},0)$$
$$=Y\%-2\times \text{LIBOR}+\max(2\times \text{LIBOR}-Y\%,0)$$
$$=Y\%-2\times \text{LIBOR}+2\times \max(\text{LIBOR}-Y\%/2,0) \tag{7.4}$$

因此，我们可以将做市商支付的票息看成 $Y\%-2\times 1$ 年期 LIBOR 的票息（没有最低票息限制），同时卖出本金为 2 亿美元、执行利率为 $Y\%/2$ 的 LIBOR 利率上限。通过卖出利率上限，做市商可以确保投资者收到的票息不会低于 0%。我们通过迭代找到 $Y\%$的值，使得现金流 $Y\%-2\times 1$ 年期 LIBOR 的价值加上利率上限的价值等于做市商收到的 LIBOR 的价值。如图 7－5 所示，我们求得 $Y\%=16.346\%$。

时间	零息利率	远期利率	浮动票息	浮动票息现值	$Y-2L$	CF($Y-2L$)	PV($Y-2L$)
1	5.000%	5.000%	5 000 000	4 761 905	6.346%	(6 346 264)	(6 044 061)
2	5.113%	5.226%	5 225 748	4 729 739	5.895%	(5 894 767)	(5 335 257)
3	5.312%	5.712%	5 712 202	4 890 656	4.922%	(4 921 859)	(4 213 982)
4	5.494%	6.041%	6 041 364	4 877 792	4.264%	(4 263 535)	(3 442 374)
				19 260 092			(19 035 674)
					本金为 2 亿美元的利率上限	(224 418)	
		$Y\%$	16.346%		NPV	0	
		名义本金	100 000 000				

利率上限模型

时间	零息利率	期间	远期利率	σ	d_1	d_2	远期期权费	利率上限单元的期权费	利率上限单元的期权费金额
1	5.000%	0×1	5.000%	n/a	n/a	n/a	0.000%	0.000%	0
2	5.113%	1×2	5.226%	15%	−2.907	−3.057	0.000%	0.000%	361
3	5.312%	2×3	5.712%	15%	−1.583	−1.795	0.023%	0.023%	23 224
4	5.494%	3×4	6.041%	15%	−1.033	−1.293	0.089%	0.089%	88 625
执行利率	8.173%		名义本金		100 000 000				112 209
								（用基点表示）	11.2

图 7－5　计算杠杆逆向浮动利率债券的票息

杠杆逆向浮动利率债券的利率敏感度

现在，我们已经构建了债券，那么我们来看看利率变化对债券价值的影响。在图 7－6 中，我们展示了互换曲线瞬时平行移动时债券价格如何变化。① 正如我们所料，当利率走低时，债券价值升高，反之亦然。需要注意的是债券的利率敏感度会随着利率水平的变动

① 一旦债券的条款确定，我们就可以通过平行移动互换曲线计算债券的现金流在新利率下的价值，从而求得利率曲线平移后债券的价值。这个计算过程中应该考虑债券内嵌利率上限的价值。这里我们假设移动利率曲线的时候隐含波动率不发生变化。并且，我们假设移动利率曲线的时候债券的第一期票息也会变化。

而变动。

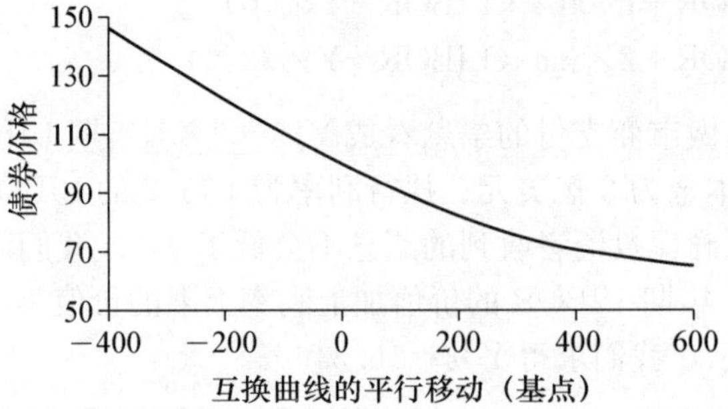

图 7-6　互换曲线瞬时平行移动时杠杆逆向浮动利率债券的价格敏感度

最常用的度量债券价格对利率变动的敏感度的指标是久期。具体来说，对于内嵌期权的债券（如杠杆逆向浮动利率债券），我们一般使用有效久期。[①] 债券的有效久期可以表示如下：

$$\frac{P_{-\Delta_y}-P_{+\Delta_y}}{2\times\Delta_y\times P_0} \tag{7.5}$$

这里 $P_{-\Delta_y}$ 和 $P_{+\Delta_y}$ 分别表示互换曲线下降或上升 Δy 时债券的价值，P_0 表示互换曲线没有变化时债券的价值。基于公式（7.5）的杠杆逆向浮动利率债券的久期如图 7-7 所示。

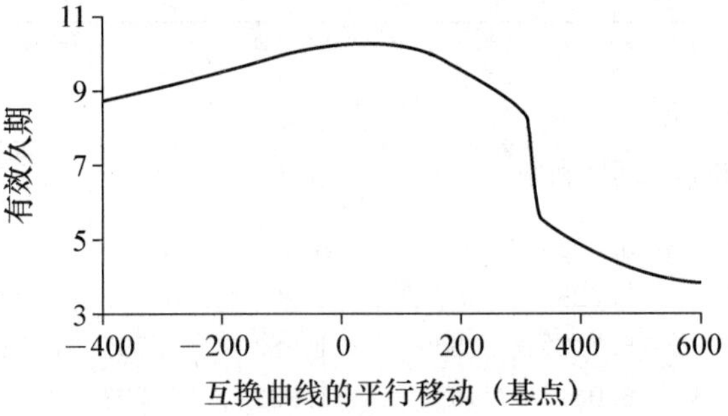

图 7-7　杠杆逆向浮动利率债券的有效久期

该图一个非常显著的特点就是在当前互换曲线环境下，这个 4 年期杠杆逆向浮动利率债券的有效久期接近 10。大多数债券的有效久期都短于到期期限，但是对于杠杆逆向浮动利率债券，情况就不同了。这么长的久期说明债券的价值对利率变动极其敏感。正的久期意味着当债市高涨利率走低时，杠杆逆向浮动利率债券的价值上升，当债市抛售利率走高时，杠杆逆向浮动利率债券的价值下降。而久期的长短表示债券对利率变动究竟有多敏感。

杠杆逆向浮动利率债券的拆分

为什么杠杆逆向浮动利率债券的久期如此长呢？为了理解这个问题，我们来看一下表

① 关于有效久期的介绍，请参见附录 B。

7－9 中的两个投资组合。组合 A 包含一个我们之前构建的杠杆逆向浮动利率债券多头，本金为 1 亿美元。组合 B 包含一个本金为 3 亿美元的固定利率债券多头，票息为 16.34％/3；一个本金为 2 亿美元、挂钩 LIBOR 的浮动利率债券空头；一个名义本金为 2 亿美元、执行利率为 16.34％/2 的利率上限多头。实际上，从风险和回报的角度看，这两个投资组合是完全相同的。为证明这一点，首先我们注意到每个组合都有 1 亿美元的本金多头。对组合 A 来说这很明显。组合 B 包括一个本金为 3 亿美元的固定利率债券多头和一个本金为 2 亿美元的浮动利率债券空头，净头寸正好是 1 亿美元本金多头。现在，我们证明这个组合产生的票息现金流相同。组合 A（即杠杆逆向浮动利率债券）支付的票息为

$$1\text{ 亿美元}\times\max(16.34\%-2\times\text{LIBOR},0) \tag{7.6}$$

组合 B 支付的票息为

$$\begin{aligned}
&3\text{ 亿美元}\times 16.34\%/3-2\text{ 亿美元}\times\text{LIBOR}+2\text{ 亿美元}\times\max(\text{LIBOR}-16.34\%/2,0)\\
=&1\text{ 亿美元}\times 16.34\%-1\text{ 亿美元}\times 2\times\text{LIBOR}\\
&+1\text{ 亿美元}\times\max(2\times\text{LIBOR}-16.34\%,0)\\
=&1\text{ 亿美元}\times(16.34\%-2\times\text{LIBOR})+1\text{ 亿美元}\times\max(2\times\text{LIBOR}-16.34\%,0)\\
=&1\text{ 亿美元}\times[(16.34\%-2\times\text{LIBOR})+\max(2\times\text{LIBOR}-16.34\%,0)]\\
=&1\text{ 亿美元}\times\max(16.34\%-2\times\text{LIBOR},0)
\end{aligned}$$

这与公式（7.6）相同。因此，这两个组合实质上是一样的。这有助于我们理解为什么杠杆浮动利率债券的久期如此之长。现在我们分析一下组合 B，其包括一个本金为 3 亿美元的固定利率债券多头和一个本金为 2 亿美元的 LIBOR 浮动利率债券空头（还有一些利率上限，我们这里暂且忽略）。所以，组合 B 相当于包含三个本金都是 1 亿美元的固定利率债券多头和两个本金都是 1 亿美元的浮动利率债券空头。这个组合最后实现的是一个杠杆多头头寸。也就是说，卖出本金为 2 亿美元、挂钩 LIBOR 的浮动利率债券，用于帮助购买本金为 3 亿美元的固定利率债券（债券的久期为正数）。最终的效果是这个杠杆多头的久期非常长。逆向浮动利率债券的持有者实际上购买的是三笔固定利率债券（通过卖出两笔浮动利率债券来支付部分固定利率债券的价款），因此本金为 1 亿美元的逆向浮动利率债券的久期与本金为 3 亿美元的固定利率债券的久期相近。[①]

表 7－9　　杠杆逆向浮动利率债券的拆分

组合 A： 挂钩 LIBOR 的杠杆逆向浮动利率债券多头，本金为 1 亿美元
组合 B： 本金为 3 亿美元的固定利率债券多头，票息为 16.34％/3 名义本金为 2 亿美元、挂钩 LIBOR 的浮动利率债券空头 名义本金为 2 亿美元、执行利率为 16.34％/2 的利率上限多头

在图 7－7 中我们发现，当债市抛售利率上升时，逆向浮动利率债券的久期开始缩短。

① 在我们计算组合 B 的久期的时候，我们也应该考虑组合中的利率上限。随着利率下降，利率上限的价值也在下降，因此利率上限的存在会缩短组合 B 的久期。但是这些高执行利率的利率上限在低利率环境下对组合的利率敏感度影响不大。但是，在高利率环境下，这些利率上限的利率敏感度是比较高的。

当利率非常高时，市场预测逆向浮动利率债券的票息将都为零。因此，逆向浮动利率债券的风险类似于高利率情景下的零息债券。零息债券的修正久期略短于到期期限。[①]

7.7.2 奥兰治县

奥兰治县是位于南加利福尼亚州的一个自治区，其在1994年12月宣布破产，并因此进入了公众的视野。奥兰治县之所以破产主要是因为它的投资组合管理不善，它的投资组合主要投资于各种固定收益债券，尤其是结构性票据。该县75亿美元投资组合的总损失高达17亿美元。

众所周知，奥兰治县大量投资了逆向浮动利率债券。逆向浮动利率债券以及它的“高能表兄弟”杠杆逆向浮动利率债券本身并没有什么问题。但是，在奥兰治县的案例中，逆向浮动利率债券、杠杆、美联储紧缩周期共同导致了该县投资组合的破产。[②] 该县的司库Bob Citron有多了解他所购买的资产是一个值得探讨的问题。[③]

从技术上讲，衍生品并不是导致奥兰治县破产的罪魁祸首，回购才是。但也许这只是文字上的差异。奥兰治县的基本策略（我们随后会讨论细节）是借钱并使用杠杆押注看多债市。在投资组合中加杠杆的操作由来已久，这并不需要衍生品。但是，结构性票据使得在利率上进行高杠杆押注（即押注利率会维持低位）更为方便。当利率维持较低水平时，这一策略表现得非常好。但是当1994年美联储持续加息时（美联储在一年中六次加息），这种策略导致的损失是灾难性的。

奥兰治县通过回购加杠杆进一步增大了逆向浮动利率债券带来的风险。奥兰治县与卖给它这些债券的做市商进行回购交易，拿回现金后购买更多的债券。例如，奥兰治县购买了杠杆逆向浮动利率债券后（这已经是一个加了杠杆的债券多头），经常将该债券质押融资，从而能够购买更多的逆向浮动利率债券（创造更多的杠杆）。

这种回购安排如图7-8所示。在该图中，奥兰治县购买1亿美元的逆向浮动利率债券。为了融资，奥兰治县与卖给它债券的做市商进行回购交易。在这种期限一般为数天、数周或者数月的回购中，奥兰治县将债券作为抵押品获得贷款，并支付一定水平的利率，该利率被称为回购利率。通常这里会使用一个估值折扣，约定奥兰治县获得的贷款只能是其质押资产价值的一部分，而不是全部。在这个例子中，我们假设估值折扣为5%，也就是说，奥兰治县抵押1亿美元的票据只能获得9 500万美元的贷款。更为重要的是，回购条款规定，若抵押品价值下降，则奥兰治县需要向回购部门交付更多的抵押品。所以，如果今天奥兰治县按面值购买债券，而明天该债券价值变为9 800万美元，那么它就必须向

---

① 在我们介绍逆向浮动利率债券拆分的时候，我们提到过逆向浮动利率债券相当于一个固定利率债券的多头、一个浮动利率债券的空头和一个利率上限的多头。在当前利率曲线环境下分析浮动利率债券久期，我们开始是忽略利率上限的。在逆向浮动利率债券期初，利率上限的执行利率相对比较高的时候，这么做是可以接受的。因为这种情况下利率上限对利率变动的敏感度是很小的。但是当债市抛售利率上涨时，利率上限的利率敏感度就会大幅上升。

② 这并不是说奥兰治县只购买了逆向浮动利率债券。Jorion（1995）的著作*Big Bets Gone Bad*中提到奥兰治县破产时，其投资组合中约有60%为结构性票据，另外还有其他的证券，比如抵押贷款债券和公司债券。

③ Jorion（1995）记载，Citron在1993年被问及为什么他认为利率会保持低位时，他回答“我是美国最大的投资者之一。我知道这些事情。”但是在1994年，美联储开始加息。Jorion援引当时奥兰治县的助理司库Matthew Raabe的话说，在提及该县投资组合面临的困境时，Citron对此事予以了否定。Jorion报告说，Raabe声称Citron开始在工作中咨询通灵师和占星师。

回购部门再交付价值为 200 万美元的抵押品。奥兰治县可以使用通过回购交易得到的9 500万美元现金购买更多的债券。换句话说，只用 500 万美元就可以购买 1 亿美元本金的杠杆逆向浮动利率债券。

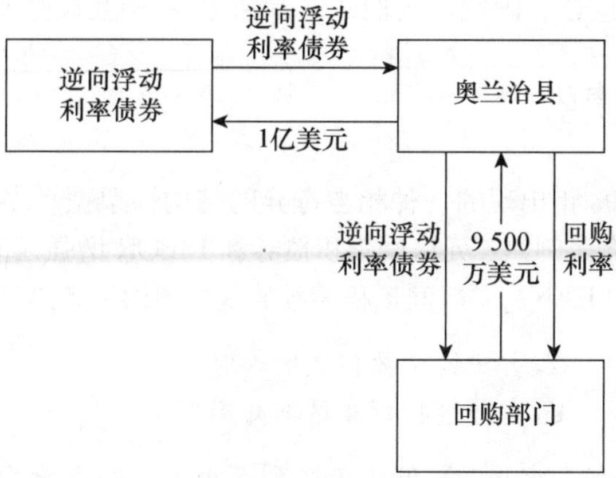

图 7 - 8　奥兰治县购买杠杆逆向浮动利率债券的融资过程

美联储在 1992 年至 1993 年间保持着利率稳定，奥兰治县从债券投资中获得的利息高于债券融资支付的回购利息。但是，在 1994 年利率飙升时，情况就完全不同了。

1994 年，美联储开始担忧通胀风险，并将联邦基金利率从 3%提高至 5.5%。结果市场大幅抛售，LIBOR 利率急剧上升，导致固定债券价值大幅下跌。由于杠杆逆向浮动利率债券对利率敏感度极高，其价值暴跌（见图 7 - 7）。当利率上升时，较长的久期侵蚀了奥兰治县用于回购的浮动利率债券的价值。根据回购条款，当债券价值下跌时，奥兰治县必须向做市商提供额外的现金。同时，随着 LIBOR 利率不断上升，投资于逆向浮动利率债券获得的票息在下降。更糟糕的是，奥兰治县进行新回购交易的回购利率也都随着利率的上升而上升。这真是一场“完美的”风暴！

当利率刚开始上升时，奥兰治县还有足够的现金履行其义务。但是，随着时间的流逝，当美联储继续加息，债市进一步抛售的时候，根据回购协议奥兰治县必须补充更多的抵押品。根据 Jorion（1995）描述，在 1994 年 2 月至 5 月期间，奥兰治县为回购协议补充了约 5.15 亿美元的保证金。根据 Jorion 的分析，同一年的 8 月到 9 月，该投资组合的现金余额减少了约 10 亿美元。此后不久，当奥兰治县无法满足追加保证金要求时，银行开始变现它们持有的抵押品，奥兰治县宣布破产。

以上是对奥兰治县破产过程的极其简化的描述，但它包含了破产和投资清算①中最突出的特征。在第二章的图 2 - 2 中，我们指出过，在 1994 年年末的一段时间，当奥兰治县宣布破产并且马上要清算其投资组合的时候，2 年期互换基差大幅跳升。市场已经觉察到奥兰治县购买了大量的逆向浮动利率债券，当它要清算的时候，它必须卖掉这些债券。在奥兰治县清算过程中购买了这些逆向浮动利率债券的做市商实际上是获得了债券多头。为了对冲这一头寸，需要使用利率互换做空市场，这意味着应该在互换交易中支付固定利

① 奥兰治县聘请了投资银行所罗门兄弟公司作为其投资组合的顾问。所罗门兄弟公司也是最终执行这些结构性票据清算的投资银行。在拍卖过程中，各家做市商购买了很多这种债券。

率。市场已经知道奥兰治县的投资组合中大部分债券还有几年才会到期。因此，买入这些债券的做市商需要在具有相同到期日的利率互换中支付固定利率。这就解释了为什么 2 年期互换基差在这段时间大幅走高。市场没有发现奥兰治县购买了任何到期期限在 10 年左右的杠杆逆向浮动利率债券。因此，我们并未看到 10 年期互换基差有类似的变动。

7.8 区间累积债券

区间累积债券是 1993 年出现的一种相当奇异的结构性票据。多年来出现并流行过几种不同版本的区间累积债券［例如二元区间累积债券和 LIBOR 增强区间累积债券（LIBOR enhancement accrual note，LEAN)］。区间累积债券的基本结构是其票息为以下形式：

$$每日应计票息=\begin{cases} C,当挂钩指数在区间内时 \\ Y,当挂钩指数在区间外时 \end{cases}$$

这里的票息 C 高于市场利率水平，Y 低于市场利率水平，经常设为零。挂钩指数通常为 3 个月 LIBOR。区间一般在交易期初设定。例如，有一个区域累积债券，挂钩指数为 3 个月 LIBOR，区间为 3%至 4.25%。如果 3 个月 LIBOR 在 3%至 4.25%的区间内，那么债券持有者将获得高票息 C，否则获得低票息 Y。

7.8.1 LEAN

我们分析的第一种区间累积债券是 LEAN。这是一种浮动利率债券，当挂钩的指数 LIBOR 在区间内时支付高票息，当挂钩的指数 LIBOR 在区间外时支付低票息（通常为零)。这种债券的条款如表 7-10 所示。这里的利差 x 通常比普通浮动利率债券所能获得的利差高很多。表 7-10 中需要注意的是 LIBOR 如何重置票息，以及 LIBOR 如何确定每个季度中非零票息累积天数。举一个具体的例子，假设在票息重置日，3 个月 LIBOR 等于 4.00%，并假设该交易的利差 x 等于 0.50%。因此该季度每天能累积的最大票息为 4.50%。在每个季度内，每天观察 3 个月 LIBOR 的数值来计算票息累积天数。用 N 表示季度内 3 个月 LIBOR 在 3%到 4.25%的区间内的天数，并用 M 表示该季度的实际天数。那么该季度债券持有者将收到的票息为

$$4.50\% \times 1 亿美元 \times N/M \times \text{Act}/360$$

表 7-10　　LIBOR 增强累积票据的条款

发行人	美国政府支持实体
本金	1 亿美元
期限	3 年
票息	当天 LIBOR 在 3%至 4.25%的区间内时支付 3 个月 LIBOR+x；否则票息为零
计天规则	Act/360
重置	每日计算一个季度中票息的天数，每季重置计息利率
支付频率	季付
发行价格	100%

LEAN 最早出现在 1994 年 1 月。据 Peng 和 Dattatreya（1995）的记载，在两个星期内就发行了超过 10 亿美元。因为当时观察到的 LIBOR 波动率很低，并且投资者认为不会有任何加息能将 LIBOR 推出该累积区间，因此投资者蜂拥而至购买 LEAN。如图 7－9 所示，在前 2 年，LIBOR 在一个相当窄的范围内波动。有些人看到图 7－9 所示的走势后认为 LEAN 是一个很好的交易。但在 1994 年年初，美联储开始担心通胀压力，并一年内六次提高短期利率（联邦基金利率从 3％上升到 5.5％）。这大幅推升了 LIBOR 利率（如图 7－1所示），从而使许多 LEAN 超出了累积区间。结果就是，这些债券无法提供高于市场水平的票息，很多甚至开始支付零票息。此外，基于高的远期利率，大多数定价模型对这些区间累积债券的未来票息估值很低。这些按面值买入的债券现在更像零息债券。

图 7－9　LEAN 出现前几年的 LIBOR 历史数据

资料来源：Peng 和 Dattatreya（1995）。

7.8.2　二元区间累积债券

另一种流行的区间累积债券（近年来更受欢迎）是二元区间累积债券。这种债券类似于 LEAN，除了（当挂钩指数在指定的区间内时）累积的票息是固定利率。举一个具体的例子，表 7－11 展示了二元区间累积债券的条款。

表 7－11　二元区间累积债券的条款

发行人	美国政府支持实体
本金	1 亿美元
期限	3 年
票息	如果 LIBOR 在 3％至 4.25％的区间内，当天按 6％计息，否则票息为零
计天规则	Act/360
重置	每日观察以决定每季累积票息的天数
支付频率	季付
发行价格	100％

案例：二元区间累积债券的定价

我们将在一个典型的案例环境（互换按年付息，固定利率换1年期LIBOR）下为一个4年期二元区间累积债券定价。假设互换曲线如表7-5所示。假设投资者想购买一个二元区间累积债券，如果1年期LIBOR在4%至6.5%的区间，则支付票息$C\%$，否则票息为零。我们这里做一个简化的假设，即只在每年年初观察1年期LIBOR，从而决定当年投资者收到$C\%$还是0%的票息。假设发行人支付LIBOR，那么投资者收到的C是什么水平呢？

每年支付给投资者的票息是LIBOR的函数，如图7-10所示。这种收付额图形被称为二元走廊。[①] 二元区间累积债券根据今天的LIBOR值确定1年后的票息，这个票息没有不确定性。由于今天LIBOR的值5%落在4%至6.5%的区间内，所以1年后支付的票息为$C\%$，而之后在时间t_{i+1}（$i=1$，2，3）支付的票息是不确定的。

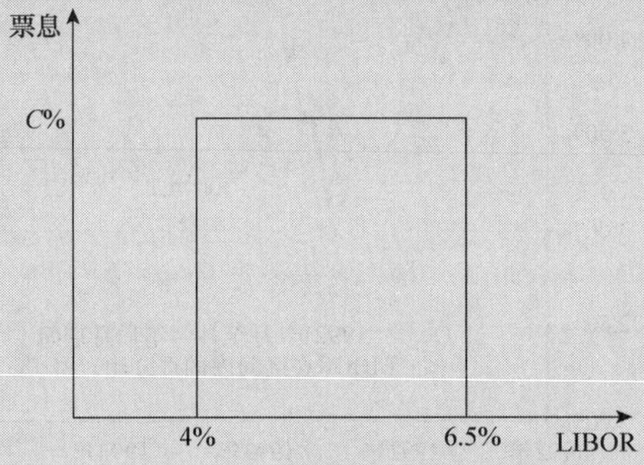

图7-10　二元区间累积债券每年支付的票息

这相当于一个二元期权，如果时间t_i时LIBOR值大于X，则在时间t_{i+1}支付票息$C\%$，否则票息为零。根据Black模型的假设，这个二元期权的价值为

$$\frac{1}{[1+\text{zc}(t_{i+1})]^{t_{i+1}}}\times C\%\times N(d_2[X]) \tag{7.7}$$

$$d_2[X]=\frac{\ln[f(t_i,t_{i+1})/X]-\sigma_{t_i}^2\times t_i/2}{\sigma_{t_i}\times\sqrt{t_i}} \tag{7.8}$$

在公式（7.7）和公式（7.8）中，我们用$d_2[X]$强调d_2是X的函数。使用公式（7.7）和公式（7.8），图7-10中的二元走廊的价值为

$$\frac{1}{[1+\text{zc}(t_{i+1})]^{t_{i+1}}}\times C\%\times[N(d_2[X_1])-N(d_2[X_2])] \tag{7.9}$$

这里X_1表示下边界4%，X_2表示上边界6.5%。

我们需要不断迭代找到$C\%$的值使得二元区间累积债券票息的价值等于发行方支付的LIBOR的价值。图7-11展示了这个计算，这里假设基础波动率曲线是平坦的，为15%，

① 关于二元期权的介绍，请参见附录A。

如图所示，我们求得二元区间累积债券的票息 $C\%$ 为 6.786%，比 4 年期互换的利率提升了 131.6 基点。

时间	零息利率	期间	远期利率	σ	$d_2[X_1]$	$d_2[X_2]$
1	5.000%	0×1	5.000%	n/a	n/a	n/a
2	5.113%	1×2	5.226%	15%	1.707 0	−1.529 7
3	5.312%	2×3	5.712%	15%	1.573 6	−0.715 1
4	5.494%	3×4	6.041%	15%	1.457 2	−0.411 5

时间	$N(d_2[X_1])-N(d_2[X_2])$	二元区间累积债券的票息	浮动票息	浮动票息现值
1	n/a	(6 462 740)	5 000 000	4 761 905
2	0.893 0	(5 484 891)	5 225 748	4 729 739
3	0.704 9	(4 095 632)	5 712 202	4 890 656
4	0.587 1	(3 216 829)	6 041 364	4 877 792
		(19 260 092)		19 260 092
		现值	0	

X_1	4.000%
X_2	6.500%
C	6.786%
名义本金	100 000 000

图 7-11　求解二元区间累积债券的固定利率

二元区间累积债券的价格敏感度

图 7-12 展示了二元区间累积债券对互换曲线瞬间平移的价格敏感度。[①] 只有曲线在一个相对很窄的区间移动时这种以票面值购买的债券的价值才会高于票面值。[②] 事实上，如果债市抛售，这种债券的价值就会低于票面值。然而，这种债券可以在债市上涨相当大幅度的情况下仍高于票面值交易。原因何在？这种债券本质上是固定利率债券，但是投资者卖出期权使得如果市场朝某个方向大幅变动的话就会没有票息。如果债市抛售，那么这会从两方面影响债券价格。第一，像大多数固定利率债券一样，利率上涨会降低债券的价值。[③] 第二，随着债市抛售，远期利率曲线会上升，这就增大了突破上边界的可能性，导致票息为零。这两方面都会使债券在债市抛售的时候价值下降。

① 我们假设平移互换曲线的时候债券的第一个票息仍然设置在 $C\%=6.786\%$。

② 我们可以很直观地理解为什么这种债券只有在利率变化不大的时候才在面值以上交易。债券的持有者为了提升收益卖出了期权（即一个看跌二元期权和一个看涨二元期权）。就像很多卖出期权的情况一样，债券持有者会在标的没有太大变动的情况下获益。

③ 非常著名的 IO（Interest Only）债券是一个例外，债市抛售时，这种贷款抵押债券的价值通常会上升。

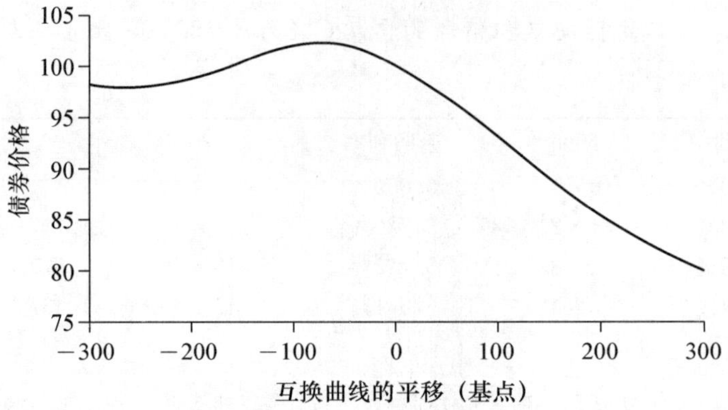

图 7－12　二元区间累积债券在互换曲线瞬时平移时的价格敏感度

现在我们来分析债市上涨对二元区间累积债券的影响。债市的小幅上涨会产生两个影响。第一，像大多数固定利率债券一样，这种固定利率债券的价值会升高。第二，债市的小幅上涨会将远期利率拉回到4%至6.5%的区间的中心，从而降低了票息被敲出的可能性。这两种影响都会在债市上涨时增加这种债券的价值。

接下来，假设债市大幅上涨。虽然最初的债市上涨会提高固定利率债券的价值，但是利率的大幅下降增加了LIBOR低于下边界4%的可能性，导致区间累积债券价值下降。如果利率下降得足够多，后者的影响超过了前者，区间累积债券的价格就会随着债市的上涨而下跌，在面值以下交易。对于债市的极端上涨（对应图7－12中最左边的情况），我们会看到随着利率下降，区间累积债券价格再次上升。当利率下降到一定水平时，LIBOR低于下边界的可能性变得非常大，这种债券开始像一个零息债券，就像零息债券的价值会随着债市上涨而增加一样，债市任何进一步的上涨都会抬升这种债券的价格。

我们可以利用图7－12和公式（7.5）中隐含的信息计算这种债券的有效久期。从图7－13的最左端开始，我们看到当利率非常低时，二元区间累积债券的有效久期是正数。在这一区域内，债市已经上涨至如此之高的水平，债券持有者几乎已经没有机会获得高票息 $C\%$，这种债券就会像零息债券一样交易，因此有效久期为正。随着利率开始上升，部分LIBOR能够设置在区间内的可能性增大，从而提升了债券的价值。因此，在这一区域，随着债市抛售利率上涨，债券的价值实际上是升高的，因此这时债券的有效久期为负数。然

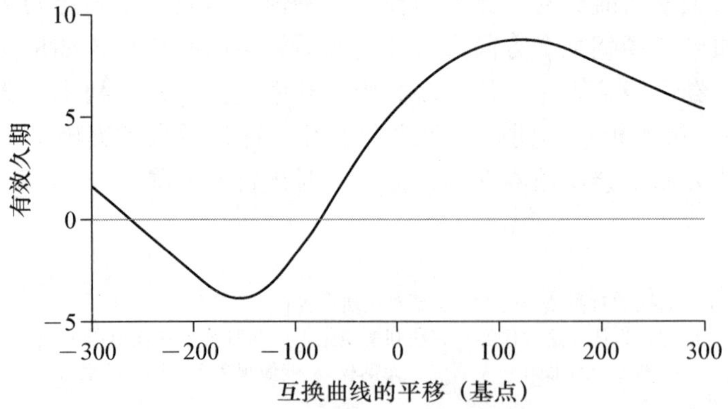

图 7－13　二元区间累积债券的有效久期

而，随着向图 7-13 的右边移动，有效久期再一次翻转变为正数。利率超过一定水平后，LIBOR 能够落在区间内的可能性降低，债券价值下降。此外，在这一区域内，固定利率债券的价值也会受到利率上升的损害。向右的进一步移动既减小了 LIBOR 落在区间的可能性又减少了收到的固定票息的价值，从而使得区间累积债券价值下降。因此，债券的有效久期再一次变为正向，并在更高利率区域一直保持为正。

7.9 监管应对

在 1994 年 12 月奥兰治县破产之前，监管机构已经开始担心结构性票据对各种金融机构的负面影响。在 1994 年春季和夏季，不少货币基金由于投资结构性票据而遭受了巨大的亏损。已经有人担心其中一些基金会“跌破面值”，这意味着基金净值可能低于 1 美元。

美国证券交易委员会于当年的 6 月 30 日写了一封信，向货币基金发出关于结构性票据尤其是逆向浮动利率债券、双指数浮动利率债券和区间累积债券等五种结构性票据投资的警告。当年 7 月，美国货币监理署（OCC）发布了一份称为 AL 94-2 的建议信。这封信是写给区域性银行和社区银行的，旨在对一系列其认为“不适合大多数银行投资”的结构性票据发出警告。美国联邦储备委员会紧随其后在 8 月份发出了它自己的监管信 SR94-45，指出某些结构性票据可以作为银行的投资，但是警告银行要了解结构性票据中的风险。更多的信息可以参见 Peng 和 Dattatreya（1995）的文章。

随后几年，结构性票据发行量减少。由于监管环境的影响，很多投资者不再投资结构性票据。但是有些投资者最终还是回来了，近几年来也有新的投资者进入市场。在过去 10 年，海外投资者和零售投资者购买了越来越多的以美元计价的结构性票据。

7.10 不反转债券

我们在本章最后分析一种近年来非常流行的结构性票据——不反转债券。不反转债券也被称为 CMS 利差区间累积债券，是一种当两个指定的 CMS 利率之差在特定的水平之上时支付高于市场利率的票息的结构性票据。例如，表 7-12 中给出了一个这种债券的条款。

表 7-12　　不反转债券的条款

发行人	一家美国公司
本金	1 亿美元
期限	15 年
票息	第 1 年：8.50% 第 2～15 年：每天 30 年期 CMS 利率－10 年期 CMS 利率≥0 时，按 8.5%计息，否则按 0%计息
付息频率	每半年
计天规则	30/360
重置频率	每天观察 30 年期 CMS 利率和 10 年期 CMS 利率用于计算累积票息的天数
发行价格	100%
赎回条款	该债券可以在 1 年之后以及此后每半年赎回

该债券的期限为15年。在第1年，它支付给投资者8.50%的票息。在随后的几年中，如果30年期CMS利率和10年期CMS利率之间的差异没有发生反转，则该债券按8.50%计提票息。如果当天的30年期CMS利率－10年期CMS利率<0，则债券当天按0%计息。债券发行人可以在1年后及此后的每半年赎回该债券。

从2005年开始，不反转债券受到了结构性票据投资者的青睐，流行的有票息取决于30年期CMS利率和10年期CMS利率之差（表7－12中列出的债券就是其中一个），以及10年期CMS利率和2年期CMS利率之差的不反转债券。投资者被这种债券的高票息所吸引。同时，投资者也乐意承担不反转债券带来的风险。尽管在2000年代中期国债曲线大幅变动，越来越平坦并最终反转，但是互换曲线自20世纪90年代初互换利率有详细记录以来从未发生反转，因为当国债曲线反转时，互换基差会调整（长端基差相对于短端基差变宽），从而使得互换曲线不会反转。

在这段时间，互换曲线显著平坦化，使得新的不反转债券的价格更具吸引力。在更平坦的互换曲线下，CMS的远期利率之间的差异也缩小了。因此，定价模型会认为未来曲线反转的可能性更大，这意味着这种债券提供的票息会增加。

互换曲线最终在2006年确实发生了反转。例如，2s10s互换曲线（10年期互换利率和2年期互换利率之差）在当年的2月第一次发生反转，并且在11月再次发生反转。但是，如图7－14所示，这种反转是短暂的。[①]

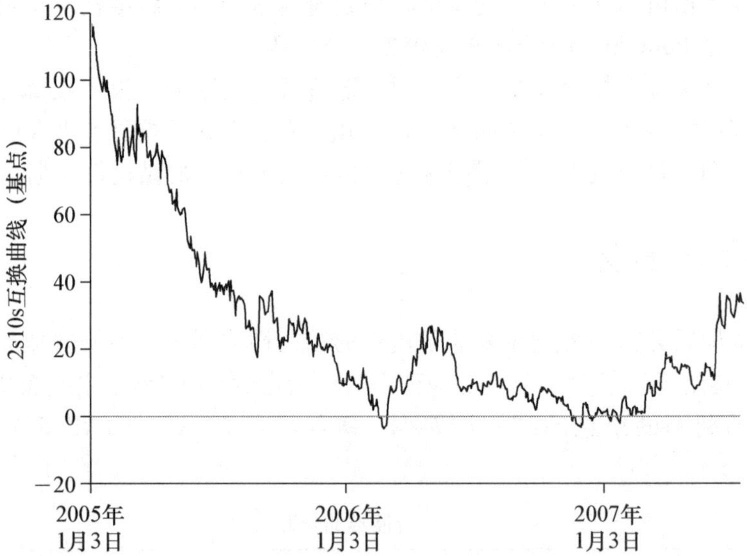

图7－14　2005—2007年2s10s互换曲线

7.10.1　不反转债券定价

与大多数结构性票据发行一样，不反转债券发行时发行人进入一笔互换交易从而合成一笔浮动利率融资。如图7－2所示，发行人与互换做市商进入一笔互换交易，做市商向

① 我们会在第九章中讨论，互换曲线的其他部位也会发生反转。例如，10s30s在2006年2月发生了短暂的反转，并在金融危机期间经历了更严重的反转。

发行人支付债券的票息，同时发行人支付 3 个月 LIBOR 加或减一个利差。使用表 7－12 中的不反转债券的条款作为例子，交易双方进入了一个 15 年期的互换交易。做市商在第 1 年支付 8.50%的票息，在剩余年份中 30 年期 CMS 利率－10 年期 CMS 利率≥0 的日子里继续按 8.50%计提利息，否则按 0%计提利息。发行人以 3 个月 LIBOR 为基础支付票息。互换的赎回条款授予了互换做市商在 1 年后及其后每半年取消该互换的权利。图 7－15 展示了一个不反转债券的互换交易。虽然这种互换的详细定价方法超出了本书的讨论范围，但是我们可以设想已经有一个定价模型，我们可以迭代固定利率（在这个债券中恰好是 8.50%），使得互换的 NPV＝0。

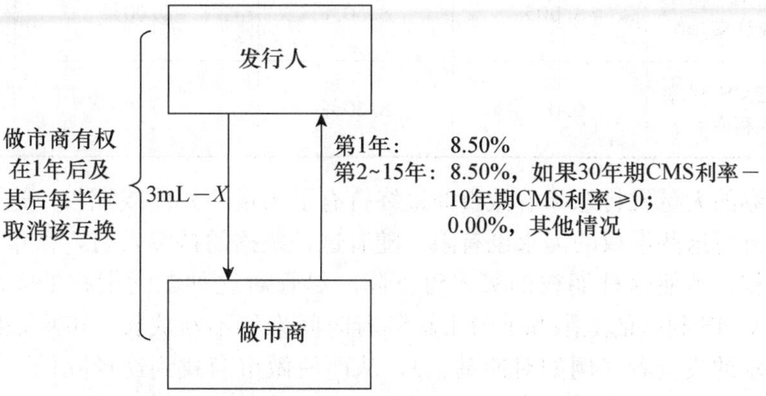

图 7－15　不反转债券发行时的互换交易

利率曲线上下限的创建

让我们暂时忽略图 7－15 中互换的可取消期权。对于互换的后 14 年，互换做市商支付的票息的每日累积利率等于

$$
\text{票息利率}=\begin{cases}8.50\%\text{，如果 30 年期 CMS 利率}-10\text{ 年期 CMS 利率}\geq 0\\ 0.00\%\text{，其他情况}\end{cases} \tag{7.10}
$$

等价地，我们可以认为互换做市商支付固定利率 8.50%减去某个二元期权的收付额。为此，分析这样一个二元期权，每日重置并且收付额如下：

$$
\text{二元期权收付额}=\begin{cases}8.50\%\text{，如果 30 年期 CMS 利率}-10\text{ 年期 CMS 利率}<0\\ 0.00\%\text{，其他情况}\end{cases} \tag{7.11}
$$

那么公式（7.10）中的收付额等于 8.50%减去公式（7.11）中二元期权的收付额。表 7－13 中的收付额比较展示了这一点。

第 1 年：　　8.50%
第 2～15 年：　8.50%，如果 30 年期 CMS 利率－10 年期 CMS 利率≥0
　　　　　　0.00%，其他情况

做市商支付的票息等于 8.50%减去二元期权的收付额意味着做市商实际上在不反转债券发行中做多这种二元期权［其回报由公式（7.11）给出］。这些期权通常被称为二元曲线期权。它们的估值并不像其他二元期权那么简单。①这些二元期权是随机变量 S＝30 年期 CMS 利率－10 年期 CMS 利率的一个函数。假设 S 服从对数正态分布是一个很差的选择，因为 S 可以是一个负值。此外，随机变量 S 是两个随机变量之间的差，因此 S 的方差取决于另外两个随机变量的相关性。这已经超出了我们之前所分析的领域。我们将在第九章中进一步讨论这种期权的估值。

表 7－13　　结构性票据票息与 8.50%的固定利率减去二元期权收付额的比较

	结构性票据票息	8.50%固定利率	减去二元期权收付额	两者净现金流
如果 30 年期 CMS 利率－10 年期 CMS 利率≥0	8.50%	8.50%	0.00%	8.50%
如果 30 年期 CMS 利率－10 年期 CMS 利率＜0	0.00%	8.50%	－8.50%	0.00%

不反转债券的大量发行意味着做市商最终持有了大量二元曲线期权。这些期权没有天然的对冲，买方对这些期权的需求也有限。随着这种票据的持续发行，做市商手里持有了大量的这种期权，致使这种期权的买入价下降。尽管对这种二元期权的需求起初比较匮乏，但是两个 CMS 利差的上限和下限市场随着时间推移不断成长。市场最终还是迎来了对其有巨大需求的投资者（例如对冲基金），从而使做市商找到途径降低一部分风险。我们将在第九章继续讨论这个话题。

赎回条款

表 7－12 中的不反转债券包含了一个赎回条款，允许发行人在 1 年后及其后每半年赎回债券。这种赎回条款很常见。当然，发行人通常会将赎回条款通过互换转移给做市商，给做市商取消该互换的权利。发行人看到做市商取消互换通常也会相应地赎回债券。

当对自己有利时做市商会取消图 7－15 中的互换交易。假设曲线是陡峭的（在这种情况下，30 年期 CMS 和 10 年期 CMS 之间的远期差异通常也是很大的），做市商通常会在低利率环境中取消互换，而不会在高利率环境中取消互换。如果曲线陡峭，则做市商有很大的可能会支付 8.50%的票息，收取 3 个月 LIBOR。因此当利率很低时，做市商有经济动机取消这个交易。相反，如果曲线是平坦的，那么 30 年期 CMS 和 10 年期 CMS 之间的远期差异往往也是较小的，大部分定价模型会认为做市商支付 0%利率的可能性很大。在这种情况下定价模型会显示做市商不应该取消互换。

不反转债券的可赎回条款是一种强有力的条款，它使得高票息的结构性票据得以构建。例如，我们可以看一下表 7－14 中债券的条款。这个债券看起来像假的，但是 2004 年确实发行过类似的债券。当时，10 年期互换的利率大约是 4.50%，30 年期互换的利率大约是 5.25%（因此 30 年期 CMS 利率－10 年期 CMS 利率大概是 5.25%－4.50%＝75 基点）。那么这种债券在当时为什么能够支付如此高的票息呢？答案是它可能不会支付。事实上这种债券在三个月后及其后每三个月都可以赎回，这意味着支付 25%的票息是非常不可能的。基于远期曲线，这个债券非常可能在到期之前很早就会被赎回。

① 关于二元期权的介绍，请参见附录 A。

表 7-14　　阶梯不反转债券的条款

发行人	美国政府支持实体
本金	1 亿美元
期限	15 年
票息	$X \times N/M$ 其中：第 1～5 年　$X=8\%$ 第 6～10 年　$X=12\%$ 第 11～15 年　$X=25\%$ 并且　N＝累积期间曲线≥0 的天数 M＝累积期间的天数 曲线＝30 年期 CMS 利率－10 年期 CMS 利率
支付频率	每季度
计天规则	30/360
重置频率	每天观察 30 年期 CMS 利率和 10 年期 CMS 利率用于计算累积票息的天数
发行价格	100%
赎回条款	在 3 个月之后该债券每季可赎回

习题

在本习题中，除非另有说明，否则请使用 Black 模型对期权定价，并假设波动率偏斜是平的。

1. 假设你是一个结构性衍生品做市商，你的一位顾客想从你这里购买一份基准浮动利率债券。该客户指定购买 1 亿美元本金的评级为 A 的公司发行的 5 年期债券。票息的形式为基准利率－$C\%$，其中基准利率每天重置，平均后按 Act/360 计息规则每季付息一次，$C\%$是一个你来求解的常数。假设你找到一家评级为 A 的公司，愿意以 3 个月 LIBOR＋15 基点发债。

你从互换交易员那里得到不同期限的互换利率（按债券市场计息规则每季付息）的中间价和不同期限的基准利率－LIBOR 基差互换的中间价：

期限	按债券市场计息规则每季付息的互换利率	基准利率－LIBOR 基差互换
1 年期	6.00%	－250
2 年期	6.25%	－255
3 年期	6.50%	－260
4 年期	6.75%	－265
5 年期	7.00%	－270

例如，对于 3 年期基准利率－LIBOR 基差互换，你的互换交易员愿意用 3 个月 LIBOR（按货币市场计息规则每季付息）交换基准利率－260 基点（基准利率每日重置，平均后按 Act/360 计息规则每季付息）。

a）假设你的互换做市商愿意在基准利率－LIBOR 基差互换的市场中间价上下 5 基点执行交易，那么你能给你的客户提供什么水平的 $C\%$呢？

b）你和你的互换做市商在这个基差互换中的盈利是多少？将盈利定义为基差互换执

行价格与市场中间价之差（5 基点）的价值。

对于习题 2 至习题 5，假设互换曲线如下：

期限	互换利率
1 年期	6.00%
2 年期	6.25%
3 年期	6.50%
4 年期	6.75%
5 年期	7.00%

这些利率的报价惯例是固定利率按债券市场计息规则每年付息，1 年期 LIBOR 按债券市场计息规则每年付息。

2. 你有一个客户有兴趣购买一个封顶 LIBOR 浮动利率债券。票息的形式为 1 年期 LIBOR＋y，票息上限为 z%。该顾客想购买由政府支持实体发行的本金为 1 亿美元的 5 年期债券。假设你找到一个政府支持实体愿意以 1 年期 LIBOR－10 基点的价格进行 5 年期的融资。你找到你的期权做市商，得知所有的利率上下限都应该用（市场中间价）15%的平均波动率定价。

a) 假设你的客户告知你他希望票息形式为 1 年期 LIBOR＋10 基点，上限为 z%。那么假设使用市场中间价来定价，你能为客户提供什么样的上限 z%呢？

b) 假设你的期权交易员明确表示她需要在市场中间价上下 1 个 vega 交易利率上下限。也就是说，用于对利率上限或下限进行定价的平均波动率会向上或向下移动 1 个百分点（这取决于你的期权交易员是买入还是卖出期权）。考虑到这些交易成本，你能给你的客户提供什么水平的 z%值呢？内嵌期权的盈利是多少呢？

c) 假设现在你的客户表明他希望票息的形式为 1 年期 LIBOR＋5 基点，上限为 7.50%。假设按照市场中间价定价，那么你能为你的客户提供什么水平的 y 值呢？

d) 现在，你的客户正在考虑购买领式浮动利率债券。该债券的票息形式为 1 年期 LIBOR＋y，并且有票息上限和下限。你的客户要求票息为 1 年期 LIBOR＋5 基点，上限为 8.00%。假设使用市场中间价定价，那么你为这个债券设定的票息下限是什么呢？假设债券期限为 5 年。

e) 现在你的客户正在考虑购买一个超级浮动利率债券。该客户要求债券中的杠杆因子为 2。因此，票息的形式为 2×1 年期 LIBOR－X%，最低票息为 0.00%。假设使用市场中间价定价，那么你能为客户提供什么样的 X%呢？假设债券期限为 5 年。

3. 你的一个客户想购买二元区间累积债券。如果 1 年期 LIBOR 在指定的区间内，那么这种债券支付某一个固定的利息；如果 1 年期 LIBOR 在区间外，那么这种债券支付另一固定利息（可能为零）。也就是说，该债券的票息为

$$\begin{cases} C\%，\text{当 1 年期 LIBOR 在区间内时} \\ Y\%，\text{当 1 年期 LIBOR 在区间外时} \end{cases}$$

假设二元区间累积债券的利率重置和支付惯例遵循普通互换的惯例“期初重置并在期末支付”。在我们这个例子中，这意味着在第 0、1、2、3、4 年观测 1 年期 LIBOR 来决定分别在第 1、2、3、4、5 年支付的票息。由于 1 年期 LIBOR 是今天设置的，所以第 1 个

LIBOR 是否在区间内已经是确定的，并且 1 年后支付的票息是 $C\%$ 还是 $Y\%$ 也是确定的。假设这笔债券发行人的融资利率是 LIBOR。

a）假设你的客户对 1 年期 LIBOR 在未来 5 年将保持在 5.50% 和 7.50% 之间（注意，1 年期 LIBOR 当前为 6.00%，因为 1 年期互换利率为 6.00%）有信心。你的客户希望你构建一个 5 年期二元区间累积债券，在任何重置日，如果 1 年期 LIBOR 在区间内，则支付 $C\%$；如果 1 年期 LIBOR 超出区间，则支付 0%。假设基础波动率是常数 15%，那么你能在该债券中提供什么水平的 $C\%$ 值呢？

b）现在你的客户希望看一下上述结构的变体。你的客户希望你构建一个 5 年期二元区间累积债券，在任何重置日，如果 1 年期 LIBOR 在区间内，则支付 $C\%$；如果 1 年期 LIBOR 超出区间，则支付 2%。假设基础波动率是常数 15%，那么你能在该债券中提供什么水平的 $C\%$ 值呢？

4. 假设你是一个做市商的结构性衍生品交易部门的工作人员。你的一个客户找到你，希望购买一个杠杆逆向浮动利率债券。该客户希望购买本金为 1 亿美元的 5 年期债券，并希望按年支付的票息挂钩 1 年期 LIBOR。票息的形式为

$C-4\times 1$ 年期 LIBOR

其中的 C 是你要确定的一个固定数值。该客户想让该债券有一个最低票息 2%。假设发行人是一个政府支持实体，想以 1 年期 LIBOR－5 基点的成本进行 5 年期的融资。

假设做市商愿意使用 15% 的平均波动率交易利率上限或下限。

综上所述，你需要构建这样一个交易，在该交易中，你将收取 LIBOR－25 基点，并支付如下形式的逆向浮动利率票息：

$C-4\times \text{LIBOR}$

最低票息为 2%。这一题目的目的是计算你在盈亏平衡的前提下能够提供的最大的 C 值。

a）为了提供票息下限你需要在该债券中内嵌什么样的期权呢？对于本金为 1 亿美元的债券，你应该买或者卖多少这样的期权呢？谁是期权买方，谁又是期权卖方？

b）在不亏损的前提下，你能提供的最大的 C 值是多少？

c）假设在发行债券之后，基础波动率上升至 16%，其他条件没有变化。波动率跳变之后，对于投资者而言，债券的价值变了多少？价值上升了还是下降了？

d）在这一部分，请忽略 c）部分。假设债券发行后，互换曲线向上平移 50 基点（即所有的利率均上升 50 基点），那么，这个变化会如何影响互换交易的价值呢？

5. 在此问题中，你需要对一个弱杠杆浮动利率债券定价。这种债券的票息挂钩 LIBOR 变动的一个比例。例如，一个 5 年期的该种债券的票息形式为

$0.5\times \text{LIBOR}+x$

假设发行人支付 LIBOR。你能提供什么水平的 x 呢？

6. 分析一下我们在 7.7.1 节中定价的那个 4 年期杠杆逆向浮动利率债券。具体来说，该债券的票息为

$$\max(16.346\%-2\times 1 \text{ 年期 LIBOR}, 0) \tag{7.12}$$

现在，假设购买该债券的投资者想购买另一个结构性票据。他想购买一个4年期债券，内嵌一个挂钩LIBOR的利率下限，并希望使用的杠杆因子为2。具体来说，这个债券的票息形式为

$$2\times\max(C\%-1\text{ 年期 LIBOR},0) \tag{7.13}$$

在该问题中，你需要求解能为投资者提供的利率下限的最好执行利率 $C\%$。

a）假设使用与7.7.1节中相同的定价参数，那么你能向投资者提供什么水平的 C 值？也就是说，假设互换曲线如表7-5所示，基础波动率曲线是平的，为15%，发行人以LIBOR水平融资。

b）这笔债券与我们在7.7.1节中构造的杠杆逆向浮动利率债券相比如何？也就是说，公式（7.12）中的票息与公式（7.13）中的票息孰高孰低呢？请解释。

案例分析：目标赎回债券

表7-15展示了一种被称为目标赎回债券的结构性票据的条款。

表7-15　目标赎回债券的条款

发行人	银行
本金	1亿美元
发行价格	100%
结算日期	2003年9月20日
到期日	2013年9月20日
票息	遵循提前赎回条款 第1年：10% 第2～10年：10%－(2×3个月LIBOR) 最低票息为0%
重置与支付惯例	每季度，30/360
存续期目标收益	13.05%
提前赎回条款	如果在债券存续期内应计票息之和达到存续期目标收益，则债券以票面值被赎回

设置这个问题的目的是从债券持有者（以及互换做市商）的角度理解债券中固有的风险，以及拆分（即逆向工程）这个债券来找到嵌入的奇异期权的价格。

债券

这种票据的显著特征可以在表7-15中找到。

LIBOR的历史走势和情景分析

图7-16展示了该债券结算日前近10年的3个月LIBOR的历史走势。表7-16包含了该债券在一个假设的3个月LIBOR走势下的情景分析。

要注意的是，3个月LIBOR的水平在第1年中无关紧要，债券持有者在第1年总会计提10%的票息。

在第5个季度，假设3个月LIBOR为2.40%，根据这个利率水平，票息应该设置为

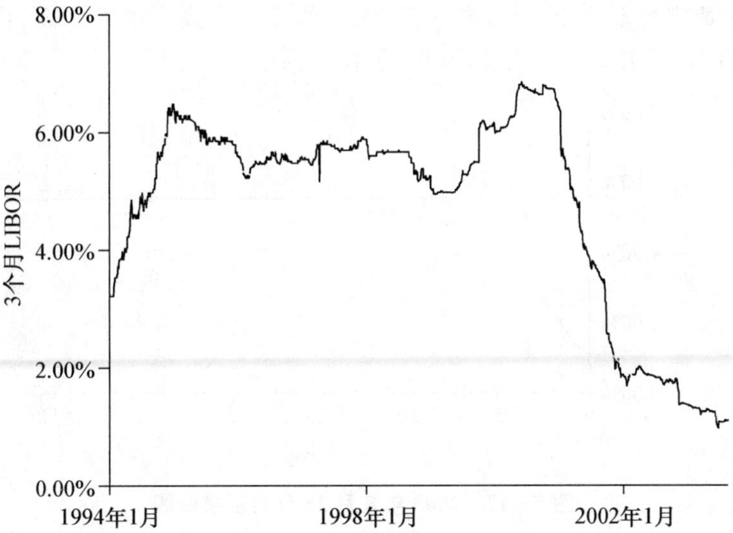

图 7-16　3 个月 LIBOR 的历史走势

10%－2×3 个月 LIBOR＝5.20%。因为票息计提惯例为 30/360，所以债券持有者在本季度获得 5.20%×90/360＝1.30%的利息。因此，在第 5 个季度末计提的票息总额为第 1 年获得的 10%加上第 5 个季度计提的 1.30%，共计 11.30%。给定假设的 3 个月 LIBOR 的路径，在第 7 个季度达到存续期目标收益率 13.05%，因此在该时点，债券提前赎回，债券持有者收回其本金。①

表 7-16 中给出的情景分析只显示了 3 个月 LIBOR 的一条假设路径，以及其带来的债券存续期内的票息和本金赎回时间。当分析该债券时，应该分析所有可能的影响债券持有者收益的利率路径。

a）如果你拥有该债券，对你而言，最好的事情是什么？

b）如果你拥有该债券，对你而言，最坏的事情是什么？

c）该债券中内嵌的是什么期权？你能确定无论利率环境如何，债券持有者是买入还是卖出了这些期权吗？

表 7-16　　某一假设的 3 个月 LIBOR 路径下的情景分析

季度	3 个月 LIBOR	票息	计提票息总和
1	不相关	10.00%	2.50%
2	不相关	10.00%	5.00%
3	不相关	10.00%	7.50%
4	不相关	10.00%	10.00%
5	2.40%	5.20%	11.30%
6	2.60%	4.80%	12.50%
7	2.80%	4.40%	13.05%
			最终票息 0.55%

① 注意，在第 7 个季度债券持有者仅能获得一部分票息，从而使得债券持有者收到的计提票息总和不超过存续期目标收益。

假设该债券的定价取决于2003年8月25日的互换曲线。这天的互换曲线如图7－17所示。2003年8月25日的3个月LIBOR为1.14%。

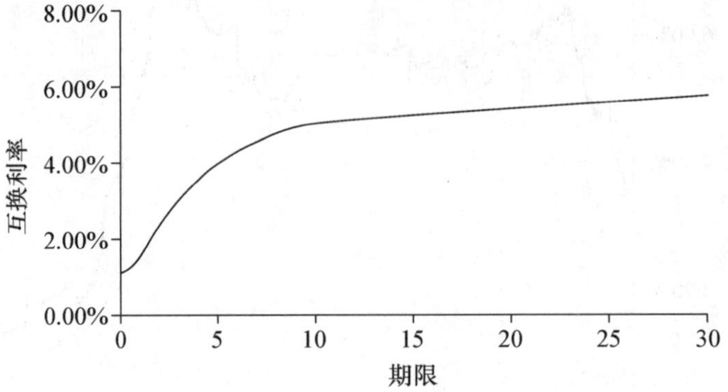

图7－17　2003年8月25日的互换曲线

给定图7－17中的互换曲线，使用行业标准互换模型可以计算2003年9月20日至2013年9月20日共40个季度的3个月LIBOR远期，结果见表7－17。

表7－17　　基于图7－17中的互换曲线的3个月LIBOR远期

计息期初	计息期末	LIBOR远期	计息期初	计息期末	LIBOR远期
2003年9月20日	2003年12月20日	1.15%	2008年9月20日	2008年12月20日	6.02%
2003年12月20日	2004年3月20日	1.27%	2008年12月20日	2009年3月20日	6.06%
2004年3月20日	2004年6月20日	1.56%	2009年3月20日	2009年6月20日	6.13%
2004年6月20日	2004年9月20日	1.99%	2009年6月20日	2009年9月20日	6.17%
2004年9月20日	2004年12月20日	2.49%	2009年9月20日	2009年12月20日	6.19%
2004年12月20日	2005年3月20日	2.97%	2009年12月20日	2010年3月20日	6.23%
2005年3月20日	2005年6月20日	3.38%	2010年3月20日	2010年6月20日	6.28%
2005年6月20日	2005年9月20日	3.75%	2010年6月20日	2010年9月20日	6.31%
2005年9月20日	2005年12月20日	4.05%	2010年9月20日	2010年12月20日	6.31%
2005年12月20日	2006年3月20日	4.34%	2010年12月20日	2011年3月20日	6.31%
2006年3月20日	2006年6月20日	4.56%	2011年3月20日	2011年6月20日	6.31%
2006年6月20日	2006年9月20日	4.78%	2011年6月20日	2011年9月20日	6.32%
2006年9月20日	2006年12月20日	4.99%	2011年9月20日	2011年12月20日	6.35%
2006年12月20日	2007年3月20日	5.19%	2011年12月20日	2012年3月20日	6.38%
2007年3月20日	2007年6月20日	5.35%	2012年3月20日	2012年6月20日	6.41%
2007年6月20日	2007年9月20日	5.51%	2012年6月20日	2012年9月20日	6.45%
2007年9月20日	2007年12月20日	5.64%	2012年9月20日	2012年12月20日	6.49%
2007年12月20日	2008年3月20日	5.77%	2012年12月20日	2013年3月20日	6.52%
2008年3月20日	2008年6月20日	5.87%	2013年3月20日	2013年6月20日	6.55%
2008年6月20日	2008年9月20日	5.96%	2013年6月20日	2013年9月20日	6.58%

d）基于表7－17中的远期，请给出一个类似于表7－16所示的情景分析。也就是说，假设远期曲线都实现了，那么预期的债券票息都是多少？债券持有者何时能收回其本金？我们可以粗略地认为远期曲线是市场对未来LIBOR水平的预期。与这些远期相比，你认

为表 7－16 中的情景分析合理吗？

内嵌互换交易

该债券是通过发行人与互换做市商之间的互换交易构建的。此互换交易如图 7－18 所示。

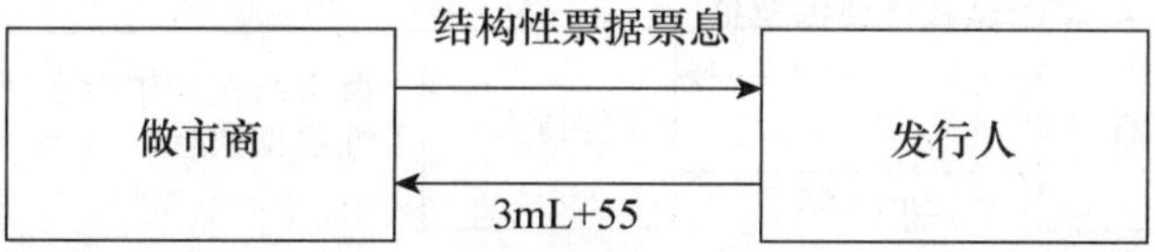

名义本金	1亿美元
期限	10年
做市商支付	结构性票据票息
结构性票据票息	第1年：10% 第2~10年：10%－(2×3个月LIBOR) 最低票息为0%
发行人支付	3个月LIBOR+55基点
提前回购条款	如果在债券存续期内应计票息之和达到存续期目标收益，则债券以票面值被赎回
存续期目标收益	13.05%

图 7－18　内嵌在目标赎回债券中的互换交易

在该互换中，做市商支付结构性票据的票息，第 1 年为 10%，第 2～10 年票息为 10%－2×3 个月 LIBOR，最低票息为 0%。假设发行人支付 3 个月 LIBOR＋55 基点的浮动利率。互换交易有一个敲出条款：如果互换存续期计提的票息之和超过了目标收益 13.05%，那么该互换交易被敲出。我们在第六章中谈论过一个敲出互换的例子。这是另一种更加复杂的敲出互换的例子。这个敲出条款是路径依赖的。这种互换不会基于对 LIBOR 的一次观察，而是基于互换存续期内观察到的 LIBOR 的路径被敲出。我们感兴趣的事情是不经过计算[①]，而是通过推理得到互换做市商给这个奇异敲出条款的定价。

为了找出这个内嵌的敲出条款的价格，我们使用类似于拆分可取消互换的方法来拆分图 7－18 中的交易。在图 6－1 中，我们展示了一个可取消互换能被分解为一个普通的互换交易和一个固定利率收取方互换期权。进一步讲，由于可取消互换是一个 NPV＝0 的交易，所以这个偏离市场的高固定利率普通互换的价值必须完全抵消内嵌的固定利率收取方互换期权的价值。用相似的方法，图 7－19 展示了我们如何将图 7－18 所示的交易分解成一个（相对）普通的互换交易（其中做市商在 10 年中支付结构性票据的票息，收取 3 个月 LIBOR＋55 基点）和一个期权。

在图 7－19 中，顶部的交易是图 7－18 中所示的敲出互换。图 7－19 的中间部分表示相对普通的互换交易，其中做市商在 10 年中支付结构性票据的票息，收取 3 个月 LIBOR＋55 基点。底部代表敲出条款，这个条款可能导致交易在第 10 年之前提前结束。由于顶部交易的 NPV＝0，这就意味着中间部分交易的价值必须完全抵消底部交易敲出条

① 这并不是说直接计算敲出条款的价格不重要。这里其实是想用一种取巧的方法得到做市商为这个敲出条款定的价格。换句话说，如果我们被要求构建这种结构性票据，那么我们需要（使用复杂的模型）对敲出条款定价。我们这里的目标是根据结构性票据中其他内嵌部分的价格，在给定结构性票据价格的前提下找到敲出条款的价值。

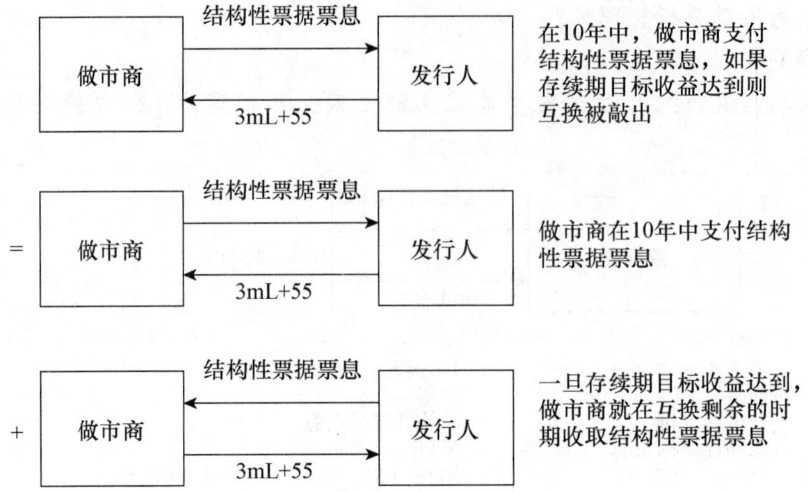

图 7－19　分解敲出互换

款的价值。[①]

找到图 7－19 的中间部分交易的价值并不很困难。基于自有模型、图 7－17 中定价时的互换曲线、利率上限单元的隐含波动率（在此并未显示），我们计算得到了一些价格（假定名义本金为 1 亿美元），如表 7－18 所示。

表 7－18　　基于图 7－17 中互换曲线的一些价格（假定名义本金为 1 亿美元）

10 年中 3 个月 LIBOR 的现金流	40 685 181 美元
10 年中 55 基点的年金	4 441 706 美元
第 1 年 10%的票息，每季付息	9 908 136 美元
第 2～10 年 10%－2×3 个月 LIBOR 的票息，每季付息	－7 375 616 美元
1×10 的 5%利率上限	7 240 000 美元

注意，在第 2～10 年收到的 10%－2×3 个月 LIBOR（没有最低票息为 0%的限制）的票息的现值为负，如表 7－18 所示。其原因是，尽管今天的 LIBOR 为 1.14%，并且远期的开始部分较低，但是最终 LIBOR 远期水平高于 5%（如表 7－17 所示），此时，10%－2×3个月 LIBOR 为负值。

e）给定图 7－18 中的数据，图 7－19 的中间部分交易的价值是多少？

f）给定 e）部分的答案，图 7－19 底部那个奇异的路径依赖敲出条款的价值是多少？谁会从这个敲出条款中受益？互换做市商还是发行人？你认为该敲出条款是实值期权还是虚值期权？

再次回到债券

让我们再次回到上边那个债券，并分析远期利率被实现的情景。也就是说，我们假设随着时间推移，LIBOR 设置值正好等于远期利率值。当然，这只是交易存续期内可能出现的无数条路径中的一条。但是，这条路径是我们经常关注的，因为远期（大致地）代表了市场对未来 LIBOR 的预期。

① 在这个问题中我们假设此交易是以市场中间价成交的，因此图 7－18 中互换的 NPV＝0。

g）制作一个表格，展示基于远期预测的票息。也就是说，假设远期利率能够实现，请提供一个表格，展示该债券需要支付的票息与时间的关系。

h）回到表 7－15 中债券的条款。暂时假设表 7－15 中规定的“提前赎回条款”不再适用。也就是说，假设债券条款如表 7－15 所示，除了没有提前赎回条款。在这种假设下，该债券预计的票息与时间是什么关系呢？比较你在 g）部分所做的图表，并在同一图表中展示有和没有提前赎回条款这两种情况下的预计票息。

i）根据远期利率，提前赎回条款的存在会增加还是减少预计票息？关于提前赎回条款对债券持有者的影响，你怎么解释这个发现与你的直觉的差异？

j）如果你在 2003 年 8 月购买了这个债券，给定 LIBOR 随时间推移的实际实现值，这笔债券的表现如何？

第八章

相对价值交易与宏观交易

利率互换市场上投机交易的种类繁多，我们无法将其逐一分类。本章仅介绍几类较为常见的交易策略。

一般来讲，我们可以根据投机交易的性质将其分为相对价值交易或宏观交易。所谓相对价值交易，通常是指“买入”一种或多种（价格相对便宜）的资产，同时“卖出”其他种类（价格相对较贵）的资产，希望随着时间推移，多头相对于空头升值，从而获利。[①] 宏观交易是指直接持有方向性的多头或者空头，通过未来价格的上涨或者下跌获利。

近年来，许多投资者都感觉到“好的”相对价值交易越来越难找。[②] 也就是说，产品明显错误定价的现象越来越少，主要原因是越来越多的人参与到相对价值交易策略中，市场中很多价格不协调已经被修正，市场变得越来越有效。事实上，近年来人们所指的大多数相对价值交易并非纯粹意义上的相对价值交易，很多时候需要承担一些其他的风险，比如受宏观影响或存在基差风险。[③]

---

① “买入”“卖出”之所以加引号是因为利率互换交易并不是用“买入”和“卖出”表述的，而是用支付或者收取固定利率表述。

② 2008 年金融危机期间雷曼破产后情况不是这样。2008 年至 2010 年期间，由于整个市场极其混乱，投资者能够找到很多非常有吸引力的相对价值交易机会。

③ 基差风险是指通过一个资产的空头对冲另外一个资产的多头时未被对冲掉的残留风险。例如我们持有抵押贷款支持证券，并使用支付固定利息的利率互换对冲其久期风险。在此对冲中，我们对冲掉了利率方向性变化对交易组合估值的影响，但是并没有对冲掉多头中的所有风险（例如抵押贷款提前还款的风险、抵押贷款对利率波动率的风险等）。这些残余的风险统称为基差风险。我们将买入（或卖出）住房抵押证券化资产，同时使用利率互换对冲久期风险的交易统称为抵押贷款基差交易。

本章中，我们将介绍如何通过交易组合表达自己的市场观点（例如互换基差的变化、互换利率曲线形状的变化、资产互换水平的变化等）。我们也会介绍如何利用期权组合从市场中获利。即通过购买某种（被低估的）期权并出售其他（被高估的）期权，我们可以获取比直接交易标的资产更大的收益。需要提醒的是，使用期权提升原有策略收益的时候，有可能使原有策略难于辨认和理解。并且，期权会带来额外的风险（例如会带来对利率隐含波动率的敞口），需要我们有心理准备。

8.1 息差和滑移分析

投资者在进行投机交易时，通常会持有特定头寸一段时间，直到市场达到其预先设定的目标。投资者通常坚信自己的观点可以实现，只是不确定具体实现时间。为了避免在观望中错失机会，投资者往往选择立即进行交易。在持有头寸期间，头寸本身也会产生现金流（或应计利息），这些现金流（或应计利息）会对整个交易的损益产生影响。此外，即使市场未发生变化（例如互换利率未改变），头寸的（剩余）价值也可能因为到期日的临近而发生改变。固定收益市场中用来分析以上两种现象的分析框架被称为息差和滑移分析。

在第三章中我们介绍了息差的概念。息差是指在持有头寸的时间内获取的净利息。息差的来源可以是利率互换交易中的现金流、债券的票息、购买债券的融资成本等。息差不仅包括票息的现金流，还包括自交易开始以来已计提的应计利息。

现在我们着重讨论一下利率互换的息差和滑移分析。如图 8-1 所示，对于任意一个投资期限，我们可以将利率互换的所有现金流以投资期限为分界点拆分为两部分：1）投资期限内赚取的息差；2）投资期限结束后该互换交易剩余的现金流。我们用剩余互换现值表示投资期限结束后利率互换剩余现金流的现值，可得如下公式：

$$\text{互换的现值}=\text{息差的现值}+\text{剩余互换的现值} \tag{8.1}$$

这里互换的现值是指整个利率互换的现值。以上公式不仅适用于净现值为 0 的平价互换交易，也适用于非平价的互换交易。公式（8.1）中的三项不仅可以用现值表示，也可以用基点数表示。上述逻辑如图 8-1 所示。

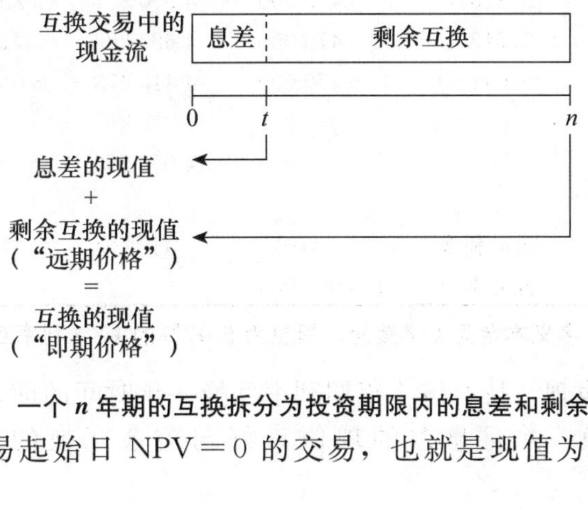

图 8-1　一个 n 年期的互换拆分为投资期限内的息差和剩余现金流

平价互换是指交易起始日 NPV＝0 的交易，也就是现值为零的互换。根据公式

(8.1)，对于互换现值为零的平价互换，我们可得如下公式：

$$息差的现值=-剩余互换的现值 \tag{8.2}$$

公式（8.2）应用广泛。给定息差的现值，我们可以用它计算任何剩余互换的现值，反之亦然。此外，该公式的另一推论是，息差的现值和剩余互换的现值的符号必须相反。稍后我们会发现这一点对分析交易非常有用。

我们再来看一下表 8-1 中一个典型的互换曲线的例子。假设我们达成了一笔 4 年期互换交易，在该交易中我们收取固定利率。假设投资期限为 1 年，则该交易的息差为 5.47%−5.00%=47 基点（5.47%为该互换的固定利率，5.00%为当前 1 年期 LIBOR 的即期利率）。这笔现金流在第 1 年年底收到。如表中所示，1 年期的零息利率为 5%，因此该息差的现值为 47 基点/1.05≈44.76 基点，或 447 619 美元（假定本金为 1 亿美元）。

这笔固定利率为 5.47%的 4 年期利率互换的 NPV=0，也就是说其即期价格为零。根据公式（8.2）可知，对于收取固定利率一方来说，剩余互换的价格应为−44.76 基点或−447 619 美元。在这个例子中，剩余的利率互换是一个 1 年之后开始的期限为 3 年的利率互换（即 1×4 利率互换）。如图 8-2 所示，这样一个 1×4 的利率互换的价值确实是−447 619美元。

表 8-1　　　　当前市场互换曲线

期限	国债收益率	互换基差（基点）	互换利率（每年付息，30/360）
1	4.80%	20	5.00%
2	4.88%	23	5.11%
3	5.05%	25	5.30%
4	5.19%	28	5.47%
5	5.25%	35	5.60%

时间	零息利率	远期利率	固定端现金流	固定端现金流现值	浮动端现金流	浮动端现金流现值
1	5.000%	5.000%	0	0	0	0
2	5.113%	5.226%	5 470 000	4 950 807	(5 225 748)	(4 729 739)
3	5.312%	5.712%	5 470 000	4 683 288	(5 712 202)	(4 890 656)
4	5.494%	6.041%	5 470 000	4 416 473	(6 041 364)	(4 877 792)
				14 050 568		(14 498 187)
		固定利率	5.470%	净现值	(447 619)	
		名义本金	100 000 000			

图 8-2　名义本金为 1 亿美元、票息为 5.47%的 1×4 利率互换的价值

从以上分析我们发现，持有该 4 年期利率互换一年时间的话，息差的现值为正，且剩余互换的现值为负。并且息差的现值正好与剩余互换的现值抵消，互换本身的 NPV=0。

下边我们从另一个角度分析这笔交易。假设我们达成这笔 4 年期互换交易，收取固定利率，并在 1 年后反向平盘，那么预计我们会赚到多少钱呢？按照市场预期，我们的损益应该为 0。达成这笔 4 年期互换交易并持有 1 年，我们可以锁定 47 基点的息差，现值为 447 619 美元。1 年后我们将该互换反向平盘能赚到多少钱？1 年后该互换将成为票息为 5.47%的 3 年期利率互换。今天市场对 1 年后 3 年期互换利率的预期就是 1×4 利率互换的平价利率，即 3 年期互换利率的 1 年远期利率。对于表 8－1 中的互换曲线来说，我们已经在第三章展示了 1×4 互换的平价利率为 5.644%，而 1×4 互换中收到的 5.47%的固定利率是明显低于市场平价利率的。如图 8－2 中计算所示，该剩余互换的平盘成本为－447 619美元。

对于一个给定的投资期限，互换的滑移是指在该期限结束后，互换利率曲线不变的情况下，剩余互换的价值。我们再回到刚才那个 4 年期利率互换的例子。为了分析持有该交易 1 年后的滑移，我们需要假设达成这笔交易 1 年后利率曲线没有任何变化（即 1 年期互换利率仍为 5%，2 年期互换利率仍为 5.11%等）。当然我们并不是真的认为市场不会变化，而是用这个假设帮助我们分析滑移对交易的影响。

我们重申一下滑移的定义。互换的滑移是指在一定投资期限结束后利率曲线没有变动的情况下剩余互换的价值，注意是该互换已经被持有了一段时间之后，互换期限变短、对应的互换利率沿利率曲线向下滑移之后的价值。①对于这笔 4 年期收取固定利率互换，持有 1 年后，原来 4 年期的互换变成了 3 年期互换，固定利率仍然为 5.47%。这个已经过去了 1 年的互换对应的利率也会从利率曲线上向下滑移。我们在达成这笔交易之初，它的价值为 0。在假设利率曲线不变的前提下，此时 3 年期互换市场平价利率仍然为 5.30%，而我们手中这笔剩余的 3 年期互换固定利率是 5.47%，它此时的公允价值就是我们所谓的滑移。如图 8－3 所示，对于这笔名义本金为 1 亿美元的交易，它的滑移为 461 319 美元，约 46.13 基点。因此，持有 1 年的话这笔交易的息差和滑移一共为 47 基点＋46.13 基点≈93.1 基点。

时间	零息利率	远期利率	固定端现金流	固定端现金流现值	浮动端现金流	浮动端现金流现值
1	5.000%	5.000%	5 470 000	5 209 524	(5 000 000)	(4 761 905)
2	5.113%	5.226%	5 470 000	4 950 807	(5 225 748)	(4 729 739)
3	5.312%	5.712%	5 470 000	4 683 288	(5 712 202)	(4 890 656)
4	5.494%	6.041%	0	0	0	0
				14 843 619		(14 382 300)
		固定利率	5.470%	净现值	461 319	
		名义本金	100 000 000			

图 8－3　互换交易中滑移的计算

① 互换利率曲线通常短端低、长端高。随着时间的推移，利率互换的到期时间越来越近，其对应的利率就像沿着利率曲线从高处往低处滑，这就是“滑移”的由来。

这里的 93.1 基点代表的是 1 年持有期的息差和滑移。许多人觉得换算成整个互换存续期内的基点数更直观。[①] 如图 8-4 所示，44.76 基点的 1 年持有期息差相当于 1×4 互换的 17.4 基点。46.13 基点的 1 年持有期滑移相当于 0×3 互换的 17.0 基点。[②]

时间	零息利率	远期利率	期间	存续期内基点数	现金流	现金流的现值
1	5.000%	5.000%	0×1			
2	5.113%	5.226%	1×2	17.4	174 262	157 721
3	5.312%	5.712%	2×3	17.4	174 262	149 199
4	5.494%	6.041%	3×4	17.4	174 262	140 699
					存续期内等价基点的现值	447 619
					息差的现值	447 619
		名义本金	100 000 000		净额	0

时间	零息利率	远期利率	期间	存续期内基点数	现金流	现金流的现值
1	5.000%	5.000%	0×1	17.0	170 000	161 905
2	5.113%	5.226%	1×2	17.0	170 000	153 864
3	5.312%	5.712%	2×3	17.0	170 000	145 550
4	5.494%	6.041%	3×4			
					存续期内等价基点的现值	461 319
					息差的现值	461 319
		名义本金	100 000 000		净额	0

图 8-4 将息差转换为互换存续期内的基点数

我们能从以上分析得出什么结论呢？息差和滑移实际上是在利率曲线不变的情况下持有衍生品一定时间后我们能赚多少钱。息差和滑移的基点数表示即使我们开仓方向错了，市场往相反方向变化多少基点我们仍然能够盈亏平衡。在例子中，我们交易了 4 年期利率互换，收取固定利息，这表明我们的市场观点是利率将走低。假设我们的判断错误，在持有这个 4 年期互换 1 年后市场中整个互换利率曲线向上平移了 34.4 基点，则我们整个交易正好盈亏平衡。也就是说在持有 1 年后，利率曲线向上平移了 34.4 基点，则剩余互换

① 我们将息差和滑移换算成对应剩余互换的基点数的时候需要额外注意。根据公式（8.2），息差是折现到持有期初的，因此应该换算成远期剩余互换的基点数。而滑移本身是折现到持有期末的，因此应该换算成持有期结束后剩余互换对应的基点数。在我们持有 4 年期互换 1 年的例子中，息差应该换算成远期剩余互换的基点数，即 1×4 互换的基点数。而滑移应该换算成持有 1 年后 3 年期互换的基点数。

② 实际上我们并不需要经过图 8-4 中的烦琐计算也能获得息差和滑移的基点数。我们用$s_{0,T}$表示一个 T 年的互换利率，用 t 表示持有期限，这里 $t<T$。$s_{t,T}$表示一个期限为 $T-t$ 年的 t 年远期互换利率。根据公式（8.2），息差的基点数为$s_{t,T}-s_{0,T}$，滑移的基点数为$s_{0,T}-s_{0,T-t}$。回到我们 4 年期互换的例子中，仍然假设持有期为 1 年。在第三章我们看到，1×4 互换利率为 5.644%。所以息差的基点数为 5.644%－5.47%＝17.4 基点。滑移的基点数为 5.47%－5.30%＝17 基点，与图 8-4 中的计算一致。

的盯市损失正好抵消持有 1 年获得的息差。[1] 这种现象如图 8-5 所示：假设互换利率曲线一年后比现在高 34.4 基点，则剩余的固定利率为 5.47%的 3 年期互换的盯市市值为 -469 152美元，正好抵消正息差 470 000 美元。

时间	零息利率	远期利率	固定端 现金流	固定端 现金流现值	浮动端 现金流	浮动端 现金流现值
1	5.344%	5.344%	5 470 000	5 192 512	(5 344 000)	(5 072 904)
2	5.457%	5.570%	5 470 000	4 918 543	(5 570 127)	(5 008 576)
3	5.657%	6.058%	5 470 000	4 637 587	(6 058 246)	(5 136 314)
4	5.840%	6.389%	0	0	0	0
				14 748 642		(15 217 794)
		固定利率	5.470%	净现值	469 152	
		名义本金	100 000 000			

图 8-5　名义本金为 1 亿美元、固定利率为 5.47%的 3 年期利率互换的盯市市值计算
[假设利率曲线在今天的基础上（如表 8-1 所示）整体向上平移 34.4 基点]

高息差和滑移对我们的交易非常有利。当市场向不利于我们的方向变动时，息差和滑移能给我们提供缓冲。当市场横盘不动的时候我们仍然可以通过息差和滑移赚到一部分收入。例如在我们这个收取 4 年期固定利率的互换交易中，我们本身是希望利率下行的。但是假设 1 年后利率曲线没有任何变化，我们其实还是赚到了息差和滑移。在图 8-3 的计算中，持有 1 年后剩余的 3 年期互换的盯市市值为 461 319 美元，加上持有 1 年赚到的息差一共盈利 461 319 美元+470 000 美元=931 319 美元。

这并不是建议投资者仅仅为获取息差和滑移而进行交易，而是说如果投资者有自己的市场观点，并且通过交易表达该观点，那么高息差和滑移会使这个交易更具吸引力。进一步讲，如果投资者已经有了交易方向（例如，收取固定利率），下一步是决定通过哪种交易（例如，选择互换的到期日）表达的时候，那么不同交易的息差和滑移将是决定性因素。

图 8-6 展示了持有表 8-1 中不同到期期限的互换 1 年的息差和滑移。如果投资者在考虑交易 2～5 年期利率互换，收取固定利率，对到期期限没有具体要求，那么他可以从图 8-6 中发现交易 3 年期利率互换最为有利，因为该到期期限的互换的息差和滑移最高。如果投资者想支付固定利率（因此必须承担负息差和滑移），但是对到期期限没有具体要求，则他可以交易 2 年期利率互换，因为该期限的息差和滑移最低。

① 如前所述，图 8-4 中两部分分别展示了息差和滑移对应 3 年期互换基点数的计算。息差的基点数是相对于一个远期的 3 年期互换的，而滑移的基点数是相对于一个 1 年后的即期 3 年期互换的（假设 1 年后利率曲线不变）。因为这两者对应的是不同估值日的同一个互换，所以两者不能简单相加。鉴于此，两者之和只能粗略估计我们能够忍受的市场反向变动。

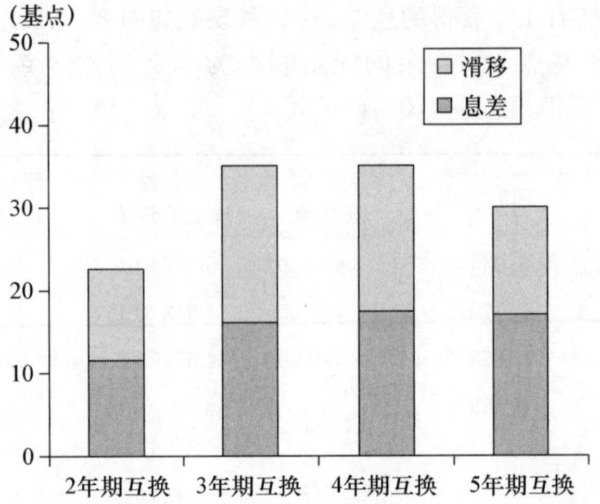

图 8-6　从收取固定利率交易者角度，1 年持有期的假设条件下，不同到期期限的利率互换的息差和滑移(基点数) 比较(图中分析是基于表 8-1 中给定的互换利率曲线)

8.2　曲线交易

有时投资者想通过交易表达对利率曲线形状变化的看法。这类交易通常表达了交易者对利率曲线上不同两点间利率差异的观点，我们统称为曲线交易。例如，2s10s 互换曲线陡峭化交易中投资者认为 10 年期互换利率与 2 年期互换利率之间的差异将会增大，而 2s10s 互换曲线平坦化交易中投资者的观点则是 10 年期互换利率与 2 年期互换利率之间的差异将会缩小。①

投资者一般通过交易两个不同期限的利率互换来达成一笔曲线交易。如果投资者通过短期互换交易收取固定利率，通过长期互换交易支付固定利率，那么这种交易叫做曲线陡峭化交易。如果长期互换利率和短期互换利率之间的差异增大，则该交易盈利。反之，如果投资者在短期互换中支付固定利率，在长期互换中收取固定利率，那么这种交易叫做曲线平坦化交易。如果长期互换利率和短期互换利率之间的差异缩小，则该交易盈利。

我们这里只讨论久期中性（即交易开始时，所交易的两笔互换的 PV01 相同）的曲线交易。这就要求两笔交易的名义本金不同。通过不同名义本金的搭配使两笔互换的 PV01 相同，可以保证在两笔互换利率都变动 1 基点的情况下，两笔交易的估值变化相同。② 这意味着利率曲线整体向上或向下平移不影响整个交易的估值。对于久期中性曲线交易的投资者而言，唯一重要的是这两个互换利率的差异的变动。③

---

① 在指明两个期限的利差的交易中，曲线交易市场的交流习惯是，通常是先说短端期限，后说长端期限。

② 随着时间的推移和互换交易对应的互换利率的变化，曾经久期中性的曲线交易会变得不再久期中性。大部分投资者通常会定期调整其中一笔或同时调整两笔交易的本金以使整个交易恢复久期中性。

③ 我们举一个例子进一步阐明这个问题。假设投资者发起了一个 2s10s 陡峭化交易。交易期初 2 年期互换利率为 5%，10 年期互换利率为 6%。假设交易完成后市场出现了以下三种情形：1）2 年期互换利率变为 5.05%，10 年期互换利率变为 6.15%；2）2 年期互换利率变为 4.85%，10 年期互换利率变为 5.95%；3）2 年期互换利率变为 4.95%，10 年期互换利率变为 6.05%。在久期中性的交易中，这三种情形对投资者的损益影响是一样的。每种情形中 2s10s 曲线都变陡了 10 基点，即从 100 基点变到了 110 基点。第一种情形对应的是利率曲线上移，第二种情形对应的是利率曲线下移，而第三种情形对应的是短端利率下移而长端利率上移。

我们进行曲线交易的初衷是什么？投资者进行曲线交易是为了表达对曲线上不同期限利率的差异变化的观点。形成这个观点的原因可能有基础分析因素、宏观经济因素，或技术因素。例如，如果投资者认为美联储将出人意料地降低联邦基金利率（Fed Funds rate）并使其长期保持在低位以刺激经济。同时，美联储的该项宽松措施会引起投资者对通货膨胀风险的担忧。如果投资者认为市场获悉美联储的降息政策后曲线的短端利率会走低，同时市场意识到长期通胀风险后长端利率会走高，那么投资者可以通过 2s10s 互换曲线陡峭化交易表达该观点。

案例

为了更加深入地理解曲线交易，我们分析一个表 8-1 中的互换利率曲线下的案例。当前 5 年期互换利率和 2 年期互换利率之差为 5.60%−5.11%=49 基点。就是说，2s5s（互换）目前为 49 基点。① 假设我们认为 2s5s 会比现在更加陡峭，且计划交易 PV01 为 10 万美元的曲线陡峭化交易。

我们可以分别进行 2 年期和 5 年期两笔即期利率互换，并且根据久期选择两笔交易的名义本金使得 2 年期和 5 年期利率互换的估值对 1 基点利率变动的敏感度都是 10 万美元。在 2.1.1 节中我们介绍了几种不同的计算 PV01 的方法。在此我们选用“PV 票息 01”的方法计算 PV01。② 如图 8-7 所示，使 2 年期互换和 5 年期互换的 PV01 达到 10 万美元的名义本金分别为 5.383 7 亿美元和 2.335 7 亿美元。③ 如果我们的观点是曲线将变陡，那么我们应支付 5 年期互换固定利率 5.60%，收取 2 年期固定利率 5.11%。④

现在假设交易当天结束时，市场变到表 8-2 所示的利率曲线。2s5s 曲线目前为 5.65%−5.18%=47 基点，即曲线平坦化了 2 基点。由于该交易的 PV01 是 10 万美元，我们预计损失 20 万美元。为了计算当日结束时，在新的市场环境下这笔曲线交易的估值，我们必须对每一条腿分别评估，如图 8-8 所示。在这笔陡峭化交易中，我们支付 5 年期固定利率 5.60%，在日末 5 年期互换利率变为 5.65%，因此这条腿我们赚到了 5 基点。如图 8-8 所示，这条腿的估值是 499 389 美元。同时我们收取 2 年期固定利率 5.11%，在日末 2 年期互换利率变为 5.18%，因此我们损失 7 基点，图 8-8 显示这条腿

---

① 有些投资者喜欢交易其他利率（例如国债利率）的曲线交易。如果根据上下文我们能清楚地知道在谈论哪条利率曲线，那么我们仅用 2s5s 指代曲线交易。如果无法根据上下文分辨我们在谈论哪条利率曲线，则我们用“2s5s（互换）”或者“2s5s（国债）”这样的表述指代曲线交易。当然，有时投资者也将一笔国债交易和一笔利率互换交易组合成曲线交易。例如投资者认为避险买盘可能会购买短期国债而压低短期国债利率，所以打算进行曲线陡峭化交易。同时，投资者也认为避险买盘集中购买国债会造成互换利率和国债利率基差增大。如果投资者计划进行 2s5s 陡峭化交易的话，那么他很可能买入 2 年期国债，同时交易 5 年期互换支付固定利率。

② 这种方法不是非常准确。我们应该使用通过变动互换利率曲线的方法计算出 PV01 来选择两笔交易的名义本金。但是两种方法计算出的数字通常比较接近，为了简便起见，投资者很多时候选择“PV 票息 01”的方法。

③ 在图 8-7 中我们展示了如何通过找到一个名义本金额，使得 2 年期利率互换的固定利率变动 1 基点（从 5.11%到 5.12%），其估值变动 10 万美元。使用同样的方法我们可以获得 5 年互换对应的名义本金。

④ 辨别曲线交易方向的一个窍门是保持交易的一条腿的利率不变，例如我们假设 2 年期互换利率不变，然后看曲线变陡的情况下 5 年期利率如何变动我们可以赚钱。如果 2 年期利率不变，那么曲线变陡意味着 5 年期利率升高。为了获利，我们应该进入支付 5 年期固定利率的互换交易。

的估值损失 699 307 美元。因此，我们在该交易中的总损益为 499 389 美元－699 307 美元＝－199 918 美元。[①]

时间	零息利率	远期利率	固定端现金流	固定端现金流现值	浮动端现金流	浮动端现金流现值
1	5.000%	5.000%	13 103 532	12 479 554	11 678 727	11 122 597
2	5.113%	5.226%	13 103 532	11 859 791	12 206 018	11 047 466
3	5.312%	5.712%	13 103 532	11 218 943	13 342 251	11 423 328
4	5.494%	6.041%	13 103 532	10 579 780	14 111 089	11 393 281
5	5.635%	6.202%	13 103 532	9 961 932	14 486 496	11 013 328
				56 100 000		56 000 000
		固定利率	5.610%	净现值	100 000	
		名义本金	233 574 545			

时间	零息利率	远期利率	固定端现金流	固定端现金流现值	浮动端现金流	浮动端现金流现值
1	5.000%	5.000%	27 564 457	26 251 863	26 918 415	25 636 585
2	5.113%	5.226%	27 564 457	24 948 137	28 133 772	25 463 415
3	5.312%	5.712%	0	0	0	0
4	5.494%	6.041%	0	0	0	0
5	5.635%	6.202%	0	0	0	0
				51 200 000		51 100 000
		固定利率 5.120%			净现值 100 000	
		名义本金 538 368 293				

图 8－7　在久期中性的 2s5s 陡峭化交易中，使得交易的每条腿的 PV01 等于 10 万美元的名义本金的计算

表 8－2　　交易当天结束时市场互换曲线

期限	互换利率
1 年期	5.07%
2 年期	5.18%
3 年期	5.33%
4 年期	5.50%
5 年期	5.65%

① 注意这里的损失并不是我们预期的 20 万美元，但是非常接近。主要原因是我们使用了“PV 票息 01”的方法选择交易的名义本金，另外一个原因是每条腿的 PV01 本身也随着利率的变化而有轻微的变化。虽然有差异，但是我们的损益跟预计的情形相差很小。

时间	零息利率	远期利率	固定端现金流	固定端现金流现值	浮动端现金流	浮动端现金流现值
1	5.070%	5.070%	(13 080 175)	(12 449 010)	11 842 229	11 270 800
2	5.183%	5.296%	(13 080 175)	(11 822 890)	12 369 700	11 180 707
3	5.340%	5.655%	(13 080 175)	(11 190 052)	13 209 479	11 300 672
4	5.522%	6.071%	(13 080 175)	(10 549 542)	14 181 361	11 437 681
5	5.687%	6.346%	(13 080 175)	(9 920 043)	14 822 022	11 241 065
				(56 931 537)		56 430 926
		固定利率	5.600%	净现值	499 389	
		名义本金	233 574 545			

时间	零息利率	远期利率	固定端现金流	固定端现金流现值	浮动端现金流	浮动端现金流现值
1	5.070%	5.070%	27 510 620	26 183 135	(27 295 272)	(25 978 179)
2	5.183%	5.296%	27 510 620	24 866 261	(28 511 045)	(25 770 524)
3	5.340%	5.655%	0	0	0	0
4	5.522%	6.071%	0	0	0	0
5	5.687%	6.346%	0	0	0	0
				51 049 396		(51 748 703)
		固定利率	5.110%	净现值	(699 307)	
		名义本金	538 368 293			

图 8-8　基于表 8-2 中的市场数据计算 2s5s 陡峭化交易在交易日末的估值

8.2.1　在较长持有期限下的曲线交易分析

在上一节中，我们计算了曲线交易在达成交易当日市场变动情况下的损益。通常情况下，投资者会预见到需要持有曲线交易一段时间，以等待市场向自己预计的方向变动。例如，在我们刚刚分析的 2s5s 陡峭化曲线交易中，第一天的损益值为负。如果投资者仍坚信自己的观点（曲线会变陡），并且该交易也未触及止损，那么他可能会继续持有。① 在这种情况下，交易的息差和滑移分析应该是投资者在达成交易前需要考虑的。

让我们回看表 8-1 所示的初始互换利率曲线，并假设通过支付 5 年期固定利率（名义本金为 2.335 7 亿美元），收取 2 年期固定利率（名义本金为 5.383 7 亿美元），我们达成了 PV01 为 10 万美元的 2s5s 陡峭化交易。在此交易中，2s5s 曲线目前利差为 5.60%－5.11%＝49 基点，我们认为曲线会变陡。假设我们并不是在第一天结束时了结交易，而是持有 1 年，并且假设 1 年后互换曲线如表 8-3 所示。注意 1 年后 2s5s 曲线变为

① 止损是交易员在开展交易之前设定的一个盯市损失值。一旦交易盯市损失触碰到该值，交易员就需要立刻终止交易，以防止损失进一步扩大。

5.75％－5.23％＝52 基点。但是需要注意，1 年之后，我们原来的 2 年期互换现在只剩 1 年，而 5 年期互换只剩 4 年。所以我们在 49 基点达成的 2s5s 陡峭化交易现在变为 49 基点的 1s4s 陡峭化交易。而根据表 8－3，目前市场上 1s4s 曲线为 5.62％－5.10％＝52 基点。这里，1s4s 曲线才是 1 年后我们需要关注的基准，因为此时两笔互换均交割完第 1 年的票息，我们的交易已经变为 1s4s 陡峭化交易。

表 8－3　　　　1 年后市场互换曲线

期限	互换利率
1 年期	5.10％
2 年期	5.23％
3 年期	5.40％
4 年期	5.62％
5 年期	5.75％

假设我们计划以此时的市场水平了结我们的交易。为了计算交易的损益情况，我们需要同时计算第一年的息差和剩余交易的解约价值。达成交易时，我们收取 2 年期互换固定利率 5.11％，支付 5 年期互换固定利率 5.60％。当时 1 年期 LIBOR 为 5.00％（当时 1 年期互换利率为 5.00％）。名义本金为 5.383 7 亿美元的 2 年期互换第 1 年的息差为[①]

538 368 293 美元×(5.11％－5.00％)＝592 205 美元

名义本金为 2.335 7 亿美元的 5 年期互换第 1 年的息差为

233 574 545 美元×(5.00％－5.60％)＝－1 401 447 美元

因此，第 1 年的净息差为 592 205 美元－1 401 447 美元＝－809 242 美元。现在我们来计算剩余互换的盯市市值。期初我们支付 5 年期固定利率收取 2 年期固定利率，1 年之后随着到期日临近，我们的头寸变成了支付 4 年期固定利率 5.60％，收取 1 年期固定利率 5.11％。如图 8－9 所示，4 年期互换的估值为 164 013 美元，1 年期互换的估值为 51 224 美元，两者都对我们有利，总值为 215 237 美元。该交易的总损益为净息差加上剩余互换的盯市市值，即－809 242 美元＋215 237 美元＝－594 005 美元。所以我们在 49 基点开仓 2s5s 陡峭化交易。1 年后，1s4s 曲线变为 52 基点。曲线确实变陡了，但我们仍然亏钱。为什么会这样？

为了了解为什么在曲线变陡的情况下仍然亏损，我们需要回到表 8－1 中的初始曲线，看看该曲线隐含的远期利率曲线在什么位置。基于该曲线我们可以计算出 1 年期远期互换利率曲线，并将其列示在表 8－4 中。我们可以不严谨地把远期利率曲线看成市场对未来利率曲线的预期。至少，远期互换利率是今天我们能够锁定的在未来开始的固定期限互换的利率。例如，市场预计 1 年之后 1 年期互换利率为 5.226％，4 年期互换利率为 5.772％。这两个利率之差为 5.772％－5.226％＝54.6 基点，这就是市场预计一年后 1s4s 的水平。

---

① 为了表述简洁，我们在文字描述时名义本金会取整到百万位，但在所有计算中我们仍然使用精确的名义本金数额。

时间	零息利率	远期利率	固定端现金流	固定端现金流现值	浮动端现金流	浮动端现金流现值
1	5.100%	5.100%	(13 080 175)	(12 445 456)	11 912 302	11 334 255
2	5.233%	5.367%	(13 080 175)	(11 811 534)	12 535 892	11 320 041
3	5.412%	5.769%	(13 080 175)	(11 167 265)	13 475 536	11 504 807
4	5.649%	6.362%	(13 080 175)	(10 499 272)	14 860 652	11 928 437
5	5.789%	6.355%	0	0	0	0
				(45 923 527)		46 087 540
		固定利率	5.600%	净现值	164 013	
		名义本金	233 574 545			

时间	零息利率	远期利率	固定端现金流	固定端现金流现值	浮动端现金流	浮动端现金流现值
1	5.100%	5.100%	27 510 620	26 175 661	(27 456 783)	(26 124 437)
2	5.233%	5.367%	0	0	0	0
3	5.412%	5.769%	0	0	0	0
4	5.649%	6.362%	0	0	0	0
5	5.789%	6.355%	0	0	0	0
				26 175 661		(26 124 437)
		固定利率	5.110%	净现值	(51 224)	
		名义本金	538 368 293			

图 8-9　基于表 8-3 中的市场数据计算 2s5s 陡峭化交易在 1 年后的估值

因此我们在 49 基点开仓 2s5s 陡峭化交易，1 年后，1s4s 的市场价格为 52 基点。曲线变陡，但我们仍然亏损，因为变陡的程度不够。期初市场预计 1s4s 曲线变陡的程度高于最终实现的 52 基点。在交易之初，市场预计 1s4s 在 1 年内会升到 54.6 基点，但实际上只到了 52 基点。这正是我们亏损的原因。①

表 8-4　　　　基于表 8-1 中利率曲线计算的 1 年期远期互换曲线

远期利率互换	利率
1×2	5.226%
1×3	5.462%
1×4	5.644%
1×5	5.772%

① 前边我们也提到过，亏损的另一个原因是这笔交易随着时间推移不再是久期中性的。虽然我们选择的 2 年期互换和 5 年期互换的名义本金保证了期初时交易是久期中性的，但是 1 年中该交易在进化成 1s4s 陡峭化交易的过程中已经不再是久期中性的。实际上，投资者通常要调整其中一条腿或者同时调整两条腿的本金金额（也就是再开仓一定本金的利率互换），以维持头寸的久期中性。

让我们退一步重新思考以下策略：假设我们开仓一笔曲线交易且

(1) 第1年赚取息差（无论正负）；

(2) 在第1年年末了结剩余的头寸。

我们这个策略的预期收益（由远期互换利率计算）应该为零。也就是说，如果我们开仓一笔曲线交易，并在第1年赚取息差，如果在第1年年末正好实现远期利率曲线，那么我们交易的总损益为零。① 举例说明，假设我们今天开仓了2s5s陡峭化交易。正如我们之前的计算，第1年的息差为−809 242美元。假设1年后当初的远期利率曲线正好被实现，那么1年后的互换曲线如表8－5所示。基于此假设图8－10列示了剩余的1s4s头寸的盯市市值恰好为1 401 447美元－592 205美元＝809 242美元。因此，假设远期利率曲线实现，那么我们的损益为零。我们开仓了陡峭化交易，并且市场也预期曲线变陡。我们在第1年的息差收入为负（直观地说，我们第1年“必须支付”息差，因为在市场预期曲线变陡时，我们进行了陡峭化交易；相反，如果我们进行了平坦化交易，也就是说我们的交易与远期利率反映的市场预期相反，那我们将“获得补偿”，即第1年可以赚得正息差）。如果市场如远期利率曲线所预期的那样确实在第1年年末变陡，那么我们在剩余头寸盯市市值上的利润正好抵消我们的负息差，让我们的总损益为0。

表8－5　假设基于表8－1中互换曲线计算的1年期远期互换利率曲线被实现，1年后的互换曲线

期限	互换利率
1年期	5.226%
2年期	5.462%
3年期	5.644%
4年期	5.772%

息差和滑移同样是分析曲线交易的有力工具。表8－6展示了不同曲线交易息差和滑移的等价基点。表中同时展示了图8－6中不同期限的利率互换的息差和滑移的等价基点。

在计算曲线交易中的息差和滑移时，假设我们收取短期限利率互换的固定利率，支付长期限利率互换的固定利率，并且使用等PV01权重下的名义本金金额（即我们进入曲线陡峭化交易）。

那么这些数字代表什么意思？假设我们达成2s5s曲线陡峭化交易，并选取适当的名义本金以实现久期中性。本交易在1年中会有−7.6基点的息差和滑移。换言之，如果我们达成该陡峭化交易1年后剩余互换曲线的陡度上升小于7.6基点，那么该交易的总损益为负。②

① 这里我们说“远期利率曲线被实现”是指远期到期后，即1年后市场利率曲线正好与当初远期利率曲线预计的水平一致。举例来说，1年后的市场利率曲线就是表8－4中预计的利率曲线，即1年期互换利率曲线5.226%，2年期互换利率曲线5.462%，依此类推。实际上，如果远期利率曲线被实现，那么该策略损益为0是公式（8.1）的直接推论。

② 如果我们达成的是平坦化交易，那么以上逻辑会反过来。如果1年后利率曲线没有变动，则我们的交易损益为正。

时间	零息利率	远期利率	固定端现金流	固定端现金流现值	浮动端现金流	浮动端现金流现值
1	5.226%	5.226%	(13 080 175)	(12 430 584)	12 206 018	11 599 839
2	5.469%	5.712%	(13 080 175)	(11 758 892)	13 342 251	11 994 495
3	5.659%	6.041%	(13 080 175)	(11 088 967)	14 111 089	11 962 945
4	5.795%	6.202%	(13 080 175)	(10 441 383)	14 486 496	11 563 994
				(45 719 825)		47 121 273
		固定利率	5.600%	净现值	1 401 447	
		名义本金	233 574 545			

时间	零息利率	远期利率	固定端现金流	固定端现金流现值	浮动端现金流	浮动端现金流现值
1	5.226%	5.226%	27 510 620	26 144 380	(28 133 772)	(26 736 585)
2	5.469%	5.712%	0	0	0	0
3	5.659%	6.041%	0	0	0	0
4	5.795%	6.202%	0	0	0	0
				26 144 380		(26 736 585)
		固定利率	5.110%	净现值	(592 205)	
		名义本金	538 368 293			

图 8-10　假设 1 年后远期利率曲线被实现的情况下陡峭化交易的估值

表 8-6　　基于表 8-1 的利率曲线，假设 1 年后利率曲线不变，不同到期期限的利率互换（图 8-6 中的数字）和不同曲线陡峭化交易的息差和滑移

		息差	滑移	合计
利率互换	2 年期	11.6	11.0	22.6
	3 年期	16.2	19.0	35.2
	4 年期	17.4	17.0	34.4
	5 年期	17.2	13.0	30.2
曲线陡峭化交易	2s3s	−4.6	−8.0	−12.6
	2s4s	−5.9	−6.0	−11.9
	2s5s	−5.6	−2.0	−7.6
	3s4s	−1.2	2.0	0.8
	3s5s	−0.9	6.0	5.1
	4s5s	0.3	4.0	4.3

有时人们在讨论他们非常喜欢的交易时（从基本面或技术角度）会谈到开仓后表现并不好。例如，投资者深信 2s5s 曲线会变陡，并且达成了该陡峭化交易。交易开始时，他并不知道曲线何时变陡，也许今天，也许明天，也许 1 个月，或更久。但总的来说，他确信曲线会变陡，所以现在进行交易，以免错失良机。但是如果他开仓后的每一天曲线都未变陡，那么他都会亏钱。

如果他在选取曲线时对到期期限要求不严，那么根据这些息差和滑移数字，他应该选取其他期限。从表 8－6 中我们发现所有涉及 2 年期互换的陡峭化交易的息差和滑移都较差。①投资者其实应该选取的期限是 3s5s。由于 3 年期互换的息差和滑移较高，所以 3s5s 曲线陡峭化交易的息差和滑移比较有吸引力。

8.2.2 远期曲线交易

有时投资者会在“远期空间”里寻找曲线交易机会。② 例如，我们认为 1s3s 曲线将变陡。进一步讲，我们认为基本面或技术面都会促使 1s3s 在一定时间内保持陡峭。也就是说，我们认为在未来某一段相当长的时间内，1s3s 比今天的更加陡峭。鉴于此，我们可以在远期利率曲线中寻找更有利的曲线陡峭化交易机会。

让我们回到原来表 8－1 的利率曲线。1s3s 当前价位是 5.30%－5.00%＝30 基点。也就是说如果使用即期互换开展陡峭化交易的话，我们可以在 30 基点开仓，但是如果使用未来才开始的互换交易（即远期互换）组合成陡峭化交易的话，我们可能找到更有吸引力的开仓点位。我们来分析一下期限为 2 年的远期。我们依据表 8－1 的互换曲线计算出 2 年期远期互换利率，如表 8－7 所示。请注意，如果使用 2 年期远期互换进行 1s3s 陡峭化交易，我们可以找到更具吸引力的开仓点位 5.976%－5.712%＝26.4 基点。③ 也就是说，我们可以在 30 基点的基础上改进 3.6 基点。如果打算开展 PV01 为 10 万美元的 1s3s 陡峭化交易，那么如图 8－11 所示，我们需要交易名义本金为 11.6798 亿美元的收取固定利率的 2×3 利率互换，交易名义本金为 4.1257 亿美元的支付固定利率的 2×5 利率互换。

表 8－7　　基于表 8－1 的互换曲线计算出来的 2 年期远期利率互换曲线

远期利率互换	利率
2×3	5.712%
2×4	5.872%
2×5	5.976%

假设持有该交易 2 年后，我们发现曲线并没有像我们所预计的那样变陡，而是没有任何变动，即与表 8－1 中的曲线一样。让我们分析一下这笔交易的损益情况。首先要注意的是，该交易 2 年来并没有产生息差，因为这是两笔 2 年期远期曲线交易。事实上，

① 如图 8－6 中所示，这主要是因为 2 年期互换的息差和滑移相对其他期限较低的缘故。

② 这里的“空间”是行业里最近的一个流行语。常用的还有国债空间、按揭贷款抵押证券空间、政府机构债券空间、LIBOR 空间（互换空间的另一个说法）等。在这个语境里，“空间”是指一个资产类别或一个资产子类里所有的证券或者可交易产品。

③ 我们进行陡峭化交易的时候，曲线利差变大是对我们有利的，因此我们应尽量寻找较低的开仓点位。

时间	零息利率	远期利率	固定端现金流	固定端现金流现值	浮动端现金流	浮动端现金流现值
1	5.000%	5.000%	0	0	0	0
2	5.113%	5.226%	0	0	0	0
3	5.312%	5.712%	24 694 470	21 142 838	23 566 903	20 177 441
4	5.494%	6.041%	24 694 470	19 938 293	24 924 931	20 124 366
5	5.635%	6.202%	24 694 470	18 773 918	25 588 026	19 453 242
				59 855 048		59 755 048
		固定利率	5.986%	净现值	100 000	
		名义本金	412 571 222			

时间	零息利率	远期利率	固定端现金流	固定端现金流现值	浮动端现金流	浮动端现金流现值
1	5.000%	5.000%	0	0	0	0
2	5.113%	5.226%	0	0	0	0
3	5.312%	5.712%	66 834 340	57 222 025	66 717 542	57 122 025
4	5.494%	6.041%	0	0	0	0
5	5.635%	6.202%	0	0	0	0
				57 222 025		57 122 025
		固定利率	5.722%	净现值	100 000	
		名义本金	1 167 982 789			

图 8-11　PV01 为 10 万美元、久期为中性的远期曲线陡峭化交易两条腿的名义本金计算

2 年前我们达成的这两笔交易今天才变成 1 年期和 3 年期的即期互换交易。如图 8-12 所示，2 年后该交易的损益值为 7 922 288 美元－7 562 752 美元＝359 536 美元。我们发现，尽管曲线并未变陡，但是因为选取了更优开仓点位的远期曲线交易，我们仍然获得了正收益。①

① 第三章中我们介绍过一笔远期互换交易是由两笔即期互换交易组成的。例如收取固定利率的 2×3 互换等效于一笔收取固定利率的 3 年期互换和一笔支付固定利率的 2 年期互换。支付固定利率的 2×5 互换等效于一笔支付固定利率的 5 年期互换和一笔收取固定利率的 2 年期互换。当然，两笔互换的名义本金必须相同。如果把例子中的远期曲线陡峭化交易拆分成四笔即期互换交易的话，在交易开始的前 2 年我们也会收到息差（互换的 LIBOR 浮动利率端会完全抵消）。交易达成 2 年后我们开始按名义本金为 11.6798 亿美元、固定利率为 5.30%来收取 1 年期互换的利息，按照名义本金为 4.1257 亿美元、固定利率为 5.6%支付 3 年期互换的利息。这里的固定端利差是 30 基点。而用远期曲线交易的开仓点位是 26.4 基点。如果我们使用把远期曲线交易拆分成四笔即期互换交易的做法，你能猜到前 2 年我们总共收到的息差是正是负吗？

答案是，前 2 年的息差应该是正数。我们来这样比较：要么，我们前 2 年赚取正息差，2 年后以 30 基点的点位进入 1s3s 的陡峭化交易。要么，我们在更好的 26.4 基点的点位直接进入 2 年期远期曲线陡峭化交易。基于无套利原则，这两种方法应该是等效的。那么，我们拆分成四笔即期互换进行陡峭化交易的前 2 年息差必须为正值。

时间	零息利率	远期利率	固定端现金流	固定端现金流现值	浮动端现金流	浮动端现金流现值
1	5.000%	5.000%	(24 653 213)	(23 479 251)	20 628 561	19 646 249
2	5.113%	5.226%	(24 653 213)	(22 313 218)	21 559 934	19 513 542
3	5.312%	5.712%	(24 653 213)	(21 107 514)	23 566 903	20 177 441
4	5.494%	6.041%	0	0	0	0
5	5.635%	6.202%	0	0	0	0
				(66 899 983)		59 337 231
		固定利率	5.976%	净现值	(7 562 752)	
		名义本金	412 571 222			

时间	零息利率	远期利率	固定端现金流	固定端现金流现值	浮动端现金流	浮动端现金流现值
1	5.000%	5.000%	66 717 542	63 540 516	(58 399 139)	(55 618 228)
2	5.113%	5.226%	0	0	0	0
3	5.312%	5.712%	0	0	0	0
4	5.494%	6.041%	0	0	0	0
5	5.635%	6.202%	0	0	0	0
				63 540 516		(55 618 228)
		固定利率	5.712%	净现值	7 922 288	
		名义本金	1 167 982 789			

图 8-12　基于表 8-1 中的互换曲线，2 年后远期曲线交易的估值计算

8.2.3　条件曲线交易

在 8.2.2 节中我们看到投资者可以通过远期曲线交易获得比即期曲线交易更好的开仓点位。有时投资者使用期权进一步优化曲线交易开仓点位。进行这种条件曲线交易的目的是表达对曲线未来走势的市场观点。当然，使用期权也引入了新的风险。

回到表 8-1 中的利率曲线，假设我们有兴趣开展 2 年远期 1s3s 曲线陡峭化交易。表 8-8 显示 2×3 互换利率为 5.712%，2×5 互换利率为 5.976%，这意味着远期曲线陡峭化交易点位是 5.976%−5.712%=26.4 基点。进一步假设平值互换期权的波动率如表 8-8所示。现在来分析以下交易：

(1) 买入本金为 4.125 7 亿美元的 2 进 3 固定利率支付方互换期权，执行利率为 5.976%。

(2) 卖出本金为 11.679 8 亿美元的 2 进 1 固定利率支付方互换期权，执行利率为 5.712%。

表 8-8　　平值互换期权的波动率

互换期权	对数正态波动率	正态波动率
2 进 1	18%	102.5 基点
2 进 3	16%	95.4 基点

如果 2 年后两笔期权都变成实值期权并在期末被行权，那么我们将进入一个支付固定利率的 3 年期互换和一个收取固定利率的 1 年期互换。就是说，如果两笔期权都被行权，那么我们会进入一笔 1s3s 的曲线陡峭化交易。这种条件曲线交易被称为熊陡交易。① 请注意，虽然在两笔期权都被行权的条件下我们的开仓点位仍然是 5.976%－5.712%＝26.4 基点。然而，根据图 8－13，达成该笔交易时我们会收到一定的期权费。我们购买的本金为 4.1257 亿美元的 2 进 3 固定利率支付方互换期权的成本是 5 382 623 美元，而我们卖出的本金为 11.679 8 亿美元的 2 进 1 固定利率支付方互换期权的价值为 5 785 353 美元，因此该交易给我们带来的净收入是 402 730 美元。在两笔期权都被执行的条件下，使用期权不仅可以让我们进入一个陡峭化交易，还能给我们带来前端收入。我们之所以能够做到这

互换期权模型			2 进 1			
时间	互换利率	零息利率	期间	0 到 t 折现因子		
1	5.000%	5.000%	0×1		d_1	0.127 3
2	5.110%	5.113%	1×2		d_2	−0.127 3
3	5.300%	5.312%	2×3	0.856 2		
4	5.470%	6.494%	3×4		$FN(d_1)-XN(d_2)$	0.005 785
5	5.600%	5.635%	4×5		固定利率支付方互换期权	5 785 353
					（以基点数表示）	49.5
F	5.712%		$A=$	0.856 2		
σ	18.0%					
T	2		名义本金	1 167 982 789		
X	5.712%					

互换期权模型			2 进 3			
时间	互换利率	零息利率	期间	0 到 t 折现因子		
1	5.000%	5.000%	0×1		d_1	0.113 1
2	5.110%	5.113%	1×2		d_2	−0.113 1
3	5.300%	5.312%	2×3	0.856 2		
4	5.470%	6.494%	3×4	0.807 4	$FN(d_1)-XN(d_2)$	0.005 383
5	5.600%	5.635%	4×5	0.760 2	固定利率支付方互换期权	5 382 623
					（以基点数表示）	130.5
F	5.976%		$A=$	2.423 8		
σ	16.0%					
T	2		名义本金	412 571 222		
X	5.976%					

图 8－13　互换期权定价

① 这里的熊指的是债券市场进入熊市，即利率走高。只有在此情况下平值的互换期权才会变成实值期权。也就是说本来互换期权开仓时是平值期权，只有互换利率升高的时候固定利率支付方互换期权才会变成实值期权。

一点是因为我们利用了 2 进 1 互换期权和 2 进 3 互换期权隐含波动率的差异，即购买（相对）便宜的 2 进 3 互换期权波动率并出售（相对）较贵的 2 进 1 互换期权波动率。①

不过需要注意的是，这种条件曲线交易与 8.2.2 节中所分析的远期曲线交易所表达的市场观点不完全一样。熊陡交易的观点是 1s3s 曲线会在债市走熊的条件下变陡。这可能正好与我们的观点一致。如果我们的观点是曲线更容易在债市大涨的情况下变陡，在债市抛售的时候变平坦，那么我们就不会进行熊平交易，而是直接进行远期陡峭化交易。

图 8-14 展示了条件曲线交易在 2 年后的期权收付与当时 3 年期互换利率以及 1 年期互换利率的关系。请注意两笔期权都变成实值期权并不能保证期末给我们带来正的收付额；在这种情景下，只有曲线陡度高于 26.4 基点，我们才有正收付，如果曲线比 26.4 基点还平，那我们的收付额为负。还可能发生一种情形，那就是期末曲线变陡了很多，但是两笔期权都没能行权。例如，如果 2 年后 1 年期互换利率为 4%且 3 年期互换利率为 5%，那么我们会发现自己的收付额处于图中的左下象限，即没有任何收付额。还有一种情景，就是两笔期权中只有一笔期权变成实值期权，这对应了图中左上象限或右下象限的情景。

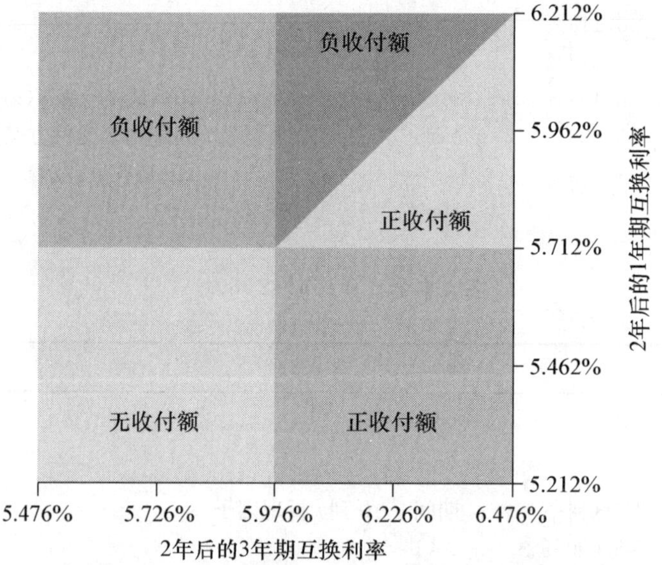

图 8-14　期权组合到期时的收付额（不包括期权的前端收入）与到期时 1 年期互换利率和 3 年期互换利率的关系

为了进一步认清这笔交易，我们还需要指出两点。首先，我们交易日收取的前端收入 402 730 美元不应被视为额外收入。我们获取这一收入是有原因的。我们出售的期权比我们买入的期权更贵。在其他条件不变的情况下，收到这笔前端费之后，我们应该在账上记

① 表 8-8 展示了对数正态分布和正态分布假设下的两种隐含波动率。在第五章中我们提到，为了比较互换期权的隐含波动率，我们最好使用正态分布假设下的隐含波动率。当然在这个例子里两种方法得出的结论是一样的。

那么我们怎么利用固定利率收取方互换期权从隐含波动率的差异中获利呢？使用这个例子中的数据，我们应该卖出 2 进 1 固定利率收取方互换期权，买入 2 进 3 固定利率收取方互换期权。在债券大涨收益率下降的条件下，这两笔期权都会被执行，则我们会进入一笔收取固定利率的 3 年期互换和一笔支付固定利率的 1 年期互换。也就是说在债市大涨的情况下我们进入了曲线平坦化交易。这种交易我们称之为牛平交易。如果投资者认为曲线会变平坦，那么这种牛平交易比直接使用远期进行平坦化交易更具吸引力。

入一个－402 730 美元的盯市市值。

其次，这种条件互换曲线交易会引入波动率风险。如果交易达成后，2 进 3 互换期权的波动率较 2 进 1 期权的波动率变得便宜了，那么会造成盯市市值浮亏。此外，随着利率的变动，两种期权可能不再是平值期权，这就意味着我们在为期权定价时还要考虑波动率曲面的因素。这些都是与交易利率曲线完全不同的风险因素。①

交易的另一种变形

条件曲线交易有另一种变形：我们可以不收取前端费，而是调整一笔互换期权的执行利率，以使我们在期权到期被执行后能获得更好的入场点位。如图 8－15 所示，我们倒算出 2 进 3 固定利率支付方互换期权的执行利率，使其与我们出售的 2 进 1 固定利率支付方互换期权价值相等。② 在这种交易中，不存在前端费用，我们仍然出售 2 进 1 固定利率支付方互换期权，执行利率为 5.712%，但是我们购买的 2 进 3 固定利率支付方互换期权的执行利率为 5.889%。因此，执行利率之差为 5.889%－5.712%＝17.7 基点，这样便为我们提供了一个更好的开仓点位。优于先前包含前端费用但是执行利率差为 26.4 基点的交易。再种强调，两种交易的净现值都是 0。选择哪种取决于投资者自己的偏好。

8.3 交易互换基差

2.2.1 节中我们介绍过 2003 年夏季固定收益市场非常动荡，特别是对于互换基差。图 2－4 展示了互换基差和国债利率在这段时间的走势。这段时间是投机互换基差的好时机。如果投资者能够洞悉在此期间互换基差大幅上升又在夏季末大幅下跌的驱动因素，并且在正确的时间开展了正确的交易，则可赚取巨额利润。③

正如我们在第二章讨论的，如果我们是互换基差多头（购买互换基差），那么这意味着我们认为互换基差会变宽。如果我们是互换基差空头（卖空基差），那么这意味着我们认为互换基差会收窄。④ 图 8－16 中列举了客户开展的一笔 5 年期互换基差多头交易。如

---

① 有些情况下，投资者完成交易后，即使利率曲线向有利于投资者的方向变动（即远期利率曲线变陡），也可能会因为波动率向不利方向大幅变动，盯市损益发生浮亏。有些交易员觉得他们对利率曲线的观点不应该被波动率因素搞复杂，因而避免这种交易。而另外一些交易员为了提升收益并不介意引入波动率因素，尤其是当这种熊陡正好符合他们的市场观点的时候。还有一些交易员之所以进行这种交易是因为他们觉得两笔期权不会变成实值期权被行权。他们觉得债市会大涨，然后可以开心地收了前端费之后，等着期权到期时不被行权，因为这种条件曲线变陡交易只有在债市抛售的情况下才会有期权到期收付。如果市场没有出现抛售，那么期权都会变成虚值期权，不会被执行。而到时曲线陡度变成多少已经无关紧要了。

另外需要指出的是，我们达成交易后，随着利率的变动，头寸会变得不再 delta 中性。期初选择某金额的本金是为了让当时的交易 delta 中性，但是随着时间的推移和利率的变动，头寸可能变成市场多头或空头。在实践中，投资者可以调整一条腿或两条腿的本金金额以保持头寸的 delta 中性。

② 为简单起见，我们在调整 2 进 3 固定利率支付方互换期权的时候，假设隐含波动率没有发生变化。也就是说我们假设隐含波动率曲线是平的。在真实市场中，互换期权市场的隐含波动率并不是一条直线，因此这个假设不是很准确。

③ 这一年夏天，部分投资者在互换基差上升 10 基点的时候就认为调整过度了，并且过早开仓后发现很快就在水下，并被止损了。

④ 有的投资者将互换基差交易归类为宏观交易，因为这种交易直接赌一个金融变量是升高还是降低。然而，我们在 8.4 节要阐述，互换基差交易也能被看成国债和互换曲线之间的信用利差或者流动性利差，所以也可以被看成相对价值交易。

互换期权模型　　2 进 1

时间	互换利率	零息利率	期间	0 到 t 折现因子		
1	5.000%	5.000%	0×1		d_1	0.127 3
2	5.110%	5.113%	1×2		d_2	−0.127 3
3	5.300%	5.312%	2×3	0.856 2		
4	5.470%	6.494%	3×4		$FN(d_1)-XN(d_2)$	0.005 785
5	5.600%	5.635%	4×5		固定利率支付方互换期权	5 785 353
					(以基点数表示)	49.5
F	5.712%		$A=$	0.856 2		
σ	18.0%					
T	2		名义本金	1 167 982 789		
X	5.712%					

互换期权模型　　2 进 3

时间	互换利率	零息利率	期间	0 到 t 折现因子		
1	5.000%	5.000%	0×1		d_1	0.177 3
2	5.110%	5.113%	1×2		d_2	−0.049 0
3	5.300%	5.312%	2×3	0.856 2		
4	5.470%	6.494%	3×4	0.807 4	$FN(d_1)-XN(d_2)$	0.005 785
5	5.600%	5.635%	4×5	0.760 2	固定利率支付方互换期权	5 785 353
					(以基点数表示)	140.2
F	5.976%		$A=$	2.423 8		
σ	16.0%					
T	2		名义本金	412 571 222		
X	5.889%					

图 8－15　倒算 2 进 3 固定利率支付方互换期权的执行利率，使其价值等于 2 进 1 固定利率支付方互换期权的价值

图所示，客户开展了一笔 5 年期利率互换，支付固定利率，同时购买了（久期加权金额的）5 年期国债。[1]通常情况下，客户会与同一个做市商达成互换基差交易和国债交易。因此，做市商与客户的基差头寸是反向的。从客户的角度看，如果 5 年期互换基差扩大，图 8－16 中所示的头寸将会获利。直观地说，如果客户在基差为 21 基点时开仓后，基差变为 22 基点，那么这对他是有利的。通过互换支付固定利率并购买国债，他对冲掉了互换的久期，但是仍受互换基差变化的影响。

① 到期日为整 5 年的国债的久期通常比 5 年期互换要长。所以以久期为权重，用来对冲 5 年期互换的 5 年期国债的本金更小。然而，通常 5 年期互换的到期日正好是 5 年，而 5 年期新发国债的到期日可能短于 5 年。其他条件一样的话，则需要较大的国债本金才能达到久期中性。从实际角度讲，为了保持 1 亿美元的 5 年期互换的久期中性，需要用本金为 9 700 万美元至 1 亿美元的 5 年期国债进行对冲。

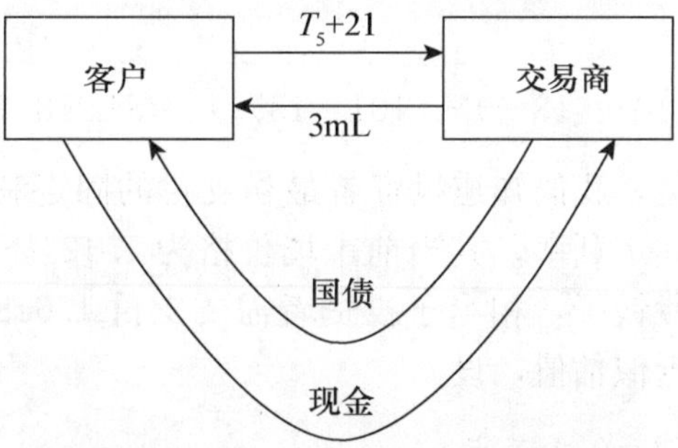

图 8-16　进入一笔看多互换基差交易

举个具体的例子，假设投资者想持有 5 年期互换基差的多头。现在重新回到表 1-1 中的市场数据。想购买基差的投资者需要按卖出价支付固定利率，所以这里应该使用的是 5 年期互换基差的卖出价，即 21 基点。相反，如果投资者想要卖空利差，那么他需要按买入价收取固定利率，因此，他需要按照 17 基点的买入价完成交易。假设投资者想开展名义本金为 1 亿美元的互换交易，并假设久期相等的 5 年期国债的本金为 9 800 万美元。假定投资者和做市商同意以 101-15¾的价格（等价于 1.438%的收益率）交易国债。[①] 因此，互换的固定利率为 1.438%＋0.21%＝1.648%。

假设交易日结束时，市场上 5 年期互换基差的买入价为 22 基点，卖出价为 26 基点。投资者决定将该交易平仓。为了平仓，投资者必须收取固定利率，因此需要使用互换基差市场中的买入价。假设此时 5 年期国债的交易价格是 101-18＋(收益率为 1.420%)，且双方同意以此价格交易国债。

直观地看，投资者在 21 基点时开了多头仓位，且在 22 基点时平仓，所以我们预计他的损益值为 5 年期互换 1 基点对应的现值。[②] 为了计算该交易的损益，我们可以计算一下 1 基点的现值，通过设定：

PMT＝1 基点/2＝0.5 基点

n＝10

i＝1.64%/2

我们可得该交易的损益大约为 48 000 美元。为了准确测算其损益，我们需要同时计算国债的损益和互换的损益。

虽然这种基差交易的价值不随国债价格的变动而变动，但是我们仍然有必要计算交易中每个头寸价值的变动。尽管 5 年期国债的价格已经发生变动，但是我们知道国债的收益会被互换的损失抵消（互换利率变动的一部分就是来源于国债收益率的变动）。投资者以 101-15¾的价格购买国债，并在当天以 101-18＋的价格卖回。因此，在国债上他赚取了

---

① 交易双方达成的国债的精确价格是决定互换基差交易参数的关键因素。一旦国债价格确定下来，就会换算成收益率，进一步计算互换的固定利率。如果做市商以更低的价格将国债卖给客户（意味着更高的收益率），更高的收益率就会用来计算客户需要支付的互换的固定利率。所以看似以更低价格买到国债客户获益了，但是被需要支付更高互换利率的因素抵消了。所以在久期中性的情况下，国债价格对互换基差交易没有影响。市场标准是使用该国债当时在市场上的市价。

② 这个例子中，互换基差的中间价一天变动了 5 基点。但是该交易只赚到了 1 基点。这主要是因为该交易 4 基点的买卖价差。很多时候互换市场的买卖价差要比这小很多。

$2\frac{3}{4}$点，价值为

$$9\,800\text{ 万美元}\times[(101-18+)-(101-15\tfrac{3}{4})]=84\,218.75\text{ 美元} \quad (8.3)$$

为了计算出互换的损益，我们知道投资者最初支付的固定利率为 1.648%。为了结束这一交易，投资需要收取固定利率，其当前市场价格为 1.42%＋0.22%＝1.64%。因此，对于交易者来说，该互换亏钱了，相当于投资者需要支付 1.648%－1.64%＝0.8 基点的年金。为了找到该互换的近似估值，设

PMT＝0.8 基点/2＝0.4 基点

$n=10$

$i=1.64\%/2$

我们得到 PV＝3.8 基点的名义本金（大约为 38 000 美元）。因此，这笔交易的总收益为公式（8.3）中计算的国债利润减去互换的亏损值 84 218.75 美元－38 000 美元≈ 46 000 美元，非常接近我们估算的 48 000 美元。

8.3.1 长期持有基差交易的分析

到目前为止，我们已经对同一天买卖的基差交易进行了分析，但很多时候投资者需要持有交易几天、几周甚至几个月，此时这种交易的评估就变得更加复杂。如果交易不在达成之日结束，那么购买国债就会占用现金。投资者需要通过回购协议进行融资。投资者在对交易进行评估的过程中就需要考虑持有国债所承担的融资成本，以及国债本身赚取的利息。此外，一旦交易时间超过一天，投资者就开始计提互换的固定利息和浮动利息。总的来说，所有这些（应计）现金流构成了头寸的息差。

根据互换基差、LIBOR 和回购利率的相对水平，交易的息差可能为正，也可能为负。对于相对较短的持有期限，交易的息差影响较小，预想的基差变动给交易带来的损益更重要。然而，对于持有期限相对较长的交易，息差会慢慢累加，给交易的损益带来较大的影响。

当然，除了交易的息差外，我们还必须考虑到剩余头寸的盯市价格变动。假设，例如，我们持有一笔 5 年期基差交易 6 个月，然后决定平仓，那么我们就需要考虑这 6 个月的息差。如果需要了结交易，那么不应再去看 5 年期互换基差；6 个月过去后，这个 5 年期基差交易的剩余时间只有 4.5 年。也就是说，我们的交易已经顺着曲线下滑，其目前的估值由 4.5 年期互换利率和 4.5 年期国债利率决定，而不是由 5 年期互换利率和 5 年期国债利率决定。①

案例

我们再来看一个典型案例，假设投资者购买 4 年期互换基差。投资者的市场观点是互换基差将变宽。假设目前市场如表 8-1 所示。为了让例子更简洁，我们做了如下假设：

① 跟息差和滑移分析不同，我们必须用目前市场的利率水平评估互换的滑移，而不是事前假设利率曲线在交易期初和期末没发生变动来分析滑移。

- 国债都在每一年中的同一天以票面价格发行；
- 今天是国债的发行日期。

当投资者以28基点购买本金为1亿美元的4年期基差时，他支付本金为1亿美元的4年期互换固定利率，并以票面价购买1亿美元的4年期国债。[①]这里，4年期国债今日发行，其票息为5.19%。假设投资者计划持有该交易1年，并达成定期回购协议为国债融资，利率为4.80%。此外，假设回购没有估值折扣。假设1年后市场如表8-9所示。让我们计算一下交易的损益情况。1年来交易的息差包括国债赚取的票息、国债融资的成本和互换的净现金流。国债赚取的票息为

1亿美元×5.19%=5 190 000美元

国债的融资成本为

1亿美元×4.80%=4 800 000美元

互换的净现金流为

1亿美元×(5.00%−5.47%)=−470 000美元

因此，该交易的净息差为5 190 000美元−4 800 000美元−470 000美元=−80 000美元。

我们现在需要计算1年后剩余头寸的盯市市值。我们假设投资者决定此时平仓该基差交易。因此，他会出售国债并平仓互换。1年前以票面价值购买的国债的期限现在只剩3年，且收益率为5.19%。因为这是债券的票息，因而国债仍按票面价值交易。[②]因此，卖出国债没有产生损益，因为正是以此价格购买的国债（即按票面出售国债获得的现金正好等于平仓回购交易时所需的资金）。[③]

表8-9　　　　1年后的利率市场

期限	国债收益率	互换基差	互换利率（每年付息，30/360）
1	5.19%	27	5.46%
2	5.19%	27	5.46%
3	5.19%	27	5.46%
4	5.19%	27	5.46%

现在让我们分析一下互换的平盘交易。投资者目前在剩余3年期互换里支付固定利率5.47%。此时3年期互换市场利率为5.46%。计算可得该交易的盯市市值为−26 999美元。因此该基差交易的整体损益为

−80 000美元−26 999美元=−106 999美元

① 基于互换和国债的PV01计算的久期为中性的国债交易本金应该为9 973万美元，这里四舍五入到1亿美元。

② 这里我们隐含了一个假设，就是新券相较旧券没有溢价。1年后，我们期初购买的4年期国债已经变为3年期国债的旧券，而此时按票面价新发行的3年期新券的收益也是5.19%。

③ 国债交易的总损益还需要加上回购协议中的融资成本。

在这个例子里,交易中的负息差(—80 000 美元)是造成交易损失的主要因素。[①]

8.3.2 基差的利差交易

投资者有时并不直接交易互换基差的方向变动，而是交易一个期限的互换基差与另一个期限的互换基差的相对变动。这种交易被称为基差的利差交易。图 8-17 展示了一个 10 年期互换基差和一个 2 年期互换基差以及它们之间的差异。投资者会经常观察这些基差的利差的关系，并寻找交易机会。有些投资者在他们对信用曲线（使用互换基差作为信用利差的代替）远期 GC—LIBOR 的预期或者未来国债供给有特殊观点的时候进行交易。另一些投资者会在基差的利差跑到正常运行区间之外较远处时进行交易。如果投资者认为 10 年期互换基差和 2 年期互换基差之间的利差变得太狭窄，则他可以进行一笔 10 年期互换基差对 2 年期互换基差的利差扩大时获利的交易。如前面所讨论的，这意味着投资者需要在买入 10 年期互换基差的同时卖出 2 年期互换基差。通常情况下，投资者需要选取适当的名义本金，使得交易的两条腿的久期绝对值相等，以使每条腿对 1 基点基差变动的敏感度相同。

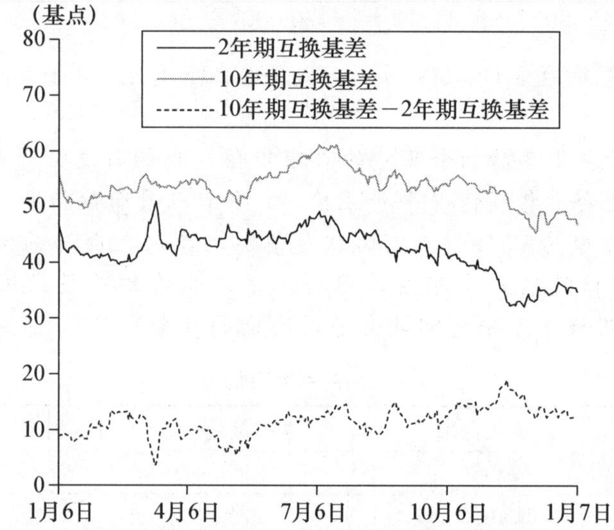

图 8-17　10 年期互换基差和 2 年期互换基差的利差

---

① 在此交易中,投资者以 28 基点的价格买入 4 年期互换基差,持有 1 年,并以 27 基点的价格将交易平盘,遭受亏损。那基差要扩大到什么水平这笔交易才能盈亏平衡呢?

投资者在交易一笔支付固定利率的 4 年期互换,并持有 1 年后,会产生 5.00%—5.47%=47 基点的负息差。我们之前分析过,基于表 8-1 中的市场利率,我们可以计算出 1×4 互换利率为 5.644%。虽然第 1 年投资者会有负息差,但是根据公式(8.1),剩余的 3 年期互换(固定利率为 5.47%)的盯市市值重估利润可以完全抵消第 1 年的负息差。

投资者以 4.8%的融资成本购买了票息和收益率都为 5.19%、本金为 1 亿美元的 4 年期国债,1 年可获得 390 000 美元的息差收入(票息收入 5 190 000 美元和融资成本 4 800 000 美元之差)。应用公式(8.1),我们可以计算出当时该债券的 1 年远期价格为 1 亿美元—39 万美元=9 961 万美元。通过此远期价格我们可以计算出对应的国债远期收益率为 5.334%:

$$\frac{5\,190\,000\text{ 美元}}{1+y}+\frac{5\,190\,000\text{ 美元}}{(1+y)^2}+\frac{105\,190\,000\text{ 美元}}{(1+y)^3}=9\,961\text{ 万美元}$$

需要注意的是 4 年期国债在 1 年后变为 3 年期国债，同时也会有新的 3 年期国债发行。互换利率通常是在新发国债的收益率的基础上报价的。我们这里假设（仅仅是假设）新券对旧券没有溢价，因此新发国债的收益率也是 5.344%。所以远期互换价等于 5.644%—5.334%=31 基点，即基差需要在 1 年后上涨 31.0—28.0=3.0 基点才能让整个交易盈亏平衡。

8.3.3 条件基差交易

本章引言中提到，投资者有时使用期权来交易他们的市场观点，这通常通过购买一种或多种（“便宜”）期权，同时出售一种或多种（“较贵”）期权来实现。购买和出售期权组合可以使投资者在期权到期时获得相对“更好”的开仓点位，但这种交易表达的投资者对市场的看法与不使用期权的交易表达的市场看法不完全一样，并且，带有期权的交易还会引入新的风险因素，我们要多加留意。

案例

假设 10 年期国债的收益率为 5.66%、10 年期互换的利率为 6.05%，则 10 年期的互换基差为 39 基点。我们来分析下列交易：

- 购买 6 个月进 10 年的固定利率支付方互换期权，本金为 1 亿美元，期权价格为 62 基点，执行利率为 6.15%。
- 出售 6 个月看跌期权，标的为期权到期时 10 年期新发国债，本金为 1 亿美元，期权价格为 66 基点，执行利率为 5.80%。①

这笔交易中的几个要点值得我们关注。首先，达成交易后投资者先收到了 40 000 美元现金。他将以 66 基点的价格卖出一笔期权，又以 62 基点的价格买入一笔期权，净收 4 基点，相对于名义本金 1 亿美元，就是 40 000 美元。我们不能把这笔现金流当成利润，这只是交易达成时交割的净期权费。当投资者收取这 40 000 美元时，两笔期权的净盯市市值应该簿记为−40 000 美元。一笔公允的交易在交易日的净现值为 0。

一般情况下，人们更喜欢那些收取前端费的期权交易，规避那些需要支付前端费的交易。收取前端费的交易并非“免费的午餐”。收取前端费的交易，需要在支付完成后簿记等量的负盯市估值，因此一笔交易在期初的净现值为 0。

为了使两笔期权都可以变为实值期权，市场需要在当前的水平上出现债券抛售。如果两笔期权都被执行了，那么（1）投资者在 6 个月后执行其互换期权，进入一笔支付固定利率 6.15%的 10 年期互换；（2）卖出的国债期权被执行，做市商向投资者出售 10 年期新发国债，执行收益率为 5.80%。也就是说，投资者将以 5.80%的收益率从做市商手中购买 10 年期国债的新券。

因此，如果两笔期权都被执行，那么投资者持有支付固定利率的互换，并购买国债——就像我们之前讨论的基差扩大化交易那样。当然，只有利率曲线走高到一定水平时两笔期权才会都被执行。假如利率曲线在到期时已经足够高，那么投资者将持有一笔 10 年期互换基差扩大化交易，开仓点位是 6.15%−5.80%=35 基点。请注意这笔基差扩大

---

① 某一只已发行的国债的看跌期权持有者拥有在指定的价格将该国债卖出的权利。由于国债的价格与其收益率有一一对应关系，因此我们也可以使用执行价格对应的国债收益率来表述国债期权的执行价格。那么期权到期后，如果国债价格低于执行价格，那么期权会被执行。等效地，如果期权到期后国债收益率高于执行价格对应的收益率，那么期权被执行。我们现在来看一下这样一个看跌期权，它的标的是期权到期日的新发国债。我们回顾一下，美国财政部会定期发行新的国债。今天的新发国债 6 个月之后就不再是新券，所以在期权交易日它的标的尚未发行，它的标的是期权到期日的那只新发国债。虽然这只未来要发行的国债现在还不存在，但是期权的做市商通常会假设这只新券的收益率与现在已经存在的一些国债的收益率存在较稳定的关系，从而愿意为这样一笔期权报价。因为这只新发国债尚未发行，我们还不知道它将来的票息是多少，所以无法用债券价格作为期权的执行价格。这种情况下，此类期权的执行价格都是用收益率来报价。

化交易开仓水平为35基点，10年期互换基差的即期开仓水平为39基点。[①] 较低的开仓水平有利于互换基差扩大化交易，因为交易是否获利取决于基差是否能够涨至开仓水平以上。

必须承认达成这种条件基差扩大化交易的投资者持有的市场观点（无论最终实现与否）与我们之前分析的普通（无条件）基差交易的投资者持有的市场观点有着本质的不同。无论利率水平怎么变动，只要互换基差扩大，普通基差扩大化交易就会获利。而对于条件基差扩大化交易的投资者来说，在期权到期日，只有在利率曲线走高的同时出现互换基差扩大的情况才会获利。

不考虑收取前端费40 000美元的话，即使两笔期权均被执行，也不能保证期权到期时投资者的收付额为正。例如，在6个月后，10年期互换利率为6.20%，10年期国债收益率为5.90%，那么投资者将亏损。投资者买入的固定利率支付方互换期权赚到了5基点，而他卖出的看跌期权亏了10基点。

图8-18展示了期权到期时的期权组合收付额与利率的关系。互换利率和国债收益率（两者的不同只有互换基差）的走向趋同。因此，在交易到期时投资者的收付额很可能处于左下象限或右上象限。左下象限对应的是债券上涨收益率下降，两种期权都没有被执行。在这种情况下，投资者从交易中赚取40 000美元的前端费，然后再无现金流收付。右上象限对应的是债市抛售收益率上涨，两种期权都被执行。这种情况下，期末的收付额可以为正，也可以为负。如果10年期互换基差小于35基点，则收付额为负，否则收付额为正。当然，投资者也有可能发现最后收付额落在了左上象限或者右下象限，从而获得相应的负收付额或者正收付额。

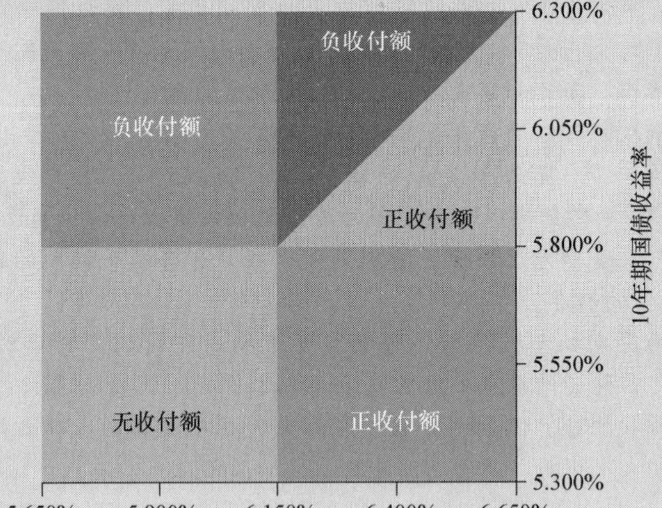

图8-18 期权组合到期日时的收付额（不包括期权的前端收入）与期权到期日的国债收益率和互换利率的关系

① 比较条件基差交易的开仓点位35基点与即期基差交易的开仓点位并不十分恰当，类似于拿苹果跟橙子比。更准确的做法是拿条件基差交易的开仓点位与6个月远期互换基差的开仓点位比较。市场上确实有这种6个月远期互换基差交易，其通常被称为基差锁定交易。

过去几年投资者已经习惯了债券抛售导致的互换基差变宽的现象。例如，我们在2.2.1节中提到，2003年夏季债券市场的猛烈抛售与基差变宽同时出现。图8-19展示了2005年下半年国债收益率与互换基差的关系。如图所示，在这段时间里，总趋势是更高的国债收益率伴随着更宽的互换基差。① 这种现象使投资者相信如果国债市场抛售，互换基差应该变宽。这笔交易就是抱有这种目的。如果国债市场在目前水平下抛售力度足够大，基差变宽，则到期日时交易的收付额是正的。当然，如果国债市场抛售而基差收窄（以往特殊时段曾经观察到此类现象），则这种交易在到期时会有一个负的收付额。如果到期时国债上涨基差收窄（另一种得到普遍认同的观点），则到期时两笔期权都不会被执行，投资者不会受损。实际上，在这种情况下，投资者仍然可以保留期初收到的40 000美元前端费。②

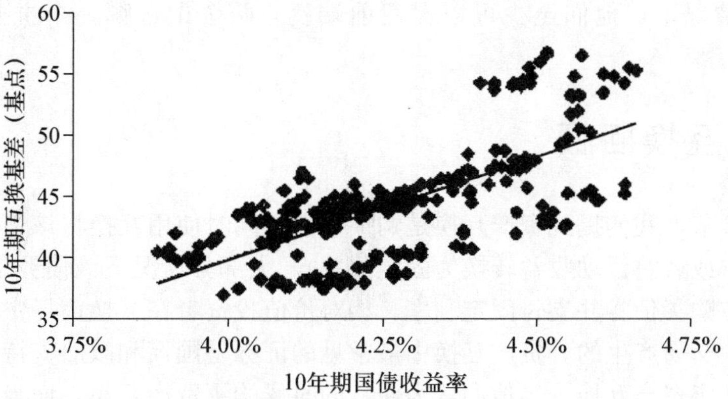

图8-19　2005年上半年10年期国债收益率和10年期互换基差之间的关系

这种交易在业内被称为固定利率支付方看跌期权。这笔交易中两个期权的执行利率之差为35基点。能以这种相对较好的价格（相比较而言，即期的10年期基差大概为39基点）进入交易的一个主要原因是卖出的国债的波动率与买入的互换期权的波动率不同。国债波动率与互换期权波动率的变动方向不一定一致。当国债利率相对互换利率变得更高时，这种固定利率支付方看跌期权就更有吸引力。当然，投资者进行这种交易也必须承担这两种波动率的敞口。交易达成后，如果卖出的国债期权的隐含波动率上涨，而互换期权的波动率下跌，那么投资者将面临交易盯市估值损失。

隐含波动率带来的风险是影响这种交易成败的一个重要因素。例如，假设交易达成一个月后，互换期权在价内，国债期权在平价。这种情况下，交易看起来进展顺利。然而，如果我们假设海外投资者大举买入国债期权，那么国债隐含债券波动率很可能大幅飙升。这会给债券期权的盯市估值带来损失。虽然互换期权波动率可能由于共振也随之有所上升，但是固定利率支付方互换期权是价内期权，因此vega敞口有限。③ 尽管伴随国债抛售而来的利差变动对投资者有利，但是波动率的不利变化可能给投资者带来非常严重的

① 当然图中也可观察到有时国债收益率高的时候互换基差反而更窄了。

② 虽然在国债上涨、基差收窄时到期收付额为零，但投资者在交易存续期仍然可能有较大的盯市市值浮亏。

③ 在相关联的市场，例如互换期权波动率市场和国债期权波动率市场中，特定原因引起的一个市场的变动会带动另一个市场的变动，这种现象被称为共振。

盯市损失。此时如果交易触及之前设定的止损线，则可能导致投资者提前终止交易。

最后需要注意的一点是有些投资者通过放弃前端费（本案例中为40 000美元）来改善交易开仓点位。即作为上述交易的一种变形，投资者可以进行如下交易：

● 购买6个月进10年的固定利率支付方互换期权，本金为1亿美元，期权价格为66基点，执行利率为6.14%。

● 出售6个月看跌期权，标的为期权到期时10年期新发国债，本金为1亿美元，期权价格为66基点，执行利率为5.80%。

在这种情况下，固定利率支付方互换期权的执行利率降至6.14%，意味着该条件基差扩大化交易的开仓点位是6.14%－5.80%＝34基点，而非前端费为40 000美元时的35基点。① 许多投资者倾向于选择有前端费的版本，因为在国债上涨两笔期权都不会被执行的情况下，他们至少可以保留前端费。两个中选哪一个主要由投资者偏好决定。

8.4 资产互换回顾

回顾2.5.2节，我们提到资产互换是购买债券的同时使用互换将该资产的固定收益转换为浮动收益（或者将浮动收益转换为固定收益）。大部分情况下该债券是固定利率债券，资产互换的买方购买债券并支付固定利率。相对价值投资者在互换市场中的很大一部分交易是由资产互换交易产生的。资产互换中最常见的证券是国债和政府支持债券。投资者可以购买也可以出售资产互换，当他们认为便宜的时候购买资产互换，而当他们认为贵的时候，则卖出资产互换。

资产互换的交易形式有许多种。传统的形式（现在已经很少使用，原因稍后讨论）被称为平价资产互换。为了构建一个买入平价资产互换交易，投资者需要

（1）购买一只固定利率债券；

（2）交易一笔利率互换（名义本金等于债券面值），支付固定利率，此互换的固定利息需与债券票息的支付时间和金额完全一致；

（3）支付或者收取一笔前端费，该前端费等于债券全价减去债券面值（如果全价减去面值为正，则投资者收取前端费；反之，则要支付前端费）②；

（4）收取浮动利率（一般为3个月LIBOR）加一个事先约定的利差，名义本金与债券面值相等。

该事先约定的利差称为资产互换利差。资产互换利差是使该资产互换的NPV等于0的利差。需要指出的是购买债券和资产互换的投资者仍然承担债券发行人的信用风险。如

---

① 下列步骤展示了在无前端费的情况下如何计算执行利率之差：

PMT＝1.0基点/2＝0.5基点

$n=20$

$i=6.14\%/2$，

我们发现该10年期互换的票息变动1基点相当于价格变动74 000美元。平值期权的delta为0.5，因此执行利率1基点的变化相当于37 000美元。所以，放弃40 000美元的前端费可以给我们带来大约1基点的执行利率差的优化。

② 债券的全价是指购买债券需要支付的价格，即债券的报价加上应计利息。

果发行人信用恶化，则投资者会受损。[①]

案例

我们举例分析一个较为典型的资产互换例子。假设互换曲线如图 8－1 所示。一只 4 年期政府支持债券的票息为 6%（按年付息），收益率为 T_4＋16 基点。债券无应计利息，我们可以计算出其全价为 102.286 252*。[②] 如果投资者购买面值为 1 亿美元的该债券，并与互换做市商基于该债券进行资产互换。做市商收取 6%的固定利率，支付前端费 2 286 252 美元（全价和面值之差），支付 LIBOR 加利差。这笔交易如图 8－20 所示。图 8－21 上半部分显示，对于浮动利率为 1 年期 LIBOR 的资产互换，使得合约的 NPV＝0 的利差为－11.9 基点。因此，该政府支持债券的资产互换利差为－11.9 基点，或该债券资产互换为－11.9 基点。[③]

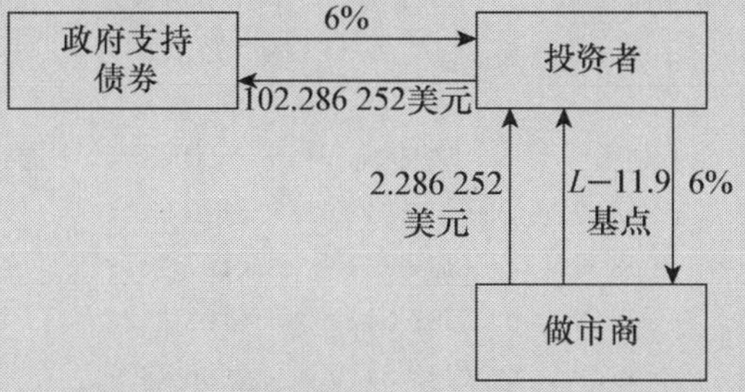

图 8－20　4 年期政府支持债券的资产互换模式

说明：图中数字与原书一致，且表述符合行业惯例。——译者注

时间	零息利率	远期利率	固定端现金流	固定端现金流现值	LIBOR＋资产利差	PV（LIBOR＋资产利差）
1	5.000%	5.000%	6 000 000	5 714 286	(4 880 689)	(4 648 275)
2	5.113%	5.226%	6 000 000	5 430 501	(5 106 437)	(4 621 752)
3	5.312%	5.712%	6 000 000	5 137 062	(5 592 891)	(4 788 505)
4	5.494%	6.041%	6 000 000	4 844 394	(5 922 053)	(4 781 460)
				21 126 244		(18 839 992)
					前端费	(2 286 252)
		固定利率	6.000%	净现值	(0)	
		名义本金	100 000 000		资产互换利差	－0.119%

图 8－21　4 年期政府支持债券的资产互换利差计算（上半部分）及证明资产互换利差的现值等于用 LIBOR 折现的债券价格和其全价之差（下半部分）

---

* 根据行业习惯，全价不带本金。——译者注

① 如果债券的发行人违约，投资者仍然需要按资产互换的条款支付固定利率来交换 LIBOR 利率，除非事先达成的条款中规定债券发行人违约的情况下资产互换同时取消。这种条款非常少见，很难谈判和定价，即使有也会影响资产互换利差。

② 根据表 8－1，T_4 为 5.19%。因此该债券的收益率是 5.19% ＋ 0.16%＝5.35%。债券的价格为

$$102.286\ 252(\text{百万美元})=\frac{6}{1.053\ 5}+\frac{6}{(1.053\ 5)^2}+\frac{6}{(1.053\ 5)^3}+\frac{106}{(1.053\ 5)^4}$$

③ 该政府支持债券的收益率为 T_4＋ 16 基点，而利率互换的利率为 T_4＋ 28 基点。请注意，资产互换利差约等于政府支持债券利差和利率互换基差之间的差。也就是说，－11.9 基点≈16 基点－28 基点。我们之后会看到这不是一个巧合。

计算债券的 LIBOR 价格				计算债券的全价		
时间	零息利率	现金流	PV（固息债券）	收益率	现金流	全价
1	5.000%	6 000 000	5 714 286	5.350%	6 000 000	5 695 301
2	5.113%	6 000 000	5 430 501	5.350%	6 000 000	5 406 076
3	5.312%	6 000 000	5 137 062	5.350%	6 000 000	5 131 539
4	5.494%	106 000 000	85 584 302	5.350%	106 000 000	86 053 335
			101 866 152			102 286 252
	名义本金	1 000 000 000		PV（价差）	(420 100)	
				（以基点数表示）	(42.0)	

时间	零息利率	利差	现金流	PV
1	5.000%	−11.9	(119 311)	(113 630)
2	5.113%	−11.9	(119 311)	(107 987)
3	5.312%	−11.9	(119 311)	(102 152)
4	5.494%	−11.9	(119 311)	(96 332)
				(420 100)

图 8-21　4 年期政府支持债券的资产互换利差计算（上半部分）及证明资产互换利差的现值等于用 LIBOR 折现的债券价格和其全价之差（下半部分）（续）

资产互换中最重要的问题是基于 LIBOR，投资者能够得到多大的利差。如果投资者购买资产互换，那么他希望利差尽可能大；利差越大，资产互换越便宜；利差越小，资产互换越贵。如果投资者出售资产互换，那么他希望利差尽可能小。①

资产互换利差的水平是由什么决定的？它是政府支持债券与互换利率曲线的相对定价决定的。资产互换利差是债券的信用利差（定义为债券收益率与相应国债利率之间的利差）和互换基差的一个函数。需要注意的两个重要事实是：

- 随着信用利差的增加（资产变得便宜），资产互换利差增大。
- 随着互换基差的增加，资产互换利差减小。

图 8-20 可以直观地解释以上两点。如果资产的信用利差增大（在其他条件不变的情况下），那么债券全价会降低。债券全价的降低减少了做市商应付的前端费。随着前端费的降低，做市商能够负担较 LIBOR 更大的利差，因此资产互换利差增加。相反，如果互换基差增加（在其他条件不变的情况下），则互换利率上升，那么投资者支付给做市商的 6%的固定利率变得“价值更低”，即随着互换利率上升，收取 6%的固定利率的价值下降。如果做市商收取的固定利率的价值下降，那么他将支付一个相对于 LIBOR 更低的利差以补偿损失。所以随着互换基差增加，资产互换利差减小。因此，资产互换利差取决于其基

① 基于政府支持债券的资产互换利差有时会出现负数，这并不意外。许多市场参与者认为 LIBOR 代表的是获得 AA 评级的银行的信用水平，而政府支持实体的评级（有时）被视为好于 AA 评级，因此其发行的债券可以用 LIBOR 或者低于 LIBOR 的浮动利率进行资产互换。

础资产信用利差与（跟标的资产到期日匹配的）互换基差的相对定价。[①]

8.4.1 资产互换的计算

资产互换利差是一个加在 LIBOR 利率上之后使得图 8-20 中的互换的 NPV=0 的利差。在本节中，我们将进一步展示这个利差是如何确定的。我们假设投资者与互换做市商在资产互换的期末交换本金（该假设不影响结论的普适性）。我们知道，这不会影响资产互换的价格。

我们现在再来看一下这个资产互换。投资者收取浮动利息（LIBOR 加利差）加前端费（等于债券全价减去面值）。这些现金流的现值为

$$\text{PV(浮息债券)}+\text{PV(利差)}+\text{债券全价}-\text{面值} \tag{8.4}$$

这里的浮息债券是指所有的浮动票息及期末的本金。投资者支付固定利率及到期时的名义本金，其现值可以表达为

$$\text{PV(固息债券)} \tag{8.5}$$

由于资产互换是一个期初 NPV 等于 0 的交易，因此支付的现金流的净值必须等于收取的现金流的净值。将公式（8.4）和公式（8.5）放到等式两边可得

$$\text{PV(浮息债券)}+\text{PV(利差)}+\text{债券全价}-\text{面值}=\text{PV(固息债券)} \tag{8.6}$$

因为浮息债券的现值等于面值，所以我们可以将公式（8.6）简化为

$$\text{PV(利差)}=\text{PV(固息债券)}-\text{债券全价} \tag{8.7}$$

债券全价是指债券在市场中交易的价格，是使用该债券的信用利率折现其现金流计算出来的。而这里的 PV（固息债券）是使用互换曲线计算出来的折现因子折现同样的现金流计算出来的。有人也将 PV（固息债券）称为“债券的 LIBOR 价格”。

换一种说法，债券全价是债券的真实价格，是由市场决定的价格。而 PV（固息债券），即债券的 LIBOR 价格，是下面这个问题的答案：如果我们将该债券的所有现金流（包括本金）找到，然后使用互换利率曲线计算出来的零息利率进行折现，那么我们会得到什么价格呢？也就是根据互换市场折现率计算的债券的价格。如公式（8.7）所示，利差的“目的”是弥合这两个不同的价格。即债券市场认为债券价格是某一个，而互换市场认为把债券的现金流拿来，使用互换市场的折现率折现，会得到一个不同的价格。引入利差才能弥合这两个价格的差异。

现在我们回到图 8-20 所示的资产互换。这只 4 年期政府支持债券支付 6%的固定票息，它的资产互换价格为 LIBOR－11.9 基点。在图 8-21 的下半部分我们展示了该债券的 LIBOR 价格和全价的差是 101 866 152 美元－102 286 252 美元＝－420 100 美元，即相当于本金的－42 基点。而－42 基点确实是资产互换利差（－11.9 基点）的现值。

---

① 我们在 8.3 节提到过有人将看似为宏观交易的互换基差交易当成相对价值交易，希望这里的讨论能够解释为什么这种解读是合理的。如果进行互换基差扩大化交易，则我们是购买国债并在利率互换中支付固定利率。而资产互换就是购买一个资产然后通过利率互换支付固定利率，因此互换基差交易实质上是资产互换交易。

8.4.2 资产互换的现状

我们刚才花了大量的时间研究了平价资产互换。但如前所述，资产互换交易的这种执行形式不再受欢迎了。这种形式不再流行有好多原因，主要原因是平价资产互换的前端费。假设一个投资者要做一笔基于高票息长期限国债的资产互换。这个国债的价格很有可能在150美元附近。因此，如果投资者确实想做一个基于1亿美元国债的平价资产互换，那么互换的前端费为5 000万美元。这也意味着，一旦支付前端费，剩余互换的市值就在5 000万美元左右。这会给前端费支付方带来巨大的风险敞口。虽然许多交易对手间都已签署了信用支持附件（credit support annex，CSA）确保盯市市值亏损方提供抵质押品降低信用风险，但是抵质押品的转移是费时费力的。

除非出于历史原因，否则继续使用平价资产互换机制意义不大。此外，分析平价资产互换本身需要理解包含在资产互换中的头寸，即债券信用利差和互换利差的相对变动。

今天受欢迎的资产互换交易实际上要简单得多。这种资产互换被称为收益率—收益率资产互换（有时也被称为到期日匹配资产互换），它通过购买一只债券同时进入一笔到期日与债券相同的利率互换交易，支付固定利率。[①] 该互换没有前端费，浮动利率LIBOR上不用加上利差。该资产互换的利率等于到期日为同一天的利率互换的平价利率，即使得利率互换的净现值为0的利率。这种形式的资产互换交易通常在市场上执行得更快。

案例

我们举一个典型的例子，假设目前互换曲线如表8-1所示。如果投资者以5.35%的收益率购买4年期政府支持债券，价格为102.286 252美元。为了达成基于该债券的收益率—收益率资产互换，投资者需要进入一笔4年期平价利率互换，支付5.47%的固定利率。则收益率—收益率资产互换的利差就是债券收益率与互换利率之间的差额，即5.35%－5.47%＝－12基点。[②]

更概括地说，在收益率—收益率资产互换中，资产互换利差被定义为

$$\text{收益率—收益率资产互换利差} = \text{债券收益率} - \text{互换利率} \tag{8.8}$$

其中，债券收益率就是债券的到期收益率，互换利率是与债券具有相同到期日的平价利率互换的利率。[③] 如果债券和利率互换都用基于同一个国债利率的基差报价的话，则方程（8.8）可简化为

$$\text{收益率—收益率资产互换利差} = \text{信用利差} - \text{互换基差} \tag{8.9}$$

---

① 因此，经常会出现收益率—收益率资产互换中的利率互换的到期日没能落在起息日后的整年数对应的日期（或整半年数对应的日期）的情况。在这种情况下，会在利率互换两端的前端设置残段，即第一笔固定利息支付时间小于6个月，第一笔浮动利息的支付时间小于3个月。第一笔固定利息的支付时间与债券的下一个票息支付日相同。如果债券的下一个票息支付日小于3个月，则浮动利息也会在同一天支付。否则，第一笔浮动利息会在债券的下一个票息日前3个月支付。

② 注意，收益率—收益率资产互换利差的水平－12基点非常接近我们之前计算的平价资产互换利差水平－11.9基点。通常，这两种利差会非常接近。事实上，在计算平价资产互换利差时，可以用（在许多情况下）收益率—收益资产互换利差进行验算。

③ 大部分情况下，债券收益率和互换利率是按30/360每半年付息的计息规则报价的。

其中，信用利差是债券收益率与相应国债收益率的差，互换基差是互换利率与相应国债收益率之差。[①]从等式（8.9）中，我们看到，收益率—收益率资产互换利差是债券信用利差与互换基差之间的相对价格。随着信用利差的增大（即债券变便宜），收益率—收益率资产互换利差增大（即资产互换变便宜）。随着互换基差增大，收益率—收益率资产互换利差减小（即资产互换变贵）。这与我们在平价资产互换中观察到的动态一致。

房利美的资产互换

如前所述，资产互换交易一个非常流行的标的是子弹式固定利率政府支持债券。[②] 如果投资者通过资产互换购买政府支持债券，那他并不是直接持有债券的信用头寸，而是持有政府支持债券信用利差与互换基差的相对头寸。不同层次的投资者和做市商都从资产互换交易的角度时刻关注着所有非可赎回政府支持债券。图 8-22 展示了 2002 年 10 月 25 日一组房利美子弹式债券的收益率—收益率资产互换利差曲线。也就是说，该图显示了基于房利美（FNMA）债券的资产互换利差［在等式（8.8）中定义］与期限的关系。在 2002 年，房利美积极发行 10 年期以内的各期限债券，但不再发行期限超过 10 年期的债券（最后一次发行期限长于 10 年期的债券是在 2000 年，此次发行了一只 30 年期利率为 6.625%的债券，到期日为 2030 年 11 月 15 日）。到今天为止，房利美没有发行到期日在 10 年至 26 年之间的债券。

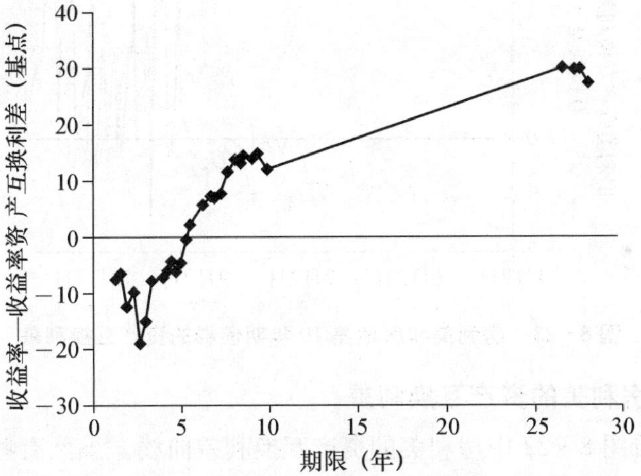

图 8-22 房利美债务的资产互换曲线（2002 年 10 月 25 日）

如图所示，房利美的资产互换利差曲线一般是向上倾斜的（尽管在曲线前端存在一个扭曲）。这表明，以 LIBOR 曲线为基准，长期限债券比短期限债券便宜。在收集这些数据的时候，5 年期以内的房利美债券在"LIBOR 减"（意味着其资产互换利差小于零）的水

① 如果债券和利率互换是在相同的国债收益率的基础上报价，则债券收益率 − 互换利率＝（国债收益率＋信用利差）−（国债收益率＋互换基差）＝信用利差 − 互换基差。如果债券和利率互换是基于不同的国债报价的，则国债收益率不能抵消。这种情况下收益率—收益率资产互换利差不仅是信用利差和互换基差之间的差额的函数，而且是一条（通常非常微小）国债曲线的函数。

② 有人认为金融危机以来，某些政府支持债券机构债券（无论债券本身还是其资产互换）的流动性已经大大降低。（子弹式债券是指期末一次性偿还本金的债券。——译者注）

平交易，而更长期限的债券在“LIBOR 加”的水平交易。投资者对资产互换中特定债券相对贵还是便宜进行判断，并据此进行交易。①

房利美与房地美的资产互换

历史上，房利美发行的债券与房地美发行的债券在做资产互换的时候利差水平相近。图 8-23 展示了在 2002 年房利美风险管理政策遭质疑期间，基于房利美 10 年期债券的资产互换利差与基于房地美 10 年期债券的资产互换利差的比较。② 传统上，市场上很多人都认为房利美的信用要比房地美的信用好一些，这表现为房利美的资产互换常常要贵一些（即房利美的资产互换利差低于房地美的资产互换利差）。然而，2002 年，房利美的报告显示其久期缺口在极端水平，引发了投资者对其风险管理程序的质疑。③ 在这段时间内，从资产互换的角度，房利美债券较房地美债券变便宜了。如图所示，房利美的资产互换利差和房地美的资产互换利差之间的差异变为正，表明房利美债券相对于房地美债券变便宜了。

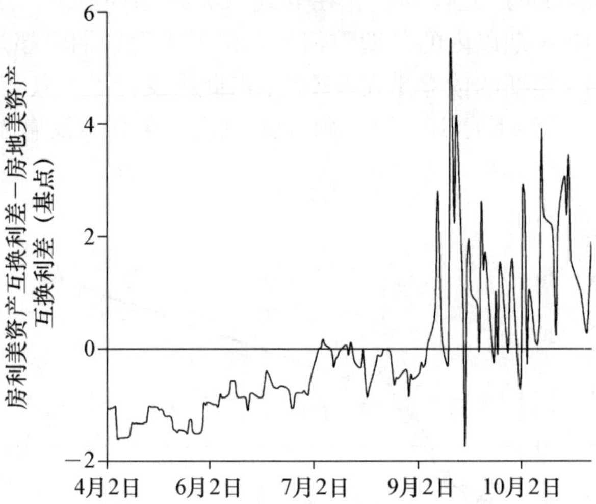

图 8-23　房利美和房地美 10 年期债券的资产互换利差

雷曼倒闭前后房利美的资产互换利差

现在让我们回看图 8-22 中房利美的资产互换利差曲线。虽然有些债券的资产互换利差每天有一定的变化，但房利美的资产互换利差曲线的形状和水平多年来一直比较稳定。例如，图 8-24 展示了根据 2008 年 3 月的数据绘制的房利美的资产互换利差曲线。图 8-22 和 8-24 看起来相当类似，最昂贵的债券资产互换利差在－20 基点附近，最便宜的债券资

① 如果投资者认为资产互换中的债券便宜（即其认为资产互换利差将减小），那么投资者可以购买债券并在利率互换中支付固定利息。如果投资者认为资产互换贵（即相信资产互换利差将增大），则他应该卖出债券并了结互换交易。

② 这段时间，房利美和房地美会定期发行不同到期日的子弹式债券。对于一个给定的期限系列，最近发行的债券拥有“新券”的地位，类似于国债的新券一样。

③ 房利美的久期缺口（即其资产久期与其负债久期之差）被许多市场参与者视为衡量其利率敏感度的指标。久期缺口以月计算，2001 年房利美的目标是保持缺口在－6 个月至＋6 个月之间。在 2002 年 7 月开始的连续三个月中，它的久期缺口分别为－9 个月、－14 个月和－10 个月，这引起了许多投资者的关注。有关详细信息，请参阅 Frame 和 White（2004）。

产互换利差为30～35基点。[1] 在图8-24中，我们在房利美最长期子弹式债券（票息为6.625%，2030年11月15日到期）旁边标注了数据。这个债券在当时的到期期限约为22.5年，其收益率—收益率资产互换利差为28.4基点。

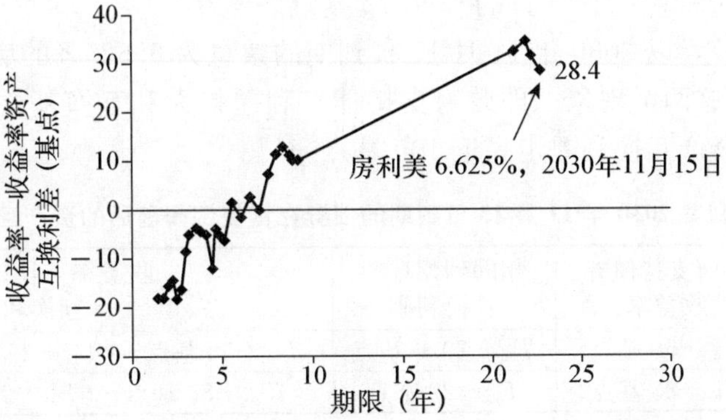

图8-24　2008年3月31日，房利美债券的资产互换曲线

说明：数据标签显示的是2030年11月15日到期、票息为6.625%的房利美债券的资产互换利差。

政府支持债券的资产互换曲线在2008年秋季雷曼倒闭之后发生了巨大的变化。图8-25展示的是基于2009年4月数据的房利美债券的资产互换曲线。该图显示，资产互换曲线在此期间具有与其他两个时期同样的形态。然而，令人吃惊的是，长期债券的资产互换利差比历史高出近100基点。我们在2030年11月15日到期的票息为6.625%的债券旁边做了数据标签，这只债券在当时的到期期限约为21.5年。数据显示此债券的资产互换利差为112基点，而上一年3月只有28.4基点，这是资产互换利差前所未有的变动。我们知道资产互换利差取决于两种不同利差（即基础债券的信用利差与相同到期期限互换的互换基差）。这个长期限债券的资产互换利差的巨大变化是由这段时间发生的两个现象引起的：

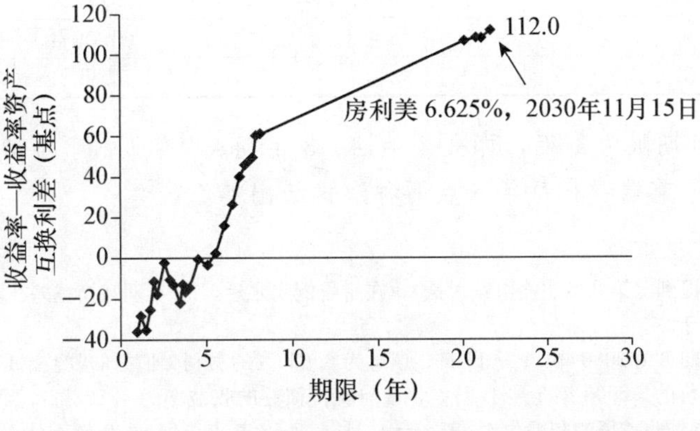

图8-25　2009年4月13日，房利美债券的资产互换曲线

说明：数据标签显示的是2030年11月15日到期、票息为6.625%的房利美债券的资产互换利差。

---

[1] 这并不是说政府支持债券的资产互换利差从不改变。相反，在这段时间内资产互换利差有几基点的日波动并不罕见。然而，这两幅图中描述的形状和水平是很常见的。市场参与者会对资产互换利差水平有自己的看法，特别是当利差偏离长期均值时，通常期望交易能赚几基点。对于持有期较长的交易，息差和滑移的影响也是一个考虑因素，就像我们在本章中所看到的其他交易一样。

(1) 在金融危机期间，信贷利差普遍大幅扩大。特别是长期限政府支持债券利差（这些债券的收益率与国债利率之间的差额）显著扩大。

(2) 同时，长期限互换基差大幅收窄。例如，30 年期互换基差从 2008 年 3 月 31 日的 34.5 基点收窄至 2009 年 4 月 13 日的－27.75 基点。[①]

根据公式 (8.8)，以 2030 年 11 月 15 日到期的票息为 6.625%的房利美债券为例，表 8－10解释了为什么这两个现象（即政府支持债券利差扩大和互换基差收窄）导致了长期限政府支持债券的资产互换利差走高近 100 基点。[②]

表 8－10　比较房利美 2030 年 11 月 15 日到期的债券在雷曼倒闭前后的资产互换利差

日期	政府支持债券收益率	相同到期日的互换利率	收益率—收益率资产互换利差
2008 年 3 月 31 日	T_{30}＋58 基点	T_{30}＋29.6 基点	T_{30}＋58 基点－(T_{30}＋29.6 基点)＝28.4 基点
2009 年 4 月 13 日	T_{30}＋83 基点	T_{30}－29 基点	T_{30}＋83 基点－(T_{30}－29 基点)＝112 基点

习题

在本部分，假设期权波动率为恒定值，请使用 Black 模型对互换期权定价。

对于下面的习题 1 至习题 5，假设今天的互换曲线如下（假设这些利率都是按年付息，并假设浮动利率为 1 年期 LIBOR，并且也按年支付）：

期限	互换利率
1	5.25%
2	5.50%
3	5.75%
4	6.00%
5	6.25%

1. a) 如果持有期限为 1 年，那么 2 年期、3 年期、4 年期和 5 年期互换的息差和滑移分别是多少呢？使用前端费和每年基点两种形式给出答案。

---

① 在第一章我们曾提到（第九章也会继续讨论），在雷曼倒闭之后，30 年期互换基差在负值区域交易，这是历史上第一次美元互换基差小于零。

② 在这段时间，到期日为 2030 年 11 月 15 日、票息为 6.625%的房利美债券的收益率是以 30 年期新发国债收益率加上信用利差的形式报价的。2008 年 3 月 31 日，该政府支持债券的收益率为 4.892%，当时 30 年期国债收益率为 4.312%，这意味着基于国债收益率的利差为 4.892%－4.312%＝58 基点。但 2009 年 4 月 13 日，政府支持债券的收益率为 4.515%，当时 30 年期国债收益率为 3.685%，意味着利差为 83 基点。因此，我们看到在此期间政府支持债券的利差大幅扩大。

与该债券的到期日相同的利率互换也是 2030 年 11 月 15 日到期。在 2008 年 3 月 31 日，该利率互换的期限约为 22.5 年，平价利率为 4.608%。我们可以将这个利率与当时 30 年期国债利率 4.312%作差，即 4.608%－4.312%＝29.6 基点，但通常不这样做，我们通常会将这个利率与插值出来的具有相同到期日的国债利率作差。2009 年 4 月 13 日，具有相同到期日的利率互换的期限约为 21.5 年。其平价利率为 3.395%，将该利率与当时 30 年期国债利率 3.685%作差，得 3.395%－3.685%＝－29 基点。因此，这段时间在政府支持债券利差大幅扩大的同时，互换基差收窄幅度更大。这两个效应叠加导致收益率—收益率资产互换利差大幅变动。

b）假设投资者认为债券市场要上涨，想收取固定利率。a）部分中的哪个互换提供了最好的息差和滑移？

c）假设投资者认为债券市场要抛售，想支付固定利率。a）部分中的哪个互换提供了最好的息差和滑移？

d）假设投资者在问题 b）选中的互换中收取固定利率，名义本金为 1 亿美元。如果一年后利率曲线没有发生变动，那么该交易的损益金额是多大？如果 1 年后债市抛售程度恰好等于息差和滑移（以基点数表示），那么这笔交易的损益金额是多大？

2. 如果交易一方在互换当前计息期间收到的净现金流为正，则该互换被称为正息差。显然，如果一笔互换对交易一方来说是正息差，那么它对交易另外一方来说则是负息差。

a）假设你想交易一笔 5 年期互换，如果你想进入一笔正息差交易，你会支付还是收取固定利率？

b）假设你根据问题 a）中的选择进入该正息差交易。假设你打算采用以下策略：(1) 进入正息差互换，在第 1 年赚取正净现金流；(2) 在赚取正息差后的第 1 年年末了结该互换。你预计能从该策略中赚到多少钱呢？证明你的结论。

3. 分析下边这个三条腿组合的策略：

- 购买 1 进 4 固定利率收取方远期平值互换期权，名义本金为 1 亿美元。
- 卖出 1 进 4 固定利率收取方即期平值互换期权，名义本金为 2 亿美元。[①]
- 买入 1 进 4 固定利率收取方互换期权，执行利率为 $x\%$，名义本金为 1 亿美元。

a）假设所有 1 进 4 固定利率收取方互换期权使用的隐含波动率都是 20%。求执行利率 $x\%$ 使该交易估值为 0？

b）请画图展示此交易的收付额结构。你有什么样的市场观点才会做这笔交易并打算持有到期？

c）假设在 1 年后互换利率曲线如下：

期限	互换利率
1	5.00%
2	5.25%
3	5.50%
4	5.75%
5	6.00%

那么此时该交易的价值是多少？

4. 假设你在一笔本金为 1 亿美元的 4 年期利率互换中支付固定利率，并同时在 1 年期互换中收取固定利率。

a）如果你想让 1 基点的变动对两笔交易的价值的影响相同，那么 1 年期互换的名义本金应该是多少？也就是说，如果你希望这个交易为久期中性，那么你应该交易多大名义本金的 1 年期互换呢？如果做这个交易，你的市场观点是什么？

b）假设现在你想在一笔 4 年期互换的 1 年远期交易中支付固定利率，名义本金为 1

① 如果互换期权的执行利率等于其标的互换的即期平价利率，那么该互换期权称为即期平值互换期权。

亿美元，同时在一笔1年期互换1年远期中收取固定利率。你应该做多大名义本金的1×2互换交易才能使这个交易的久期为中性呢？两笔互换的利率分别是多少呢？如果你做这笔交易，那么你的市场观点是什么呢？这笔交易与a）部分中的交易相比如何？开仓点位对你来说更好还是更差了？

c）假设现在1进4固定利率支付方互换期权的隐含波动率为20%，1进1固定利率支付方互换期权的隐含波动率为25%。假设你买入本金为1亿美元的1进4固定利率支付方互换期权，执行利率等于4年期互换1年远期水平，同时，你卖出1进1固定利率支付方互换期权，名义本金等于b）部分求得的本金。那么该1进1固定利率支付方互换期权的执行利率应该为多少才能使该交易的前端费为0？你做这种交易的市场观点是什么？这笔交易的开仓点位与b）部分相比如何？你能解释为什么开仓点位变好或变坏了吗？

5. 假设你购买了一个1进4固定利率收取方互换期权，执行利率为远期平值。

a）假设该1进4互换期权的隐含波动率是20%，那么其价格是多少？

b）假设互换曲线仅能上下平移。假设你持有这个头寸直到到期，那么4年期互换利率在什么水平能使这笔交易正好盈亏平衡？这个盈亏平衡点与该远期平值期权的执行利率相比如何？这个盈亏平衡点与4年期即期互换利率相比如何？

c）假设你购买的是1进4固定利率支付方互换期权，执行利率为远期平值。假设隐含波动率为20%，那么其价格是多少？

d）假设你持有这个头寸直到到期，那么4年期即期互换利率必须在什么位置才能使这笔交易盈亏平衡？这个盈亏平衡点与远期平值期权的执行利率相比如何？这个盈亏平衡点与4年期互换利率相比如何？

6. 在8.2.2节中，我们讨论了一个远期曲线交易可以分解为4个即期互换交易。继续使用表8-1中的互换曲线和2年远期的1s3s曲线陡峭化交易。如前所述，我们达成了这笔交易，交易的PV01为10万美元。2×3互换的名义本金为11.6798亿美元，收取固定利率5.712%。2×5互换的名义本金为4.1257亿美元，支付固定利率5.976%。

a）识别组成该远期曲线交易的4个即期互换，识别其到期日、方向、名义本金和利率。

参考这种分解，回答以下问题：

b）前2年的息差的现值是多少？

c）2年之后，请描述剩余头寸是什么？2年之后剩余的两个互换的利率差异与远期曲线交易中的利率差异相比如何？

d）假设前2年不打算赚取息差。我们放弃息差，并调整本金为11.6798亿美元的两个互换的利率。假设将这两个互换的利率调整相同的幅度，以抵消前2年息差的现值。那么这个调整的幅度是多大？调整之后，2年后剩余头寸两个利率的差异是多少？这种调整后的利率差异与远期曲线交易中的利率差异相比如何？请说明。

e）对于此部分问题，请忽略d）部分。假设前2年不打算赚取息差。我们放弃息差，并调整本金为4.1257亿美元的两个互换的利率。假设将这两个互换的利率调整相同的幅度，以抵消前2年息差的现值。那么这个调整的幅度是多大？调整之后，2年后剩余头寸两个利率的差异是多少？这种调整后的利率差异与远期曲线交易中的利率差异相比如何？请说明。

7. 我们回到 8.2.3 节中讨论的熊陡交易，特别是没有前端费版本的交易：我们买入本金为 4.125 7 亿美元的 2 进 3 固定利率支付方互换期权，执行利率为 5.889%。我们卖出本金为 11.679 8 亿美元的 2 进 1 固定利率支付方互换期权，执行利率为 5.712%。执行利率的差异是 5.889% − 5.712%=17.7 基点。

假设在我们进行这项交易时，决定为该交易设定的年止损点为 15 万美元：如果 1 年内该交易的盯市市值亏损超过 15 万美元，我们将解除该交易以防止损失进一步扩大。

假设 1 年过去后，互换曲线如下：

期限	互换利率
1	5.00%
2	5.10%
3	5.20%
4	5.30%
5	5.40%

并假设一年后的互换期权波动率如下：

互换期权	对数正态波动率
2 进 1	18%
2 进 3	16%
1 进 1	18%
1 进 3	16%

a）交易中执行利率的差异与此时的远期互换利率的差异相比如何？此时远期互换的利率差异比执行利率差异要好吗？

b）我们触发止损了吗？

c）a）部分和 b）部分的答案如何解释？

8. 根据表 8-1 中的互换曲线分析一个案例。

a）如果一只 3 年期政府支持债券的票息为 5%，收益率为 T_3 + 18 基点。假设基于这只债券进行平价资产互换，那么该资产互换的利差是多少？

b）如果一只 3 年期政府支持债券的票息为 5%，收益率为 T_3 + 18 基点。假设基于这只债券进行收益率—收益率资产互换，那么该资产互换的利差是多少？

c）参考 b）部分。假设投资者购买债券并进入收益率—收益率资产互换（即投资者购买债券并支付固定利率以进入收益率—收益率资产互换）。进一步假设，资产互换交易达成的当天晚些时候，3 年期国债收益率提高 5 基点，这也是市场唯一的变化。则资产互换的盯市市值是多少？

d）对于本问题，请忽略 c）部分。假设投资者购买债券并进入收益率—收益率资产互换。进一步假设，资产互换交易达成的当天晚些时候，3 年期互换利率提高 2 基点，政府支持债券的利差从 18 基点跌至 17 基点。假设这些是市场仅有的变化。则资产互换的盯市市值是多少？

e）如果一只 3 年期政府支持债券的票息为 11.5%，收益率为 T_3 + 18 基点。假设基于这只债券进行平价资产互换，那么该资产互换的利差是多少？

f）如果一只 3 年期政府支持债券的票息为 11.5%，收益率为 T_3 + 18 基点。假设基于这只债券进行收益率—收益率资产互换，那么该资产互换的利差是多少？

g）比较 a）部分与 e）部分的答案。比较 b）部分和 f）部分的答案。对此进行说明。

第九章

近期产品创新

在很长一段时间没有出现创新之后，金融危机前几年互换市场出现了一批全新的奇异交易。这些交易中的一些在某种程度上是原创的，而另外一些则是将其他金融市场已被熟知的概念拿过来应用在互换市场，另外还有一些是其他热门产品的副产品。

我们在本章节涉及的交易均存在相关性风险。也就是说，多种变量决定交易的价值，并且必须将变量间的相关性考虑进去才能对交易合理估值。相关性交易是含有相关性风险的交易。相关性交易在有些市场已经存在很长时间了，但是过去利率市场并不是相关性交易的温床。①

但是，这并不是说在利率市场上完全没有相关性交易。我们在第五章中讨论过的一个交易实质上就是相关性交易，我们稍后将对此详细分析。不可否认，相关性交易在传统的利率市场上还是很少见的。但是在 2004 年至 2005 年间，相关性交易迅速增长。这类交易增长的一个原因是不反转债券的结构性票据开始流行，而不反转债券内嵌了相关性风险。我们当时说过，随着越来越多的这种结构性票据的发行，做市商开始持有了大量含有相关性风险的期权。而为对冲它们组合中的此类风险，做市商有动力设计内嵌相关性风险并且

① 提到相关性交易，信用市场会首先出现在很多人的印象里。例如，在一个合成债务抵押债券（CDO）中，几个信用违约互换被放置在一个“篮子”里。假设 100 个信用违约互换放置在一个篮子里，然后生成两个等级资产：一个劣后级资产和一个优先级资产。由劣后级资产首先吸收组合中前 10 个违约带来的损失，而优先级资产可以免受此部分的损害。篮子中这 100 家公司两两之间的违约相关性上升会对每个等级资产的价值带来什么样的影响呢？答案是，相关性的上升会降低优先级资产的价值，增加劣后级资产的价值。篮子中有 100 家公司，优先级资产可以承受组合中几个随机违约事件而不受到伤害。但是，随着相关性上升，一家公司的违约意味着其他违约也很有可能发生，这就对优先级资产的价值造成了威胁。因此，相关性上升的话，优先级资产会受损。由于整个篮子的风险不受相关性的影响，所以相关性上升，劣后级资产的价值也上升。

能推销给投资者的交易。这导致了利率曲线期权的诞生。

在本章，我们将关注两种产品：远期波动率和利率曲线期权。虽然这两类交易看似完全不同，但是它们有着一些相似点：它们都是其他产品的产物，并且它们都是相关性交易的典型例子。这里需要指出，这两类交易的定价十分复杂，超出了本书的范围。尽管如此，我们仍可以描述一下这两类产品精确定价时遇到的问题和挑战。

9.1 相关性交易介绍：再论利率上限和固定利率支付方互换期权

在 5.2 节中我们说过利率上限和固定利率支付方互换期权的密切关系。回头再看一下图 5-4 中的两个产品：挂钩 LIBOR 的 2×5 利率上限和 2 进 3 固定利率支付方互换期权（浮动端挂钩 3 个月 LIBOR）。我们已讨论了这两个交易之间的相似点和不同之处，具体来说，2×5 利率上限是远期利率期权的组合，而 2 进 3 固定利率支付方互换期权是远期利率组合的期权。但是我们没有讨论这两种交易的差别是可以用相关性解释的。

如果这两种期权的执行利率相同，那么我们可以断定利率上限的价值必定高于固定利率支付方互换期权的价值。但是高多少呢？答案取决于相关性。这两笔交易均是基于完全一样的一组（12 个）3 个月 LIBOR 远期。远期利率两两之间相关性的强弱决定了利率上限和固定利率支付方互换期权的相对价值。

为了展示相关性在利率上限和固定利率支付方互换期权的相对价值上扮演的重要角色，我们来分析几种情景。第一种情景，假设远期利率两两之间是不相关的。在这种情况下，如果远期利率波动很大，那么利率上限的价值就很高，因为它是单个远期利率期权的组合。但是在这种情形下，即使单个远期利率存在较大的波动，3 年期互换的 2 年远期利率的波动也不会很大。因为当一部分远期 LIBOR 利率上升时，另一部分却可能会下降，从而相互抵消使得远期起息的互换利率保持相对稳定。在这种情形下，利率上限的价值将比固定利率支付方互换期权的价值高得多。

但是在另一种情景下，我们假设 12 个远期利率是两两高度相关的。那么，当其中一个远期利率上升时，其他的也会跟随上升，这意味着 3 年期互换的 2 年远期利率也会上升。同理，如果其中一个 3 个月 LIBOR 远期利率下降，那么所有 LIBOR 远期利率都会跟随下降，然后导致 3 年期互换的 2 年远期利率下降。在这种情景下，LIBOR 远期利率的较大波动往往意味着 3 年期互换的 2 年远期利率的较大波动。因此在 LIBOR 远期利率两两高度相关的情景下，利率上限仍然比固定利率支付方互换期权价值高，但两者的价格差异不会那样极端。[①]

利率上限与固定利率支付方互换期权之间的相对价值交易是多年来十分流行的相关性交易。当投资者认为相关性的变动会增加相对价值交易的价值时，他会买入利率上限并卖出固定利率支付方互换期权（或者反方向操作）。例如，如果投资者预计 LIBOR 远期的两

---

① 这里应用的是 Merton（1973）中的结论。该论文证明了一个组合的期权的价值应该小于或者等于对应的期权的组合的价值。

两相关性将会很快升高，那么他就可以在今天构建一笔交易，卖出利率上限并买入固定利率支付方互换期权。如果 LIBOR 远期的两两相关性在未来真的上升了，那么该交易可以获利了结。

9.2 远期波动率交易

远期波动率交易是一种相当简洁的产品，在 2004 年左右进入主流市场。顾名思义，远期波动率交易是（隐含）波动率的远期合约。[①] 因此一笔远期波动率交易能够让投资者表达其对隐含波动率的观点。在这种产品出现之前，想表达对隐含波动率观点的投资者往往需要交易期权。例如，如果投资者认为 5 进 10 互换期权的波动率将会上升，那么投资者可能会去购买远期平值的 5 进 10 跨式互换期权组合。[②] 然而，随着时间的推移和利率的波动，跨式互换期权不再仅仅受隐含波动率的影响。例如随着利率的波动，执行利率不再是远期平值，那么这个跨式期权组合就会有很大的 delta 敞口。[③] 更甚的是，随着时间的推移，5 进 10 跨式互换期权可能不再有 5 进 10 互换期权隐含波动率的敞口。例如，一年之后，期权的敞口是 4 进 10 互换期权的隐含波动率。作为对比，远期波动率交易可以避免很多用跨式互换期权来表达隐含波动率观点时遇到的问题。

9.2.1 前期准备

在深入研究和解决远期利率波动率问题之前，我们先看一个（似乎不相干的）例子。分析一笔图 9-1 中描述的远期互换的期权。这是一个 2 进 5×15（读作 2 进 5 乘 15）固定利率收取方互换期权。[④]

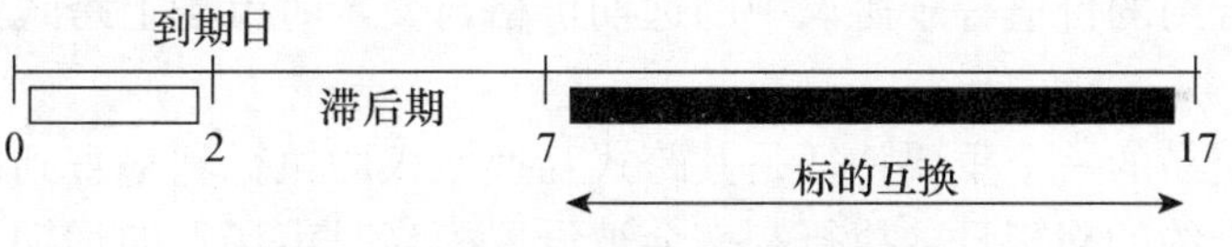

图 9-1 标的为远期互换的互换期权

① 2004 年之前，远期波动率是在百慕大式互换期权估值中使用的概念。我们在第五章和第六章提到，并在本章进一步讨论，百慕大式互换期权在一个行权日是否被执行的决定部分取决于对未来隐含波动率的预期。但是直到 2004 年，远期波动率交易才成为一个独立的产品。

② 想表达 5 进 10 互换期权隐含波动率上升观点的投资者也可以购买一个固定利率支付方互换期权或者一个固定利率收取方互换期权，但是单独购买这种期权会给投资者带来很大的 delta 敞口。而远期平值的跨式互换期权组合在交易期初是 delta 中性或者接近 delta 中性的（精确 delta 中性还是接近 delta 中性取决于我们使用的模型，习题 12 中会涉及这个问题）。

③ 很多时候投资者购买远期平值跨式互换期权组合来表达对波动率的观点。虽然在期初跨式组合的 delta 敞口非常小，但是随着利率曲线的移动，可能产生很大的 delta 敞口。大部分时候投资者使用互换对冲掉新产生的 delta 敞口，从而使头寸只对波动率有敞口，而对利率没有敞口。

④ 描述这笔交易需要很多术语，我们这里介绍一些。“x 进 y”这种称呼对于互换期权来说是指一个在 x 年后到期的期权，到期后有权进入一笔 y 年期互换。而对于远期互换来说，“x 进 y”这种称呼是指一个在 x 年后开始并在 y 年后结束的互换交易（因此互换的期限为 $y-x$ 年）。因此一个 2 进 5×15 固定利率收取方互换期权是一个 2 年后到期的固定利率收取方互换期权，到期后持有者有权进入一个 10 年期互换的 5 年远期中收取固定利率。

该笔互换期权在 2 年后到期，其标的是一个 5×15 利率互换，10 年期互换的 5 年远期交易。也就是说，该互换的起息日是期权到期之后 5 年，该互换的期限为 10 年。注意，这笔交易与之前我们看到的互换期权有一些不同。在普通的互换期权中，其标的互换的起息日应该紧跟期权的到期日。[①] 但对于这个奇异的互换期权，从期权的到期日到标的互换起息日有 5 年滞后期。参考表 5-3，应该用哪个互换期权隐含波动率来对这个互换期权定价呢?

答案是哪一个都不合适。该互换期权的特点使得用表 5-3 中任何一个隐含波动率来对其定价都不合适。为了说明这一点，我们来分析一下标的互换：5×15互换。我们在 3.3.4 节中讨论过，一个远期利率互换可以分解成两个即期利率互换。具体来说，如果我们在 5×15 利率互换交易中收取固定利率，那么这相当于在 15 年期互换利率即期中收取固定利率，并在 5 年期互换利率即期中支付固定利率。因此我们可以将这个以 5×15 利率互换为标的的 2 年期互换期权看成 15 年期利率互换和 5 年期利率互换组合的期权。因此这个互换期权的隐含波动率不仅取决于 15 年期利率互换和 5 年期利率互换的隐含波动率，还取决于二者之间的相关性。[②] 我们随后将分析应该如何处理远期波动率，但是现在我们只需要知道远期互换的互换期权含有相关性的成分。[③]

9.2.2 远期波动率描述

远期波动率交易是一种约定在未来某个时点买入或者卖出一个跨式互换期权的协议。远期价格是将来最终买入或者卖出标的跨式互换期权的价格。这个价格在达成交易时确定。这个远期价格可以高于或者低于当前市场上的跨式互换期权的即期价格，这取决于波动率矩阵的形态。远期波动率交易是一种远期合约，因此在合约存续期内没有现金流的收支。在交割时，合约的价值等于协议中的远期价格与交割时市场上跨式互换期权的即期价格之差。

远期波动率交易的一个重要特征是其跨式互换期权的执行利率直到远期合约交割时才会确定。在远期合约的交割日，执行利率会被设置为当时市场上的远期平值利率。一般认为远期波动率交易在合约存续期没有任何利率敞口，也不需要在合约存续期对冲相关的 delta 和 gamma 敞口。另外，在执行利率确定前，也没有 theta 的概念。因此，相对于购买跨式互换期权组合（及其关联的 delta、gamma 和 theta 敞口），远期波动率交易通常被认为是一种纯粹的隐含波动率水平的交易。[④]

---

① 在普通美元互换期权交易中，标的互换的起息日通常是互换期权到期日后的两个纽约和伦敦交易日，这通常被称为“$T+2$”。

② 远期互换利率的变动很大程度上取决于对应的两个即期互换利率的变动。我们的例子中 5×15 互换可以分解成一个 15 年期即期互换和一个 5 年期即期互换。5×15 互换利率的变动受到 15 年期即期互换利率和 5 年期即期互换利率变动的驱动。5×15 互换利率的波动率不仅取决于 15 年期互换利率的波动率和 5 年期互换利率的波动率，还取决于两者之间的相关性。

③ 那么，应该怎么对这个奇异互换期权定价呢? 一种方法是忽略 5×15 互换可以被分解成两个即期互换的事实，直接将 5×15 互换作为标的。这当然也忽略了两个即期互换之间的相关性。然后对标的的分布函数做一个假设，并通过某种模型对其定价。例如，可以假设标的服从对数正态分布，并使用 Black 模型之类的方法定价。这种方法的稳健性并不好。而且，这与 15 年期和 5 年期即期互换的对数正态分布的假设矛盾。

④ 远期波动率合约是纯粹的波动率交易（具体来说，就是没有对利率变动的敞口）这种论述并不十分准确，我们将在本章后边进行讨论。

案例

分析一个远期波动率交易，投资者购买一个名义本金为1亿美元的5进10跨式互换期权的2年远期。假设这个跨式期权组合的远期合约的价格是725基点，而这个跨式互换期权的即期价格为748基点。根据合约的条款，2年后，投资者需要以725基点的价格买入名义本金为1亿美元、执行利率为当时远期平值的5进10跨式互换期权组合。执行利率根据2年后市场上交易的5进10跨式互换期权的远期平值执行利率确定。换句话说，执行利率会被设定为当时的10年期互换的5年远期利率。该合约的前2年没有现金流交割。2年后，购买该远期合约的投资者的收付额等于当时远期平值的5进10跨式互换期权的市场价减去725基点。如果2年后5进10平值跨式互换期权的交易价格在725基点以上，那么投资者将盈利。否则，投资者将会亏损。①

图9-2展示了5进10跨式互换期权从2006年10月到2007年4月的历史价格。该图展示的是这段时间内5进10远期平值跨式互换期权每天的价格（用基点表示）。如图所示，5进10远期平值跨式互换期权在这6个月时间内几乎没有在750基点以下成交的。因此投资者可能会认为以725基点（低于最近一段时间的历史价格）的价格买入2年后开始的5进10远期平值跨式互换期权是一个有吸引力的机会。②

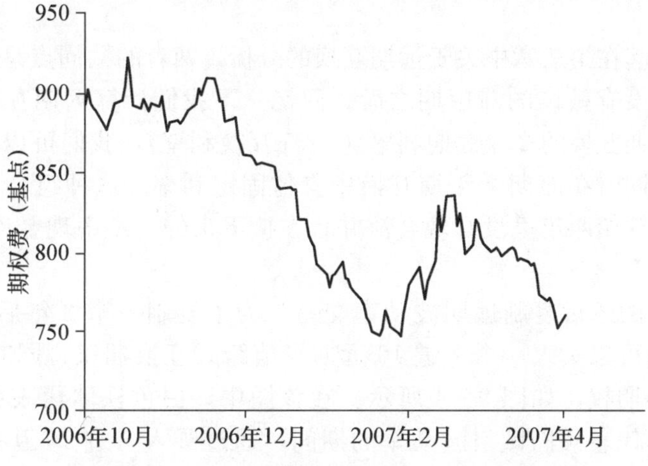

图9-2　5进10跨式互换期权价格的历史走势

---

① 远期波动率交易既可以是现金交割也可以是实物交割。根据市场的机会，投资者可以买入也可以卖出远期波动率。

② 实际上，此后几年我们也没有再看到5进10远期平值跨式互换期权的价格在750基点附近交易。在2011年秋，5进10跨式互换期权的价格甚至超过了1 500基点，是2007年年初价格的两倍多。这些跨式互换期权价格之所以上升是因为这段时间（正态）隐含波动率大幅上升和互换利率大幅下降。在正态模型下，远期平值跨式互换期权的价格为

$$\sqrt{T}\times\sqrt{\frac{2}{\pi}}\times\sigma_N\times A$$

这里T是互换期权的到期日，σ_N是正态隐含波动率，A是标的互换存续期间1基点的年金的现值。随着互换利率的降低，年金的现值A增加了。从公式可以看出，正态隐含波动率的上升和互换利率的下降导致了正态模型下远期平值跨式互换期权价值的上升。

9.2.3 远期波动率交易的定价

远期波动率的定价和交易是严重依赖于模型的。[①] 构建一个非常严谨的方法论来对远期波动率交易定价已经超出了本书的讨论范围。但是，在本节我们会介绍一种启发性的远期波动率交易定价的指引。我们先回到之前分析的例子：一个 2 年后开始的 5 进 10 跨式互换期权。这个远期波动率交易的结构如图 9－3 所示。

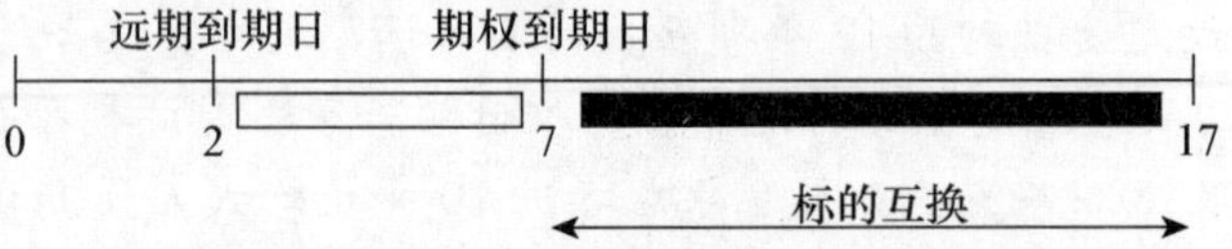

图 9－3 远期波动率交易：5 进 10 跨式互换期权的 2 年远期

在该图中，白色柱体代表了投资者做多波动率的期间。需要指出的是，由于执行利率还没有确定，购买 2 年后开始的 5 进 10 跨式互换期权的投资者在合约开始的 2 年中并没有任何实现波动率（即利率的波动）的敞口。[②] 然而，在合约的 2 年期间，该交易对隐含波动率变化有风险敞口。举例来说，假定投资者购买了一个远期波动率合约，随后正态隐含波动率矩阵平行上升了同样数量。那么对这个投资者来说，该合约的盯市市值是正的。[③]

本图让我们想起在第三章中关于远期互换的分析，两者的共同点是未来有敞口的一段时间都紧跟在一段没有敞口的滞后期之后。回忆一下我们计算远期互换利率的方法。例如，为了计算 3 年期互换的 2 年远期利率（2×5 互换利率），我们可以在即期 5 年期互换中收取固定利率，同时在即期 2 年期互换中支付固定利率。这种组合（在经过一些调整后）的净效果是在开始两年里没有现金流并且在接下来的三年中现金流正好与 2×5 互换的现金流相同。

可以根据同样的逻辑复制远期波动率交易。为了复制一个 2 年后开始的 5 进 10 跨式互换期权，我们可以买入一个 7 进 10 远期平值跨式互换期权，同时卖出一个 2 进 10 远期平值跨式互换期权，如图 9－4 所示。在该图中，白色柱体代表我们做多波动率的期间，而黑色柱体代表我们做空波动率的期间。通过买入 7 进 10 互换期权和卖出（合适比例的）2 进 10 互换期权，我们在前 2 年对于波动率的敞口被抵消，只剩下远期波动率敞口。在图中最上方的灰色柱体代表远期波动率交易的标的——一个远期互换。这与图中间部分的灰色柱体代表的 7 进 10 跨式互换期权所对应的远期互换是一致的。图底部对应的是 2 进 10 跨式互换期权，灰色柱体代表的是 2 进 10 跨式互换期权所对应的远期互换，但是这不是我们期望构造的远期互换。因此，这种买入 7 进 10 跨式互换期权

---

① 我们在本章介绍的远期波动率交易的特点与业内大部分定价模型是吻合的。但是，也有模型给出的结论与我们观察到的现象矛盾。

② 如前所述，基于期权费报价的远期波动率交易确实受利率的影响。因此，也有人认为这种远期波动率交易确实也有对实现波动率的敞口。

③ 以下类比可能对理解这个问题有帮助。以表 3－5 中互换曲线为例，我们之前已经求得 1×4 互换利率是 5.644%。如果我们达成在这笔 1×4 互换中支付固定利率的交易后整个互换曲线向上平移了，那么这笔互换对投资者来说盯市市值为正。

并卖出 2 进 10 跨式互换期权的策略并不能完美地复制远期波动率交易，因为与问题中的标的远期互换不匹配。

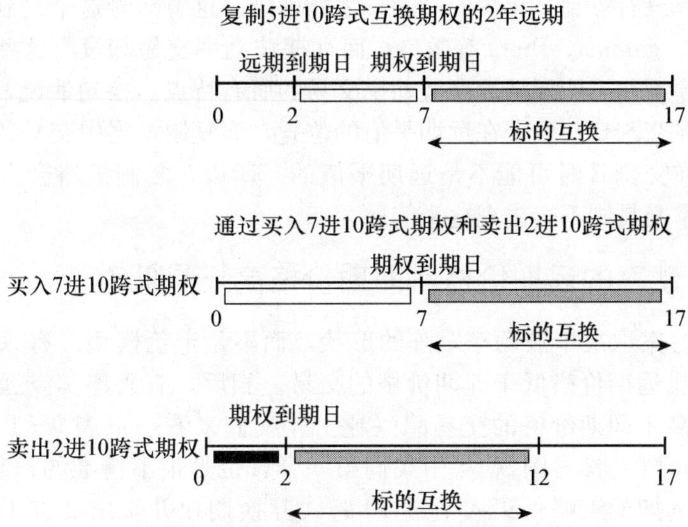

图 9-4　复制远期波动率交易：第一部分

但是，我们可以修改这个复制策略来解决不匹配的问题。我们不再卖出图 9-5 中的 2 进 10 跨式互换期权，而是通过图 9-5 所示的策略进行复制。在这个复制策略中，卖出 2 进 10 跨式互换期权的交易被一笔 2 进 5×15 的跨式互换期权所取代。如 9.2.1 节所讨论的，2 进 5×15 跨式互换期权是标的为远期互换的固定利率支付方互换期权和固定利率收取方互换期权的组合。当对复制策略做了如上修改后，波动率敞口的期间和标的远期互换都可以匹配。在 9.2.1 节中，我们曾讨论过基于远期互换的互换期权含有相关性的成分。因此，一个直接的结论就是远期波动率交易在定价时也含有相关性的成分（当然，这里假设我们没有将图 9-5 中第三个图所对应的远期互换当做原生产品）。

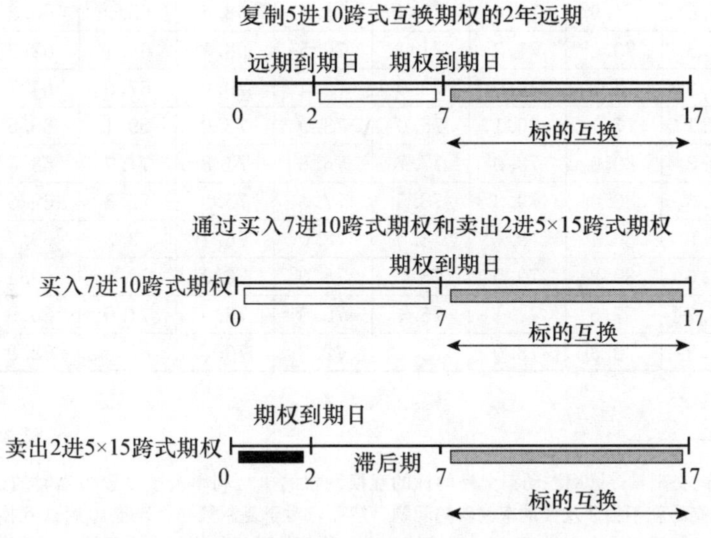

图 9-5　复制远期波动率交易：第二部分

图 9－5 所示的复制策略能够完美复制远期波动率交易吗？答案是并不能。因为 7 进 10 跨式互换期权和 2 进 5×15 跨式互换期权的执行利率在今天已经确定了，但是远期波动率交易的执行利率只有等到 2 年后的交割日才能确定。这意味着这个复制策略会在前两年中有自己的 delta、gamma、theta 等敞口，而远期波动率交易却没有这些敞口。所以，这个启发性的定价模型并不能囊括远期波动率交易的所有特点。换句话说，远期波动率交易会将执行利率（在交割日）设定在远期平值的位置，而复制策略中交易的执行利率是在今天被确定，因此在交割日时可能不是远期平值的。所以，复制策略会有波动率偏斜的顾虑，而远期波动率交易则不会出现这个问题。①。

9.2.4 波动率的远期价格比即期价格高还是低?

这个问题的答案取决于波动率矩阵的形状，而不是定价模型。有兴趣买入远期波动率的投资者会寻找远期价格低于即期价格的交易。相反，有兴趣卖空远期波动率的投资者则对远期价格高于即期价格的交易感兴趣。让我们来看一下表 9－1 所示的互换期权正态隐含波动率矩阵。参考图 9－4 中我们第一个（也是很不精准的）复制 5 进 10 跨式互换期权的 2 年远期的策略：买入 7 进 10 跨式互换期权并卖出 2 进 10 跨式互换期权。尽管这种方法不太精确，但是比较实用。如果我们比较 7 进 10 的正态隐含波动率和 2 进 10 的正态隐含波动率，就会知道业界大部分定价模型会显示远期波动率相对于即期波动率是溢价还是折价交易。例如，如表 9－1 所示，7 进 10 比 2 进 10 便宜（从正态波动率的角度），这意味着远期价格低于即期价格。如我们在 9.2.2 节中讨论的，5 进 10 跨式互换期权的即期价格为 748 基点，而远期价格仅为 725 基点。

表 9－1　　互换期权的正态隐含波动率矩阵

标的互换（尾端）期限 / 到期期限	1	2	3	4	5	7	10	15	20	30
1 个月	68.6	74.9	73.4	72.4	71.4	68.6	63.0	60.2	59.0	57.8
3 个月	63.3	73.2	71.2	71.1	70.5	68.1	64.1	62.3	60.3	59.2
6 个月	71.9	75.5	74.0	73.0	72.4	70.2	67.0	64.7	63.1	61.8
1 年	78.1	77.1	76.1	75.0	73.9	72.0	69.1	66.5	65.1	63.6
2 年	80.3	80.0	79.0	77.7	76.8	74.8	**71.7**	68.8	67.3	65.9
3 年	81.3	80.0	79.3	78.5	77.8	75.8	72.8	69.5	68.0	66.1
4 年	80.6	80.4	79.7	78.9	78.0	76.1	73.3	69.7	67.9	65.9
5 年	81.6	80.2	79.5	78.7	78.0	76.0	73.2	69.4	67.7	65.5
7 年	78.7	77.5	77.1	76.4	75.9	73.9	**71.0**	66.9	64.3	62.1
10 年	74.3	73.3	73.0	72.7	72.3	70.2	67.3	62.9	59.8	57.7

① 在 2 年之后的交割日，远期波动率交易的标的互换期权的执行利率会被设置为当时的远期平值利率。因此，交割日时远期波动率交易就不会涉及波动率偏斜的问题。然而，对于复制策略，7 进 10 跨式互换期权的执行利率在今天就设定。因此，当 2 年后对这个 5 进 10 跨式互换期权进行估值的时候，执行利率可能已经不是远期平值了，这意味着该期权的估值就会依赖于波动率偏斜。

9.2.5 远期波动率交易表达的是纯粹的波动率市场观点吗?

远期波动率交易表达的是纯粹的波动率市场观点吗？答案是：并不完全是。在正态模型下，远期平值跨式互换期权的价值为

$$\sqrt{T}\times\sqrt{\frac{2}{\pi}}\times\sigma_N\times A \tag{9.1}$$

其中 T 是互换期权的到期时间，σ_N 是正态隐含波动率，A 是互换存续期内 1 基点年金的现值。在正态模型下，当债市下跌或者上涨时，即使 σ_N 保持恒定（就像正态模型假设的那样），互换期权的价值也仍然会变化，因为年金的现值 A 会随着利率的变化而变化。因此，如果债市上涨利率下跌，那么年金的现值 A 会增加，所以互换期权的价值也会增加，反之亦然。因此，跨式互换期权的价格天然受到利率变动的影响。这意味着远期波动率交易不是纯粹地表达对波动率的观点。例如，在其他条件不变的情况下，债市上涨利率下跌会提高跨式互换期权的价值，从而有利于远期波动率交易的多头。

为了避免利率变动带来的影响，部分投资者倾向于使用正态隐含波动率 σ_N 对远期波动率交易进行报价，而不是使用跨式互换期权的价格报价。从公式（9.1），我们可以推导出

$$\sigma_N=\frac{\text{跨式互换期权价格}}{\sqrt{T}\times A}\times\sqrt{\frac{\pi}{2}} \tag{9.2}$$

在这种形式下，远期波动率交易可以看成跨式互换期权的正态波动率的远期合约。我们不再对跨式互换期权的远期价格进行报价，而是对跨式互换期权的远期正态波动率进行报价，并定义一个远期波动率每上涨或者下跌 1 基点带来的损益的金额。例如，投资者买入 5 进 10 跨式互换期权的 2 年远期的波动率。投资者使用正态波动率报价（而不是价格报价）购买的远期波动率，开仓价为 70.7 基点。假设正态波动率每变化 1 基点，投资者承担的损益会变动 10 万美元。投资者 2 年后的收付额等于 10 万美元×(NIV−70.7)，这里 NIV 是 2 年后 5 进 10 跨式互换期权的正态隐含波动率。[①]

9.2.6 百慕大式可取消互换回顾

在 6.2.3 节我们分析了 3nc1 百慕大式可取消利率互换，在这种交易中投资者支付固定利率，并有权利在 1 年后和 2 年后取消这笔互换。我们展示了 1 年后是否取消交易的决定（部分）取决于 1 年后 1 进 1 互换期权的波动率。我们分析过，一种情景是，如果 1 年后 1 进 1 互换期权的波动率低，则我们应该取消这个百慕大式可取消利率互换；而另一种情景是，如果 1 年后的 1 进 1 互换期权的波动率高，则我们不应该取消该互换。当 1 进 1 互换期权的波动率在 1 年后比较低时，我们再取消交易，因为放弃第二个期权并不会损失太多。而当一年后 1 进 1 互换期权的波动率更高时，不应取消交易，因为保留这个期权的价值更有利。

我们的结论是 3nc1 百慕大式可取消利率互换的价值（部分）取决于 1 年后 1 进 1 互换期权的波动率水平。如果我们认为 1 年后 1 进 1 互换期权的波动率越高，则我们越可能继续保留这笔交易 1 年，而不是在第一个执行日取消它。如果 1 年后不取消，我们就能够保留剩余的内嵌期权的价值。因此，我们认为 1 年后 1 进 1 互换期权的波动率越高，3nc1

---

① 跨式互换期权的正态隐含波动率（NIV）在交割日用公式（9.2）和当时的跨式互换期权的即期价格来确定。

百慕大式可取消利率互换的价值也就越大。

这种判断1年后1进1互换期权波动率水平的概念就是远期波动率的例子。没有理由认为1年后的1进1互换期权波动率等于今天1进1互换期权的波动率。1年后1进1互换期权的波动率可能会低于、高于或者等于今天1进1互换期权的波动率。正如远期互换利率被解读为市场对未来互换利率的预期一样，远期波动率也会被解释为市场对未来互换期权波动率的预期。因此，百慕大式可取消互换的估值不可避免地与远期波动率联系在一起。1进1互换期权波动率的1年远期越高，3nc1百慕大式可取消利率互换的价值越大。

近些年才独立出现的远期波动率交易能够在早已存在的百慕大式期权市场中寻找到根源。在远期波动率交易流行之前就长期交易百慕大式期权的交易员早就注意到了两者之间的联系。参与百慕大式期权定价的人们也早已理解了远期波动率中隐含的相关性风险。

9.3 曲线期权

曲线期权（curve options，或者叫做CMS利差期权）是一种收付额取决于两个CMS利率之差的期权。[①] 例如一个2s10s曲线上限（curve cap）的收付额取决于

max[(10年期CMS利率−2年期CMS利率)−执行利率,0]　　(9.3)

CMS曲线上限持有者的市场观点是2s10s（远期）曲线太平坦，将来会陡峭化。相反，CMS曲线下限可以被用来表达（远期）曲线太陡，将来会平坦化的市场观点。一个2s10s曲线下限的收付额取决于

max[执行利率−(10年期CMS利率−2年期CMS利率),0]　　(9.4)

案例

表9-2展示了一个曲线期权交易的条款。在该交易中，客户向做市商支付的前端费为名义本金的80基点，即80万美元。在3个月之后及其后每3个月，30年期CMS利率和2年期CMS利率都会被重置。每次重置后如果是实值（即30年期CMS利率和2年期CMS利率之差高于执行利率），那么3个月后支付收付额。最后一期支付（若有）发生在交易日的5年之后。

表9-2　　2s30s曲线上限的条款

买方	客户
卖方	做市商
期限	5年
重置频率	每季度
支付频率	每季度
执行利率	47基点
期权费	名义本金的80基点
名义本金	1亿美元
收付额	max[(30年期CMS利率−2年期CMS利率)−执行利率,0]×名义本金×90/360

① CMS是恒定期限互换（constant maturity swap）的缩写。CMS利率是一个浮动利率。例如10年期CMS利率是一个每日数值等于当天10年期互换利率的浮动利率。

向投资者第一次推荐这类交易的时候，除了提供表 9－2 中的条款外，还会提供类似于图 9－6 的图表。该图展示了 2s30s 互换曲线很长一段时间的历史走势，图中还给出了执行利率和盈亏平衡线。2s30s 曲线在重置日高于 47 基点才能使期权成为实值期权。将前端的期权费考虑进来，在每个重置日平均重置为 65 基点的水平就能使交易达到盈亏平衡。[①] 如图所示，有些时间内 2s30s 曲线远高于这个值，使得该交易对很多人非常有吸引力。

注意，在这个曲线期权的例子中，持有者实际购买的是一系列期权，就像我们在第四章中讨论的利率上限和利率下限。有时曲线期权也会特别设计，使得持有者收到的支付额只取决于一个重置。我们将在 9.3.1 节中看到，有的曲线期权交易也可以是二元收付额，这样期权持有者会根据标的曲线的情况收到一个固定金额或者 0。

这类交易在 2005 年和 2006 年变得很流行。在 2004 年之前，这类产品几乎不存在。根据 Sawyer（2005），在 2005 年年底这种交易的发行额接近 300 亿美元，有些市场参与者指出，到 2007 年其规模已经达到上千亿美元。

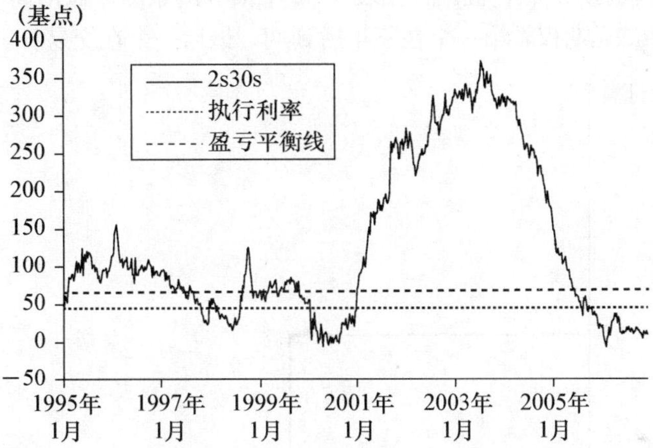

图 9－6　2s30s 曲线的历史走势及交易分析

9.3.1　为什么会出现曲线期权?

在第七章，我们分析了一个被称为不反转债券的结构性票据。我们可以看一下表 9－3 中的不反转债券的条款。[②]

如何解读该条款呢？购买该债券的投资者在前 3 年中收取（高于市场的）固定利率 7%。此后，投资者每天在 2s10s 曲线不反转的情况下按这个高票息计提利息。但是，在 2s10s 曲线反转的日期，投资者按 0%的票息而不是 7%的票息计提利息。换句话说，在该债券的后 7 年中，投资者收取 7%的票息，同时做空了一些期权。投资者做空的期权是一个二元期权：在 2s10s 曲线反转的日期支付 7%的票息，否则支付 0%的票息。我们在第七

① 如果 2s30s 曲线每期重置在执行利率为 47 基点的水平，期权就不会带来任何收付额，从而该交易的净损失为期权的期权费 80 基点。如果 2s30s 曲线每季重置为 65 基点，那么期权的购买者会收到一个 65 基点－47 基点＝18 基点的年金，在 5 年里按季支付。该年金的现值为 80 基点，正好抵消期权的期权费。

② 很多不反转债券都是可赎回的，这意味着发行人有权在一段时间之后从投资者手中赎回债券。这个赎回条款的存在可以提高债券的票息。为了简单起见，我们这里分析的虚拟例子是不可赎回的。

章中讨论过，在该债券发行时，标的互换交易的做市商是做多这些期权的。

表 9-3　　　　不反转债券的条款

本金	1 亿美元
发行人	美国公司
到期日	10 年
票息	第 1～3 年：7%，每季度支付，按 30/360 计息 第 4～10 年：7%×N/M，每季度支付，按 30/360 计息 这里 N=该季度内曲线≥0 的天数 M=该季度的天数
曲线	10 年期 CMS 利率－2 年期 CMS 利率

图 9-7 展示了做市商做多的这个期权的特点。在该图中 S 代表 10 年期 CMS 利率－2 年期 CMS 利率。在到期日，如果 $S\geqslant 0$，那么期权的收付额为 0。但是，如果 $S<0$，则该期权的收付额等于 7%的固定利率债券的收付额。根据表 9-3 中债券的条款，做市商实际上购买的是每天到期相同本金的这种二元期权，第一个在三年后到期，最后一个在交易日 10 年之后到期。

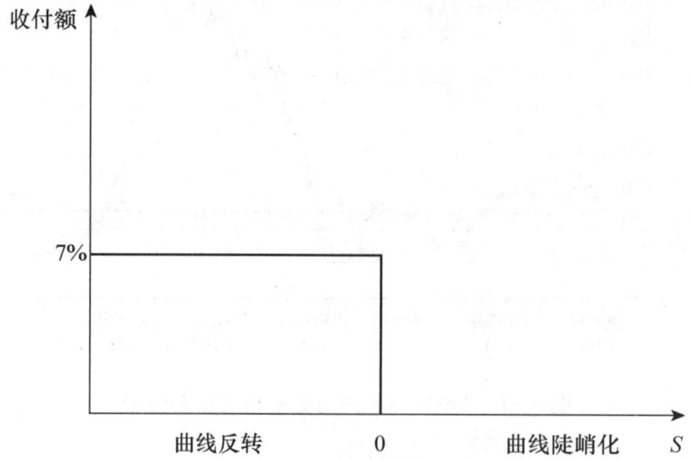

图 9-7　一个二元曲线期权到期日的收付额

使不反转债券有吸引力的曲线

2005 年和 2006 年的互换曲线有两个非常显著的特点。如图 9-8 所示，曲线变得非常平坦，并且曲线的波动率也下降了。一般认为曲线平坦化的主要驱动力是养老金的操作，养老金会非常活跃地购买长期限资产，并在长期限互换中收取固定利率。随着曲线越来越平坦化（远期曲线也平坦化），不反转债券变得越来越有吸引力。如图 9-8 所示，在即期曲线和远期曲线都平坦化的情况下，定价模型会对曲线反转（反转发生后意味着不反转债券持有者会得到 0 票息）设置更大的概率。作为对承担这种风险的补偿，新发行的不反转债券就能够提供比陡峭曲线环境下更高的固定票息，从而使得这种债券更有吸引力。虽然我们看到曲线大幅平坦化，但是互换曲线历史上非常抗拒反转，这使得有些投资者有信心承担不反转债券的风险。[①]

① 在 2006 年 2s10s 互换曲线确实发生过反转，第一次是在 2 月，第二次是在 11 月，但是每次反转持续的时间都较短。

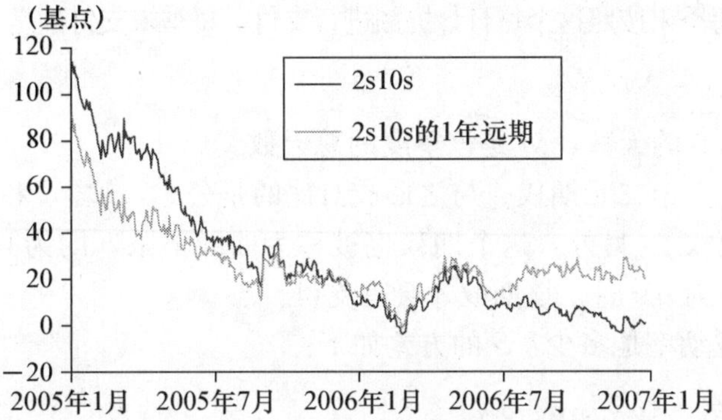

图 9-8 2005—2006 年 2s10s 的即期和 1 年远期互换曲线

历史上，平坦的曲线也伴随着低的实现波动率。这就是 2006 年的情况。通常曲线平坦的时候也是很多市场参与者认为美联储暂停操作的时候，这也是案例中这段时间的情况。另外，做市商通过发行不反转债券购买了曲线期权，很多时候由于缺乏流动性好的二级市场而不得不持有这些期权。持有这些期权的做市商会进行 delta 对冲，这意味着如果曲线变动做市商需要直接进行平坦化或者陡峭化交易。由于这些二元期权是（远期）虚值的，因此持有这些期权的做市商的 delta 对冲意味着他们在曲线变平坦的情况下会进行陡峭化交易，而在曲线变陡峭的情况下进行平坦化交易。很多市场参与者认为该因素是造成这段时间曲线的实现波动率很低的主要原因。①

9.3.2 隐含相关性

我们再来分析一下表 9-3 中的不反转债券发行时做市商购买的期权的性质。定义 $S=$ 10 年期 CMS 利率－2 年期 CMS 利率。现有一个期权，从 3 年后开始的 7 年时间里每天观测。该期权每日计提如下：

$$\text{收付额}=\begin{cases}7\%,\text{如果 } S<0\\0,\text{其他情况}\end{cases}\tag{9.5}$$

---

① 做市商通过不反转债券隐性购买的这些二元曲线期权大部分是低执行利率的期权。例如，在表 9-3 中的不反转债券中，内嵌的二元期权的执行利率为 0。如图 9-8 所示，这些二元期权都是（远期）虚值的。

现在分析一个期权交易员购买了一个股票的看跌期权，并对这个期权进行 delta 对冲。如果股票价格下跌，期权交易员会买股票进行 delta 对冲，这能带来对股价向上的（边际）推力。如果股票价格上涨，期权交易员会卖出股票进行 delta 对冲，从而带来对股价向下的（边际）压力。因此，该看跌期权的 delta 对冲起到了在边际上稳定股价的作用。如果期权价格头寸足够大，则该期权头寸的 delta 对冲实际上可以施加很大的压力，导致股价非常稳定地保持在一定水平。关于这种机制的介绍，请参见附录 A。

这与曲线期权市场一模一样：做市商面对的曲线期权供给巨大，并且做市商 delta 对冲这些头寸。对于曲线期权的情况，delta 对冲意味着如果曲线形态变化，需要进行平坦化或者陡峭化交易。由于做市商是做多虚值二元曲线期权的，所以如果曲线陡峭化，那需要进行平坦化交易。如果曲线平坦化，那需要进行陡峭化交易。因此，做市商对曲线期权进行的 delta 对冲倾向于降低曲线的实现波动率。一般认为，做市商持有大量曲线期权以及对这些期权进行 delta 对冲是 2006 年曲线变动非常小的主要原因。

持有二元曲线期权的做市商的 delta 对冲行为在很大程度上取决于这些期权是虚值还是实值的。我们提到过，当这些期权是虚值期权时，做市商的 delta 对冲行为限制了曲线的变动。我们后面会讨论，当这些期权变为实值期权时，持有这些期权的做市商的 delta 对冲行为会发生很大的变化，反而会加剧曲线的变动。

该期权在 7 年时间里每季末按照这个每日计提额进行支付。每季末支付额是下面这个变量的函数：

名义本金×7%×N/M

这里 N 是季度内 $S<0$ 的天数，M 是该季度的总天数。

这个曲线期权是一个二元期权［与之形成对比的是公式（9.3）和公式（9.4）中具有线性收付额的曲线期权］。另外，这个期权也被称为曲线下限，因为只有当曲线 S 低于某执行利率（在本例中为 0）时，该期权才会有支付。

那么标的 S 的波动率是多少？S 的方差如下：

$$\sigma_S^2=\sigma_{10Y}^2+\sigma_{2Y}^2-2\rho_{2Y,10Y}\sigma_{10Y}\sigma_{2Y} \tag{9.6}$$

这里 $\rho_{2Y,10Y}$ 是 2 年期互换利率和 10 年期互换利率的隐含相关性。因此曲线 S 的隐含波动率不仅取决于 10 年期 CMS 利率的隐含波动率和 2 年期 CMS 利率的隐含波动率，还取决于两者之间的相关性。根据公式（9.6），曲线的隐含波动率和曲线的相关性是负相关的。如果曲线的隐含波动率上升，那么（在其他条件不变的情况下）这意味着曲线的相关性必须下降，反之亦然。

因此，这种期权的激增引入了一种新的风险：做市商和投资者不仅对 2 年期互换和 10 年期互换的波动率有敞口，同时对两者之间的相关性也有风险敞口。我们将这种敞口称为相关性风险。目前并没有结构完整的利率相关性市场，做市商缺乏对冲相关性风险的途径，只能将这种风险留在自己手中。

9.3.3 隐含波动率和实现波动率

我们前面提到过两个波动率的概念：隐含波动率和实现波动率。我们应该严格区分这两个波动率。隐含波动率指的是通过期权价格倒算出来的波动率。对于曲线期权，随着越来越多的不反转债券的发行，曲线期权供给增加，做市商愿意购买这些期权的价格也会下降。随着曲线期权价格的下降，隐含波动率也会下降。① 公式（9.6）展示了两个随机变量之差的方差和两个随机变量相关性的关系。从该公式我们可以发现，如果隐含波动率下降，则隐含相关性一定是上升了。②

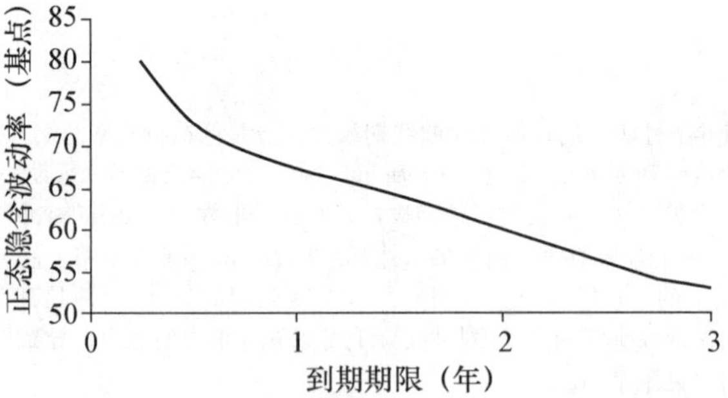

图 9-9　在 2005—2006 年观测到的 2s10s 曲线期权的隐含波动率

① 我们在附录 A 会讨论，二元期权的 vega 根据期权的虚值实值情况可以是正的，也可以是负的。新发行的不反转债券中的二元曲线期权是虚值期权，其 vega 是正数，因此期权价格的下降意味着隐含波动率的下降。

② 这并没有多神秘。如果曲线的隐含波动率下降，则 2s10s 曲线预期的变动不大。如果曲线变动不大，则 2 年期互换利率和 10 年期互换利率会一起变动。也就是说，这两个利率之间的相关性较强。低的曲线隐含波动率意味着强相关性，反之亦然。

曲线期权的隐含波动率依赖于期权的到期日。图 9-9 展示了 2005—2006 年一个典型的曲线期权的隐含波动率与其到期日的关系。如图所示，短期限曲线期权的隐含波动率通常比长期限曲线期权的隐含波动率要高。① 这种形态的出现主要有两个原因：第一，一般不反转债券的短期限曲线期权的供给非常少。大部分这种债券至少有 1 年的固定票息。例如，表 9-3 中的债券前三年都是固定票息。相对于短期限曲线期权稀少的供给，长期限曲线期权的供给压低了这些期权的波动率。第二，有人认为曲线期权向下倾斜的波动率期限结构与利率的均值回归性质吻合。

实现波动率（有时也被称为实际波动率）是指一个可交易变量实际观测到的波动率。我们前面提到过，在 2005—2006 年由于做市商对曲线期权进行 delta 对冲，曲线的实现波动率不断下降。我们可以在图 9-8 中看到这种现象：这段时间曲线不仅平坦很多，曲线的波动率也在下降。例如，在 2006 年的大部分时间 2s10s 曲线保持在 0 基点到 20 基点之间，然而在前 1 年，其交易的区间超过 100 基点。

在 4.1.5 节我们讨论过做市商在期权市场做市面临的最重要的问题是使用什么水平的波动率为期权定价，但这只是问题的一部分。问题的另一部分是关于隐含波动率和实现波动率的。做市商买入或者卖出期权的时候，经常会进行 delta 对冲。卖出期权的做市商在期初收到期权费，并在期权存续期根据标的实现的波动进行 delta 对冲。假设期权的 gamma 为正数，那么 delta 对冲是有成本的。期权费可以被看成对期权 delta 对冲成本的补偿，因此卖出期权并进行 delta 对冲的做市商希望标的波动尽量小。

然而，支付期权费买入期权的做市商也会在期权存续期内根据标的实现的波动进行 delta 对冲。假设期权的 gamma 是正数，那么这种情况下根据标的实现波动率进行 delta 对冲能够给做市商带来收益，因此买入期权并进行 delta 对冲的做市商会希望标的实现的波动尽量大。

因此做市商通过买入或者卖出期权来决定他们愿意交易的隐含波动率的水平，这也隐性地表达了他们对隐含波动率和实现波动率的看法。认为标的将要实现的波动率会比较低的做市商会卖出期权收取期权费，并希望在期权存续期承担低的 delta 对冲成本。而认为标的将要实现的波动率会比较高的做市商会买入期权并进行 delta 对冲，表达的观点是 delta 对冲的收益会超过期权费。

9.3.4 曲线期权的供给与需求

在 2005—2006 年随着不反转债券发行得越来越多，做市商积累了越来越多的二元曲线下限多头。有几个标的非常流行：10s30s 是一个非常流行的标的，约占这段时间发行的不反转债券的 40%，而 2s10s 和 2s30s 是剩余部分的主要标的［参见 Patel（2006）］。这些债券的执行利率各不相同。例如，有些想买不反转债券的投资者希望能受到更多的保护，因此对执行利率为 −20 基点的债券更感兴趣，而不是执行利率为 0 基点的债券。

一般来讲，通过增加不反转债券的发行，做市商获得了更多的低执行利率二元曲线下限的多头。对冲这个头寸最好的方法当然就是将其卖出。但是很多时候并不容易找到愿意

① 在曲线期权市场上，短期限曲线期权的隐含波动率比长期限曲线期权高的形态要比在其他利率期权市场上观察到的更加显著。

购买低执行利率二元曲线下限的投资者。有些做市商成功地找到了一些愿意购买低执行利率的线性曲线下限的投资者，但是很多时候必须将执行利率提高才能吸引投资者。例如，做市商通过发行不反转债券买入了执行利率为－20 基点的二元 2s10s 曲线下限，他可能能找到愿意购买执行利率为 20 基点的线性 2s10s 曲线下限的投资者。虽然这会造成做市商头寸的执行利率不匹配，以及二元期权和线性期权之间的不匹配，但是至少做市商可以对冲掉一部分相关性风险。

随着投资者越来越熟悉曲线期权，做市商试图卖出各种低执行利率曲线下限。但是对这种产品的真正需求却是高执行利率曲线上限。在 2006 年和 2007 年很多投资者预期曲线会大幅陡峭化。2006 年 2s10s 在 0 基点附近徘徊，很多投资者有兴趣购买执行利率为 50 基点或者 100 基点、期限为 1 年或者更久的 2s10s 曲线上限。这些期权都是极端虚值的（无论从即期角度还是从远期角度来说），因此也非常便宜。很多投资者，尤其是对冲基金，认为这些期权是很便宜的"彩票"（确实有一些这种投资在后面几年曲线极端陡峭化后实现了收益）。对这种高执行利率曲线上限的需求非常大。

综合来讲，在 2005 年和 2006 年做市商发现自己持有了大量低执行利率曲线下限多头和大量高执行利率曲线上限空头。他们持有的曲线下限多头很多都是接近平值的，而持有的曲线上限空头是极端虚值的。这种执行利率的不匹配对做市商来说是一个难题。但是在大部分情况下，这已经是做市商摆脱不反转债券带来的相关性风险最好的结果了。

9.3.5　曲线期权的定价

由于曲线上两点之间的相关性，曲线期权的定价非常复杂。[①] 随着更多的做市商在 2005 年开始对曲线期权进行定价，我们发现不同做市商的报价差异很大。这让人们开始关注不同做市商对这些期权定价的方法。

现有一个 2s10s 线性曲线期权，定义 S＝10 年期 CMS 利率－2 年期 CMS 利率。在 Sawyer (2005) 中讨论到，做市商基本上使用以下三种方法对曲线期权定价（按复杂程度升序排序）：

- 方法 1：将 S 当成一个原生的随机变量（即不将 S 当做两个随机变量之差，而是将它当做一个单一的随机变量），然后对变量 S 的分布进行假设，并找到 S 的波动率。
- 方法 2：承认 10 年期 CMS 利率和 2 年期 CMS 利率是两个随机变量，并对每个随机变量的分布进行假设，使用每个变量的隐含波动率以及一个"平"（即相关性不是期限的函数）的相关性参数来获得两者之差 S 的分布。在这种方法下，假设的 10 年期 CMS 利率和 2 年期 CMS 利率之间的相关性是一个常数，不随期限的不同而不同。
- 方法 3：承认 10 年期 CMS 利率和 2 年期 CMS 利率是两个随机变量，对每个变量的分布进行假设，使用每个变量的隐含波动率获得 S 的分布。但是这里允许相关性有期限结构（即相关性参数是期限的函数）。

方法 1 不是特别稳健，它甚至没有考虑 10 年期 CMS 利率和 2 年期 CMS 利率的相关性。[②] 方法 2 更通用，但是不允许相关性成分有期限结构，而方法 3 允许。方法 2 和方法 3

① 实际情况要更复杂。我们在 6.5 节讨论过，如果交易一方支付 CMS 利率，那么需要对远期互换利率进行凸性调整。同样，用于对 CMS 利率期权定价的远期也需要进行凸性调整。我们在本章忽略这个问题。

② 注意，如果使用第一种方法，那么假设 S 服从对数正态分布是一种错误的方法。因为 S 可以是一个负数，而服从对数正态分布的变量永远是正数。

的差别可以在图 9-10 中找到。在方法 2 下，隐含相关性是一个常数，不随期权到期日的变动而变动。而在方法 3 下，假设隐含相关性是变动的，会随着到期时间的延长而增强。①

虽然方法 2 和方法 3 都比较稳健，但是用这两种方法分别对曲线期权进行的定价是相互矛盾的。例如，假设我们对短期限的线性曲线期权进行定价。如果我们依照方法 2 的假设使用平的相关性，那么我们对曲线期权的定价就会低于使用方法 3（隐含波动率具有期限结构）的定价。② 但是如果我们对长期限线性曲线期权定价，那么方法 2 下使用平的相关性假设的话，我们的定价会高于使用有期限结构相关性参数的定价。

在 2005—2006 年，随着不反转债券需求的急剧增加，曲线期权的供给也急剧增长。这一般会压低曲线期权的价格，意味着曲线期权的隐含波动率下降，隐含相关性增强。与长期历史平均值比，这段时间交易的隐含相关性很强。也就是说，曲线期权中隐含的相关性明显强于在市场上长期实证观察到的相关性。

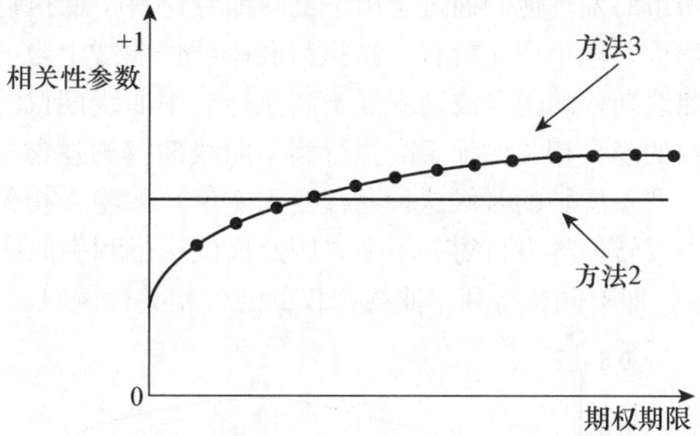

图 9-10 方法 2 与方法 3 的比较

相关性偏斜

我们前边讲到，偏斜是指不同执行利率的期权的隐含波动率不同。相关性偏斜是指根据不同期权计算出来的隐含相关性会由于执行利率的不同而不同。例如，表 9-4 中给出了 1 年后到期的不同的曲线上限和曲线下限。

表 9-4 一系列曲线期权和它们的执行利率

期权类型	收付额	执行利率
曲线上限	max（S－200 基点，0）	＋200
曲线上限	max（S－100 基点，0）	＋100
曲线上限	max（S－50 基点，0）	＋50
曲线下限	max（0 基点－S，0）	＋0
曲线下限	max（－20 基点－S，0）	－20

① 在方法 3 下，隐含相关性曲线是向上倾斜的，这主要是由于曲线期权的隐含波动率通常会随到期时间的延长而降低，如图 9-9 所示。我们之前提到过，曲线期权的隐含波动率上升意味着隐含相关性减弱，反之亦然。曲线期权的隐含波动率期限结构是向下倾斜的，在其他条件不变的情况下，这意味着隐含相关性期限结构一定是向上倾斜的。

② 在方法 2 下，短期限曲线期权是使用比方法 3 更强的隐含相关性定价的。因此，方法 2 下的隐含波动率会更低，如果期权的 vega 是正数的话，那么这意味着期权的价格也会更低。

这些期权的执行利率都不相同，所以可能交易的隐含波动率就不同，从而隐含相关性不同。2005—2006 年的市场上经常观察到的是高执行利率曲线期权交易的隐含相关性弱于平值期权。直观的解释如下：当曲线变陡时高执行利率的曲线上限变为实值。历史上，陡峭的曲线环境会伴随高波动率，反之亦然。在这段时间，我们观察到高执行利率的曲线上限的隐含波动率很高，这意味着隐含相关性很弱。我们也观察到低执行利率的曲线期权（当利率曲线严重反转的时候这种期权变为实值）交易的隐含波动率也很高，因此其隐含相关性也很弱。①

抛开这些已经认识到的机制，最终还是不同执行利率曲线期权的供需决定这些期权交易的隐含波动率和隐含相关性。如前所述，不反转债券的流行创造了大量的低执行利率（二元）曲线下限的供给。虽然也有一些投资者有兴趣购买这些低执行利率的曲线下限，但是更多投资者还是有兴趣购买高执行利率（线性）曲线上限，因为他们认为虽然 2005—2006 年曲线平坦化，但是最终曲线还是会变陡峭的。购买线性曲线上限是押注曲线最终陡峭化的一个流行手段。所以，做市商发现他们通过卖出不反转债券持有了低执行利率二元曲线下限的多头。由于投资者的需求，做市商又持有了高执行利率线性曲线上限的空头。因此，供需的力量使得低执行利率曲线期权的隐含波动率低于高执行利率曲线期权的隐含波动率。这意味着低执行利率曲线期权的隐含相关性强于高执行利率曲线期权的隐含相关性。极低执行利率曲线期权（当利率曲线严重反转的时候这种期权变为实值）的隐含相关性在这段时间也非常弱。极低执行利率的不反转债券发行得并不多，因此极低执行利率曲线期权的供给有限。图 9-11 展示了这种现象，即不同执行利率曲线期权的隐含相关性偏斜。

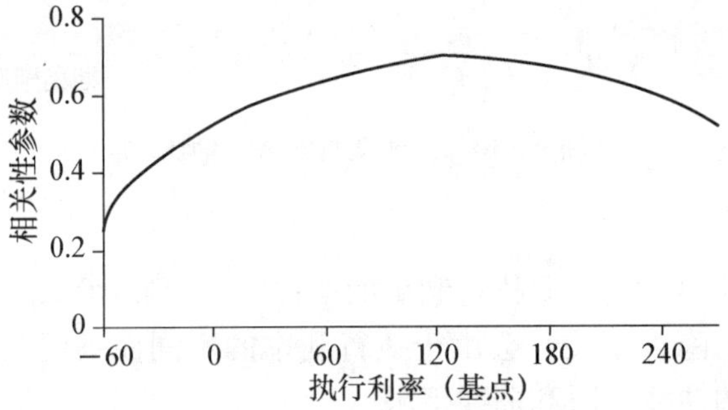

图 9-11　2005 年 2 年期 2s10s 曲线期权的隐含相关性偏斜

9.3.6　交易案例

我们来分析两个 2007 年非常流行的涉及曲线期权的交易。

① 如果期权交易员卖出一个现在为虚值的高执行利率曲线上限，那么此期权的 gamma 相对较小。随着期权向实值方向移动，其 gamma 也会增加，因此交易员需要 delta 对冲这个 gamma 空头头寸。该期权向实值方向移动意味着曲线陡峭化，而历史上陡峭曲线环境下的曲线实现波动率和隐含波动率都会上升。因此，期权交易员必须在他预期实现波动率上升的情景下进行 delta 对冲。理解到这种问题的存在，期权交易员会在更高的隐含波动率（也意味着更弱的隐含相关性）卖出高执行利率曲线期权。

如果期权交易员卖出一个现为虚值的执行利率非常低的曲线下限，则该期权的 gamma 也非常小。随着该期权向实值方向移动（意味着曲线严重反转），其 gamma 也会增加，因此交易员需要 delta 对冲这个 gamma 空头头寸。但是在曲线反转的环境下，很多交易员认为曲线的实现波动率和隐含波动率都会升高。因此，期权交易员必须在他预期实现波动率上升的情景下进行 delta 对冲。总之，这种机制迫使期权交易员必须提高隐含波动率来卖出高执行利率曲线期权和极低执行利率的曲线期权。

交易 1

2007 年春天，互换曲线的形态非常特殊，如图 9-12 所示。这是金融危机前几个月曲线的形态，反映了市场关于房地产泡沫破裂严重程度的争论。有些人认为美联储会在未来几个月大幅降息（事实证明这种猜测是对的），而有些人认为房地产泡沫的影响被夸大了，认为这不会对经济产生很大影响。随着争论的白热化，互换曲线在短端严重反转，之后才向上倾斜。这种罕见的扭曲可以让我们对其远期曲线进行非常有趣的交易。

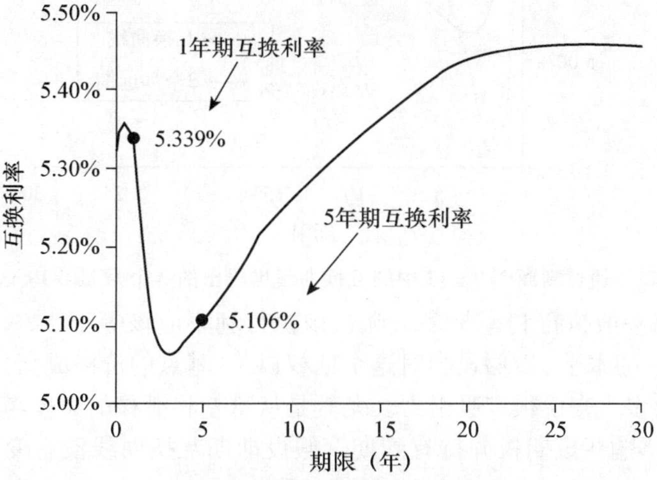

图 9-12　2007 年春季的互换曲线

使用模型，我们剥离互换曲线推导出 3 个月 LIBOR 远期曲线，然后使用第三章中的方法确定互换曲线的 1 年远期。这些结果在图 9-13 和图 9-14 中展示。使用图 9-14 中的数据，我们可以确定 1s5s 的即期和 1s5s 的 1 年远期，如表 9-5 所示。在该表中，虽然此时 1s5s 的即期有 23.3 基点的反转，但是 1s5s 的 1 年远期却有＋20.9 基点的陡峭。所以预期未来 1 年中 23.3 基点＋20.9 基点＝44.2 基点的陡峭化是一个非常大的息差。进行陡峭化交易的投资者要承担很大的负息差。相反，进行平坦化交易的投资者享受了这个很大的正息差。① 虽然有投资者意识到了房地产泡沫破裂进而导致美联储实施宽松政策的可能性，但是他们发现平坦化交易的巨大正息差非常诱人。如果用互换进行平坦化交易，当市场向不利方向移动时，投资者可能面临止损，所以很多投资者不愿进行这种交易。

而曲线下限能够给投资者带来好的交易机会。如果投资者认为在未来 1 年曲线不会像市场预期的那样陡峭化 44.2 基点之多，那么投资者可以通过曲线下限来表达与远期曲线相反的观点。分析一个 1 年后到期、标的为 1s5s 曲线、远期平值的线性曲线下限。1s5s 曲线到期时比执行利率每平坦化 1 基点，该下限在名义本金的基础上多支付 1 基点。也就是说，该期权 1 年后的收付额为

$$\max[\text{执行利率}-(\text{5 年期 CMS 利率}-\text{1 年期 CMS 利率}),0]\times\text{名义本金} \tag{9.7}$$

① 在第八章，我们讨论过，如果互换曲线预期变陡，那么我们进行陡峭化交易会在持有期忍受负息差，而如果我们进行平坦化交易就能享受正息差。直观来讲，如果我们跟随远期预期的方向，我们就需要为这么做支付成本，而如果我们的方法与远期预期的方向相反，那么我们就能收取别人支付的成本。

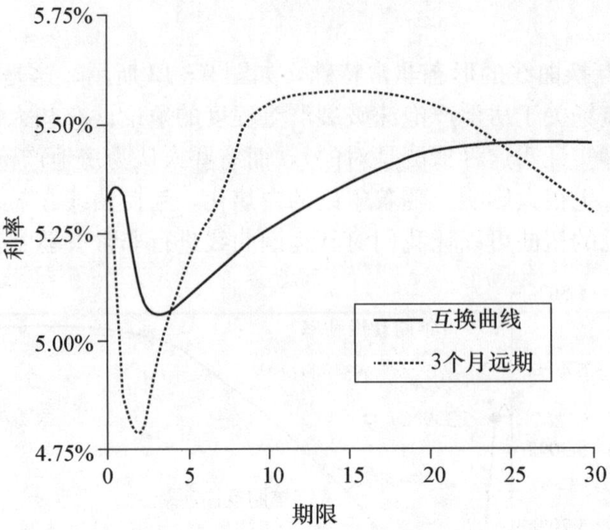

图 9-13　通过剥离图 9-12 中的互换曲线推导出的 3 个月 LIBOR 远期曲线

那这个期权的远期平值执行利率是多少呢？该执行利率应该等于+20.9 基点，也就是市场预期 1 年后 1s5s 的水平。[①] 假设当时这个期权以 12 基点的价格成交。

这个交易对很多人来说很有吸引力。尤其是从息差和滑移的角度考虑。假设我们以本金的 12 基点的价格购买该期权并持有到期。假设即期互换曲线没有变化，那么该期权的支付额为

$$\max[+20.9\text{ 基点}-(5.106\%-5.339\%),0]=44.2\text{ 基点} \tag{9.8}$$

净利润为（不考虑折现的因素）44.2 基点－12 基点＝32.2 基点，这是一笔很划算的交易。

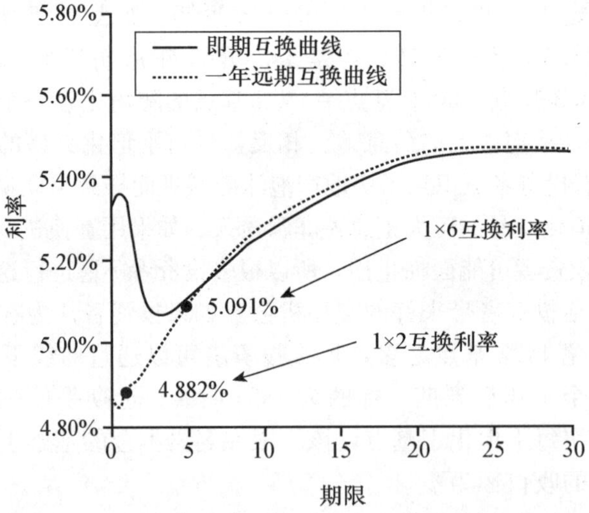

图 9-14　2007 年春天的互换曲线及曲线的 1 年远期

① 严格意义上讲，该期权的远期平值执行利率并不是 20.9 基点。这个 20.9 基点是根据两个相关互换的远期利率之差计算的。我们在第六章中讨论过，必须对作为挂钩标的的互换利率进行凸性调整。但是，我们在本章中忽略这种调整。

表 9-5　　2007 年春天的 1s5s 即期和 1s5s 1 年远期

	即期	1 年远期
5 年期互换利率	5.106%	5.091%
1 年期互换利率	5.339%	4.882%
1s5s	−23.3 基点	+20.9 基点

那后来的情况呢？后来的结构并不像息差和滑移分析的那么好。在随后的 1 年中，金融危机进一步加深，美联储下调短期利率，曲线大幅陡峭化。期权到期日的互换曲线如图 9-15所示。该图显示，在到期日 1s5s 等于 3.283%−2.362%＝+92.1 基点。因此，该期权最后是极度虚值的。因此，购买该期权的投资者损失了期初的期权费，在到期日没有任何收付额。

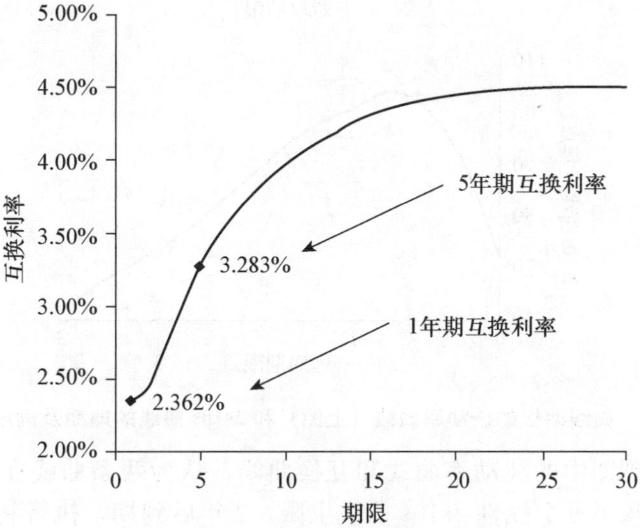

图 9-15　2008 年春天的互换曲线

虽然这笔交易表现并不好，但是从多种角度说，它比直接进行 1s5s 平坦化交易要安全得多。例如，假设投资者想承担平坦化交易 10 万美元的风险。也就是说，投资者有兴趣进行一笔交易，1s5s 曲线每变动 1 基点，收付额为 10 万美元。如果投资者购买曲线下限，这意味着投资者购买的本金为 10 亿美元。需要支付的期权费为本金的 12 基点，之后不需其他支付，这意味着损失为 120 万美元。如果投资者直接进行平坦化交易，则需要在 1×2 互换中支付固定利率，在 1×6 互换中收取固定利率，并选择合适的名义本金，使得风险为 10 万美元。该交易的开仓点位为+20.9 基点，即两个远期互换利率之差。假设持有该交易 1 年后 1s5s 的位置到了+92.1 基点，那么损失为+92.1−20.9＝71.2 基点，约为 712 万美元。[①]

交易 2

下面介绍的交易机会发生在 2007 年，其既利用了远期曲线的形态，又利用了曲线期权波动率的形态。图 9-16 上部分展示了曲线期权的波动率曲线。我们之前讨论过，短端曲线期权交易的隐含波动率通常高于长端期权，而且这个差异非常显著。下部分图展示的

① 考虑到曲线这种大幅度的移动，很多投资者可能已经触及事前设定的止损，在不到 1 年的时间就已经将交易了结。使用曲线期权进行交易的好处是其能提供一个界限清晰的止损，即支付的期权费。

是 2s10s 的即期及远期。例如，2s10s 的即期约为 73 基点，1 年远期约为 100 基点，2 年远期约为 80 基点。[1]

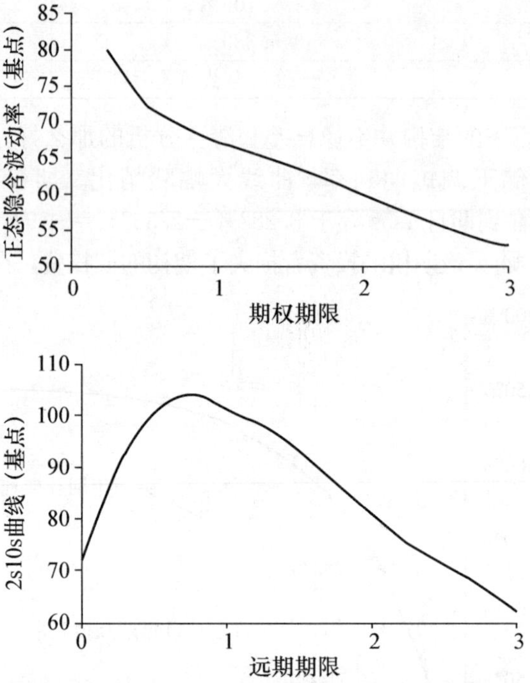

图 9-16 曲线期权的波动率曲线（上图）和 2s10s 曲线的即期及远期（下图）

现在投资者看到图中的波动率曲线和互换曲线，认为两条曲线在未来 1 年都不会变化。假设投资者购买了一个线性 2s10s 曲线上限，2 年后到期，执行利率为远期平值。到期时 2s10s 比执行利率每高 1 基点，曲线上限多支付名义本金的 1 基点。也就是说，该期权 2 年后的收付额为

max[(10 年期 CMS 利率－2 年期 CMS 利率)－执行利率,0]×名义本金　(9.9)

假设投资者以名义本金的 33 基点的价格购买该期权。现在假设投资者持有该期权 1 年（这时期权还有 1 年到期）。假设互换曲线和波动率曲线 1 年后都没有变化，分析此时期权价值的变化。表 9-6 展示了期权价值的变化。

表 9-6　2s10s 曲线上限的息差和滑移分析

期初曲线上限成本	33.0 基点
1 年后	
时间价值（theta）	－7.6 基点
曲线变化（delta）	＋9.6 基点
波动率变化（vega）	＋2.5 基点
假设利率曲线和波动率曲线不变，1 年后曲线上限的价值	37.5 基点

① 值得再次重复的是，分析曲线期权时最好使用凸性调整后的远期互换利率，但是我们这里继续忽略这个调整。

发生了什么？做市商以 33 基点的价格购买了期权，1 年后它的价值还是 37.5 基点。我们一般认为随着到期时间的临近，如果市场不动，由于时间价值的损耗，期权的价值应该下降。但是实际情况是期权的价值上升了。期权的时间价值损耗当然是一个因素。根据表 9-6，假设波动率曲线和互换曲线不动，1 年后时间损耗的价值为 7.6 基点。也就是说，假设波动率曲线和互换曲线不动，由于 theta 损耗，期权的价值会降低 7.6 基点。

但是有两个因素抵消了时间损耗。第一，如图 9-16 中的 2s10s 曲线所示，该曲线的 2 年远期在 80 基点左右，1 年远期在 100 基点左右。也就是说，如果曲线在 1 年中没有任何变化，2s10s 曲线会陡峭化 20 基点，这对曲线上限的持有者来说是个好事情。对于问题中的曲线上限，1 年后期权的到期日仍有 1 年，根据表 9-6，由于曲线陡峭化 20 基点，期权的价值会增加 9.6 基点。[①] 第二，在交易期初，期权还有 2 年到期，因此 1 年后其还有 1 年到期。根据图 9-16，当期权还有 1 年到期时，由于隐含波动率升高，期权的价值上升了 2.5 基点。如表 9-6 所示，这些力量的净效果是，虽然期权损失了 1 年时间，但是期权的价值实际上升了 4.5 基点。

根据这个“息差和滑移”分析，如果波动率曲线和互换曲线的形状都不变，那么购买这个期权并持有 1 年是一个非常有吸引力的交易。当然，大部分投资者并不机械地相信这个假设是正确的。但是，即使投资者错了，这个分析也表明，在 1 年中市场变化不大的情况下，从投资者的角度该期权的表现应该非常好。[②]

9.3.7 曲线期权的 delta 对冲

随着越来越多的不反转债券的发行，做市商积累了越来越多的低执行利率二元曲线期权多头。由于投资者对这些期权的需求很少，做市商只能继续持有。做市商以相对很低的隐含波动率购买了这些期权，并尽可能地对冲掉这些头寸的风险。最重要的一个风险是 delta，即标的曲线平坦化或者陡峭化一定量之后期权价格的变化。[③]

我们来分析一个具体的例子。定义 S＝30 年期 CMS 利率－10 年期 CMS 利率。分析一个二元曲线下限，当 S 小于 0 时，支付额为固定票息 7%，否则支付额为 0%。当我们分析曲线期权 delta 对冲的时候，将 S 当成一个单一标的变量更方便，而不用纠结 S 其实是两个随机变量之差。该期权到期时的收付额见图 9-7。当 S 是正数时，期权的支付额为 0，当 S 为负数时，期权支付 7%的票息。这个支付额的情况非常像附录 A 中的二元期权，除了标的随机变量 S 可以是正数也可以是负数。S 变大意味着曲线陡峭化；S 变小意味着曲线平坦化；S 为负数意味着曲线反转。

在附录 A 中，我们展示了二元期权的 delta 是非常特殊的。对于一个股票的二元看跌期权，当标的价格比较高，期权为虚值期权时，如果标的价格下降，向执行价格移动，购买这个期权并进行 delta 对冲的交易员需要继续购买股票。假设股票价格没有越过执行价

---

① 注意，期权的 delta 通常都小于 1，所以，虽然曲线陡峭化了 20 基点，但这并不意味着期权的价值也会增加 20 基点。期权的价值增长会少一些。

② 这种分析没有考虑到一些降低期权价值的因素。比如，如果 1 年后曲线期权波动率下降或者（远期）互换曲线平坦化，那么曲线期权的价值都会降低。

③ 虽然使用远期互换进行 delta 对冲更合适，但是有些做市商选择使用即期互换来对冲曲线期权的 delta，因为即期互换的流动性更好。为了表述简便，我们在说曲线期权的 delta 对冲的时候是指使用即期互换进行对冲。

格，而是反过来上涨了，那么 delta 对冲者需要卖出一部分股票。因此，假设标的的价格是高于执行价格的，那么持有该二元看跌期权的 delta 对冲者需要在标的价格下降时买入，在标的价格上涨时卖出。但是如果标的价格跌破执行价格，那么交易员的 delta 对冲行为就会发生很大的变化。一旦标的价格跌破执行价格，所有的行为就反过来了。当标的价格在执行价格以下时，进一步下跌会引起 delta 对冲者卖出一部分标的股票。如果标的价格上升（但是仍然在执行价格之下），那么 delta 对冲者需要买入股票。我们会在附录 A 讨论，这种看起来很不正常的变化主要是因为二元看跌期权在虚值时的 gamma 为正数，而在实值时的 gamma 为负数。

同样的逻辑也适用于二元曲线下限。假设我们持有了一个虚值的二元曲线期权，并对该头寸进行 delta 对冲。那么我们的 delta 对冲行为如下：

（1）在曲线没有过度平坦，期权仍为虚值时，如果曲线陡峭化，那么我们进行平坦化交易；如果曲线平坦化，那么我们进行陡峭化交易。

（2）当曲线平坦化的幅度足够大，从而期权变为实值时，如果曲线平坦化，那么我们进行平坦化交易；如果曲线陡峭化，那么我们进行陡峭化交易（当然，这里假定曲线没有陡峭化太多以至于期权重新变为虚值，如果这样我们会重新按 1 的情形对冲）。

假设期权的头寸足够大，那么 delta 对冲能对曲线的变化产生深远的影响。假定曲线是陡峭的，期权是虚值的，那么这些期权多头的 delta 对冲行为实际上起到了稳定曲线的作用。因为当曲线平坦化时，进入市场开展陡峭化交易的 delta 对冲者会引起曲线（边际上）陡峭化。[①] 随着曲线陡峭化，delta 对冲者会进入市场开展平坦化交易，从而边际上引起曲线平坦化。这正是 2006 年曲线实现波动率很低的原因。[②] 总体来说，买入这些虚值二元看跌期权的做市商的 delta 对冲行为是一个重要的力量。如果曲线陡峭化，他们就会一起进入市场进行平坦化交易，从而稳定曲线。当曲线平坦化时，他们会进行陡峭化交易，也能够使曲线稳定。假设曲线没有过于平坦化以至于期权成为实值，那么这种稳定力量就会一直发挥功效。

然而，如果曲线平坦化的幅度足够大，以至于二元曲线下限成为实值，那么持有这些期权的做市商的 delta 对冲行为就会发生极大的改变，实际上变成曲线的不稳定因素。当二元曲线下限成为实值时，如果曲线平坦化，那么持有该下限多头的 delta 对冲者会进行平坦化交易，而不是陡峭化交易。边际上，如果曲线平坦化，那么 delta 对冲者也会进行平坦化交易，这会使得曲线更加平坦化。相反，假设曲线足够平坦，使得二元曲线下限是实值，那么曲线陡峭化时，delta 对冲者也会进行陡峭化交易。这同样会引起曲线进一步陡峭化。

图 9－17 总结了二元曲线下限的 delta 对冲。在这个例子中我们假设该二元曲线下限的执行利率为 0。当曲线向上倾斜时，这些期权的购买者的 delta 对冲行为能够稳定曲线。但是如果曲线反转，则这些期权的购买者的 delta 对冲行为会使曲线更不稳定。

---

① 如果投资者使用互换进行陡峭化交易，那么他会在短期限互换中收取固定利率，在长期限互换中支付固定利率。这会从边际上对短期限互换利率造成向下的压力，对长期限互换利率造成向上的压力，这意味着 delta 对冲者的行为会使曲线变陡，抵抗市场的平坦化趋势。

② 这里隐含的假设是只有做市商对曲线期权进行 delta 对冲，而交易对手（买方机构）不进行 delta 对冲。大部分情况下这个假设都是正确的。需要指出的是，如果曲线期权的交易双方都进行 delta 对冲，那么他们的对冲就会相互抵消，从而对冲的净效果对曲线没有影响。

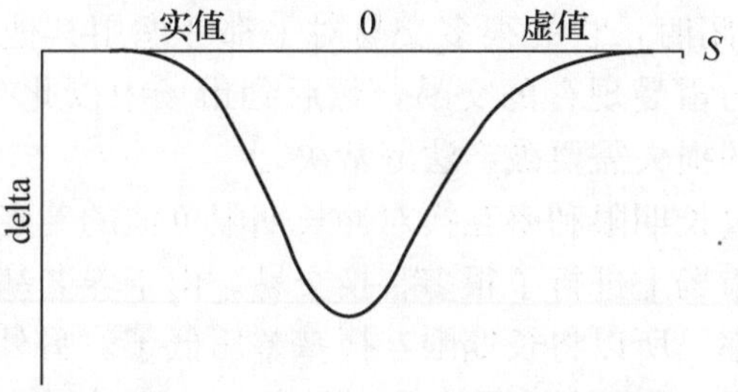

实值二元曲线下限	虚值二元期权下限
1. gamma为负	1. gamma为正
2. 如果曲线平坦化，那么delta对冲者也进行平坦化交易	2. 如果曲线平坦化，那么delta对冲者进行陡峭化交易
3. 如果曲线陡峭化，那么delta对冲者也进行陡峭化交易	3. 如果曲线陡峭化，那么delta对冲者进行平坦化交易
4. 因此delta对冲使曲线不稳定	4. 因此delta对冲使曲线稳定

图 9-17　执行利率为 0 的二元曲线下限的 delta 对冲概括

9.3.8　为什么 30 年期互换基差变成负值？这与曲线期权有什么关系？

很多人认为这不可能。有些人大规模押注这不会发生，甚至已经发生了，他们还认为这个现象很快会被修正，从而进一步加仓。后来 30 年期互换基差确实短暂地修正了一段时间，但之后又变成负值。此后这个基差负得越来越多，很长时间都没有消失。

我们在第一章里讨论过，30 年期互换基差在雷曼倒闭不久的 2008 年 10 月 23 日第一次出现负值。这标志着美元市场的基准互换基差第一次出现负值。[①] 很多因素共同导致了这一现象，最重要的一点是曲线期权做市商的 delta 对冲需求。

就像金融市场上的大部分情况，很多不同因素共同决定了市场的变动。很多时候这些因素的相互影响非常复杂，分辨出哪个因素或者哪些因素是主要因素并不简单。在 2008 年秋天，似乎有很多因素都导致了 30 年期互换基差的大幅收窄。

要注意的最重要的一点是雷曼倒闭后的几周，市场的流动性极差。很多时候人们只会在必须交易时才会交易，甚至一笔不大的交易都能对市场造成较大的冲击。如图 9-18 所示，危机在 2007 年夏天第一次显现，曲线的短端引领债市上涨，2s10s 曲线开始陡峭化。

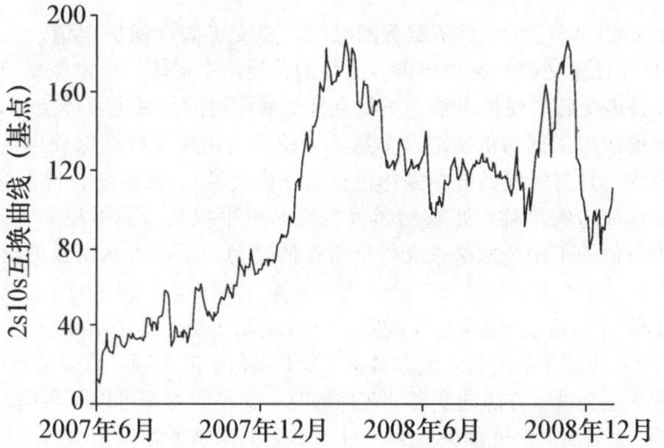

图 9-18　2s10s 互换曲线

① 在其他外币（例如英镑）互换市场，互换基差曾经出现过负值。

当2008年秋天雷曼倒闭时，它的很多交易对手都考虑用其他做市商来取代雷曼。这意味着交易对手需要终止与雷曼现存的交易，然后到市场中以此时的价格进行替代交易。与雷曼取消现存交易带来的损失需要破产法庭裁决。①

问题尤其突出的是通过长期限利率互换对冲长期限负债的养老基金。雷曼违约时，很多人都觉察到养老基金在市场上进行了很多替换交易。由于养老基金在长期限（尤其是30年期）互换中收取固定利率，所以将长期限互换基差压低了。另外，在危机中，很多金融机构正在通过卖出各种资产，包括长期限的国债降杠杆。直接抛售国债抬高了国债相对于互换的收益率，这也造成了互换基差收窄。有些杠杆化基金原来持有的交易是同时买入长期限国债并在长期限互换中支付固定利率（即资产互换）。为了降杠杆，这些基金卖出了持有的国债并进入互换交易收取固定利率，这也对长期限互换基差造成了向下的压力。同时，随着危机的加深，市场中很多人预计政府会大幅增加国债的供给来应对危机中的资金需求，这也造成了互换基差的收窄。② 但是，30年期互换基差成为负值还有一个重要的原因，即承销10s30s不反转债券的做市商的delta对冲。

图9－19展示了危机期间互换的10s30s曲线的历史价格。在雷曼倒闭后的几周里2s10s大幅陡峭化，但是10s30s由于刚才介绍的市场力量实际上却大幅平坦化。在2008年10月8日，10s30s曲线基本上是平的。而接下来发生的就更出乎意料了。

做市商通过承销不反转债券积累了大量的低执行利率的10s30s二元曲线下限。很多曲线下限的执行利率为0。危机之前这些10s30s非常陡峭，这些期权是虚值的。但是随着曲线平坦化，这些期权开始向实值移动。随着10s30s曲线继续平坦化并最终反转，很多期权变为实值。

如我们在9.3.7节讨论的，当10s30s曲线反转后，很多二元曲线下限成为实值，持有这些期权多头并进行delta对冲的奇异期权部门面临gamma参数反转的问题。当10s30s曲线反转后，这些二元曲线下限现在的gamma为负。这意味着如果曲线继续平坦化（即反转更严重），奇异期权部门不得不进行10s30s平坦化交易。也就是说，这些部门不得不在10年期互换中支付固定利率，并在30年期互换中收取固定利率。管理10s30s二元曲线

---

① 雷曼兄弟控股公司在2008年9月15日依据美国破产法递交了破产保护申请。几周之后，雷曼兄弟特别金融公司（LBSF）在2008年10月3日递交破产保护申请。雷曼的其他两个实体——雷曼兄弟金融产品公司和雷曼兄弟衍生品公司，在2008年10月5日递交破产保护申请。不管互换交易面对的是哪个具体实体，9月份控股公司递交破产保护申请已经让交易对手有足够的法律依据与雷曼结束交易了（控股公司递交破产保护申请后，交易对手结束与雷曼的交易的法律依据有些复杂，取决于是与雷曼的哪个实体进行的互换交易）。在雷曼与很多交易对手签署的ISDA标准条款下，递交破产保护申请已经构成违约事件，足够给雷曼的交易对手权利（而不是义务）了结它们之间的互换交易。一旦了结交易，基于互换盯市市值的了结金额必须支付给雷曼的交易对手或者从雷曼的交易对手那儿收取。更多细节请参见Stromfeld（2009）。

一个有意思的情况是，LBSF在申请破产保护后，它的一个交易对手决定不了结互换交易。该互换交易的盯市市值对这个交易对手来说是负的，如果它决定了结交易，它需要向LBSF支付了结金额。该交易对手不仅决定不了结交易，而且（根据ISDA主协议的一个条款，在交易一方违约或者潜在违约时，交易双方都可以不再向对方支付）停止执行互换条款（即不再根据互换协议支付票息）。然而，法庭裁决该交易对手不能根据该条款停止执行互换。而且，法庭裁决该交易对手在对方申请破产保护的情况下不了结互换的决定可以被认为是放弃了该权利。这个裁决意味着，在破产的情况下，一旦违约发生，没有违约的一方无权“操纵市场”。更多细节参见Davis Polk和Wardwell（2009）。

② 在2.2.1节，我们讨论了国债供给的增加或减少（甚至供给预期的变化）可能影响互换基差。预期国债供给的增加往往会降低互换基差。

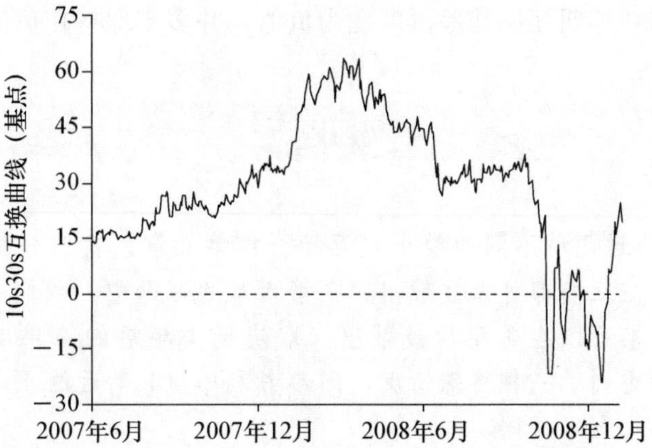

图 9-19　10s30s 互换曲线作为危机的先行指标

期权风险的奇异期权部门向互换做市部门询价，要求其在 10 年期互换中收取固定利率，在 30 年期互换中支付固定利率，从而满足期权做市商 delta 对冲的需求。整个过程的节奏变得非常迅速。具体来说，互换做市部门被要求在 10 年期互换中收取固定利率，在 30 年期互换中支付固定利率，使得 10s30s 曲线进一步反转，从而互换做市商愿意为 30 年期互换基差支付的固定利率越来越低，如图 9-20 所示。在 2008 年 10 月 8 日，10s30s 的互换曲线基本上是平坦的，但是几天之后的 10 月 13 日，曲线反转了 24 基点。30 年期互换基差逼近 0 也没有阻止机械地进行 delta 对冲的奇异期权做市商。无论交易的执行价位在什么水平，随着曲线平坦化，他们都需要继续进行平坦化交易。他们就像终结者，不需要理由和讨价还价，也不会感觉到遗憾和后悔。他们在对冲掉风险之前不会停止。

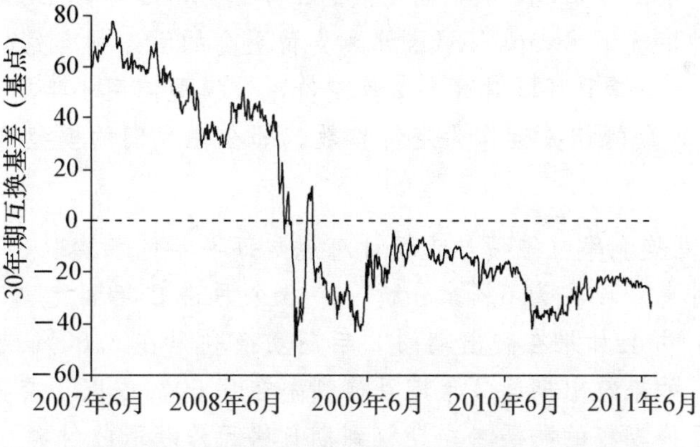

图 9-20　30 年期互换基差作为危机的先行指标

最终，30 年期互换基差被一直压到了 0 基点的水平，然后又在 2008 年 10 月 23 日被压低到负值。在当天，30 年期互换基差收盘价为－3 基点。不可能发生的事发生了。有些投资者认为这种现象是暂时的，很快就会被修正，于是冲进来在负值水平购买互换基差。有些人说他们之所以买入 30 年期互换基差是因为他们将来可以告诉他们的孩子或者孙子，当 30 年互换基差为负值时，他们在市场中，并且没有错过这个一生难逢的机会。但是购买的人可能亏损严重。此后 30 年期互换基差进一步塌陷，几周之内收盘价跌至－53.75 基点。虽然几周后 30 年期互换基差短暂地反弹为正值（10s30s 曲线在反转和不反转之间摇摆），但是此后几年30年期互换基差再度变为负值，并多年保持在负值区域。

习题

1. 我们之前分析过几种不同的敲出式互换。在第六章，我们分析了一个期间敲出式互换，在每个期间，该互换都可以被敲出。在第六章的习题中，我们分析了一个完全敲出式互换，该5年期互换可以在1年后被敲出（取决于1年后的4年期互换利率的位置）。注意，这个例子中考虑到了一种特殊情况，即参考利率（1年后的4年期互换利率）与可敲出时间的剩余交易的利率相同。

假设互换曲线是平坦的，为7%，分析如下交易：

Swaps 'R Us支付	固定利率
客户支付	1年期LIBOR
名义本金	1亿美元
到期期限	5年
支付频率	互换双方都是按年支付
敲出条款	1年后，如果1年期LIBOR小于或者等于敲出触发值，那么该互换的双方都不再支付
敲出触发值	5.75%

a）让我们分析两种情况。第一种情况，4年期互换的1年远期和1年期LIBOR的1年远期是正相关的。第二种情况，4年期互换的1年远期和1年期LIBOR的1年远期是负相关的。那么在哪种情况下Swaps 'R Us愿意支付更高的固定利率呢？

b）如果我们有一个模型可以对这个交易定价，该模型使用4年期互换的1年远期和1年期LIBOR的1年远期的相关性作为定价参数。那么在我们的模型中这个定价参数可以设置为0吗？

2. 假设2年期互换利率（按债券市场计息规则每半年付息换取3个月LIBOR按货币市场计息规则每季付息）现在为6%。分析一个3个月进2年固定利率收取方互换期权，执行利率为5.70%，并且如果在敲出期间2年期互换利率在5.60%或以下交易那么该交易停止。也就是说，如果敲出期间2年期互换利率在5.60%或以下交易，那么3个月进2年固定利率收取方互换期权的购买者在期权到期日将无法获取收付额。

在三种不同的敲出期间情况下分析该交易：

- 欧式：只有一次行权机会，在今天之后1个月。
- 百慕大式：有两次行权机会，一次在今天之后1个月，另一次在今天之后2个月。
- 美式：从今天之后1个月到今天之后2个月之间的任何时候均可以行权。

a）将这些具有不同敲出期间的期权按照最贵到最便宜进行排序。

b）假设我们购买了这种敲出式期权的欧式版本，我们在购买该期权后，2年期互换的1个月远期与2年期互换的3个月远期的相关性减弱了。然而，虽然相关性有变化，但是假设互换利率没有变化，3个月进2年互换期权的波动率也没有变化。给定相关性的变化，欧式敲出期权的价值会怎么变化?

3. 再次分析我们的案例，利率互换按债券市场计息规则每年支付固定利率，换取按债券市场计息规则每年付息的1年期LIBOR。做市商承销了一个不反转债券，从而进入如下的互换交易：

名义本金	1亿美元
期限	10年
做市商支付	第1年：6% 第2～10年：$6\%\times N/M$ 这里N=计息期间曲线≥0的天数 M=计息期间天数 曲线=10年期CMS利率−2年期CMS利率
发行人支付	1年期LIBOR
重置频率	对于10年期CMS利率−2年期CMS利率，按天重置；对于1年期LIBOR，按年重置
支付频率	互换双方都按年支付
计息惯例	互换双方都按30/360

假设该交易执行时，2年期互换利率为2.25%，10年期互换利率为4.50%。因此2s10s的即期为225基点。并假设2s10s曲线的远期在未来10年间都比25基点更陡峭。

该互换执行时，固定票息设置使得交易的NPV=0。假设对该交易定价时，做市商使用的模型假设10年期CMS利率和2年期CMS利率的相关性是平坦的（即不随期限变动）。

那么以下哪种说法是正确的：

- 该互换执行之后，做市商持有隐含相关性多头（意味着隐含相关性增强的话，互换对做市商的价值也增加）。
- 该互换执行之后，做市商持有隐含相关性空头（意味着隐含相关性减弱的话，互换对做市商的价值增加）。
- 没有足够的信息判断做市商是做多还是做空相关性。

4. 分析一个标的为远期互换的固定利率收取方互换期权的定价。具体来说，是一个执行利率为4%的1进2×5互换期权。该期权在1年后到期，期权持有者有权在期权到期2年后开始的3年期互换中收取4%的固定利率。

我们可以将远期互换当做这个互换期权的标的，然后假设该远期互换利率的分布，最后使用模型对这个期权定价。

另一种方法，我们知道一个远期互换可以被分解成两个即期互换。如果我们将这个交易当做由两个即期互换组合而成的期权，那么我们在对该期权定价的时候需要考虑两个即期互换的相关性。

假设1进2互换期权的波动率、1进5互换期权的波动率和互换利率都没有发生变化，但是1×3互换利率（即2年期互换的1年远期）和1×6互换利率（即5年期互换的1年远期）之间的相关性增强了。那么下面哪种说法是正确的?

- 期权的价值增加
- 期权的价值降低
- 期权的价值不变
- 没有足够的信息判断

5. 假设投资者进入一笔远期波动率交易。具体来说，假设投资者买入 5 进 10 互换期权的 5 年远期。除非另做说明，这里假设该合约按照合约到期时的标的跨式互换期权组合的价值进行交割。假设我们使用正态模型对普通互换期权进行定价。对下边几个问题，请使用以下几个陈述作答：

- 从投资者的角度，远期波动率合约的价值增加
- 从投资者的角度，远期波动率合约的价值降低
- 从投资者的角度，远期波动率合约的价值不变
- 没有足够的信息判断

a）如果交易之后整个互换期权正态隐含波动率立即向上平移了，那么该合约的价值如何变化？假设这个向上平移是在绝对水平平移，而不是相对平移（即所有的互换期权正态隐含波动率上升相同的数额，而不是相同的百分比）。另外，假设波动率的变化没有引起互换利率变化。

b）如果在交易执行后 10 进 10 互换期权的正态隐含波动率立即上升，那么该合约的价值如何变化？假设波动率的变化没有引起互换利率变化。

c）如果在交易执行后 10 进 10 互换期权的正态隐含波动率立即上升，那么该合约的价值如何变化？假设波动率的变化没有引起互换利率变化，并假设除了 10 进 10 互换期权的隐含波动率变化之外其他隐含波动率没有发生变化。

d）如果在交易执行后 5 进 10 互换期权的正态隐含波动率立即上升，那么该合约的价值如何变化？假设波动率的变化没有引起互换利率变化。

e）如果在交易执行后互换利率下降了（假设利率曲线平行移动），那么该合约的价值如何变化？假设利率的变化没有引起互换期权的隐含波动率变化。

f）对于这个问题，假设远期波动率合约按照合约到期时互换期权组合的隐含波动率进行交割。如果交易执行后互换利率立即下降了（假设利率曲线平行移动），那么该合约的价值如何变化？假设利率的变化没有引起互换期权的隐含波动率变化。

附录 A

期权定价简介

此附录介绍了本书中有关期权的知识点。如果您不熟悉这些知识点，我建议您在这里尽量熟悉它们。此附录对期权定价的基本原理进行了简短的回顾。我们会从基本的定义、概念开始讲起，并明确期权价格必须遵循的边界条件。我们会回顾二叉树期权定价模型，并介绍期权定价中非常重要的风险中性定价理论。我们会回顾 Black-Scholes 模型的基本概念，并探讨几个常用的度量期权价格变动的指标。我们也会讨论一些奇异期权和组合期权的概念。再次申明，本附录的目的是简短回顾知识点。如果您需要更详尽的内容，请参考 Hull（2008）中更完整的阐述。

A.1 基本概念

我们会在本书做出以下假设：

（1）不存在套利机会；

（2）市场是无摩擦的（即无交易费用）；

（3）所有人都可以相同的无风险利率 r 借入或者存出资金，假设 r 为大于零的常数。

套利（arbitrage）是使我们锁定无风险利润的交易行为。更规范地说，套利是一种这样的交易：我们今天的现金流为非负，在未来任何状态下的现金流也是非负，同时，在今天或未来的某种状态下有正现金流。

为了对该定义有更直观的理解，假设未来只有两种状态，一种叫“正面”，另一种叫

“反面”，分析表 A-1 中相互独立的交易策略。哪一个交易策略有套利机会呢？[①]

表 A-1　　交易策略示例　　（单位：美元）

交易策略	今日现金流	未来现金流	
		正面	反面
A	0	1	0
B	1	0	0
C	−0.05	1	1
D	0	0	0

注意，在无套利的假设下，如果两个资产在未来的各种状态下的收付额都是相同的，那么它们在今天的价格一定是相同的。如果它们的价格不同，那么我们可以买进便宜的资产，卖出贵的资产，这样今天就会得到正现金流。由于我们卖空的资产产生的现金流能被我们买入的资产的现金流完全抵消，因此未来的现金流会为零。这个策略能够套利，因为今天有正现金流且未来没有现金流。因此，为了避免套利，两个资产今天的价格必须相同。

这些假设合理吗？这要分情况了。金融市场确实偶尔会有套利机会，但是在绝大多数金融市场中，系统性套利机会不会长期存在，价格会很快回到合理的水平，使套利机会消失。零交易费用的假设并不是非常合理，因为大多数市场参与者交易时需要支付买入价或卖出价价差，但是为了简化，我们接受这个假设。[②] 第三个关于借贷的利率相同的假设就不是那么合理了。事实上，在 2007 年金融危机刚开始的时候，一些机构非常难贷到款。在金融危机之后，当某些短期美国国债收益率变为负值时[③]，连本来看起来合理的无风险利率为正这一假设都开始受到怀疑。尽管如此，我们仍然使用这些假设，但请记住它们的局限。

衍生品是价格取决于标的资产的资产。期权是衍生品中的一种。所有的期权都是衍生品，但并不是所有的衍生品都是期权。[④] 有两种基本的期权。看涨期权的持有者有权利但是没有义务在约定的时间以约定的价格购买标的资产。看跌期权的持有者有权利但没有义务在约定的时间以约定的价格卖出标的资产。这个约定的价格被称为执行价格或行权价格。如果期权的持有者只能在到期日行权，那么这样的期权是欧式期权。如果期权的持有者可以在到期日前任意时间行权，那么这样的期权是美式期权。

---

① 策略 A 和策略 B 有套利机会，因为每个策略在今天和未来的每种状态下的现金流都是非负的，并且每个策略在今天或者未来的一些状态下都有正现金流。策略 C 虽然看起来很不错，但是严格来说并没有套利机会，因为今天的现金流是负数。策略 C 也有可能被改造成一个套利机会。例如，假设今天可以借到 0.05 美元，并承诺未来无论在什么状态下都会偿还 0.06 美元。在这种情况下，策略 C 和这笔贷款可以组成一个套利策略，我们称之为 C’。该组合今天的现金流为 0，并且未来无论何种状态，现金流都是 0.94 美元，从而构成了一个套利策略。既然策略 C 看起来很像套利策略，为什么我们不能直接称其为套利策略呢？因为我们并不知道这个策略的持有期限，以及利率多高。例如，假设今天借入 0.05 美元需要未来偿还 1.10 美元。那么策略 C 不仅不是套利，还是一笔很差的交易。策略 D 不是一个套利策略。虽然它今天的现金流是非负的，但是今天和未来任何一种状态都没有正的现金流。

② 关于考虑交易成本的期权定价，请参考 Leland (1995)。

③ 这些短期国债出现负收益率的主要原因是市场对这些债券的需求很大。投资者由于需要短期国债，所以不断推高价格，最终导致其价格高于面值，收益率变为负数。一种比较合理的解释是投资者愿意承担这部分非常小的损失，换取将来可以安全地拿回本金。需要注意的是，对于很多利率衍生品，期权定价中使用的无风险利率不是国债收益率而是 LIBOR 利率。我们在第一章和第三章中讨论过，在互换市场，LIBOR 是一个非常重要的基准利率。

④ 期货合约是一种衍生品，但不是期权。

决定期权价格的变量包括标的资产的价格 S、执行价格 X、距离到期日的时间 T、标的资产的波动率 σ、无风险利率 r 和期权存续期内标的资产支付的股息 d。[①] 表 A-2 总结了这些符号。除非另有说明，否则我们假设标的资产在期权存续期内不付股息。

表 A-2　　附录中所用的符号

C	美式看涨期权
c	欧式看涨期权
P	美式看跌期权
p	欧式看跌期权
r	无风险利率
S_T	期权到期日标的资产价格
S	当前标的资产价格
σ	标的资产的波动率
d	股息
T	期权到期时间
X	执行价格

期权的价格是这些变量的函数。例如，如果我们用 c 表示一个看涨期权的价格，那我们可以用 $c(S, X, T, \sigma, r, d)$ 更好地表达这种函数关系。但是这样书写起来很麻烦，所以我们一般简写为 c，但是要牢记 c 是由这些变量决定的。有时候，为了突出其中一个或多个变量对 c 的影响，我们会用 $c(X)$ 这样的标记来说明 c 与执行价格 X 有关。但是要记住，尽管这种用法只突出了期权价格与其中一个变量有关，但是所有的变量都会影响期权价格。

如 Hull（2008）中所提到的，表 A-3 展示了任意一个变量上升（其他变量保持不变）对期权价格的影响。这些结果大部分都比较直观。我们就不再赘述，这里只介绍一些不是很显而易见的：

（1）波动率上升，看涨期权价格与看跌期权价格都会上升。这是因为看涨期权与看跌期权持有者的亏损是有限的。波动率的上升会使到期日资产价格的分布更广。因此期权大幅获利（标的资产的价格远高于（低于）看涨（看跌）期权的执行价格）的可能性就提高了。虽然波动率的上升也会让期权成为深度虚值［标的资产的价格远低于（高于）看涨（看跌）期权的执行价格］的可能性增加，但是这时期权持有者最多只会亏损期权费。

（2）期权的价格会随着期限的延长而上升，这句话对吗？不对。对于美式期权来说，这种说法是对的，但是对于欧式期权来说，情况并不总是这样的。例如，两个美式期权具有相同的标的资产和相同的执行价格，一个在时间 t_1 到期，另一个在时间 t_2 到期，这里 $t_1<t_2$。如果在时间 t_2 到期的美式期权的价格低于在时间 t_1 到期的美式期权的价格，那么

---

① 在有些情况下，无风险利率是按连续复利报价的，有时候是按简单复利报价的。用 r_e 和 r 分别表示用连续复利和简单复利报价的无风险利率。由于无论使用哪种方法报价，1 年后 1 美元的现值都要一样，所以，二者有如下关系：

$$e^{-r_e}=\frac{1}{1+r}$$

即 $r_e=\ln(1+r)$。

我们可以买入长期限的期权，卖出短期限的期权，从而在今天有正的现金流，并在短期限期权被执行时，我们也执行长期限的期权。[①] 这会形成套利机会。由于我们假设不会存在套利机会，因此，长期限的美式期权一定比短期限的美式期权贵。

但是这个推理并不适用于欧式期权。实际上，有时短期限的欧式期权比长期限的欧式期权（其他条件相同）更贵。我们举一个极端的例子，假设一个欧式看跌期权标的资产的价格为 0。这对看跌期权的持有者来说是非常好的事。在这种情况下，期权持有者希望期权尽快到期，从而更早拿到支付额（等于执行价 X）。越早到期，看跌期权持有者拿到的 X 的现值越高。[②]

（3）如果无风险利率上升呢？为什么这会提高看涨期权的价格，降低看跌期权的价格？我们先不详细阐述，而是接受这种说法。之后我们会重新回到这个问题。

表 A-3　　变量变化对期权价格的影响

上升的变量	对期权价格的影响			
	欧式看涨期权	美式看涨期权	欧式看跌期权	美式看跌期权
标的资产价格	↑	↑	↓	↓
执行价格	↓	↓	↑	↑
期权期限	?	↑	?	↑
无风险利率	↑	↑	↓	↓
波动率	↑	↑	↑	↑
股息	↓	↓	↑	↑

A.2　期权价格的边界值

在讨论期权定价之前，我们先讨论一下为了避免无风险套利出现，期权价格必须遵循的限制条件。需要指出的是，这些限制条件不依赖于标的资产价格的分布。

美式期权的价格不能低于对应的欧式期权的价格[③]：

$$c \leqslant C$$
$$p \leqslant P \tag{A.1}$$

美式期权可以让我们拥有欧式期权的所有权利，甚至更多。我们可以选择不提前执行美式期权，从而模仿欧式期权的收付额。因此，美式期权的价格至少与欧式期权相同。更正式地说，如果欧式期权的价格高于美式期权，那么我们今天可以买入美式期权卖出欧式期权，得到正现金流。未来，我们需要考虑的两种状态是：欧式期权被执行，或者欧式期权没有被执行。如果欧式期权在时间 T 被执行（它只能在这个时间被执行），那么也在时间 T 执行美式期权。从美式期权中得到的收入与欧式期权空头的支出正好抵消，得到零现

---

① 注意，如果短期限美式看涨期权被执行，那么我们执行长期限看涨期权并不一定是最优选择。我们想说明的是我们完全可以保证将来卖空的期权被执行时，无论发生什么都不会产生负现金流。其实，如果标的资产不支付股息，那么我们最好不要提早执行美式期权，我们后边会分析这一点。

② 再举一个例子，如果标的资产为股票的欧式看涨期权 1 个月后到期，如果公司计划在期权到期日的后一天发放很高的股息，那么这个期权的价格也许会高于其他条件相同但是期限为 2 个月的欧式看涨期权。

③ 这里默认两个期权具有相同的标的资产、相同的执行价格，以及相同的到期日。

金流。如果欧式期权没有被执行，那么我们在这种状态下的现金流一定是非负的。这意味着存在套利机会，因此欧式期权的价格不会超过美式期权。①

需要注意的是，有时提早（即在期权到期之前）执行美式看跌期权是最优的，这意味着在公式（A.1）的第二个不等式中，有时 $p=P$。关于这个问题，我们会在之后继续讨论。

对于欧式期权和美式期权，我们有如下关系：

$$\begin{aligned}&0\leqslant c\leqslant S\\&0\leqslant C\leqslant S\end{aligned}\tag{A. 2}$$

看涨期权的价格不会低于零，这句话对吗？如果计算得出的看涨期权价格为负，那一定是我们某些地方出错了。② 不等式另一边的限制条件值得我们仔细讨论。这个限制条件的意思是看涨期权的价格不能高于标的资产的价格。看涨期权给我们购买标的资产的权利，但是需要我们支付执行价格。因为当我们执行看涨期权时需要支付一定的金额，所以期权的价格不能高于标的资产的价格。③ 如果我们发现一个看涨期权的价格高于标的资产，那么我们可以卖出看涨期权并买入标的资产（今天的现金流为正）。如果看涨期权被执行，那么我们可以交付标的资产并获得执行价格（也是正现金流）。假如我们采用这样的策略，那么我们一定可以赚钱。但是谁愿意做交易对手呢？

对于看跌期权，我们有以下限制：

$$\begin{aligned}&0\leqslant p\leqslant X\\&0\leqslant P\leqslant X\end{aligned}\tag{A. 3}$$

假如看跌期权的价格高于执行价格，我们可以卖出看跌期权并且存出 X（今天的现金流为正）。如果看跌期权被执行，那么我们可以收回存出的 X（加上利息），从而可以支付执行价格，并得到标的资产。假如看跌期权没有被执行，那么我们存出的 X 在到期时能得到 Xe^{rT}。④ 因此，在未来的任何状态下，我们的现金流都是非负的，这就构成了套利机会。

看涨期权价格的下限与提前执行美式看涨期权

公式(A.2)与公式(A.3) 为看跌期权与看涨期权的价格设定了上限（和意义不大的下限），

---

① 用来证明公式（A.1）中套利边界的方法称为反证法，以后我们会经常用到这种方法。为了证明我们需要的结论，首先要假设这个结论是错的（即假设 $c>C$），然后证明这会带来套利机会。因为我们假设不会有套利机会，所以我们可以知道我们原来的假设（即 $c>C$）是错误的，因此 $c\leqslant C$。

② 有一次我在批改作业的时候，一个作业的问题是计算一个看涨期权的价格，其中一个学生坚持认为这个期权的价格是－5 美元。我说我很高兴从他这里买入这个期权。这意味着我买这个期权的时候他需要向我支付 5 美元。他思索了一下，撤回了他的报价。

③ 如果看涨期权的执行价格是 0 呢？在这种情况下，持有看涨期权与持有标的资产是等价的，期权的价格等于标的资产的价格。直观地讲，如果我们持有一个执行价格为 0 的看涨期权，那么我们一定会执行这个期权，因为我们不需要支付就能获得标的资产，这跟直接持有标的资产是一样的。更正式地讲，我们用 $e(X=0)$ 表示执行价格为 0 的看涨期权。我们先来证明 $e(X=0)\geqslant S$。假设这个关系不成立，也就是说 $e(X=0)<S$。那么我们可以买入这个执行利率为 0 的期权并卖出标的资产，今天获得正现金流。在到期日，执行我们购买的看涨期权。注意，由于执行价格为 0，我们在执行时无须支付任何现金流。执行之后，我们将得到的标的资产正好用于交割空头头寸。所以，这个策略让我们在今天获得正现金流，而未来的现金流为 0，从而形成了一个套利机会。因此，可得 $e(X=0)\geqslant S$。同时，我们从公式（A.2）的第一行可知 $e(X=0)\leqslant S$（这个条件对于所有的期权都成立，所以对执行价格为 0 的期权一定也成立）。所以，我们得到 $e(X=0)\geqslant S$ 和 $e(X=0)\leqslant S$，从而可以确定 $e(X=0)=S$。

④ 在本部分，我们假设利率是连续复利。因此，使用连续复利 r，本金 X 在时间 T 可以增长到 Xe^{rT}。

我们还可以对它们的价格设定更有意义的下限。对于欧式看涨期权（标的资产不支付股息），有

$$c \geqslant \max[0, S-Xe^{-rT}] \tag{A.4}$$

为了证明这个结论，我们来看一下表A-4中的策略：卖出标的资产，买入看涨期权，并买入面值为 X 的无风险债券。注意，这个策略在到期日的现金流是非负的。如果到期时 $S_T > X$，那么现金流为0。如果到期时 $S_T \leqslant X$，那么 $X-S_T$ 是非负数，这意味着这种状态下的现金流也是非负的。因此，为了防止套利，我们必须让 $S-Xe^{-rT}-c \leqslant 0$，从而得到我们想要的结果。①

表A-4　用套利策略证明 $c \geqslant S-Xe^{-rT}$

交易	今天的现金流	到期时的现金流	
		$S_T \leqslant X$	$S_T > X$
卖出资产	S	$-S_T$	$-S_T$
买入看涨期权	$-c$	0	S_T-X
买入债券	$-Xe^{-rT}$	X	X
净现金流	$S-Xe^{-rT}-c$	$X-S_T$	0

由公式（A.4）及 $C \geqslant c$，我们可以得到

$$C \geqslant \max[0, S-Xe^{-rT}] \tag{A.5}$$

并且，因为 $r>0$，所以

$$S-Xe^{-rT} > S-X$$

因此我们可以得到 $C>S-X$。$C>S-X$ 是一个非常有用的结论，因为它告诉我们（在没有股息的情况下）提早执行美式看涨期权不是最优的选择。因此，标的资产不支付股息的美式看涨期权与欧式看涨期权的价格是相等的。如果有股息呢？② 假设我们持有一个不付股息的标的资产的美式看涨期权，并且我们确信标的资产的价格会急剧下降。我们应该尽快执行这个美式看涨期权，收取标的资产，然后在标的资产价格下降前卖出吗？③

看跌期权价格的下限与提前执行美式看跌期权

标的资产不付股息的欧式看跌期权的价格下限类似于公式（A.4）：

$$p \geqslant \max[0, Xe^{-rT}-S] \tag{A.6}$$

为了证明这个不等式成立，我们看一下表A-5中的策略：买入标的资产，买入看跌期权，卖出面值为 X 的无风险债券。到期时，这个策略的现金流非负，所以为了避免套利，我们可以得到

$$Xe^{-rT}-S-p \leqslant 0$$

---

① 如果 $S-Xe^{rT}-c>0$，那么这个策略在今天的现金流为正，而在未来的任何状态下现金流也是非负的，这就构成了套利机会。因此，必须有 $S-Xe^{rT}-c<0$。由于 $c \geqslant S-Xe^{rT}$ 并且 $c \geqslant 0$，所以 $c \geqslant \max[0, S-Xe^{rT}]$。

② 在这种情况下，提前执行美式看涨期权可能是最优的。例如，一家公司马上要发放大额股息，在这种情况下，挂钩该公司股票的美式看涨期权的持有者会发现她最好在发放股息之前执行期权。

③ 这也不是最优的策略。如果我们这么做，我们会获得 $S-X$，但是如果我们卖出看涨期权，我们会得到 C，我们前边证明过 $C>S-X$。所以，如果我们不想继续持有看涨期权，我们可以将它卖出，而不是提前执行。

我们也已知 $p \geqslant 0$，因此可以得到公式（A.6）。

由于 $P \geqslant p$，根据公式（A.6），我们得到

$$P \geqslant \max[0, Xe^{-rT} - S] \tag{A.7}$$

因为我们可以提前执行美式看跌期权，所以美式看跌期权的价格至少等于立即执行的收益 $X-S$。所以

$$P \geqslant X - S$$

$P \geqslant X-S$ 能给我们提供关于美式看跌期权提前执行的信息吗？非常不幸，几乎不能。注意，这是一个弱不等式。如果这是一个强不等式，那么我们可以说美式看跌期权的价格肯定大于执行收益，但情况并不是这样。有时，确实需要提前执行美式看跌期权，从而$P=X-S$。

表 A-5　　用套利策略证明：$p \geqslant Xe^{-rT}-S$

交易	今天的现金流	到期时的现金流	
		$S_T < X$	$S_T \geqslant X$
买入标的资产	$-S$	S_T	S_T
买入看跌期权	$-p$	$X-S_T$	0
卖出债券	Xe^{-rT}	$-X$	$-X$
净现金流	$Xe^{-rT}-S-p$	0	S_T-X

进一步分析美式期权（标的资产不付股息）的提前行权

为什么我们从不提早执行无股息标的资产的美式看涨期权，但有的会提早执行美式看跌期权呢？我们来看一看提前执行美式看涨期权的收益（$S-X$）与美式看涨期权价格 C 之差。这个差值代表的是提前执行美式看涨期权的价格。虽然我们还不知道美式看涨期权的价格，但是我们可以使用公式（A.5）（即 $c \geqslant S-Xe^{-rT}$）中看涨期权的下限得到以下公式：

$$\begin{aligned}\text{提前执行美式看涨期权的收益} &= (S-X)-C \\ &\leqslant (S-X)-(S-Xe^{-rT}) \\ &= -X(1-e^{-rT}) \\ &< 0\end{aligned} \tag{A.8}$$

这个公式告诉我们什么？这个公式告诉我们提前执行美式看涨期权的收益等于执行美式看涨期权得到的 $S-X$ 与看涨期权价格 C 的差值，这个差值一定是负数。这告诉我们不要提早执行美式看涨期权。美式看涨期权的持有者如果提前行权，就放弃了相当于执行价格的资金利息。也就是说，如果美式看涨期权在今天被执行，那么今天就要支付 X。如果美式看涨期权持有者没有在今天行权，而是等到时间 T 再行权，那么他在时间 T 支付 X。但是为了在时间 T 支付 X，他今天只需有 Xe^{-rT}。他可以把这些钱投资于无风险债券，在时间 T，这些钱会增值到 X。因此，如果提前行权，他今天就需要付出 X，但如果她推迟行权，则他今天只需要支出 Xe^{-rT}。提前行权需要支付金额 X，推迟的话只需要支付 Xe^{-rT}（今天购买无风险债券，在时间 T 可以得到 X），两者之差是 $-X(1-e^{-rT})$。如公式（A.8）所示，这个差值是负数。

现在我们用公式（A.7）中美式看跌期权的下限来分析提早执行美式看跌期权的

收益：

$$
\begin{aligned}
\text{提前执行美式看跌期权的价格} &= (X-S)-P \\
&\leqslant (X-S)-(Xe^{-rT}-S) \\
&= X(1-e^{-rT})
\end{aligned} \tag{A.9}
$$

这告诉我们什么呢？这个公式几乎没有太多信息。对于美式看跌期权，提前行权的收益不会超过 $X(1-e^{-rT})$，但这是一个正数。尽管提前行权的收益有一个上限，提前行权的收益仍有可能为正数。假如提前行权的收益是正数，那么应该提前行权；如果是负数，那就不应该提前行权。因为提前行权收益的上限为正数，所以我们能得到的结论是有时提前执行美式看跌期权是正确的。事实上，我们可以很容易地找到一个简单的例子说明这个问题。[①]

欧式期权经常被用在互换市场，但是美式期权却很少被用在互换市场。然而百慕大式期权（在到期日前所规定的一系列时间均可以行权）在互换市场却很常见。在第五章和第六章中，我们分析一个被提前执行的百慕大式期权，然后举例说明有的时候提前执行期权会是最佳的选择。

A.3 欧式看跌看涨期权平价公式

欧式看跌看涨期权平价公式是一个非常基础的公式，公式虽然很简单，但是非常有用。对于相同标的（无股息）、相同执行价格、相同到期日的欧式看跌期权和看涨期权，我们有以下关系：

$$c=p+S-Xe^{-rT} \tag{A.10}$$

表 A-6 展示了如何用无套利理论证明这个关系。

表 A-6　　用无套利策略证明欧式看跌看涨期权平价公式 $c=p+S-Xe^{-rT}$

交易	今日现金流	到期日现金流	
		$S_T<X$	$S_T\geqslant X$
买入看跌期权	$-p$	$X-S_T$	0
买入标的资产	$-S$	S_T	S_T
卖出债券	Xe^{-rT}	$-X$	$-X$
卖出看涨期权	c	0	$-(S_T-X)$
净现金流	$c-p-S+Xe^{-rT}$	0	0

买入看跌期权和标的资产，卖出看涨期权和面值为 X 的无风险债券构成了一个无论将来发生什么，现金流都是 0 的交易策略。所以，为了规避套利，可以得到 $c-p-S+Xe^{-r(T-t)}=0$。

A.4 二叉树定价模型

到目前为止，我们尚未具体讨论定价问题：我们定义一些概念，展示了一些价格边

① 如果标的资产的价格为 0，那我们应该提前执行美式看跌期权吗？

界，并证明了欧式看跌看涨期权平价公式。这些都很重要，但真正的问题是，这些期权的价格到底是多少？解决这个问题的第一种方法是使用二叉树定价模型。

先来分析如下案例。图 A-1 中展示了一个现价为 32 美元的资产（时间 $t=0$）。在时间 $t=1$ 时，这个资产的价格有 75%的概率为 48 美元，有 25%的概率为 16 美元。我们是怎么知道这些概率的呢？我们真的需要关心这个概率吗？不妨我们先假设这个概率通过扔两次硬币决定：如果两次都是正面，则资产的价格为 16 美元；否则，资产的价格为 48 美元。同时，我们假设这段时间的无风险利率是 $33\frac{1}{3}\%$（换句话说，如果在时间 $t=0$ 投资 1 美元，那么在时间 $t=1$ 可以获得 $1.\overline{33}$ 美元）。

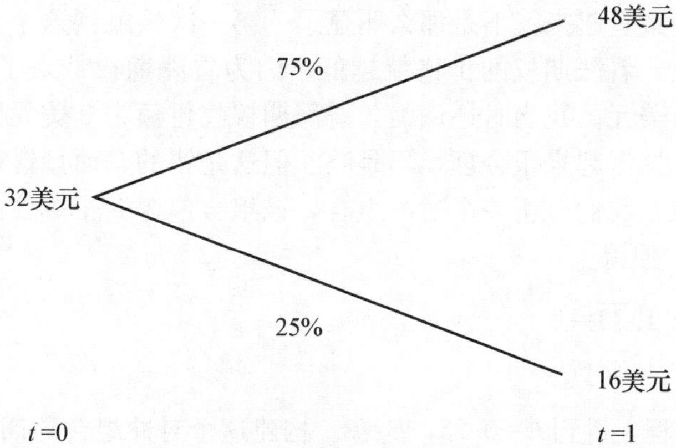

图 A-1　单一期间二叉树模型

现在我们来分析基于这个资产的欧式看涨期权，该期权的执行价格为 40 美元，到期日在 $t=1$。图 A-2 展示了这个看涨期权在时间 $t=1$ 时的收付额。在上面的节点，该看涨期权是实值的，收付额为 max[48－40，0]＝8（美元），而在下面的节点，看涨期权是虚值的，收付额为 max[16－40，0]＝0（美元）。在今天（$t=0$）看涨期权的价格是多少？我们来计算一下。首先，试着回答以下几个问题：

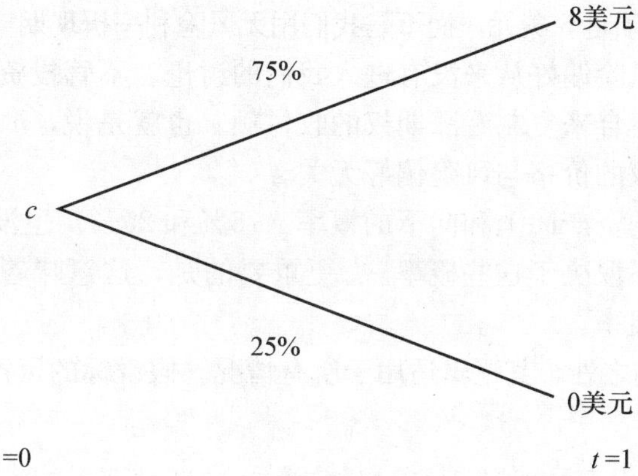

图 A-2　看涨期权的收付额

（1）标的资产在到期时的期望价格是多少？

（2）标的资产的期望收益率是多少？

（3）看涨期权的期望收益为多少？

注释中已经给出了这三个问题的答案。[①] 回答完上面的三个问题后，我们来看下面三个问题。

（1）看涨期权的价格是多少？

（2）投资者的风险偏好会如何影响看涨期权的价格？

（3）标的资产价格向上或者向下变动的概率会影响看涨期权的价格吗？

我猜你可能会认为看涨期权的价格等于用无风险利率折现看涨期权的预期收益（6 美元），即 6 美元/$1.\overline{33}$=4.5 美元。这看起来显而易见。

另两个问题的答案看起来就不是那么明显了。第一次接触到这个问题的时候，我认为投资者越是厌恶风险，看涨期权的价格就越低，因为看涨期权带来了风险较大的收付额，要么 8 美元，要么 0 美元。我当时还认为，看涨期权收付额为 8 美元的可能性越大，看涨期权的价格就越高。这看起来很合理，不是吗？但这是错的，而且错得离谱。

为了证明这一点，我们分析一个对冲组合，该组合包含 h 个单位的标的资产以及借入的金额为 B 的现金，使得

$$h\times 48-B\times 1.\overline{33}=8$$
$$h\times 16-B\times 1.\overline{33}=0$$

我们求解以上两个方程，得到 $h=0.25$，$B=3$。构建这个对冲组合的期初投资为 5 美元（买 0.25 股，每股价格 32 美元，需要花费 8 美元，并借款 3 美元用于支付一部分购股款）。[②] 当然，构建这个对冲组合的目的就是让组合在 $t=1$ 时了结之后获得的现金在无论何种状态下都等于看涨期权的收付额。为了验证这点，我们注意到 0.25 股标的资产在上面节点的价值为 0.25×48 美元=12 美元，在下面节点的价值为 0.25×16 美元=4 美元，我们还需要偿还本金加利息 3 美元×($1.\overline{33}$)=4 美元，因此，在两种状态下剩余的金额分别为 8 美元和 0 美元。

这意味着这个看涨期权在今天的价格一定为 5 美元。我们找到的对冲组合可以复制看涨期权的收付额，因为假设无套利机会，所以这个看涨期权的价值与对冲组合的价值必须相等。因此，看涨期权的价格必须是 5 美元，而不是我们用无风险利率折现期望收益算出来的 4.5 美元。

注意，投资者的风险偏好从来没有进入我们的讨论。不管投资者的风险偏好如何，都可以构建这样的对冲组合来复制看涨期权的收付额。也就是说，h 和 B 的值与投资者的风险偏好无关，所以期权的价格与风险偏好无关。

另外要注意，标的资产向上和向下的概率（75%和 25%）也没有纳入我们的讨论，因此看涨期权的价格也不取决于这些概率。[③] 更重要的是，这意味着我们不需为给期权定价而费尽心机计算这些概率。

这个例子没有特别之处。其逻辑适用于所有情况。假设标的资产现在的价格是 S，在一

---

① 答案分别是：0.75×48 美元+0.25×16 美元=40 美元；(40－32)/32=25%；0.75×8 美元+0.25×0 美元=6 美元。

② 我们这里假设购买股票的数量可以小于 1 股。

③ 如果改变这些概率会影响标的资产今天的价格，那确实会影响看涨期权的价格，但是我们假设标的资产今天的价格已经给定，所以向上和向下的概率就不会影响看涨期权的价格。

段时间结束之后的价格是 uS 或者是 dS，这里 $u>1$，$d<1$ 且 $d<1+r<u$，r 是这一期间的无风险利率（简单利率）。图 A-3 展示了资产价格的变化过程。为什么我们需要 $d<1+r<u$?[①] 如图 A-4 所示，我们用 c_u 和 c_d 分别表示向上和向下移动对应的看涨期权收付额。

我们构建一个对冲组合：

$$\begin{aligned} huS-BR&=c_u \\ hdS-BR&=c_d \end{aligned} \tag{A.11}$$

这里 $R=1+r$。我们可以解出：

$$h=\frac{c_u-c_d}{(u-d)S} \tag{A.12}$$

$$B=\frac{dc_u-uc_d}{(u-d)R} \tag{A.13}$$

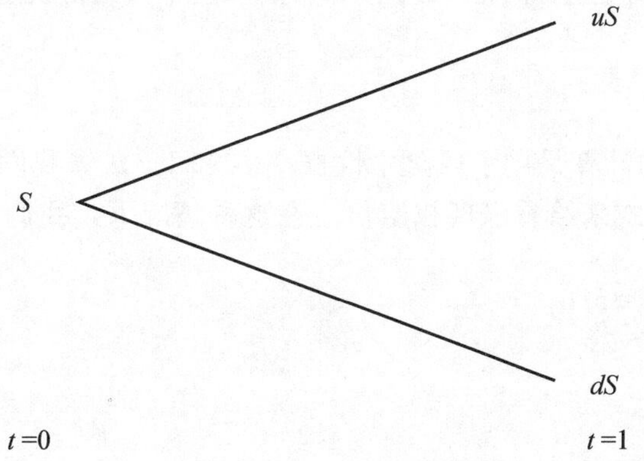

图 A-3　单一期间二叉树

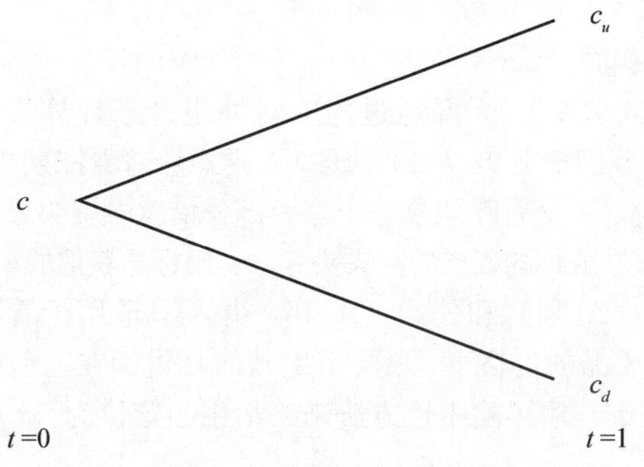

图 A-4　看涨期权的收付额

由于我们假设不存在套利机会，所以今天看涨期权的价格一定等于对冲组合的价格：

$$c=hS-B \tag{A.14}$$

① 如果 $1+r<d<u$，那么我们可以借入资金购买风险资产，从而实现无风险套利；如果 $d<u<1+r$，那么我们可以卖出风险资产并购买债券，从而实现无风险套利。

这里 h 和 B 由公式（A.12）与（A.13）分别给出。[①]

公式（A.14）是我们在无套利假设下推导出的看涨期权的价格。将公式（A.12）、公式（A.13）代入公式（A.14），并重新排列之后可以得到

$$c=\frac{1}{1+r}[p_n c_u+1(1-p_n)c_d] \tag{A.15}$$

$$p_n=\frac{R-d}{u-d} \tag{A.16}$$

公式（A.15）和公式（A.14）是一样的，但是公式（A.15）看起来像是我们计算看涨期权的预期收付额，然后用无风险利率折现。这个定价公式看起来更直观，被称为风险中性定价。[②] 这里的“概率” p_n 和 $1-p_n$ 也具有概率的性质：大于 0 小于 1，且二者之和为 1。但是它们并不是真正的概率，只是被叫做风险中性概率而已。风险中性是一个人为设置的概念，只是为了让期权定价变得更直观。公式（A.15）的风险中性定价表达式有时也会被写成

$$c=\frac{1}{1+r}[\hat{E}(c_T)] \tag{A.17}$$

这里“^”表示期望值的计算是用了风险中性概率 p_n 和 $1-p_n$。我们可以将之前例子里的数字代入这个风险中性公式来给看涨期权定价。在这种情况下，我们可以得到

$$p_n=\frac{4/3-0.5}{1.5-0.5}=5/6$$

看涨期权的价格为

$$\begin{aligned} c &=\frac{1}{1.33}[8\times(5/6)+0\times(1/6)] \\ &=5(\text{美元}) \end{aligned}$$

与我们之前得到的答案相同。

让我们重新回到公式（A.14），即通过建立对冲组合来计算看涨期权的价格。由公式（A.12）和公式（A.13）我们知道 $0\leqslant h\leqslant 1$，$B\geqslant 0$，这意味着看涨期权也可以被看成是加了杠杆的标的资产。也就是说，一个看涨期权等于靠一部分借款融资买入的标的资产的多头头寸。类似地，看跌期权可以被看成标的资产的空头头寸，卖出标的获得的本金用于融出获取利息。[③]

同时要注意，公式（A.14）和公式（A.15）并不只适用于看涨期权。相同的理论也可以应用于计算任意衍生品的价格 v，只要衍生品的收付额在上面的节点为 v_u，在下面的节点为 v_d。在这种情况下，用风险中性方法来给衍生品定价为

---

① 对冲组合今天的价值等于我们构建投资组合需要支付的现金。我们以 S 的价格购买了 h 股的标的资产，成本为 hS。同时我们今天还借入 B 用于购买股票的部分支出，因此我们总共支付的金额为 $hS-B$。

② 风险中性的意思是投资者对预期收益一样的两个资产的偏好是一样的，不区分两个资产的风险大小。对于风险中性的投资者，可以用无风险利率对风险资产的未来收付额进行折现，从而求得风险资产的价值。

③ 有了这些解读，我们就可以回答 A.1 节的一个问题了（至少从二叉树模型的角度）：为什么无风险利率的上升会使看涨期权的价格也上升？看涨期权相当于一个融资买入的标的资产的杠杆多头。如果无风险利率上升，那么融资成本就上升。也就是说，相同的杠杆多头的融资成本就会增加（融资更贵），所以看涨期权价格也会上升。同样的道理，无风险利率上升会使看跌期权的价值下降。

$$\frac{1}{1+r}[p_n v_u+(1-p_n)v_d] \quad (A.18)$$

这里 p_n 由公式（A.16）给出。

A.4.1 多期间二叉树

二叉树定价模型可以推广到多期间。举一个具体的例子，我们来分析具有两个期间的模型，标的资产的价格如图 A-5 所示。假设每个期间无风险利率都为 $33\frac{1}{3}\%$。执行价格为 60 美元、到期时间为 $t=2$ 的欧式看涨期权今天的价格是多少？我们可以在二叉树上“倒推”计算这个看涨期权的价格。当 $t=1$ 时，标的资产的价格可能在上面的节点，也可能在下面的节点。如果在上面的节点，那么再过一个期间，在 $t=2$ 时，资产的价格可能是 72 美元，或者 24 美元。我们可以用一种期间二叉树的方法来算出在 $t=1$ 时资产价格在上面节点情况下看涨期权的价格。用公式（A.15），我们可以求得该价格是$(3/4)\times[(5/6)\times12+(1/6)\times0]=7.5$（美元）。类似地，如果在 $t=1$ 时标的资产的价格在下面的节点，那么不论下一期时标的资产价格是 24 美元还是 8 美元，看涨期权在 $t=2$ 时的价格都是 0 美元。因此，如果 $t=1$ 时我们处于下面的节点，那么这个看涨期权的价格一定为 0 美元，如果有疑问，我们可以用公式（A.15）来证明。所以现在回到时间 $t=0$，我们来计算今天看涨期权的价格：这个看涨期权在 $t=1$ 时价格为 7.5 美元（上面的节点），或者 0 美元（下面的节点）。所以该看涨期权在今天的价格为$(3/4)\times[(5/6)\times7.5+(1/6)\times0]=4.6875$（美元）。图 A-6 展示了这个关系。这个两期间二叉树可以推广至多期间，甚至多维度。更多细节请参考 Hull（2008）。

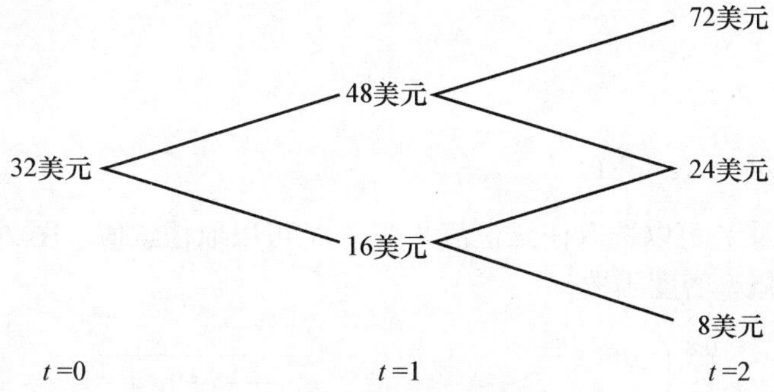

图 A-5 两期间二叉树

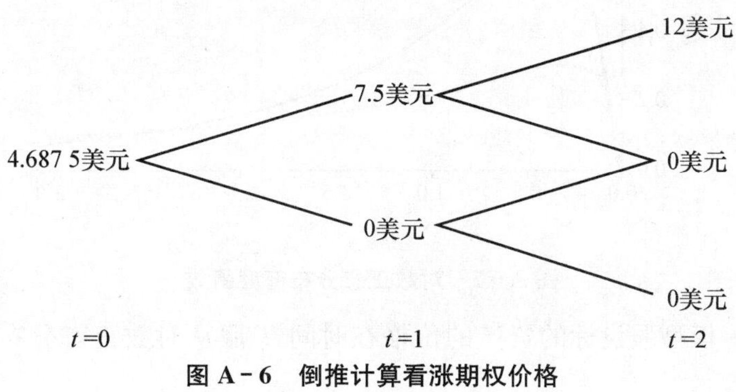

图 A-6 倒推计算看涨期权价格

A. 5　Black-Scholes 模型

多期间二叉树模型是一个很有用的期权定价方法。它是一个离散模型，这意味着标的资产的价格每个期间只变一次。而 Black-Scholes 模型使用了连续性分布，在该模型中标的资产的价格可以在任何时间发生变化。

具体来讲，Black-Scholes 模型假设标的资产的价格服从对数正态分布。如果 X 服从正态分布，其均值为 μ，方差为 σ^2，而 $Y=e^X$，那么随机变量 Y 就服从对数正态分布。如果 X 的概率密度函数是

$$n(x)=\frac{1}{\sqrt{2\pi\sigma}}e^{-(x-\mu)^2/2\sigma^2} \tag{A. 19}$$

那么 X 服从均值为 μ、方差为 σ^2 的正态分布，我们用 $X\sim N(\mu,\sigma^2)$ 表示。
$X\sim N(\mu,\sigma^2)$ 的累积分布函数是

$$N(d)=\int_{-\infty}^{d}\frac{1}{\sqrt{2\pi\sigma}}e^{-(x-\mu)^2/2\sigma^2}\mathrm{d}x \tag{A. 20}$$

我们可以得到 $E(X)=\mu$，$\mathrm{Var}(X)=\sigma^2$。如果 $\mu=0$ 且 $\sigma^2=1$，则 X 被称为标准正态分布随机变量。注意如果 Z 是一个标准正态分布随机变量，那么随机变量 $X=aX+b\sim N(b,a^2)$。

如果 Y 是参数为 μ 与 σ^2 的对数正态分布随机变量，那么 Y 的概率密度函数为

$$f(y)=\frac{1}{\sqrt{2\pi\sigma y}}e^{-[\ln(y)-\mu]^2/2\sigma^2}, \quad y>0 \tag{A. 21}$$

我们能得到

$$E(Y)=e^{\mu+\sigma^2/2} \tag{A. 22}$$

$$\mathrm{Var}(Y)=e^{2\mu+\sigma^2}(e^{\sigma^2}-1) \tag{A. 23}$$

注意，随机变量 Y 可以选取任意正值，变量 X 可以取任意值。图 A－7 展示了对数正态分布随机变量的概率密度函数。

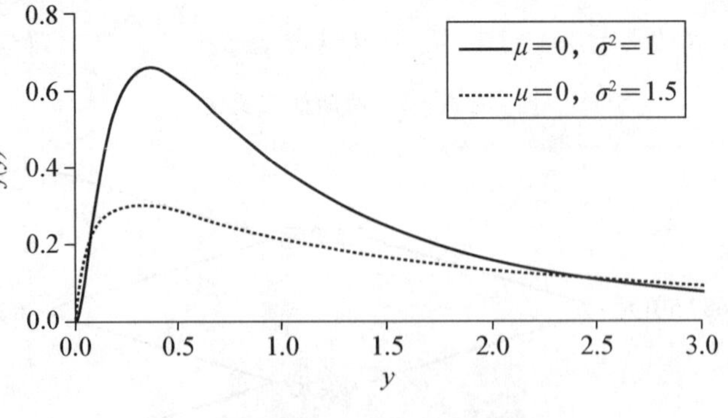

图 A－7　对数正态分布密度函数

Black-Scholes 模型假设标的资产的价格在时间 T 服从对数正态分布。具体来讲，我

们假设

$$S_T = Se^{(\mu-\frac{1}{2}\sigma^2)T+\sigma\sqrt{T}Z} \tag{A.24}$$

这里 Z 是标准正态分布随机变量，S 是标的资产今天的价格。

注意，公式（A.24）中定义的 S_T 确实服从对数正态分布，因为公式（A.24）中的指数是正态随机变量。假如 S_T 是像公式（A.24）中那样的对数正态分布随机变量，那么根据公式（A.22）和公式（A.23），我们可以得到

$$E(S_T) = Se^{\mu T} \tag{A.25}$$

$$\mathrm{Var}(S_T) = S^2 e^{2\mu T}(e^{\sigma^2 T}-1) \tag{A.26}$$

从公式（A.24）中，我们得到

$$\ln(S_T/S) \sim N\left[\left(\mu-\frac{\sigma^2}{2}\right)T, \sigma^2 T\right] \tag{A.27}$$

因此，$\ln(S_T/S)$ 服从正态分布，且均值为（$\mu-\sigma^2/2)T$，方差为 $\sigma^2 T$。对数正态分布对于很多资产（例如股票）价格来说都是一个非常合理的假设，但是我们在第五章中曾讨论到，对于利率来说，对数正态分布的假设经常受到质疑。

Black 和 Scholes（1973）证明了如果标的资产价格服从对数正态分布且不支付股息，那么基于此标的资产的执行价格为 X、到期时间为 T 的看涨期权的价格为

$$c = SN(d_1) - Xe^{-rT}N(d_2) \tag{A.28}$$

$$d_1 = \frac{\ln(S/X)+(r+\sigma^2/2)T}{\sigma\sqrt{T}} \tag{A.29}$$

$$d_2 = d_1 - \sigma\sqrt{T} \tag{A.30}$$

这里，$N(\cdot)$ 是公式（A.20）中给出的正态分布的累积分布函数。公式（A.28）被称为 Black-Scholes 公式。一个非常引人注目的地方是这个公式不包含参数 μ，尽管它在公式（A.24）中用来描述标的资产的价格变动。这个公式的奇妙之处就在于，我们可以在不知道 μ 的情况下对期权定价。

我们不需要深入讨论 Black-Scholes 公式的推导过程。有很多种方法都可以推导出这个公式。在 Black 和 Scholes 最早的论文中，他们使用了一种类似于我们在二叉树模型中用到的对冲组合的方法（在数学上更为复杂）。① 他们证明了要满足这些限制条件与无套利的假设，看涨期权价格必须与公式（A.28）中的一样。

在此之后，有人证明了 Black-Scholes 方程可以在风险中性假设下求得。也就是说，公式（A.28）中看涨期权的价格也可以通过如下方法求得：假设标的资产的价格服从对数正态分布，如公式（A.24）所示，那么看涨期权的价格可以通过如下公式计算：

$$c = e^{-rT}\hat{E}[\max(S_T - X, 0)] \tag{A.31}$$

---

① 他们实际上设置了一个对冲组合，包括一个看涨期权和一个标的股票的头寸，并推导出对冲组合为无风险组合的条件。这些条件为看涨期权的价格设定了需要满足的条件，而求解这些限制条件就可以得出 Black-Scholes 公式。

这里 $\hat{E}$ 表示期望值是建立在风险中性的假设上计算的。这意味着什么？这意味着需要把公式（A. 27）中的 μ 换成 r：

$$\ln(S_T/S) \sim N\left[\left(r-\frac{\sigma^2}{2}\right)T, \sigma^2 T\right] \tag{A. 32}$$

这非常重要。参数 μ 是每个资产特有的。也就是说，每个资产都有自己的期望收益率。那怎样才能算出这个收益率呢？幸运的是，不需要去算。在风险中性假设下，给所有资产定价时都假设其期望收益率等于无风险利率。

运用看跌看涨期权平价公式和公式（A. 28），我们可以很容易地证明，根据 Black-Scholes 公式，标的资产的欧式看跌期权的价格是

$$p = Xe^{-rT}N(-d_2) - SN(-d_1)$$

这里的 d_1 和 d_2 由公式（A. 29）和公式（A. 30）分别给出。图 A－8 和 A－9 分别展示了看涨期权与看跌期权的 Black-Scholes 价格与标的资产价格的关系。

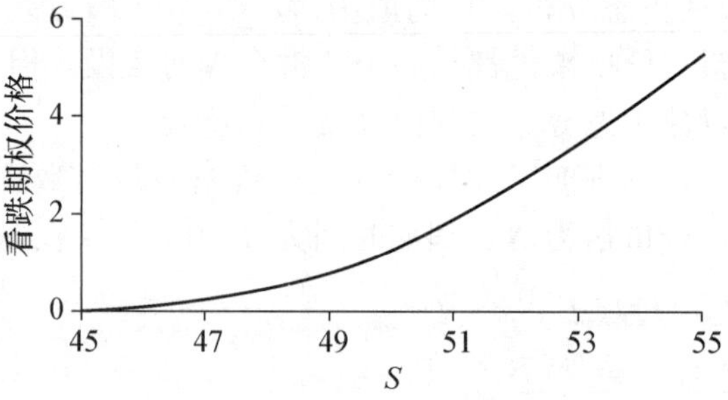

图 A－8　看涨期权价格与标的资产价格的关系（$X=50$，$r=5\%$，$\sigma=20\%$，$T=1$ 个月）

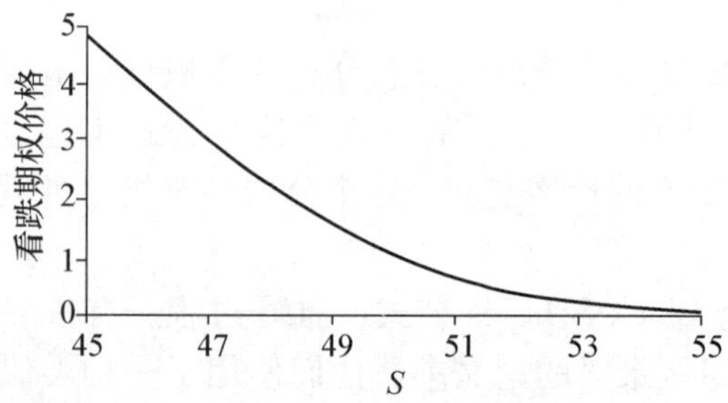

图 A－9　看跌期权价格与标的资产价格的关系（$X=50$，$r=5\%$，$\sigma=20\%$，$T=1$ 个月）

有股息情况下的 Black-Scholes 公式

假如标的资产支付连续股息收益率 d，根据 Black-Scholes 公式，我们可以得到欧式看涨期权的价格为

$$c = Se^{-dT}N(d_1) - Xe^{-rT}N(d_2) \tag{A. 33}$$

$$d_1 = \frac{\ln(S/X) + (r-d+\sigma^2/2)T}{\sigma\sqrt{T}} \tag{A. 34}$$

$$d_2 = d_1 - \sigma\sqrt{T} \tag{A. 35}$$

Black 公式

公式（A. 33）中的 Black-Scholes 公式经过改造也可以用来计算标的资产为远期或者期货的欧式看涨期权的价格。Black（1976）证明了，如果标的资产为远期，那么欧式看涨期权的价格为

$$c=e^{-rT}[FN(d_1)-XN(d_2)] \tag{A. 36}$$

$$d_1=\frac{\ln(F/X)+\sigma^2 T/2}{\sigma\sqrt{T}}$$

$$d_2=d_1-\sigma\sqrt{T}$$

这里 F 代表了远期合约的价格。我们把 Black-Scholes 的这种拓展称为 Black 公式。Black 公式经常用于计算 LIBOR 的上下限和互换期权，我们在第四章、第五章中进行过讨论。

A. 6 期权的敏感度

另一个重要的问题是在标的资产价格变化或者波动率变化或者时间推移的情况下期权价格如何变化，这对期权交易员来说是非常重要的。比如，如果我们管理一个期权组合，那我们应该很想知道如果波动率上升了，期权组合的价值会发生什么变化。如果我们是净卖空期权，这可能会给我们带来损失。如果我们是净买入期权，那么波动率上升意味着我们的期权组合价值可能也会上升。①

在本节，我们经常会用到一些希腊字母，比如 delta、gamma、vega 等。每一个字母都是用来度量某一个变量变化时（其他变量保持不变）期权价格的变化。需要注意的是，期权的敏感度很大程度上取决于我们使用的模型。例如，如果我们用 Black-Scholes 模型（假设标的资产服从对数正态分布），那么期权敏感度的计算结果可能与用其他模型计算的结果很不一样。② 根据特定的期权模型，有时可能会非常简单地计算出期权敏感度的解析解。如果无法求出解析解，那么我们可以使用数值计算的方式求出近似值。

A. 6. 1 delta

我们要讨论的第一个（可能也是交易员最关心的）期权敏感度是标的资产价格变化时，期权的价格如何改变。这个敏感度被称为期权的 delta。交易员之所以这么重视 delta 是因为标的资产的变动可能对期权价格的影响非常大。

我们用 $V(S, X, r, T, \sigma)$ 表示期权的价格与标的资产价格、执行价格、无风险利率、到期时间以及隐含波动率的函数关系。为了方便起见，我们一般只把 V 写为某一个变量的函数，但是期权价格其实是取决于所有变量的。期权的 delta 定义为

$$\Delta=\frac{\partial V}{\partial S} \tag{A. 37}$$

对于标的资产的价格 S，我们可以将 delta 近似表示为

① 并不是所有期权的价格都会随着隐含波动率的上升（下降）而上升（下降），我们在后面会讨论这个问题。

② 例如，我们在第五章中讨论的正态分布模型，就是用于替代 Black-Scholes 模型对利率期权进行定价的。

$$\Delta \approx \frac{\Delta V}{\Delta S} = \frac{V(S+\varepsilon)-V(S)}{\varepsilon} \tag{A.38}$$

这里 $V(S)$ 表示标的资产价格为 S 时期权的价格，ε 是一个很小的正数。我们什么时候应该用公式（A. 37）来计算 delta，又该在什么时候用公式（A. 38）呢？如果偏导数的解析解容易计算，那么我们就用公式（A. 37），否则，那就要用公式（A. 38）来求近似值。先计算出标的资产价格为 $S+\varepsilon$ 和 S 时期权的价格，再用公式（A. 38）就可以求出 delta 的值。当 ε 很小时，用两个期权的差值除以 ε，可以得到一个非常接近真实 delta 的值。

对于一个无股息标的资产的欧式看涨期权和看跌期权，通过 Black-Scholes 公式可以很容易地算出 delta 的解析解：

$$\Delta_c = \frac{\partial c}{\partial S} = N(d_1) > 0 \tag{A.39}$$

$$\Delta_p = \frac{\partial p}{\partial S} = N(d_1) - 1 < 0 \tag{A.40}$$

图 A－10 和图 A－11 分别展示了用 Black-Scholes 公式计算的看涨期权与看跌期权的 delta 与标的资产价格的关系。

从图中我们能看出什么？当交易员买卖一个期权后，他最关心的可能就是 delta。一旦期权交易达成之后（假设交易员没有马上平仓），如果标的资产价格变了，那就会严重影响期权的价格。的确，期权头寸也会受到其他因素的影响，比如隐含波动率的变化，但是最可能马上变化的就是标的资产的价格。

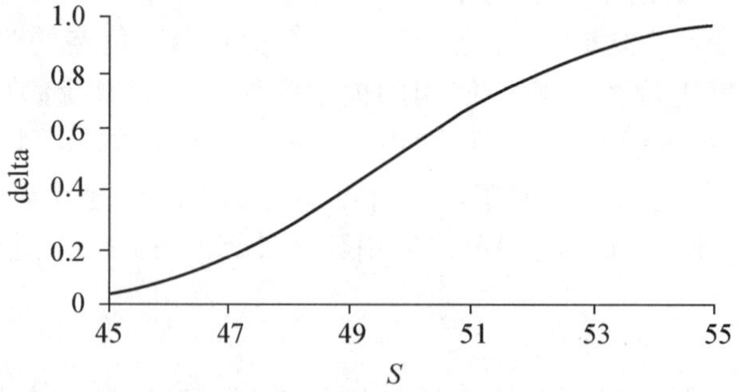

图 A－10　看涨期权的 delta 与标的资产价格的关系（$X=50$，$r=5\%$，$\sigma=20\%$，$T=1$ 个月）

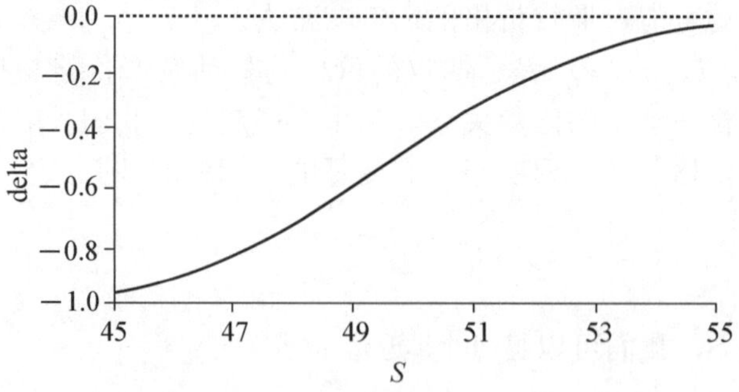

图 A－11　看跌期权的 delta 与标的资产价格的关系（$X=50$，$r=5\%$，$\sigma=20\%$，$T=1$ 个月）

delta 对冲指的是根据期权的 delta 敞口交易标的资产，使得组合的净值受标的资产价格的影响减小。[①] 进行 delta 对冲时，我们常常需要调整组合中标的资产的头寸，因为期权的 delta 并不是一个常数，而是标的资产价格以及其他期权参数的函数。这个调整 delta 对冲的过程被称为动态 delta 对冲。

我们进一步说明这个问题：假设期权交易员卖出一个期权，然后想通过交易标的资产来 delta 对冲这个头寸。那么总头寸的价值就是

$$-V+nS \tag{A. 41}$$

这里 n 代表组合中标的资产的数量。如果 n 为正数，则表示交易员买入标的资产，如果 n 为负数，则表示交易员卖出标的资产。当标的资产价格变动时，该组合价格的变化可以通过对公式（A. 41）求偏导来计算，结果如下：

$$-\frac{\partial V}{\partial S}+n \tag{A. 42}$$

注意，这里使用了 $\partial S/\partial S=1$。通常，delta 对冲时，期权交易员会想要保持 delta 中性，也就是说当标的资产的价格变化较小时，式（A. 41）中的组合价格变化为 0。为了使这个头寸为 delta 中性，我们必须让式（A. 42）等于 0。因此，为了让我们卖出的期权呈 delta 中性，我们应该持有的标的资产的数量为

$$n=\frac{\partial V}{\partial S} \tag{A. 43}$$

根据定义，$\partial V/\partial S$ 就是期权的 Δ。因此，为了使头寸保持 delta 中性，我们需要让 $n=\Delta$。由于期权的 delta 不是一个常数，因此期权交易员必须不断调整他的标的资产数量来保持 delta 中性。

注意，如果期权交易员买入期权，并想要通过交易 n 份标的资产来做 delta 对冲，那么总头寸的价值等于

$$+V+nS \tag{A. 44}$$

为了保持期权多头的 delta 中性，交易员需要持有的标的资产数量为

$$n=-\frac{\partial V}{\partial S} \tag{A. 45}$$

公式（A. 44）与公式（A. 41）唯一的区别是 V 之前的正负号，这表示期权头寸的方向。公式（A. 44）与公式（A. 45）中 n 为正数表示多头，n 为负数表示空头。[②]

举个例子，假设期权交易员卖出了看涨期权，并想要保持 delta 中性。假设交易员使用 Black-Scholes 模型，那么根据公式（A. 39）和公式（A. 43），交易员需要买入 $n=N(d_1)$份标的资产。因为 $N(d_1)$ 为正数，所以卖出看涨期权的交易员需要买入标的资产来进行 delta 对冲。第二个例子，我们来分析交易员买入看跌期权，并想保持 delta 中性的情况。通过公式（A. 45），我们知道交易员应该让 $n=\partial S/\partial S$。根据 Black-Scholes 公式，

---

① 再次强调，这并不是说其他变量（比如隐含波动率）保持不动。delta 对冲是指仅对冲标的资产价格变动带来的期权价格的变动。

② 注意，在公式（A. 45）中，负号并不意味着 n 是负数；如果 $\partial V/\partial S$ 是负数，那么 n 其实是正数。

$n=-[N(d_1)-1]$。根据公式（A.40），这是一个正数。这说明想要 delta 对冲看跌期权的多头，需要买入标的资产。①

A.6.2 gamma

gamma 是一个更难解释的概念，也许是因为它是二阶导数的缘故吧。gamma 度量的是标的资产价格变动引起的 delta 的变化。更正式地说，gamma 的定义为

$$\Gamma=\frac{\partial^2 V}{\partial S^2}=\frac{\partial \Delta}{\partial S} \tag{A.46}$$

gamma 可以用 delta 来近似求解：

$$\Gamma\approx\frac{\Delta(S+\varepsilon)-\Delta(S)}{\varepsilon} \tag{A.47}$$

这里 $\Delta(S)$ 表示标的资产价格为 S 时衍生品的 delta，ε 表示一个足够小的正数。

对于无股息标的资产的欧式看涨和看跌期权，方程（A.46）中的 gamma 可以根据 Black-Scholes 公式很容易求出解析解：

$$\Gamma_c=\frac{\partial \Delta_c}{\partial S}=\frac{n(d_1)}{S\sigma\sqrt{T}}>0 \tag{A.48}$$

$$\Gamma_p=\frac{\partial \Delta_p}{\partial S}=\frac{n(d_1)}{S\sigma\sqrt{T}}>0 \tag{A.49}$$

这里 $n(\cdot)$ 表示标准正态分布密度函数。图 A-12 展示了根据 Black-Scholes 公式得出的看涨期权的 gamma。如图所示，当标的资产在平值附近（即标的资产的价格接近执行价格）时，gamma 最大；如期权为深度实值期权或者深度虚值期权时，gamma 会急剧变小。如果期权是深度实值期权，那么持有一份期权多头的交易员需要做空几乎一整份的标的资产来保持 delta 中性。当标的资产价格轻微变动时，期权仍然是深度实值期权，交易员不需要大幅调整对冲头寸，这意味着 gamma 很小。类似地，如果期权是深度虚值期权，那么持有一份期权多头的交易员几乎不需要做空标的资产就能保持 delta 中性。标的资产价格发生微小变动时，期权仍为深度虚值期权，因此不需要太多变动 delta 对冲头寸，这意味着 gamma 很小。当标的资产的价格接近执行价格时，标的资产价格的变动会引起 delta 最大幅度的变动，也就是说期权的 gamma 最大。

图 A-13 展示了一个具有正 gamma 的期权。假设我们持有这个期权的多头，并进行 delta 对冲。现在标的资产的价格为 S。为了保持 delta 中性，我们需要做空标的资产的数量应该等于期权价格在 S 时期权的斜率。② 假设我们依照如下方法进行动态 delta 对冲：

---

① 这并没有看起来那么神秘，如果我们持有看跌期权多头，那么如果标的资产价格下跌，看跌期权的价格就会上涨。如果我们想保持 delta 中性，那么必须持有标的资产的多头。随着标的资产价格下跌，对冲头寸价值的损失正好抵消期权价值的收益。

② 只看这张图，我们怎么知道 delta 对冲头寸应该是做空标的资产？从这张图中我们可以看到，随着标的资产价格上升，期权的价值也会上升，随着标的资产价格下降，期权的价格也会下降。因此，为了保持 delta 中性，我们必须做空一些标的资产，因为标的资产价格上升会使空头亏损，标的资产价格下跌会使空头盈利。更正式地说，由公式（A.45）我们知道为了 delta 对冲期权多头，需要持有的标的资产的头寸为 $n=-\partial V/\partial S$。由于 $\partial V/\partial S$（期权价格在 S 处切线的斜率）是正数，这意味着 n 是负数。

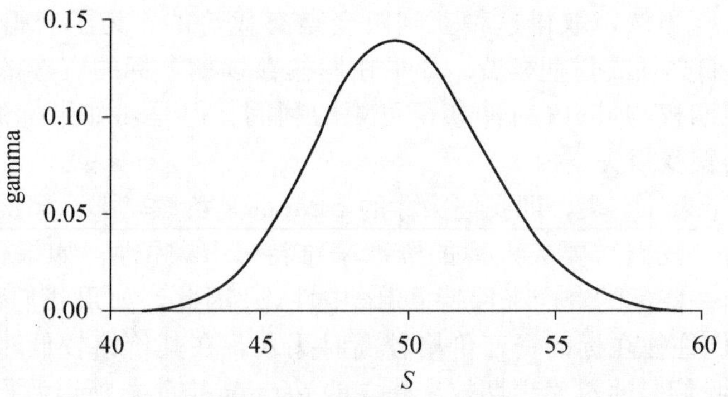

图 A-12　看涨期权的 gamma 与标的资产价格的关系（$X=50$，$r=5\%$，$\sigma=20\%$，$T=1$ 个月）

如果标的资产价格变动了 ε（$\varepsilon>0$），我们将调整做空的标的资产的数量以保证这个组合的 delta 为中性。现在假设标的资产的价格为 $S+\varepsilon$。期权价格在这里的切线更加陡峭（即期权价格对于标的价格变化更加敏感），这意味着期权的 delta 更大，我们应该以价格 $S+\varepsilon$ 卖出更多的标的资产。如果标的价格随后下降为 S，那么 delta 会下降为原来的值，因此我们需要削减标的资产的空头头寸。刚才我们以 $S+\varepsilon$ 的价格卖出了标的资产，现在我们以 S 的价格买回。如果标的的价格跌到 $S-\varepsilon$，期权 delta（三条切线中最平的那条切线的斜率）会变得更小，我们需要以 $S-\varepsilon$ 的价格买回更多的标的资产。当标的价格重回到 S 时，我们将卖出更多的标的来调整我们的 delta 对冲。

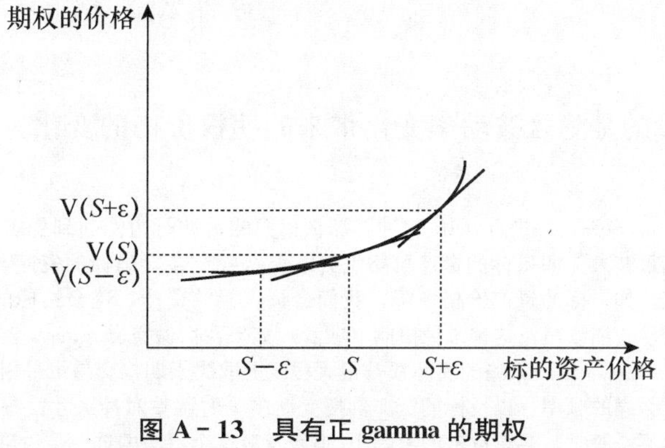

图 A-13　具有正 gamma 的期权

现在来看看我们标的资产的头寸。我们买入期权后，首先做空了一部分标的资产来维持 delta 中性。当标的资产价格上升时，我们卖出更多的标的；当标的资产价格下降时，我们用更便宜的价格买回；当价格继续下降时，我们就用更加便宜的价格买回更多标的资产；当后来价格回升时，我们就以更高的价格卖出。换句话说，我们在低买高卖。标的资产的价格上下波动得越厉害，我们在交易标的资产的过程中的获利越多。[①]

这就是 gamma 的魅力所在。做多 gamma（即组合的 gamma 是正数）能使我们从动态

① 在我们买入期权，并做空标的资产建立 delta 中性组合之后，即使标的资产此后一直向一个方向变动，期权的 gamma 也会让我们受益。例如，假设我们买入的期权如图 A-13 所示，标的资产价格从 S 变到 $S+\varepsilon$，并保持不动。在这种情况下，期权价格上升的幅度会大于标的资产价值的损失幅度：由于期权价格是标的资产价格的凸函数，因此期权的价格会上升到 $V(S+\varepsilon)$，而标的资产的价值只会线性下降。

delta 对冲中获利。① 当然，取得这种获利机会是有代价的：为了获得期权（从而拥有正 gamma 头寸），我们必须支付期权费。如果在期权存续期，标的资产的波动足够大，那么我们可以通过购买期权与 delta 对冲获得可观的利润。但是，如果标的资产的波动较小，那么采取该策略会蒙受损失。②

如果我们是 gamma 空头，即我们头寸的 gamma 是负数，那么情况就会反过来。当标的资产价格上涨时，我们需要买入标的资产来维持 delta 中性；如果标的资产价格下降，那么我们需要卖出一些标的资产来保持 delta 中性。③ 因此，如果我们是 gamma 空头并进行 delta 对冲，我们往往在标的资产价格较高时买入，在其价格较低时卖出，这种操作对我们不利。④ 由于我们是通过卖出期权来建立的 gamma 空头，所以我们已经收取了期权费来弥补 delta 对冲带来的损失。卖出期权并进行 delta 对冲策略的实际损益取决于标的资产价格的实际变动，以及交易员 delta 对冲调整的频率。

刚才的动态对冲机制解释了为什么很多交易员选择买卖短期限的期权。虽然有一些交易员交易短期限期权是不进行 delta 对冲的，只是为了表达对标的资产价格变动的看法，但是许多交易员是想获得短期限期权的 gamma 头寸。如果交易员认为标的资产的实际波动率（也称为实现的波动率）会足够高，delta 对冲的收益能够覆盖期权的成本，那么他会购买期权；如果交易员认为实现的波动率会很低，则倾向于卖出期权，收取期权费，然后寄希望于 delta 对冲的成本尽量低。通常（但并非所有时候），卖方交易员（即做市商）会对期权头寸进行 delta 对冲，而买方（即客户）通常不进行 delta 对冲，而是将短期限期权当做表达对标的资产方向性变动的工具。

A. 6. 3 vega

期权的 vega 度量的是隐含波动率变化带来的期权价格的变化。更正式地说，vega 被

---

① 如果我们持有 gamma 多头，并进行 delta 对冲，那么我们的对冲行为能起到稳定标的资产价格的作用，当然这里假设这些对冲交易规模足够大。如果标的资产价格上升，那么我们会卖出标的资产，在其他条件不变的情况下，这会将标的资产的价格压低。如果标的资产价格下降，我们会买入标的资产，这会给标的资产价格造成向上的压力。我们后面讨论二元期权的时候会继续讨论这种维稳机制（或者，如果我们做空 gamma，会有破坏稳定的倾向）。

② 购买期权并进行 delta 对冲这一策略的实际损益很大程度上取决于期权交易员采用的具体对冲方法。期权交易员必须执行规则，决定以什么样的频率，以及标的资产价格变动多少时调整对冲头寸。有些交易员认为选择对冲时机的过程更像是一种艺术，而不是科学。第五章末的习题 10 中涉及对这个习题的进一步讨论。

③ 为什么会这样？我们通过分析几个例子来说明这个问题。第一个例子，假设我们做空看涨期权，并且 delta 对冲使得组合 delta 为中性。根据公式（A. 48），我们是 gamma 空头。根据公式（A. 43），我们需要的 delta 对冲交易数量$n=\partial V/\partial S=\Delta_c$，根据公式（A. 39），这是一个正数。因此，为了 delta 对冲看涨期权空头，我们应该买入标的资产。如果标的资产的价格上升，看涨期权的 delta 增加，我们需要买入更多的标的资产来保持 delta 中性。如果标的资产价格下降，期权的 delta 下降，我们需要卖出一部分标的资产来保持 delta 中性。

第二个例子，假设我们做空看跌期权，并 delta 对冲使得组合 delta 为中性。根据公式（A. 49），我们是 gamma 空头。我们需要 delta 对冲交易数量 $n=\partial V/\partial S=\Delta_c$ 来保持 delta 中性。根据公式（A. 40），这是一个负数。这意味着，如果我们卖出了看跌期权，为了保持组合的 delta 中性，我们应该卖出标的资产。如果标的资产的价格上升，看跌期权的 delta 增加（delta 是负数，这种情况下会变成一个绝对值较小的负数，也就是趋近于 0），我们需要减少标的资产的空头来保持 delta 中性。如果标的资产价格下降，期权的 delta 下降（delta 从负数变为绝对值更大的负数），我们需要卖出更多的标的资产来保持 delta 中性。

④ 在期权头寸的 gamma 为负数的情况下，期权交易员的 delta 对冲行为会加剧标的资产的波动。如果标的资产价格上升，期权交易员会买入一些，这会推高标的资产的价格。如果标的资产价格下跌，交易员会卖出一些标的资产，从而造成标的资产价格下跌的压力。

定义为

$$\frac{\partial V}{\partial \sigma} \tag{A.50}$$

vega 可以由以下公式近似

$$\frac{V(\sigma+\varepsilon)-V(\sigma)}{\varepsilon} \tag{A.51}$$

这里 $V(\sigma)$ 表示当隐含波动率为 σ 时，衍生品的价格。对于无股息标的资产的欧式看涨和看跌期权，vega 可以通过公式（A. 50）和 Black-Scholes 公式求得：

$$\frac{\partial c}{\partial \sigma}=Sn(d_1)\sqrt{T}>0 \tag{A.52}$$

$$\frac{\partial p}{\partial \sigma}=Sn(d_1)\sqrt{T}>0 \tag{A.53}$$

图 A－14 是根据 Black-Scholes 公式计算的看涨期权的 vega。如果我们把 vega 乘以 0.01，就能得到隐含波动率提高 1%期权价格增长多少。当标的资产的价格接近执行价格时，期权的 vega 最大，远离执行价格时，vega 变小。

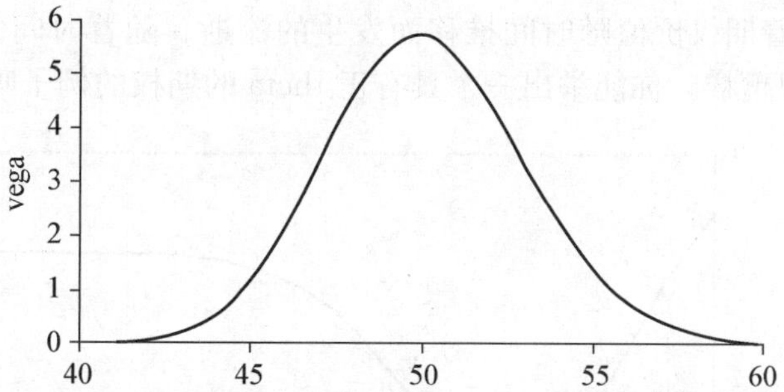

图 A－14　看涨期权的 vega 与标的资产价格的关系（$X=50$，$r=5\%$，$\sigma=20\%$，$T=1$ 个月）

短期限期权的 gamma 影响更大，而长期限期权的 vega 影响比较大。例如，在利率市场中，“短期限期权”和“gamma”两个说法是可以经常互相替换的，“长期限期权”和“vega”也可以互相替换。“长期限”和“短期限”的分界线为 1 年期。区分的原因在于，短期限期权的 gamma 较大，vega 较小；隐含波动率的上升不大会影响短期限期权的价格。也就是说，期权交易员交易短期限期权是为了获得 gamma 敞口，而不是 vega 敞口，而交易长期限期权是为了获得 vega 敞口而不是 gamma 敞口。期权交易员之所以购买短期限期权是因为他们的 gamma 敞口大，通过 delta 对冲策略能够获利，所以短期限期权被称为“gamma”。期权交易员如果想表达对隐含波动率的观点，那么他更应该选择长期限的期权，因为长期限期权对隐含波动率的敞口比较大。这也是长期限期权被称为“vega”的原因。

A.6.4　theta

到期时间变化对期权价值的影响由以下公式给出：

$$\frac{\partial V}{\partial T} \tag{A.54}$$

在实践中，经常将期权的 theta 定义为随着时间的流逝（也就是期权离到期日越来越近），期权价格的变化。也就是说，期权的 theta 定义为

$$\Theta = -\frac{\partial V}{\partial T} \tag{A.55}$$

期权的 theta 可以近似计算为

$$\Theta \approx -\frac{V(T+\varepsilon)-V(T)}{\varepsilon} \tag{A.56}$$

这里 $V(T)$ 表示到期时间为 T 的期权的价格。根据 Black-Scholes 公式，欧式看涨和看跌期权的 theta 可以用公式（A.55）计算：

$$\Theta_c = -\frac{\partial c}{\partial T} = -\frac{Sn(d_1)\sigma}{2\sqrt{T}} - rXe^{-rT}N(d_2)$$

$$\Theta_p = -\frac{\partial p}{\partial T} = -\frac{Sn(d_1)\sigma}{2\sqrt{T}} - rXe^{-rT}N(-d_2)$$

图 A－15 展示了根据 Black-Scholes 公式计算的看涨期权的 theta。期权的 theta 通常是负数。theta 代表着期权价值随时间推移而发生的流逝。随着时间的推移，期权价值也慢慢下降。这通常很糟糕。你能举出一个具有正 theta 的期权的例子吗？[①]

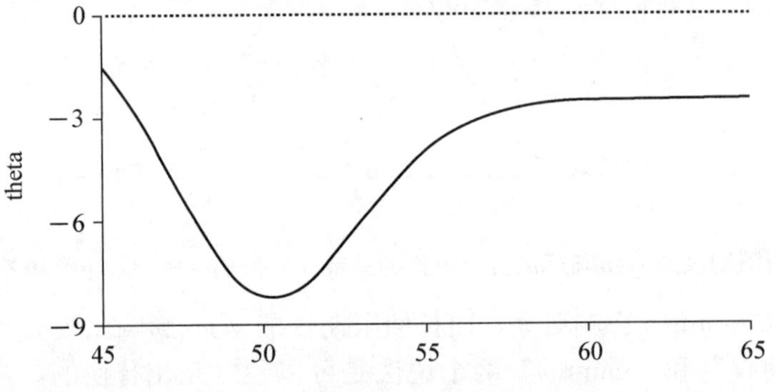

图 A－15　看涨期权的 theta 与标的资产价格的关系（$X=50$，$r=5\%$，$\sigma=20\%$，$T=1$ 个月）

A.7　二元期权

二元期权是一种奇异期权，经常在互换市场中出现，因此我们这里花一部分时间讨论

---

① 虽然 gamma 是一个非常难理解的概念，但是根据期权交易员的行为，我们很容易猜出他是 gamma 多头还是空头。如果市场大幅变动，而你看到期权交易员（头寸为 delta 中性）坐立不安，那么很可能他是 gamma 空头。这很容易看出来：当标的资产价格不停变化时，他们会表情急躁、眼睛盯紧屏幕、紧咬牙齿。相反，如果期权交易员（也是 delta 中性头寸）在标的资产价格变动时不为所动，几乎不太关注屏幕上的市场变化，即使看着屏幕，脸上也是挂着得意的笑容，那么这个交易员很可能持有 gamma 多头。

它。二元期权，又被称为数字期权，即持有者在到期日要么获得一个事先约定的收入，要么就什么也没有。这个事先约定的收入可以是现金，也有可能是一定数量的标的资产。前一种叫做 cash-or-nothing 期权。举一个具体的例子，在 cash-or-nothing 看涨期权的期末，如果标的资产价格大于等于 X，那么持有者将获得的收入为 K，否则，收入为 0。也就是说该期权的收付额可以表示为

$$收付额=\begin{cases}K,如果\ S_T\geqslant X\\0,如果\ S_T<X\end{cases}$$

收付额如图 A－16 所示。

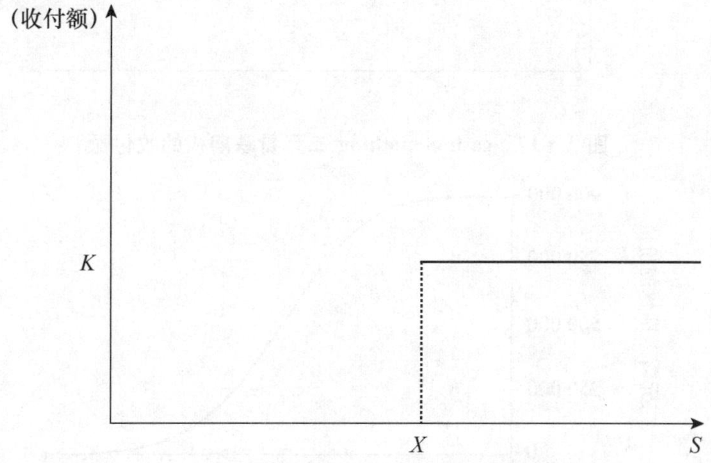

图 A－16　cash-or-nothing 二元看涨期权的收付额

在 Black-Scholes 模型下，cash-or-nothing 看涨期权的价格 c_{CN} 为①

$$c_{CN}=Ke^{-rT}N(d_2) \tag{A. 57}$$

类似地，在到期日，如果标的资产的价格小于 X，那么 cash-or-nothing 看跌期权的持有者将获得一定金额 K；如果标的资产价格大于 X，那持有者什么也得不到。也就是说，该期权的收付额为

$$收付额=\begin{cases}K,如果\ S_T\leqslant X\\0,如果\ S_T>X\end{cases} \tag{A. 58}$$

该收付额如图 A－17 所示。根据 Black-Scholes 模型，cash-or-nothing 看跌期权的价格 p_{CN} 为

$$p_{CN}=Ke^{-rT}[1-N(d_2)] \tag{A. 59}$$

---

① 理论上讲，在到期日标的资产价格正好等于执行价格的情况下，无论支付 K 还是支付 0，在 Black-Scholes 模型中，这两种情况的定价是一样的（因为 Black-Scholes 模型中发生这种情况的概率是 0）。但在实际交易中，期权交易员对标的资产价格正好落在执行价格的情况下是否支付 K 非常关心，通常会对两种情况收取不同的期权费，尤其是当执行价格正好是比较关键的点位，即交易员认为标的资产价格很可能落在的价位时。

图 A－18 展示了 cash-or-nothing 二元看跌期权价值与标的资产价格的关系。

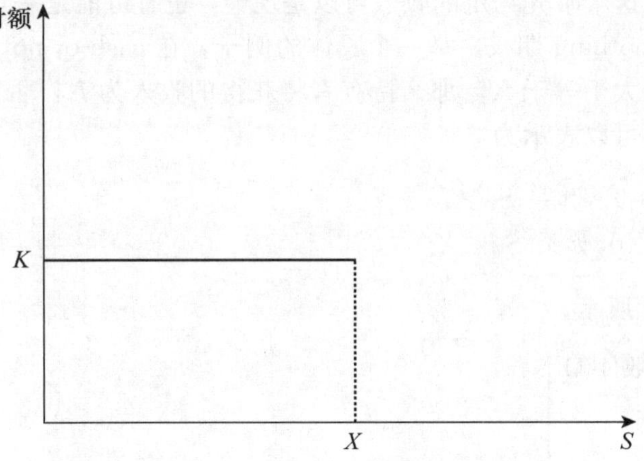

图 A－17　cash-or-nothing 二元看跌期权的收付额

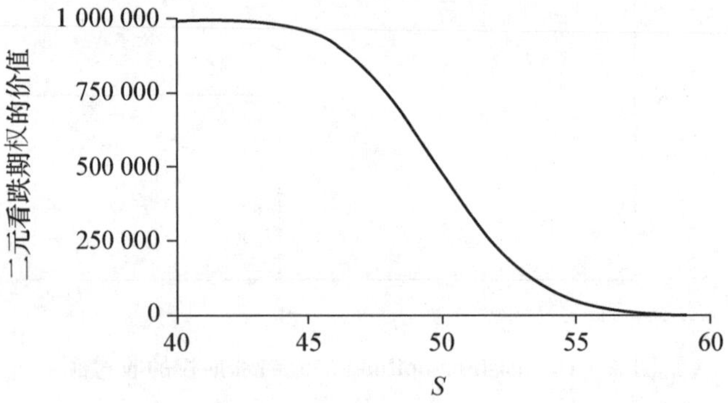

图 A－18　cash-or-nothing 二元看跌期权价值与标的资产价格的关系

(K=1 000 000，X=50，r=5%，σ=20%，T=1 个月)

A.7.1　二元期权的 delta

二元期权有一些相当奇怪的特性，我们在这里介绍几个。我们先从二元期权的 delta 开始。正如我们在 A.6.1 节中讨论的，二元期权的 delta（Δ）是标的资产价格变化引起的期权价格变化。delta 通常是交易员最关注的敏感度指标，因为标的资产价格的变化会引起期权价格迅速而显著地变化。cash-or-nothing 二元看涨期权的 delta［用 $\Delta(c_{CN})$ 表示］和 cash-or-nothing 二元看跌期权的 delta［用 $\Delta(p_{CN})$ 表示］可以根据公式（A.57）和公式（A.59）求出解析解：

$$\Delta(c_{CN})=\frac{\partial c_{CN}}{\partial S}=\frac{Ke^{-rT}n(d_2)}{\sigma S\sqrt{T}}$$

$$\Delta(p_{CN})=\frac{\partial p_{CN}}{\partial S}=-\frac{Ke^{-rT}n(d_2)}{\sigma S\sqrt{T}}$$

cash-or-nothing 二元看跌期权的 delta 如图 A－19 所示。与图 A－11 中普通看跌期权 delta 比较，这个图看起来有些奇怪。对于普通看跌期权来说，delta 是负值且是单调函数。

当看跌期权是深度虚值期权时，其 delta 接近 0，当看跌期权向实值方向移动时，其 delta 的绝对值变得越来越大。这意味着如果期权交易员持有普通看跌期权并用 delta 对冲的话，当期权是深度虚值期权时，他会持有非常少的标的资产；但是如果标的资产价格下跌，期权向实值方向移动时，交易员会买入更多的标的资产。

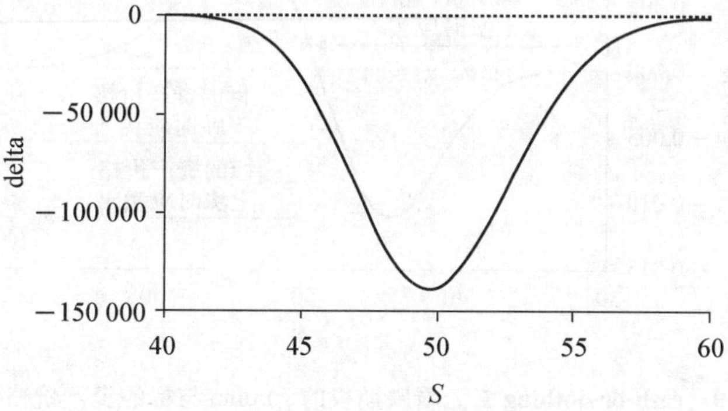

图 A-19　cash-or-nothing 二元看跌期权的 delta 与标的资产的关系

(K=1 000 000，X=50，r=5%，σ=20%，T=1 个月)

对于二元看跌期权来说，情况就大不相同了。假定一个期权交易员持有二元看跌期权并进行 delta 对冲。如果看跌期权是深度虚值期权，那么期权交易员会持有很少量的标的资产。随着标的资产的价格下降，交易员开始会买入更多的标的资产，就像 delta 对冲普通的看跌期权一样。然而，当二元看跌期权逼近实值时，期权的 delta 会发生戏剧性的变化，期权交易员会开始卖出标的资产。当标的资产价格继续走低，二元看跌期权成为深度实值期权时，交易员会继续卖出他的标的资产，最后只会持有很少的标的资产作为对冲。

这种奇怪的 delta 对冲行为背后的逻辑是什么？当标的资产价格较高，二元看跌期权为深度虚值期权时，期权交易员只需要持有很少的标的资产，因为标的资产价格下跌不会大幅提高期权的价格。当标的资产价格继续下降，并接近于平值时，二元看跌期权价格会显著上升，为了保持 delta 中性，交易员需要买入更多的标的资产（随着标的资产价格下降，买入的标的资产的价值随之下降，抵消了期权价值的增长）。然而，当二元看跌期权成为实值期权时，标的资产价格的进一步下跌不会给期权带来更多的价值增长。尽管资产价格进一步下跌会使期权在到期日变回虚值的可能性更低，但是期权的收益却不再变了。随着资产价格持续下跌，期权的价格不会提升很多，但是交易员持有的资产价格会持续下跌。这与普通看跌期权非常不同，因为标的资产价格继续下跌会持续提升普通看跌期权的价格。因此持有二元看跌期权的交易员为了保持 delta 中性，必须在标的资产价格低于执行价格后卖出一些持有的标的资产。

我们可以借助图 A-20 中的 gamma 进一步理解二元看跌期权 delta 对冲的特点。在这个图中，我们不仅展示了期权的 gamma，还描述了持有期权的交易员的 delta 对冲行为。当标的资产价格高于行权价格且期权为虚值期权时，二元看跌期权持有者的 gamma 敞口为正。当标的资产价格低于执行价格且期权是实值期权时，二元看跌期权持有者的 gamma 敞口为负。当期权为虚值期权，gamma 为正数时，如果资产价格下降，持有期权的交易员需要买入标的资产。当期权是实值期权，gamma 是负数时，如果标的资产价格下降，持有期权的交易员应该卖出标的资产，如果标的资产价格上涨，则需要买入标的资产。gamma 值正负号的变化是二元期权 delta 对冲不同寻常的原因。

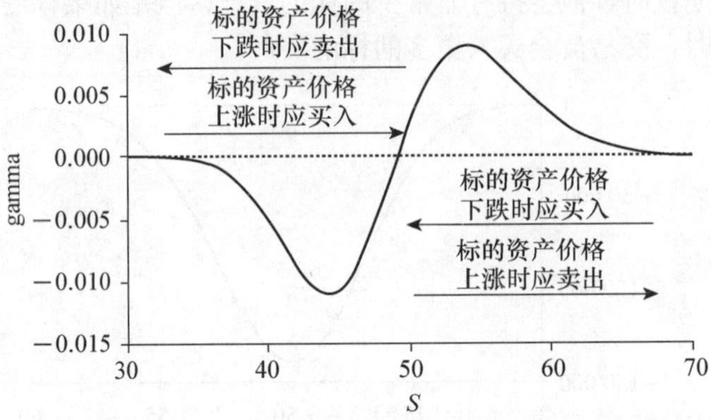

图 A-20　cash-or-nothing 二元看跌期权的 gamma 与标的资产价格的关系，以及期权多头的 delta 对冲行为描述（$K=1$，$X=50$，$r=5\%$，$\sigma=20\%$，$T=3$ 个月）

二元期权 delta 对冲带来稳定标的资产价格或者刺激标的资产波动的效应

二元期权的 delta 对冲的特点意味着对冲行为可能会给标的资产的价格带来潜在的稳定效应或加剧波动的效应，尤其是当这种 delta 对冲活动比其他交易活动规模更大的时候，二元期权的对冲对市场的影响最明显。delta 对冲活动是对标的资产价格起稳定作用，还是加剧标的资产价格的波动，主要取决于交易员持有期权多头还是空头，以及期权是实值期权还是虚值期权。[①] 假设交易员购买了一个二元看跌期权（目前为虚值期权），并进行 delta 对冲。当标的价格下跌时，交易员会买入标的资产，从而推升标的资产价格；当标的资产价格上升时，做市商会卖出标的资产，从而压低标的资产价格。因此，持有虚值二元看跌期权的交易员如果进行 delta 对冲会稳定标的资产的价格，就像持有普通期权的交易员进行 delta 对冲能够稳定标的资产的价格一样。如果类似二元期权的 delta 对冲足够多，就会在市场上形成一股决定性的力量，从而使标的资产价格相当稳定地在很窄的幅度内交易。

相反，如果交易员持有实值的二元看跌期权，那么其 delta 对冲会显著降低标的资产价格的稳定性。如果二元看跌期权是实值期权，那么当标的价格下跌时，交易员会卖出标的资产，从而使标的资产价格进一步下跌；如果二元看跌期权是实值期权，那么当标的资产价格上升时，交易员会买入标的资产，从而进一步推升标的资产的价格。因此，实值二元看跌期权的 delta 对冲会降低标的资产价格的稳定性。如果类似二元期权的 delta 对冲足够多，就会降低标的资产价格的稳定性，造成价格的大幅波动。[②]

接近到期日时二元期权的 delta 对冲

对于期限比较长的二元期权，其 delta 是相对稳定的。然而，当到期日临近时，在平

① 我们这里假设期权交易的两方中只有一方进行 delta 对冲，而另一方持有期权到期，不进行 delta 对冲。做市商与客户的期权交易大部分都是这种情况：做市商进行 delta 对冲，而客户不进行对冲。如果双方都进行 delta 对冲，那么双方的对冲行为对市场的影响就会互相抵消。

② 我们在第九章讨论二元曲线期权的时候进一步讨论了这个概念。金融危机期间，实值的曲线下限二元期权的 delta 对冲行为是 30 年期美元互换基差历史上第一次在负数交易的主要原因。

值附近的二元期权的 delta 非常不稳定。期权的 delta 衡量的是当标的资产价格改变时期权价格的变化。深度实值和深度虚值的二元期权的 delta 很小。对深度虚值二元看涨期权而言，标的资产价格的小幅度上升会使期权更加接近平值。对普通期权而言，这只会小幅提高期权的价格，因此 delta 很小。对深度实值二元期权而言，标的资产价格的小幅增加对期权价格不会有太大影响。在小幅上升之前，期权持有者能够得到 K（二元期权的固定收付额），小幅上升之后，期权持有者仍是得到 K，只是概率更大了。因此，对深度实值二元看涨期权而言，标的资产价格的微小波动不会对期权价格造成较大影响，因此 delta 也比较小。当二元期权接近平值时，delta 是最大的，因为标的资产价格的微小变化都会在很大程度上影响持有者收到 K 的概率。

图 A－21 展示了不同到期日的二元看涨期权的 delta 与标的资产价格的关系。如图所示，当临近到期日时（比如还有一天到期），如果期权接近平值，则 delta 特别大。在这种情况下，标的资产价格的轻微变化就可能决定到期时收付额是 0 还是 K（100 万美元）。而普通看涨期权完全不是这样，因为对于普通期权，标的资产每超过执行价格 1 美元则收付额会增加 1 美元。现在假设我们做空了二元看涨期权，明天到期，标的资产目前的价格是 49.99 美元。如果标的资产价格最终为 49.99 美元，那么我们不需要支付任何现金流，但是如果最终为 50.00 美元，那么我们需要支付 100 万美元。现在我们卖空了这笔期权，而标的资产价格接近执行价格，那我们该如何对冲呢？没有办法，这种情况糟透了。在平值附近我们的 delta 理论上可以无限大，当标的资产价格在执行价格附近波动时我们需要买卖的标的资产规模十分大。这时候的交易成本极大，更重要的是这种大规模交易本身会影响标的资产的价格。①

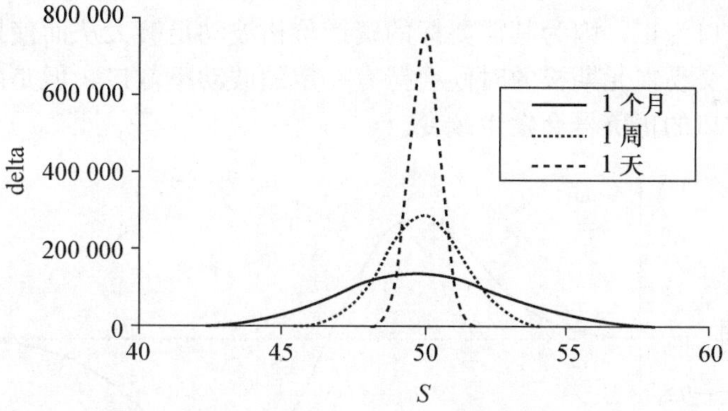

图 A－21　不同到期日的 cash-or-nothing 二元看涨期权的 delta 与标的资产价格的关系

(K=1 000 000，X=50，r=5%，σ=20%)

A.7.2　二元期权的 vega

现在我们来分析二元期权的 vega。正如我们在 A.6.3 节所讨论的，期权的 vega 测量

① 事实上，临近到期时间，当二元看涨期权接近平值时，卖空期权的交易员可能通过卖出标的资产阻止二元期权成为实值（当然这种行为的合法性有很大争议，是否合法部分取决于标的资产在哪里交易）。如果期权交易员卖出足够多的标的资产，那么有可能将标的资产价格压低，阻止期权成为实值期权。当然，市场中的其他力量可能不一定能让交易员得逞。

的是隐含波动率变化时期权价格的变化。对期权交易员来说这是最重要的一项指标，因为交易员的工作就是预测市场中隐含波动率的变化并管理 vega 风险。

根据 Black-Scholes 模型，cash-or-nothing 二元看涨期权的 vega 计算如下：

$$\frac{\partial(c_{CN})}{\partial\sigma}=\frac{\partial[Ke^{-rT}N(d_2)]}{\partial\sigma}$$

$$=-Ke^{-rT}n(d_2)\left[\frac{\ln(S/Xe^{-rT})}{\sigma^2\sqrt{T}}+0.5\sqrt{T}\right]$$

$$=-Ke^{-rT}n(d_2)\frac{d_1}{\sigma}$$

类似地，cash-or-nothing 二元看跌期权的 vega 计算如下：

$$\frac{\partial c_{CN}}{\partial\sigma}=Ke^{-rT}N(d_2)\frac{d_1}{\sigma}$$

如果期权 vega 的解析解看起来不是很直观的话，我们可以借助公式（A.51）近似计算 vega 的值。

图 A-22 展示了 cash-or-nothing 二元看涨期权的 vega 与标的资产价格的关系。与普通期权相比，这个 vega 非常奇特。当期权为实值期权时，期权持有者的波动率敞口为负，这意味着隐含波动率上升会导致期权价格下跌。当期权为虚值期权时，期权持有者的波动率敞口为正，这意味着隐含波动率上升会使期权价格上升。① 这是怎么回事呢？当期权为实值期权时，期权收付额为 K，没有进一步提升的空间了。当期权为实值期权时，持有者希望波动率为 0，标的资产价格停止波动，从而能够得到 K。当期权为深度虚值期权时，持有者的波动率敞口为正，因为其需要标的资产价格波动足够大从而使期权最终为实值期权，所以交易员在交易二元期权的时候会持有一定的波动率敞口，但是随着标的资产价格的波动，波动率敞口的正负号会发生改变。

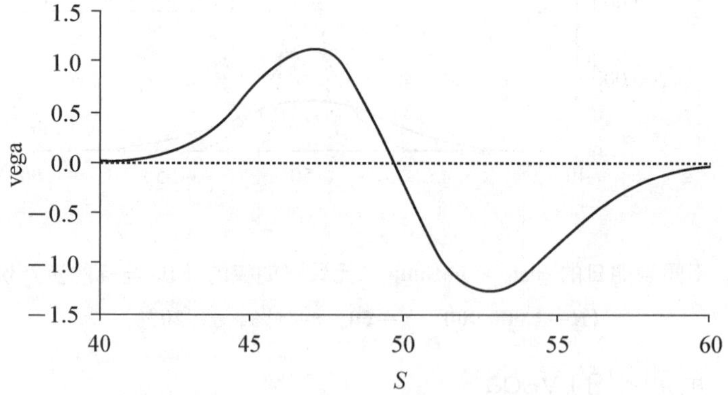

图 A-22　cash-or-nothing 二元看涨期权的 vega 与标的资产价格的关系

（K=1，X=50，r=5%，σ=20%，T=1 个月）

---

① 从图 A-22 中我们可以看到，vega 不是在标的资产价格等于执行价格时发生正负反转，而是在标的资产价格略低于执行价格时发生正负反转。

A.8 期权组合

期权组合是指由其他期权、现金和标的资产构建的组合。根据无套利假设，期权组合的价格应该等于组合中各资产价格之和。

把一笔期权分拆成基础资产的组合是一项十分重要的技能。需要仔细观察期权的收付额图形，然后探索如何将收付额拆分成更基础的资产。很多时候需要不断试错才能找到正确答案。当你有足够的经验后就能找到其中的诀窍。例如，我们可以使用这种方法分拆第六章里的敲出式互换。

案例

一笔 asset-or-nothing 期权的收付额可能是若干单位的标的资产或者什么也没有。如果标的资产价格高于执行价格，那么 asset-or-nothing 看涨期权的持有者得到一单位的标的资产，否则一无所获。这种期权的收付额为

$$\text{收付额}=\begin{cases}S_T\text{，如果 }S_T\geqslant X\\0\text{，如果 }S_T<X\end{cases}$$

收付额如图 A-23 所示。仔细观察图 A-16 和图 A-23 我们会发现，asset-or-nothing 看涨期权的收付额等于如下组合的收付额：执行价格为 X 的普通看涨期权和 cash-or-nothing 二元看涨期权［执行价格为 X，收付额为 K（等于 X）］。[①] 因为两者的收付额相等，所以它们的价格也必须相同。[②] 因此

$$\begin{aligned}C_{AN}&=c(X)+c_{CN}(X)\\&=SN(d_1)-Xe^{-rT}N(d_2)+Xe^{-rT}N(d_2)\\&=SN(d_1)\end{aligned}$$

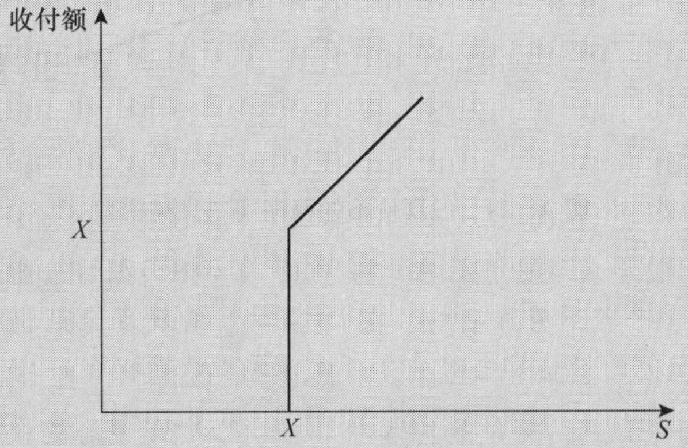

图 A-23　一笔 cash-or-nothing 期权的收付额

① 我们来看一下这个组合在期末的收付额。如果 $S_T<X$，那么看涨期权和 cash-or-nothing 二元看涨期权都是虚值，因此组合收付额为 0。如果 $S_T\geqslant X$，那么看涨期权支付 S_T-X，二元期权支付 X，总共支付 $S_T-X+X=S_T$。因此该组合的收付额等于 asset-or-nothing 二元看涨期权。

② 如果两者的价值不同，那么你可以买便宜的卖贵的，今天现金流为正，未来现金流为 0，从而存在无风险套利机会。

补充习题

1. 假设有一只股票，它不支付股利，预计其价格在未来两个期间有大幅波动。股票现价为每股 32 美元，图 A-24 中的二叉树展示了股价在未来两个时期可能的变动。

该股票有欧式看涨期权和欧式看跌期权交易。假设执行价格为 40 美元的欧式看涨期权和执行价格为 40 美元的欧式看跌期权都在两个期间后到期。假设每个期间的无风险利率为 $33\frac{1}{3}\%$。

a) 执行价格为 40 美元的欧式看涨期权的现值是多少？在每一个节点，复制组合中标的股票和债券应该是多少？

b) 执行价格为 40 美元的欧式看跌期权的现值是多少？在每一个节点，复制组合中标的股票和债券应该是多少？

c) 证明这两个价格符合欧式看跌看涨期权平价公式。

d) 执行价格为 40 美元的美式看涨期权的现值是多少？

e) 执行价格为 40 美元的美式看跌期权的现值是多少？

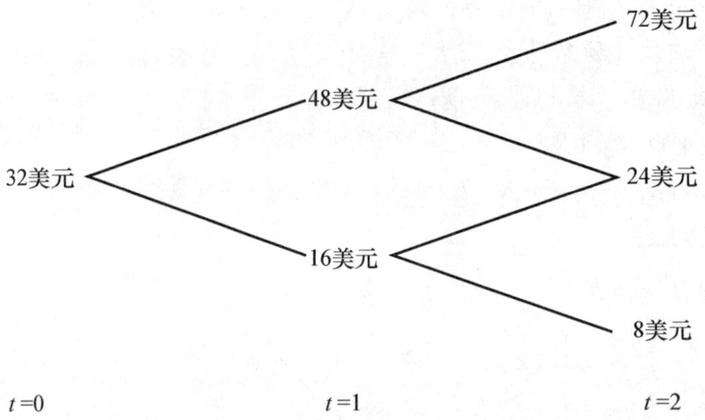

图 A-24　股票价格的两期间二叉树模型

2. 根据上题中的股票（即使用图 A-24 中的二叉树模型）分析一个复合期权。该看跌复合期权的标的是一个普通看涨期权。在 $t=1$ 时，看跌复合期权的持有者有权将普通看涨期权以 $X_1=20$ 美元的价格卖给对手方。该普通看涨期权在 $t=2$ 时到期，执行价格为 $X_2=15$ 美元。假设每个期间的无风险利率为 $33\frac{1}{3}\%$。这笔复合期权的现值是多少？

3. 现有一只价格为 40 美元的股票，不支付股息。图 A-25 展示了在接下来的几个期间该股票价格变动的二叉树模型。假设每个期间的无风险利率为 50%。

a) 现有一个标的为此股票的欧式回望看跌期权。期权到期时的收付额为 $\max(S_{\max}-S_T, 0)$，这里 $S_{\max}$ 指的是在期权存续期内达到的最高股价，S_T 指的是到期时的股价。这个欧式回望看跌期权的价格是多少？

b) 现有一个标的为此股票的美式回望看跌期权。如果在到期日前的任何时间 t 行权，收付额为 0 到 t 之间的最高股价和 t 时点的股票价格之差，那么这个美式回望看跌期权的价格是多少？

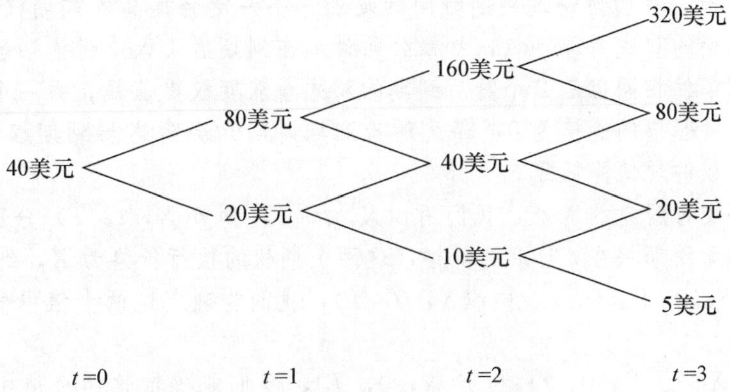

图 A-25　股票价格的二叉树模型

4. 现有一家正在遭遇财务危机的服装制造商。该公司的股票不支付股利，现价为 100 美元。假设 1 年后的股票价格可能为 120 美元或者 20 美元。现在为了获得现金流，该公司用以下方法促销：每买一件衣服，客户可以获得以下两种优惠中的一种：a) 马上获得 8 美元；b) 如果 1 年后公司股价超过 100 美元，那么客户可以获得 20 美元，如果股价低于 100 美元，客户将一无所获。

假设该公司的股票流动性较好，无风险利率为 8%。如果你从该公司购买了一件衣服，你会选择哪一种优惠？

5. 假设一只股票的现价为 20 美元，并且股价符合对数正态分布。假设年化连续复利无风险利率为 10%，股价的年化波动率为 σ。

假设有一个基于该股票的衍生品合约。如果 1 年后的股价高于或等于 25 美元，那么该衍生品合约将支付 1 美元。现在该衍生品合约的现值为 0.34 美元。另一个基于该股票的衍生品合约在 1 年后股价低于 25 美元时支付 1 美元，那么这个合约的现值是多少？

6. 现有到期期限为 1 个月的欧式看跌期权的价格为 2.50 美元。其标的股票不支付股利，股票现价为 47 美元，期权执行价格为 50 美元，连续复利无风险利率为 6%。这里存在套利空间吗？

7. 令 c_1、c_2 和 c_3 分别表示执行价格为 X_1、X_2 和 X_3 的欧式看涨期权的价格。假设 $X_3>X_2>X_1$，这里 $X_3-X_2=X_2-X_1$。所有期权的标的为同一股票，所有期权的到期日也相同。请证明 c_2 小于等于 $(c_1+c_3)/2$。

8. 假设一只股票现价为 30 美元，并假设股价符合对数正态分布。一个基于该股票的期权，执行价格为 29 美元，假设连续复利无风险利率为 5%，股价波动率为 25%，期权离到期日还有 4 个月。如果该期权是欧式看涨期权的话，价格是多少？如果是美式看涨期权或欧式看跌期权的话，价格分别是多少？请证明看跌看涨期权平价公式成立。

9. 一个 6 个月后到期的欧式看跌期权的价格为 6.50 美元，执行价格为 40 美元，标的股票的现价为 32 美元，连续复利无风险利率为 2%。这里存在套利空间吗？

10. 请举一个 gamma 敞口为多头、vega 敞口为空头的期权组合的例子。

11. 假设 ABC 和 XYZ 是两只无股息股票。现有两个欧式看涨期权，标的分别为 ABC

和XYZ，两个期权的到期日相同，且都是平值期权。如果ABC的波动率高于XYZ，那么标的为ABC的看涨期权的价格是否高于标的为XYZ的看涨期权的价格？

12. 在A.1节，我们讨论过到期时间的延长并不一定会提高欧式期权的价格。例如，对于1个月后到期的欧式看涨期权，如果公司计划在到期后1天支付大额股息，那么这笔期权可能比其他条件相同但是2个月后到期的欧式看涨期权更值钱。另一个例子是欧式看跌期权，如果标的股票的价格为0，那么延长到期时间只会延迟得到期权收付额的时间，从而导致看跌期权的现值降低了。

现有一个不支付股息的资产，我们用 $c(X, t, T)$ 和 $p(X, t, T)$ 分别代表基于该资产的看涨期权和看跌期权在 t 时刻的价格，这两个期权的执行价格为 X，到期日为 T。

a）对于 $c(Xe^{-r(T-t)}, 0, t)$ 和 $c(X, 0, T)$，我们能确定这两个值中哪个一定比较大吗？请说明原因。

b）对于 $p(Xe^{-r(T-t)}, 0, t)$ 和 $p(X, 0, T)$，我们能确定这两个值中哪个一定比较大吗？请说明原因。

c）如何解释这些发现？

13. 在A.4节，我们用两种方法借助单期间二叉树模型计算看涨期权的价格，一种是通过构建对冲组合，另一种是通过风险中性定价理论。两种方法推导的定价公式分别由公式（A.14）和公式（A.15）给出。请说明两个公式是等价的。

14. 现有一个看涨期权和一个看跌期权，标的资产不支付股息，两个期权的执行价格和到期日都相同。我们用 t 表示现在的时间，T 表示期权的到期日，r 表示连续复利无风险利率。假设使用Black-Scholes模型计算期权价格。

a）如果两个期权的执行价格都设定为 S（即标的资产的现价），那么哪一个期权的价格更高？

b）如果两个期权的执行价格都设定为 $Se^{r(T-t)}$，那么哪一个期权的价格更高？

15. 假设Black-Scholes模型的假设成立。现有一个不支付股息的股票的现价为50美元。股票的年化波动率为20%，连续复利无风险利率为5%。

a）如果3个月后的股价低于执行价格 $X_2=48$ 美元，那么期权的收付额为100万美元，否则，收付额为0。那么该期权的价格为多少？

b）如果3个月后的股价低于执行价格 $X_2=48$ 美元且高于执行价格 $X_1=45$ 美元，那么期权的收付额为100万美元，否则，收付额为0。这种期权被称为二元走廊期权。请解释为什么这种期权的价格低于a）问题中的cash-or-nothing看跌期权？

c）用数值法计算二元走廊看跌期权的vega值，并画出vega与标的资产价格关系的图像。

d）用数值法计算二元走廊看跌期权的delta值，并画出delta与标的资产价格关系的图像。请分别画出到期日为1个月、1周和1天时的情况。

16. 任选期权是一种到期日为 T 的欧式期权。期权买方无须在买入时决定期权是看涨期权还是看跌期权，而是在时间 t 作出决定，这里 $t<T$。假设看涨期权和看跌期权的执行价格和到期日都相同，标的资产不支付股利。

任选期权在持有者作出决定后（即在时间 t 到 T 之间）的价格等于欧式看涨期权或欧式看跌期权的价格（取决于期权持有者的选择）。

我们用 $c(X, t, T)$ 表示执行价格为 X、到期日为 T 的欧式看涨期权在时间 t 的价格。请注意，距离到期日的时间为 $T-t$。我们用同样的方法定义 $p(X, t, T)$。

在时间 t，任选期权的持有者会理性地选择看涨期权和看跌期权中价格较高者。在时间 t，任选期权的价格为

$$\max[c(X,t,T),p(X,t,T)] \tag{A. 60}$$

a）证明任选期权的现值为

$$c(X,0,T)+p(Xe^{-r(T-t)},0,t) \tag{A. 61}$$

提示：可以将看跌看涨期权平价公式

$$p(X,t,T)=c(X,t,T)+S-Xe^{-r(T-t)}$$

代入公式（A. 60）中的看跌期权价格中。

b）换一种方法，请将看跌看涨期权平价公式

$$c(X,t,T)=p(X,t,T)+S-Xe^{-r(T-t)}$$

代入公式（A. 60）中的看涨期权价格中来证明任选期权的价格必须等于

$$p(X,0,T)+c(Xe^{-r(T-t)},0,t) \tag{A. 62}$$

c）现在我们用两种方法推导出任选期权的价格，一种如公式（A. 61）所示，另一种如公式（A. 62）所示。请说明这两个公式是等价的。

d）跨式期权组合是指同时买入相同执行价格和到期日的看涨期权和看跌期权。在时间 T 到期的跨式期权组合的价格为

$$c(X,0,T)+p(X,0,T) \tag{A. 63}$$

请证明公式（A. 61）或公式（A. 62）所示的任选期权的价格低于跨式期权组合的价格。

提示：参考本习题中的题目 12。

e）现有一个标的为无股息股票、到期期限为 1 年的任选期权，假设股票价格符合对数正态分布。3 个月后，期权持有者决定执行价格为 50 美元的期权是看涨期权还是看跌期权。股票的现价为 55 美元，股票的年化波动率为 20%，连续复利无风险利率为 6%。此任选期权的现值为多少？

附录B

固定收益常见概念简述

本附录的目的是简述一下久期的概念。为简单起见，这里只考虑每年固定付息一次的债券，此外，我们也只考虑结算日的时候债券的估值和分析。对于其他情形的探讨，可以参考 Fabozzi（1993）的著作。

B.1 现值

固定收益债券最基本的概念就是现值。如果在未来时点 t 收到现金流 c，那么这笔现金流的现值为

$$\mathrm{PV}=\frac{c}{[1+\mathrm{zc}(t)]^{t}} \tag{B.1}$$

这里 $\mathrm{zc}(t)$ 代表用于时点 t 的现金流折现的折现利率，或称零息利率。与零息利率相关的一个概念为折现因子。时点 t 的现金流对应的折现因子 $\mathrm{DF}(0, t)$ 可以表示为

$$\mathrm{DF}(0,t)=\frac{1}{[1+\mathrm{zc}(t)]^{t}} \tag{B.2}$$

需要指出的是，零息利率与收到现金流的时间密切相关。在不同时间收到的现金流应该使用不同的零息利率折现。比如，我们有一只 N 年期的债券，每年支付固定票息 C，那么它的现值 P 为

$$P=\frac{c}{[1+\mathrm{zc}(1)]^{1}}+\frac{c}{[1+\mathrm{zc}(2)]^{2}}+\cdots+\frac{c+F}{[1+\mathrm{zc}(n)]^{n}} \tag{B.3}$$

这里 F 是债券的面值。给定债券的价格 P，我们将债券的到期收益率 y 定义为以下方

程的解：

$$P=\frac{c}{(1+y)^1}+\frac{c}{(1+y)^2}+\cdots+\frac{c+F}{(1+y)^n} \tag{B.4}$$

注意，到期收益率是用来折现债券每期现金流的收益率，与收到现金流的时间无关。到期收益率是一个市场惯例：与使用一串零息利率比，使用到期收益率能更简单地分析债券以及比较不同的债券。当然，到期收益率没有实际的经济含义。每个现金流应该用其所对应的零息利率来折现，而不是使用一个人为设定的到期收益率折现。

B.2 久期

久期是固定收益市场中用来衡量价格对利率变动的敏感度的重要指标。我们将介绍三种不同的久期。麦考林久期（Macaulay duration）是收到债券现金流的时间的加权平均，这个指标的实际用途有限。修正久期（modified duration）一般用来衡量现金流是确定值的情况下债券价格对利率变化的敏感度。当债券中内嵌期权时，债券的现金流变得不确定，这种时候一般用有效久期（effective duration）来衡量债券价格对利率变化的敏感度。

B.2.1 麦考林久期

我们定义

$$\mathrm{PVCF}_i=\frac{\mathrm{CF}_i}{(1+y)^i}$$

这里 CF_i 表示债券在时间 i 的现金流。注意

$$P=\sum_{i=1}^{n}\mathrm{PVCF}_i$$

麦考林久期定义为

$$\frac{\sum_{i=1}^{n} i\times \mathrm{PVCF}^i}{P}$$

麦考林久期等于收到债券现金流的时间的加权平均值，这里的权重等于每笔现金流的现值（用到期收益率 y 计算）占债券价格的比重。麦考林久期在债券分析中的实际用途有限。与它相关的另一个概念（修正久期）反而用途更广。

B.2.2 修正久期

债券的修正久期定义为

$$D_m=\frac{\text{麦考林久期}}{1+y}$$

债券的修正久期 D_m 具有以下性质：

$$\mathrm{d}P=-D_m\times P\times \mathrm{d}y \tag{B.5}$$

这里 dy 代表债券收益率的变动，dP 代表债券价格的变动。给定债券的修正久期、价格和收益率的变动，依据公式（B.5）可以计算债券价格的变动。注意，债券的修正久期并不是一个常数，而是到期收益率的函数。因此，公式（B.5）只适用于收益率变动较小的情况。债券价格的实际变动与公式（B.5）中债券价格的变动的差异可以用债券的凸性来度量。我们也可以计算债券的凸性，感兴趣的读者可以参考 Fabozzi（1993）的著作。

案例

图 B-1 展示了票息为 6%的 30 年期债券的价格与到期收益率的关系。债券的价格由公式（B.4）计算，如图中曲线所示。给定债券的初始收益率为 6%，则其修正久期为 14.59。对于给定的收益率变动，公式（B.5）可以计算新的债券价格，如图中直线所示。注意，给定收益率的变动，债券的实际价格与使用修正久期估算的价格的差额是个正数。债券的凸性可以用来计算这个差异的大小。

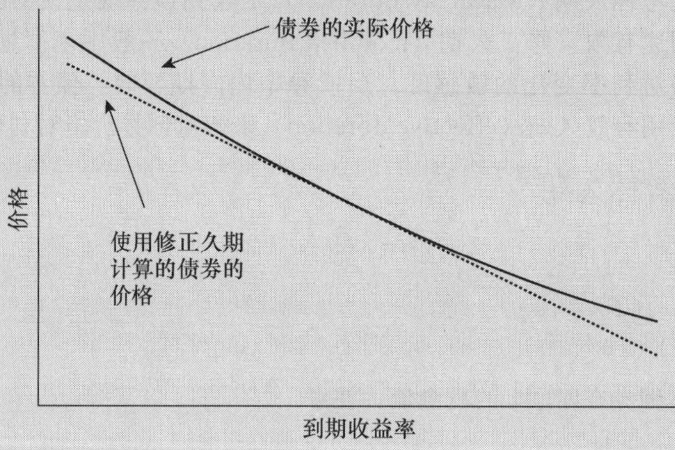

图 B.1 具有正凸性的债券的实际价格与修正久期估算的价格

B.2.3 有效久期

我们目前所讨论的债券其现金流都是确定的。对一些内嵌期权的债券，它们的票息（或本金）并不是确定的，而是取决于期权的收付额。我们需要衡量这种债券对利率变动的敏感度，但是修正久期假定票息是确定的，因此无法应用于这种债券。

对于内嵌期权的债券，一般使用有效久期来衡量价格的敏感度。债券的有效久期如下：

$$\frac{P_{-\Delta_x}-P_{+\Delta_x}}{2\times\Delta_x\times P_0} \tag{B.6}$$

这里 $P_{-\Delta_x}$ 和 $P_{+\Delta_x}$ 分别表示当收益率下降或上升 Δ_x 时债券的价格，P_0 表示收益率曲线不变时债券的价格。注意，$P_{-\Delta_x}$ 和 $P_{+\Delta_x}$ 包含了内嵌期权带来的债券价格的变动。此外，这种利率敏感度不再依赖于单一到期收益率的概念，而是衡量收益率曲线上下平移带来的变动。

附录 C

互换合约计息规则和支付惯例的进一步讨论

美元即期互换的标准结算日期（或称生效日期）是交易日后的两个纽约和伦敦工作日，通常用“$T+2$”表示。[①] 除非另有说明，否则标准惯例是固定端按 30/360 计息规则每半年支付一次；浮动端按 Act/360 计息规则每季度支付 3 个月 LIBOR。

互换的现金流不会在“非工作日”（bad days）支付，非工作日指的是纽约或伦敦的周末或假日，在这期间银行或外汇市场关闭。如果支付日恰好落在“非工作日”，实际支付日取决于支付规则是根据上一个工作日准则（proceding）、下一个工作日准则（following）还是经修正的下一个工作日准则（modified following）。如果遵循上一个工作日准则，那么当支付日在“非工作日”时，它的实际支付日会改为到期日的上一个工作日。如果遵循下一个工作日准则，那么当支付日在“非工作日”时，它的实际支付日会改为到期日后的第一个工作日。如果遵循经修正的下一个工作日准则，那么当支付日在“非工作日”，且“非工作日”的下一个工作日在当月时，它的实际支付日会改在到期日的下一个工作日；但如果下一个工作日跨至下一个月，则会提前至上一个工作日支付。

上一个工作日准则、下一个工作日准则和经修正的下一个工作日准则明确了实际支付日期。但如果支付日期根据上述惯例调整，应该相应调整支付金额吗？支付日的实际付款金额取决于支付额是按“调整实际天数”（adjusted）还是“不调整实际天数”（unadjusted）准则计算。如果支付日期落在一个“非工作日”，那么实际支付日会相应改变，这会导致计息天数的改变。如果按“调整实际天数”准则支付利息，则该期间的计息天数会随实际支付日期的变化而变化；如果按“不调整实际天数”准则支付利息，那么期间的计息天数将不会随支付日期的变化而变化。

① 远期互换合约的生效日晚于 $T+2$。

互换市场的标准惯例是固定端和浮动端均按经修正的下一个工作日、“调整实际天数”准则支付利息。我们来看一个 2003 年 4 月 28 日（星期一）交易的 2 年期即期互换。依照标准的 $T+2$ 规则，该互换的生效日为 2004 年 4 月 30 日（星期三）。该互换的实际支付日期见表 C-1。

表 C-1　2003 年 4 月 28 日交易的 2 年期即期互换的支付日期
（假设固定端和浮动端均遵循经修正的下一个工作日准则支付利息）

	计息开始日	计息结束日	天数
固定端	2003 年 4 月 30 日，星期三	2003 年 10 月 30 日，星期四	180
	2004 年 10 月 30 日，星期四	2004 年 4 月 30 日，星期五	180
	2004 年 4 月 30 日，星期五	2004 年 10 月 29 日，星期五	179
	2004 年 10 月 29 日，星期五	2005 年 4 月 29 日，星期五	180
		合计	719
浮动端	2003 年 4 月 30 日，星期三	2003 年 7 月 30 日，星期三	91
	2003 年 7 月 30 日，星期三	2003 年 10 月 30 日，星期四	92
	2003 年 10 月 30 日，星期四	2004 年 1 月 30 日，星期五	92
	2004 年 1 月 30 日，星期五	2004 年 4 月 30 日，星期五	91
	2004 年 4 月 30 日，星期五	2004 年 7 月 30 日，星期五	91
	2004 年 7 月 30 日，星期五	2004 年 10 月 29 日，星期五	91
	2004 年 10 月 29 日，星期五	2005 年 1 月 31 日，星期一	94
	2005 年 1 月 31 日，星期一	2005 年 4 月 29 日，星期五	88
		合计	730

注意，固定端总共计息天数为 719 天，浮动端总共计息天数为 730 天。这看起来对浮动端支付方“不公平”，因为多支付了 11 天的利息，但是固定利率水平已经考虑到这个因素，因此这里没有套利机会。因为固定利率是根据如下规则设定的：固定端现金流的现值等于浮动端现金流的现值，而现金流的计算已经考虑到计息天数的差异。

固定端每半年支付一次，如果没遇到“非工作日”，现金流将在每年的 10 月 30 日和 4 月 30 日支付。注意，固定端有一笔支付发生在 2004 年 10 月 29 日。原因是，2004 年 10 月 30 日是星期六，它的下一个工作日是 2004 年 11 月 1 日，但这样支付日就落在了下一个月，根据经修正的下一个工作日准则，支付日最终被调整为 10 月 29 日，星期五。由于支付额是按“调整实际天数”准则计算的，这一期间的固定端计息天数为 179 天，即从 2004 年 4 月 30 日到 2004 年 10 月 29 日的天数。固定端最后一期也面临同样的情况：2005 年 4 月 30 日是星期六，但下一个工作日在 5 月，所以支付日调整至 2005 年 4 月 29 日，星期五。注意，从 2004 年 10 月 29 日至 2005 年 4 月 29 日期间的计息天数为 180 天。如果固定端遵循“不调整实际天数”准则，那么不管支付日是哪一天，每个期间的计息天数均为 180 天。

相同的惯例也适用于互换的浮动端，2004 年 10 月和 2005 年 4 月的两次支付情况与上面类似。另外，2005 年 1 月 30 日是星期日，因此在经修正的下一个工作日准则下，实际付款日调整为 2005 年 1 月 31 日，星期一。

现在我们再看一个 2003 年 4 月 28 日星期一交易的 2 年期互换，生效日期为 2003 年 4 月 30 日，但在这个例子中，固定端的支付方式根据下一个工作日、“调整实际天数”准则计息，浮动端的付款仍然执行经修正的下一个工作日、“调整实际天数”准则。这笔互换的实际支付日期如表 C-2 所示。

表 C-2　2003 年 4 月 28 日交易的 2 年期即期互换的支付日期（假设固定端遵循下一个工作日准则并按“调整实际天数”计息，浮动端遵循经修正的下一个工作日准则并按“调整实际天数”计息）

	计息开始日	计息结束日	天数
固定端	2003 年 4 月 30 日，星期三	2003 年 10 月 30 日，星期四	180
	2004 年 10 月 30 日，星期四	2004 年 4 月 30 日，星期五	180
	2004 年 4 月 30 日，星期五	2004 年 11 月 1 日，星期一	181
	2004 年 11 月 1 日，星期一	2005 年 5 月 3 日，星期二	182
		合计	723
浮动端	2003 年 4 月 30 日，星期三	2003 年 7 月 30 日，星期三	91
	2003 年 7 月 30 日，星期三	2003 年 10 月 30 日，星期四	92
	2003 年 10 月 30 日，星期四	2004 年 1 月 30 日，星期五	92
	2004 年 1 月 30 日，星期五	2004 年 4 月 30 日，星期五	91
	2004 年 4 月 30 日，星期五	2004 年 7 月 30 日，星期五	91
	2004 年 7 月 30 日，星期五	2004 年 10 月 29 日，星期五	91
	2004 年 10 月 29 日，星期五	2005 年 1 月 31 日，星期一	94
	2005 年 1 月 31 日，星期一	2005 年 4 月 29 日，星期五	88
		合计	730

这笔互换的浮动端与表 C-1 中的浮动端完全相同，但固定端有所不同。在第三个半年支付期间，固定端的支付时间是 2004 年 11 月 1 日，星期一。原本计划的支付日期为 2004 年 10 月 30 日，是一个“非工作日”，在下一个工作日准则下，支付日滚动到下一个工作日。由于仍然按“调整实际天数”计息，所以累计的计息天数为 2004 年 4 月 30 日至 2004 年 11 月 1 日共 181 天。我们还需要注意这笔互换中的最后一个半年期。2005 年 4 月 30 日是星期六，因此需要到下一个工作日。周日肯定不是工作日，但是 2005 年 5 月 2 日星期一是伦敦节假日，银行不营业，因此下一个工作日是 2005 年 5 月 3 日星期二。由于按“调整实际天数”计息，互换的计息天数为 2004 年 11 月 1 日到 2005 年 5 月 3 日共 182 天。如果固定端按“不调整实际天数”计息，那么不管支付日期如何变化，固定端每个期间都按 180 天计息。

这里要说的是这两个 2 年期互换（即一个固定端按经修正的下一个工作日准则，另一个固定端按下一个工作日准则）是不一样的。这两个互换的浮动端现金流完全相同，但固定端采用不同的支付惯例，因此它们的固定端有所差异。第一个互换的固定端有 719 个计息日，而第二个互换有 723 个计息日，因而这两个互换的固定利率不会相同。如果固定利率相同，我们总会选择在第一个互换中支付固定端，同时在第二个互换中收取固定利率，这样就能多收 4 天的利息。那么哪个互换的利率更高呢？

2003 年 4 月 28 日欧洲标准时间下午三点，第一个互换的固定利率是 1.816 43%，第二个互换的固定利率是 1.806 71%，二者的差异约为 0.97 基点。这是一个相当大的区别：如果我们达成了一笔 2 年期名义本金为 10 亿美元的互换，并遵循下一个工作日准则支付固定利率，但错误地选择了 1.816 43%这个利率，那么我们会因为这个过高的定价损失大约 19 万美元。

早在 20 世纪 90 年代，一些互换模型没有考虑这种差异。当时，市场上有一些交易员会钻这个空子来谋利。如果我们知道这两个互换定价的差异而我们的交易对手不知道，假如我们做一笔名义本金为10亿美元的2年期互换，固定端和浮动端均遵循经修正的下一个工作日准则，我们支付浮动端，收取固定利率1.816 43%。交易执行后，我们联系交易对手要求将调整的下一个工作日准则改为下一个工作日准则，但是利率不变。如果我们的交易对手的模型不能正确地反映定价差异，他们很可能会同意这种改变。事实上，固定端遵循按实际天数计息的下一个工作日准则时，固定利率应该降低至1.806 71%。通过这种方式，我们无形中从交易对手那儿多收了1基点，从而从交易对手处多赚近20万美元。当然，许多市场参与者认为这种行为是违反行业公德的。话虽如此，但那段时间交易员利用这种机会赚取利润也是很常见的。

需要注意的是，支付惯例差异造成互换利率的显著差异是非常罕见的。这种差异一般在支付日接近月末的时候才容易显现，就像本例中这样。通常，改变支付惯例对互换利率的影响是很小的，但是当支付日接近月底的时候，需要特别留意支付惯例的影响，就像上面的例子中展示的一样。

附录 D

快速了解抵押贷款债券

本附录是关于抵押贷款和抵押贷款债券的简单介绍，用于帮助我们理解 2003 年夏天的市场动态。当时，由于债市大幅抛售，抵押贷款债券投资者为了管理投资组合的久期，不得不在互换交易中支付固定利率。如需了解更多关于抵押贷款债券的信息，请参见 Sundaresan（2009）或 Fabozzi（2005）。

抵押贷款是一种具有抵押物的借款：借款人（购房者）从贷款人（通常为银行或抵押贷款发起人）那儿融资以购买房产。购买的房产用作抵押品：如果贷款违约，贷款人接管房产。[①]

在美国，标准的抵押贷款是一种固定利率的 30 年期贷款，借款人按月分期偿还相同的金额。需要注意的是，抵押贷款是一种充分自行摊销的贷款：每月偿还的数额不仅包括到期应付利息，还包括一部分本金。更详细地说，每月付款额是不变的，这意味着在 30 年的还款期限中，每个月的还款金额相同。随着抵押贷款接近到期，未偿清的贷款余额以越来越快的速度减少，因为每月付款中支付利息的部分会逐渐减少，剩余部分用以偿付本金。

例如，有一笔本金为 100 000 美元的 30 年期抵押贷款，贷款利率为 6%。使用金融计算器，我们可以很容易地计算出每月付款额应为 599.55 美元。我们也可以通过以下公式计算每月付款额：

$$P\times\frac{y/m}{1-(1+y/m)^{-mn}}$$

① 贷款人评估抵押贷款质量的一种方法被称为贷款成数（loan to value，LTV），即贷款额与房产价值的比率。贷款成数越小，抵押贷款的信用质量越高。

这里 P 是贷款面值，y 是抵押贷款利率，m 是每年支付的次数，n 是贷款年限。[①]

在第一个月，需要支付的贷款利息为 100 000×6%/12=500（美元），其余的 99.55 美元用于偿还本金。在抵押贷款的最后一个月，未偿还本金仅为 596.57 美元。最后的利息为 2.98 美元，剩余的金额正好支付最后的本金。图表 D-1 演示了在整个贷款存续期本金余额和利息的变化情况。

表 D-1　本金为 10 万美元、利率为 6%的 30 年期贷款的本金和利息支付表　（单位：美元）

月份	期初本金	本期支付利息	本期偿还本金	期末剩余本金
1	100 000.00	500.00	99.55	99 900.45
2	99 900.45	499.50	100.05	99 800.40
3	99 800.40	499.00	100.55	99 699.85
4	99 699.85	498.50	101.05	99 598.80
5	99 598.80	497.99	101.56	99 497.24
⋮	⋮	⋮	⋮	⋮
358	1 780.81	8.90	590.65	1 190.17
359	1 190.17	5.95	593.60	596.57
360	596.57	2.98	596.57	0.00

在贷款存续期，每月支付的利息部分逐渐减少，因为每过一个月都会偿还一部分本金。值得注意的是，每月支付的利息和偿还的本金之和（表 D-1 中第三列和第四列之和）总是 599.55 美元。图 D-1 展示了贷款存续期内每月偿还金额中用于支付利息和偿还本金的比例。

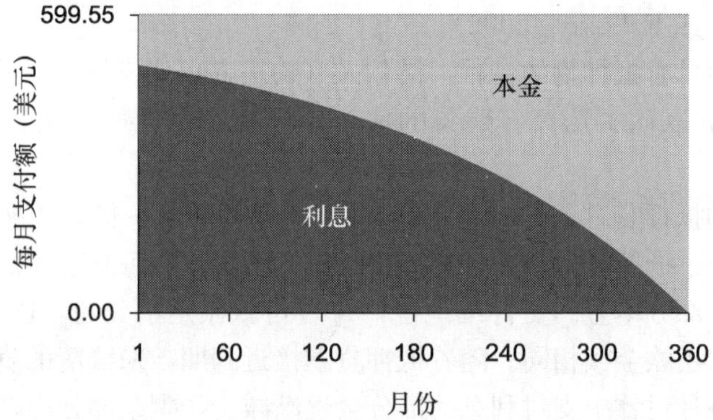

图 D-1　30 年期抵押贷款的利息支付和本金偿还

大部分抵押贷款最显著的特征之一是借款人有权在贷款存续期内的任何时候提前还款。[②] 也就是说，借款人可以随时偿还本金余额。借款人选择这样做的原因有很多：由于工作需要他要搬到另一个城市，因此需要出售现有的房子；他希望出售自己目前的房子并

① 在这里，我们将每月付款额四舍五入到分。这可能会带来一些误差，但是不会太大。

② 抵押贷款通常是不可转移的，这意味着如果房主搬家后不能将现有的贷款用于买新的房子，也不能将贷款转移给原来房子的新主人。但是联邦住宅管理局（Federal Housing Administration，FHA）的抵押贷款在达到某些条件之后可以在房屋出售之后转移给房屋的购买人。

购置一个更大的或更小的房子等。但也许最重要的原因是，由于抵押贷款利率的下降，房主受到以更低的利率再融资（refinance）的诱惑而提前偿还现有抵押贷款。

例如，假设房主以6%的利率贷到10万美元的30年期抵押贷款，之后贷款利率下降到5.75%。相比于按6%的贷款利率每月支付599.55美元，房主可以立即提前还款，然后以5.75%的利率进行新的30年期抵押贷款，每月仅支付583.57美元。这意味着借款人如果立即再融资，在贷款存续期内，它将节省名义利息（599.55美元−583.57美元）×360=5 752.80美元。[①] 借款人也有可能不选择再融资：如果再融资，他将承担交易成本（包括法律费用和还款费用），这将降低他再融资的意愿；或者借款人不太了解情况，未曾考虑过在低利率环境下进行再融资；也有可能借款人在申请原来的贷款时满足贷款要求，但是当利率下降后不再符合新贷款的要求（比如说用于贷款抵押的房屋价格大幅下降，已经无法贷到原来那么多钱）。但有一点是确定的：借款人在获得初始贷款后，利率下降得越多，他越有动力提前还款并进行低利率的再融资。

现在让我们从贷款机构的角度来看看这个抵押贷款：贷款机构持有每月支付固定利息的风险资产，当利率下降时该资产有可能被提前偿还。[②] 从某种意义上来说，这种资产类似于可赎回债券：当利率下降时，资产可能被“发行人”“赎回”；在这里，“发行人”是指房主。我们假设利率下降时，贷款被偿还的概率确实增大了。[③] 那么当利率下降时，贷款人收到提前偿还的本金的概率也随之增大。相反，当利率上升时，贷款人的资产不被提前还款的概率则增大了。

通常，诸如银行和抵押贷款发行人这类的贷款人并不希望持有它们发放的抵押贷款。这些机构通过发放贷款（借钱给新借款人的过程）来赚钱。如果它们发放贷款后再将抵押贷款出售，那么它们将有更多可使用的资产负债资源供继续发放新贷款。[④] 由于市场中进行证券化业务的投资者对购买抵押贷款有兴趣，这种模式运行良好。大多数投资者一般没有分析个人贷款的资源，因为这需要分析每个贷款人的信用风险，因此购买未证券化的抵押贷款对于大多数投资者来说是非常困难的。一些政府支持机构（房利美、房地美及吉利美）使用以下方式为投资者购买抵押贷款提供便利：

- 从贷款机构购买个人抵押贷款；
- 将具有相似特征的个人抵押贷款打包，称为资产池[⑤]；

---

① 注意，借款人要为利率6%的30年期贷款总共支付215 838.19美元，其中10万美元用于偿还本金，剩余的115 838.19美元用于偿还利息。而借款人为利率5.75%的30年期贷款总共支付210 086.23美元，其中10万美元用于偿还本金，剩余的110 086.23美元用于偿还利息。这个简单的案例虽然忽略了现金流的时间价值、再融资的交易成本等，但是说明了随着抵押贷款利率下降，借款人有动力进行再融资。

② 这种资产之所以是风险资产不仅是因为贷款产生的现金流具有不确定性，而且是因为要承担借款人违约的风险。

③ 当然并不是所有的情况下都会这样。抵押贷款提前还款分析是一个非常复杂的课题，需要考虑到很多变量，包括借款人的信用分数、贷款规模、目前的贷款成数（LTV）、地理等因素。另一个经常用到的变量是耗竭（burn-out），即在前期低利率环境下没有进行再融资的借款人也不太可能在下一次低利率环境下再融资的现象。如果是这种情况，那么低利率环境不一定意味着提前还款的概率增大。

④ 但是，有时这些机构也会选择保留一部分发行的贷款组合在资产负债表上。例如，银行认为，由于某些原因，通常投资的其他资产现在不如其发行的普通商业贷款，那么银行可能会保留一部分其发行的抵押贷款，这样对其更有利。

⑤ 政府支持实体将具有相似特征的抵押贷款打包的原因是让投资者更容易分析资产池。

● 为资产池中的抵押贷款提供担保，使投资者免受资产池中个人贷款违约造成的损失；

● 将资产池证券化，使其具有更好的流动性，方便出售给投资者。

虽然政府已经承诺承担违约风险，但是购买这些证券化后的抵押贷款资产池（又称为政府支持抵押贷款债券）的投资者获得的收益率通常还是比相同久期国债的收益率更高。获得高收益率的条件是投资者需要承担提前还款风险：当利率下降时，借款人提前还款概率上升，因此债券的加权平均期限缩短。相反，当利率上升时，借款人提前还款概率降低，因此债券的加权平均期限延长。这意味着抵押贷款债券具有以下特性：当利率下降时，抵押贷款债券的久期缩短，当利率上升时，抵押贷款债券的久期延长。

现在我们先思考一下这个问题：假设我们是固定收益债券投资者，我们预计利率会下跌。根据我们的观点，我们应该希望持有久期长的资产，而不是久期短的资产。其原因是，一方面，根据定义，久期长的资产对利率变化的敏感度更高。如果利率下降，我们希望持有敏感度更高的资产，以便投资组合中的资产升值幅度更大。相反，如果我们持有的资产久期短，那么这些资产的价格敏感度就有限，它们的价格不会在利率下跌中大幅上升。另一方面，如果我们预期利率会上升，那么我们应该持有久期短的资产。利率上升会降低固定利率债券的价格，而久期短的债券价格下跌的幅度小于久期长的资产。

不幸的是，我们持有抵押贷款债券时经历的情形不会像我们希望的那样。当利息下跌（这时我们希望持有久期长的资产以最大化固定收益资产的升值幅度）时，借款人会开始提前还款。将本金提前偿还给抵押贷款债券持有者，那么抵押贷款债券持有者将不能继续收到高于市场水平的票息，这会缩短抵押贷款债券的久期。相反，当利率上升（这时我们希望拥有久期短的资产以最小化投资组合价值的下跌幅度）时，借款人提前还款的动机减弱，提前还款的预期将减弱，这将导致抵押贷款债券的久期延长。总而言之，这里有一个很不利的影响：当利率下降时，我们希望我们的抵押贷款债券继续存在，但是它们消失了；当利率上升时，我们希望我们的抵押贷款债券消失，它们却继续存在。更正式地说，之所以出现这种现象是因为抵押贷款债券具有负凸性。图 D-2 展示了负凸性对抵押贷款债券价格的影响。

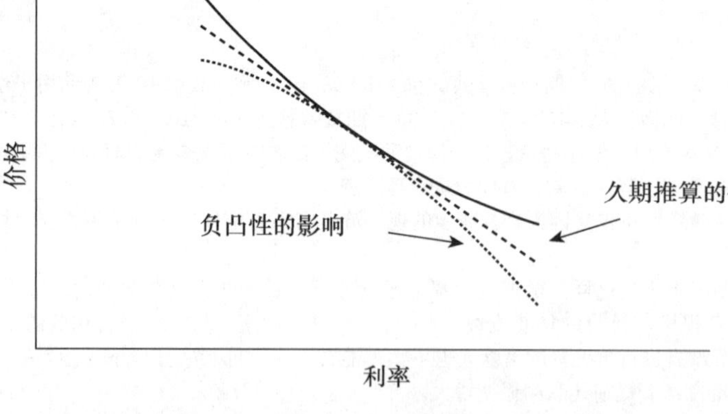

图 D-2　抵押贷款债券的负凸性（下边的曲线）与正凸性债券（上边的曲线）的对比

抵押贷款债券的负凸性是因为抵押贷款债券持有者卖出了期权给房主。当然，抵押贷款债券的投资者为此也获得了补偿：抵押贷款债券支付的利率高于相同久期的国债。抵押贷款债券收益高出国债收益的部分足以补偿市场小幅波动带来的风险，但是不足以弥补市场大幅波动带来的风险。

现在让我们回顾一下 2003 年夏天的市场动态，债市在 6 个星期内大幅下跌，利率上升接近 150 基点。持有大量抵押贷款债券的投资者发现其投资组合的久期不断延长（换句话说，抵押贷款债券投资组合正在增长）。为了避免抵押贷款债券投资组合的增长，投资者需要寻找交易以抵消其组合久期的延长。一种方式是卖空国债，另一种方式是在互换交易中支付固定利率。① 由于大型抵押贷款债券投资者开始在国债及互换市场进行对冲，这造成了债市进一步的抛售和互换基差的扩大，这正是我们在 2.2.1 节中讨论的现象。

① 注意，随着债市抛售（债券价格下跌，利率上升），需要对冲的投资者陷入了尴尬的境地，其必须在低位卖出国债，或者高位在利率互换中支付固定利率。无论怎么做对投资者都不利，这正是抵押贷款债券具有负凸性的体现。

附录 E

正态模型

本部分介绍了一种基于正态分布假设的互换期权价格模型（与基于对数正态分布假设的 Black-Scholes 模型不同）的推导过程。这里我们采用风险中性（risk-neutrality）假设。具体来说，我们来分析一个 T 进 n 的支付方互换期权，执行利率为 X，这里我们假设互换利率遵循正态分布 $R \sim N(F, \sigma_N^2 T)$，$F$ 表示 n 年期互换 T 年远期。在这个公式中，σ_N 表示正态波动率。为了简化符号，我们定义 $\tau = \sigma_N \sqrt{T}$。

为了简化模型，我们假设互换固定端每年支付一次，假设期权执行后每次现金流支付的时间为 t_i，这里 $t_i = T+1, T+2, \cdots, T+n$。因此在时间 t_i 的现金流为

$$
\begin{aligned}
&\int_{-\infty}^{\infty} \frac{1}{\sqrt{2\pi}\tau} \exp\left[-\frac{(R-F)^2}{2\tau^2}\right] \max(0, R-X)\,\mathrm{d}R \\
&= \int_{-\infty}^{X} \frac{1}{\sqrt{2\pi}\tau} \exp\left[-\frac{(R-F)^2}{2\tau^2}\right] \max(0, R-X)\,\mathrm{d}R \\
&\quad + \int_{X}^{\infty} \frac{1}{\sqrt{2\pi}\tau} \exp\left[-\frac{(R-F)^2}{2\tau^2}\right] \max(0, R-X)\,\mathrm{d}R \\
&= \int_{X}^{\infty} \frac{1}{\sqrt{2\pi}\tau} \exp\left[-\frac{(R-F)^2}{2\tau^2}\right] (R-X)\,\mathrm{d}R \qquad \text{(E. 1)}
\end{aligned}
$$

我们现在进行变量替换，令 $X = (R-F)/\tau$，由此我们可得 $\mathrm{d}R = \tau\,\mathrm{d}X$。将该等式代入公式（E. 1）中，我们得到：

$$
\begin{aligned}
&\int_{\frac{X-F}{\tau}}^{\infty} \frac{1}{\sqrt{2\pi}} \exp\left(-\frac{x^2}{2}\right) (\tau x + F - X)\,\mathrm{d}x \\
&= \tau \int_{\frac{X-F}{\tau}}^{\infty} \frac{1}{\sqrt{2\pi}}\, x \exp\left(-\frac{x^2}{2}\right) \mathrm{d}x
\end{aligned}
$$

$$+(F-X)\int_{\frac{X-F}{\tau}}^{\infty}\frac{1}{\sqrt{2\pi}}\exp\left(-\frac{x^2}{2}\right)\mathrm{d}x \tag{E. 2}$$

公式（E. 2）中等号右边的第一个积分，可以通过分部积分来计算。等号右边的第二个积分等于 1 减去（$X-F$）/τ 处的累积正态分布。因此，公式（E. 2）等于

$$\frac{\tau}{\sqrt{2\pi}}\left[-\exp\left(-\frac{x^3}{2}\right)\right]_{\frac{X-F}{\tau}}^{\infty}+(F-X)\left[1-N\left(\frac{X-F}{\tau}\right)\right]$$

$$=\frac{\tau}{\sqrt{2\pi}}\exp\left[-\frac{(X-F)^2}{2r^2}\right]+(F-X)\left[1-N\left(\frac{X-F}{\tau}\right)\right] \tag{E. 3}$$

这里 $N(\bullet)$ 表示累积正态分布函数，即

$$N(d)=\int_{-\infty}^{d}\frac{1}{\sqrt{2\pi}}e^{-x^2/2}\mathrm{d}x \tag{E. 4}$$

因此，执行利率为 X 的 T 进 n 支付方互换期权的价格为

$$A\sigma_N\sqrt{T}\left[\frac{1}{\sqrt{2\pi}}e^{-d^2/2}+dN(d)\right] \tag{E. 5}$$

这里，

$$d=\frac{F-X}{\sigma_N\sqrt{T}} \tag{E. 6}$$

同时，

$$A=\sum_{i=1}^{n}\frac{1}{[1+\mathrm{zc}(t_i)]^{t_i}} \tag{E. 7}$$

是年金因子（这里$t_i=T+i$，$i=1$，2，3，…，n）。

使用互换期权的看跌看涨期权平价公式，我们可以很快得出执行利率为 X 的 T 进 n 收取方互换期权的价格为

$$A\sigma_N\sqrt{T}\left[\frac{1}{\sqrt{2\pi}}e^{-d^2/2}-dN(-d)\right] \tag{E. 8}$$

这里 d 和 A 的定义分别来自公式（E. 6）和公式（E. 7）。

一个远期平值的跨式互换期权组合的价值可以通过公式（E. 5）和（E. 8）计算（令 $X=F$），然后将两个结果相加得到。因此，远期平值的 T 进 n 跨式互换期权的价格为

$$\sqrt{T}\times\sqrt{\frac{2}{\pi}}\times\sigma_N\times A \tag{E. 9}$$

E. 1　远期平值互换期权的 σ_{LN} 与 σ_N 的关系

在对数正态分布的假设下，根据 Black 模型，支付方互换期权和收取方互换期权的价格分别为

$$A\times[FN(d_1)-XN(d_2)] \tag{E.10}$$
$$A\times[XN(-d_2)-FN(-d_1)] \tag{E.11}$$

这里，

$$d_1=\frac{\ln(F/X)+\sigma_{LN}^2T/2}{\sigma_{LN}\sqrt{T}} \tag{E.12}$$

$$d_2=d_1-\sigma_{LN}\sqrt{T} \tag{E.13}$$

σ_{LN}表示对数正态分布的波动率。

我们现在分析在对数正态模型下远期平值跨式互换期权组合的价格。令 $X=F$，并使用公式（E.10）～(E.13)，我们可以得到对数正态模型下跨式期权组合的价格：

$$2\times A\times F\times\left[N\left(\frac{\sigma_{LN}\sqrt{T}}{2}\right)-N\left(-\frac{\sigma_{LN}\sqrt{T}}{2}\right)\right] \tag{E.14}$$

现在我们来推导平值互换期权的波动率 σ_N（正态模型中的正态隐含波动率）和 σ_{LN}（对数正态模型中的对数正态隐含波动率）的关系。为了推导两者的关系，我们令公式（E.9）等于公式（E.14）。我们首先看一下公式（E.14）中括号里的表达式：

$$N\left(\frac{\sigma_{LN}\sqrt{T}}{2}\right)-N\left(-\frac{\sigma_{LN}\sqrt{T}}{2}\right) \tag{E.15}$$

虽然公式（E.15）中的表达式无法进一步简化［$N(\cdot)$ 函数是一个积分，无法进一步简化］，但是我们可以用累积正态分布的泰勒展开式很好地近似这个值。

误差函数是一个常用的数学概念，我们用 erf(x) 表示误差函数：

$$\operatorname{erf}(x)=\frac{2}{\sqrt{\pi}}\sum_{n=0}^{\infty}\frac{(-1)^n x^{2n+1}}{n!(2n+1)}=\frac{2}{\sqrt{\pi}}\left(x-\frac{x^3}{3}+\frac{x^5}{10}-\frac{x^7}{42}+\cdots\right) \tag{E.16}$$

误差函数和累积正态分布函数之间的关系如下：

$$N(x)=\frac{1}{2}\left[1+\operatorname{erf}\left(\frac{x}{\sqrt{2}}\right)\right] \tag{E.17}$$

令 $\varepsilon=\sigma_{LN}\sqrt{T}/2$，根据公式（E.15）我们得到

$$\begin{aligned}N(\varepsilon)-N(-\varepsilon)&=\frac{1}{2}\left[1+\operatorname{erf}\left(\frac{\varepsilon}{\sqrt{2}}\right)\right]-\frac{1}{2}\left[1+\operatorname{erf}\left(-\frac{\varepsilon}{\sqrt{2}}\right)\right]\\&=\frac{1}{2}\left[\operatorname{erf}\left(\frac{\varepsilon}{\sqrt{2}}\right)-\operatorname{erf}\left(-\frac{\varepsilon}{\sqrt{2}}\right)\right]\\&=\frac{1}{2}\left[\operatorname{erf}\left(\frac{\varepsilon}{\sqrt{2}}\right)+\operatorname{erf}\left(\frac{\varepsilon}{\sqrt{2}}\right)\right]\\&=\operatorname{erf}\left(\frac{\varepsilon}{\sqrt{2}}\right)\end{aligned} \tag{E.18}$$

这里我们使用到了如下等式：

$$\mathrm{erf}\left(-\frac{\varepsilon}{\sqrt{2}}\right)=-\mathrm{erf}\left(\frac{\varepsilon}{\sqrt{2}}\right)$$

将公式（E.18）代入公式（E.14），我们得到了对数正态模型下跨式互换期权组合的定价公式如下：

$$2\times A\times F\times \mathrm{erf}\left(\frac{\varepsilon}{\sqrt{2}}\right) \tag{E.19}$$

令公式（E.19）等于正态模型下的跨式互换期权组合的价格，我们得到：

$$\sqrt{T}\times\sqrt{\frac{2}{\pi}}\times\sigma_N\times A=2\times A\times F\times \mathrm{erf}\left(\frac{\varepsilon}{\sqrt{2}}\right) \tag{E.20}$$

令 $\beta=\varepsilon/\sqrt{2}$，并将公式（E.16）中的 erf(·) 代入公式（E.20）中，我们得到

$$\sqrt{T}\times\sqrt{\frac{2}{\pi}}\times\sigma_N=2\times F\times\sqrt{\frac{2}{\pi}}\times\left(\beta-\frac{\beta^3}{3}+\mathrm{error}\right) \tag{E.21}$$

这里“error”表示一个很小的误差项。由公式（E.21），我们可以得到

$$\sqrt{T}\times\sqrt{\frac{2}{\pi}}\times\sigma_N\approx 2\times F\times\sqrt{\frac{2}{\pi}}\times\left(\beta-\frac{\beta^3}{3}\right) \tag{E.22}$$

将 $\beta=\sigma_{LN}\sqrt{T}/(2\sqrt{2})$ 代入公式（E.22）后得到：

$$\sigma_N\approx F\times\sigma_{LN}\times\left(1-\frac{\sigma_{LN}^2}{24}T\right) \tag{E.23}$$

公式（E.23）展示了我们为什么经常用 $F\times\sigma_{LN}$ 来近似计算正态波动率：当 σ_{LN} 和 T 都很小时，括号中的部分接近于 1。不过，当 σ_{LN} 很大，或者到期时间 T 很长时，公式（E.23）能提供一个更好的近似值。

E.2 非平值互换期权的 σ_{LN} 和 σ_N 之间的关系

对于执行利率为任意值的互换期权的对数正态隐含波动率 σ_{LN} 和正态隐含波动率 σ_N 之间的关系可以通过下面的数值方法计算。[①] 我们先回顾一下正态模型下执行利率为 X 的 T 进 n 收取方互换期权的价格公式：

$$A\sigma_N\sqrt{T}\left[\frac{1}{\sqrt{2\pi}}e^{-d^2/2}-dN(-d)\right] \tag{E.24}$$

---

① 我们可以将对数正态隐含波动率和正态隐含波动率当做互换期权的执行利率 X 的函数。我们用 $\sigma_{LN}(X)$ 和 $\sigma_N(X)$ 分别表示这两个函数。Zhou（2003）和 Sadr（2009）的文章中建议：

$$\sigma_N(X)\approx\sigma_{LN}(X)\times\sqrt{FX}$$

当 $X=F$ 时（即互换期权是远期平值期权时），上述公式变为公式（5.27）。本节给出的数值方法可以作为这种近似值的替代。

这里 d 和 A 分别由公式（E.6）和（E.7）给出。

而在对数正态模型下，执行利率为 X 的 T 进 n 收取方互换期权的价格等于

$$A\times[XN(-d_2)-FN(-d_1)] \tag{E.25}$$

这里 d_1 和 d_2 分别由公式（E.12）和（E.13）给出。

假设正态分布模型成立（即给定互换期权的期限和标的，σ_N 不随执行利率的变动而变动），我们来寻找对数正态隐含波动率 σ_{LN} 需要满足的条件。对于执行利率为 X 的 T 进 n 收取方互换期权：

（1）在正态模型下，给定正态隐含波动率 σ_N，使用公式（E.24）计算固定利率收取方互换期权的价格。用 price_N 表示我们计算的结果。

（2）将执行利率为 X 的 T 进 n 收取方互换期权的参数代入对数正态模型公式（E.25），并令（E.25）等于我们在步骤 1 中计算的价格。即，令

$$A\times[XN(-d_2)-FN(-d_1)]=\text{price}_N \tag{E.26}$$

（3）根据公式（E.26），计算对数隐含波动率 σ_{LN} 的值。

在正态模型假设下，通过上述步骤，我们可以得到不同执行利率互换期权的 σ_N 与 σ_{LN} 之间的关系。这个过程的结果用于绘制图 5－15。[①]

E.3 正态模型下的期权敏感度

在正态模型下，固定利率支付方互换期权和固定利率收取方互换期权的敏感度可以通过对公式（E.5）和（E.8）求偏导数获得。表 E－1 展示了一些常用的敏感度。在表 E－1 中，d 和 $N(d)$ 分别由公式（E.6）和公式（E.4）给出，并且

$$n(d)=\frac{1}{\sqrt{2\pi}}e^{-d^2/2} \tag{E.27}$$

表 E－1　正态模型下的期权敏感度

敏感度	偏导数	支付方互换期权	收取方互换期权
delta	$\frac{\partial}{\partial F}$	$AN(d)$	$-AN(-d)$
gamma	$\frac{\partial^2}{\partial F^2}$	$A\frac{n(d)}{\sigma_N\sqrt{T}}$	$A\frac{n(d)}{\sigma_N\sqrt{T}}$
vega	$\frac{\partial}{\partial \sigma_N}$	$A\sqrt{T}n(d)$	$A\sqrt{T}n(d)$

作为比较，在对数正态（Black）模型下，固定利率支付方互换期权和固定利率收取方互换期权的敏感度如表 E－2 所示。这些敏感度是分别对公式（E.10）和公式（E.11）求偏导获得的。在表E－2中，d_1 由公式（E.12）给出。

① 这种方法也可以使用固定利率支付方互换期权，或者跨式期权组合。这里想说明的是，无论使用何种模型，期权的价值应该相同，并由此得到每种模型中隐含波动率的限制条件。

表 E-2　　对数正态模型下的期权敏感度

敏感度	偏导数	支付方互换期权	收取方互换期权
delta	$\frac{\partial}{\partial F}$	$AN(d_1)$	$-AN(-d_1)$
gamma	$\frac{\partial^2}{\partial F^2}$	$A\frac{n(d_1)}{F\sigma_{LN}\sqrt{T}}$	$A\frac{n(d_1)}{F\sigma_{LN}\sqrt{T}}$
vega	$\frac{\partial}{\partial \sigma_{LN}}$	$AF\sqrt{T}n(d_1)$	$AF\sqrt{T}n(d_1)$

部分习题答案

第一章

1. a) 4年期国债收益率可以由3年期国债收益率和5年期国债收益率插值计算。插值得出的4年期国债收益率为

$$0.980\%+\left(\frac{4-3}{5-3}\right)\times(1.877\%-0.980\%)=1.4285\%$$

因此，4年期互换利率的买入价为 $1.4285\% + 0.2475\%=1.676\%$，4年期互换利率的卖出价为 $1.4285\% + 0.2525\%=1.681\%$。

2. a) 按债券市场计息规则每半年付息的5年期互换利率的卖出价等于5年期国债收益率的买入价加上5年期互换基差的卖出价，即 $1.877\% +0.2125\%=2.0895\%$，通常四舍五入到 2.090%。

3. a) 按债券市场计息规则每半年付息的5年期互换利率的买入价是 5.25%。首先，将该利率转化为按债券市场计息规则每季付息的利率，然后转化为按货币市场计息规则每季付息的利率：

$$4\times\left[\left(1+\frac{0.0525}{2}\right)^{2/4}-1\right]=5.216\%$$

$$5.216\%\times 360/365=5.145\%$$

按债券市场计息规则每半年付息的5年期互换利率卖出价是 5.27%。将该利率转化为按债券市场计息规则每季付息的利率，然后转化为按货币市场计息规则每季付息的利率：

$$4\times\left[\left(1+\frac{0.0527}{2}\right)^{2/4}-1\right]=5.236\%$$

$5.236\% \times 360/365 = 5.164\%$

请注意，由于互换的浮动端仍然是挂钩 3 个月 LIBOR，所以无须进行调整。

b）按债券市场计息规则每半年付息的 5 年期互换利率的买入价是 5.25%。首先，将该利率转化为按债券市场计息规则每月付息的利率，然后转化为按货币市场计息规则每月付息的利率：

$$12 \times \left[\left(1+\frac{0.0525}{2}\right)^{2/12}-1\right]=5.193\%$$

$$5.193\% \times 360/365 = 5.122\%$$

按债券市场计息规则每半年付息的 5 年期互换利率的卖出价是 5.27%。首先，将该利率转化为按债券市场计息规则每月付息的利率，然后转化为按货币市场计息规则每月付息的利率：

$$12 \times \left[\left(1+\frac{0.0527}{2}\right)^{2/12}-1\right]=5.213\%$$

$$5.213\% \times 360/365 = 5.142\%$$

c）现在互换的浮动端是 1 个月 LIBOR，因此我们需要考虑基差互换的价值。由于做市商支付固定利率收取 1 个月 LIBOR，因此我们需要用到基差互换的卖出价，也就是＋3 基点。做市商愿意按货币市场计息规则每月支付固定利率 5.122%换取 3 个月 LIBOR，这意味着做市商愿意按货币市场计息规则每月支付固定利率 5.122%－0.03%＝5.092%换取 1 个月 LIBOR。图 S－1 展示了计算过程。

当做市商收取固定利率并支付 1 个月 LIBOR 时，我们需要用基差互换的买入价，也就是＋1基点。做市商愿意按货币市场计息规则每月收取固定利率 5.142%换取 3 个月 LIBOR，这意味着做市商愿意按货币市场计息规则每月收取固定利率 5.142%－0.01%＝5.132%换取 1 个月 LIBOR。

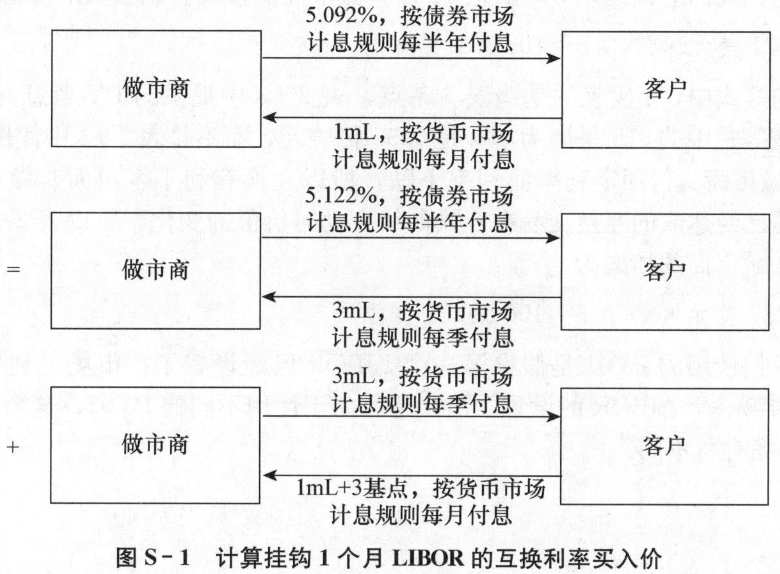

图 S－1　计算挂钩 1 个月 LIBOR 的互换利率买入价

第二章

1. 该公司可以以面值发行浮动利率债券，支付 3 个月 LIBOR＋66 基点的票息，或发行固定利率债券，支付 T_5＋96 基点的票息，同时进入一个 5 年期互换，合成一笔浮动利率融资。如果公司进入此互换，它将按买入价从做市商那儿收取固定利率。因为 5 年期互换基差的中间价为 34 基点，所以该公司将会收取 T_5＋32 基点的固定利率并支付 LIBOR。以 T_5＋96 基点发行债券并在互换中收取 T_5＋32 基点的固定利率，同时支付 LIBOR，那么净支出为 LIBOR＋64 基点。图 S－2 展示了这个过程。

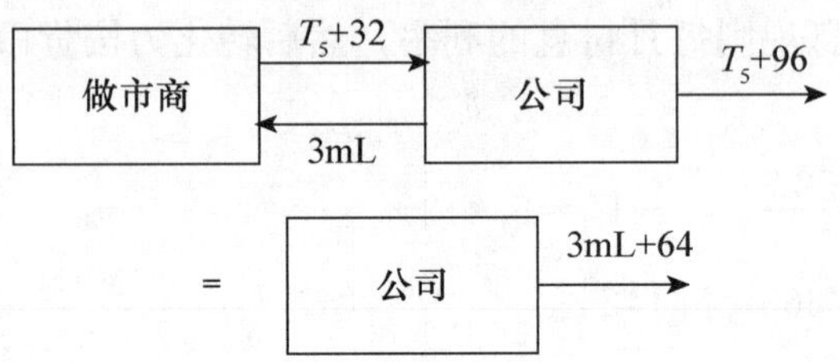

图 S－2　公司合成浮动利率负债

因此，通过发行固定利率债券并用互换转化为浮动负债可以节省 2 基点的利息。需要注意的是，按债券市场计息规则每半年付息的 64 基点不等于按货币市场计息规则每季付息的 64 基点。按货币市场计息规则每季付息的话应该小于 64 基点（根据互换模型计算，应该比 64 基点只小了 1 基点的几分之一）。这意味着公司可以获得一个比LIBOR＋64 基点更好的合成浮动负债。当然这并不会改变我们的答案：该公司通过发行固定利率债券并使用互换转化成浮动负债能够节省成本。

3. a）做市商错误地支付了 5.65％的固定利率而不是 5.60％的固定利率。这个错误对做市商不利。我们应该使用 PV 票息 01 计算做市商的损失。该损失的价值为

43 321 美元×5×0.5＝108 302.5 美元

在上面的等式中，5 代表的是错误 5 基点，表 2－3 中提供的 PV 票息 01 是针对 1 基点的变化，该等式中的 0.5 是因为本金是 0.50 亿美元，而不是表 2－3 中使用的 1 亿美元。

b）因为做市商支付固定利率而利率下跌，所以互换有利于客户而非做市商。因为我们要计算的是已经达成的互换交易在互换曲线变动时价值的变化，所以表 2－3 中的 PV01 是最合适的。做市商的损失为

40 237 美元×5×0.5＝100 592.5 美元

注意，我们使用的 PV01 是假设第一个 LIBOR 已经设置了，市场上利率下跌不会影响到交易中的第一个 LIBOR 的设置。请注意，由于使用不同的 PV01，这个问题的答案与问题 a）的答案有所不同。

第三章

2. a）如图 S－3 上半部分所示，2×5 互换利率为 7.071％。为手工估算这个结果，

我们来看这个组合：在5年期互换中收取固定利率，在2年期互换中支付固定利率。前2年的息差是6.60%－6.00%＝60基点。该息差的未来价值是123.6基点（使用2年期互换利率作为折现利率）。使用5年期互换利率作为折现利率，将这个未来价值分摊到后3年，我们得到一笔46.8基点的年金。把这笔年金加到5年期互换利率上，得到6.60%＋0.468%＝7.068%，该手工估算答案与模型计算的结果只相差了0.3基点。

时间	零息利率	远期利率	固定端现金流	固定端现金流现值	浮动端现金流	浮动端现金流现值
1	5.600%	5.600%	0	0	0	0
2	6.012%	6.426%	0	0	0	0
3	6.221%	6.640%	7 071 362	5 900 263	6 640 266	5 540 562
4	6.437%	7.086%	7 071 362	5 509 855	7 085 633	5 520 975
5	6.659%	7.553%	7 071 362	5 122 944	7 552 520	5 471 526
				16 533 062		16 533 062
		固定利率	7 071%	净现值	0	
		名义本金	100 000 000			

时间	零息利率	远期利率	固定端现金流	固定端现金流现值	浮动端现金流	浮动端现金流现值
1	5.600%	5.600%	0	0	0	0
2	6.012%	6.426%	0	0	0	0
3	6.221%	6.640%	7 071 362	5 900 263	6 640 266	5 540 562
4	6.437%	7.086%	7 071 362	5 509 855	7 085 633	5 520 975
5	6.659%	7.553%	107 071 362	77 569 298	107 552 520	77 917 880
				88 979 417		88 979 417
		固定利率	7 071%	净现值	0	
		名义本金	100 000 000			

图S-3　互换利率（上半部分）和加入虚拟名义本金的2×5互换利率（下半部分）

b）带有虚拟名义本金的互换浮动端的价值在任何重置日都是面值，但是今天不是互换的重置日。第一个重置日在2年后。因此，我们知道2年后互换浮动端的价值等于面值。所以，今天浮动端的价值等于2年后1亿美元折现到现在的现值：

$$\frac{1\text{亿美元}}{[1+zc(2)]^2}=\frac{1\text{亿美元}}{(1.060\,12)^2}=88\,979\,417\text{美元}$$

如图S-3的下半部分所示，假设双方在5年后的到期日交换本金，我们可以通过模型验证上述计算：虚拟的浮动利率债券的价值为88 979 417美元。

3. a）在今天，当5年期互换的市场利率为6.60%时，客户在5年期互换中收取6.60%的固定利率。如图S-4的上半部分所示，对客户来说，该交易的盯市市值为3 339 836美元。我们手工估算这个结果：客户相当于支付一个5年期、6.60%－5.80%＝80基点的年金。令PMT＝80基点，n＝5，i＝6.60%，我们可以得到PV＝331.6基点，也就是3 315 590美元。

b）该客户在原来的互换中收取固定利率。为了结该交易，客户需要支付固定利率给做市商。因此，应该使用5年期互换利率的卖出价了结交易。5年期互换利率的中间价为6.60%。5年期互换利率的卖出价与中间价相差1基点，也就是6.61%。图S-4的下半部分展示了使用5年期互换利率6.61%计算了结费的过程。两个NPV之差（3 381 267美元－3 339 836美元＝41 431美元）就是做市商以卖出价了结交易的盈利。

时间	零息利率	远期利率	固定端现金流	固定端现金流现值	浮动端现金流	浮动端现金流现值
1	5.600%	5.600%	5 800 000	5 492 424	(5 600 000)	(5 303 030)
2	6.012%	6.426%	5 800 000	5 160 806	(6 425 703)	(5 717 553)
3	6.221%	6.640%	5 800 000	4 839 454	(6 640 266)	(5 540 562)
4	6.437%	7.086%	5 800 000	4 519 237	(7 085 633)	(5 520 975)
5	6.659%	7.553%	5 800 000	4 201 889	(7 552 520)	(5 471 526)
				24 213 810		(27 553 645)
		固定利率	5 800%	净现值	(3 339 836)	
		名义本金	100 000 000			

时间	零息利率	远期利率	固定端现金流	固定端现金流现值	浮动端现金流	浮动端现金流现值
1	5.600%	5.600%	5 800 000	5 492 424	(5 600 000)	(5 303 030)
2	6.012%	6.426%	5 800 000	5 160 806	(6 425 703)	(5 717 553)
3	6.221%	6.640%	5 800 000	4 839 454	(6 640 266)	(5 540 562)
4	6.437%	7.086%	5 800 000	4 519 237	(7 085 633)	(5 520 975)
5	6.670%	7.611%	5 800 000	4 199 617	(7 610 687)	(5 510 685)
				24 211 538		(27 592 805)
		固定利率	5 800%	净现值	(3 381 267)	
		名义本金	100 000 000			

图S-4　固定利率为5.80%的互换的盯市市值计算（上图）和使用买入卖出价计算的了结互换交易的盯市市值（下图）

6. a）如表中所示，2年期互换利率是6%，习题2中我们得到2×5互换利率为7.071%。

b）2年期互换的固定利率需要提高，2×5互换的固定利率需要下调。当我们提高2年期互换的固定利率时，交易对投资者有利，当我们下调2×5互换的固定利率时，交易对投资者不利。当我们把这两个交易的利率都设置为6.60%时，正好使两个交易的NPV净值等于0。具体来说，对投资者而言，当利率为6.60%时，2×5互换的盯市市值为－1 102 058美元，2年期互换的盯市市值为1 102 058美元。

c）我们在b）部分解出的利率就是5年期互换利率。在1亿美元名义本金的2年期互换中收取固定利率，同时在1亿美元名义本金的2×5互换中收取固定端等同于在1亿美元名义本金的5年期互换中收取固定利率。改变b）部分中的固定利率可以证明这一点。

第四章

1. a）利率上限的价格是 266.1 基点，即约 2 661 000 美元，详见图 S-5。

利率上限模型									
时间	零息利率	期间	远期利率	σ	d_1	d_2	远期期权费	利率上限单元期权费	利率上限单元期权费金额
1	5.600%	0×1	5.600%	n/a	n/a	n/a	0.000%	0.000%	0
2	6.012%	1×2	6.426%	13%	−0.023	−0.153	0.299%	0.266%	266 139
3	6.221%	2×3	6.640%	14%	0.207	0.009	0.591%	0.493%	493 322
4	6.437%	3×4	7.086%	16%	0.450	0.173	1.077%	0.839%	839.288
5	6.659%	4×5	7.553%	15%	0.650	0.350	1.466%	1.062%	1 061 870
执行利率	6.500%		名义本金		100 000 000				2 660 619
								以基点表示	266.1

图 S-5　计算执行利率为 6.5%的 5 年期利率上限的价值

b）假设基础波动率都相同，找到这个波动率使得利率上限的价值为 266.1 基点［（在 a）部分计算的价格］，那么这个波动率就是平均波动率。如图 S-6 所示，平均波动率为 14.66%。

利率上限模型									
时间	零息利率	期间	远期利率	σ	d_1	d_2	远期期权费	利率上限单元期权费	利率上限单元期权费金额
1	5.600%	0×1	5.600%	n/a	n/a	n/a	0.000%	0.000%	0
2	6.012%	1×2	6.426%	14.66%	−0.005	−0.152	0.342%	0.304%	303 992
3	6.221%	2×3	6.640%	14.66%	0.207	−0.001	0.615%	0.514%	513 507
4	6.437%	3×4	7.086%	14.66%	0.467	0.213	1.018%	0.793%	793 244
5	6.659%	4×5	7.553%	14.66%	0.658	0.365	1.449%	1.050%	1 049 876
执行利率	6.500%		名义本金		100 000 000				2 660 619
								以基点表示	266.1

图 S-6　计算执行利率为 6.5%的 5 年期利率上限的平均波动率

c）利率下限的价格是 224.3 基点，约 2 243 000 美元，计算见图 S-7。

利率下限模型									
时间	零息利率	期间	远期利率	σ	d_1	d_2	远期期权费	利率下限单元期权费	利率下限单元期权费金额
1	5.600%	0×1	5.600%	n/a	n/a	n/a	0.900%	0.852%	852 273
2	6.012%	1×2	6.426%	14.66%	−0.005	−0.152	0.416%	0.370%	370 101
3	6.221%	2×3	6.640%	14.66%	0.207	−0.001	0.475%	0.396%	396 471
4	6.437%	3×4	7.086%	14.66%	0.467	0.213	0.432%	0.337%	336 932
5	6.659%	4×5	7.553%	14.66%	0.658	0.365	0.397%	0.287%	287 363
执行利率	6.500%		名义本金		100 000 000				2 243 140
								以基点表示	224.3

图 S-7　计算执行利率为 6.5%的 5 年期利率下限的价值

d）根据利率上下限平价公式，交易对手支付 6.5％的固定利率的 5 年期互换等同于做多一个执行利率为 6.50％的利率上限同时做空一个执行利率为 6.50％的利率下限。因此，该互换的价值为 2 660 619 美元－2 243 140 美元＝417 479 美元，对固定利率支付方有利。

我们可以用图 S－8 中的息票剥离法验证这个计算结果。如图所示，固定利率支付方互换的价值为 27 553 645 美元－27 136 166 美元＝417 479 美元。

时间	零息利率	远期利率	固定端现金流	固定端现金流现值	浮动端现金流	浮动端现金流现值
1	5.600％	5.600％	(6 500 000)	(6 155 303)	5 600 000	5 303 030
2	6.012％	6.426％	(6 500 000)	(5 783 662)	6 425 703	5 717 553
3	6.221％	6.640％	(6 500 000)	(5 423 526)	6 640 266	5 540 562
4	6.437％	7.086％	(6 500 000)	(5 064 662)	7 085 633	5 520 975
5	6.659％	7.553％	(6 500 000)	(4 709 013)	7 552 520	5 471 526
				(27 136 166)		27 553 645
		固定利率	6.500％	净现值	417 479	
		名义本金	100 000 000			

图 S－8　验证利率上下限平价公式

2. 在这个互换中，做市商支付 min(L，8％)。注意，min(L，8％)＝L－max(0，L－8％)。因此，做市商实际支付 LIBOR 减去执行利率为 8％的利率上限的收付额。因此该互换的固定利率等于平价互换利率减去上述利率上限价值分摊到每年的基点数。

首先我们要计算执行利率为 8％的利率上限的价值。如图 S－9 上半部分所示，利率上限的价值为 100.1 基点。为求解互换的固定利率，我们设该互换的前端费等于利率上限的价值。如图 S－9 下半部分所示，该互换的固定利率为 6.36％。

利率上限模型

时间	零息利率	期间	远期利率	σ	d_1	d_2	远期期权费	利率上限单元期权费	利率上限单元期权费金额
1	5.600％	0×1	5.600％	n/a	n/a	n/a	0.000％	0.000％	0
2	6.012％	1×2	6.426％	13％	−1.621	−1.751	0.018％	0.016％	15 680
3	6.221％	2×3	6.640％	14％	−0.842	−1.040	0.134％	0.112％	111 784
4	6.437％	3×4	7.086％	16％	−0.299	−0.577	1.452％	0.352％	352 133
5	6.659％	4×5	7.553％	15％	−0.042	−0.342	1.720％	0.522％	521 865
执行利率	8.000％		名义本金		100 000 000				1 001 462
								以基点表示	100.1

时间	零息利率	远期利率	固定端现金流	固定端现金流现值	浮动端现金流	浮动端现金流现值
1	5.600％	5.600％	6 360 117	6 022 838	(5 600 000)	(5 303 030)
2	6.012％	6.426％	6 360 117	5 659 195	(6 425 703)	(5 717 553)
3	6.221％	6.640％	6 360 117	5 306 809	(6 640 266)	(5 540 562)
4	6.437％	7.086％	6 360 117	4 955 668	(7 085 633)	(5 520 975)
5	6.659％	7.553％	6 360 117	4 607 673	(7 552 520)	(5 471 526)
				26 552 184		(27 553 645)
					利率上限	1 001 462
		固定利率	6.360％			
		名义本金	100 000 000	净现值	0	

图 S－9　计算内嵌利率上限互换的固定利率

第五章

3. a）答案是，视情况而定。首先，假设互换曲线如下表所示：

期限	互换利率
1年期	5.00%
2年期	5.11%
3年期	5.30%
4年期	5.47%
5年期	5.60%

根据互换曲线计算，4年期互换1年远期利率是5.772%，3年期互换2年远期利率是5.976%。假设这两个互换期权的对数正态隐含波动率都是20%。如图S-10所示，使用Black模型，执行利率为7%的1进4固定利率收取方互换期权的价值是446.5基点，执行利率为7%的2进3固定利率收取方互换期权的价值是327.7基点。因此，1进4互换期权的价值高于2进3互换期权。

互换期权定价模型		1进4				
时间	互换利率	零息利率	期间	$DF(0, t)$		
1	5.000%	5.000%	0×1		d_1	−0.8648
2	5.110%	5.113%	1×2	0.9051	d_2	−1.0648
3	5.300%	5.312%	2×3	0.8562		
4	5.470%	5.494%	3×4	0.8074		
5	5.600%	5.635%	4×5	0.7602		
F	5.772%		$A=$	3.3289		
σ	20.0%				$XN(-d_2)-FN(-d_1)$	0.013412
T	1		名义本金	100000000	固定利率收取方互换期权的价值	4464748
X	7.000%				（以基点表示）	446.5

互换期权定价模型		2进3				
时间	互换利率	零息利率	期间	$DF(0, t)$		
1	5.000%	5.000%	0×1		d_1	−0.4180
2	5.110%	5.113%	1×2		d_2	−0.7009
3	5.300%	5.312%	2×3	0.8562		
4	5.470%	5.494%	3×4	0.8074		
5	5.600%	5.635%	4×5	0.7602		
F	5.976%		$A=$	2.4238		
σ	20.0%				$XN(-d_2)-FN(-d_1)$	0.013522
T	2		名义本金	100000000	固定利率收取方互换期权的价值	3277382
X	7.000%				（以基点表示）	327.7

图S-10 执行利率为7%的1进4收取方互换期权的价值高于执行利率为7%的2进3收取方互换期权的价值的例子

其次，假设互换曲线如下所示：

期限	互换利率
1年期	1.00%
2年期	7.00%
3年期	7.00%
4年期	7.00%
5年期	7.00%

根据该互换曲线计算，4年期互换1年远期利率是8.884%，3年期互换2年远期利率是7%。假设这两个互换期权的对数正态隐含波动率都是20%。如图S-11所示，使用Black模型，执行利率为7%的1进4固定利率收取方互换期权的价值是28.3基点，执行利率为7%的2进3固定利率收取方互换期权的价值是179.7基点。因此，2进3互换期权的价值高于1进4互换期权。这个例子说明，当1×5互换利率非常高时，1×4收取方互换期权就会相对便宜。

互换期权定价模型		1进4				
时间	互换利率	零息利率	期间	$DF(0,t)$		
1	1.000%	1.000%	0×1		d_1	1.292 0
2	7.000%	7.223%	1×2	0.869 8	d_2	1.092 0
3	7.000%	7.149%	2×3	0.812 9		
4	7.000%	7.112%	3×4	0.759 7		
5	7.000%	7.089%	4×5	0.710 0		
F	8.884%		$A=$	3.152 5		
σ	20.0%				$XN(-d_2)-FN(-d_1)$	0.000 897
T	1		名义本金	100 000 000	固定利率收取方互换期权的价值	282 632
X	7.000%				(以基点表示)	28.3

互换期权定价模型		2进3				
时间	互换利率	零息利率	期间	$DF(0,t)$		
1	1.000%	1.000%	0×1		d_1	0.141 4
2	7.000%	7.223%	1×2		d_2	−0.141 4
3	7.000%	7.149%	2×3	0.812 9		
4	7.000%	7.112%	3×4	0.759 7		
5	7.000%	7.089%	4×5	0.710 0		
F	7.000%		$A=$	2.282 6		
σ	20.0%				$XN(-d_2)-FN(-d_1)$	0.007 872
T	2		名义本金	100 000 000	固定利率收取方互换期权的价值	1 796 992
X	7.000%				(以基点表示)	179.7

图S-11 执行利率为7%的1进4固定利率收取方互换期权的价值低于执行利率为7%的2进3固定利率收取方互换期权的价值的例子

5. 根据题目提供的数据计算，2×5远期互换利率为7.595%，适用的波动率为26.5%。

a) 如图S-12的上半部分所示，执行利率为7%的2进3固定利率支付方互换期权的价值是324.6基点，也就是3 246 125美元（名义本金为1亿美元）。

b) 如图S-12的上半部分所示，执行利率为7%的2进3固定利率收取方互换期权的价值是187.4基点，也就是1 874 316美元（名义本金为1亿美元）。

c）根据互换期权平价公式，执行利率为7%的2进3固定利率支付方互换期权的价值减去执行利率为7%的2进3固定利率收取方互换期权的价值必须等于固定利率为7%的2×5远期互换的价值。如图S-12的下半部分所示，该互换的价值是1 371 809美元（3 246 125美元－1 874 316美元），也就是支付方互换期权和收取方互换期权的价差。

互换期权定价模型	2进3					
时间	互换利率	零息利率	期间	$DF(0, t)$		
1	6.000%	6.000%	0×1		d_1	0.405 0
2	6.250%	6.258%	1×2		d_2	0.030 2
3	6.500%	6.522%	2×3	0.827 3		
4	6.750%	6.794%	3×4	0.768 8	$FN(d_1)-XN(d_2)$	0.014 073
5	7.000%	7.075%	4×5	0.710 5	固定利率支付方互换期权的价值	3 246 125
					（以基点表示）	324.6
F	7.595%		$A=$	2.306 6		
σ	26.5%				$XN(-d_2)-FN(-d_1)$	0.008 126
T	2		名义本金	100 000 000	固定利率收取方互换期权的价值	1 874 316
X	7.000%				（以基点表示）	187.4

时间	零息利率	远期利率	固定端现金流	固定端现金流现值	浮动端现金流	浮动端现金流现值
1	6.000%	6.000%		0		0
2	6.258%	6.516%		0	0	0
3	6.522%	7.053%	(7 000 000)	(5 791 333)	7 052 703	5 834 936
4	6.794%	7.614%	(7 000 000)	(5 381 588)	7 613 820	5 853 492
5	7.075%	8.205%	(7 500 000)	(4 973 502)	8 205 211	5 829 804
				(16 146 422)		17 518 232
		固定利率	7.000%	净现值	1 371 809	
		名义本金	100 000 000			

图S-12　执行利率为7%的2进3固定利率支付方互换期权的价值和执行利率为7%的2进3固定利率收取方互换期权的价值（上图），固定利率为7%的2×5远期互换的价值（下图）

6. a）根据公式（5.21），我们需要将标的远期互换利率作为互换期权定价的输入量。根据计算，1×4互换利率是6.030%。此外，年金因子A是2.552 3。适用的波动率是124.0基点。

如图S-13所示，对于支付方互换期权，我们有

$$d=\frac{F-X}{\sigma_N\sqrt{T}}=\frac{0.060\,3-0.07}{0.012\,4\times 1}=-0.782\,4$$

根据公式（5.20），执行利率为7%的1进3固定利率支付方互换期权的价格是

$$A\sigma_N\sqrt{T}\left[\frac{1}{\sqrt{2\pi}}e^{d^2/2}+dN(d)\right]$$

$$=2.552\,3\times 0.012\,4\times\sqrt{1}\times\left[\frac{1}{\sqrt{2\pi}}e^{-0.782\,4^2/2}-0.782\,4\times N(-0.782\,4)\right]$$

$$=0.003\,92$$

即39.2基点。在名义本金为5 000万美元的情况下，价格为5 000万美元×0.003 92＝196 199美元。

互换期权定价模型	1进3					
时间	互换利率	零息利率	期间	$DF(0, t)$		
1	5.000%	5.000%	0×1		d	−0.782 4
2	5.250%	5.257%	1×2	0.902 6		
3	5.500%	5.519%	2×3	0.851 2	$A\sigma_N\sqrt{T}\left[\frac{1}{\sqrt{2\pi}}e^{-d^2/2}+dN(d)\right]$	
4	5.750%	5.787%	3×4	0.798 5		
5	6.000%	6.064%	4×5		=	0.003 92
F	6.030%		$A=$	2.552 3	固定利率支付方互换期权的价值	196 199
σ_N	0.012 4				（以基点表示）	39.2
T	1		名义本金	50 000 000		
X	7.000%					

图 S－13　使用正态模型计算的执行利率为 7%的 1 进 3 固定利率支付方互换期权的价值

第六章

1. a）根据利率曲线，5 年期互换利率是 7.00%。

b）5nc2 互换内嵌了 2 进 3 固定利率收取方互换期权。互换做市商是固定利率支付方并做多固定利率收取方互换期权，交易对手做空该期权。如图 S－14 所示，可取消互换的利率是 7.646%。请注意，我们需要 2×5 互换利率作为计算内嵌互换期权的输入量。根据计算，2×5 互换利率是 7.595%。

c）计算可取消互换利率的步骤如下：可取消互换包含一笔 5 年期互换（做市商在该互换中支付固定利率并收取 LIBOR－25 基点）和一笔互换期权（做市商持有该期权，有权在 2 年后进入一笔 3 年期互换收取相同的固定利率并支付 LIBOR－25 基点）。我们可以很容易地计算出这笔 5 年期互换的价值。但是计算互换期权价值的时候要小心：内嵌互换期权的持有者有权收取固定利率 x 并支付 LIBOR－25 基点。但是，我们的模型只能计算交易对手支付 LIBOR 的互换期权的价值。我们发现，该互换期权与持有者有权收取固定利率＋25基点并支付 LIBOR 的互换期权的价值相同。①。将互换期权的执行利率按此调整后，我们就可以用迭代法计算可取消互换的利率了。如图 S－15 所示，可取消互换的利率是 7.396%。注意，它比 b）部分计算出的 5nc2 互换利率低 25 基点。这是为什么？

d）在 5nc2 互换中，做市商收取固定利率并有权结束交易。因此，互换做市商做多了 2 进 3 固定利率支付方互换期权。如图 S－16 所示，5nc2 互换利率是 5.815%。

e）在该交易中，做市商在前 2 年支付 7.75%的固定利率，在后 3 年支付 x 的固定利率，并做多一个固定利率为 x 的 2 进 3 收取方互换期权。可以通过迭代法求出 x 的值，使得该交易的现值为 0。如图 S－17 所示，该利率为 7.456%。注意，该互换在前 2 年的利率相对较高，在后 3 年的利率相对较低。这种交易被称为递减结构（step-down）。

---

① 如果标的互换支付固定利率 x 收取 LIBOR－25 基点的互换期权与标的互换支付固定利率 x＋25 基点收取 LIBOR 的互换期权的价值不同，我们就可以买入两者中价格较低的并卖出价格较高的，从而实现今天的现金流为正。在期权到期时，两笔交易的现金流会完全抵消，那么这就会产生套利机会，因此，两种互换期权的价值必须相等。

时间	零息利率	远期利率	固定端现金流	固定端现金流现值	浮动端现金流	浮动端现金流现值
1	6.000%	6.000%	(7 646 209)	(7 213 404)	6 000 000	5 660 377
2	6.258%	6.516%	(7 646 209)	(6 772 114)	6 516 291	5 771 365
3	6.522%	7.053%	(7 646 209)	(6 325 962)	7 052 703	5 834 936
4	6.794%	7.614%	(7 646 209)	(5 878 392)	7 613 820	5 853 492
5	7.075%	8.205%	(7 646 209)	(5 432 633)	8 205 211	5 829 804
				(31 622 506)		28 949 974

固定利率收取方互换期权的执行利率	7.646%	固定利率收取方互换期权的价值	2 672 531
固定利率	7.646%		
名义本金	100 000 000	净现值	(0)

互换期权定价模型　　2进3

时间	互换利率	零息利率	期间	$DF(0, t)$		
1	6.000%	6.000%	0×1		d_1	0.169 4
2	6.250%	6.258%	1×2		d_2	−0.205 4
3	6.500%	6.522%	2×3	0.827 3		
4	6.750%	6.794%	3×4	0.768 8		
5	7.000%	7.075%	4×5	0.710 5		

F	7.595%	$A=$	2.306 6		
σ	26.5%			$XN(-d_2) - FN(-d_1)$	0.011 586
T	2	名义本金	100 000 000	固定利率收取方互换期权的价值	2 672 531
X	7.646%			(以基点表示)	267.3

图 S-14　计算 5nc2 互换利率

时间	零息利率	远期利率	固定端现金流	固定端现金流现值	浮动端现金流(−25 基点)	浮动端现金流现值(−25 基点)
1	6.000%	6.000%	(7 396 209)	(6 977 555)	5 750 000	5 424 528
2	6.258%	6.516%	(7 396 209)	(6 550 693)	6 266 291	5 549 945
3	6.522%	7.053%	(7 396 209)	(6 119 129)	6 802 703	5 628 102
4	6.794%	7.614%	(7 396 209)	(5 686 193)	7 363 820	5 661 292
5	7.075%	8.205%	(7 396 209)	(5 255 008)	7 955 211	5 652 179
				(30 588 578)		27 916 046

固定利率收取方互换期权的执行利率	7.646%	固定利率收取方互换期权的价值	2 672 531
固定利率	7.396%		
名义本金	100 000 000	净现值	0

互换期权定价模型　　2进3

时间	互换利率	零息利率	期间	$DF(0, t)$		
1	6.000%	6.000%	0×1		d_1	0.169 4
2	6.250%	6.258%	1×2		d_2	−0.205 4
3	6.500%	6.522%	2×3	0.827 3		
4	6.750%	6.794%	3×4	0.768 8		
5	7.000%	7.075%	4×5	0.710 5		

F	7.595%	$A=$	2.306 6		
σ	26.5%			$XN(-d_2) - FN(-d_1)$	0.011 586
T	2	名义本金	100 000 000	固定利率收取方互换期权的价值	2 672 531
X	7.646%			(以基点表示)	267.3

图 S-15　浮动端为 LIBOR−25 基点的 5nc2 互换利率

时间	零息利率	远期利率	固定端现金流	固定端现金流现值	浮动端现金流	浮动端现金流现值
1	6.000%	6.000%	(5 815 009)	(5 485 857)	(6 000 000)	(5 660 377)
2	6.258%	6.516%	(5 815 009)	(5 150 252)	(6 516 291)	(5 771 365)
3	6.522%	7.053%	(5 815 009)	(4 810 950)	(7 052 703)	(5 834 936)
4	6.794%	7.614%	(5 815 009)	(4 470 569)	(7 613 820)	(5 853 492)
5	7.075%	8.205%	(5 815 009)	(4 131 565)	(8 205 211)	(5 829 804)
				24 049 192		(28 949 974)

固定利率支付方互换期权的执行利率	5.815%	固定利率支付方互换期权的价值	4 900 782
固定利率	5.815%		
名义本金	100 000 000	净现值	0

互换期权定价模型　　2 进 3

时间	互换利率	零息利率	期间	$DF(0,t)$		
1	6.000%	6.000%	0×1		d_1	0.899 9
2	6.250%	6.258%	1×2		d_2	0.525 1
3	6.500%	6.522%	2×3	0.827 3		
4	6.750%	6.794%	3×4	0.768 8	$FN(d_1)-XN(d_2)$	0.021 246
5	7.000%	7.075%	4×5	0.710 5	固定利率支付方互换期权的价值	4 900 782
					(以基点表示)	490.1
F	7.595%		$A=$	2.306 6		
σ	26.5%					
T	2		名义本金	100 000 000		
X	5.815%					

图 S-16　5np2 互换利率

时间	零息利率	远期利率	固定端现金流	固定端现金流现值	浮动端现金流	浮动端现金流现值
1	6.000%	6.000%	(7 750 000)	(7 311 321)	6 000 000	5 660 377
2	6.258%	6.516%	(7 750 000)	(6 864 040)	6 516 291	5 771 365
3	6.522%	7.053%	(7 750 000)	(6 168 262)	7 052 703	5 834 936
4	6.794%	7.614%	(7 750 000)	(5 731 850)	7 613 820	5 853 492
5	7.075%	8.205%	(7 750 000)	(5 297 203)	8 205 211	5 829 804
				(31 372 676)		28 949 974

固定利率支付方互换期权的执行利率	7.456%	固定利率支付方互换期权的价值	2 422 701
固定利率	7.456%		
名义本金	100 000 000	净现值	0

互换期权定价模型　　2 进 3

时间	互换利率	零息利率	期间	$DF(0,t)$		
1	6.000%	6.000%	0×1		d_1	0.236 7
2	6.250%	6.258%	1×2		d_2	−0.138 0
3	6.500%	6.522%	2×3	0.827 3		
4	6.750%	6.794%	3×4	0.768 8		
5	7.000%	7.075%	4×5	0.710 5		
F	7.595%		$A=$	2.306 6		
σ	26.5%				$XN(-d_2)-FN(-d_1)$	0.010 503
T	2		名义本金	100 000 000	固定利率收取方互换期权的价值	2 422 701
X	7.456%				(以基点表示)	242.3

图 S-17　递减结构

2. 如果我们今天不取消该交易，那么我们会支付三年 6.75%的固定利率，并有权在一年后取消交易。也就是说，我们会在 3nc1 互换中支付 6.75%的固定利率。如图 S-18 所示，该项交易的现值是 837 059 美元。因为这是一个正值，所以我们不应取消该交易。注意，在计算 3nc1 的价值时我们使用的 1 进 2 互换期权的波动率为 33.1%，1×3 互换利率为 6.775%。

时间	零息利率	远期利率	固定端现金流	固定端现金流现值	浮动端现金流	浮动端现金流现值
1	6.000%	6.000%	(6 750 000)	(6 367 925)	6 000 000	5 660 377
2	6.258%	6.516%	(6 750 000)	(5 978 357)	6 516 291	5 771 365
3	6.522%	7.053%	(6 750 000)	(5 584 499)	7 052 703	5 834 936
4	6.794%	7.614%	0	0	0	0
5	7.075%	8.205%	0	0	0	0
				(17 930 781)		17 266 678
			6.750%	固定利率收取方互换期权的价值		1 501 162
	固定利率		6.750%			
	名义本金		100 000 000	净现值	837 059	

互换期权定价模型		1 进 2				
时间	互换利率	零息利率	期间	$DF(0, t)$		
1	6.000%	6.000%	0×1		d_1	0.176 8
2	6.250%	6.258%	1×2	0.885 7	d_2	−0.154 2
3	6.500%	6.522%	2×3	0.827 3		
4	6.750%	6.794%	3×4			
5	7.000%	7.075%	4×5			
F	6.775%		$A=$	1.713 0		
σ	33.1%				$XN(-d_2)-FN(-d_1)$	0.008 763
T	1		名义本金	100 000 000	固定利率收取方互换期权的价值	1 501 162
X	6.750%				（以基点表示）	150.1

图 S-18　执行利率为 6.75%的 3nc1 欧式期权的定价

4. a）该交易内嵌的是一个 1 进 3 收取方互换期权。这笔远期平值互换期权的对数正态隐含波动率的中间价是 30.6%。

b）这笔远期平值期权的正态隐含波动率是

$$\sigma_N \approx F\times\sigma_{LN}\times\left(1-\frac{\sigma_{LN}^2 T}{24}\right)$$

$$=0.070\ 35\times0.306\times\left(1-\frac{0.306^2\times1}{24}\right)$$

$$=0.021\ 44$$

即 214.4 基点。

c）如图 S-19 所示，根据对数正态模型，此 4nc1 可取消互换的利率是 7.638%。

d）如图 S-20 所示，根据正态模型，此 4nc1 可取消互换的利率是 7.593%。

e）如果假设两种波动率曲线都是平的，那么使用对数正态模型比使用正态模型得到的 4nc1 可取消互换的利率更高。当然，如果正态波动率曲线是平的，那么对数正态波动率应该是向下偏斜的。如果假设正态波动率曲线是平的，那么我们使用更低水平的对数正态隐含波动率来对这个高执行利率的期权定价，得到的利率 7.593%就会与 d）部分的结果相同。

时间	零息利率	远期利率	固定端现金流	固定端现金流现值	浮动端现金流	浮动端现金流现值
1	6.000%	6.000%	(7 637 700)	(7 205 377)	6 000 000	5 660 377
2	6.258%	6.516%	(7 637 700)	(6 764 578)	6 516 291	5 771 365
3	6.522%	7.053%	(7 637 700)	(6 318 923)	7 052 703	5 834 936
4	6.794%	7.614%	(7 637 700)	(5 871 851)	7 613 820	5 853 492
5	7.075%	8.205%	0	0	0	0
				(26 160 728)		23 120 170
互换期权执行利率			7.638%	固定利率收取方互换期权的价值		3 040 559
固定利率			7.638%			
名义本金			100 000 000	净现值	0	

互换期权定价模型		1 进 3				
时间	互换利率	零息利率	期间	$DF(0, t)$		
1	6.000%	6.000%	0×1		d_1	−0.115 6
2	6.250%	6.258%	1×2	0.885 7	d_2	−0.421 6
3	6.500%	6.522%	2×3	0.827 3		
4	6.750%	6.794%	3×4	0.768 8		
5	7.000%	7.075%	4×5			
F	7.035%		$A=$	2.481 8		
σ	30.6%				$XN(-d_2)-FN(-d_1)$	0.012 251
T	1		名义本金	100 000 000	固定利率收取方互换期权的价值	3 040 559
X	7.638%				（以基点表示）	304.1

图 S-19　根据对数正态模型计算 4nc1 可取消互换利率

时间	零息利率	远期利率	固定端现金流	固定端现金流现值	浮动端现金流	浮动端现金流现值
1	6.000%	6.000%	(7 592 534)	(7 162 768)	6 000 000	5 660 377
2	6.258%	6.516%	(7 592 534)	(6 724 575)	6 516 291	5 771 365
3	6.522%	7.053%	(7 592 534)	(6 218 556)	7 052 703	5 834 936
4	6.794%	7.614%	(7 592 534)	(5 837 128)	7 613 820	5 853 492
5	7.075%	8.205%	0	0	0	0
				(26 006 027)		23 120 170
互换期权执行利率			7.593%	固定利率收取方互换期权的价值		2 885 858
固定利率			7.593%			
名义本金			100 000 000	净现值	(0)	

互换期权定价模型			1 进 3			
时间	互换利率	零息利率	期间	$DF(0, t)$		
1	6.000%	6.000%	0×1		d	−0.260 0
2	6.250%	6.258%	1×2	0.885 7		
3	6.500%	6.522%	2×3	0.827 3	$A\sigma_N\sqrt{T}\left[\frac{1}{2\pi}e^{-d^2/2}-dN(-d)\right]$	
4	6.750%	6.794%	3×4	0.768 8		
5	7.000%	7.075%	4×5		=	0.028 86
F	7.035%		$A=$	2.481 8	固定利率收取方互换期权的价值	2 885 858
σ_N	0.021 44%				（以基点表示）	288.6
T	1		名义本金	100 000 000		
X	7.593%					

图 S-20　根据正态模型计算 4nc1 可取消互换利率

7. a）如图 S－21 所示，可展期互换的利率是 7.638%。

时间	零息利率	远期利率	固定端现金流	固定端现金流现值	浮动端现金流	浮动端现金流现值
1	6.000%	6.000%	(7 637 700)	(7 205 377)	6 000 000	5 660 377
2	6.258%	6.516%	0	0	0	0
3	6.522%	7.053%	0	0	0	0
4	6.794%	7.614%	0	0	0	0
5	7.075%	8.205%	0	0	0	0
				(7 205 377)		5 660 377
互换期权执行利率			7.638%	固定利率支付方互换期权的价值		1 545 000
固定利率			7.638%			
名义本金			100 000 000	净现值	0	

互换期权定价模型			1 进 3			
时间	互换利率	零息利率	期间	$DF(0, t)$		
1	6.000%	6.000%	0×1		d_1	−0.115 6
2	6.250%	6.258%	1×2	0.885 7	d_2	−0.421 6
3	6.500%	6.522%	2×3	0.827 3		
4	6.750%	6.794%	3×4	0.768 8	$FN(d_1)-XN(d_2)$	0.006 225
5	7.000%	7.075%	4×5		固定利率支付方互换期权的价值	1 545 000
					（以基点表示）	154.5
F	7.035%		$A=$	2.481 8		
σ	30.6%					
T	1		名义本金	100 000 000		
X	7.638%					

图 S－21　计算可展期互换的固定利率

b）该可展期互换的固定利率与习题 4 第 c）问中 4nc1 互换的利率相同。这并不是巧合：根据互换期权平价公式，这两笔交易是相同的。

根据互换期权平价公式，做多一笔执行利率为 7.638%的 1 进 3 固定利率收取方互换期权并做空一笔执行利率为 7.638%的 1 进 3 固定利率支付方互换期权等价于收取固定利率为 7.638%的 3 年期互换 1 年远期。即

$$\begin{array}{c}\text{执行利率为 7.638\%的 1 进 3}\\ \text{固定利率支付方互换期权多头}\end{array} = \begin{array}{c}\text{执行利率为 7.638\%的 1 进 3}\\ \text{固定利率收取方互换期权多头}\end{array} + \begin{array}{c}\text{支付固定利率}\\ \text{7.638\%的 1×4 互换}\end{array} \tag{S.1}$$

注意，从做市商的角度看，可展期互换相当于：

$$\begin{array}{c}\text{在 1 年期互换中支付}\\ \text{7.638\%的固定利率}\end{array} + \begin{array}{c}\text{做多执行利率为 7.638\%的}\\ \text{1 进 3 固定利率支付方互换期权}\end{array}$$

$$= \begin{array}{c}\text{在 1 年期互换中支付}\\ \text{7.638\%的固定利率}\end{array} + \begin{array}{c}\text{做多执行利率为 7.638\%的}\\ \text{1 进 3 固定利率收取方互换期权}\end{array} + \begin{array}{c}\text{在 1×4 互换中支付}\\ \text{7.638\%的固定利率}\end{array}$$

$=$ 在 1 年期互换中支付 7.638%的固定利率 $+$ 在 1×4 互换中支付 7.638%的固定利率 $+$ 做多执行利率为 7.638%的 1 进 3 固定利率收取方互换期权

$=$ 在 4 年期互换中支付 7.638%的固定利率 $+$ 做多执行利率为 7.638%的 1 进 3 固定利率收取方互换期权

$=$ 固定利率为 7.638% 的 4ncl 互换

因此，这笔可展期互换相当于一笔这样的可取消互换：

可取消互换的固定利率与可展期互换的利率相同；

可取消互换与可展期互换的最后到期日相同；

可取消互换的可赎回日期与可展期互换的展期日期相同。

注意，上述第一行等式使用公式（S.1），第二行等式只是重新调整了前后顺序，第三行等式之所以成立是因为：如果我们在 1 年期即期互换中支付固定利率 x，同时在 3 年期互换 1 年远期中也支付固定利率 x，那么，我们相当于在 4 年期即期互换中支付固定利率 x。

13. a）如图 S-22 所示，固定利率为 6.895%。

b）4 年期互换的固定利率为 6.740%，因此 LIBOR 后置的 4 年期互换的利率更高。

c）如果我们考虑凸性调整，那么 LIBOR 后置的 4 年期互换的固定利率应该高于 6.895%。

时间	零息利率	远期利率	后置 LIBOR	固定端现金流	固定端现金流现值	浮动端现金流	浮动端现金流现值
1	5.600%	5.600%	6.426%	(6 895 092)	(6 529 443)	6 425 703	6 084 946
2	6.012%	6.426%	6.640%	(6 895 092)	(6 135 212)	6 640 266	5 908 470
3	6.221%	6.640%	7.086%	(6 895 092)	(5 753 186)	7 085 633	5 912 171
4	6.437%	7.086%	7.553%	(6 895 092)	(5 372 509)	7 552 520	5 884 764
5	6.659%	7.553%		0	0	0	0
					(23 790 350)		23 790 350
			固定利率	6.895%	净现值	0	
			名义本金	100 000 000			

图 S-22　计算后置 LIBOR 互换的固定利率（忽略凸性调整）

第七章

1. a）5 年期基准利率－LIBOR 基差互换的中间价为－270 基点。做市商愿意在市场中间价上下 5 基点执行交易，这意味着互换做市商愿意支付基准利率－275 基点换取 LIBOR。因为做市商从发行人那儿实际收取 LIBOR＋15 基点，那么他愿意支付基准利率－275 基点＋15 基点，即基准利率－260 基点，因此 C 的值是 2.60%。

b）做市商在互换的存续期盈利 5 基点。注意，因为每季付息，我们令 PMT＝5/4＝1.25 基点，n＝20，i＝7.00%/4＝1.75%，可以解出 PV＝20.9 基点，即 209 400 美元。

如果更加细心会发现，盈利的 5 基点是按 Act/360 规则计息的。按 Act/360 规则计息的 5 基点约等于按 30/360 规则计息的 5.1 基点（5 基点×365/360）。调整后再次计算利润的现值为 212 320 美元。

2. a）构建一个互换，在互换中做市商从发行人那儿收取 LIBOR－10 基点并支付 LIBOR＋10 基点。对互换做市商而言这些现金流的 NPV 为负值，所以做市商将通过利率上限来弥补这笔损失。

如图 S－23 上半部分所示，互换做市商收取 LIBOR－10 基点并支付 LIBOR＋10 基点，产生的现金流的现值为 827 142 美元。作为补偿，我们应该找到一个执行利率，使得利率上限的价值为 827 142 美元。如图 S－23 下半部分所示，此利率上限的执行利率为 9.008%。

因此，票息上限应设定为 9.008%＋10 基点＝9.108%。

时间	零息利率	远期利率	$L-10$	PV($L-10$)	$L+10$	PV($L+10$)
1	6.000%	6.000%	5 900 000	5 566 038	(6 100 000)	(5 754 717)
2	6.258%	6.516%	6 416 291	5 682 797	(6 616 291)	(5 859 933)
3	6.522%	7.053%	6 952 703	5 752 202	(7 152 703)	(5 917 669)
4	6.794%	7.614%	7 513 820	5 776 612	(7 713 820)	(5 930 371)
5	7.075%	8.205%	8 105 211	5 758 754	(8 305 211)	(5 900 854)
				28 536 403		(29 363 545)
				净现值	(827 142)	
		名义本金	100 000 000			

利率上限模型									
时间	零息利率	期间	远期利率	σ	d_1	d_2	远期期权费	利率上限单元期权费	利率上限单元期权费金额
1	6.000%	0×1	6.000%	n/a	n/a	n/a	0.000%	0.000%	0
2	6.258%	1×2	6.516%	15%	−2.084	−2.234	0.006%	0.006%	5 577
3	6.522%	2×3	7.053%	15%	−1.048	−1.260	0.104%	0.086%	85 930
4	6.794%	3×4	7.614%	15%	−0.517	−0.777	0.334%	0.257%	256 999
5	7.075%	4×5	8.205%	15%	−0.161	−0.461	0.674%	0.479%	478 636
执行利率	9.008%		名义本金		100 000 000				827 142
								以基点表示	82.7

图 S－23　计算 LIBOR 现金流价值并求解利率上限的执行利率

3. a）在这笔交易中，当 LIBOR 处于 5.50%和 7.50%之间时做市商收取 LIBOR 支付固定利率 $C\%$。因为第一笔 LIBOR 的利率设定在 6%，所以做市商在第一年确定支付 $C\%$的票息。因此在 $t+1$ 时二元票息的价值为

$$\frac{C\%\times[N(d_2[X_1])-N(d_2[X_2])]}{[1+\mathrm{zc}(t+1)]^{t+1}}$$

如图 S－24 所示，解出 $C\%=11.491\%$。

时间	零息利率	期间	远期利率	σ	$d_2[X_1]$	$d_2[X_2]$
1	6.000%	0×1	6.000%	n/a	n/a	n/a
2	6.258%	1×2	6.516%	15%	1.055 4	−1.012 3
3	6.522%	2×3	7.053%	15%	1.066 1	−0.395 9
4	6.794%	3×4	7.614%	15%	1.121 9	−0.071 9
5	7.075%	4×5	8.205%	15%	1.183 4	0.149 6

时间	$N(d_2[X_1])-N(d_2[X_2])$	二元区间累积债券的票息	浮动利息	浮动票息现值
1	n/a	(10 840 099)	6 000 000	5 660 377
2	0.698 7	(7 110 440)	6 516 291	5 771 365
3	0.510 7	(4 855 399)	7 052 703	5 834 936
4	0.397 7	(3 513 319)	7 613 820	5 853 492
5	0.322 2	(2 630 717)	8 205 211	5 829 804
		(28 949 974)		28 949 974
		净现值	0	

X_1	5.500%
X_2	7.500%
$C\%$	11.491%
名义本金	100 000 000

图 S-24　求解二元票息债券的固定利率

第八章

1. a）息差和滑移的数值如表 S-1 所示。

表 S-1　计算持有期限为 1 年的互换的息差和滑移，使用前端费（上半部分）和存续期每年基点（下半部分）两种形式

		息差	滑移	合计
前端费（基点）	2 年期互换	25.0	23.8	48.8
	3 年期互换	50.0	46.2	96.2
	4 年期互换	75.0	67.3	142.3
	5 年期互换	100.0	87.1	187.1
存续期（基点）	2 年期互换	26.4	25.0	51.4
	3 年期互换	27.2	25.0	52.2
	4 年期互换	28.1	25.0	53.1
	5 年期互换	29.1	25.0	54.1

3. a）通过剥离互换曲线，我们可得出 4 年期互换 1 年远期的利率为 6.541%。执行利率为 6.541%的 1 进 4 固定利率收取方互换期权的价值是 170.4 基点。执行利率为 6%

的 1 进 4 固定利率收取方互换期权的价值是 89.9 基点。第一条腿的价值是 1 703 939 美元，第二条腿的价值是 1 797 281 美元。因此我们需要找到执行利率 x 使得第三条腿的价值是 93 342 美元。我们使用迭代法可得出执行利率 x 为 4.789%。

6. a）在名义本金为 11.679 8 亿美元的 2×3 互换中收取固定利率 5.712%相当于在名义本金为 11.679 8 亿美元的 3 年期互换中收取固定利率 5.30%，并在名义本金为 11.679 8 亿美元的 2 年期互换中支付固定利率 5.11%。在名义本金为 4.125 7 亿美元的2×5互换中支付固定利率 5.976%相当于在名义本金为 4.125 7 亿美元的 5 年期互换中收取固定利率 5.60%，并在名义本金为 4.125 7 亿美元的 2 年期互换中支付固定利率 5.11%。

b）图 S-25a 展示的是名义本金为 11.679 8 亿美元的 2×3 互换分拆的一笔 3 年期即期互换和一笔 2 年期即期互换。注意，在前 2 年，这两笔互换的 LIBOR 完全抵消，但固定端的现金流（灰色标记部分）却没有完全抵消。

时间	零息利率	远期利率	固定端现金流	固定端现金流现值	浮动端现金流	浮动端现金流现值
1	5.000%	5.000%	61 903 088	58 955 322	(58 399 139)	(55 618 228)
2	5.113%	5.226%	61 903 088	56 027 467	(61 035 841)	(55 242 536)
3	5.312%	5.712%	61 903 088	53 000 000	(66 717 542)	(57 122 025)
4	5.494%	6.041%	0	0	0	0
5	5.635%	6.202%	0	0	0	0
				167 982 789		(167 982 789)
		固定利率	5.300%	净现值	0	
		名义本金	1 167 982 789			

时间	零息利率	远期利率	固定端现金流	固定端现金流现值	浮动端现金流	浮动端现金流现值
1	5.000%	5.000%	(59 683 921)	(56 841 829)	58 399 139	55 618 228
2	5.113%	5.226%	(59 683 921)	(54 018 935)	61 035 841	55 242 536
3	5.312%	5.712%	0	0	0	0
4	5.494%	6.041%	0	0	0	0
5	5.635%	6.202%	0	0	0	0
				(110 860 765)		110 860 765
		固定利率	5.110%	净现值	(0)	
		名义本金	1 167 982 789			

表 S-25a　名义本金为 11.679 8 亿美元的 2×3 互换分拆的一笔 3 年期即期互换和一笔 2 年期即期互换

图 S-25b 展示的是名义本金为 4.125 7 亿美元的 2×5 互换分拆的一笔 5 年期即期互换和一笔 2 年期即期互换。注意，在前 2 年，这两笔互换的 LIBOR 完全抵消，但固定端的现金流（灰色标记部分）却没有完全抵消。

前 2 年息差的现值等于灰色标记的 8 个数字之和，即 366 976 美元。

时间	零息利率	远期利率	固定端现金流	固定端现金流现值	浮动端现金流	浮动端现金流现值
1	5.000%	5.000%	(23 103 988)	(22 003 799)	20 628 561	19 646 249
2	5.113%	5.226%	(23 103 988)	(20 911 040)	21 559 934	19 513 542
3	5.312%	5.712%	(23 103 988)	(19 781 104)	23 566 903	20 177 441
4	5.494%	6.041%	(23 103 988)	(18 654 139)	24 924 931	20 124 366
5	5.635%	6.202%	(23 103 988)	(17 564 757)	25 588 026	19 453 242
				(98 914 839)		98 914 839
		固定利率	5.600%	净现值	0	
		名义本金	412 571 222			

时间	零息利率	远期利率	固定端现金流	固定端现金流现值	浮动端现金流	浮动端现金流现值
1	5.000%	5.000%	21 082 389	20 078 466	(20 628 561)	(19 646 249)
2	5.113%	5.226%	21 082 389	19 081 324	(21 559 934)	(19 513 542)
3	5.312%	5.712%	0	0	0	0
4	5.494%	6.041%	0	0	0	0
5	5.635%	6.202%	0	0	0	0
				39 159 790		(39 159 790)
		固定利率	5.110%	净现值	0	
		名义本金	412 571 222			

表 S-25b 名义本金为 4.125 7 亿美元的 2×5 互换分拆的一笔 5 年期即期互换和一笔 2 年期即期互换

7. a) 1 年之后，我们的头寸现在是做多一笔 1 进 3 固定利率支付方互换期权，并做空一笔 1 进 1 固定利率支付方互换期权。根据此时的互换曲线，1×4 互换利率为 5.411%，1×2 互换利率为 5.205%，二者之差为 20.6 基点。由于我们的牛陡交易的开仓价为 17.7 基点，因此现在我们是盈利的。

b) 如图 S-26 所示，我们已经触发止损。做多的 1 进 3 固定利率支付方互换期权的价值是 1 810 044 美元，做空的 1 进 1 固定利率支付方互换期权的价值是 1 996 608 美元，盯市市值的损失为 186 564 美元。

c) 虽然目前两个远期互换利率之差对我们有利，但这种波动率对我们的不利变动影响更大。

互换期权定价模型		1 进 3				
时间	互换利率	零息利率	期间	$DF(0, t)$		
1	5.000%	5.000%	0×1		d_1	−0.449 6
2	5.100%	5.103%	1×2	0.905 3	d_2	−0.609 6
3	5.200%	5.207%	2×3	0.858 7		
4	5.300%	5.314%	3×4	0.812 9	$FN(d_1)-XN(d_2)$	0.001 702
5	5.400%	5.423%	4×5		固定利率支付方互换期权的价值	1 810 044
					（以基点表示）	43.9
F	5.411%		$A=$	2.577 0		
σ	16.0%					
T	1		名义本金	412 571 222		
X	5.889%					

图 S-26 1 年后熊陡交易的盯市市值

互换期权定价模型			1 进 1			
时间	互换利率	零息利率	期间	$DF(0, t)$		
1	5.000%	5.000%	0×1		d_1	−0.426 4
2	5.100%	5.103%	1×2	0.905 3	d_2	−0.606 4
3	5.200%	5.207%	2×3			
4	5.300%	5.314%	3×4		$FN(d_1)-XN(d_2)$	0.001 888
5	5.400%	5.423%	4×5		固定利率支付方互换期权的价值	1 996 608
					（以基点表示）	17.1
F	5.205%		$A=$	0.905 3		
σ	18.0%					
T	1		名义本金	1 167 982 789		
X	5.712%					

图 S-26　1 年后熊陡交易的盯市市值（续）

第九章

1. a）首先，我们来分析 4 年期互换 1 年远期利率和 1 年期 LIBOR 的 1 年远期利率负相关的情况。当 1 年期 LIBOR 的 1 年远期下降时（这种情况下互换被敲出的概率增加），那么 4 年期互换 1 年远期利率会上升。当 4 年期互换 1 年远期利率上升时，对固定利率收取方而言，1 年后剩余的 4 年期互换的价值会降低。因此，当剩余的 4 年期互换的剩余价值对客户来说降低时，互换更有可能被敲出。

现在，我们来分析 4 年期互换 1 年远期利率和 1 年期 LIBOR 的 1 年远期正相关的情况。当 1 年期 LIBOR 的 1 年远期下降时（这种情况下互换被敲出的概率增加），4 年期互换 1 年远期利率也会下降。当 4 年期互换 1 年远期利率下降时，对固定利率收取方而言，1 年后剩余的 4 年期互换的价值会上升。因此，当剩余的 4 年期互换的剩余价值对客户来说上升时，互换更有可能被敲出。

总之，当相关性为负时，情况对固定利率收取方有利时互换更有可能被敲出，但是当相关性为正时，情况对固定利率收取方不利时互换更有可能被敲出。因此在其他条件相同的情况下，正相关性损害固定利率收取方的利益，他需要收取更高的票息做补偿。

在美元互换市场，我们经常观察到短期 LIBOR 远期利率与长期远期互换利率呈正相关关系。

鉴于此，为敲出式互换定价时，我们一般假设 LIBOR 远期利率（决定互换是否被敲出）与剩余远期互换利率正相关。这种正相关的假设会提高交易的固定利率。

b）是，这是可能的。4 年期互换 1 年远期和 1 年期 LIBOR 的 1 年远期都是由 1 年期 LIBOR 构建的。单从这一点说，4 年期互换 1 年远期与 1 年期 LIBOR 的 1 年远期应该是正相关的。但是 4 年期互换 1 年远期是一个 1 年期 LIBOR 的 1 年远期与另外三个 LIBOR 远期组成的。如果后边三个 LIBOR 远期利率与前边一个 LIBOR 远期利率负相关的话，那么 1×5 与 1×2 也有可能是不相关的。

事实上，在金融危机的时候，近端的 LIBOR 远期与长端的 LIBOR 远期确实是负相关的。在金融危机期间，长期利率（比如 10 年期互换利率）大幅下降；与此同时，由于金融机构不愿意借款给其他机构，短端 LIBOR 利率上升。这时，短端 LIBOR 远期与长端 LIBOR 远期就是负相关的。

附录 A

1. a）如图 S-27 所示，欧式看涨期权的价值为 12.5。图中的 h 和 B 分别代表复制组合中的股票数量与借款数量。c_{1u} 和 c_{1d} 分别代表看涨期权在 $t=1$ 时的上节点与下节点的价值。c 是指看涨期权今天的价值。

b）如图 S-28 所示，欧式看跌期权的价值为 3。图中也展示了复制组合。

c）根据看跌看涨期权平价公式，$p=c-S+PV(X)$。因此看跌期权的价值为 $12.5-32+40/(1.\overline{33})^2=3$。

d）因为提前行权的价值为零，所以美式看涨期权的价值与欧式看涨期权的价值相同。

e）如果在 $t=1$ 时我们在下节点，那么未行权的看跌期权的价值为 14，而立即行权带来的收付额为 24。因此，在 $t=1$ 时，下节点提前行权是最优的（但在上节点却不是这样）。因此，如果美式看跌期权在 $t=0$ 时不行权，那么其价格为 $(3/4)\times[(5/6)\times2+(1/6)\times24]=4.25$；如果在 $t=0$ 时看跌期权立即行权，那么收付额为 8，这超过了不行权的价值，所以美式看跌期权的价值为 8。

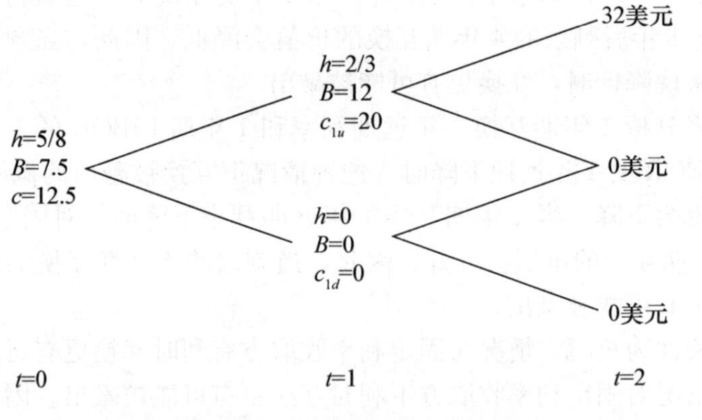

图 S-27　求解看涨期权的价值

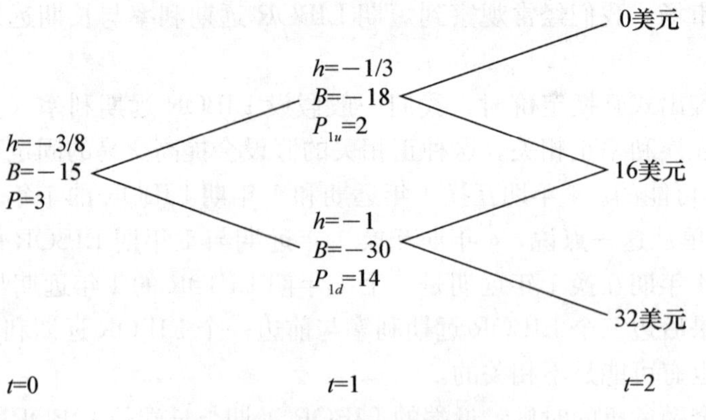

图 S-28　求解看跌期权的价值

2. 在 $t=1$ 时，只有当看涨期权的价值低于 20 美元时，复合期权持有者才会选择执行期权交付看涨期权。图 S-29 展示了 $t=1$ 时看涨期权在每个节点的价值。只有当 $t=1$ 时在最低节点时，复合期权持有者才会行权。此时，行权的价值等于 20 美元减去交付的看涨期权的价值 5.625 美元，即 14.375 美元。因此复合期权在 $t=0$ 时的价值为 (3/4) × [0×(5/6)+14.375×(1/6)] =1.797 美元。

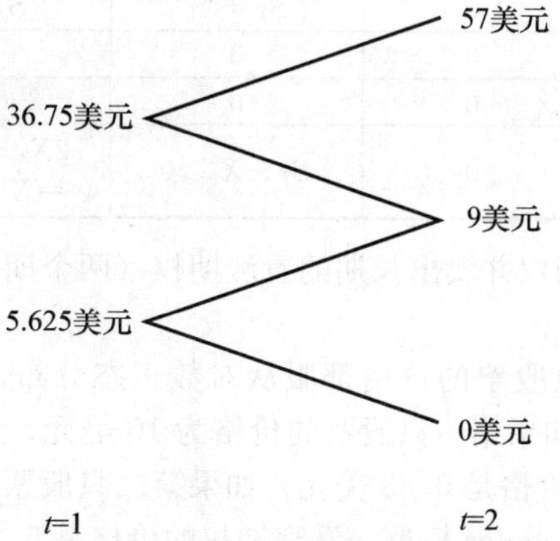

图 S-29　求解 $t=1$ 时看涨期权的价值

4. 如图 S-30 所示，我们由题目可知 $u=1.2$，$d=0.2$，$r=0.08$，根据公式 (A.16)，$p_n=0.88$。因此衍生品合约的价值是 (1/1.08)×(0.88×20+0.12×0)=16.30 (美元)。所以选择 b)。

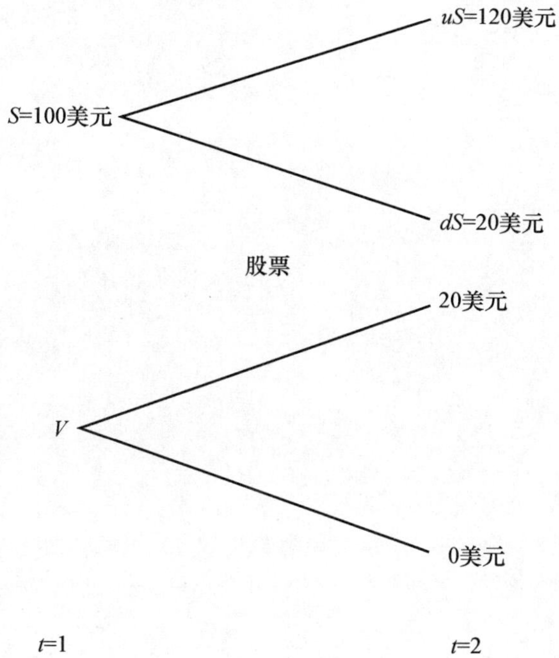

图 S-30　衍生品合约

7. 套利策略的现金流如表 S-2 所示。为了避免套利，需要 $2c_2-c_1-c_3\leqslant 0$，可得出答案。

表 S-2 **套利策略**

今天的交易	今天的现金流	到期日的现金流			
		$S_T<X_1$	$X_1\leqslant S_T<X_2$	$X_2\leqslant S_T\leqslant X_3$	$X_3<S_T$
买入 c_1	$-c_1$	0	S_T-X_1	S_T-X_1	S_T-X_1
买入 c_3	$-c_3$	0	0	0	S_T-X_3
卖出 $2c_2$	$+2c_2$	0	0	$-2(S_T-X_2)$	$-2(S_T-X_2)$
合计	$+2c_2-c_1-c_3$	0	$S_T-X_1\geqslant 0$	$2X_2-S_T-X_1$ $=X_3-S_T\geqslant 0$	0

10. 买入短期的看涨期权并卖出长期的看涨期权（两个期权都接近平值）就可以构建这样一个组合。

11. 并不是。假设两只股票的价格都服从对数正态分布，两笔期权都还有 6 个月到期，无风险利率为 10%。如果第一只股票的价格为 10 美元，波动率为 20%，根据 Black-Scholes 模型，看涨期权的价格是 0.83 美元。如果第二只股票的价格为 100 美元，波动率为 10%，那么根据 Black-Scholes 模型，看涨期权的价格是 5.85 美元。

参考文献

Abramowitz, Milton, and Irene A. Stegun, eds. 1965. *Handbook of Mathematical Functions: With Formulas, Graphs, and Mathematical Tables*. New York: Dover Publications.

Ammann, Manuel. 2001. *Credit Risk Valuation: Methods, Models, and Applications*. 2nd ed. Berlin: Springer-Verlag.

Andersen, L. 2000. "A Simple Approach to the Pricing of Bermudan Swaptions in the Multi-Factor LIBOR Market Model." *Journal of Computational Finance* 3: (2) 5-32.

Andersen, L., and J. Andreasen. 2001. "Factor Dependence of Bermudan Swaptions: Fact or Fiction." *Journal of Financial Economics* 62: 3-37.

Black, Fischer. 1976. "The Pricing of Commodity Contracts." *Journal of Financial Economics* 3: 167-179.

Black, Fischer, and Myron Scholes. 1973. "The Pricing of Options and Corporate Liabilities." *Journal of Political Economy* 81 (3): 637-654.

Blyth, Stephen, and John Uglum. 1999. "Rates of Skew." *Risk* 12 (7): 61-63.

Brigo, D., and F. Mercurio. 2006. *Interest Rate Models—Theory and Practice*. 2nd ed. Heidelberg: Springer Finance.

Burghardt, Galen. 2003. *The Eurodollar Futures and Options Handbook*. New York: McGraw-Hill.

Burghardt, Galen, and Bill Hoskins. 1995. "A Question of Bias." *Risk* 8 (3): 63-70.

Cesari, Giovanni, John Aquilina, Niels Charpillon, Zlatko Filipovi, Gordon Lee, and Ion Manda. 2009. *Modelling, Pricing, and Hedging Counterparty Credit Exposure: A Technical Guide*. Berlin: Springer-Verlag.

Cortes, Fabio. 2003. "Understanding and Modelling Swap Spreads." *Bank of England Quarterly Bulletin*, Winter, 407-416.

Cox, J. 1975. "Notes on Option Pricing 1: Constant Elasticity of Variance Diffusions." Working paper, Stanford University, Stanford, CA.

Cox, John C., Jonathan E. Ingersoll Jr., and Stephen A. Ross. 1981. "The Relation Between Forward Prices and Futures Prices." *Journal of Financial Economics* 9: 321-346.

Cox, John C., and Stephen A. Ross. 1976a. "A Survey of Some New Results in Financial Option Pricing Theory." *Journal of Finance* 31 (2): 383-402.

Cox, John, and Stephen Ross. 1976b. "The Valuation of Options for Alternative Stochastic Processes." *Journal of Financial Economics* 3: 145-166.

Cox, John, Stephen Ross, and Mark Rubinstein. 1970. "Option Pricing: A Simplified Approach." *Journal of Financial Economics* 7: 229-263.

Davis Polk & Wardwell. 2009. "Insolvency and Restructuring Update." In re Lehman Brothers Holdings, Inc. http://www.davispolk.com/files/Publication/77df446d-362b-4f90-993f-1f6efc3a132f/Presentation/PublicationAttachment/b350c89c-cfcd-48e8-bcc7-22ee9dcfacb9/ir 20090929.htm.

Davis Polk & Wardwell. 2010. "Summary of the Dodd-Frank Wall Street Reform and Consumer Protection Act, Enacted into Law on July 21, 2010." http://www.davispolk.com/files/Publication/7084f9fe-6580-413b-b870-b7c025ed2ecf/Presentation/PublicationAttachment/1d4495c7-0be0-4e9a-ba77-f786fb90464a/070910. Financial. Reform. Summary. pdf.

Dodd-Frank Wall Street Reform and Consumer Protection Act. 2010. http://docs.house.gov/rules/finserv/111. hr4173. finsrvcr. pdf.

Duffie, Darrell, Ada Li, and Theo Lubke. 2010. "Policy Perspectives on OTC Derivatives Market Infrastructure." Federal Reserve Bank of New York Staff Reports, Staff Report No. 424, January.

Fabozzi, Frank. 1993. *Fixed Income Mathematics*. 2nd ed. Chicago: Probus.

Fabozzi, Frank, ed. 2001. *The Handbook of Fixed Income Securities*. 6th ed. New York: McGraw-Hill.

Fabozzi, Frank, ed. 2005. *Handbook of Mortgage Backed Securities*. New York: McGraw-Hill.

Fama, Eugene. 1984a. "The Information in the Term Structure." *Journal of Financial Economics* 13: 509-528.

Fama, Eugene. 1984b. "Term Premiums in Bond Returns." *Journal of Financial Economics* 13: 529-546.

Fernald, Julia D. 1993—1994. "The Pricing and Hedging of Index Amortizing Rate Swaps." *FRBNY Quarterly Review*, Winter, 71-74.

Flavell, Richard. 2010. *Swaps and Other Derivatives*. West Sussex, UK: John Wiley & Sons.

Frame, W. Scott, and Lawrence White. 2004. "Regulating Housing GSEs: Thoughts on Institutional Structure and Authorities." Working paper, New York University, New York.

Galaif, Lisa N. 1993—1994. "Index Amortizing Rate Swaps." *FRBNY Quarterly Review*, Winter, 63-70.

González-Hermosillo, Brenda, Mark Stone et al. 2008. "Stress in Bank Funding Markets and Implications for Monetary Policy." Global Financial Stability Report, International Monetary Fund, October, 73-108.

Gooch, Anthony, and Linda Klein. 2002. *Documentation for Derivatives*. 4th ed. London: Euromoney Books.

Gupta, Anurag, and Marti Subrahmanyam. 2000. "An Empirical Examination of the Convexity Bias in the Pricing of Interest Rate Swaps." *Journal of Financial Economics* 55: 239-279.

Gyntelberg, Jacob, and Philip Wooldridge. 2008. "Interbank Rate Fixings During the Recent Turmoil." *BIS Quarterly Review*, March, 59-72.

Hagan, Pat. 2003. "Convexity Conundrums: Pricing CMS Swaps, Caps, and Floors." *Wilmott*, March, 38-44.

Hagan, Patrick S., D. Kumar, A. S. Lesniewski, and D. E. Woodward. 2002. "Managing Smile Risk." *Wilmott* September, 84-108.

Hagan, Patrick, and Graeme West. 2006. "Interpolation Methods for Curve Construction." *Applied Mathematical Finance* 13 (2): 89-129.

Hull, John. 2008. *Options, Futures, and Other Derivatives*. 7th ed. Upper Saddle River, N. J.: Prentice Hall.

Jarrow, Robert A., and George S. Oldfield. 1981. "Forward Contracts and Futures Contracts." *Journal of Financial Economics* 9: 373-382.

Jarrow, Robert, and Stuart Turnbull. 2000. *Derivative Securities*. 2nd ed. South-Western College Publishing.

Jorion, Philippe. 1995. *Big Bets Gone Bad: Derivatives and Bankruptcy in Orange County*. San Diego: Academic Press.

Kirikos, George, and David Novak. 1997. "Convexity Conundrums." *Risk* 10 (3) 60-61.

Knop, Roberto. 2002. *Structured Products*. West Sussex, UK: John Wiley & Sons.

Leland, Hayne. 1985. "Option Pricing and Replication with Transaction Costs." *Journal of Finance* 40: 1283-1301.

Longstaff, Francis, Pedro Santa-Clara, and Eduardo S. Schwartz. 2001a. "The Relative Valuation of Caps and Swaptions: Theory and Empirical Evidence." *Journal of Finance* 56: 2067-2109.

Longstaff, Francis, Pedro Santa-Clara, and Eduardo S. Schwartz. 2001b. "Throwing Away a Billion Dollars: The Cost of Suboptimal Exercise Strategies in the Swaptions Market." *Journal of Financial Economics* 62: 39-66.

Longstaff, Francis, and Eduardo Schwartz. 2001. "Valuing American Options by Simulation: A Simple Least Squares Approach." *Review of Financial Studies* 14: 113-147.

Merton, Robert C. 1973. "The Theory of Rational Option Pricing." *Bell Journal of Economics and Management Science* 4: 141-183.

Miron, Paul, and Philip Swannell. 1992. *Pricing and Hedging Swaps*. London: Euromoney Books.

Patel, Navroz. 2006. "The Gamma Trap." *Risk* 19 (12) December, 36-38.

Pedersen, M. 1999. "Bermudan Swaptions in the LIBOR Market Model." SimCorp Financial Research Working Paper.

Peng, Scott, and Ravi Dattatreya. 1995. *The Structured Note Market: The Definitive Guide for Investors, Traders & Issuers*. Chicago: Probus.

Pirrong, Craig. 2008—2009. "The Clearing Cure." *Regulation*, Winter, 44-51.

Pugachevsky, Dmitry. 2001. "Forward CMS Rate Adjustment." *Risk* 14 (3): 125-128.

Ron, Uri. 2000. "A Practical Guide to Swap Curve Construction." Bank of Canada Working paper. 2000-17. http://www.bankofcanada.ca/wpcontent/uploads/2010/01/wp00-17.pdf.

Ross, Sheldon. 2009. *A First Course in Probability*. 8th ed. Upper Saddle River, NJ: Prentice Hall.

Sadr, Amir. 2009. *Interest Rate Swaps and Their Derivatives: A Practitioner's Guide*. Hoboken, NJ: John Wiley & Sons.

Sawyer, Nick. 2005. "Difference of Opinion." *Risk* 18 (10): 20-22.

Sawyer, Nick. 2011. "The Evolution of Swap Pricing." *Risk* 24 (3): 18-23.

Shreve, Steven. 2004. *Stochastic Calculus for Finance II: Continuous-Time Models*. New York: Springer.

Sorkin, Andrew Ross. 2009. *Too Big to Fail: The Inside Story of How Wall Street and Washington*

Fought to Save the Financial System—and Themselves. New York: Penguin Books.

Stigum, Marcia. 2007. *Money Market*. 4th ed. New York: McGraw-Hill.

Stromfeld, Larry, Mark Ellenberg, Richard Schetman, and Terence Workman. 2009. "Lehman Brothers Bankruptcy Filings: Issues for Replacement Swap Counterparties and Their Municipal Clients." *Pratt's Journal of Bankruptcy Law*, February-March. 179–185.

Sundaresan, Suresh. 1991. "Futures Prices on Yields, Forward Prices, and Implied Forward Prices from Term Structure." *Journal of Financial and Quantitative Analysis* 26 (3): 409–424.

Sundaresan, Suresh. 2009. *Fixed Income Markets and Their Derivatives*. 3rd ed. Burlington, MA: Academic Press.

Tuckman, Bruce. 2002. *Fixed Income Securities: Tools for Today's Markets*. Hoboken, NJ: John Wiley & Sons.

U. S. Congress. Senate. Committee on Banking, Housing, and Urban Affairs. 2005. *Testimony of Chairman Alan Greenspan. Federal Reserve Board's Semiannual Monetary Policy Report to the Congress Before the Committee on Banking, Housing, and Urban Affairs*, February 16. http://www.federalreserve.gov/boarddocs/hh/2005/february/testimony.htm.

Whittall, Christopher. 2010a. "LCH. Clearnet Considers Revaluing $212 Trillion Swap Portfolio." *Risk*, April. http://www.risk.net/risk-magazine/news/1601209/lch-clearnet-considers-revaluing-usd212-trillion-swap-portfolio.

Whittall, Christopher. 2010b. "LCH. Clearnet Re-values $218 Trillion Swap Portfolio Using OIS." *Risk*, June. http://www.risk.net/risk-magazine/news/1686458/lchclearnet-values-usd218-trillion-swap-portfolio-ois.

Whittall, Christopher. 2010c. "The Price is Wrong." *Risk* 23 (3): 19–22.

Zhou, Fei. 2002. "The Swap Curve." Lehman Brothers Research Paper. http://www.wilmott.com/attachments/LB-The Swap Curve-2002.zip.pdf.

Zhou, Fei. 2003. "Volatility Skews." Lehman Brothers Research Paper. http://www.scribd.com/doc/43881535/LB-Volatility-Skews.

经济科学译丛						
序号	书名	作者	Author	单价	出版年份	ISBN
1	经济学精要(第六版)	巴德,帕金	Bade, Parkin	89.00	2018	978-7-300-24749-6
2	空间计量经济学——空间数据的分位数回归	丹尼尔·P. 麦克米伦	Daniel P. McMillen	30.00	2018	978-7-300-23949-1
3	高级宏观经济学基础(第二版)	本·J. 海德拉	Ben J. Heijdra	88.00	2018	978-7-300-25147-9
4	税收经济学(第二版)	伯纳德·萨拉尼耶	Bernard Salanié	42.00	2018	978-7-300-23866-1
5	公司治理(第五版)	罗伯特·A.G. 蒙克斯	Robert A. G. Monks	69.80	2017	978-7-300-24972-8
6	国际经济学(第15版)	罗伯特·J. 凯伯	Robert J. Carbaugh	78.00	2017	978-7-300-24844-8
7	经济理论和方法史(第五版)	小罗伯特·B. 埃克伦德等	Robert B. Ekelund. Jr.	88.00	2017	978-7-300-22497-8
8	经济地理学	威廉·P. 安德森	William P. Anderson	59.80	2017	978-7-300-24544-7
9	博弈与信息:博弈论概论(第四版)	艾里克·拉斯穆森	Eric Rasmusen	79.80	2017	978-7-300-24546-1
10	MBA宏观经济学	莫里斯·A. 戴维斯	Morris A. Davis	38.00	2017	978-7-300-24268-2
11	经济学基础(第十六版)	弗兰克·V. 马斯切纳	Frank V. Mastrianna	42.00	2017	978-7-300-22607-1
12	高级微观经济学:选择与竞争性市场	戴维·M. 克雷普斯	David M. Kreps	79.80	2017	978-7-300-23674-2
13	博弈论与机制设计	Y. 内拉哈里	Y. Narahari	69.80	2017	978-7-300-24209-5
14	宏观经济学精要:理解新闻中的经济学(第三版)	彼得·肯尼迪	Peter Kennedy	45.00	2017	978-7-300-21617-1
15	宏观经济学(第十二版)	鲁迪格·多恩布什等	Rudiger Dornbusch	69.00	2017	978-7-300-23772-5
16	国际金融与开放宏观经济学:理论、历史与政策	亨德里克·范登伯格	Hendrik Van den Berg	68.00	2016	978-7-300-23380-2
17	经济学(微观部分)	达龙·阿西莫格鲁等	Daron Acemoglu	59.00	2016	978-7-300-21786-4
18	经济学(宏观部分)	达龙·阿西莫格鲁等	Daron Acemoglu	45.00	2016	978-7-300-21886-1
19	发展经济学	热若尔·罗兰	Gérard Roland	79.00	2016	978-7-300-23379-6
20	中级微观经济学——直觉思维与数理方法(上下册)	托马斯·J·内契巴	Thomas J. Nechyba	128.00	2016	978-7-300-22363-6
21	环境与自然资源经济学(第十版)	汤姆·蒂坦伯格等	Tom Tietenberg	72.00	2016	978-7-300-22900-3
22	劳动经济学基础(第二版)	托马斯·海克拉克等	Thomas Hyclak	65.00	2016	978-7-300-23146-4
23	货币金融学(第十一版)	弗雷德里克·S·米什金	Frederic S. Mishkin	85.00	2016	978-7-300-23001-6
24	动态优化——经济学和管理学中的变分法和最优控制(第二版)	莫顿·I·凯曼等	Morton I. Kamien	48.00	2016	978-7-300-23167-9
25	用Excel学习中级微观经济学	温贝托·巴雷托	Humberto Barreto	65.00	2016	978-7-300-21628-7
26	宏观经济学(第九版)	N·格里高利·曼昆	N. Gregory Mankiw	72.00	2016	978-7-300-23038-2
27	国际经济学:理论与政策(第十版)	保罗·R·克鲁格曼等	Paul R. Krugman	89.00	2016	978-7-300-22710-8
28	国际金融(第十版)	保罗·R·克鲁格曼等	Paul R. Krugman	55.00	2016	978-7-300-22089-5
29	国际贸易(第十版)	保罗·R·克鲁格曼等	Paul R. Krugman	42.00	2016	978-7-300-22088-8
30	经济学精要(第3版)	斯坦利·L·布鲁伊等	Stanley L. Brue	58.00	2016	978-7-300-22301-8
31	经济分析史(第七版)	英格里德·H·里马	Ingrid H. Rima	72.00	2016	978-7-300-22294-3
32	投资学精要(第九版)	兹维·博迪等	Zvi Bodie	108.00	2016	978-7-300-22236-3
33	环境经济学(第二版)	查尔斯·D·科尔斯塔德	Charles D. Kolstad	68.00	2016	978-7-300-22255-4
34	MWG《微观经济理论》习题解答	原千晶等	Chiaki Hara	75.00	2016	978-7-300-22306-3
35	现代战略分析(第七版)	罗伯特·M·格兰特	Robert M. Grant	68.00	2016	978-7-300-17123-4
36	横截面与面板数据的计量经济分析(第二版)	杰弗里·M·伍德里奇	Jeffrey M. Wooldridge	128.00	2016	978-7-300-21938-7
37	宏观经济学(第十二版)	罗伯特·J·戈登	Robert J. Gordon	75.00	2016	978-7-300-21978-3
38	动态最优化基础	蒋中一	Alpha C. Chiang	42.00	2015	978-7-300-22068-0
39	城市经济学	布伦丹·奥弗莱厄蒂	Brendan O'Flaherty	69.80	2015	978-7-300-22067-3
40	管理经济学:理论、应用与案例(第八版)	布鲁斯·艾伦等	Bruce Allen	79.80	2015	978-7-300-21991-2
41	经济政策:理论与实践	阿格尼丝·贝纳西-奎里等	Agnès Bénassy-Quéré	79.80	2015	978-7-300-21921-9
42	微观经济分析(第三版)	哈尔·R·范里安	Hal R. Varian	68.00	2015	978-7-300-21536-5
43	财政学(第十版)	哈维·S·罗森等	Harvey S. Rosen	68.00	2015	978-7-300-21754-3
44	经济数学(第三版)	迈克尔·霍伊等	Michael Hoy	88.00	2015	978-7-300-21674-4
45	发展经济学(第九版)	A.P. 瑟尔沃	A. P. Thirlwall	69.80	2015	978-7-300-21193-0
46	宏观经济学(第五版)	斯蒂芬·D·威廉森	Stephen D. Williamson	69.00	2015	978-7-300-21169-5
47	资源经济学(第三版)	约翰·C·伯格斯特罗姆等	John C. Bergstrom	58.00	2015	978-7-300-20742-1
48	应用中级宏观经济学	凯文·D·胡佛	Kevin D. Hoover	78.00	2015	978-7-300-21000-1
49	计量经济学导论:现代观点(第五版)	杰弗里·M·伍德里奇	Jeffrey M. Wooldridge	99.00	2015	978-7-300-20815-2
50	现代时间序列分析导论(第二版)	约根·沃特斯等	Jürgen Wolters	39.80	2015	978-7-300-20625-7
51	空间计量经济学——从横截面数据到空间面板	J·保罗·埃尔霍斯特	J. Paul Elhorst	32.00	2015	978-7-300-21024-7
52	国际经济学原理	肯尼思·A·赖纳特	Kenneth A. Reinert	58.00	2015	978-7-300-20830-5
53	经济写作(第二版)	迪尔德丽·N·麦克洛斯基	Deirdre N. McCloskey	39.80	2015	978-7-300-20914-2

经济科学译丛						
序号	书名	作者	Author	单价	出版年份	ISBN
54	计量经济学方法与应用(第五版)	巴蒂·H·巴尔塔基	Badi H. Baltagi	58.00	2015	978-7-300-20584-7
55	战略经济学(第五版)	戴维·贝赞可等	David Besanko	78.00	2015	978-7-300-20679-0
56	博弈论导论	史蒂文·泰迪里斯	Steven Tadelis	58.00	2015	978-7-300-19993-1
57	社会问题经济学(第二十版)	安塞尔·M·夏普等	Ansel M. Sharp	49.00	2015	978-7-300-20279-2
58	博弈论:矛盾冲突分析	罗杰·B·迈尔森	Roger B. Myerson	58.00	2015	978-7-300-20212-9
59	时间序列分析	詹姆斯·D·汉密尔顿	James D. Hamilton	118.00	2015	978-7-300-20213-6
60	经济问题与政策(第五版)	杰奎琳·默里·布鲁克斯	Jacqueline Murray Brux	58.00	2014	978-7-300-17799-1
61	微观经济理论	安德鲁·马斯-克莱尔等	Andreu Mas-Collel	148.00	2014	978-7-300-19986-3
62	产业组织:理论与实践(第四版)	唐·E·瓦尔德曼等	Don E. Waldman	75.00	2014	978-7-300-19722-7
63	公司金融理论	让·梯若尔	Jean Tirole	128.00	2014	978-7-300-20178-8
64	经济学精要(第三版)	R·格伦·哈伯德等	R. Glenn Hubbard	85.00	2014	978-7-300-19362-5
65	公共部门经济学	理查德·W·特里西	Richard W. Tresch	49.00	2014	978-7-300-18442-5
66	计量经济学原理(第六版)	彼得·肯尼迪	Peter Kennedy	69.80	2014	978-7-300-19342-7
67	统计学:在经济中的应用	玛格丽特·刘易斯	Margaret Lewis	45.00	2014	978-7-300-19082-2
68	产业组织:现代理论与实践(第四版)	林恩·佩波尔等	Lynne Pepall	88.00	2014	978-7-300-19166-9
69	计量经济学导论(第三版)	詹姆斯·H·斯托克等	James H. Stock	69.00	2014	978-7-300-18467-8
70	发展经济学导论(第四版)	秋山裕	秋山裕	39.80	2014	978-7-300-19127-0
71	中级微观经济学(第六版)	杰弗里·M·佩罗夫	Jeffrey M. Perloff	89.00	2014	978-7-300-18441-8
72	平狄克《微观经济学》(第八版)学习指导	乔纳森·汉密尔顿等	Jonathan Hamilton	32.00	2014	978-7-300-18970-3
73	微观经济学(第八版)	罗伯特·S·平狄克等	Robert S. Pindyck	79.00	2013	978-7-300-17133-3
74	微观银行经济学(第二版)	哈维尔·弗雷克斯等	Xavier Freixas	48.00	2014	978-7-300-18940-6
75	施米托夫论出口贸易——国际贸易法律与实务(第11版)	克利夫·M·施米托夫等	Clive M. Schmitthoff	168.00	2014	978-7-300-18425-8
76	微观经济学思维	玛莎·L·奥尔尼	Martha L. Olney	29.80	2013	978-7-300-17280-4
77	宏观经济学思维	玛莎·L·奥尔尼	Martha L. Olney	39.80	2013	978-7-300-17279-8
78	计量经济学原理与实践	达摩达尔·N·古扎拉蒂	Damodar N. Gujarati	49.80	2013	978-7-300-18169-1
79	现代战略分析案例集	罗伯特·M·格兰特	Robert M. Grant	48.00	2013	978-7-300-16038-2
80	高级国际贸易:理论与实证	罗伯特·C·芬斯特拉	Robert C. Feenstra	59.00	2013	978-7-300-17157-9
81	经济学简史——处理沉闷科学的巧妙方法(第二版)	E·雷·坎特伯里	E. Ray Canterbery	58.00	2013	978-7-300-17571-3
82	管理经济学(第四版)	方博亮等	Ivan Png	80.00	2013	978-7-300-17000-8
83	微观经济学原理(第五版)	巴德,帕金	Bade,Parkin	65.00	2013	978-7-300-16930-9
84	宏观经济学原理(第五版)	巴德,帕金	Bade,Parkin	63.00	2013	978-7-300-16929-3
85	环境经济学	彼得·伯克等	Peter Berck	55.00	2013	978-7-300-16538-7
86	高级微观经济理论	杰弗里·杰里	Geoffrey A. Jehle	69.00	2012	978-7-300-16613-1
87	多恩布什《宏观经济学(第十版)》学习指导	鲁迪格·多恩布什等	Rudiger Dornbusch	29.00	2012	978-7-300-16030-6
88	高级宏观经济学导论:增长与经济周期(第二版)	彼得·伯奇·索伦森等	Peter Birch Sørensen	95.00	2012	978-7-300-15871-6
89	宏观经济学:政策与实践	弗雷德里克·S·米什金	Frederic S. Mishkin	69.00	2012	978-7-300-16443-4
90	宏观经济学(第二版)	保罗·克鲁格曼	Paul Krugman	45.00	2012	978-7-300-15029-1
91	微观经济学(第二版)	保罗·克鲁格曼	Paul Krugman	69.80	2012	978-7-300-14835-9
92	克鲁格曼《微观经济学(第二版)》学习手册	伊丽莎白·索耶·凯利	Elizabeth Sawyer Kelly	58.00	2013	978-7-300-17002-2
93	克鲁格曼《宏观经济学(第二版)》学习手册	伊丽莎白·索耶·凯利	Elizabeth Sawyer Kelly	36.00	2013	978-7-300-17024-4
94	微观经济学(第十一版)	埃德温·曼斯费尔德	Edwin Mansfield	88.00	2012	978-7-300-15050-5
95	国际宏观经济学	罗伯特·C·芬斯特拉等	Feenstra,Taylor	64.00	2011	978-7-300-14795-6
96	卫生经济学(第六版)	舍曼·富兰德等	Sherman Folland	79.00	2011	978-7-300-14645-4
97	宏观经济学(第七版)	安德鲁·B·亚伯等	Andrew B. Abel	78.00	2011	978-7-300-14223-4
98	现代劳动经济学:理论与公共政策(第十版)	罗纳德·G·伊兰伯格等	Ronald G. Ehrenberg	69.00	2011	978-7-300-14482-5
99	宏观经济学(第七版)	N·格里高利·曼昆	N. Gregory Mankiw	65.00	2011	978-7-300-14018-6
100	宏观经济学:理论与政策(第九版)	理查德·T·弗罗恩	Richard T. Froyen	55.00	2011	978-7-300-14108-4
101	经济学原理(第四版)	威廉·博伊斯等	William Boyes	59.00	2011	978-7-300-13518-2
102	计量经济学基础(第五版)(上下册)	达摩达尔·N·古扎拉蒂	Damodar N. Gujarati	99.00	2011	978-7-300-13693-6
103	《计量经济学基础》(第五版)学生习题解答手册	达摩达尔·N·古扎拉蒂等	Damodar N. Gujarati	23.00	2012	978-7-300-15080-8

经济科学译丛

序号	书名	作者	Author	单价	出版年份	ISBN
104	计量经济分析(第六版)(上下册)	威廉・H・格林	William H. Greene	128.00	2011	978-7-300-12779-8
105	国际贸易	罗伯特・C・芬斯特拉等	Robert C. Feenstra	49.00	2011	978-7-300-13704-9
106	经济增长(第二版)	戴维・N・韦尔	David N. Weil	63.00	2011	978-7-300-12778-1
107	投资科学	戴维・G・卢恩伯格	David G. Luenberger	58.00	2011	978-7-300-14747-5
108	宏观经济学(第十版)	鲁迪格・多恩布什等	Rudiger Dornbusch	60.00	2010	978-7-300-11528-3
109	金融学(第二版)	兹维・博迪等	Zvi Bodie	59.00	2010	978-7-300-11134-6
110	博弈论	朱・弗登博格等	Drew Fudenberg	68.00	2010	978-7-300-11785-0

金融学译丛

序号	书名	作者	Author	单价	出版年份	ISBN
1	固定收益证券手册(第八版)	弗兰克・J. 法博齐	Frank J. Fabozzi	228.00	2017	978-7-300-24227-9
2	金融市场与金融机构(第8版)	弗雷德里克・S. 米什金等	Frederic S. Mishkin	86.00	2017	978-7-300-24731-1
3	兼并、收购和公司重组(第六版)	帕特里克・A. 高根	Patrick A. Gaughan	79.00	2017	978-7-300-24231-6
4	债券市场:分析与策略(第九版)	弗兰克・J・法博齐	Frank J. Fabozzi	98.00	2016	978-7-300-23495-3
5	财务报表分析(第四版)	马丁・弗里德森	Martin Fridson	46.00	2016	978-7-300-23037-5
6	国际金融学	约瑟夫・P・丹尼尔斯等	Joseph P. Daniels	65.00	2016	978-7-300-23037-1
7	国际金融	阿德里安・巴克利	Adrian Buckley	88.00	2016	978-7-300-22668-2
8	个人理财(第六版)	阿瑟・J・基翁	Arthur J. Keown	85.00	2016	978-7-300-22711-5
9	投资学基础(第三版)	戈登・J・亚历山大等	Gordon J. Alexander	79.00	2015	978-7-300-20274-7
10	金融风险管理(第二版)	彼德・F・克里斯托弗森	Peter F. Christoffersen	46.00	2015	978-7-300-21210-4
11	风险管理与保险管理(第十二版)	乔治・E・瑞达等	George E. Rejda	95.00	2015	978-7-300-21486-3
12	个人理财(第五版)	杰夫・马杜拉	Jeff Madura	69.00	2015	978-7-300-20583-0
13	企业价值评估	罗伯特・A・G・蒙克斯等	Robert A. G. Monks	58.00	2015	978-7-300-20582-3
14	基于 Excel 的金融学原理(第二版)	西蒙・本尼卡	Simon Benninga	79.00	2014	978-7-300-18899-7
15	金融工程学原理(第二版)	萨利赫・N・内夫特奇	Salih N. Neftci	88.00	2014	978-7-300-19348-9
16	投资学导论(第十版)	赫伯特・B・梅奥	Herbert B. Mayo	69.00	2014	978-7-300-18971-0
17	国际金融市场导论(第六版)	斯蒂芬・瓦尔德斯等	Stephen Valdez	59.80	2014	978-7-300-18896-6
18	金融数学:金融工程引论(第二版)	马雷克・凯宾斯基等	Marek Capinski	42.00	2014	978-7-300-17650-5
19	财务管理(第二版)	雷蒙德・布鲁克斯	Raymond Brooks	69.00	2014	978-7-300-19085-3
20	期货与期权市场导论(第七版)	约翰・C・赫尔	John C. Hull	69.00	2014	978-7-300-18994-2
21	固定收益证券手册(第七版)	弗兰克・J・法博齐	Frank J. Fabozzi	188.00	2014	978-7-300-17001-5
22	国际金融:理论与实务	皮特・塞尔居	Piet Sercu	88.00	2014	978-7-300-18413-5
23	金融市场与金融机构(第7版)	弗雷德里克・S・米什金 斯坦利・G・埃金斯	Frederic S. Mishkin Stanley G. Eakins	79.00	2013	978-7-300-18129-5
24	货币、银行和金融体系	R・格伦・哈伯德等	R. Glenn Hubbard	75.00	2013	978-7-300-17856-1
25	并购创造价值(第二版)	萨德・苏达斯纳	Sudi Sudarsanam	89.00	2013	978-7-300-17473-0
26	个人理财——理财技能培养方法(第三版)	杰克・R・卡普尔等	Jack R. Kapoor	66.00	2013	978-7-300-16687-2
27	国际财务管理	吉尔特・贝克特	Geert Bekaert	95.00	2012	978-7-300-16031-3
28	金融理论与公司政策(第四版)	托马斯・科普兰等	Thomas Copeland	69.00	2012	978-7-300-15822-8
29	应用公司财务(第三版)	阿斯沃思・达摩达兰	Aswath Damodaran	88.00	2012	978-7-300-16034-4
30	资本市场:机构与工具(第四版)	弗兰克・J・法博齐	Frank J. Fabozzi	85.00	2011	978-7-300-13828-2
31	衍生品市场(第二版)	罗伯特・L・麦克唐纳	Robert L. McDonald	98.00	2011	978-7-300-13130-6
32	跨国金融原理(第三版)	迈克尔・H・莫菲特等	Michael H. Moffett	78.00	2011	978-7-300-12781-1
33	统计与金融	戴维・鲁珀特	David Ruppert	48.00	2010	978-7-300-11547-4
34	国际投资(第六版)	布鲁诺・索尔尼克等	Bruno Solnik	62.00	2010	978-7-300-11289-3

Interest Rate Swaps and Other Derivatives
By Howard Corb

Published by arrangement with Columbia University Press
through Bardon-Chinese Media Agency
博达著作权代理有限公司

图书在版编目（CIP）数据

利率互换及其他衍生品/(美）霍华德·科伯（Howard Corb）著．申艳涛译．—北京：中国人民大学出版社，2018.2
（金融学译丛）
书名原文：Interest Rate Swaps and Other Derivatives
ISBN 978-7-300-25294-0

Ⅰ.①利… Ⅱ.①霍…②申… Ⅲ.①利率-研究②金融衍生产品-研究 Ⅳ.①F830.48②F830.9

中国版本图书馆 CIP 数据核字（2017）第 322292 号

金融学译丛
利率互换及其他衍生品
霍华德·科伯　著
申艳涛　译
LiLü Huhuan ji Qita Yanshengpin

出版发行	中国人民大学出版社		
社　址	北京中关村大街 31 号	**邮政编码**	100080
电　话	010－62511242（总编室）		010－62511770（质管部）
	010－82501766（邮购部）		010－62514148（门市部）
	010－62515195（发行公司）		010－62515275（盗版举报）
网　址	http://www.crup.com.cn		
经　销	新华书店		
印　刷	北京鑫丰华彩印有限公司		
规　格	185 mm×260 mm　16 开本	**版　次**	2018 年 2 月第 1 版
印　张	25.25 插页 1	**印　次**	2021 年 1 月第 2 次印刷
字　数	598 000	**定　价**	69.00 元